延边大学外国语言文学"一流学科"建设出版资助项目

国家社科基金项目(17BSS047)最终成果

国家社科基金丛书

**GUOJIA SHEKE JIJIN CONGSHU**

# 古代朝鲜汉籍与
# 中国汉籍文化关联研究

Research on the Cultural Correlation between
Ancient Korean Classics and Chinese  Classics

季 南 著

人民出版社

# 目　录

# 序　言

在相当长的历史时期内，古代东亚的越南、琉球、朝鲜和日本等国家，通过汉字这一纽带，以中华文化为根基，与中国建立了紧密的联系，共同构建了一个深受儒家思想影响的"汉字文化圈"。这些国家对汉文化产生了深刻的认同，将汉字作为官方的书写语言，并创作了大量的汉文典籍。这些保存在域外的汉籍，如今受到了国内外学界的广泛关注。随着大量域外汉籍的发现、整理和研究，东亚汉字文化圈的轮廓更加清晰：古代的越南、琉球、朝鲜和日本等国家为了学习中国文化，积极输入中国汉籍；同时，这些国家的知识分子也用汉字撰写了大量关于政治、历史、语言、文学、宗教和艺术等方面的著作。这两类文献是了解中国与东亚各国关系的宝贵资料，而域外汉籍更是中国自我认知的一面镜子。从文化交流的角度来看，域外汉籍的研究可以有若干重要面向，域外汉籍与中国汉籍之间的文化关联便是其中之一。中国汉籍的传播及其在朝鲜半岛的演变，反映了跨越地理界限的文化交流活动。基于中国汉籍衍生的古代朝鲜汉籍成了"中国文化的对话者、比较者和批判者的'异域之眼'"，对于重新思考中国文献的价值具有重要的意义。

也正是因为注意到了朝鲜汉籍的价值，我在 2017 年以"朝鲜汉籍与中国汉籍的文化关联研究"为题申报了国家社科基金项目，并成功获批立项。

我和我的研究团队试图从总体上论述朝鲜汉籍与中国汉籍的文化关联,通过对朝鲜汉籍的研究反观中国汉籍和中国文化,将其作为深化理解中国历史、中国文化等研究的新材料。我们的研究思路是从朝鲜汉籍的体例特点、编撰方式等方面入手,考察古代朝鲜人在接受中华文化过程中的看法、取舍、评价及其再创造过程中表现出的民族心理及其特征,为正确认识中朝文化的异同及其原因提供双向参考。

通过研究,我们既从宏观的视角把握古代中国与朝鲜半岛典籍交流及朝鲜汉籍的全貌,又主要抓取了儒家典籍、史部书籍和文学选本三个方面的内容,进行深入探究,点面结合,基本勾勒出了朝鲜汉籍的整体样貌。我们的研究并非仅仅局限于古代朝鲜学术界对汉籍所承载的中国文化的接受与改造,而是聚焦于朝鲜汉籍本身的版本学意义。通过对朝鲜汉籍在编纂上对中国典籍内容的取舍、翻译、诠释的研究,我们讨论了古代朝鲜学术界对汉学的思想改造,通过对朝鲜汉籍在体例、编纂等方面对中国汉籍的模仿与再创作,展现了朝鲜半岛古代学者对中国文化的接受与发展。

如果总结本研究的突出特色,我认为应该体现在研究方法上。除了版本考订以及文本比勘外,我们还加大了实物考订在成果中的比率,将相对抽象的版本概念具象化。本研究成果不仅是对古代中国与朝鲜半岛汉籍交流史的研究,同时也是对朝鲜汉籍版本学的研究,并涉及朝鲜汉籍编纂思想的研究。可以说,这是相关领域中不多见的跨学科研究成果。

通过本研究,我们希望能够揭示朝鲜汉籍在汉字文化圈中的地位和价值,为促进文化交流和相互理解作出贡献。同时,我们也期待本研究成果能够为国际学术界提供新的视角和研究材料,推动东亚汉字文化圈研究的深入发展。

当然,在中国汉籍基础上衍生的朝鲜汉籍数量巨大,囿于学科知识的限制,大量医学、音乐、书法、绘画文献并未纳入研究范围。这些文献无论从内容还是形式上与中国汉籍的文化关联,仍值得进一步探索。期待能够与更多专业学者开展跨学科合作，以弥补研究的不足。我的史学和文献学功底较为薄弱，加之资料有限，错漏和未尽之处在所难免，敬请博雅君子批评指正。

# 导　论

## 一、问题的提出

随着大量域外汉籍的不断发现，对古代朝鲜汉籍与中国汉籍文化关联的探讨，不仅是研究其文化关系、学术关系的关键切入点，也是构建古代学术交流史、文化交流史不可或缺的重要课题。

本研究聚焦于古代朝鲜汉籍与中国汉籍之间的文化关联，主要基于以下两点考量：

首先，尽管古代朝鲜汉籍作为域外汉籍重要组成部分已经引起学界的关注，但目前仍处在大规模的整理、影印以及文本内容研究的阶段，大量古代朝鲜汉籍尚未获得应有的重视和利用。现有研究文章或论著多集中于个别汉籍或某一类汉籍的利用和研究，缺乏对古代朝鲜汉籍和中国汉籍文化关联的全面揭示。因此，难以准确考察古代朝鲜对中国汉籍的吸收和回应过程，也难以准确揭示"汉字文化圈"中古代中国与朝鲜半岛的文化共性和差异。

其次，探究基于中国汉籍的古代朝鲜汉籍的衍生方法及其背后的原因，是正确理解文化交流的关键。目前，对古代朝鲜汉籍的衍生的全面研究尚未展开，存在广阔的研究空间。因此必须深入研究基于双方交流产生的汉籍成果，否则将无法理解与中国有着千丝万缕联系的古代朝鲜诗经学、洪范学、史学、儒学、文学。明确朝鲜半岛知识分子对儒家经典的诠释方法、对中国汉籍的改编、评选、注解的方式和根本原因，是客观把握古代中国与朝鲜半岛文人交流特点和规律的基础。

## 二、选题意义

研究古代朝鲜汉籍及其与中国汉籍文化关联的重要性体现在以下几个方面：

首先，基于中国汉籍而衍生出的朝鲜汉籍的大量存在，证明了中国文化在汉字文化圈内的作用和影响。文化的力量能够跨越地域、民族的界限，以及政治、经济、信仰的差异。在东亚文化圈内，深入探究朝鲜汉籍与中国汉籍之间的文化关联，为学术研究开辟了"新视野"。[1] 朝鲜汉籍不仅在内容和题材上深受汉文化的影响，其著述体例和编撰方式上也深刻体现了汉文化的再生。从文献学的角度审视朝鲜汉籍，是朝鲜汉籍研究不可或缺的一个维度。在东亚汉文化圈视角下，探讨朝鲜汉籍与中国汉籍的文化关联，有利于我们更深入地理解中国文化在当今世界的价值和影响力。

其次，朝鲜汉籍是一种独特的文化存在。虽然朝鲜汉籍深受中国汉籍的影响，并且带有明显的汉文化烙印，但它们绝不仅仅是对中国本土文献的简单补充。朝鲜汉籍的形成和发展，从宏观上展现了中国汉籍在古代朝鲜半岛传播的历史脉络，从微观上则揭示了不同时代朝鲜学者对汉文化关注的变化及其规律。通过深入分析中国汉籍在古代朝鲜的本土化过程，我们可以进一步探讨朝鲜学术和文化在东亚文化圈的独特性。

最后，基于汉字文化的中国汉籍和朝鲜汉籍，彼此交织，共同构成了东亚的文化遗产。承载着中国文化的汉籍传入朝鲜半岛，经过阅读、理解、吸

---

[1]　张伯伟：《域外汉籍研究入门》，复旦大学出版社 2012 年版，第 19 页。

收和改造，形成了具有古代朝鲜半岛本土特色的文化成果，与中国文化共同构筑了东亚古典文明。

## 三、研究现状

以汉文化为基础，古代朝鲜半岛孕育了丰富的汉文典籍，这些文献不仅受到如今的朝鲜和韩国的珍视，也成了东亚共同的文化遗产。近年来，关于朝鲜汉籍的研究成果层出不穷，涵盖了从原始文献的影印、整理和编目，到文学、历史、语言、艺术等领域的专著、译著、单篇论文、论文集和学位论文，均取得了显著的进展。

### （一）朝鲜汉籍的影印、整理和编目

韩国特别重视汉籍的保护工作，各收藏机构都编制了详尽的汉籍保藏目录，例如《奎章阁图书韩国本综合目录》《奎章阁图书中国本综合目录》《韩国古代小说目录》《18 世纪奎章阁所藏文集解说》等。同时，韩国也致力于汉籍的校勘和影印工作，如民族文化推进会标点影印的《韩国文集丛刊》，景仁社影印的《韩国历代文集丛书》，为研究韩国古代汉文学、史学以及中韩古代文学交流提供了重要的参考资料。东国大学林基中主持编纂的《燕行录全集》收录了 500 多种历史上朝鲜使臣朝天、燕行的纪行录，后又有《燕行录续集》，成为研究中国社会、古代中朝关系史和文化交流史的宝贵资料。韩国在古籍数字化方面也取得了显著成就，包括韩国古典综合数据库、남명학古文献系统、韩国电子史料馆、韩国高丽大学海外韩国学资料服务系统、韩国古籍综合目录系统、韩国古文书资料、韩国国立中央博物馆、韩国历代人物中央情报系统、韩国历史情报综合系统、韩国文集丛刊人物年表等数据库和网站的建设和开放，为朝鲜韩国学研究提供了极大的便利。成均馆大学东亚学术院汇聚了众多学者的智慧，搜集了与朝鲜经学和朱子学相关的丰富资料，并编纂成《韩国经学资料集成》。该

集成收录了 406 位古代朝鲜经学家的著述共计 1234 种，涵盖了单行本和文集中的经学著述，为韩国经学研究提供了全面而系统的资料基础。自 2004 年起，《韩国经学资料集成》在政府支持下逐步实现了数字化，并已向学界全面开放。2005 年，延世大学全寅初教授主编的《韩国所藏中国汉籍总目》出版，弥补了之前的目录缺乏对韩国所藏中国汉籍的整体呈现的缺憾。

在中国，学者吴晗最早利用朝鲜汉籍，编纂了《朝鲜李朝实录中的中国史料》，为学界开展相关研究提供了极大便利。由中国社会科学院中国历史研究所与中国人民大学国学院联合主持编纂的《域外汉籍珍本文库》已经出版了 5 辑。该文库主要收录了来自世界各地藏书机构及个人收藏的汉籍善本、孤本和稀见本。就朝鲜汉籍而言，它涵盖了流传至古代朝鲜半岛的中国本、中国本的朝鲜重刊本以及朝鲜知识分子的抄录、翻刻、整理和注释作品。这些资料不仅清晰地展现了"汉籍环流"的全貌，而且极大便利了学者们对古代朝鲜汉籍的研究。特别值得一提的是，《域外所见中国古史研究资料汇编·朝鲜汉籍篇》（全三十册）专门收录了古代朝鲜半岛知识分子对中国历史的整理和评述类文献。它包含了编年体、纪传体、纲目体等多种体裁，以及史编、史撰、史评、史论、史选、史抄等多种门类。这些资料不仅对朝鲜史学研究、中朝史学交流研究、朝鲜尊周攘夷、尊明反清的文化心态研究提供了宝贵的资料，而且在为中国传统文献所载史实提供佐证或补充方面也具有重要价值。由北京大学《儒藏》编纂与研究中心主持编纂的《国际儒藏（韩国编四书部）》收录韩国成均馆大学大东文化研究院编纂的《韩国经学资料集成》中注解阐释四书的汉语书籍或篇章 464 种，并进行了标点、校勘及简单提要，是进行儒学多元化研究的重要参考资料。

蔡美花主编的《韩国诗话全编校注》，邝健行编的《韩国诗话中论中国诗资料选粹》，查屏球整理的《夹注名贤十抄诗》，赵季、赵成植笺注的

《诗林丛话》，党银平校注的《桂苑笔耕集》，赵季校注的《箕雅》，权锡焕、陈蒲清注译的《金鳌新话》，以及金生杨、王强主编的《朝鲜儒学长编》和《韩国汉文学百家集》等，为朝鲜汉诗文研究和韩国诗话研究提供了极大便利。此外，南京大学的张伯伟教授对朝鲜时代朝鲜人编撰的汉文书目 26 种进行了分类和解题，以影印的方式出版了《朝鲜时代书目丛刊》。汪维辉教授编纂点校了《朝鲜时代汉语教科书丛刊》，陈文新教授与韩国学者闵宽东合著了《韩国所见中国古代小说史料》，杜宏刚、邱瑞中与韩国学者合作，基于《韩国历代文集丛书》和《韩国文集丛刊》，按主题摘抄、择录、汇编而成的《韩国文集中的蒙元史料》《韩国文集中的明代史料》和《韩国文集中的清代史料》等，为历史研究的展开提供了极大的便利。

## （二）朝鲜汉籍的研究

自 21 世纪以来，关于文学、历史、哲学、语言和艺术等领域的朝鲜汉籍研究取得了显著成就。涌现了大量专著、译著、单篇论文、论文集和学位论文等研究成果。张伯伟的《东亚汉籍研究论集》[①]收录了其 13 篇研究论文，其中 10 篇通过朝鲜汉籍的视角深入探讨了中朝（韩）的文学思想和文学观念。他的另一部作品《作为方法的汉文化圈》[②]收录了 9 篇研究论文，涵盖了《东亚文化意象的形成与变迁》到《汉文学史上的 1764 年》再到《朝鲜时代女性诗文集编纂流传的文化史考察》等综合性研究，以及《从朝鲜书目看汉籍交流》和《朝鲜时代女性诗文集解题》等文献学专题研究。张伯伟的《清代诗话东传略论稿》[③]在文学关系研究领域实现了重大突破，将清代诗话置于汉文化圈的广阔背景下进行考察，广泛利用朝鲜、日本的史书、目录、

---

① 张伯伟：《东亚汉籍研究论集》，台大出版中心 2007 年版。
② 张伯伟：《作为方法的汉文化圈》，中华书局 2011 年版。
③ 张伯伟：《清代诗话东传略论稿》，中华书局 2007 年版。

日记、文集、诗话、笔记、序跋等原始文献，描绘出清代诗话东传至朝鲜和日本的清晰图景，并比较了清代诗话在朝鲜和日本产生的不同反响，分析了结果的异同。该研究融合了文学史、书籍史和文化交流史，具有宽广的研究视野、独特的方法论和丰富的内容，是中朝文学关系研究的力作。张伯伟主编的《域外汉籍研究集刊》为从事域外汉籍研究的学者们提供了一个重要的平台。自 2005 年至今，该刊已经出版了 25 辑，每辑均设有"朝鲜—韩国汉籍研究"专栏，汇集了朝鲜汉籍研究的最新成果。研究者们从版本、内容、思想等不同角度对《桂苑笔耕集》《高丽史》《十抄诗》《纂注分类杜诗》《诗讲义发问》《广寒楼记》《海东要览》《百家诗话抄》《国朝诗删》《菊堂排语》《东文选》《俪文程选》等诸多朝鲜汉籍进行了专题研究。赵季等人的《〈箕雅〉研究》①《〈箕雅〉五百诗人本事辑考》②《中朝三千年诗歌交流考论》③ 等作品进一步推动了对朝（韩）文学的研究，并展示了中国文学对朝（韩）文学的深远影响。

在对朝鲜儒学经典诠释成果的研究中，黄俊杰的著作《东亚儒学：经典与诠释的辩证》④不仅对东亚儒家经典诠释进行了理论层面的阐述，例如分析了儒家经典中普遍价值与解经者时空特性之间的张力及其原因，还探究了解经者在"文化身份认同"与"政治身份认同"之间的张力。此外，书中还对日本和朝鲜儒学者的经典诠释进行了论证分析，如《蕅益智旭对〈论语〉的解释》深入剖析了蕅益智旭对《论语》中"学""道""天命"等概念的解读，并探讨了其在经典诠释过程中的心学立场及其与阳明学的互动。《从东亚儒学视域论朝鲜儒者丁茶山对〈论语〉"克己复礼"章的诠释》则讨论了丁若镛对"克己复礼"的解释及其解释过程中的继承与创新。

---

① 赵季、刘畅、[韩] 金真：《〈箕雅〉研究》，南开大学出版社 2010 年版。
② 赵季、张景昆：《〈箕雅〉五百诗人本事辑考》，人民文学出版社 2013 年版。
③ 赵季、刘畅编：《中朝三千年诗歌交流考论》，南开大学出版社 2016 年版。
④ 黄俊杰：《东亚儒学：经典与诠释的辩证》，华东师范大学出版社 2012 年版。

任振镐的论文《〈论语〉及其注释书在韩国古代的发展经过》① 考证了《论语》及其注释书传入古代朝鲜半岛的时间，并梳理了它们在古代朝鲜社会发展的历史脉络，简要介绍了朝鲜重要儒学者如朴文镐、柳希春、丁若镛等对《论语》的解释成果，明确了《论语》及其注释书在韩国儒学发展史上的重要地位。付星星依托国家社科基金项目"朝鲜半岛《诗经》学史研究"，产出了一系列《诗经》诠释的研究成果，例如《尹廷琦〈诗经讲义续集〉释〈诗〉方法阐微》②《朝鲜儒者林泳〈诗传读书札录〉论析》③《朝鲜时代儒者朴世堂〈诗经〉学研究》④。这些研究以个案的形式探究了朝鲜儒学者的诗学观及其《诗经》诠释方法。沈贞玉的博士论文《韩国〈论〉〈孟〉研究典籍解题》⑤ 在《韩国经学资料集成》的基础上，罗列了朝鲜李滉、李珥、金长生、宋时烈、丁若镛、朴文镐等多位经学家对《论语》《孟子》的经学研究成果，并进行了相应的解题，为中国学界开展朝（韩）儒者《论语》《孟子》解经方面的研究提供了参考。

王振忠的系列论文，例如《朝鲜燕行使者所见十八世纪之盛清社会——以李德懋的〈入燕记〉为例》⑥《琉璃厂徽商程嘉贤与朝鲜燕行使者的交往——以清代朝鲜汉籍史料为中心》⑦ 以及《朝鲜柳得恭笔下清乾嘉时代的中国社

①　任振镐：《〈论语〉及其注释书在韩国古代的发展经过》，《南京师范大学学报》1998 年第 1 期。

②　付星星：《尹廷琦〈诗经讲义续集〉释〈诗〉方法阐微》，《域外汉籍研究集刊》第十五辑，中华书局 2016 年版。

③　付星星：《朝鲜儒者林泳〈诗传读书札录〉论析》，《域外汉籍研究集刊》第十六辑，中华书局 2017 年版。

④　付星星：《朝鲜时代儒者朴世堂〈诗经〉学研究》，《贵州文史丛刊》2017 年第 1 期。

⑤　沈贞玉：《韩国〈论〉〈孟〉研究典籍解题》，曲阜师范大学 2016 年博士学位论文。

⑥　王振忠：《朝鲜燕行使者所见十八世纪之盛清社会——以李德懋的〈入燕记〉为例》，《中国典籍与文化》2005 年第 1 期。

⑦　王振忠：《琉璃厂徽商程嘉贤与朝鲜燕行使者的交往——以清代朝鲜汉籍史料为中心》，《中国典籍与文化》2005 年第 4 期。

会——以哈佛燕京图书馆所藏抄本〈泠斋诗集〉为中心》① 等，以"燕行录"
等朝鲜汉籍为立足点，采用"他者"的视角深入研究明清社会史。孙卫国的
研究成果同样代表了朝鲜史学研究的较高水平，其著作《从"尊明"到"奉
清"：朝鲜王朝对清意识的嬗变》② 不仅继续探讨了朝鲜王朝"尊周思明"问
题，还通过燕行使与清人交往的案例验证了朝鲜王朝从"尊明反清"到"尊
明奉清"的意识演变。该书学术视野广阔，资料丰富翔实，在研究朝鲜王朝
对清认同方面作出了显著的学术贡献。孙卫国的个人论文集《明清时期中国
史学对朝鲜的影响：兼论两国学术交流与海外汉学》③ 收录了其研究论文 13
篇，专注于中朝史学交流，其中 5 篇专门研究朝鲜王朝所编纂的中国史书或
与中国相关的史书。葛兆光的系列论文，包括《从"朝天"到"燕行"——
17 世纪中叶后东亚文化共同体的解体》《想象异域悲情——朝鲜使者关于季
文兰题诗的两百年遐想》《揽镜自鉴——关于朝鲜、日本文献中的近世中国
史料及其他》《寰中谁是中华？——从 17 世纪以后中朝文化差异看退溪学的
影响》等④，在东亚的历史背景下，通过比较研究方法展开探讨，系统分析
了清代中朝之间在思想与认同层面的差异，并充分肯定了朝鲜汉籍的思想史
价值。张光宇的《朝鲜正祖时期的官方史学研究》⑤ 从奎章阁的设立及正祖
时期的书籍编印谈起，通过《日省录》《英祖实录》《景宗实录》《宋史筌》《史
记英选》以及"义理史书"等，探讨了朝鲜王朝正祖时期的史学生态，其中
涉及对中国史书的改撰、抄圈与利用。

在探讨东亚汉籍版本学的领域，陈正宏先生率先提出"东亚汉籍版本学"

① 王振忠：《朝鲜柳得恭笔下清乾嘉时代的中国社会——以哈佛燕京图书馆所藏抄本〈泠斋诗集〉为中心》，《中华文史论丛》2008 年第 2 期。
② 孙卫国：《从"尊明"到"奉清"朝鲜王朝对清意识的嬗变》，台大出版中心 2018 年版。
③ 孙卫国：《明清时期中国史学对朝鲜的影响：兼论两国学术交流与海外汉学》，上海辞书出版社 2009 年版。
④ 葛兆光的系列论文见于《想象异域——读李朝朝鲜汉文燕行文献札记》，中华书局 2014 年版。
⑤ 张光宇：《朝鲜正祖时期的官方史学研究》，上海三联书店 2019 年版。

这一概念。他强调，将东亚汉籍版本作为一个整体进行细致分析考察，不仅能够解决一些以往难以攻克的问题，而且能够开启众多新颖的研究议题，这一学术方向具有显著的重要性。在其著作《东亚汉籍版本学初探》①中，《朝鲜本与明清内府本以印本的字体和色彩为中心》一文通过对比朝鲜本与明清内府本，揭示了朝鲜本在字体上对明清内府本模仿的痕迹，并指出其字体风格的演变与朝鲜对明清的文化心态紧密相关。这种将版本学研究与政治文化相结合的研究方法，为东亚汉籍版本学研究提供了新的视角。程水龙在其著作《〈近思录〉东亚版本考述》②中，将理学经典《近思录》置于更广阔的东亚文化背景之下，全面而系统地考订了现存《近思录》东亚版本。书中详细记录了约187种古代朝鲜注释、续编、传抄和刊印的"近思录"版本，这些文献反映了朝鲜朱子学者在理学核心观念上的认知差异和诠释上的多样性，展现了该研究领域的创新价值。

　　关于古代中国与朝鲜半岛书籍交流的研究成果极为丰富。例如，黄建国的《古代中韩典籍交流概说》③，张升的《明代的外交赐书》④《明代朝鲜的求书》⑤和《朝鲜文献与四库学研究》⑥，葛承雍、李文遴的《中朝汉籍交流的文化史章》⑦，王彩云的《中国古籍在韩国(一)》⑧，栾兆玉的《汉籍在朝鲜的流传与研究——兼述儒学对朝鲜的影响》⑨，杨渭生的《宋与高丽的典籍交流》⑩，

---

① 陈正宏：《东亚汉籍版本学初探》，中西书局2014年版。

② 程水龙：《〈近思录〉东亚版本考述》，凤凰出版社2022年版。

③ 黄建国：《古代中韩典籍交流概说》，《韩国研究》第三辑，杭州出版社1996年版。

④ 张升：《明代的外交赐书》，《江苏图书馆学报》1995年第1期。

⑤ 张升：《明代朝鲜的求书》，《文献》1994年第4期。

⑥ 张升：《朝鲜文献与四库学研究》，《社会科学研究》2007年第1期。

⑦ 葛承雍、李文遴：《中朝汉籍交流的文化史章》，《西北大学学报》2000年第3期。

⑧ 王彩云：《中国古籍在韩国（一）》，《古籍整理研究学刊》1996年第4期。

⑨ 栾兆玉：《汉籍在朝鲜的流传与研究——兼述儒学对朝鲜的影响》，《图书馆建设》2001年第2期。

⑩ 杨渭生：《宋与高丽的典籍交流》，《浙江学刊》2002年第2期。

林琳的《唐宋时期中朝图书交流的特点初探》① 和《明朝与朝鲜李朝、日本图书交流初探》②，郑成宏的《中国与朝鲜半岛儒学典籍相互交流管窥》③ 和《中韩儒学典籍的相互流通》④，许磊的《简论中国古代图书交流》⑤，任少英的《中国韵书传入韩国考略》⑥，巩本栋的《关于汉籍东传的研究》⑦ 等成果，或是概论性质的分析，或是专注于书籍交流中的某一类型或某一时期的深入探讨。廉松心《十八世纪中朝文化交流》⑧ 专章讨论了 18 世纪中朝的书籍交流、物资交流、西学交流和文人交流，是研究 18 世纪中朝文化交流最为系统的著作。杨雨蕾的论著《燕行与中朝文化关系》⑨ 以使臣为切入点，专章论述了"燕行使臣与汉籍东传"，是迄今为止讨论明清时期汉籍东传较为深入、全面的论述。本人的著作《朝鲜王朝与明清书籍交流研究》⑩ 围绕中国汉籍因何流入、流入范围、中国汉籍流入后如何与朝鲜本土文化融合，以及通过什么途径或方式回流中国，回流的种类、数量以及回流后对中国产生的影响等问题进行探讨，或多或少弥补了学界对中朝汉籍交流单向研究的缺憾。

审视韩国学界，学者们对本国文献的探索与应用可谓深入广泛。以明清时期中朝关系的研究为例，韩国学者深入探讨了明末清初朝鲜的外交政策、清代中朝朝贡关系、对明义理论、中朝边境划定问题、朝鲜后期实学家对外界认识的变化、清代中朝文人学者间的互动交流、中朝经济交流以

---

① 林琳:《唐宋时期中朝图书交流的特点初探》,《前沿》2003 年第 6 期。

② 林琳:《明朝与朝鲜李朝、日本图书交流初探》,《杭州师范大学学报》2001 年第 1 期。

③ 郑成宏:《中国与朝鲜半岛儒学典籍相互交流管窥》,《当代韩国》2003 年第 4 期。

④ 郑成宏:《中韩儒学典籍的相互流通》,《韩国研究论丛》(第十一辑),中国社会科学出版社 2004 年版。

⑤ 许磊:《简论中国古代图书交流》,《图书馆理论与实践》2005 年第 6 期。

⑥ 任少英:《中国韵书传入韩国考略》,《河南师范大学学报》2003 年第 1 期。

⑦ 巩本栋:《关于汉籍东传的研究》,《学习与探索》2006 年第 3 期。

⑧ 廉松心:《十八世纪中朝文化交流》,吉林文史出版社 2006 年版。

⑨ 杨雨蕾:《燕行与中朝文化关系》,上海辞书出版社 2011 年版。

⑩ 季南:《朝鲜王朝与明清书籍交流研究》,吉林人民出版社 2016 年版。

及朝鲜接受西学与天主教及其对朝鲜的影响等多个方面。他们的研究领域
与中国学者大体一致，但研究的切入点和立场观点往往存在差异。关于朝
鲜的书籍史、印刷史以及与本研究主题相关的朝鲜（韩国）本中国汉籍的
研究成果特别值得关注，例如尹炳泰的《奎章阁书籍编印与韩国活字印刷
史研究——以研究史和史料为中心》①详细介绍了奎章阁书籍的编印过程和
朝鲜铸字史的研究概况。金恩静在《世宗朝文学相关书籍出版研究》②中探
讨了世宗时期活字印刷技术进步背景下文学书籍的出版情况，并总结了文
学书籍出版的整体趋势。黄善周《韩国本〈李太白文集〉的版本问题》③对
比了韩国本与中国本，对"吾道东矣"与"吾道东坐"，"六机"与"陆机"
等异文进行了考辨。金明信《稀贵本中国通俗小说介绍——以韩国藏书为
中心》④概述了韩国所藏稀贵本中国通俗小说的类型，并讨论了在明后期印
刷术发展的背景下，木版本、石印本、笔写本以及活字本通俗小说的传入
情况。金昭熙的《17世纪〈史纂〉出版的文化史意义——以中国本的流入
和变通为中心》⑤考察了中国汉籍的流入和变化形态，探究了训练都监编纂
和出版《史纂》的文化史意义。韩国学界在经学典籍、史籍以及汉文学研
究方面取得了丰硕成果，例如对儒家经典的研究已经成为独立的学科领域，
形成了所谓的"韩国《诗经》学""韩国《论语》学""韩国《孟子》学"等。
然而，综观其研究成果，鲜有人从韩中比较的视角出发，探讨朝鲜汉籍与
中国汉籍之间的紧密联系。

　　①　[韩]윤병태:《奎章阁图书와韩国活字印刷史研究——그研究史와史料으로》，
《奎章阁·1》，1976年。
　　②　[韩]김은정:《世宗朝文學관련書籍出版연구》，《漢文古典研究》第37辑，2018年。
　　③　[韩]황선주:《한국본〈이태백문집（李太白文集）〉의 판본문제》，《과학과 문화》
第7辑，2010年。
　　④　[韩]金明信:《稀貴本中國通俗小說에 대한 소개－ 한국 소장본을 중심으로》，《中國
小說論叢》第40辑，2013年。
　　⑤　[韩]김소희:《17세기『史纂』출판의 문화사적 의미— 중국본의 유입과 변용을 중
심으로》，《書志學研究》第81辑，2020年。

综上所述，学界在朝鲜汉籍的整理与研究领域已经取得显著成绩，为后续研究奠定了坚实的基础。尽管国家重点出版工程项目《域外汉籍珍本文库》《域外所见中国古史研究资料汇编·域外汉籍朝鲜编》已经影印出版了为数不少的中国汉籍的朝鲜注释、续编、传抄、刊印本，但相关解题和收录的版本仍存在不完备之处。目前，对这些朝鲜本的研究主要以个案形式进行，专注于挖掘特定方面的内容和价值。到目前为止，从宏观角度审视朝鲜衍生的经史子集各部汉籍的体例特点、编撰方式和版本特征，以及它们与中国汉籍之间的文化关联的研究尚未全面展开。因此，本研究的选题旨在深入探讨朝鲜汉籍的体例特点和编撰方式，以揭示古代朝鲜人在吸收中华文化时的视角、取舍、评价以及他们在再创造过程中所展现的民族心理和特征。这将为准确理解中朝（韩）文化差异及其成因提供重要的双向参考视角。本研究还将通过深入探讨朝鲜汉籍与中国汉籍之间深层的文化联系，追踪汉文化的传播路径和影响，从而彰显华夏文明的世界意义，并考察古代朝鲜半岛对中国文化的吸收、模仿、创新以及反馈机制，从而拓展对东亚古典文明内涵的理解。

## 四、相关概念及研究范围的界定

本书有如下概念和研究范围需要明确。

第一，本书若单独提及"朝鲜"，均指古代朝鲜半岛的李氏朝鲜，而非当今世界的朝鲜民主主义人民共和国。

第二，"古代朝鲜"是一个较为宽泛的历史概念，从时间上来讲，通常指从朝鲜半岛有人类活动开始，到1897年朝鲜高宗李熙称帝、改国号为大韩帝国之前的历史时期。由于本书主要讨论在中国汉籍基础上衍生的朝鲜汉籍，故称"古代朝鲜"时，特指有汉籍版本存世的高丽和李氏朝鲜。

第三，朝鲜汉籍是域外汉籍的组成部分，结合目前学界对"域外汉籍"

的含义和范围的界定，① 朝鲜汉籍，从地域来看，应包括历史上各个时期保存在朝鲜半岛的汉文典籍；从民族性来看，应是指由朝鲜机构或个人以汉文书写、刊刻的各类典籍。具体说来，强调地域性的朝鲜汉籍还应包括流入古代朝鲜半岛的中国汉籍、欧美传教士用汉字书写的典籍；强调民族性的朝鲜汉籍，有着丰富的内涵，既包括朝鲜机构或个人撰写的关于本国政治、历史、哲学、文学等领域的汉籍，也包括在中国汉籍基础上通过注释、解说、诠释以及续写和仿编等方式再创作的汉籍。本书主要以历史上各个时期（主要是高丽、朝鲜时代）基于中国汉籍衍生的朝鲜汉籍为研究对象，在具体分析中，主要聚焦于那些按照特定装订形式编纂，旨在传播各种知识和思想的汉籍，而散见于历代朝鲜人文集中的对中国政治、历史、思想、文化、艺术等方面的个别论述则不列入本书的研究范围。

　　基于中国汉籍衍生的朝鲜汉籍数量庞大，内容覆盖经史子集各部类。由于子部内容极为繁杂，本书选取经史集部中各个时期具有代表性的朝鲜汉籍作为研究重点，旨在突出其典型性的同时，也兼顾其完整性。

---

　　①　目前学界对"域外汉籍"的定义尚未完全达成共识，主要有以下几种观点：一种持中国版古籍外流说，承袭日本学者"准汉籍"的认识，认为只有中国版的古籍，即历史上由中国人撰写、抄录、刊刻，后流传到海外的汉籍才是"域外汉籍"，代表学者是陈正宏，见其《东亚汉籍版本学序说——以印本为中心》，《域外汉籍研究集刊》（第二辑），中华书局 2006 年版，第 21-28 页。另外一种则综合了日本学者"准汉籍""和刻本汉籍""汉籍"的分类，基于文化范畴，认为存在于中国之外（包括流传到海外的中国汉籍）或域外人士用汉文撰写的各类典籍（包括中国汉籍的域外刊本，以及对中国汉籍的再选本、注释本）统称为"域外汉籍"。代表学者是张伯伟和徐林平、孙晓等。见张伯伟：《域外汉籍研究入门》，凤凰出版社 2024 年版，第 1—4 页。徐林平、孙晓：《近三十年来域外汉籍整理概况述略》，《形象史学》，人民出版社 2011 年版，第 222—223 页。

# 第一章 古代朝鲜半岛国家与中国汉籍交流及朝鲜书籍印刷的发展

　　自秦汉时期起，中华文明便开始广泛传播至周边地区。在东亚，中国与越南、琉球、朝鲜、日本等国，以汉字作为共同的交流符号，共同构建了一个延续逾千年的、深受儒家思想影响的"汉字文化圈"。随着时间的推移，汉文化在历史的沉淀和多民族文化的交融中，变得博大精深，成为汉字文化圈内其他国家仰慕并吸收先进文化的重要源泉。

　　在秦末汉初时期，随着燕人卫满带领的移民抵达朝鲜半岛，汉字开始逐渐在该地区传播。汉武帝在卫满朝鲜故地设立汉四郡，后随着郡县调整，乐浪郡成为汉王朝管理朝鲜半岛的最高地方行政机构，朝鲜半岛全部被纳入汉朝疆域，开始了郡县时代。[①] 其政治体制、教育和文化等方面均受到汉朝的深刻影响。大约在 4 世纪末至 5 世纪初，朝鲜半岛上的多数国家已经熟练掌握了汉字，并将其作为官方文字长期使用。汉字记录的《论语》《孝经》等儒家经典，《史记》《汉书》等历史著作，《千字文》《三字经》等童蒙读物，《玉篇》《字林》等小学字书，《华严经》《法华经》等汉译佛经，不仅跨越地域成为朝鲜半岛知识界接受汉文化的媒介，而且成为他们学习、借鉴和模仿

---

① 杨军等：《朝鲜半岛古代史研究》，社会科学文献出版社 2024 年版，第 13 页。

的重要资源。

# 第一节　百济、新罗与古代中国的书籍交流

儒学构成了中国传统文化的核心部分，而古代中国与朝鲜半岛之间的书籍交流也伴随儒家思想的东传而正式开启。在古代，中国与朝鲜半岛国家之间的书籍交流活动，有明确文献记载的，主要发生在百济、新罗与唐之间。

## 一、百济与古代中国的书籍交流

《和汉三才图会》是日本大阪医生寺岛良安仿照明代王圻及其子王思义撰写的《三才图会》的体例编撰而成的"百科全书"，其中记载百济古尔王五十一年（284年）"百济王遣阿直岐者，贡《易经》《孝经》《论语》《山海经》及良马"[①]。此条文献虽不是中国汉籍东传朝鲜半岛的直接记录，却间接透露出《易经》《孝经》《论语》《山海经》等汉籍在公元284年之前就已经在百济流传，并经由百济传入日本；该条文献还证明了汉籍在东亚文化圈内的"环流"现象，百济通过朝贡输入中国汉籍，同时充当了古代中日汉籍交流的桥梁。

近肖古王时期（346—375年），百济灭掉马韩，领土不断扩充。百济国人"兼爱坟史，其秀异者，颇解属文，又解阴阳五行，并解医药、卜筮、占相之术"[②]，接受汉文化，爱读汉文书籍，并能熟练运用汉文撰写文章。博士高兴即用汉字将王室的正统性和国家的权威记入其国史《书记》。百济于中大通六年（534年）、大同七年（552年），"累遣使献方物，并请《涅槃》等

---

① 转引自杨昭全：《中国——朝鲜·韩国文化交流史》Ⅲ，昆仑出版社2004年版，第880页。

② （唐）令狐德棻等：《周书》卷四十九，第886页。

经义、《毛诗》博士，并工匠、画师等"①，梁武帝均应其请。早在百济枕流王时期，梵僧摩罗难陀由东晋入百济传布佛教，百济再请《涅槃》等佛教典籍进一步研习佛教经义。汉武帝罢黜百家独尊儒术，专设五经博士，使公卿士大夫通晓儒家经典，儒学和政治紧密联系在一起，从而确立了儒学和儒学经典的权威地位。汉代虽齐、鲁、韩、毛四家诗并行，但《毛诗》并未被立为官学，最初在民间流传，西汉末年平帝时，才置毛诗学官博士，但时间不长，东汉光武帝又将毛诗博士废除，至章帝时才允许《毛诗》公开传授，但仍不设博士。大体上西汉儒学家多数传授《鲁诗》，东汉儒学家盛传《韩诗》，直到经学大师郑玄大力推举《毛诗》后，《毛诗》大行于世。百济在梁武帝时期累请讲授《毛诗》的学官，证明传入百济的是《毛诗》。《旧唐书·百济传》记载："其书籍有《五经》、子、史，又表疏并依中华之法。"② 这表明中国的儒家经典《五经》以及诸子百家和史学著作等已经传播至百济，但具体的传入时间、传播途径尚不明确。

关于百济与古代中国书籍交流的资料相当匮乏，只能大体窥见此一时期百济与中国的书籍交流以汉籍的东传为主，是单向流动，且主要为儒家经典。

## 二、新罗与唐的书籍交流

新罗偏居朝鲜半岛东南，与中国相距较远，"其国小，不能自通使聘"，加之高句丽曾阻断新罗结交中国的道路，直到新罗法兴王八年（521 年），才派遣使者随百济一同向梁贡奉方物。真兴王六年（545 年），大阿湌居柒夫奉命撰修国史，证明新罗对汉字的熟练使用，但却没有汉籍输入的记载。真兴王二十六年（565 年），陈文帝遣使入新罗，僧明观随行，携带佛经

---

① （唐）姚思廉等撰：《梁书》卷五十四，中华书局 1973 年版，第 804 页。
② （五代）刘昫等：《旧唐书》卷一九九上，中华书局 1975 年版，第 5329 页。

1700 余卷①，这是见于史籍的新罗与中国书籍交流的最早记录。汉字虽在新罗流行，但由于长时间内没有与中国直接建立联系，在统一新罗前未见儒家经典在新罗流传，此时难以谈及儒家思想对新罗的影响。

唐朝是中国历史上最强盛的朝代之一，也是中国向周边国家文化大输出的朝代。唐朝光辉灿烂的文化为当时东西方各国所向往，唐朝友好的对外政策为新罗等国家进一步吸收汉文化创造了良好条件。统一新罗通过遣使朝贡与唐朝展开密切频繁的政治、经济、文化交流，全面学习唐文化，模仿唐朝制度，迅速在朝鲜半岛三国中居于文化领先地位。

神文王二年（682 年），新罗推行儒学教育，仿唐制，行科举，设国学。当时国学"以《周易》《尚书》《毛诗》《礼记》《春秋左氏传》《文选》分而为之业，博士若助教一人，或以《礼记》《周易》《论语》《孝经》，或以《春秋左传》《毛诗》《论语》《孝经》，或以《尚书》《论语》《孝经》《文选》教授之"。②可知新罗国学将儒家经典及《文选》作为教学的主要内容，且有明确的分而业之的教授之法。此外，《缀术》《九章算术》《六章》等数学典籍构成了新罗国学算学科的学习内容，《本草经》《甲乙经》《素问经》《针经》《脉经》《明堂经》《难经》等医学典籍则是新罗国学医科的学习内容。692 年，新罗学者薛聪、强首等发明借用汉字来标记本民族语言的方法——吏读，虽然该方法因为种种弊端最终没有在朝鲜半岛通行，但该法提高了新罗人阅读、理解汉文典籍的效率，客观上使新罗人汉文典籍的学习步入了一个新的阶段。

新罗求请、唐朝赐书是唐罗书籍交流的途径之一。神文王六年（686 年），新罗遣使入唐，"奏请《礼记》并文章"，武后"令所司写《吉凶要礼》，并于《文馆词林》采其词涉规诫者，勒成五十卷赐之"③。孝成王二年(738 年)，

---

① ［高丽］金富轼著，杨军校：《三国史记》卷四，吉林大学出版社 2015 年版，第 51 页。后文所引不再详注。

② ［高丽］金富轼著，杨军校：《三国史记》卷三十八，第 554 页。

③ ［高丽］金富轼著，杨军校：《三国史记》卷八，第 109 页。

圣德王薨，唐玄宗遣使吊唁，向新罗王献老子《道德经》等文书①。景德王二年（743 年），新罗又"仰求《礼记》"，玄宗赐给《礼记》，还赐御注《孝经》一部。② 统一新罗与唐朝的人员交流也是书籍交流的重要途径。为了帮助新罗发展文化教育，唐朝向新罗派出不少文儒学者，比如文德元年（888 年），唐翰林院五经博士孟承训就携带很多儒家经典东渡新罗传授儒学；③ 新罗则派出大批"宿卫学生"即留学生入唐学习汉文化，十年限满后回国。这些新罗留学生成为参与唐朝科举的重要群体，他们直观接触并全面了解中国的典章制度、礼仪、文学、艺术，更直接接触到大量典籍，他们以出众的文学才华与唐朝文人诗文交流并结下了深厚的友谊。崔承祐、朴仁范等人所作诗歌古雅高远，用典丰富，颇具唐人诗歌风韵。崔致远的诗文作品柔婉渊雅，其诗文集《桂苑笔耕集》受到中朝（韩）历代学者的重视，被誉为"东国文学之祖""东国汉诗学鼻祖"。这些留学生归国之时抄写、携带汉文书籍乃是常事，他们成为汉文典籍的传播者同时也是创作者。

新罗元圣王四年（788 年），根据对儒家经典的掌握程度以及文章撰写水平设立"读书三品科"选拔人才，"读《春秋左氏传》，若《礼记》，若《文选》，而能通其义，兼明《论语》《孝经》者为上；读《曲礼》《论语》《孝经》者为中；读《曲礼》《孝经》者为下。若博通五经、三史、诸子百家书者，超擢用之"④。这种选拔人才的制度彻底打破了"以弓箭选人"的花郎制度，确立了儒学在新罗教育以及选官制度中的主导地位，同时进一步激励新罗知识分子对儒家典籍的重视和研读。

新罗是当时朝鲜半岛诸国中最晚接受佛教的国家，佛教经历了诸多阻力之后最终与新罗原始信仰结合，完成其本土化过程，并最终成为新罗的国教。

---

① ［高丽］金富轼著，杨军校：《三国史记》卷九，第 123 页。
② ［高丽］金富轼著，杨军校：《三国史记》卷九，第 124 页。
③ 廉皓等编：《朝鲜姓氏族谱全书》，中国文联出版社 1999 年版，第 397 页。
④ ［高丽］金富轼著，杨军校：《三国史记》卷十，第 135 页。

新罗还派出大批留学僧（学问僧）入唐求法，人数之多，求法地域之广，是其他任何国家都无法比肩的。这些留学僧有的终生留在中国，从事佛经的翻译或者注疏工作，对中国佛教的发展做出了不可磨灭的贡献。比如入唐学习法相宗的新罗僧人圆测，他是玄奘著名的弟子之一，曾于仪凤初年至垂拱末年（676—688 年）协助天竺僧地婆诃罗翻译《大乘显识经》《大乘密严经》等 18 部佛教经论，证圣元年（695 年），又协助实叉难陀重译《华严经》，最终在中国圆寂。另一位新罗留学僧慧超也终生留唐从事佛经翻译工作，在唐开元十一年至开元十五年（723—727 年）间前往印度各国巡礼，回长安后作《往五天竺国传》，记述途经各国的情况。该传是研究东亚、印度的宝贵资料，全本不存，仅存敦煌残卷。有的留学僧学成归国，将唐朝律宗、涅槃宗、华严宗、净土宗、天台宗、禅宗传入新罗，并与新罗本土实际相结合，形成多个新罗佛教派系，这些留学僧则成为新罗佛教各派的鼻祖。这些留学僧同样充当了佛教典籍的传播者，同时也是佛教典籍的创作者。比如唐长寿元年（692 年，新罗孝昭王元年），贤首国师法藏将所撰《华严探玄记》《华严一乘教分记》《玄义章》《华严梵语》《起信疏》《十二门论疏》《法界无差别论疏》托新罗留学僧胜诠携归新罗赠予僧义湖。再比如新罗留学僧顺璟师从玄奘，修习法相宗，撰有《法华经料简》《大毗婆沙论钞》《成唯识论料简》《因明入正理论钞》等经疏，成为新罗唯识宗的初祖。新罗华严宗高僧元晓，佛教著作繁富，据说有佛教注疏 100 多部，可惜大部分已经失传，《大乘起信论疏》《金刚三昧经论》《法华经宗要》《十门和净论》等阐述了其哲学思想，其中《大乘起信论疏》在佛教界享有盛誉，在中国被称为《晓公疏》《海东疏》，广泛流传。

在古代朝鲜半岛，至少在新罗完成统一之前，冲突和矛盾构成了朝鲜半岛国家与中原王朝关系的主要特征。到了唐朝，朝鲜半岛北部的高句丽与南部的新罗、百济之间展开了复杂的权力博弈，形成了三足鼎立的局面。在这一时期，高句丽展现了强大的军事力量，而新罗则与唐朝建立了紧密的联盟关系。相比之下，百济则经常处于较为被动的地位。尽管如此，在与中原王朝的互动中，百济和新罗都毫不犹豫地接纳并吸收了中国文化的元素，这些元素具有潜在的益处。

此一时期的书籍交流呈现出以下特点：在新罗统一之前，百济、新罗与中国之间的书籍交流主要通过两国的求请和中原王朝的赠书来实现，这一过程以书籍单向流入为主。流入的书籍种类以儒家经典为主，伴随着佛教和道教的传入，少量的佛教和道教典籍也得以传播。新罗统一后，与唐建立了和平的外交关系，朝贡—册封成为新罗与唐外交的重要手段，同时也是中华文化传播和接受的关键途径。唐朝的统治者通过朝贡—册封来巩固自己的地位，在"用夏变夷"的理念下坚持传播中华文化，使朝贡国在政治、文化和心理上真正归顺。新罗也通过朝贡派遣了大量使者、留学生和学问僧前往中国，学习中华文化，搜求中国汉籍，成为汉文化的传播者和汉文书籍流通的中介。在新罗与唐朝的书籍交流中，儒学典籍依然是主流，但医学、算学等其他类别的书籍交流也逐渐增多。佛经的交流数量较统一之前有显著提升；尽管如此，交流仍然以中国汉籍流入为主，同时通过朝鲜半岛国家与其他国家的交往，书籍也流入了其他国家，例如日本，但在种类和数量上都相对有限。

## 第二节　高丽与宋辽金元的书籍交流

高丽朝自918年太祖王建建国起，至1392年李成桂建立朝鲜朝止，共历经475年。这一时期与中国历史上的五代、宋（包括辽、金）、元朝以及明洪武二十五年相吻合，正值中国雕版印刷技术和书籍事业发展的黄金时期。在这一时期，高丽与宋辽金元之间的书籍交流，成为两国友好关系中极为重要的组成部分。

## 一、高丽与宋的书籍交流

自高丽太祖王建起，历代统治者都宣称继承了汉唐以来的礼乐传统，自视为君子之国、文物礼乐之邦，后人也将"唐人以为君子之国，宋朝以为文物礼乐之邦"①作为对高丽的极高赞誉载入《高丽史》。高丽素慕华风，将儒学作为治理国家、维护伦理秩序、提升个人道德修养的重要工具，并大力推广儒学教育。建国伊始，便在西京创办学校，设立"书学"博士。随后，在中央设立国子监、东学堂、西学堂及五部学堂，在地方则设立乡校。文宗时期，有"海东孔子"之称的崔冲创立九斋学堂，开启私人讲学之先河，将九经、三史作为讲习内容。高丽国王对搜集、收藏、学习和研究中国汉籍极为重视：成宗继位后，更加推崇儒学，下令在西京设立修书院，命儒生抄《书》《史》而藏之；睿宗在宫廷"置清宴、宝文两阁，日与文臣讲论《六经》，偃武修文"②，致力于以礼乐塑造风俗，命两阁学士讲解《尚书》《礼记》《诗经》《周易》中的篇章，并要求宝文阁学士对《贞观政要》进行注解；仁宗"自少多才艺，晓音律，善书画，喜观书，手不释卷，或达朝不寐"③，命文臣讲解《诗》《书》《礼》《易》中的篇章，还将《论语》《孝经》等儒家经典分赐给闾巷儿童，以此教化百姓，还命史学家金富轼讲读司马光的《训俭示康》以训诫群臣。正是在高丽历位国王的积极推动下，阅读和研究中国汉籍，学习中国的礼乐制度，成了一种风尚。

中国的儒学经典、医书、佛经等文献通过官方求赐、僧侣和留学生携带、民间贸易等多种渠道大规模流入高丽。根据《高丽史》的记载，高丽在962—1164年共派遣使者前往宋朝67次，④几乎每次出使都负有求书的任

---

① [朝鲜朝] 郑麟趾等著，孙晓主编：《高丽史》卷一二〇，第九册，西南师范大学出版社2014年版，第3672页。后引不再详注。
② [朝鲜朝] 郑麟趾等著，孙晓主编等：《高丽史》卷七，第一册，第432页。
③ [朝鲜朝] 郑麟趾等著，孙晓主编等：《高丽史》卷十七，第二册，第520页。
④ 杨渭生：《宋丽关系史研究》，杭州大学出版社1997年版，第150页。

务。宋朝皇帝通常会应高丽的请求，赐予许多重要的典籍。例如，在高丽成宗十一年（992年），宋太宗赐予了"板本《九经》书"，以弘扬儒教 [1]；到了高丽显宗七年（1016年），奏告使郭元带回了宋真宗御赐的诏书七函，其中包括《九经》《史记》《两汉书》《三国志》《晋书》《圣惠方》、诸子书（具体书名不详）、历日、《国朝登科记》以及真宗皇帝的御诗。在高丽显宗十三年（1022年），宋仁宗赐予了《圣惠方》《阴阳二宅书》《乾兴历》以及佛典。到了高丽肃宗六年（1100年），使臣王蝦、吴延宠带回了宋徽宗御赐的《太平御览》（1000卷）和《神医普救方》。

自太祖王建起，高丽便秉承"佛教护国"的治国理念，对佛教实行保护政策。作为佛教教义的重要载体，佛经受到了高丽的高度重视。在成宗八年（989年），沙门如可携带表文前往宋朝朝拜，并请求《开宝藏》[2]，"至是赐之，仍赐如可紫衣，令同归本国"[3]，这是《开宝藏》雕印本传入高丽的最早记录。成宗十年（991年）"夏四月庚寅，韩彦恭还自宋，献《大藏经》。王迎入内殿，邀僧开读。"[4] 根据《高丽史·韩彦恭传》的记载，韩彦恭此次不仅带回了481函共2500卷的《大藏经》，还带回了御制的《秘藏诠》《逍遥咏》和《莲华心轮》。

宋朝皇帝颁布法令，开放了书籍市场，允许高丽使臣购买书籍。例如，北宋熙宁七年（1074年），宋神宗颁布诏令，授权国子监允许高丽使臣购置《九经》、诸子百家的书籍以及史书。高丽宣宗二年（1085年），高丽使臣成功购得一套《大藏经》和一部《华严经》。自宋朝开国以来，就一直面临辽金的威胁，边境局势紧张。尽管在"澶渊之盟"后辽宋关系有所缓和，但宋朝对可能涉及国家军事情报的书籍仍然实行严格的查禁和禁令。苏轼在《论

---

[1] （元）脱脱等撰：《宋史》卷四八七，中华书局1977年版，第14042页。后引不再详注。

[2] 宋朝政府于开宝四年（971年）在四川成都雕印《大藏经》，历经十三年（984年）乃成，俗称《开宝藏》《蜀藏》。

[3] （元）脱脱等撰：《宋史》卷二百四十六，第14039—14040页。

[4] ［朝鲜朝］郑麟趾等著，孙晓主编：《高丽史》卷三，第一册，第74页。

高丽买书利害札子》中指出高丽使臣购买书籍的潜在风险："臣所忧者，文书积于高丽，而流于北虏，使敌人周知山川险要边防利害，为患至大。"① 两宋朝廷不仅明文禁止民间刊印天文、谶纬、兵法、历法、刑律典册、制书敕文以及涉及政治、军事、边防的图书、本朝史籍、文人士大夫议论时政的诗文集，还规定："民以书籍赴沿边榷场博易者，自非九经书疏，悉禁之，违者案罪，其书没官。"② 针对高丽的求书和购书请求，宋朝根据国内外形势的变化，不断调整其书籍政策。在仁宗天圣五年、康定元年、至和二年，哲宗元祐五年，徽宗大观二年、宣和四年，宋朝多次颁布禁止涉密书籍外流的禁令③，这在一定程度上影响了两国的书籍交流。例如，在高丽宣宗二年（1085 年），宋哲宗即位，高丽遣使金上琦、林暨前来慰问祝贺，并请求购买刑法之书以及《太平御览》《开宝通礼》《文苑英华》。哲宗仅赐予《文苑英华》，而对其他请求未予批准。④ 高丽宣宗八年（1091 年），高丽使臣黄宗悫朝宋并请求购买书籍。当时担任礼部尚书的苏轼坚决反对，但最终高丽使臣还是购得了《册府元龟》。高丽宣宗十年（1093 年），高丽使臣求请《太平御览》，但由于该书内容广泛，涉及刑法、兵部、山川地理等关涉国家军事机密，宋哲宗未予批准。直至高丽宣宗十二年（1095 年），宋徽宗才将《太平御览》1000 卷赐予高丽。

在辽、西夏、金三国的压力下，宋与高丽之间的正式外交关系曾一度受阻。然而，商人们却在两国之间架起了一座私下贸易的桥梁，其中以宋朝商人前往高丽进行贸易尤为突出。为了追求利润，宋朝的商人们不仅将中国的丝织品、瓷器、茶叶等商品带往高丽，还冒着违反朝廷图书禁令的风险，将书籍偷偷带入高丽。例如，在高丽显宗十八年（1027 年），江南人李文通等

---

① 孔凡礼点校：《苏轼文集》，中华书局 1986 年版，第 1000 页。
② （宋）李焘：《续资治通鉴长编》卷六十四，景德三年九月壬子条。
③ 林平：《宋代禁书研究》，四川大学 2006 年博士学位论文，第 63 页。
④ （元）脱脱等撰：《宋史》卷二百四十六，第 14048 页。

人私卖 597 卷书册。[①] 宣宗四年（1087 年），宋朝商人徐戬等 20 人带来了《新注华严经》的经板进行销售。[②] 明宗二十二年（1192 年），宋朝商人又带来了《太平御览》，高丽王为此赏赐了 60 斤白金。[③] 尽管商人们的目的仅在于牟利，但在客观上，他们却成了宋丽两国书籍交流的使者，这一现象成了两国书籍交流的显著特色。

随着雕版印刷和活字印刷技术的引入，高丽人精通了相应的版画和印刷技术，特别是雕版技术达到了精湛的水平，极大地促进了高丽以及朝鲜王朝书籍出版事业的发展。高丽官府大量翻印中国汉籍或依照中国汉籍的样式重新雕印本国收藏的汉籍，以满足国家建设以及民众的文化需求。例如，靖宗八年(1042 年)，东京副留守崔颢等人进献了新刊的《两汉书》和《唐书》；靖宗十一年（1045 年），秘书省进献了新刊的《礼记正义》和《毛诗正义》。高丽的印刷范围广泛，且重视校勘，因此印刷质量上乘，高丽所印刷的书籍常作为贡品带入中国。光宗十年（959 年），高丽派遣使者前往后周，进献了新印刷的《别序孝经》《越王孝经新义》《皇灵孝经》以及《孝经雌雄图》。宋哲宗甚至专门列出了求书清单，即使"有卷第不足者，亦传写附来"，所求书籍多达 128 种 4993 卷 [④]，包括谢承的《后汉书》，孙盛的《魏氏春秋》，干宝的《晋纪》，崔鸿的《十六国春秋》，鱼豢的《魏略》，刘璠的《梁典》，沈孙的《齐记》，吴均的《齐春秋》，何法盛的《晋中兴书》，谯周的《古史考》以及《世本》《括地志》《舆地志》《十州三志》《高丽志》，宋代朝廷禁止流通的奏议类史籍《魏名臣奏》《汉名臣奏》等。由于资料限制，高丽向宋朝输出的具体书籍数量难以精确统计，但足以证明高丽在保

---

① ［朝鲜朝］郑麟趾等著，孙晓主编：《高丽史》卷五，第一册，第 128 页。

② ［朝鲜朝］郑麟趾等著，孙晓主编：《高丽史》卷十，第一册，第 279 页。

③ ［朝鲜朝］郑麟趾等著，孙晓主编：《高丽史》卷二十，第二册，第 638 页。

④ 所列书单见于郑麟趾《高丽史》卷十，宣宗世家七年七月癸未条及宣宗八年六月丙午条。同见［韩］洪凤汉等编：《增补文献备考·艺文考》，明文堂影印本 1985 年版，第 211—213 页。后文不再详注。

存中国汉籍方面的贡献。

## 二、高丽与辽金元的书籍交流

高丽朝前期，与中国北方的辽、金政权确立了"宗藩关系"。辽与高丽之间虽有书籍的交流，但主要限于佛学经典，且交流的书籍数量有限，其密切程度远不及宋元时期的交流。

高丽文宗朝崇佛、佞佛风气大盛，佛事繁多，王室和贵族也纷纷效仿僧侣修行。文宗之子义天曾前往宋朝求取佛法，这使得宋丽两国的佛教交流达到了顶峰。同时，义天在辽丽佛教文化交流方面也发挥了重要作用。辽道宗久仰其名，"送大藏及诸宗疏钞六千九百余卷，其文书、药物、金帛，至不可胜计。"[①] 义天所编纂的《新编诸宗教藏总录》中也收录了辽国佛学著作。在肃宗四年（1099 年），辽国赐予高丽藏经；肃宗五年（1100 年），又赐予了两函释经。睿宗二年（1107 年），辽国再次赐予《大藏经》。据《三国遗事》记载，睿宗时期还有购买辽本《大藏经》的记录。[②]

在高丽人的心目中，蒙古是最凶猛的外族，双方历史上未曾有过友好关系，因此高丽人曾顽强抵抗蒙古的势力长达四十余年。随着丽蒙对抗的结束，元丽关系经历了重大转变。元朝的皇帝们不仅积极吸收汉文化，重视书籍的搜集与保存，同时也调整了对高丽的政策。元世祖忽必烈颁布诏令，将"秘书省图书，太常寺祭器、乐器、法服、乐工、卤簿、仪卫，宗正谱牒，天文地理图册，凡典故文字，并户口版籍尽仰收拾"[③]。元至元十三年

---

① 河北省民族宗教事务厅：《新纂续藏经·东国僧尼录》，河北省佛教协会 2006 年版，第643 页。

② 原文为"本朝睿庙时，慧照国师奉诏西学，市辽本大藏经三部而来。一本今在定惠寺"。参见［高丽］一然撰，［韩］权锡焕、陈蒲清注译：《三国遗事》，岳麓书社 2009 年版，第 284 页。

③ （明）宋濂等撰：《元史》卷九《世祖本纪六》，中华书局 1976 年版，第 179 页。后引不再详注。

（1276 年）十月，两浙宣抚使焦友直将临安府的经籍图书、阴阳秘书等运至元大都。至元十五年（1278 年）四月，元世祖再次下令"取在官书籍版刻至京师"①，国家藏书极盛。高丽与元朝建立姻亲关系后，文化交流变得更加密切。高丽频繁派遣使者前往元朝索求和购买书籍。高丽忠肃王元年（1314 年），博士柳衍、学谕俞迪等人前往江南购买书籍，不幸遭遇船只失事。他们赤身登岸。当时的判典校寺事洪沦不仅向柳衍等人提供了宝钞 150 锭，购买了经籍 10800 卷，还向元仁宗请求赐书 4371 册，这些书籍都是珍贵的宋代秘阁藏书。②

忠肃王元年（1314 年），作为人质前往元朝的朝鲜世子及其随从以及在元朝任职的文人，成了书籍交流的重要桥梁。忠宣王、李齐贤、白颐正、安珦等人均以文才著称。他们长期在元居住，忠宣王修建了万卷堂藏书楼，并与元朝著名学者阎复、姚燧、赵孟頫、虞集等人进行了频繁的学术交流。他不顾群臣的反对，将本国先代《实录》185 册送往元朝，并派遣使者进献了《世代编年节要》和《金镜录》。安珦、白颐正等作为忠宣王的陪臣，与元朝的学者们进行了广泛的交流，他们对朱熹的学问深感敬仰，抄录了朱子的著作，并接受了朱子的治学方法。在他们返回朝鲜时，带回了大量关于程朱性理的书籍。据《高丽史》记载，安珦是最早将朱子学引入朝鲜半岛的人。高丽的学者们热衷于临摹朱子的画像，购买、抄写、刊印朱熹的书籍，成为这一时期两国书籍交流的显著特征，也在传播程朱理学方面作出了巨大贡献。当然，元朝为了编纂《实录》《功臣传》等文献，也多次向高丽索取相关资料。例如，在忠肃王十二年（1325 年），元中书省命令高丽"自成吉思皇帝以来出气力有功者，抄录史策以进"③，而在忠肃王后四年（1335 年），元朝派遣直省舍人

---

① （明）宋濂等撰：《元史》卷十《世祖本纪七》，第 200 页。
② ［朝鲜朝］郑麟趾等著，孙晓主编：《高丽史》卷三十四，第三册，第 1090 页。
③ ［朝鲜朝］郑麟趾等著，孙晓主编：《高丽史》卷三十五，第三册，第 1117 页。

实德前往高丽"索宋、辽、金三国事迹"①。

自朝鲜半岛统一新罗以前至高丽时代，古代朝鲜半岛人民毫不遮掩对中华文化的仰慕之情，对中华文化孜孜以求。在不同的历史时期，承载着中华文明精髓的儒学、史学、文学和宗教等汉籍，通过多种途径持续不断地传入朝鲜半岛，对当地的国家建设与文化建设产生了深远的影响。及至明清时期，中国与朝鲜之间的书籍交流不仅延续了早期的交流历史，而且呈现出新的发展趋势。

## 第三节　朝鲜与明的书籍交流

自明朝太祖朱元璋起，便倡导对朝鲜"字小以仁"，实施"厚往薄来"的外交政策，从而与朝鲜建立了"典型的朝贡关系"。这一关系使得明朝与朝鲜之间无论在政治交往上，还是在文化交流上，都具备以往朝代所不具备的规模和特征。朝鲜致力于与明"同文同轨"，大量书籍通过官方途径传入朝鲜。《朝鲜王朝实录》使用了"请赐""请贸""求购""赠"等词汇，精确区分了中朝书籍交流的不同方式，为书籍交流的分类和总结提供了便利。

### 一、朝鲜与明书籍交流的形式

朝鲜与明之间的书籍交流主要以赐书、购书和赠书三种形式进行，其中"朝天使"在这一交流过程中发挥了至关重要的作用。

#### （一）赐书

赐书，作为宗主国确立其对外权威的一种方式，既体现了外交活动的性质，也充当了文化传播的媒介。在明与朝鲜的书籍交流中，赐书活动可以分

---

① ［朝鲜朝］郑麟趾等著，孙晓主编：《高丽史》卷三十五，第三册，第1150页。

为明朝的主动赐书和朝鲜的请求赐书两种形式。明朝每年十一月或十二月向朝鲜颁布新一年的《大统历》，这一行为具有显著的政治含义，因为藩属国通过接受并实施宗主国的历法，表达了其政治上的顺从。最初，朝鲜的正朝使负责将历书带回本国，后来则由冬至使前来领取。即便冬至使在京期间，新《大统历》尚未完成而无法及时颁赐，明朝也会派遣特使将历书送达朝鲜，因此《大统历》的颁赐并非依赖于朝鲜的请求，而是宗藩关系下宗主国的自发行为。明永乐元年（1403 年）九月，明成祖鉴于朝鲜太宗李芳远"知慕中国圣人之道，礼文之事，此意可嘉"，下令礼部将"书籍整理给予他"①。随后，朝天使成石璘带回了《通鉴纲目》和《十八史略》。一个月后，翰林待诏王延龄、鸿胪寺行人崔荣至等出使朝鲜，携带了明成祖御赐的《元史》《十八史略》《山堂考索》等书籍。② 对于朝鲜而言，书籍交流是中朝交流的重要事件，因此史官在《朝鲜王朝实录》中详细记载了每次明朝赐书或朝鲜请求赐书的原因、数量及收藏情况。根据《朝鲜王朝实录》和《增补文献备考·艺文考》，现将历史上明朝皇帝赐书的情况列表如下：

表 1　明朝赐书情况统计表 ③

| 序号 | 赐书时间 | 所赐书目及数量 | 携书使臣 | 赐书方式 |
|---|---|---|---|---|
| 1 | 1402 年(朝鲜太宗二年，明建文三年) | 《文献通考》1 部 | 朝鲜圣节使赵温 | 明帝诏赐 |
| 2 | 1403 年(朝鲜太宗三年，明永乐元年) 九月 | 《通鉴纲目》《十八史略》，数量不详 | 朝鲜谢恩使右政丞成石璘 | 使臣奏请，明帝赐 |

① 《朝鲜王朝太宗实录》卷六，太宗三年九月九日甲申，《朝鲜王朝实录》第 1 册，韩国国史编撰委员会 1970 年影印缩编版，第 276 页。特别说明，本文所引《朝鲜王朝实录》均为同一版本，故在此引用时不再标注出版信息，简称影印本第几册。

② 《朝鲜王朝太宗实录》卷六，太宗三年十月二十七日辛未，影印本第 1 册，第 281 页。

③ 《朝鲜王朝实录》以及《明实录》中几乎记录了每年赐给大统历的情况，故本表的统计不包括每年颁赐的大统历。

续表

| 序号 | 赐书时间 | 所赐书目及数量 | 携书使臣 | 赐书方式 |
|---|---|---|---|---|
| 3 | 1403 年(朝鲜太宗三年,明永乐元年)十月 | 《元史》《十八史略》《山堂考索》《诸臣奏议》《大学衍义》《春秋会通》《真西山读书记》《朱子成书》各 1 部,共 8 部 | 明朝翰林待诏王延龄等 | 使臣奏请,明帝赐 |
| 4 | 1404 年(朝鲜太宗四年,明永乐二年)三月 | 《古今列女传》110 部 | 朝鲜贺正使 | 明帝赐 |
| 5 | 1404 年(朝鲜太宗四年,明永乐二年) | 《列女传》500 部 | 朝鲜进贺使李至、赵希闵 | 明帝诏赐 |
| 6 | 1406 年(朝鲜太宗六年,明永乐四年) | 《通鉴纲目》《汉准》《四书衍义》《大学衍义》 | 礼部咨送 | 明帝钦赐 |
| 7 | 1408 年(朝鲜太宗八年,明永乐六年)二月 | 《孝慈高皇后传》50 本 | 朝鲜计禀使具宗之 | 明帝诏赐 |
| 8 | 1408 年(朝鲜太宗八年,明永乐六年)四月 | 《仁孝皇后劝善书》《孝慈皇后传》各 150 本,共 300 本 ① | | 明帝诏赐礼部咨送 |
| 9 | 1408 年(朝鲜太宗八年,明永乐六年)九月 | 《礼部仪注》 | 明都知监左少监祁保、礼部郎中林观 | 明帝赐 |
| 10 | 1409 年(朝鲜太宗九年,明永乐七年) | 《劝善书》300 部 | 朝鲜计禀使权缓 | 明帝诏赐 |
| 11 | 1415 年(朝鲜太宗十五年,明永乐十三年) | 《铜人图》(针灸方书) | 朝鲜千秋使吴真 | 应朝鲜奏请,明帝赐 |
| 12 | 1417 年(朝鲜太宗十七年,明永乐十五年) | 《诸佛世尊如来菩萨尊者名称歌曲》②100 本,《神僧传》300 本 | 朝鲜进献使卢龟山、奏闻使元闵生 | 明帝赐 |
| 13 | 1418 年(朝鲜太宗十八年,明永乐十六年)五月 | 《菩萨如来歌曲》300 本 | 朝鲜圣节使金渐 | 明帝赐 |

---

① 此处《朝鲜王朝实录》与《增补文献备考》记录在赐书数量上有出入,《孝慈皇后传》是否为具宗之带回待考。

② 明朝皇帝多次赐予朝鲜《诸佛世尊如来菩萨尊者名称歌曲》,或简称《名称歌曲》。

续表

| 序号 | 赐书时间 | 所赐书目及数量 | 携书使臣 | 赐书方式 |
|---|---|---|---|---|
| 14 | 1418年（朝鲜太宗十八年，明永乐十六年）九月 | 《名称歌曲》1000本 | 明使宦官陆善财 | 明帝赐 |
| 15 | 1419年（朝鲜世宗一年，明永乐十七年）六月 | 《为善阴骘书》600本 | 朝鲜圣节使李之崇 | 明帝赐 |
| 16 | 1419年（朝鲜世宗一年，明永乐十七年）十二月 | 《阴骘书》22柜，《名称歌曲》三十柜，永乐皇帝御制序新修《性理大全》《五经四书大全》，数量不详 | 朝鲜谢恩使敬宁君李裶、赞成郑易、刑曹参判洪汝方 | 明帝赐 |
| 17 | 1426年（朝鲜世宗八年，明宣德元年） | 《五经四书大全》1部，《性理大全》1部共120册，《通鉴纲目》1部计14册 | 朝鲜进献使金总制金时遇 | 应朝鲜奏请，明帝赐 |
| 18 | 1433年（朝鲜世宗十五年，明宣德八年） | 《五经四书大全》1部，《性理大全》1部，《通鉴纲目》2部 | 朝鲜千秋使朴安臣 | 明帝赐 |
| 19 | 1435年（朝鲜世宗十七年，明宣德十年） | 《音注资治通鉴》1部 | 朝鲜圣节使南智 | 应朝鲜奏请，明帝赐 |
| 20 | 1454年（朝鲜端宗二年，明景泰五年） | 《宋史》1部 | 朝鲜圣节使黄致身 | 应朝鲜奏请，明帝赐 |
| 21 | 1469年（朝鲜睿宗元年，明成化五年） | 《五伦书》《五经大全》《性理大全》《四书》数量不详 | 明朝太监郑同、沈浍 | 明帝别赐 |
| 22 | 1478年（朝鲜成宗九年，明成化十四年） | 御制诗 | 朝鲜圣节使书状官金永贞 | 明帝特赐 |
| 23 | 1481年（朝鲜成宗十二年，明成化十七年） | 《资治通鉴》《程氏遗书》《真西山集》《事文类聚》《致堂管见》《宋朝文鉴》各1部 | | 明帝钦赐 |
| 24 | 1588年（朝鲜宣祖二十一年，明万历十六年） | 《大明会典》（辩诬改本） | 朝鲜谢恩使俞泓 | 明帝赐 |
| 25 | 1589年（朝鲜宣祖二十二年，明万历十七年） | 《大明会典》全帙228卷 | 朝鲜圣节使尹根寿 | 应朝鲜奏请，明帝颁赐 |

续表

| 序号 | 赐书时间 | 所赐书目及数量 | 携书使臣 | 赐书方式 |
|---|---|---|---|---|
| 26 | 1603 年（朝鲜宣祖三十六年，明万历三十一年） | 《大学衍义》1 部 | 朝鲜冬至使金玏 | 明帝颁赐 |

经过统计分析，历史上明朝皇帝共赐书 26 次，主要集中在明朝的早期和中期。这一时期，双方政治关系稳定，使节的交流十分频繁，尤其是在永乐和宣德年间，明朝所赐予的书籍种类丰富且数量可观。然而，到了明朝后期，由于持续 7 年的抗倭战争以及后金在辽东地区的崛起，朝鲜与明朝之间的交通路线受到了阻断，导致书籍交流受阻，相关的历史记录也变得稀少。

从赐书种类上来看，明朝所赐予的书籍大多为儒学经典，其最主要原因是两国相同的以儒教治国的理念。自宋代起，源自传统儒学的程朱理学便被历任统治者尊为封建统治的官方哲学。明太祖朱元璋极力推崇程朱理学，学者们只专注于《四书》《五经》的学习，只讲授"濂洛关闽"之学；明成祖更是命令编纂《性理大全》《四书大全》《五经大全》，通过传承和阐释儒家经典的深意，确立了程朱理学作为一元化思想统治的地位，从而统一了士大夫们的思想。同时，这些书籍被作为御赐之物赠送给朝鲜，这不仅是对朝鲜的一种礼遇，也是向朝鲜传播儒家礼制，推广儒化教育的重要手段。

通过审视上表，我们可以清晰地看到，在朝鲜新王继位或明朝新帝登基之际，明朝会御赐书籍，这一行为带有明确的政治意图。新帝登基时，通过赐书来实现"宾服四夷"的目的；向朝鲜新国王颁赐书籍，以促进其施行儒化统治和经邦治民。例如，朝鲜世宗元年（1418 年），明成祖曾赐《五经大全》《四书大全》和《性理大全》。明宣宗即位当年，也赐给朝鲜世宗《五经大全》《四书大全》和《性理大全》，并强调了这些书籍的重要性："圣人之道与前代得失，俱在此书，有天下国家者不可不读。闻裪（朝鲜世宗）勤学，朕故赐之，若使小邦之民得蒙其惠，亦朕心所乐也"①。此外，书籍也作为朝鲜朝贡的回赐品流入朝鲜。例如，在朝鲜太宗六年（1406年），朝鲜太宗向永乐皇帝进献3尊铜佛，永乐皇帝则以《通鉴纲目》《汉准》《四书衍义》《大学衍义》等书籍作为回赐。

通过审视上表，我们还可以发现，明永乐年间，有关于赐予佛曲、《神僧传》以及《为善阴骘》的记载。尽管佛教与程朱理学之间存在难以调和的矛盾，明成祖基于复杂且深刻的社会因素和个人考量，对佛教采取了一种既严格整顿限制又积极提倡保护的双重政策。② 他不仅亲自为多部佛经作序，还"潜心释典，作为佛曲，使宫中歌舞之"③，同时，他还搜集了历史上名僧的卓越事迹，编纂成《神僧传》。明成祖御制的佛曲《诸佛世尊如来菩萨尊者名称歌曲》和《神僧传》都被赐予朝鲜。此外，明成祖还撰写了《为善阴骘》，将佛教的"善"与"恶"的观念与封建统治理念相结合，旨在引导百姓"忠于君上，孝于父母，敬天地，奉祖宗，尊三宝，敬神明，谨言行，爱惜物命，广行阴骘"④。这类利用佛教的善恶因果报应来维护和巩固封建统治的《为善阴骘》，也成了永乐年间明朝对外赐书的重要内容之一。

（二）购书

朝鲜与明友好往来200余年，然而，明朝赐予书籍仅有20多次，这远远不能满足朝鲜在政治和文化方面的需求。因此，购买书籍成了朝鲜使臣出访明朝时的一项重要任务，也是当时汉籍传入朝鲜的主要途径。姜绍书在其

① 《明宣宗实录》卷二十二，上海书店1982年影印本，第578页。
② 详细内容可参看何孝荣：《明成祖与佛教》，《佛学研究》，中国佛教文化研究所2002年版，第210—212页。
③ 转引自何孝荣：《明成祖与佛教》，《佛学研究》，中国佛教文化研究所2002年版，第209页。
④ 转引自何孝荣：《明成祖与佛教》，《佛学研究》，中国佛教文化研究所2002年版，第210—211页。

著作《韵石斋笔谈》中记录了朝鲜使节购书的情况。他写道："朝鲜国人最好书，凡使臣入贡，限五六十人，或旧典，或新书，或稗官小说，在彼所缺者，日出市中，各写书目，逢人遍问，不惜重金购回，故彼中反有异书藏本也。"①

朝天使臣的购书活动可以细分为两种形式：一种是完成官方贸易使命的"官贸"购书；另一种则是使臣个人购买书籍。

朝鲜太宗元年（1401 年），领议政府事李舒在归国途中购得了《大学衍义》《通鉴集览》和《事林广记》各一部②。这是朝鲜使臣购买书籍的最早记录，此后，使臣们购买书籍的行为持续不断。现根据《朝鲜王朝实录》明确记载的壬辰战争之前的"官贸"书籍情况整理如下：

表 2　朝天使行"官贸"书籍简况表（壬辰战争之前）

| 贸书时间 | 负责使臣 | 书籍名称或类别 | 备注 |
|---|---|---|---|
| 太宗十七年（1417 年） | 书状官庚顺道 | 医方、卜筮书 | |
| 世宗十七年（1435 年） | 圣节使南智 | 《四书五经大全》可买则买；《纲目》《书法》《国语》 | 同时奏请胡三省的《音注资治通鉴》、赵完璧的《资治通鉴源委》、金履祥的《通鉴前编》、陈桱的《历代笔记》、元脱脱等人编撰的《宋史》等，"若蒙钦赐，不可私买。礼部如云御府所无，则亦不可显求。"这暗含了可私下购买之意。同时叮嘱使臣"凡买书，必买两件，以备脱落。"显示出明确的书籍保藏意识 |
| 世宗二十一年（1439 年） | 圣节使李思俭 | 凡涉及礼乐制度的各类书籍 | |

---

① （明）姜绍书：《韵石斋笔谈》，《景印文渊阁四库全书》，子部第 872 册，台湾商务印书馆 1986 年版，第 95 页。后引不再详注。

② 《朝鲜王朝太宗实录》卷二，太宗元年十二月九日癸亥，影印本第 1 册，第 219 页。

续表

| 贸书时间 | 负责使臣 | 书籍名称或类别 | 备注 |
|---|---|---|---|
| 世宗二十二年<br>（1440年） | 咨文赍进官金何 | 辽东人家藏《蠃虫录》 | |
| 文宗元年<br>（1450年） | 谢恩使韩确、金铫 | 王与之《东岩周礼订义》、朱熹《仪礼经传通解》《仪礼集传集注》《晦庵先生朱文公集》、郑樵《通志》、朱熹删订的《中庸辑略》、沈枢《通鉴总类》、袁枢《资治通鉴本末》、元丞相脱脱《宋史》、魏齐贤等辑录的《圣宋名贤五百家播芳大全文粹》、真德秀《续文章正宗》、唐陆贽《备举文言》、宋人赵汝愚《宋朝诸臣奏议》 | |
| 世祖三年<br>（1457年） | 奏闻使韩明浍 | 艺文馆所无书籍、医方佛书 | |
| 世祖十一年<br>（1465年） | 圣节使宋文琳 | 全帙《地理大全》 | |
| 成宗元年<br>（1470年） | 谢恩使金国光、郑兰宗，书状官朴叔蓁 | 明朝新编撰的书籍；弘文、艺文两馆所藏不完整的书籍 | |
| 燕山君三年<br>（1497年） | 千秋史权景祐 | 弘文馆遗失的《吴越春秋》《南北史》《三国志》 | |
| 燕山君五年<br>（1499年） | 圣节使金寿童 | 《圣学心法》 | |
| 燕山君十二年<br>（1506年） | 谢恩使李继福 | 《剪灯新话》《剪灯余话》《效颦集》《娇红记》《西厢记》等 | |
| 中宗十三年<br>（1518年） | 正朝使李继孟 | 《大明会典》 | 在书中发现所记朝鲜"世系舛谬"，专门遣使赴明进行"宗系辩诬" |

续表

| 贸书时间 | 负责使臣 | 书籍名称或类别 | 备注 |
|---|---|---|---|
| 明宗元年<br>（1546年） | 不详 | 《地理新书》 | |
| 明宗九年<br>（1554年） | 不详 | 《圣学格物通》 | |
| 宣祖二十五年<br>（1592年） | 冬至使许晋 | 《纪效新书》 | |

通过审视上表，我们可以大致了解朝鲜使臣奉命采购的书籍种类。即便在政治动荡的燕山君时期，我们仍能发现使臣购买书籍的记录。[1] 燕山君曾下令购买《剪灯新话》《剪灯余话》《效颦集》《娇红记》《西厢记》等小说，反映出其对小说阅读的浓厚兴趣。

在中宗朝，虽然可查证的使臣购书记录仅有一条，但通过大提学金安国开列朝鲜使臣奉命采购书单的行为来看，可以看出中宗朝继承着"祖宗以来，代尚儒术，圣经贤传，诸史子集，以至遗经逸书无不鸠集"[2] 的优良传统。尽管金安国所列的具体书单不详，但根据他的奏文，我们可以推断他是以东西文武楼所藏书册为参考，考虑到书籍的缺失情况，他建议使臣每次出使时"价物量给，随所见贸来"[3]。他进一步建议，购买的书籍应以经学、理学为主，诸子百家则只选名家作品，同时包括杂书、医药、卜筮、天文、地理等类书籍。对于每次出使时首要购买的书籍，他建议由中宗从所列书目中选择，或由弘文馆进行标注。对于卷帙不全的书籍，应指示弘文馆进行标注。金安国还指出，"天文、历法、兵法等书，乃中朝所禁"，因此他建议将这些"禁书"单独列出，以免影响其他书籍的采购。金安国的上书揭示了中

---

① 燕山君本人无意书史，曾下"禁儒令"禁止儒生读书、交游，甚至销毁宫内藏书，使藏书遭遇了一场人为浩劫。

② 《朝鲜王朝中宗实录》卷二十三，中宗十年十一月十六日己巳，影印本第15册，第119页。

③ 《朝鲜王朝中宗实录》卷九十六，中宗三十六年八月二十七日庚辰，影印本第18册，第494页。

宗朝使臣购买书籍的范围广泛，包括经学、理学、诸子百家、杂书、医药、卜筮、天文、地理等类书籍。对于金安国所提"禁书"，中宗态度鲜明，"天文、历法、兵法等册，中朝所禁，则令通事随所见贸来可也。"①这表明中宗朝使臣的书籍采购任务既繁重又持久。

在明宗朝，礼曹也曾提出令使臣购书的建议："弘文馆所抄各秩书册，虽不得尽贸，择其要紧而贸之，其诸书目录，无遗誊书而来，则徐准我国有无书册，而前后使臣之去，给价送之，使之渐次贸来为便矣。虽非此家所藏书册，价布若优，则一略及北京，亦可广购。"②

1592 年的壬辰战争严重破坏了朝鲜的书籍印刷和收藏，然而，它也激发了朝鲜对兵书的购买、出版和注释的强烈需求。例如，宣祖二十六年（1593 年），冬至使赴明朝贡，有意识地购得戚继光的《纪效新书》。柳成龙等人受命对《纪效新书》进行解释和分析，并据此重新组织军队，训练士兵，进而提高了士兵的个人战斗技能和军队的整体作战能力。宣祖三十七年（1604 年），朝鲜本土化的兵书如《练兵实纪》《操练图式》和《武艺诸谱翻译续集》等得以版印刊行。这些书籍后来传入日本，成为中、朝（韩）、日三国间书籍交流的一个典型例子。

到了宣祖三十七年（1604 年），"壬辰倭乱"后，"经筵进讲书册，皆经贼手，卷帙不全，不合清燕之览"③，朝鲜面临一项迫切的任务：恢复受损的制度建设、经筵进讲以及藏书体系。朝鲜国王多次命令赴京使臣购买书籍。光海君二年（1610 年），国王命令千秋使黄是等人采购《后汉书》《南史》《北史》《辽史》《金史》《元史》《太平御览》以及《历代名臣奏议》等重要书籍。光海君五年（1613 年），又命令奏请使朴弘耇购买《春秋四传》《通鉴纂要》

---

① 《朝鲜王朝中宗实录》卷九十六，中宗三十六年八月二十七日庚辰，影印本第 18 册，第 494 页。

② 《朝鲜王朝明宗实录》卷十七，明宗九年七月十二日庚戌，影印本第 20 册，第 215 页。

③ 《朝鲜王朝宣祖实录》卷一二六，宣祖三十三年六月七日戊寅，影印本第 24 册，第 76 页。

《杜氏通典》《玉海》和《文选李善注》①。当得知在京奏闻使发现《吾学编》《弇山别集》《经世实用编》《续文献通考》等书籍存在"横诬先王"威胁自身正统地位的记载时，光海君特别派遣许筠作为千秋兼谢恩使前往北京专门采买《吾学编》《皇明大政纪》《续文献通考》《经世实用编》《学海》《史乘考误》《昭代典则》《灼艾集》《孤树裒谈》《林居漫录》等 10 种书籍。光海君还特别针对书中关于朝鲜太祖的宗系及建国问题、宣祖交倭问题以及光海君即位的记载，派遣使臣赴明进行辩解和澄清。

仁祖即位后，朝鲜接连经历了丁卯之役、丙子之役以及李适之乱，导致藏书再次遭受破坏。战乱平息后，国家明显加大了对书籍的购买和收集力度。首先，成均馆提出建议，请求拨款并派遣赴京译官购买书籍。随后，弘文馆鉴于"本馆书籍再经变乱，散失无余，虽有些少收拾者，卷帙不备"，因此上书建议命令朝天使臣购买"书册之切要者"②。

在朝鲜时代，朝天使臣为完成政治任务而大量"官贸"书籍，同时私人购买的书籍数量也不容小觑。这种现象部分源于对汉文化的仰慕，部分则是为了将所购书籍献给朝鲜国王，以期获得赏赐或提升自己的地位。例如，朝鲜世宗十七年（1435 年），谢恩使辛伯温，进贺使许元祥、偰振等人进献了购得的《音注资治通鉴》，从而得到了太宗的赏赐。成宗六年（1475 年），谢恩使左议政韩明浍进献了《新增纲目通鉴》《名臣言行录》《新增本草》《辽史》《金史》《说苑》《欧阳文忠公集》等书籍，除了《新增纲目通鉴》是由明朝太监金辅所赠，其他书籍均为韩明浍在京期间个人购买。成宗七年(1476 年)，谢恩使郑孝常等人进献了他们购得的《朱子语类大全》20 卷，理由是"此书近来所撰"③。《朝鲜王朝实录》中保存了多条朝天使臣进献书

---

① 《光海君日记》卷七十三，光海君五年十二月三日丙戌，影印本第 28 册，第 137 页。

② 《朝鲜王朝仁祖实录》卷二十，仁祖七年六月十六日己巳，影印本第 34 册，第 332 页。

③ 《朝鲜王朝成宗实录》卷六十七，成宗七年五月十三日壬戌，影印本第 9 册，第 339 页。《朱子语类大全》简称《朱子语类》，乃朱熹与其门人问答的集录，南宋末期黎靖德编成，全书共 140 卷，郑孝常购得的 20 卷本《朱子语类》是否为明人摘编而成待考。

籍的记录，现将这些记录整理如下：

**表3　朝天使臣进献书统计表**

| 进献书时间 | 进献书人 | 所进献书名 | 备注 |
|---|---|---|---|
| 1401年（朝鲜太宗元年，明建文三年） | 领议政府事李舒服、总制安瑗 | 《大学衍义》《通鉴集览》《事林广记》各1部 | |
| 1402年（朝鲜太宗二年，明建文四年） | 内书舍人李孟昀 | 大字《书蔡传》 | |
| 1435年（朝鲜世宗十七年，明宣德十年） | 进贺使吏曹参判沈道源、中枢院副使尹得洪 | 胡三省《音注资治通鉴》1部 | 赐道源鞍马，得洪马1匹，书状官文汝良衣1袭 |
| 1470年（朝鲜成宗元年，明成化六年） | 陪臣前中枢府事郑陟 | 《孝经》1部 | 赐毛马装 |
| 1470年（朝鲜成宗元年，明成化六年） | 谢恩使左议政金国光、东莱君郑兰宗 | 《四书》《五经》 | |
| 1475年（朝鲜成宗六年，明成化十一年） | 左议政韩明浍 | 《新增纲目通鉴》《名臣言行录》《新增本草》《辽史》《金史》《说苑》以及《欧阳文忠公集》各1帙，中朝文士所和押鸥亭诗轴 | |
| 1476年（朝鲜成宗七年，明成化十二年） | 谢恩使郑孝常、朴良信 | 《朱子语类》《朱子大全》20卷 | |
| 1480年（朝鲜成宗十一年，明成化十六年） | 奏闻使鱼世谦 | 《文翰类选大成》《五伦书》《律条疏议》《国子通志》、赵孟頫书簇四轴 | 赐毛马装1部 |
| 1481年（朝鲜成宗十二年，明成化十七年） | 质正官弘文馆校理金訢 | 《朱子语类》1件 | 赐毛马装1部 |
| 1482年（朝鲜成宗十三年，明成化十八年） | 正朝使汉成府右尹李克基、副使大护军韩忠仁 | 《清华集》，刘向《新语》（即《新序》）、《说苑》《朱子语类》《分类杜诗》及羊角书版 | |

续表

| 进献书时间 | 进献书人 | 所进献书名 | 备注 |
|---|---|---|---|
| 1488 年（朝鲜成宗十九年，明弘治元年） | 武灵君柳子光 | 《历代名臣法帖》 | |
| 1488 年（朝鲜成宗十九年，明弘治元年） | 谢恩使同知中枢府事成健 | 《东垣十书》 | |
| 1490 年（朝鲜成宗二十一年，明弘治三年） | 贺正使同知中枢府事尹孝孙 | 《活民大略》《续资治通鉴纲目》赵孟頫书簇 2 双 | |
| 1490 年（朝鲜成宗二十一年，明弘治三年） | 行副司果金䜣 | 吴师道重校《战国策》1 帙 | 赐毛马装 1 部 |
| 1494 年（朝鲜成宗二十五年，明弘治七年） | 千秋使同知中枢府事安琛 | 《大学衍义补》 | |
| 1499 年（朝鲜燕山君五年，明弘治十二年） | 质正官弘文馆修撰洪彦忠 | 《大事记续编》《崇正辨》 | |
| 1499 年（朝鲜燕山君五年，明弘治十二年） | 圣节使礼曹参判金寿童 | 《圣学心法》4 卷 | |
| 1502 年（朝鲜燕山君八年，明弘治十五年） | 正朝使同知中枢府事李昌臣 | 《青囊杂纂》《玉音韵海》《切韵指南》 | |
| 1509 年（朝鲜中宗四年，明正德四年） | 谢恩使左议政朴元宗 | 唐本《阙里志》8 卷 | |
| 1518 年（朝鲜中宗十三年，明正德十三年） | 陈慰使同知中枢府事许礏 | 《通鉴纂要》1 帙 | |
| 1521 年（朝鲜中宗十六年，明正德十六年） | 奏请使质正官崔世珍 | 《圣学心法》4 部 | 赐给毛褥 1 部 |
| 1522 年（朝鲜中宗十七年，明嘉靖元年） | 进贺使同知中枢府事尹希仁 | 《皇明政要》1 帙 | 赐大箭 1 部及酒 |

| 进献书时间 | 进献书人 | 所进献书名 | 备注 |
|---|---|---|---|
| 1526 年（朝鲜中宗二十一年，明嘉靖五年） | 进贺使许淳 | 《大礼会议》1 卷。按：此为职方主事霍韬与礼部尚书毛澄之间讨论嘉靖皇帝对明孝宗、明武宗以及兴献王称呼（所谓"大礼议"）的书信汇编 | |
| 1530 年（朝鲜中宗二十五年，明嘉靖九年） | 佥知中枢府事崔世珍 | 《皇极经世书集览》 | |
| 1539 年（朝鲜中宗三十四年，明嘉靖十八年） | 冬至使行管押使工曹参判郑顺朋 | 《皇明政要》《辽东志》6 卷 | |
| 1539 年（朝鲜中宗三十四年，明嘉靖十八年） | 副护军崔世珍 | 《大儒大奏议》2 卷、《皇极经世书说》12 卷 | |
| 1547 年（朝鲜明宗二年，明嘉靖二十六年） | 问慰使同副承旨丁应斗 | 《纲目前编》《续纲目发明广义》《武经总要》 | 赐鹿皮与马装 |
| 1574 年（朝鲜宣祖七年，明万历二年） | 冬至使崔弘僴 | 《大学或问》 | |
| 1585 年（朝鲜宣祖十八年，明万历十三年） | 谢恩使李友真 | 《大明会典》撰写 1 卷 | |
| 1600 年（朝鲜宣祖三十三年，万历二十八年） | 谢恩使知中枢府事李好闵、书状官安宗禄 | 《诗经》《尚书》《周易》《礼记》《论语》《孟子》《中庸》《大学》《庸学或问》《君臣图鉴》等总计 75 本 | |
| 1600 年（朝鲜宣祖三十三年，万历二十八年） | 奏闻使南以信与书状官曹倬 | 《汉书评林》50 本，《史记评林》30 本 | |
| 1603 年（朝鲜宣祖三十六年，明万历三十一年） | 司正李希愿 | 《古文真宝》7 册 | 赐熟马 1 匹 |
| 1608 年（朝鲜宣祖四十一年，明万历三十六年） | 奏闻使领中枢府事李德馨 | 贸来新书（具体书目不详） | |

根据上表所示，朝鲜使臣赴京期间贸书活动可见一斑。《大明会典》对朝贡贸易有明确规定："禁戢收买史书及玄黄、紫皂、大花西番莲段匹，并一切违禁器物。"① 然而，从上表所列的书目来看，《辽史》《金史》等禁止私相贸易的史书仍以购买的方式传入朝鲜。朝鲜使臣入京后统一寓居会同馆。会同馆自明朝初期就实行门禁政策，但因朝鲜"至诚事大"而享有特殊待遇，"四夷贡使至京师皆有防禁，五日一出馆，令得游观、贸易，居常皆闭不出，唯朝鲜、琉球使臣防之颇宽"②。以朝鲜通事金利锡擅自购买《大明一统志》为导火索，明朝开始警惕朝鲜使臣的违禁私贸行为以及搜集政治军事情报的活动，门禁政策对朝鲜也变得更加严格，"必主事署名于牌，然后得以出入，防禁之严苛，甚于顷日"③，"我国之人，虽出行，而无所为之事，然欲买书册，亦不得往书肆，欲出观光，而把门人不快许其出入，至为未便"④。严格的门禁政策给朝鲜使臣购书带来了种种不便，但书册、药材、弓角等是"国用不可已之物"，因此朝鲜一方面向明朝礼部呈文请求开禁，另一方面抓住一切可能的机会进行购书活动，甚至贿赂会同馆鸿胪寺序班，获取明朝禁止购买的书籍。例如，朝鲜宣祖七年（1574年），圣节使行通事官洪纯彦与书状官许篈对序班给予了极差的评价，在他们看来，"序班辈皆不识礼义，无耻之甚者，通事等必鸠敛杂货以塞其欲，然后方得无事"，且因朝鲜使臣购买多为禁物，"如黄紫色段、《史记》等册皆中朝不许出境者，故序班持此恐吓"⑤。序班许继儒曾向朝鲜使臣索

---

① 《大明会典》卷一〇八，《续修四库全书》第 791 册，上海古籍出版社 2002 年版，第 111 页。后引不再详注。

② 《明世宗实录》卷一六九，嘉靖十三年十一月己巳条。

③ 《朝鲜王朝中宗实录》卷五十三，中宗二十年三月七日丙寅，影印本第 16 册，第 388 页。

④ 《朝鲜王朝中宗实录》卷七十九，中宗三十年一月二十七日戊子，影印本第 17 册，第 571 页。

⑤ [朝鲜朝] 许篈：《朝天记》，林基中：《燕行录全集》，韩国东国大学出版社 2001 年版，第 6 册，第 71—72 页。后文所引不再详注。

要白布五十匹，因此被称为"衣冠之盗贼，馆伴之狼虎"①。此次同行的质正官赵宪则不放过任何购书机会：途经广宁城时，用一方砚台、十七柄扇子交换得到《性理大全》以及《大学衍义补》②；行至七家岭城又以一方砚台购得《仪礼经传》《春秋集传》，用一顶笠帽、十柄白扇换购明朝夏言的《桂洲集》③；返程途经蓟州，又分别用二柄白扇、一方砚台换取了《参同契》《孤树衷谈》④。

自明万历年间起，辽东地区的局势发生了重大变化。建州女真逐渐崛起，最终统一了女真各部。努尔哈赤登基后，宣布了"七大恨"的战斗檄文，与明朝彻底决裂。明天启元年（1621年），后金军队攻陷了明朝在东北地区的政治、经济和文化中心辽阳。后金的兴起对明朝和朝鲜的安全构成了严重威胁，导致中朝之间的陆路交通往来受阻。朝鲜仁祖十四年（1636年），朝鲜最后一次派遣使节前往明朝。正使金堉表达了朝鲜因连年战乱导致书籍散失的困境，并指出学士大夫们在贡使来访时，常常寻求购买所见之书。他说："小邦屡经兵患，书籍散失。学士大夫之以文翰自任者，每回贡使之来，求买遇见之书，而近年以来，防禁极严，前代史书、皇朝文字一切不许"⑤。金堉对这种禁令表示不解，并提出质疑："不见古史，则何以见得失而为劝惩哉？且文章之作，莫盛于圣朝，沧溟雄浑，大海回澜，济南孤绝，雪中峨眉，皆我小邦之所钦仰，而至于弇州有大焉《四部之稿》，凌驾汉唐，而其他家数之擅名天下者不可胜计，此宜夸示于外国，使知圣朝文运之盛而慕效

---

① ［朝鲜朝］许筠：《朝天记》，《燕行录全集》第6册，第72页。

② ［朝鲜朝］赵宪：《朝天记》，《燕行录全集》第5册，第169页。

③ ［朝鲜朝］赵宪：《朝天记》，《燕行录全集》第5册，第192页。

④ ［朝鲜朝］赵宪：《朝天记》，《燕行录全集》第5册，第280页。按：原文为"以白扇二贸得纪学韩之《参同契》，以砚一贸得纪生之《孤树衷谈》"，《正统道藏》收《周易参同契》注本11种，却无有作者为纪学韩之记录，纪学韩为翰林检讨成宪的族人。成宪曾于朝鲜宣祖元年赴朝诏谕册立太子。《孤树衷谈》乃原礼部尚书李默所撰，所以此处纪学韩实为两书的收藏者。

⑤ ［朝鲜朝］金堉：《朝天录》，《燕行录全集》第16册，第352—353页。

之也，何必禁之而莫之见乎？"① 金堉认为王世贞的《弇州山人四部稿》影响力超越了汉唐，其他诸多名家的作品，更是不胜枚举。这些作品本应向外国展示，以彰显明朝文运的昌盛，激发他国的仰慕和效仿，为什么要禁止它们的流传呢？事实上，尽管政治动荡和书籍禁令存在，朝鲜的使节们仍不遗余力地购买书籍。例如，仁祖七年（1629 年），朝鲜使臣李忔赴京祝贺明思宗皇孙的诞生，他购回了《唐类函》《翰苑新书》《汉书评林》《音注资治通鉴》《后汉书》《四六全书》《老庄解》《孔子家语》《事类赋》《资治通鉴》《史记》《唐书》和《翰墨大全》等在内的众多书籍。②

## （三）赠书

有明一代，朝鲜与明的关系主要以和平与友好为主流。明朝派遣多位精通诗文、书画的文官出使朝鲜，与朝鲜文臣展开汉文学的实战交流，这种交流形式被称为"诗赋外交"。朝鲜方面也挑选了在汉文化领域造诣深厚、汉文学基础扎实的文官和名士担任远接使，与明朝使臣诗文唱和、切磋学问，建立了深厚的跨国友谊。此外，互相赠送书籍也是这一时期中朝书籍交流的另一种重要方式。

太宗三年（1403 年），左政丞河崙、知议政府事李詹、判汉城府事赵璞赴京祝贺永乐皇帝登基，回国时带回了兵部主事陆颙所赠的《夫子图》《三元延寿图》以及朝廷庙讳③；翰林侍讲倪谦出使朝鲜，开启了明朝的"德化外交"之门，并且掀起了两国"诗赋外交"的高潮。倪谦回国时，求赠送行诗，世宗国王命令文臣制诗，装裱成两轴相赠。倪谦回国后，委托内官尹凤将印本《考亭朱子不自弃文》赠送给安平大君李瑢。④ 成宗六年（1475 年），赴

---

① ［朝鲜朝］金堉：《朝天录》，《燕行录全集》第 16 册，第 352—353 页。
② ［朝鲜朝］李忔：《雪汀先生朝天日记》，《燕行录全集》第 13 册，第 181 页。
③ 《朝鲜王朝太宗实录》卷五，太宗三年四月八日甲寅，影印本第 1 册，第 262 页。
④ 《朝鲜王朝文宗实录》卷四，文宗即位年十月二十九日己亥，影印本第 6 册，第 311 页。

京奏闻使行回国，书状官郑孝终提到，行人司行人姜浩曾委托通事张自孝将《文章类选》转赠给成宗国王，同时还托他将《兰亭》法帖五本分别转赠给韩明浍、申叔舟、尹子云、洪允成和卢思慎。① 成宗十七年（1486 年），圣节使质正官李昌臣奉命购买《苏文忠公集》，遍访北京书肆而未得。回国时，途经辽东，进士邵奎将自己所藏《苏文忠公集》赠予李昌臣，并附赠了自己所作的诗歌。② 燕山君元年（1495 年），明朝册封使金辅等人赴朝，将《大明一统志》《资治通鉴》作为礼物赠送给朝鲜。③ 行人王献臣还将《论谏集》赠送给伴送使洪贵达。中宗十六年（1521 年），明朝太监金义、陈浩赴朝册立太子，赠左议政南衮《圣人图》及许慎的《说文解字》。④

中宗二十九年（1534 年），进贺使苏世让收到了明朝礼部郎中曾存仁赠送的《春秋公羊传》《春秋穀梁传》以及《朱子诗集》。⑤ 苏世让在其《阳谷赴京日记》中详细记录了这次接受赠书的情况：

> 郎中曹存仁到提督厅求观所读书册。以所赍受赐《左传》一部出示郎中，欲与他书册相换。答曰："取看可矣，敢望换乎？"即持去。以公、谷两《春秋》及《朱子诗集》见遗。夏尚书招序班云："闻使臣好作诗，可取所制而来。"序班来督。辞不获已，书长律二百，授送序班。呈郎中，郎中亲呈于尚书。尚书览讫，遣陪侍外郎，以其所制墨刻诗赋及《奏谢录》二卷、《郊祀录》二卷来赠……⑥

从这段叙述中可以看出，苏世让此行不仅获得了曹存仁赠送的书籍，还

---

① 《朝鲜王朝成宗实录》卷五十一，成宗六年一月二十九日己卯，影印本第 9 册，第 189 页。

② 《朝鲜王朝成宗实录》卷一九八，成宗十七年十二月二十八日己亥，影印本第 11 册，第 172 页。

③ 《燕山君日记》卷六，燕山君元年六月十九日庚午，影印本第 12 册，第 686 页。

④ 《朝鲜王朝中宗实录》卷四十二，十六年七月十二日辛酉，影印本第 16 册，第 52 页。

⑤ 《朝鲜王朝中宗实录》卷七十七，二十九年四月二十四日庚申，影印本第 17 册，第 513 页。

⑥ [朝鲜朝] 苏世让：《阳谷赴京日记》，《燕行录全集》第 2 册，第 407—408 页。

包括时任礼部尚书夏言所赠的墨刻诗赋以及夏言亲自撰写的《奏谢录》和《郊祀录》。诸如此类，朝鲜使臣接受明朝人士赠书的例子应当不在少数。

此外，朝鲜的诗文集以及朝鲜与明使节间互相酬唱赠答的诗赋总集，也通过赠送的方式大量回流至中国。例如，朝鲜宣祖三十九年（1606 年），翰林修撰朱之蕃等人前往朝鲜，颁皇长孙诞生诏。朝鲜的远接使是议政府左赞成柳根，而远接使从事官许筠则全程陪同朱之蕃游览、交流诗文。许筠在《闲情录·凡例》中记载："余在庚戌夏抱疴谢事，杜门谢客，无以消长，日巾衍中适披得数帙，乃朱兰嵎太史所赠《栖逸传》《玉壶冰》《卧游录》三种。"① 其中《栖逸传》并非单行，而是《世说新语》中的一篇。根据李宣显《陶谷集》的记录："晋人乐放旷喜清言，……然其谈论风标，书之文字，则无不澹雅可喜，此刘义庆《世说》所以为楮人墨刻所剧嗜者也。因此想当时，亲见其人，听其言语者，安得不倾倒也。明人删其芜，补其奇，作为一书，诚艺林珍赏也。朱天使之蕃携来。"② 由此考证，朱之蕃赠送给许筠的应是明代王世贞的《世说新语补》。《玉壶冰》《卧游录》和《世说新语补》等都成了许筠日后创作《闲情录》的文献来源。许筠在《惺所覆瓿稿》中也记录了与朱之蕃、梁有年互赠书籍的情况，"初五日，……夕书本国人诗，自孤云以下二十四人，诗八百三十篇，为四卷，装广作两件，呈于两使。"③ 梁有年则回赠了《太平广记》一部。许筠不仅向朱之蕃、梁有年推荐了本国崔致远、李达等人的诗作，还将自己所著的《惺所覆瓿稿》及其妹妹的《兰雪轩集》赠送给他们。梁有年亲自为《兰雪轩集》作序，使得该集名声大振，加上朱之蕃回国后将其出版，进一步扩大了《兰雪轩集》在明朝的流传。甚至有人委托赴朝使臣寻求《兰雪轩集》。例如，万历三十七年（1609 年），册封使刘

---

① ［朝鲜朝］许筠：《闲情录凡例》，李离和编：《许筠全书》，首尔亚细亚出版社 1983 年版，第 183 页。

② ［朝鲜朝］李宣显：《陶谷集》卷二十八，《韩国文集丛刊》第 181 册，第 438 页。

③ ［朝鲜朝］许筠：《惺所覆瓿稿》卷十八《丙午纪行》，《韩国文集丛刊》第 74 册，景仁文化社 1988 年版，第 289 页。后引不再详注。

用一行赴朝，"徐明来言：'在北京见陶庶子望龄，言曾见朱官谕之蕃，道东国有许某者，其姊氏诗冠绝天下，你之彼，须求其集以来。都监乃斯人也，有集在否？'"①实际上，早在万历二十六年（1598年），吴明济作为幕僚随使节赴朝鲜时，许筠就已将许兰雪轩的诗作200余篇赠予吴明济，其中《游仙曲》诸篇已经受到了明朝士人的广泛关注。

爬梳《朝鲜王朝实录》，我们还发现大量朝鲜诗歌作品以及朝鲜刊行的汉籍通过赠予或回赠的方式回传到中国。例如，太宗元年（1401年），河崙、权近等收集朝鲜文人创作的四韵或长篇，将其装裱成卷轴赠送给负责押送马匹的监生相安。太宗二年（1402年）五月，祝孟献、端木智和监生周继等请求饯别诗，并向权近索要序文，河崙、权近和李詹再次编集文士诗作，由权近作序并装裱成卷轴相赠。世宗七年（1425年），中官尹凤请求《翰林别曲》，世宗命令承文院抄写并赠予他。世祖元年（1455年），明朝内史高黼和郑通出使朝鲜，高黼请求赠送《金刚山图》，端宗应允了他的请求。中宗三十二年（1537年），前往朝鲜颁布皇子诞生诏书的龚用卿，不仅要求将他们与朝鲜文臣相互唱和的《皇华集》迅速印刷并送往中国，还要求在《皇华集》中附上序言，并请求朝鲜的《地志》。朝鲜三公抄录了一卷《舆地志》作为赠礼。然而，《舆地志》虽然详细记录了外方楼台的题咏，却没有标注各道列邑的名称。因此，龚用卿通过书信向其出使时的朝鲜远接使郑士龙表达了迫切希望获得《地志》刻本以及乡试及国都《登科录》的愿望。但由于《地志》中"列书各道各邑，而其土地所产，亦皆并录，此图籍之最重者，不可轻易许之"，而《登科录》中"多有僭儗之言"，恐怕会影响两国关系，"况乃私请，则尤不可许也"，最终朝鲜委婉地拒绝了龚用卿的请求。②

① [朝鲜朝]许筠：《惺所覆瓿稿》卷十九《乙酉西行记》，《韩国文集丛刊》第74册，第294页。

② 《朝鲜王朝中宗实录》卷九十一，中宗三十四年年闰七月二十七日壬戌，影印本第18册，第321页。

仁宗元年（1545 年），太监王焘和行人张承宪前往朝鲜进行赐祭和赐谥，朝鲜按照惯例赠送了礼物，但副使张承宪拒绝了这些礼物，反而索要朝鲜出版的书籍，仁宗国王随即命令准备并赠送了朝鲜版的《四书》《五经》和《东国地志》。①

此外，朝鲜与明诗赋外交的结晶《皇华集》也是明朝大臣们争相求阅的珍贵书籍。从景泰元年倪谦、司马恂出使朝鲜，直到崇祯六年程龙赴朝，近 200 年的时间里，明朝使者与朝鲜文人之间诗文唱和，朝鲜将这些交流的诗文汇编成册，并刻印发行，称之为《皇华集》。该系列共记录了 25 次出使活动，收录的《皇华集》多达 24 部。②

《皇华集》传入中国主要通过三种途径：朝鲜赴京使臣携带并赠送给明朝使者、明朝使者在出使朝鲜时请求赠予，以及明朝官员通过赴京的朝鲜使臣向朝鲜求赠。通常，每当《皇华集》印制完成后，朝鲜的朝天使会携带此书赠送给参与唱和的明朝使者。即便某位使者未曾参与唱和活动，只要提出请求，通常也能获得《皇华集》。例如，在朝鲜世祖十四年（1468 年），太监金辅一行前往朝鲜进行赏赐。六月五日，金辅请求《皇华集》，世祖随即下令赠送《丁丑皇华集》和《申甲皇华集》。③ 然而，六月六日，当金辅再次请求《庚午皇华集》《庚辰皇华集》和《己卯皇华集》时，世祖以"《皇华集》皆仍其请而印之，倪侍讲、司马给事中无请，故不印耳"④ 为由，未给予倪谦、司马恂参与唱和的《庚午皇华集》，而是命令馆伴赠予张宁和陈嘉猷参与唱和的《庚辰皇华集》和《己卯皇华集》。

《皇华集》中记录了使臣们次韵相酬的诗作，这些作品为后来的出使者提供了宝贵的参考。出使前的使臣们常通过研读先前的《皇华集》来准

---

① 《朝鲜王朝仁宗实录》卷二，仁宗元年四月二十九日辛酉，影印本第 19 册，第 237 页。
② 参见杜慧月：《明代文臣出使朝鲜与〈皇华集〉》，人民出版社 2010 年版，第 18—19 页。
③ 《朝鲜王朝世祖实录》卷四十六，世祖十四年六月五日癸巳，影印本第 8 册，第 189 页。
④ 《朝鲜王朝世祖实录》卷四十六，世祖十四年六月六日甲午，影印本第 8 册，第 189 页。

备在朝鲜进行的诗文交流活动，因此，有诸多明朝使臣请求朝鲜赠送《皇华集》的记载。例如，朝鲜世祖十年（1464 年），明朝使臣金湜和张城在出使朝鲜时，求请陈鉴和高闰参与唱和的《丁丑皇华集》以及陈嘉猷参与唱和的《己卯皇华集》，世祖随后下令各赠 5 件。① 朝鲜中宗三十二年（1537 年），龚用卿、吴希孟前往朝鲜宣布皇子诞生的诏书，表达了众多朝中高官希望多印并赠送《皇华集》的愿望。② 然而，冬至使柳世麟记录的严格的门禁政策和"人臣无外交"的政治环境，导致《皇华集》的赠送遇到了重重阻碍。他提道："《皇华集》，臣欲使通事私授于龚用卿、吴希孟之家，而出入之际，必持标契，故不得已告于主司。主司传报礼部。礼部以为，外国之人持书册往来士大夫之家不可擅行。谓臣等曰'欲奏闻而传授'云。然而久不奏闻。臣等于上马之宴上书更请，则使之呈状以请。臣即呈状。礼部以为，书辞有违格，使之改书，因而入奏，褒奖我国曰：'尊敬朝廷使命，其慕华之意至矣。书册非如金帛，请使传授。'皇帝可其奏，礼部使人传授。"③ 从次年龚用卿和吴希孟再次询问圣节使许宽此行是否携带《皇华集》的情况来看，柳世麟之前的赠送并未成功，龚用卿等人表达了迫切希望获得《皇华集》的愿望："此处阁老先生求见甚切，四五件印送何如？此非禁物，传播中国，则于汝国王亦有光矣。须于后日印送可也。"④ 正因明朝对使臣行动控制严格，《皇华集》在中国的传播受到限制，能接触到《皇华集》的只有少数朝臣。因此，《皇华集》对明朝使臣来说极为珍贵，朝鲜也常将其作为礼物赠送给明使。例如，中宗三十四年（1539 年），朝鲜

---

① 《朝鲜王朝世祖实录》卷三十三，世祖十年六月二日甲申，影印本第 7 册，第 629 页。

② 《朝鲜王朝中宗实录》卷八十四，中宗三十二年四月十日戊午，影印本第 18 册，第 61 页。

③ 《朝鲜王朝中宗实录》卷八十七，中宗三十三年二月二十二日丙寅，影印本第 18 册，第 167 页。

④ 《朝鲜王朝中宗实录》卷八十七，中宗三十三年十一月二十五日乙未，影印本第 18 册，第 231 页。

赠予了华察和薛廷宠参与唱和的《己亥皇华集》。宣祖二十五年（1592年），户曹参议申点在赴明谢恩时携带了《皇华集》全帙两件以及朝鲜黄洪宪的诗作一卷，打算寄送给山海关主事陈果和提督主事张还续，但"适左佐郎韩世能、提督员外姜镜愍我国之事，如请援馈银等事，终始致力"[①]，于是将所携带的《皇华集》全帙两件分别赠予韩世能和姜镜。

## 二、朝鲜与明书籍交流的特点

朝鲜与明之间的书籍交流特点，主要体现在交流的内容、流通方式以及流通速度等多个方面。

### （一）在书籍内容上，以儒学和史书为主，兼及文学、西学等其他类型的书籍

朝鲜儒教治国的理念以及对儒学和性理学价值与原理的深入探究，决定了经史类书籍尤其是程朱理学的著作，成了明朝赐书和朝鲜求购书籍的重点。中宗十三年（1518年），工曹判书金安国从北京返回后，向中宗国王进献了他所购买的性理学书籍，并详细解释了这些书籍的重要性，同时提出了印刷和颁布的建议。他陈述道："臣到北京，自念圣上留心性理之学，大夫士亦知向方，思得濂洛诸儒全书及他格言至论，以资讲习。而留帝都未久，未得广求博搜，只以所得上进。所谓《语孟或问》者，朱子所作，与《庸学或问》同时编次，然而《庸学或问》则已来我国，而此帙尚不来，故购求，须广印，或置弘文馆，或颁士大夫，则人可得以见《语孟》之蕴奥矣。所谓《家礼仪节》者，皇朝大儒丘浚所删定也，文义之脱略，补而备之，乃《朱子家礼》之羽翼也，亦印颁而使人讲行为当。所谓《传道粹言》者，乃编集两程先生所言之书也。所谓《张子语录》《经学理窟》《延平问答》《胡子知言》

---

① 《朝鲜王朝宣祖实录》卷二十八，宣祖二十五年七月二十四日辛巳，影印本第21册，第519页。

等书，皆濂洛诸贤之所著也，皆要切于圣学，故敢进。所谓《古表精粹》者，乃类选古今人所制表也。我国事大之邦，而文臣及儒士等皆不习表文。前日大臣建议，请印表笺之书，而我国所存，但《宋元播芳》，而他无可法之书。每令赴京行次购来，而通事等不尽心求之，故不得购来。臣有心广求，得此本而来。请多印广颁，使文士有所考阅。"①从金安国的书启中可以看出，朝鲜使臣购书时具有鲜明的政治文化倾向和实用性原则。他们大量购买性理学书籍，并将其印刷颁布给儒生，这些书籍不仅成了儒生阅读、接受和本土化再创作的基础，而且对于程朱理学的传播以及本国性理学的发展，都起到了积极的推动作用。

中国的史籍，承载着"圣贤之立言垂教，历代之治乱兴亡"，秉持着以史鉴今、经世致用、秉笔直书的宗旨，在对朝鲜国王的国家治理以及对史书编撰方面都发挥了指导和示范作用。因此，中国各类史籍成为朝鲜书籍交流的关键内容。例如，中宗国王亲自下令将"弘文馆所藏《朱文公集》《真西山读书记》《朱子语类》《资治通鉴胡三省注》《欧阳文忠公集》《三国志》《南北史》《国语》《梁书》《隋书》《五代史》《辽史》《金史》《元史》《战国策》《伊洛渊源录》及私藏《二程全书》等册，监掌印出"②。从所列的书目来看，除了《欧阳文忠公集》之外，这些书籍主要是性理学著作和史籍。这既是中国儒学、史学典籍在朝鲜广泛传播的体现，也彰显了朝鲜君臣对这些儒学和史学典籍的重视与珍视。

除了引进探讨儒学、性理学的价值和原理的书籍外，朝鲜还大量引入了文学类书籍。例如，成宗二十四年（1493 年），庆尚道监司李克敦等人进献了他们所刊印的《酉阳杂俎》《唐宋诗话》和《遗山乐府》。燕山君也曾命令

---

① 《朝鲜王朝中宗实录》卷三十四，中宗十三年十一月二十二日戊午，影印本第 15 册，第 493 页。

② 《朝鲜王朝中宗实录》卷二十三，中宗十年十一月四日丙戌，影印本第 15 册，第 119 页。

校书馆印刷《唐诗鼓吹》《续鼓吹》《三体诗》《唐音诗》《诗林广记》《唐贤诗》《宋贤诗》《瀛奎律髓》和《元诗体要》等诗歌选集。① 这些事实表明，这些文学作品早已跨越国界，深入朝鲜半岛，并且成了朝鲜文人学习和创作汉文学作品的重要参考资料。

许筠，身为一位四次出使中国的朝鲜使臣，对中国典籍怀有浓厚的兴趣。获得的中国汉籍内容广泛。许筠曾回忆，在北京琉璃厂，他花费大量钱财购买了"六经""四子"、性理学书籍、《左传》《国语》《史记》《文选》《四六》《通鉴》以及李杜韩欧文集，②"购得书籍，几四千余卷"③，内容囊括了经、史、子、集各个领域。根据《惺所覆瓿稿》的记载，许筠早期的藏书偏好主要集中在前后七子的作品上，比如李梦阳的《空同集》、何景明的《大复集》、徐祯卿的《徐迪功集》、李攀龙的《沧溟集》以及王世贞的《弇州四部稿》等。在担任远接使从事官期间，与朱之蕃的交流让许筠的文学视野发生了转变，他开始积极搜罗晚明文人的新作，如吴从先的《小窗自纪》、袁宏道的《瓶史》、陈继儒的《书画金汤》等。此外，许筠每次前往北京都会大量购置通俗小说和文言小说，包括《三国演义》《西游记》《水浒传》《金瓶梅》等所谓的"四大奇书"，以及《隋唐演义》《西汉演义》《东汉演义》《残唐五代史演义》《北宋志传》《齐魏演义》等历史演义小说。这些书籍不仅丰富了他的藏书，也为他日后的文学创作提供了丰富的思想源泉和文献资料。

自明朝初期起，为维护其封建统治秩序，朝廷便积极介入并加强了对民众思想领域的管控，多次颁布禁令以限制小说的传播与创作。然而，这些禁令并未能有效地阻止小说的发展。到了明朝中期以后，通俗小说的创作与出

---

①　《燕山君日记》卷五十八，燕山君十一年五月十九日癸卯，影印本第 14 册，第 3 页。

②　[朝鲜朝] 许筠：《惺所覆瓿稿》卷六《湖墅藏书阁记》，第 186 页。

③　[朝鲜朝] 许筠：《闲情录凡例》，李离和编：《许筠全书》，首尔亚细亚出版社 1983 年版，第 254 页。后引不再详注。

版迎来了空前的繁荣。随着明朝与朝鲜之间的使节往来频繁，大量通俗小说流入朝鲜半岛。据韩国学者闵宽东在其著作《中国古典小说在韩国之传播》中的考证，除了许筠在《惺所覆瓿稿》中提到的小说作品外，还有《洞冥记》《十洲记》《钟离》《葫芦》《何氏语林》《贫士传》《仙传拾遗》《问奇语林》《稗海》《说郛》《张公外记》《笔谈》《南村辍耕录》《玉壶冰》《吴越春秋》《周公秘笈》《小窗清记》《明野汇》《经锄堂杂志》《稗史汇编》《四友丛说》《林居漫录》《艳异篇》《耳谈类林》《避暑余话》《太平清话》《玄关杂记》《河南师说》《西湖游览记》《睽东志》等众多小说作品也传入了朝鲜，① 并对朝鲜汉文小说的创作产生了深远的影响。

明后期，随着西方殖民者和传教士的抵达，西方文化开始在中国广泛传播。为了更有效地传播天主教教义和西方科技，传教士们翻译并撰写了大量汉文书籍，这些作品被统称为"汉译西书"。随着这些汉译西书的流行，西方文化与中国传统文化发生了碰撞，期间出现了不少抵触和冲突。中国知识界的这一变化引起了朝鲜使节的注意，他们利用前往北京朝贡的机会与西方传教士接触，并开始将汉译西书以及西方的器物引入朝鲜。

宣祖三十五年（1602 年），金知中枢府事李光庭、上护军权憘前往明朝，请求册封世子。次年，他们回国时带回《欧罗巴国舆地图》一套六幅，这标志着朝鲜开始接触西方世界。"其教（天主教）已行，东南海诸夷，颇有尊信者，独我国未及知。"② 光海君二年（1610 年）许筠使节团前往明朝，特意搜集汉译西书，并将地图以及天主教经文《偈十二章》带回朝鲜。拥有三次赴京经历的李晔光，在其《芝峰类说》中介绍了西方传教士利玛窦及其所著的汉译西书《天主实录》（又名《天主实义》）和《交友论》。③

仁祖九年（1631 年），陈奏使郑斗源前往京师，期间结识了西洋人陆若

---

① 闵宽东：《中国古典小说在韩国之传播》，学林出版社 1998 年版，第 272—273 页。

② [朝鲜朝] 柳梦寅：《於于野谭》卷二，乙酉文化社 1994 年版。

③ [朝鲜朝] 李晔光：《芝峰类说》卷二，乙酉文化社 1994 年版。

汉。他带回朝鲜的书籍包括《治历缘起》《天文略》《利玛窦天文书》《千里镜说》《职方外纪》《西洋国风俗记》以及《西洋国贡献神威大镜疏》，还有《天文图》《南北极图》（2 幅）、《天文广教图》（2 幅）、《万里全图》（5 幅）和《红夷炮题本》1 册。[①] 这是在明朝灭亡之前，朝鲜引进汉译西书数量最多的一次记录。仁祖二十二年（1644 年），朝鲜最后一次朝天使金堉在京购买了汤若望的"数术诸书而归"，并上疏请求观象监金尚范深入研究这些书籍。

随着明朝的衰落，史料中有关汉译西书在朝鲜的传播记录显得较为稀缺，但这却是朝鲜初识西方文明、接触西方科技、引入汉译西书的开始，为日后朝鲜西学的发展奠定了基础。

中宗三十六年（1541 年），时任大提学的金安国受命编制了一份使臣赴京购买书籍的清单。这份清单的内容广泛，不仅涵盖了经学和理学的著作，还包括了诸子百家、杂书、医药、卜筮以及天文、地理等领域的书籍。以医学书籍为例，早在太宗时期，就有谢恩使延嗣宗、李愉向朝廷进献医书的记载。端宗也曾指示赴京的使臣用麻布交换《圣惠方》《永类铃方》《得效方》《和剂方》《衍义本草》《补注铜人经》《纂图脉经》等珍贵医书。到了世宗时期，集贤殿副校理金礼蒙和著作郎柳诚源等人负责编纂《医方类聚》。该书"收存唐、宋、元、明初所出版的医书 153 种，对原文不加修订，而系统地按疾病门类进行了类聚"[②]。仅凭《医方类聚》一书，我们就能对唐、宋、元、明初的医学状况有一个全面的了解，这也是该书的重要价值所在。尤为珍贵的是，在这 153 种医书中，包含了 40 多种现已失传的医书。正是由于《医方类聚》忠实地照录原文，它在保存医书原典方面具有不可估量的价值。

世宗十三年（1431 年），世宗采纳了行副司直高仲安的建议，命令赴京

---

①　《增补文献备考·艺文考》，张伯伟编：《朝鲜时代书目丛刊》第 6 册，中华书局 2004 年版，第 2897 页。后引不再详注。

②　朴真奭：《中朝经济文化交流史研究》，辽宁人民出版社 1984 年版，第 188 页。

使臣购买《地理大全》《地理全书》《地理新书》《灵枢》《天一太一经》《火珠林》等书籍，以补充书云观所藏地理、阴阳类书籍的不足。①

## （二）流入朝鲜的中国汉籍内容广泛，流通速度迅速

朝鲜与明朝关系友好且紧密，朝鲜从明朝得到的书籍涵盖了从天文到地理，从医药到卜筮，从阴阳到杂书，以及经史子集各个领域。特别是在明前期和中期，朝鲜使臣购买书籍几乎没有任何限制，包括《大统历》《四书》《五经》等重要文献都可获赐，甚至兵书和臣僚奏议也允许朝鲜使臣购买。尽管明朝出于控制思想的考虑对天文图谶、邪教异说、"奸党"文字、亵渎帝王圣贤的词曲、小说以及冒犯程朱理学的学术著作实施了禁令，但实际执行并不十分严格。以李贽为例，其著作因宣扬心学的自由观念，"虽大圣人不能无势利之心，则知势利之心，亦吾人秉赋之自然"②，与理学的"存天理灭人欲"的主张相悖，于万历三十年（1602 年）遭到给事中张问达以"流行海内，惑乱人心"为名的弹劾，其《藏书》《焚书》等著作被禁毁。然而，通过朝鲜使臣许筠的努力，李贽的著作最终传入朝鲜。③此外，明朝的新书是朝鲜文人了解明朝文坛和知识界动态的重要途径，这些书籍一经出版，便迅速被前往京城朝贡的使臣带入朝鲜。据左江先生考证，许筠在其《闲情录》中引用的书籍，均为万历四十二年（1614 年）的刊本，④许筠同年以陈奏副使的身份再次赴京，在京城逗留期间已购得新刊书籍，这表明书籍的对外流通速度非常快。

---

① 《朝鲜王朝世宗实录》卷五十一，十三年一月十二日丁丑，影印本第 3 册，第 289 页。
② （明）李贽：《道古录》，《李贽文集》卷七，社会科学文献出版社 2000 年版，第 358 页。
③ 相关内容可参看［韩］朴现圭：《朝鲜许筠求得李贽著作的全过程》，《海交史研究》2006 年第 1 期。
④ 左江：《从许筠〈闲情录〉看明代出版业及典籍东传》，《古典文献研究》第十三辑，凤凰出版社 2010 年版。

（三）呈现出双向交流的特点

尽管朝鲜汉籍的回流未能达到宋丽时期那样的频繁与规模，尤其是未能重现宋哲宗访书时那128种书籍的盛况，但它依然展现出了独特的风貌。在朝贡册封制度的大背景下，明朝作为宗主国，曾先后二十余次向朝鲜赐书。但明朝出于自身的文化优越感，对印制精美、纸张上乘、墨色均匀的朝鲜汉籍未能给予足够的重视。据笔者考察，在两国长达二百多年的交往中，仅有一次以明朝朝廷的名义发起的正式求书行为，[①]这在一定程度上限制了朝鲜汉籍在明朝的传播。朝鲜汉籍的回流，无论是朝鲜主动赠予，还是明朝使臣的求赠，均以赠送的形式实现。然而，这些回流的书籍内容却相对有限，主要集中在朝鲜文士的诗文集以及中朝使臣间诗文唱和的《皇华集》，偶尔也包括一些经过朝鲜文臣精心挑选并抄录的《地志》。朝鲜在对待明朝时，始终秉持着"事大以诚"的外交原则，深恐本国书籍中的不当言辞会损害两国关系的和谐稳定。因此，在赠送书籍时，朝鲜君臣往往格外谨慎，对于可能涉及敏感内容的书籍，比如对"列书各道各邑，而其土地所产，亦皆并录"的《舆地志》以及可能涉及废王年号的登科录等，都不会轻易赠予。例如，朝鲜太宗元年（1401年），当判门下府事赵浚等人赴明朝谢恩时，明朝的通政寺丞章谨曾向他求取牧隐李穑的文集，但赵浚却以没有全本为由婉拒了章谨的请求。[②]而在朝鲜宣祖二十八年（1595年），当沈惟敬、李宗诚、杨方亨等人作为封倭使抵达朝鲜时，他们请求查看《东国兵鉴》及《东国志》。虽然朝鲜宣祖认为地志作为"天使时例给之物，书给无妨"，但担心《兵鉴》中可能"有未安之语"，坚决拒绝了

---

①　《朝鲜王朝世祖实录》卷二十七，八年一月十五日条记录了世祖与琉球使者的对话，"予今付送中朝寻访书目，归报尔殿下。所有书册送之可也，以天下而失其本，况海外之国，未必有也。然幸有一二本，须宜送之。"可知，明政府曾开列索书单向朝鲜索书，具体书目不详。

②　《朝鲜王朝太宗实录》卷一，太宗元年六月十九日丙子，影印本第1册，第207页。

对方的请求。① 朝鲜君臣在面对明朝使臣的求书请求时，往往会采取各种理由进行婉拒，这也是朝鲜汉文书籍回流数量较少的一个重要原因。综上所述，尽管朝鲜汉籍回流的数量有限且内容受限，但其作为两国文化交流的重要组成部分，其客观存在和独特价值不容忽视。我们不应简单地将朝鲜与明的书籍交流视为单向流动，而应更加深入地探讨其背后的文化动因和历史背景。

根据《朝鲜王朝实录》和《增补文献备考》等历史文献的记载，朝鲜与明之间的书籍交流中，官方赐书、购书和赠书活动占据了相当大的比例。而民间书籍贸易的种类和数量似乎更为丰富。《实录》中多次提到朝廷向民间征集书籍的情况。例如，在世宗十一年（1429年），世宗国王下令各道监司搜寻民间收藏的《国语》《宋播芳》《资治通鉴原委》《文苑英华》《朱文公集》《东岩周礼订义》等书籍，即使这些书籍不完整，也要求进献给朝廷。又如成宗二十一年（1490年），成宗国王指令各道观察使在各自辖区内广泛搜集《东莱历代史详节》《陆贾新语》《楚汉春秋》《唐臣奏议》《魏略》《陈后山集》《韦苏州集》《司马温公集》《温公家范》《太平御览》《山海经》《唐鉴》《管子》《文苑英华》以及《新编诸儒批点古今文章正印》等书籍。② 遗憾的是，关于民间书籍贸易活动的具体情况却鲜有记载。

## 第四节　朝鲜与清的书籍交流

清朝初期，受到日益增长的小中华意识的影响，朝鲜尽管出于国家建设和丰富藏书的目的与清进行了书籍交流，但交流的种类和数量都极为有限。

---

① 《朝鲜王朝宣祖实录》卷六十三，宣祖二十八年五月一日癸西，影印本第22册，第492页。
② 《朝鲜王朝成宗实录》卷二三七，成宗二十一年二月十五日丁西，影印本第11册，第573页。

朝鲜的士大夫甚至以"人臣无外交"为由，避免与中国士人建立深厚的私人交往。因此，在清朝早期，朝鲜士大夫与中国文人之间几乎不存在亲密的交流，诗词酬唱活动也几乎销声匿迹。然而，到了18世纪，自洪大容始，朝鲜士人与清朝文人之间的消极交往局面开始被打破。随行人员以及翻译官都开始积极参与到与清朝文人的文化交流之中，成了朝鲜与清书籍交流的重要桥梁。

## 一、朝鲜与清书籍交流的途径

在清代，燕行使臣在两国书籍交流中扮演了至关重要的角色。他们或是将清廷所赐的书籍带回本国，或是在会同馆、琉璃厂等地进行书籍交易，抑或是接受来自清代学者的赠书。虽然朝廷赐书能够展示宗主国的文化优势并满足文化上的自豪感，但清朝作为宗主国，对朝鲜"尊周思明"文化心态了然于心，对朝鲜始终保持着高度的警惕，并对朝鲜使臣的购书行为施加了诸多限制。因此，除了惯例性的历书赠送外，以朝廷名义进行的官方赐书活动仅发生了三次：朝鲜肃宗三十九年（1713年），冬至使兼谢恩使金昌集等人带回了康熙皇帝御赐的《全唐诗》120卷、《渊鉴类函》140卷、《佩文韵府》95卷、《古文渊鉴》24卷，共计4套379册[①]；朝鲜景宗三年（1723年），密昌君李橚等奉表前往北京祝贺雍正帝即位，帝赐《周易折中》和《朱子全书》[②]；朝鲜英祖五年（1729年），骊川君李增等人再赴京城，以表对雍正帝加赏之恩的感激，帝赐《康熙字典》《御纂性理精义》《诗经传说汇纂》以及《音韵阐微》等书籍[③]。因此，在整个清代，燕行使臣的购书活动以及与清朝学者之间的书籍互赠，成了这一时期书籍交流的主要途径。

---

① ［朝鲜朝］金昌业：《燕行日记》，《燕行录全集》第32册，第94—95页。

② ［朝鲜朝］韩致奫：《海东史绎·艺文志》，张伯伟编：《朝鲜时代书目丛刊》第5册，中华书局2004年版，第2458页。

③ ［朝鲜朝］韩致奫：《海东史绎·艺文志》，张伯伟编：《朝鲜时代书目丛刊》第5册，中华书局2004年版，第2458页。

## （一）燕行使的书籍购贸

清入关前夕，天下局势尚不稳定，对朝鲜的燕行使节监管异常严格。然而，随着清朝的建立和入主中原，朝鲜使臣受到了"优礼"待遇，原有的门禁制度形同虚设。朝鲜使臣所享有的自由，是明代朝天使所无法比拟的。燕行使洪大容详细记录了这一变化："贡使入燕，自皇明时已有门禁，不得擅出游观，为使者呈文以请，或许之，终不能无间也。清主中国以来，弭兵属耳，恫疑未已，禁之益严。至康熙末年，天下已安，谓东房不足忧，禁防少解，然游观犹托汲水行，无敢公然出入也。数十年以来，升平已久，法令渐疏，出入者几无间也。"① 金景善在《燕辕直指》中也留下了类似的记载："贡使入燕，自明时已有门禁，不得擅出游观。使臣呈文以请，则或许之，然终不能无间。清初禁之益严。康熙末天下已安，谓东方无足忧，禁防少解，然游观尤托汲水，无敢公然出入。挽近以来，升平已久，禁制渐疏。非但我人之出入无碍，彼人之买卖者亦无时往来。"② 他们可以自由出入会同馆（清初朝鲜使臣专门居住在玉河馆，康熙末年，玉河馆被"大鼻鞑子"即俄罗斯人占据，朝鲜使臣改住南馆），流连于琉璃厂的书肆，甚至可以与清代文人私下交往，结下深厚友谊。在他们记录赴京见闻的《燕行录》中，保存了大量关于访书、求书、购书的珍贵记录。

肃宗十四年（1688年），东平君李杭一行前往清朝，庆祝冬至、元旦和万寿节。随行副使任相元著有《燕行诗集》，其中《购书》一诗虽未详细记录所购书籍，却生动描绘了他赴京购书的情景："客中倾囊购芸编，把向晴窗省懒眠。钱癖已知和峤鄙，书淫莫笑孝标偏。闲雠细字伤年老，敢起高楼拟世传。还忆少时勤手录，试看盈箧辄欣然。"③ 朝鲜肃宗三十八年（1712

---

① ［朝鲜朝］洪大容：《湛轩日记》，《燕行录全集》第42册，第60页。

② ［朝鲜朝］金景善：《燕辕直指》，《燕行录全集》第71册，第169页。

③ ［朝鲜朝］任相元：《燕行诗集》，《燕行录全集》第28册，第62页。

年），冬至使兼谢恩使金昌集等人前往清朝，除了带回康熙皇帝御赐的书籍外，还在京城购买了《朱子语类》《汉书评林》《杜工部集》《剑南诗钞》《本草纲目》《农政全书》以及奎壁堂本的《四书》《五经》和《文选》等珍贵书籍。① 景宗即位后，派遣李宜显担任冬至使正使前往京城朝贺。李宜显此行购得大量书籍，其日记《庚子燕行杂识》中详细记录了所购书籍的名称及数量，包括《册府元龟》（301 卷）、《续文献通考》（100 卷）、《图书编》（78 卷）、《荆川稗编》（60 卷）、《三才图会》（80 卷）、《通鉴直解》（24 卷）、《名山藏》（40 卷）、《楚辞》（8 卷）、《汉魏六朝百名家集》（60 卷）、《全唐诗》（120 卷）、《唐诗正声》（6 卷）、《唐诗直解》（10 卷）、《唐诗选》（6 卷）、《说唐诗》（10 卷）、《钱注杜诗》（6 卷）、《瀛奎律髓》（10 卷）、《宋诗钞》（32 卷）、《元诗选》（36 卷）、《明诗综》（32 卷）、《古文觉斯》（8 卷）、《司马温公集》（24 卷）、《周濂溪集》（6 卷）、《欧阳公集》（15 卷）、《东坡诗集》（10 卷）、《淮海集》（6 卷）、《杨龟山集》（9 卷）、《朱韦斋集》（6 卷）、《张南轩集》（20 卷）、《陆放翁集》（60 卷）、《杨铁崖集》（4 卷）、《何大复集》（8 卷）、《王弇州集》（30 卷）、《弇州续集》（36 卷）、《徐文长集》（8 卷）、《抱经斋集》（6 卷）、《西湖志》（12 卷）、《盛京志》（6 卷）、《通州志》（8 卷）、《黄山志》（7 卷）、《山海经》（4 卷）、《四书人物考》（15 卷）、《黄眉故事》（10 卷）、《白眉故事》（6 卷）、《列朝诗集小传》（10 卷）、《万宝全书》（8 卷）、《福寿全书》（10 卷）、《发微通书》（10 卷）、《状元策》（10 卷）、《汇草辨疑》（1 卷）、《制锦编》（2 卷）、《艳异编》（12 卷）、《国色天香》（10 卷），以及若干书法绘画作品。② 从这些书目可以看出，朝鲜使臣们购买的书籍涵盖了从各朝诗集、文集到官私编纂的类书、志书、传奇小说乃至杂书，种类繁多，数量庞大。朝鲜英祖八年（1732 年），李宜显再次前往北京，其《壬子燕行杂识》记录了此次使行购买的书籍，其中包括《宋史》《宋史纪事本末》《左传》等 6 种史书，《奎壁

---

① 　[朝鲜朝] 金昌业：《燕行日记》，《燕行录全集》第 31 册，第 297 页。

② 　[朝鲜朝] 李宜显：《庚子燕行杂识》，《燕行录全集》第 35 册，第 476—478 页。

诗经》等 11 种经书,《草庐集》《西陂集》等 9 种文集,《唐诗品汇》等 2 种诗选集。①

进入 18 世纪,朝鲜逐渐认识到清国在秉持"崇儒重道"国策下所经历的多重变迁:康熙皇帝大力推广文化教育,重视图书的编纂与搜集,促使《佩文韵府》《渊鉴类函》《古今图书集成》及《朱子全书》等学术价值显著的书籍大量涌现。在雍正和乾隆两位皇帝的持续努力下,清国迎来了康乾盛世。朝鲜英祖和正祖继位后,积极倡导"右文之治",尤其是正祖在 1776 年(清乾隆四十一年)登基后,立即在宫内设立了奎章阁,使之成为学术研究与国家治理的核心,同时也是国家珍贵文献的宝库。奎章阁内特设检书官,肩负搜集书籍的重任,随使团赴清,从而掀起了书籍交流的高潮。当时的北京琉璃厂汇集了古董、书籍、字画、碑帖等各类商铺,随着四库馆的成立而更加繁荣。《四库全书》的纂修官翁方纲曾记载:"每日清晨诸臣入院,设大厨供茶饭,午后归寓,各以所校阅某书应考某典,详列书目,至琉璃厂书肆访之。是时江浙书贾,奔辏辇下。书坊以五柳居、文粹堂为最。"②据杨雨蕾考证,在 18 世纪到 19 世纪 30 年代的 24 种"燕行录"中,有 19 种记录了北京的琉璃厂书肆的盛况。③琉璃厂不仅是文人墨客流连忘返之地,更成了朝鲜使臣访书、求书、购书的必经之所,见证了中朝之间深厚的文化交流与友谊。

正祖即位当年十一月,纂辑厅督提调李溆为正使,吏曹参判徐浩修为副使,奉命前往北京,以表达对吊唁和赐予谥号、册封恩典的感谢,并向清国祝贺平定大小金川的胜利。徐浩修一行原本打算购买《四库全书》,但当时《四库全书》尚未编纂完成,"念《四库全书》实就《图书集成》广其规模,则《集成》乃《全书》之原本也。既未得《四库全书》,则先购《图书

---

① [朝鲜朝] 李宜显:《壬子燕行杂识》,《燕行录全集》第 35 册,第 513—515 页。

② (清) 孙殿起:《琉璃厂小志》,北京古籍出版社 1982 年版,第 32 页。

③ 杨雨蕾:《燕行与中朝文化关系》,上海辞书出版社 2011 年版,第 119 页。

集成》"①，于是通过序班的协助，花费2150两白银成功购得《古今图书集成》
共5020卷。

正祖二年（1778年），李德懋作为书状官随同蔡济恭等人前往北京谢恩
兼陈奏②。李德懋抵达北京后，首先"历观琉璃厂市，书籍、画帧、鼎彝、
古玉、锦缎之属应接不暇，颈为之披，四通五达，人肩触摩"③，随后他参观
了嵩秀堂、文粹堂、圣经堂、名盛堂、文盛堂、经腴堂、聚星堂、带草堂、
郁文堂、文茂堂、英华堂、文焕堂、五柳居等13家书肆，抄录了137种朝
鲜"稀有或绝无"的书籍，并建议朝鲜引入。④ 这些书目不仅反映了琉璃厂
书市的繁荣，也从侧面揭示了朝鲜官方藏书的情况。当时的朝鲜，正经、正
史已经齐全，而前朝的书籍、明清时期的重刻本、重刊本以及明清时期学者
的著作成为奎章阁搜寻的重点。李德懋受书状官沈念祖的委托，与朴齐家一
同前往琉璃厂的五柳居，购买了数十种书籍，具体书目不详。但李德懋特别
提到了《通志堂经解》和《驿史》，他称"其中朱彝尊《经解》⑤、马骕《驿史》，
稀有之书，而皆善本也"⑥。在闲暇之余，他还亲自前往五柳居翻阅《通志堂
经解》，盛赞该书是"真正的儒家宝库，经学的深邃之源"⑦。

正祖四年（1780年），正值乾隆皇帝七十寿辰，朴趾源随同堂兄朴明源
前往京城祝贺。在途经凤城通远堡时，他结识了一位满族人富先生。朴趾源
曾试图借阅书籍，但富先生索要了高昂的费用。因此，朴趾源抄录了富先生

①　《朝鲜王朝正祖实录》卷三，正祖元年二月二十四日庚申，影印本第44册，第653页。

②　此次同行的检书官还有朴齐家、柳得恭。

③　[朝鲜朝] 李德懋：《青庄馆全书》，《韩国文集丛刊》影印本第259册，第219页。

④　关于李德懋抄录书籍数量，引用者统计不一，杨雨蕾统计为132种。廉松心的《十八
世纪中朝文化交流》统计为30余种。笔者遍检李德懋《入燕记》，实际抄录书目总数为138种，
除却重复1种（《名媛诗抄》）外，实为137种。

⑤　《经解》全称《通志堂经解》，纳兰性德辑编，朱彝尊、徐乾学等在《经解》雕印过程
中曾为部分《经解》作序，所以李德懋此题朱彝尊《经解》。

⑥　[朝鲜朝] 李德懋：《青庄馆全书》，《韩国文集丛刊》第259册，第219页。

⑦　[朝鲜朝] 李德懋：《青庄馆全书》，《韩国文集丛刊》第259册，第219页。

提供的书单，① 在抵达北京后，他前往书肆照单访求。这些书籍包括汪淇辑评校补的《尺牍新书》，李贽的《焚书》《藏书》《续藏书》，尤侗的《宫闱小名录》《长洲杂说》《西堂杂俎》，宋荦的《筠廊偶笔》，周亮工的《同书》《字触》《闽小记》《因树屋书影》，甘京的《四礼撮要》，毛奇龄的《说林》《西河诗话》，毛先舒的《韵白匡林》《韵学通指》《潠书》，周金然的《西山纪游》，顾炎武的《日知录》《北平古今记》，李清的《历史不知姓名录》，蒋超的《蒋说》，冒襄的《影梅菴忆语》，余怀的《古今书字辨讹》《东山谈苑》《秋雪丛谈》，王崇简的《冬夜笺记》，王士禛的《皇华纪闻》《池北偶谈》《香祖笔记》，王士禄的《毛角阳秋》《群言头屑》《闺阁语林》《朱鸟逸史》，李渔的《笠翁通谱》《无声戏》《鬼输钱故事》，石庞的《天外谈》，弘觉法师的《奏对机缘》，诸匡鼎的《橘谱》，朱彝尊的《日下旧闻》《粉墨春秋》，朱茂曙的《两京求旧录》，张潮的《虞初新志》《亦禅录》《幽梦影》，赵吉士的《寄园寄所寄》，汪琬的《说铃》，元末明初陶宗仪的《说郛》，王晫、张潮合编的《檀几丛书》，陆陇其的《三鱼堂日记》，周在浚的《燕舟客话》，王世德的《崇祯遗录》，查慎行的《入海记》，汪楫的《使琉球杂录》，黄道周的《博物典汇》，施闰章的《观海纪行》，周笕的《析津日记》。朴趾源抄录的书目共计60种，其中大部分为清代作品，涵盖了笔记小说《影梅菴忆语》《无声戏》《香祖笔记》《虞初新志》《说郛》《说林》《说铃》等7种，以及单行本《鬼输钱故事》。除了清人柴绍炳的作品详情不明外，其余多为明清时期的小品文。李贽的《焚书》《藏书》《续藏书》就曾多次遭到禁毁。到了乾隆年间，尽管这些作品一度被收录进《四库全书》，最终还是因为"议论狂悖，实为非圣无法，不宜存留"②而被抽毁、删改。张潮的《虞初新志》在乾隆四十三年（1778 年）被江宁

---

① ［朝鲜朝］朴趾源：《燕岩集》，《韩国文集丛刊》第 252 册，第 146 页。对朴趾源所记书目已据《四库全书总目》等权威目录书籍进行了校正。比如《说郛》，朴趾源将编者记录为吴震芳，经过考证，提及的实际上是《说郛》，而非《续说郛》，编者当为元末明初的陶宗仪，此当为朴趾源误记。

② （清）姚觐元：《清代禁毁书目四种》，商务印书馆 1937 年版，第 273 页。

布政使列入《违碍书籍目录》，但民间仍有收藏。至于朴趾源是否真的购得了这 60 种书籍中的全部，尚不得而知。然而，查阅《奎章阁图书中国本综合目录》可知，上述书籍几乎全部为韩国所收藏。

正祖十四年（1790 年），适逢乾隆皇帝 80 寿辰，朝鲜特地派遣了由昌城尉黄仁点担任正使、礼曹判书徐浩修为副使的使节团前往北京祝贺。随团出访的还有奎章阁检书官朴齐家和柳得恭。徐浩修和柳得恭都留下了关于这次出访的详细记录。在徐浩修的《燕行纪》和柳得恭的《滦阳录》中，他们描述了在琉璃厂书肆寻访和求购书籍的经历。例如，《四库全书简明目录》著录有《满洲源流考》和《皇清开国方略》，但在北京，徐浩修、柳得恭等人遍访书肆，最终因"秘讳严密"而未能购得。然而，同行的朴齐家在书肆的刻字房意外发现了《皇清开国方略》，并将朝鲜三学士"舍生尊周"的事迹抄录下来，以弥补"公私记载皆云不知所终"的遗憾。① 徐浩修的《燕行纪》还详细记录了他在书肆购买的书籍，包括如《十三经注疏》《周易折中》《诗书汇纂》以及《大清会典》和《盛京通志》②。

朝鲜和中国一样，都是以农业为基础，天象与农业生产紧密相连，历来被视为"帝王之学"，与儒家经典同等重要。因此，天文和历法受到了朝鲜燕行使的特别关注。清朝采用西历，颁布的《时宪历》与朝鲜长期使用的《大统历》存在显著差异。③ 为了学习时宪历的算法，朝鲜不断派遣人员前往燕京并购买大量天文历算书籍。孝宗六年（1655 年），朝鲜观象监的日官随谢恩陈奏使前往燕京学习，并购得了采用西洋新法的《日躔表》和《月离表》。④

---

① ［朝鲜朝］徐浩修：《燕行纪》，《燕行录全集》第 51 册，第 246 页。同见 ［朝鲜朝］柳得恭：《滦阳录》卷二，《辽海丛书》，辽沈书社 1984 年版，第 330 页。

② ［朝鲜朝］徐浩修：《燕行纪》，《燕行录全集》第 51 册，第 242 页。

③ 1629 年，明政府授权历局，在汤若望、邓玉函等传教士的帮助下在《大统历》的基础上重修历法，是为《崇祯历书》。虽经过重修，但和清朝所颁示的《时宪历》在算法上仍有出入。

④ 《朝鲜王朝肃宗实录》卷四十二，肃宗三十一年六月十日壬寅，影印本第 40 册，第 159 页。

这两本书是抄本，但在朝鲜的刊印过程中遗漏了若干行，导致推算结果出现偏差。因此，在肃宗三十一年（1705 年），观象监的日官许远随冬至贡使再次前往燕京，寻求真本。许远到达燕京后，向钦天监请求购买《乙酉时宪历》《丙戌时宪历》《七政历查草假令》《日月五星筹法目录》《三元交食总成稿》《万年历》以及《日躔细草书》等历书，但钦天监只允许购买《乙酉时宪历》和《丙戌时宪历》。肃宗四十一年（1715 年），日官许远第三次前往燕京，购回了《历法补遗方书》《日蚀补遗》《交食证补》和《历算骈枝》等历书共 9 册。①

由于朝鲜获得的天文历算资料并不完整，推算结果与清朝新历之间始终存在差异。因此，自英祖朝起，朝鲜频繁派遣使者前往燕京学习推算方法，并购买相关书籍。在英祖元年（1725 年），历官前往北京校准历法，并带回了《七曜算本》。同年，观象监启奏刊印了《交食历指》（7 册）和《戒事类占》（10 册），这两部历书是景宗三年（1723 年）购得的。② 英祖二年（1726 年），冬至使密丰君李坦等人以 5000 两银子的高价在钦天监购得了《历象考成》。③ 英祖七年（1731 年），观象监日官李世澄随谢恩使入燕，与译官郑泰贤一同购得了《律历渊源》《三元甲子万年历》《日食草稿》《月食草稿》《新法七政四余万年历》等书籍，④ 并且还带回了《鳌头通书》《六壬指南》《易林补遗》《渊海子平》《大六壬金口诀》《火星细草》《渊海子平》《地理四弹子》《七曜推步稿》《忌辰录》等方技类书籍。⑤ 英祖八年（1732 年），日官安重泰购回了《七政四余万年历》3 册，《时宪新法五更中星纪》1 册，《二十四气昏晓中星纪》1 册，《日月交食稿本》1 册。⑥ 英祖十年（1734 年），

---

① 《朝鲜王朝肃宗实录》卷五十六，肃宗四十一年四月十八日癸未，影印本第 40 册，第 549 页。

② 《朝鲜王朝英祖实录》卷七，英祖元年七月十二日丁未，影印本第 41 册，第 536 页。

③ 《同文汇考补编》卷四，国史编纂委员会影印本 1978 年版，第 41 页。后引不再详注。

④ 《同文汇考补编》卷四，国史编纂委员会影印本 1978 年版，第 45—46 页。

⑤ 《朝鲜王朝英祖实录》卷三十一，英祖八年二月十日戊戌，影印本第 42 册，第 297 页。

⑥ 《朝鲜王朝英祖实录》卷三十五，英祖九年七月二十日己亥，影印本第 42 册，第 367 页。

安重泰随陈奏使再次前往燕京，购回了《日躔表》《月离表》以及《七曜历法》。① 英祖十七年（1741 年）以后，鉴于朝鲜历法推算与清朝历法之间仍存在差异，决定每年派遣使节时，都派一名钦天监的日官随行，这一做法成为定制。② 当年派出的日官安国宾不仅见到了精通历法的西洋人戴进贤和徐懋德，还求得了《日蚀筹稿》《月蚀筹稿》各一本，并购买了《日蚀表》《月蚀表》《交蚀表》《八线表》《对数八线表》《对数阐微表》《日月五星表》《律吕正义》《数理精蕴》等书共 13 册。③ 乾隆七年（1742 年），《历象考成后编》撰成，次年即被朝鲜皇历赍咨官金兑瑞和译官安命说购回。同行的译官玄德渊还购回了法医著作《洗冤录》。④ 英祖二十三年（1747 年），日官李得星入燕请教历筹诸法，并寻求未见之书，以高价购得写本《日蚀筹法》，并托人抄录后带回朝鲜。⑤ 英祖二十六年（1750 年），译官卞泰喜、徐庆运在北京东、西天主教堂及钦天监购得了《新法日月蚀算表》10 册、《日月五星七曜表》10 册、《凌犯表》2 册、《仪象图》2 册。⑥

　　燕行使团中的译官利用出使的机会，在中国大量采购书籍，成为当时名副其实的书商。为了获取巨大的经济利益，译官几乎垄断了倒卖中国汉籍的市场。例如，朝鲜后期译官四大家之一的李尚迪，曾先后 12 次随燕行使入燕朝贡，每次都将近万卷书籍带回国内。一方面，这固然源于对中华文化的仰慕，收藏喜爱的中国汉籍；另一方面，也是在书籍买卖中赚取经济利益。不论出于何种动机，朝鲜的译官在客观上推动了中国汉籍在朝鲜的流通。

---

① 《朝鲜王朝英祖实录》卷四十，英祖十一年一月三十日辛丑，影印本第 42 册，第 468 页。

② 《朝鲜王朝英祖实录》卷五十四，英祖十七年九月十四日丙子，影印本第 43 册，第 32 页。

③ 《同文汇考补编》卷五，国史编纂委员会影印本 1978 年版，第 25 页。

④ 《朝鲜王朝英祖实录》卷六十二，英祖二十一年七月十三日癸未，影印本第 43 册，第 187 页。

⑤ 《同文汇考补编》卷五，国史编纂委员会影印本 1978 年版，第 30 页。

⑥ [韩]韩国国史编纂委员会：《备边司誊录》第 12 册，国史编纂委员会影印本 1982 年版，第 884 页。后引不再详注。

### （二）燕行使与清代学人的书籍交流

如前所述，清入关后，对朝鲜采取了优待政策。朝鲜的使节和行人在京城的逗留时间比明代显著延长，并且享有明朝使臣难以想象的自由。他们可以自由出入馆舍，四处游览，甚至以私人身份与清朝官员、文人乃至西方传教士建立联系。自洪大容起，朝鲜士人与清朝文人之间的消极交往局面被打破，他们开始积极地与清代文士接触，通过笔谈、唱和、求序、书札、赠遗等多种形式与清人进行交流，开启了中朝学术文化交流的新篇章。文人之间坦诚相待，互相唱和，讨论书籍、学术、国事乃至人生哲学，不仅互赠自己的诗文集，还大力推荐并赠送自己钟爱的书籍给对方。如果说在明代，由于对使臣的严格控制，文人之间书籍赠送的数量尚不显著，那么到了清代，除了完成购书任务之外，书籍交流很大程度上是通过文人之间的互相赠送来实现的。

例如，柳得恭早年随使团赴京祝贺乾隆皇帝 80 寿辰，与纪昀、潘庭筠等文人结识，并建立了深厚的友谊。纪昀为柳得恭的《冷斋集》作序，并赠送了金曰追的《仪礼正讹》17 卷。与柳得恭同行的朴齐家收到了纪昀赠送的题诗扇子和钱大昕的《史记考异》，柳得恭则回赠了自己的《二十一都怀古》。10 年后，柳得恭再次随谢恩使团赴京，主要任务是"求朱子书善本"。抵达燕京的第二天，柳得恭并未急于前往琉璃厂寻找朱子书善本，而是拜访了尚书纪昀，向他咨询相关书籍的情况：

> 余曰："生为购朱子书而来，大约《语类》《类编》等帙，外此如《读书记》（南宋真德秀著），载在《简明书目》，此来可见否？"
> 晓岚曰："此皆通行之书，而迩来风气趋《尔雅》《说文》一派，此等书遂为坊间所无。久为贵副使四处托人购之，略有着落矣。"余曰："如《白田杂著》可得否？"晓岚曰："此本寒家之本，一入官库，遂不可得。幸王懋竑有《文集》，此书刻入其集中，亦托人向镇江

府刷印也。"又曰："此数书多在南方，故求之不易，受托之人又以为不急之物，可以缓求，故悠忽遂至今也。前者，已标以催诸友，大抵有则必有，但不能一呼立应耳。"①

通过柳得恭与纪昀之间的对话，可以得知纪昀已经应前次出使副使徐浩修的请求，四处托人搜购朱子的书籍。柳得恭此次来访的目的非常明确，他希望购得《朱子语类》《朱子文集大全类编》以及《读书记》等著作。此外，他还希望得到清代学者王懋竑的《白田杂著》，纪昀也承诺会托人前往镇江府进行印刷。

柳得恭与李氏三兄弟——鼎元、调元、骥元——早已是"十余年来信息相闻"的"天涯旧识"。因此，柳得恭此行特意向李鼎元寻求援助。他询问是否能够购得《读书记》等朱子书的善本。李鼎元透露，其堂兄李调元（号雨村）曾收藏过这些书籍，但遗憾的是，雨村的藏书楼遭遇火灾，大部分书籍已被焚毁。柳得恭进一步询问了火灾后李调元的"巴蜀百科全书"《涵海》的状况，并希望能一睹《涵海》所辑的《诗话》。李鼎元慷慨地将《雨村诗话》四卷赠予柳得恭。回到住所后，柳得恭仔细翻阅，惊喜地发现自己的《歌商楼稿》以及李德懋的《清脾录》都被《雨村诗话》所收录。这一发现表明，朝鲜人的汉文著作不仅已经传入清朝，而且受到了清朝文人的高度关注。

柳得恭此次访问琉璃厂，虽未能购得朱子书的善本，却在五柳居、聚瀛堂等书肆与众多文人学士广结良缘。例如，在聚瀛堂，他结识了清代学者钱大昕的侄子钱东垣，得以一览其父钱大昭的著述目录，包括《诗古训》《尔雅释文补》《广雅疏义》《说文统释》《两汉书辨疑》《后汉书补表》《补续汉书艺文志》《后汉郡国令长考》《三国志辨疑》和《迩言》等十种著作。此外，钱东垣个人的著作如《孟子解谊》《小尔雅校正》《列代建元表》《建元类聚

---

①　[朝鲜朝] 柳得恭:《燕台再游录》，金毓绂编:《辽海丛书》，辽沈书社1984年版，第334页。

考》《补经义考稿》《稽古录辨伪》《清华阁帖考异》以及《郑志》等，也让柳得恭深刻感受到了钱氏家族学识的渊博。在钱东垣的恳切请求下，柳得恭也回赠了《渤海考义例》一部。柳得恭此行还拜访了孔子的七十二世孙孔宪培，孔宪培不仅亲笔题写了"冷斋"二字，还赠送了元末大儒赵汸的《春秋金锁匙》1卷、清人戴震的《考工记图》2卷和《声韵考》4卷，以及一些珍贵的碑刻作品，包括蔡京的《州学碑》、党怀英的《杏坛碑》、姜开阳摹刻的《定武兰亭》和生长于孔子墓上的蓍草。在琉璃厂书肆，诗人吴照南和画家罗聘也与柳得恭相识，吴照南曾委托罗聘转交《说文偏旁考》给柳得恭。

朴齐家，作为北学先驱，四次踏上前往燕京的旅程，借机与清朝的朋友们广泛结交，并通过他们深入了解和学习清朝的先进文化。以嘉庆六年（1801年）为例，朴齐家第四次抵达燕京时，在琉璃厂的书肆与清代著名的藏书家、校勘学家陈鳣相遇。朴齐家将自己的诗文集《贞蕤稿略》赠送给陈鳣，陈鳣对朴齐家的诗文赞不绝口，形容其"洋洋洒洒，如登高山，临沧海，骤然莫测其崇深"。陈鳣不仅为朴齐家的诗文作序，还回赠了自己的著作《论语古训》。

朴齐家的长子朴长馣在编纂《缟苎集》时，记录了朴齐家结交的172位清朝友人，并且回国后，朴齐家也积极地与这些友人保持书信往来。遗憾的是，由于资料的遗失，《缟苎集》中仅存47封往来书信，其中43封来自清朝文人。这些书信揭示了朴齐家与清朝文人之间的书籍交流情况：郭文周曾索要《朝鲜版图志》和朴齐家的小像；画家罗聘赠送了《歃血铜盘铭》拓本；书法家铁保赠予朴齐家元人旧书一册（书名不详）、《思翁小景》一幅、《铁保书帖》一幅；吴省钦赠予朴齐家所求的几何学书籍；尹秉绶托人寄送《朱崖先生文集》；李鼎元赠予《师竹斋集》以及《道德经》一部；龚协寄送《嵇中散集》一册；张问陶赠送朴齐家图书一方（书名不详），同时向朴齐家索求《箕田图说》一卷；宋葆淳则赠送先父宋鉴所著的《尚书考辨》《秦汉分韵》各一部以及自己的著作《阴符经》；钱东垣则赠予朴齐家和柳得恭家刻数种，① 并且将《后汉书补表》先行送给朴齐家。

此类朝鲜燕行人员与清朝文人的书籍交流情况在双方的往来书信中频繁出现，数量众多。然而，由于时间限制，笔者未能全面检视清代中朝文人之间的往来书信，未来定当在闲暇时加以补充。

在朝鲜使臣访问燕京期间，他们游览了天主教堂，并与西方传教士进行了交流，从而对西方世界有了初步的了解。他们接受了西方传教士赠送的关于天文、历算、地图以及教理等方面的书籍。例如，在1644年，作为人质居住在沈阳的昭显世子随清军进入关内，并与汤若望建立了联系。昭显世子经常访问天主教堂，探讨天文等学术问题。汤若望也多次拜访世子的住所，向他讲解天主教的教义，两人建立了深厚的友谊。昭显世子回国时，汤若望"赠以所译天文算学、圣教正道书籍多种，并与地球仪一架，天主像一幅"②。仁祖二十七年（1649年），前往燕京学习《时宪历》算法的观象监日官宋仁龙带回了汤若望赠送的《缕子草册》15卷和《星图》10丈。1720年6月，朝鲜国王肃宗去世，李颐命等人奉命前往燕京报告噩耗并请求谥号。在此期间，他们参观了天主南堂，并结识了耶稣会士戴进贤和苏霖。他们将戴进贤和苏霖赠送的利玛窦、艾儒略所著的天文历算书籍带回了朝鲜。③ 英祖八年（1732年），陈奏兼谢恩使李宜显等人前往北京，结识了传教士费隐，并收到了费隐赠送的《三山论学记》和《主制群征》两册书籍。④

18世纪后期开始，清朝统治者失去了早年锐意进取的精神，朝政腐败，清朝社会渐趋衰落，特别是在经历了两次鸦片战争和太平天国运动的冲击后，清朝的未来显得岌岌可危。许多朝鲜人开始将清朝的命运与朝鲜自身

---

① 此处提及的家刻数种应是柳得恭《燕台再游录》中所记载的，在聚瀛堂见到的钱东垣所展示的书目。

② （清）黄伯禄：《正教奉褒》，上海慈母堂1884年版，第25页。

③ 《同文汇考补编》卷五。

④ [朝鲜朝]李宜显：《壬子燕行杂识》，《燕行录全集》第35册，第507页。

的未来联系在一起，使得燕行使臣搜集中国情报的任务的重要性再次凸显，其外交意义也日益增强。直至 19 世纪末，中朝两国文人之间的交流达到了前所未有的规模，并且变得更加频繁。这种交流甚至超越了"人臣无外交"的传统限制。尽管清朝社会经历了诸多变革，书籍的交流并未因此而突然中断。

相反地，书籍交流随着朝鲜与清朝文人的互动也呈现出一片繁荣景象。以金正喜为例，这位被誉为韩中文化交流的使者、大学问家，对清朝乾嘉时期的考据学风和金石学向慕不已。在纯祖九年（1809 年），金正喜的父亲金鲁敬作为冬至使兼谢恩副使出使北京，金正喜以子弟军官的身份随行，借此机会与 27 位清朝学者建立了联系，其中翁方纲和阮元更是被他视为终身导师。除了学术上的交流，金正喜与这些清朝学者之间还频繁进行书籍交流。例如，翁方纲曾将自己的初版《复初斋诗集》寄送给金正喜，而金正喜也带来了在中国早已失传的《算学启蒙》朝鲜翻刻本。为了更清晰地说明金正喜与清朝学者之间的书籍交流情况，下面将列简表加以说明：

**表 4　金正喜与清人书籍交流简表**

| 清人姓名 | 金正喜受赠书籍 | 金正喜回赠 |
|---|---|---|
| 翁方纲 | 《复初斋诗集》《复初斋文集》《苏斋笔记》（1—3卷）、《石洲诗话》《通志堂经解目录》《苏斋经说》（易经附记、书经附记、诗经附记） | 《退溪集》《栗谷集》 |
| 翁树崑 | 《小石帆亭著录》《苏米斋兰亭考》《萚石集》 | |
| 阮元 | 《皇清经解》《经籍撰诂》《十三经注疏校勘记》《研经室集》《明史·儒林传》《考工车制图解》《四元玉鉴》 | 《算学启蒙》《七经孟子考文补遗》（日本刻本） |
| 叶志诜 | 《山海经注》《苏斋笔记》（4—16卷）、《孙氏易解》《列女传补注》《大戴礼记》《苏斋经说》（论语附记、易附记、孟子附记）、《说文解字注》、孙渊如《周易集解》《阿文成公年谱》《石鼓文释存》《孝行录》《赏雨茆屋集》 | 《济众录医书》《丽史提纲》《汇集说经》《和汉三才图会》（此书为叶志诜索要） |

续表

| 清人姓名 | 金正喜受赠书籍 | 金正喜回赠 |
|---|---|---|
| 汪喜荀 | 《述学》《儒林年谱》《广陵通典》《赏雨茅屋集》《娄光堂稿》、宋版《春秋公羊经传解诂》《尚友记》《寿母小记》《经义述闻》 | 《算学启蒙》 |
| 吴嵩梁 | 《香苏山馆诗抄》 | |
| 翁引达 | 《经义考补正》《粤东金石略》 | |
| 李璋煜 | 《白羊山房诗集》《读书杂志》 | |
| 阮常生 | 《焦循先生文集》《文笔考》《两浙辅轩录》《淮海英灵集》 | |
| 张曜孙 | 《笺易注元室遗稿》《战国策释地》 | |
| 周达 | 秘书廿一种（具体书目不详）、《焦山鼎铭考》《听松庐诗》《渊雅堂全集》《刘端临先生遗书》 | |
| 阮福 | 《孝经义疏补》《学海堂集》《校礼堂集》《大云山房集》（此集为金正喜索要） | |
| 吴萧 | 《八家四六》 | |
| 徐有壬 | 《四书艺》《秦刻九经》《刘礼部集》《四元玉鉴》《白鹤山房诗词》《友莲诗词》 | 《算学启蒙》 |
| 张穆 | 《诗书古训》《顾亭林年谱》《陜兰书屋诗集》 | |
| 陈用光 | | 《古文辞类纂》《兰溪遗稿》 |

此表根据日本学者藤塚邻《秋史金正喜的另一面》以及尹任植的《韩中学术与艺术交流的使者金正喜》整理而成。在整理过程中，碑帖、书画作品以及单独的唱和诗作并未包括在内。从表中可以清晰地看出，清代人士通常会将自己或父辈的著作、新出版的前代著作作为礼物赠送给金正喜。作为回礼，金正喜则赠送了本国的诗文集以及在中国较为稀有或已失传的书籍。除了金正喜本人与清人之间的书籍交流外，他还牵线搭桥，促进了更多中朝文人间的书籍交流，金正喜无疑成了中朝书籍交流的桥梁。比如，他的弟弟金命喜未曾前往燕京与清朝文人直接接触，但在金正喜的引荐下，他与刘喜海、吴嵩梁、李璋煜等中国文人建立了跨国友谊，通过书信往来和互赠书籍来交流。李璋煜曾向金命喜寄送了《戴东原先生文集》《仪礼释官》《孔子编年》《荀子补注》等8种书籍；而金命喜则回赠了本国的《破闲集》《圃隐集》

《海东乐府》《朴兰溪集》等著作。

上述文字仅仅揭示了朝鲜燕行使团成员与清朝人士之间书籍交流的一小部分，鉴于篇幅所限，无法详尽地罗列历史典籍中所载的众多书籍交流案例。通过燕行使臣的不懈努力，汉文书籍主要通过购买和接受赠予的方式，源源不断地涌入朝鲜半岛。

## 二、朝鲜与清书籍交流的特点

尽管在清初时期，朝鲜因私下购买史书而受到清朝的质问和谴责，但根据流入朝鲜的书籍内容来看，其范围广泛，并且展现出与明朝略有差异的特色。

### (一) 书籍交流内容广泛

朝鲜与清之间的书籍交流涵盖了广泛的内容，包括天文、地理、医药、卜筮、文学等多个领域。为了深入探讨，本节将以《内阁访书录》为例进行简要分析。

朝鲜正祖李祘对书籍情有独钟，早在登基之前，他就非常注重书籍的搜集与保存，"闻有燕市所购故家所藏，辄令贸来"[1]。登基后，他建立了奎章阁，分别收藏中国和朝鲜的书籍，并指派徐膺命、徐浩修等人编纂了藏书目录《奎章总目》。后又"仿唐、宋故事，撰《内阁访书录》二卷，使内阁诸臣按而购贸。凡山经海志，秘牒稀种之昔无今有者，无虑数千百种"[2]。正祖时期的《访书录》原是为燕行使开具的购书清单，但据张伯伟先生考证，"今本《内阁访书录》二卷，非待购书目，而是购进后所编，已是藏书目录"[3]。

---

① [朝鲜朝] 正祖李祘：《日得录一·文学一》《弘斋全书》卷一六一，《韩国文集丛刊》第 267 册，第 138 页。

② 《朝鲜王朝正祖实录》卷十一，正祖五年六月二十九日庚子条，影印本第 45 册，第 249 页。

③ 张伯伟：《二十六种朝鲜时代汉籍书目解题（上）》，《文献》2004 年第 4 期。

所收书目都是正祖五年（1781 年）徐浩修撰成的《奎章总目》中所没有收录的，这证明《内阁访书录》记录了燕行使臣在北京书市购得的书籍。《内阁访书录》共收录了 409 种书籍，其中经部书籍 133 种，史部书籍 63 种，子部书籍 126 种，集部书籍 84 种，几乎涵盖了《四库全书》四部分类下的所有类目，包括经部下的诗、书、礼、乐、易、春秋、四书、小学；史部下的编年、载记、史评、别史、职官、政书；子部下的儒家、农家、兵家、杂家、道家、小说家、类书、艺术、谱录，集部下的总集、别集、楚辞、词曲等。

在正祖统治时期，仅燕行使臣受命采购的书籍就多达 400 余种，涵盖了经、史、子、集等各个领域。值得注意的是，这一数字并不包括那些被视为"左道"的异端邪说书籍以及各类杂书（如稗官小说和天主教教义书籍）。因此，可以推断，在整个清朝时期，通过燕行使臣传入朝鲜的书籍数量和种类必定是极为庞大和丰富的。

在明末清初时期，众多稗官杂记涌入朝鲜，对朝鲜传统的文风造成了强烈冲击。朝鲜文坛兴起了一股"稗史小品体"的热潮，从两班士大夫到普通民众，无不热衷于阅读这些稗史作品。文人们也开始采用"稗史小品体"撰写文章。与此同时，正祖坚守儒家"文以载道"的文学理念，推行了"文体反正"政策，① 具体表现为在书籍交流方面，明文禁止了稗官小说和杂书的输入。正祖是朝鲜历史上首位对书籍输入实施限制并颁布禁令的国王。正祖十年（1786 年），大司宪金履素上奏："近来燕购册子，皆非吾儒文字，率多不经书籍。左道之炽盛，邪说之流行，职由于此。观于昨年，已现露者亦可知也。请另饬湾府，书册之不当购而购来者，照察严禁。"② 金履素的建

---

① 任晓丽、梁利：《略论朝鲜李朝正祖的"文体反正"》，《解放军外国语学院学报》2009 年第 2 期。

② 《朝鲜王朝正祖实录》卷二十一，正祖十年一月二十二日丁卯，影印本第 45 册，第 550 页。

议正合正祖心意，因此在正祖十一年（1787 年），备边司向正祖呈上了限制赴京使行的详细规定，"挟带杂书及不符合规定的我国书籍者，杖一百，流三千里"，并要求"凡系书籍，涉于左道、不经、异端、妖诞之说及杂术方书，一切严防"。无论是使臣还是译官，一旦发现有私带此类书籍者，"即其地摘发，烧火状闻。犯者置之重辟，使臣严绳，书状官即其地方湾府定配"①。同年，司谏李师濂也上疏请求禁止贸易汉译西学书籍，他指出："天主妖术，流入国中，不无蛊惑民心之虑。请严饬象译，作为禁条，俾绝妖书贸来之弊。"② 因此，在《内阁访书录》中，小说和杂书均未被记录。不仅如此，正祖还曾搜集并焚毁了大量稗官、杂书以及天主教书籍。正祖曾慨叹："册若现纳，则无论刊与誊，投诸水火然后可以永绝根本。盖此事，难以刑政专治。辟邪学，莫如明正学，故日前策题，以明末清初文集事盛言之。大体明清之文，唯杀奇诡，实非治世之文，《袁中郎集》为其最矣。近来俗习，皆未免舍经学而趋杂书，世无有识之士，愚民无以观感。予于小说，一不披览，内藏杂书，皆已去之，此可知予苦心矣。"③ 然而，实际上这些书籍屡禁不止。据韩国学者闵宽东的研究，通过燕行使传入朝鲜的明代小说作品有75 种，清代小说作品则有 189 种。④

自朝鲜使臣购得首幅《欧罗巴国舆地图》起，朝鲜人便开始了对西方世界的认识。在随后的 170 余年里⑤，众多汉文西书随着朝鲜燕行使的往来传入朝鲜，无论是在文化还是思想领域，都对朝鲜产生了深刻的影响。尽管目

---

① 《朝鲜王朝正祖实录》卷二十四，正祖十一年十月十日甲辰，影印本第 45 册，第673 页。

② 《朝鲜王朝正祖实录》卷二十三，正祖十一年四月二十七日甲子，影印本第 45 册，第649 页。

③ 《朝鲜王朝正祖实录》卷三十三，正祖十五年十一月七日戊寅，影印本第 46 册，第257 页。

④ 此数据根据 [韩] 闵宽东《中国古典小说在韩国的研究》统计。

⑤ 18 世纪末，天主教受到朝鲜传统儒教势力的猛烈抨击，朝鲜发生了"乙巳秋曹摘发""丁未泮会事""辛亥珍山之变"，天主教被视为异端和邪学而遭到查禁。

前尚无法精确统计具体传入的书籍数量，但可以确定的是，清代传入朝鲜的汉译西书共有 46 种①，包括《西洋乾象坤舆图》《西洋新法历法》《日月五星历指》《日躔表》《教要序论》等天文历算书籍，《同文算指》《七曜算本》《八线表》《几何原本》等数学书籍，《律吕正义》等乐理书籍，以及《天主圣教日课》《真道自证》《圣经直解》等天主教教义书籍。实际上，在朝鲜开始接触西方文化至西学被斥为异端邪学的 170 余年期间，传入的汉译西学书籍数量远超上述所列。

　　燕行使臣虽不总是有机会与传教士直接交流天主教信仰或聆听他们口述西洋科技，但除了努力寻求这些机会外，朝鲜使臣们只能携带大量汉译西书返回朝鲜进行研究。因此，出现了一种特殊现象：无论是西方的天主教还是西洋科技，都不是通过西洋耶稣会士直接传播到朝鲜，而是通过朝鲜的燕行使间接传播至朝鲜半岛。以天主教为例，西洋耶稣会士并未直接前往朝鲜传教，而是朝鲜入京使臣在北京的天主教堂接受洗礼，并阅读研究天主教书籍，回国后进行传教。例如在正祖八年（1784 年），李承薰作为冬至使书状官随员访问天主教士，并接受了天主教洗礼，取教名伯多禄。回国时，他携带了几十卷天主教理书籍，以及传教士赠送的圣画和圣物。李承薰将这些教理书籍转交给李蘗，并为李蘗、权日身代行洗礼，三人后来成为朝鲜教会的主要代表人物。通过阅读和研究这些书籍，朝鲜人逐渐形成了天主教信仰，可以肯定的是，大量汉译西书是通过燕行使的不懈努力传入朝鲜半岛的。

　　西学的传入对中国传统学术和朝鲜社会产生了巨大冲击。西方书籍和器物让朝鲜的儒学者们认识到了中国以外的欧罗巴乃至西方世界，传统的以中国为中心的天下观开始动摇。一些朝鲜先进的知识分子开始质疑传统的华夷之辨，并最终在对清朝的新文化、新思想以及西学的理解和吸收基础上，作

---

① 此数字根据杨雨蕾《燕行与中朝文化关系》第 161—165 页表十三、表十四统计。

出了"师夷之技"的务实选择。

（二）官方书籍交流日渐式微，而文人之间的书籍交流却异常活跃

在明清鼎革后相当长一段时间内，朝鲜与清的关系一直较为紧张，而朝鲜社会中根深蒂固的"尊周思明"情绪进一步影响了两国之间的书籍交流。"书籍关系文教"①。书籍作为学术和文化的直接载体，清朝对其编纂和收藏极为重视，并取得了显著成就。尽管清朝官方以朝廷名义向朝鲜赐书的事件仅有 3 次，但所赐予的《渊鉴类函》《全唐诗》《古今图书集成》《朱子全书》等书籍，均彰显了清朝学术文化的繁荣。另外，受到"小中华"意识的驱动，朝鲜并未主动向清朝进献书籍，而是在康熙皇帝的要求下，挑选了近世诗文并删除了其中辱骂清朝的字句后，刻印成《东文选》进献给清朝。② 如前所述，明朝使者出使朝鲜时，曾请求赠送相关书籍，《皇华集》的赠与成为双方友好交流的象征。然而，查阅《朝鲜王朝实录》，朝鲜王廷向清朝使者赠送书籍的记录仅有两次：一次是肃宗四年（1678年），清朝使者侍卫等请求观赏东国文集，朝鲜王廷赠送了《石洲集》《挹翠轩集》《荷谷集》《玉峰集》《兰雪轩集》《圃隐集》《正气歌》《桂苑笔耕集》，以及朝鲜本的《史略》《古文真宝》和东人科礼表赋诗论 12 篇；③ 另一次是英祖十四年（1738 年），应清朝使者的要求，朝鲜英祖派遣承文院、司译院官员携带满文和汉文的《三田碑文》各两件，赠送给清朝正、副使，

---

① 《清世祖实录》卷一一七，顺治十五年五月庚申，中华书局 1985 年版，第 915 页。

② 《朝鲜王朝肃宗实录》卷五十四，肃宗三十九年八月十五日庚寅："赍去《东文选》所载戊戌奏文中，祖宗字，或以谥号或陵号，或以先王字改之，而他文中胡越、胡僧、夷貊等字，易以他字，使之急送铸字，使于使行渡江前改补，盖虑其有碍于彼人故也。"影印本第 40 册，第 513 页。

③ 张伯伟编：《增补文献备考·艺文考》，《朝鲜时代书目丛刊》第 6 册，中华书局 2004年版，第 2902—2903 页。

同时赠送的还有《东医宝鉴》。这些赠予行为也并非朝鲜主动发起。① 相比之下,民间书籍交流却异常活跃,燕行使臣或为完成使命而购买书籍,或与清朝文人进行友好往来,互赠书籍,大量汉籍通过燕行使臣的努力流入朝鲜。

## (三) 书籍交流在朝鲜与清双方面的禁令下进行

在清朝初期,鉴于国内局势尚未完全稳定,清朝政府采取了严格的控制措施,旨在防止朝鲜与任何敌对势力勾结,并且严密防范朝鲜对清朝进行情报搜集。因此,对朝鲜的管控十分严格。朝鲜使臣若违反禁令购买涉及国家机密的地图和史书,清朝方面会进行责问。例如,在显宗十一年(1670 年),闵鼎重一行人前往清朝祝贺冬至,随行的梁廷灿私带《通鉴》被检查,清朝官员并未深究,仅向朝鲜国王发出敕令,要求其自行审查。肃宗三年(1677 年),吴挺纬一行人前往清朝祝贺冬至、元旦和万寿节,回国时,凤城章京在慎行健的行李中搜出了他购买的清朝各省地图,清朝随后发出移咨,责问朝鲜,慎行健因此被流放到边界充军,而此行的正副使、书状官均被革职。肃宗十七年(1691 年),译官张灿私带《一统志》被检查,他声明自己不敢违法犯禁,并辩称“《一统志》只论山水词赋,中途偶买,欲为留馆时消遣,到栅被捉,若以为禁物,实深冤抑”,因此免于受罚,但因购买硝磺用于制造火炮而最终被降职二级调用。肃宗二十五年(1699 年),冬至使李彦纲等人利用朝贡之机购买了 4 包书籍(具体书目不详),途经凤凰城,接受检查,尽管其所购并非史书,但因“内有涉及史书的内容”而被全部没收,买书人赵存壁、李之翰等被革职,其他随员均被降职二级。肃宗三十二年(1706 年),凤城守尉又在译官许远的行李中搜出《春秋》,尽管它并非禁史,但也被没收。清朝的禁令虽然严格,但并未

---

① 《朝鲜王朝英祖实录》卷四十七,英祖十四年二月二十日壬寅,影印本第 42 册,第587 页。

能有效阻止朝鲜燕行使臣和随员通过贿赂或与清朝文士的私人交往获取相关书籍。例如，《两朝从信录》《十六朝广汇记》等明季史书，也是通过燕行使的努力流入朝鲜。针对这些史书中关于"仁祖反正"的记载，朝鲜甚至专门派遣使者进行辩诬，而清朝对此不仅未给予正面回应，反而以购买禁书之罪加以惩处。

朝鲜方面对派遣的使节及其随行人员在清朝购买书籍施加了诸多限制，将稗官野史和天主教书籍视为"左道异端蛊人心"之书，严禁其流入朝鲜境内。例如，正祖明确指示禁止明末清初的文集、稗官小说以及杂术文字的传播，他指出"最所切可恶者，所谓明末、清初文集及稗官小说，尤有害于世道，观于近来文体，浮轻嚯杀，无馆阁大手笔者，皆由于杂册之多出来。……至于杂术文字，元事目中，别立科条，期于痛禁"①。纯祖继位后，继续施行正祖时期的购书禁令，吏曹判书南公辙曾向纯祖国王上书："昔日圣教出于稗官杂说之严谨，而并与经史而姑令勿为购来。昨冬既承下教，自今行，正经、正史及先辈醇儒文集等书，许其出来，异端杂书、稗乘小说，依先朝法令禁之。"②宪宗朝进一步明确了对违反禁令购买书籍者的处罚，凡输入稗官杂说、天主教书籍者将"境上仗一百"，通过"栅门开市"购买禁书的，要追究"湾尹""管市差使员"的监督责任，并处以流放等刑罚。③

尽管清和朝鲜都颁布了相关的书籍禁令，但实际效果有限，《桃花扇》《封神演义》等明清小说传入朝鲜的多达 264 种，而汉译西书如前所述也有 52 种。

---

① 《朝鲜王朝英祖实录》卷四十七，英祖十四年二月二十日壬寅，影印本第 42 册，第 587 页。

② 《朝鲜王朝纯祖实录》卷十一，纯祖八年三月二十六日壬戌条，影印本第 47 册，第 599 页。

③ [韩] 韩国国史编纂委员会：《备边司誊录》第 23 册，宪宗五年七月二十五日条，第 121 页。

（四）书籍交流是双向的，回传汉籍以中国汉籍朝鲜本及朝鲜诗文集为主

活字印刷技术最初源自中国，东传朝鲜后得到了显著的发展与提升。在朝鲜时代，共进行了 20 次铸字活动，并且不断探索使用新的铸字材料。朝鲜的活字印刷书籍在数量和质量上甚至超越了中国，因此，朝鲜重刻的中国汉籍受到了中国的高度关注。杭州大学韩国研究所的黄建国及其团队对国内 51 个藏书机构所收藏的朝鲜古籍（包括高丽古籍）进行了统计。结果显示，中国所藏 1910 年以前的朝鲜古籍共有 2754 部，其中超过 90% 为朝鲜印本。在这些朝鲜印本中，朝鲜翻印的中国汉籍有 677 部，占总数的 36.7%，而传入的朝鲜人著作则有 1245 部，占总数的 61.4%。在清代，大量朝鲜翻刻的中国汉籍主要通过民间贸易和文人间的相互赠送流入中国。

朝鲜文人的诗文集或以请求题写序跋或以请求评点的方式，直接或间接地流入清朝文人手中，并带有主动传播的性质。据李德懋在《清脾录》中的记载，金昌业曾邀请浙江文士杨澄为其《金氏联芳集》作序，使得他的诗作得以在中国流传。"其弟稼斋先生（金昌业），则随其伯熊梦斋先生（金昌集）入燕，壮观山河之固，人物之盛，城池、楼台、风俗、仪文著录而归，选辑昆季之诗，为《金氏联芳集》，属浙士杨澄宁水评序而来，于是金氏文献照烂中国。"① 柳得恭的叔父柳琴曾作为燕行使随员前往清朝，他抄录了朴齐家、李德懋、柳得恭、李书九的诗歌，集成《韩客巾衍集》，带到北京，请求以诗文著称的李调元、潘庭筠为之作序跋和评点。这不仅使这四位诗人在朝鲜诗坛声名鹊起，也让清朝文士对朝鲜诗坛有了更深的了解。随着两国文人间交流的加深，请求清朝著名文士题写序跋的情况日益增多。据学者徐毅

---

①　[朝鲜朝] 李德懋:《青庄馆全书》卷三十四,《清脾录》,《韩国文集丛刊》第 258 册,第 53 页。

在《十八世纪中朝文人间请序题跋考论》中的考证,18 世纪,纪昀、潘庭筠、李调元等 12 位清代著名文士为朝鲜诗文题写了 34 篇序跋,涉及柳琴编纂的《韩客巾衍集》、朴齐家的《贞蕤阁集》、李书九的《姜山初集》、徐滢修的《明皋全集》、洪良浩的《耳溪集》等。① 洪良浩曾致信翰林戴衢亨和尚书纪昀,宣传自己的小学著作《六书经纬》,表达了希望自己的著作流传海外的愿望:"俾此海外管见,得传于中国书肆,则庸讵非大幸欤!"② 到了 19 世纪,朝鲜文人亲自或通过译官将自己的诗文集带到清朝,请求清人题写序跋或评点的情况有增无减,他们希望"依附中朝名士,藉其声望,以自为名"③。例如,董文焕自咸丰十一年(1861 年)开始和朝鲜文人交流,出于对朝鲜文人汉文学创作水平和风格的认同,产生了编纂同时代朝鲜文人诗文的想法。朝鲜的李彦瑱、金炳陆、朴凤彬等托译官将自己的诗文集带给董文焕,希望董文焕将其诗作选入《韩客诗录》。④ 通过考察董文焕的《研樵山房日记》,可以发现,从 1862 年开始直到 1877 年董文焕离世,他共收集了 35 部朝鲜诗文集,包括李彦瑱的《松穆馆集》《李虞裳诗稿》,金炳陆的《金雨观诗草》,朴凤彬的《蓬桑录》,朴永辅的《雅经堂诗钞》《燕槎录》,郑显德的《海所诗草》,李近宪的《峨洋诗录》,朴霁鸿的《云巢山房诗草》,沈英庆的《钟山诗稿》,李廷稷的《天籁诗草》,柳得恭的《二十一都怀古》,李尚迪的《恩颂堂前后集》,赵舜韶的《金刚山记》,金敬之的《惕若集》,金国卿的《恭

---

① 徐毅:《十八世纪中朝文人间请序题跋考论》,《井冈山大学学报》(社会科学版)2012 年第 5 期。

② [朝鲜朝] 洪良浩:《耳溪集》卷十五《与纪尚书书》,《韩国文集丛刊》第 241 册,第 267 页。

③ (清) 帅方蔚:《左海交游录序》,载清代董文焕、李豫所编:《韩客诗存》,书目文献出版社 1996 年版。

④ 董文焕编撰朝鲜诗文选的计划没有最终完成,最初定名"韩客诗录",1996 年由山西大学李豫教授整理编订,以《韩客诗存》为题出版,关于现在所见《韩客诗存》的相关介绍可参看李无未:《晚清文人对朝鲜使臣"中华意识"的感知——以〈韩客诗存〉为依据》,《社会科学战线》2011 年第 3 期。

斋集》，金叔度的《朝天录》，金麟孙的《金麟孙诗集》，金谨思的《金谨思诗集》，金宗直的《金宗直诗集》，金净的《金净诗集》，白光镇的《白光镇诗集》，白光斗的《白光斗诗集》，李丰翼的《友石诗册》，崔性学等六家的《海客诗抄》，卞元圭的《卞蛛船诗稿》，金秉善的《金丹史诗稿》，金永爵的《存春轩诗》，徐相雨的《鼎金斋诗草》，李稿的《李微隐诗集》，洪元庆的《太湖集》，李廷柱的《梦观诗》，赵性教的《赵韶亭诗草》，郑梦周的《郑圃隐诗草》，杨士彦的《蓬莱诗草》，以及不知撰人的《东国诸家诗》。这 35 部诗集在目前所编的朝鲜古籍目录中均未收录，涉及的朝鲜文人已超越了北学派上层士大夫的身份，以朝鲜译官（中人身份）的诗集居多。朝鲜朝身份制度等级森严，中人身份的汉文创作在朝鲜文坛难以立足，而清朝文人往往能超越身份的限制，给予朝鲜中人层的汉文创作客观的评价，这也是朝鲜中人层乐于将诗文集带至清朝并请求清人传播的主要原因。

## （五）谨慎传播朝鲜汉籍，积极搜求禁毁书籍

无论是明代还是清代，朝鲜与中国的书籍交流始终是双向互动的。明朝覆灭后，朝鲜的"小中华"意识在一段时间内得到了强化，表现为朝鲜认为中华文化的正统存于朝鲜，在思想文化观念上刻意拒斥清朝。然而，随着清朝采取优礼和德化政策，朝鲜对清朝的态度逐渐发生转变，表现在书籍交流上，则是通过与清朝学者的交往，大量汉籍涌入朝鲜半岛，而相比之下，朝鲜汉文著作传入中国的数量则相对有限。关于这一现象的原因，燕行使臣金永爵曾给出解释：

> 我国书籍未尝不多，而无一携带入京者，以于明季国初事多有忌讳故也。启祯以前，书亦未入中国者，敝邦恪守候度，敬奉正朔，独祖宗庙号本国所尊，以是不敢携带持赠耳。①

--------

① （清）吴稼轩：《朝鲜使者金永爵笔谈记》，董文涣、李豫编：《韩客诗存》，书目文献出版社 1996 年版，第 261 页。

在明清易代之际，"尊周思明"的情感深植于朝鲜人心中，这在他们的汉文作品中得到了体现，他们隐晦地使用明朝的年号，并频繁使用对清朝带有贬义的称呼，如"胡蛮"和"蛮朝"。为了防止不必要的纷争，朝鲜对出使时携带的本国汉文著作非常小心，并且对于清朝官员索书的请求，也总是主动回避。例如，清朝军机大臣王杰曾向徐浩修索求东国秘史和东国声诗，徐浩修则以"小邦史记，郑麟趾《高丽史》、金富轼《三国史》以外更无他史，诗类则康熙间，孙公致弥东来时，选进东诗（《东文选》），此外更无他选"作为回应。对于王杰想要获取李穑的《牧隐集》和郑梦周的《圃隐集》的请求，徐浩修则以"此皆高丽时人，去今四百余年，多经兵焚，全集不传"为由婉拒。①

在康乾盛世，经济与文化的繁荣背后，知识界却遭遇了一场触目惊心的浩劫。所有涉及明史、边疆事务、吴三桂及三藩历史、郑成功事迹的明清野史，以及任何对边疆民族使用不敬之词、诋毁清人的著作，还有那些充斥"反清复明"思想的所谓"罪大恶极，悖逆不赦"者的著作，均被列入了禁毁名单。清朝的这一禁令，却意外地激起了朝鲜燕行人士内心深处的波澜，他们抵达北京后，不遗余力地探听禁毁书籍的情况，并在饱受文字狱折磨的汉族文人那里找到了精神上的共鸣，从而获取了大量被禁的书籍。例如，洪大容在访问北京时，特别关注了吕留良的事迹，并表达了购买其著作《吕晚村集》的愿望。②国内学者杨雨蕾通过检索正祖朝的《奎章总目》，并参照《清代禁书总目》和《清代禁书知见录》，统计出奎章阁所藏的 712 种中国汉籍中，包含了 116 种清代禁毁书籍。③这仅仅是奎章阁一处的统计数据，而且清代禁毁的戏曲小说并未包括在内，因此可以推测，在"尊周思明"的情感驱动下，燕行使臣带回的明末史料以及与反清复明相关的著作数量，很可能远超

---

① ［朝鲜朝］徐浩修：《燕行纪》卷三，《燕行录全集》第 51 册，第 141 页。
② ［朝鲜朝］洪大容：《湛轩燕记》，《燕行录全集》第 43 册，第 17 页。
③ 杨雨蕾：《燕行与中朝文化关系》，上海辞书出版社 2011 年版，第 126—134 页。

这一数字。

## 第五节　古代朝鲜的书籍印刷事业概述

随着中国汉籍的传入，中国的印刷技术也传播至朝鲜半岛。在古代朝鲜半岛，无论是雕版刻印还是活字印刷的书籍，均被统称为"朝鲜本"（或称"高丽本"）。这些"朝鲜本"在东亚汉籍版本学中占据着重要的地位。[1]

雕版印刷术自中国传入朝鲜半岛的确切时间尚无定论。然而，可以肯定的是，到了10世纪末至11世纪初，高丽的雕版印刷技术已经蓬勃发展，足以刻印规模庞大的《大藏经》。随着科举制度的推进，社会对书籍的需求日益增长，不仅官方机构开始雕印书籍，地方官府、书院和寺庙也纷纷加入刻版印书的行列，书籍的种类也扩展至儒家经典、文集、医学和农业等各类著作。《高丽史》记载，在高丽宣宗八年（1091年），高丽使臣李资义向宣宗报告说"帝（宋哲宗）闻我国多好本，命馆伴书所求书目录授之"。宋哲宗要求馆伴所列出的书单共计125种书籍，涵盖了经、史、子、集等各个领域的书籍，[2] 这足以证明当时高丽的雕版印刷不仅在数量上，而且在种类上都已形成了一定的规模，印刷技术也达到了相当高的水平。然而，木版印刷也存在其固有的局限性，如刻板耗时费力，一套书版仅能用于印刷一种书籍，导致书版数量众多、体积庞大，管理起来颇为困难；此外，书版容易磨损、腐烂甚至断裂。正是雕版印刷的这些不足，为活字印刷术的出现创造了机遇。

关于古代朝鲜半岛最早的活字创制及印书方法，缺乏确切的文献记载。

---

[1]　陈正宏先生率先提出了"东亚汉籍版本学"的概念，并强调，将东亚汉籍版本作为一个统一的研究对象进行深入的比较分析，不仅能够解决一些以往难以解决的具体难题，而且能够开辟众多全新的研究领域，这一做法具有显著的学术价值。详细内容可参阅其著作《东亚汉籍版本学初探》，中西书局2014年版。

[2]　[朝鲜朝] 郑麟趾等著，孙晓主编：《高丽史》卷十，第一册，第289页。

然而，李奎报在其著作《东国李相国集》中收录的《新序详定礼文跋尾》提供了相关线索："至仁庙朝，始勅平章事崔允仪等十七臣集古今同异，商酌折中，成书五十卷，命之曰《详定礼文》，流行于世。然后礼有所归，而人知不惑矣。是书跨历年祀，简脱字缺，难于考审，予先公乃令补缉，遂成二本。一付礼官，一藏于家，其志远也。果于迁都之际，礼官遑遽，未得赍来，则几若已废，而有家藏一本得存焉。予然后益谙先志，且幸其不失，遂用铸字，印成二十八本。"① 这是关于朝鲜半岛铸字印刷的最早记载。韩国学者曹炯镇经过考证指出，在高丽高宗迁都江华岛之前，朝鲜半岛已经在借鉴中国的活字印刷技术基础上，发明并使用了金属活字来印刷书籍。② 千惠凤在其著作《韩国金属活字本》中明确指出，"《证道歌》字本""《详定礼文》字本"以及兴德寺字本，均可确认为高丽朝时期的活字印刷本。③

到了朝鲜朝，各位朝鲜国王都十分重视书籍的保藏和传播。太宗时期，不仅设立专门的印书机构，还聘请精通造纸技术的辽东人申得财"造华纸以进，下铸字所，印《十七史》"，为了表彰申得财的贡献，朝鲜太宗赐予他五石米和三匹棉布，并指示朝鲜的纸工学习其造纸技艺。④

朝鲜太宗三年（1403 年），"殿下谓左右曰：凡欲为治，必须博观典籍，然后可以穷理正心，而致修济治平之效也。吾东方在海外，中国之书罕至，板刻之本，易以刓缺，且难尽刊天下之书也。予欲范铜为字，随所得书，必就而印之，以广其传，诚为无穷之利"。⑤ 于是，朝廷下令设立铸字所，并以《诗经》《尚书》《左传》等经筵古注为范本，命令李稷等人铸造了 10 万铜活字，这些活字被称为"癸未字"，并开始用该活字印刷书籍。太宗七年

---

① [高丽] 李奎报：《东国李相国集》卷十一，《韩国文集丛刊》第 2 册，第 242 页。

② [韩] 曹炯镇：《中韩两国古活字印刷技术之比较研究》，学海出版社 1986 年版，第 35 页。

③ [韩] 千惠凤：《韩国金属活字本》，汎友社 1993 年版，第 32 页。

④ 《朝鲜王朝太宗实录》卷二十四，太宗十二年七月九日壬戌，影印本第 1 册，第 642 页。

⑤ [高丽] 权近：《阳村集》卷十一《铸字跋》，《韩国文集丛刊》第 7 册，第 225 页。

（1407 年），朝廷下令"依中朝设书肆于京都之南山下，以昭格署器及破毁寺刹钟、拔罗等器，铸字印书"。由于那一年是丁亥年，因此铸造的字体被称为"丁亥字"。① 从那时起，朝鲜的铜活字印刷书籍变得非常流行，且印刷质量上乘。中国著名的印刷史专家张秀民对朝鲜铜活字本给予了高度评价，他认为"铜活字印本墨色如漆而发光，胜于明华氏铜字本远矣"。②

在朝鲜古代印刷史上，铸字技术历经多次改革，印书事业也随之蓬勃发展，太宗朝铸造的"癸未字"相较于高丽末期的兴德寺活字和"丁亥字"有所改进，但受到当时印刷排版技术尚不成熟的限制，每日的印刷量仅限于几张纸。为了改善这一状况，世宗二年（1420 年），朝廷命李葳等新造"庚子字"，解决了"癸未字"体积大、不规整以及印刷过程中容易松动的问题，从而提高了印刷效率，使得每日印刷量增至二十多张。③世宗三年(1421 年)，又下令铸字所在原有技术的基础上"改铸铜板与字样相准，不暇熔蜡而字不移，却甚楷正，一日可印数十百纸"④。在纸张方面，自太宗朝起，京畿各道均承担造纸任务。然而，由于"国家以司赡署楮货，易换民间破软楮货，以旧二张准新一张，甚便于民，市井无识者，于其买卖之际，拣择尤甚。请自今除裂破不用外，印迹明白者，毋得易换。且楮货之纸，各道分造以纳，故其厚薄不同，拣择之弊，亦由此而生"⑤，且明朝对插图本书籍的需求不断增加，要求朝鲜进贡纸张。为了解决各道造纸薄厚不均和质量问题，同时满足朝贡的需求，临时设立了造纸所，并派司赡一人负责监督。世宗十六年（1434 年），朝廷"命造印《资治通鉴》纸五万卷于造纸所，十万五千卷

① [朝鲜朝]李恒福：《东阁杂记·本朝璿源实录》，《知退堂集》卷六，《韩国文集丛刊》第 58 册，第 90 页。
② 张秀民：《朝鲜的古印刷》，《历史研究》1957 年第 3 期。
③ [韩]千惠凤：《韩国金属活字本》，汎友社 1993 年版，第 43—47 页。
④ 《朝鲜王朝世宗实录》卷十一，世宗三年三月二十四日丙戌，影印本第 2 册，第 427 页。
⑤ 《朝鲜王朝太宗实录》卷二十四，太宗十二年十一月二十八日己酉，影印本第 1 册，第 655 页。

于庆尚道，七万八千卷于全罗道，三万三千五百卷于忠清道，三万三千五百卷于江原道，共三十万卷。仍传旨：楮以国库米换易，役境内僧人，给与衣粮，如蒿节、斄麦节、竹皮、麻骨等物，因其易备，每五分交楮一分造之。非惟纸力稍强，合于印册，用楮亦不多矣。"①不仅明确规定了各道造纸的数量，而且明令将蒿节、斄麦节、竹皮、麻骨等与楮木皮以 5∶1 的比例混合造纸，解决了楮木短缺等问题。客观上促进了造纸原料的创新，为书籍印刷事业的发展奠定了基础。世宗朝印出的朝鲜本中国文学类书籍包括《新刊五百家注音辨昌黎先生文集》《宋朝名贤五百家播芳大全文粹》《文选六臣注》《西山先生真文忠公文章正宗》《楚辞集注》《楚辞后语》《楚辞辨证》《杜工部草堂诗笺》《黄氏集千家注杜工部诗史补遗》《杜诗范德机批选》《选诗演义》《新刊类编历举三场文选古赋》《新刊类编历举三场文选对策》《分类补注李太白诗》《朱文公校昌黎先生集》《唐柳先生集》《唐柳先生外集》《诗人玉屑》《樊川文集夹注》《选诗补注》《诗选》《诗选续编》《诗选补编》《匪懈堂精选半山精华》《香山三体法》《宛陵梅先生诗选》《唐翰林李太白文集》等27种。其中《匪懈堂精选半山精华》《香山三体法》《宛陵梅先生诗选》等是由安平大君李瑢在深入阅读和理解中国诗文基础上编选的诗文选集。朝鲜知识界对中国书籍的印刷和传播产生了深远的影响，从《史记》《汉书》到《资治通鉴纲目》《通鉴续编》，从《文选》《文章正宗》到《古文真宝》《播芳大全》，印刷的书籍种类繁多，成为朝鲜文化史上重要的篇章。

除了上已述及的各种活字，鉴于"庚子字"过于纤细，世宗下令金墩等人以经筵所藏的《孝顺事实》和《为善阴骘》等书籍为范本铸造了二十余万个活字，这些活字被称为"甲寅字"。它们的形状极为精致，被誉为朝鲜的传世之宝。随后的"庚辰字""戊午字""戊申字""壬辰字"和"丁酉字"都是在"甲寅字"的基础上进行的补充和完善，这些字形沿用了三百多年。

---

① 《朝鲜王朝太宗实录》卷六十五，太宗十六年七月十七日壬辰，影印本第3册，第580页。

两年后,《资治通鉴纲目训义》撰成,世宗再次命令晋阳大君李瑈书写大字并新铸铅活字。这一年是世宗十八年（1436 年）,即丙辰年,所铸造的活字被称为"丙辰字"。最终,《纲目训义》以"丙辰字"为纲、"甲寅字"为目印刷出版。

在朝鲜朝历史上,有过多次制作和改进活字的记载。现根据《朝鲜王朝实录》《板堂考》以及韩国学者曹炯镇的《中韩两国古活字印刷技术之比较研究》将朝鲜历次制作活字的情况列表如下:

表 5　朝鲜活字情况统计表

| 时间 | 铸字人/机构 | 活字材料 | 依据字样 | 活字名 | 备注 |
|---|---|---|---|---|---|
| 太祖四年（1395 年） | 徐赞 | 木 | | 徐赞木活字 | 书籍院用徐赞木活字印《大明律直解》百余本颁行,故又称书籍院木活字 |
| 太祖六年（1397 年） | | 木 | | 功臣督监字 | 因印《开国原从功臣录券》而得名 |
| 太宗三年（1403 年） | | 铜 | 宋版《诗》《书》《左传》 | 癸未字 | |
| 世宗二年（1420 年） | | 铜 | 宋元版《诗》《书》《左传》 | 庚子字 | |
| 世宗十六年（1434 年） | | 铜 | 明版《孝顺事实》《为善阴骘》《论语》以及晋阳大君李瑈书 | 甲寅字/卫夫人字 | 初铸甲寅字 |
| 世宗十八年（1436 年） | | 铅 | 晋阳大君李瑈书 | 丙辰字 | 1438 年用该活字刻《思政殿训义资治通鉴》 |
| 世宗二十九年(1447 年) | 铸字所 | 铜 | 韩文字 | 释谱详节韩文字 | 因韩文印出《释谱详节》而得名 |
| 世宗三十年（1448 年） | 铸字所 | 木刻汉文人字、铜刻韩文字 | 汉字为晋阳大君李瑈书;韩文为平安大君李瑢书 | 东国正韵字 | 因印出《东国正韵》汉文、韩文口诀而得名 |

续表

| 时间 | 铸字人/机构 | 活字材料 | 依据字样 | 活字名 | 备注 |
|---|---|---|---|---|---|
| 文宗即位年（1450年） | 正音厅 | 铜 | 据晋阳大君李瑈所书改铸 | 庚午字 | |
| 端宗三年（1455年） | | 木刻汉文，韩文大字，小字为甲寅字 | 汉文字体依据晋阳大君李瑈书 | 洪武正韵字 | 因印出《洪武正韵》汉文、韩文口诀而得名 |
| 世祖元年（1455年） | | 铜 | 姜希颜书汉文字体 | 乙亥字 | |
| 世祖三年（1457年） | | 铜 | 世祖亲笔书写的《金刚经》正文 | 丁丑字/德宗字 | |
| 世祖四年（1458年） | | 铜 | 大字依据世祖书，细字依据赵孟頫字体 | 戊寅字/交食字 | 交食字，因印出《交食推步假令》而得名 |
| 世祖七年（1461年） | | 铜 | 世祖书 | 训辞字/世祖字 | 因印制世祖御制训辞而得名 |
| 世祖十一年（1465年） | | 铜 | 郑兰宗书 | 乙酉字 | |
| 成宗十五年（1484年） | 铸字厅 | 铜 | 内府所藏《欧阳公集》《列女传》为字本 | 甲辰字 | |
| 成宗二十四年（1493年） | 铸字厅 | 铜 | 明刻《资治通鉴纲目》 | 癸丑字 | |
| 燕山君元年到二年（1495年—1496年） | | 木 | 元刻《天地冥阳水陆杂文》 | 印经字 | |
| 中宗十一年（1516年） | | 铜 | 《资治通鉴》 | 丙子字 | 同时补铸甲寅字及甲辰字 |
| 中宗十四年（1519年） | | 铜 | | 己卯字 | 字体与丙子字基本相同，有说法认为己卯年活字为丙子字的补铸 |

| 时间 | 铸字人/机构 | 活字材料 | 依据字样 | 活字名 | 备注 |
|---|---|---|---|---|---|
| 宣祖年间 | 观象监 | 铁 | | 印历铸字 | 印《大统历》和各种历书 |
| 宣祖六年（1573年） | | 铜铁合金 | 甲寅字体 | 癸酉字 | 再铸甲寅字 |
| 宣祖十三年（1580年） | | 铜 | 甲寅字体 | 庚辰字 | |
| 宣祖二十三年（1590年） | | 木 | 松雪斋体 | 孝经大字 | |
| 宣祖二十五年（1592年）之前 | | 铜 | | 印历铸字/册历字 | 专印《大统历》等历书 |
| 宣祖三十二年（1599年）以后约六十年间 | 训炼都监 | 木 | 字体不固定，有依甲寅、庚午、乙亥、甲辰、丙子等字样的不同系列 | 训炼都监字 | 壬辰战争后朝鲜政治经济文化遭到破坏，训炼都监刻木活字印书满足社会需要 |
| 宣祖四十年（1607年） | | 铁 | | 内医院字 | 印《食物本草》《左传类钞》 |
| 光海君十年（1618年） | | | | 戊午字 | 又称三铸甲寅字或光海君铜字，为甲寅字的补铸字 |
| 显宗九年（1668年） | 金佐明 | 铜 | 仿甲寅字体 | 戊申字 | 四铸甲寅字 |
| 显宗十四年（1673年） | | 铜 | | 洛东契字 | 铸35830枚活字 |
| 肃宗二年（1676年）以前 | 校书馆 | 木 | 明朝宋体字/匠体字 | 校书馆印书体木活字 | 多用来印诗文集，如《增删濂洛风雅》《新补汇语》等 |
| 肃宗三年（1677年） | 校书馆 | 铜 | | 显宗实录字 | 在洛东契字的基础上加铸40825枚活字，二者合称显宗实录字 |
| 肃宗三年（1677年）前后 | 金锡胄 | 铜 | 韩构书 | 韩构字 | 刊行家人文集，肃宗二十一年（1695）该批活字被王室购买 |

| 时间 | 铸字人/机构 | 活字材料 | 依据字样 | 活字名 | 备注 |
|------|-----------|---------|---------|--------|------|
| 肃宗十年（1684 年） | 校书馆 | 铁 | 明朝宋体字/匠体字 | 校书馆印书体字/芸阁印书体字/文集字/唐字 | 又称前期（第一）校书馆（芸阁）印书体字 |
| 肃宗十四年（1688 年） | | 木 | 扁平正楷 | 校书馆笔书体字 | |
| 景宗三年（1723 年）以前 | | 铁 | 明朝宋体字/匠体字 | 第二校书馆印书体字 | |
| 英祖二十五年(1749 年) | 洪启喜 | | 《四库全书》《康熙字典》 | 洪启喜字/锦营字 | |
| 英祖四十年（1764 年） | 金庆禧 | 铁 | | 金庆禧 | 印族谱 |
| 英祖四十八年(1772 年) | 李祘 | 铜 | 甲寅字本《心经》《万物回春》 | 壬辰字 | 五铸甲寅字 |
| 英祖四十八年(1772 年) | 李祘 | 木 | 洪武正韵字 | 仿洪武正韵字 | 为印《资治通鉴续编》而刻，后主要用于甲寅字本的序言部分 |
| 正祖元年（1777 年） | 徐命膺奉正祖命铸 | 铜 | 甲寅字 | 丁酉字 | 六铸甲寅字。共铸大字105638 枚，小字44532 枚 |
| 正祖六年（1782 年） | 徐浩修奉正祖命铸 | 铜 | 韩构字 | 壬寅字 | 再铸韩构字。在原有韩构字的基础上，徐浩修等人又再铸八万余字印出《文苑黼黻》《奎华名选》《正始文程》等 |
| 正祖十六年（1792 年） | 内阁 | 木 | 清朝武英殿聚珍版、《康熙字典》 | 生生字① | 黄杨木材质。大字157200 枚，小字164300 枚 |

① 关于朝鲜正祖朝"生生字"字本的相关论述请参见陈正宏:《乾隆庚戌辛亥朝鲜燕贸活字考——兼探朝鲜著名活字"生生字"及〈生生字谱〉之来源》，载《东亚汉籍版本学初探》，中西书局 2014 年版，第 217—233 页。

续表

| 时间 | 铸字人/机构 | 活字材料 | 依据字样 | 活字名 | 备注 |
|---|---|---|---|---|---|
| 正祖十六年（1792年） | 箕营 | 木 | 武英殿聚珍版 | 箕营木活字 | 又称"仿聚珍堂字" |
| 正祖十九年（1795年） | 铸字所 | 木 | | 《五伦行实》谚书字 | 韩文木活字4400枚，印《五伦行实图》 |
| 正祖十九年—二十年（1795—1796年） | 铸字所 | 铜 | 生生字 | （初铸）整理字/丙辰字 | 正祖十九年始铸，正祖二十年铸成，该年为丙辰年，故称"丙辰字" |
| 正祖二十一年(1797年) | | 木 | 曹允亨、黄运祚书 | 春秋纲字/春秋经文大字 | 仅印《春秋左氏传》和《资治通鉴纲目续编》两种 |
| 正祖二十二年(1798年) | 希显堂 | 铁 | 整理字印本 | 希显堂字/整理字体铁活字 | 主要用来印诗文集、经部书、礼学书以及医书 |
| 纯祖初年（1802年）以前 | | 铁 | 初铸整理字 | 整理字体铁活字 | |
| 纯祖十年（1810年） | 张混 | 木 | | 张混字/小型笔书体木活字 | 专用来印张混个人著作，哲宗九年后该批活字流入崔瑆焕之手，用以印出崔瑆焕所编道家类书籍 |
| 纯祖十五年（1815年）以前 | 南公辙 | 木 | 清代聚珍版笔书体 | 聚珍字/聚珍笔书体字 | 用该字体所印之书多为南公辙及其友人之作 |
| 纯祖十六年（1816年） | 朴宗庆 | 铜 | 武英殿本《二十一史》字 | 全史字/聚珍版印书体字/敦岩印书体字 | 早期用以印朴氏门人著作。高宗时被没收，保存在云岘宫，云岘宫进行了补铸，称为"云岘宫活字"，用来印出官府用书（多为政书）。哲宗朝，该字流徙民间，用以印私人著作、道教书、佛教书 |
| 纯祖二十五年(1825年) | 校书馆 | 铁 | 笔书体 | 校书馆铁活字/芸阁笔书体字 | |

| 时间 | 铸字人/机构 | 活字材料 | 依据字样 | 活字名 | 备注 |
|---|---|---|---|---|---|
| 哲宗九年（1858 年） | | 铜 | 初铸整理字 | 再铸整理字 | 哲宗八年昌庆宫内奎章阁铸字所及行阁版藏之处失火，所收前代活字及印刷工具被烧毁，在这种背景下，重设铸字厅进行补铸。也是朝鲜印刷史上最后一批用传统铸造方法铸造的金属活字 |
| | | | 韩构字体 | 三铸韩构字 | 又铸韩构字 39416 枚 |
| 高宗八年（1871 年）以前 | | 木 | 全史字本 | 全史字体木活字 | 该木活字具体刻印人、具体时间不可考，该活字的最早印本是高宗八年所印的金弘郁《鹤洲集》，该活字一直使用到高宗二十三年，所印多为文集 |
| 高宗二十年（1883 年）前 | | 铅 | 印书体字 | 新式铅活字 | |
| 高宗三十二年(1895 年) | | 木 | 后期校书馆印书体字 | 学部印书体木活字 | 与第二印书馆印书体活字混用，印《小学读本》《万国略史》《朝鲜历代史略》等书 |

综合表 5 可知，古代朝鲜印刷史上有明确的制作、改进活字的记录多达 50 余次。金属活字与木活字相辅相成，其中以铜活字为主流。壬辰倭乱前后，朝鲜地方以"甲寅字""乙亥字""乙酉字""甲辰字""丙子字"以及笔书体等为基础，制造了大量各体木活字。由于其无法考证制作者和制作年份，故未被纳入上述表格。此外，自宣祖朝起，专门铸造了"实录字"，例如宣祖三十六年（1603 年）至三十九年（1606 年），铸造了"宣祖实录木活字"，印制前朝《实录》和《宣祖实录》；孝宗三年（1652 年）制"仁祖实录木活字"，印制《仁祖实录》和《仁祖实录厅题名记》等；显宗元年（1660 年）

制"孝宗实录木活字",印《孝宗实录》。特别值得一提的是肃宗三年(1677年),校书馆在"洛东契字"的基础上加铸了 40825 枚活字,二者合称为"显宗实录字"。这批铜活字不仅专门用于印制《显宗实录》《肃宗实录》《景宗实录》《宪宗实录》《哲宗实录》等,还印制了《世说新语补》《东文选》《三国史记》《史记》《史记评林》《唐宋八大家文抄》等各类文献,共计 59 种。在古代朝鲜印刷史上,各种活字的制作、改进主要由官方主导,但也有私人如张混、南公辙、朴宗庆等制作的木活字和金属活字,这从侧面反映了朝鲜印刷技术的成熟。古代朝鲜每次铸字都会印行大量书籍,例如成宗朝姜希孟曾记载,成宗国王曾命校书馆"无书不印,如《史记》《左传》《四传春秋》《公羊传》《穀梁传》《左氏传》及胡安国《春秋传》《前后汉书》《晋书》《唐书》《宋史》《元史》《纲目通鉴》《东国通鉴》《大学衍义》《古文选》《文翰类选》《事文类聚》《欧苏文集》《书经讲义》《天原发微》《朱子成书》《自警篇》《杜诗》《王荆公集》《陈简斋集》,此余之所记者,其余所印诸书亦多。"① 校书馆等专门的印书机构"无一日无印役之时,每于赴京使行之还,如得中朝书籍之稀罕于国中者,即必随即印出,以为广布,故公私书籍,至不可胜读"②。

通过审视上表,我们得以窥见朝鲜国王正祖李祘在文化建设上的热忱与执着以及他在书籍编纂方面的不懈追求。正祖还在春邸之时,便已开始铸字的事业,命令芸阁以甲寅字本《心经》和《万物回春》为模板,铸造了 15 万枚铜活字,被称为"壬辰字"。即位之初,正祖又命令徐命膺以"甲寅字"为蓝本,在箕营增铸了 15 万字,这些字后来被收藏于奎章阁内阁,被称为"丁酉字"。正祖亲自挑选的唐宋八大家各体文百篇,即《八子百选》,便是用"丁酉字"印刷并颁行的。到了正祖六年(1782 年),徐命膺之子徐浩修奉命在

---

① [朝鲜朝] 姜希孟:《私淑斋集》卷十二《附录》,《韩国文集丛刊》第 12 册,第 166 页。

② [朝鲜朝] 李彝仲:《西河先生集》卷十《校书馆请得米布纸地广印书籍启》,《韩国文集丛刊》第 144 册,第 178 页。

"韩构字"的基础上再铸 8 万余枚铜活字，称为"再铸韩构字"。然而，由于新铸字与旧存韩构字铜体不一致，摆印活字时"率用湿纸均黏，每刷一版，另立数人，以朱墨逐势勾抹"，① 仍然会出现欹斜，印刷效果不尽如人意，费时费力。在正祖期间，还有两次从北京购买木活字的记录，分别发生在乾隆五十五年（1790 年）庚戌和乾隆五十六年（1791 年）辛亥，这些木活字被称为"燕贸木字"。"燕贸木字"使正祖了解到新的木活字排版技术，他决定放弃原有的铜活字印刷计划，转而命奎章阁、平壤所采用"武英殿聚珍版式"，以《康熙字典》为字本，造了 32 万余枚木活字，即"生生字"。"其以从中国进口的或许就是武英殿聚珍版活字的两批燕贸木字为蓝本之一再加以改进，并以标准的中国材料和方式刷印制作出最初的一部分样本《生生字谱》"。② 经学者陈正宏先生考证，"生生字"以《康熙字典》为字模，从实物到外观都在努力追模当时的武英殿本，但其结构要比《康熙字典》更为扁方。这反映了朝鲜对清朝文化的自觉接受。从现存的朝鲜古籍来看，用"生生字"印出的书籍数量有限，表明该批活字并没有被广泛使用。从某种程度上，它们是朝鲜君臣在接触清朝"聚珍版木活字"后，试图创造自己的"聚珍版"的试验品。正是基于"生生字"的经验，正祖二十年（1796 年），奎章阁臣李晚秀、尹行恁等组织以铜为原料，铸出了大小字总计 30 余万字，藏于铸字所（奎瀛新府），即"整理字"。"整理字"问世后，"生生字"几乎不再使用。

通过审视上表，我们可以发现朝鲜活字的样式可以划分为两个体系：一是源自中国的各种版本字体，二是由古代朝鲜的书法巨匠如安平大君、晋阳大君、姜希颜等人所创作的字体。纵观古代朝鲜活字所借鉴的中国印刷书籍字体，主要分为两大类：一类是书法风格中的楷体，另一类则是受到明代

---

① 《朝鲜王朝正祖实录》卷四十四，正祖二十年三月十七日癸亥条，第 46 册，第 637 页。

② 学者陈正宏在《朝鲜庚戌辛亥朝鲜燕贸活字考》一文中深入探讨了燕贸木活字的输入过程，并详尽分析了朝鲜本土制造的"生生字"与从中国输入的"木活字"之间的联系。更多细节可参阅陈正宏：《乾隆庚戌辛亥朝鲜燕贸活字考——兼探朝鲜著名活字"生生字"及〈生生字谱〉之来源》，载《东亚汉籍版本学初探》，中西书局 2014 年版，第 217—233 页。

"宋体字"（又称为"匠体字"）影响的"印书体"。从字形的角度分析，楷体不仅便于阅读，而且融合了对知名书法家作品的模仿，兼具实用性和审美价值。因此，无论是中国的明清印刷本还是朝鲜本，楷体都成了最主要的字体形式。

明代中后期，随着"书籍需要的激增，手工业作坊的发展，使操作过程日益变得规范化，过去那种一二有名书手包办写样的方法已不适合时代的要求，必须设计出一种规范、易于仿行的书体，使并非书法艺术家的写手也易于掌握"①，在这种背景下，笔画平直、棱角分明的字体应运而生。这种字体源自民间书坊对南宋临安坊刻本的模仿，并进一步改良，以适应更易于雕刻的需求，因此得名"宋体字"。"梓人为便于施刀，渐变而成横轻竖重，板滞不灵之匠体字"②，它由专业的刻字工匠发明，故又称为"匠体字"。与手写上版的楷书字（软体字）相对而言，它又被称为"硬体字"。尽管从艺术鉴赏的角度来看，这种字体不够生动和美观，曾被康熙年间的学者薛熙评价为"庸劣不堪"，但它在印刷史上却标志着汉字形体的进一步规范化。从明万历以后直至清代，刻书业普遍采用了这种方正整齐、横平竖直、横细竖粗的方体字。

朝鲜与明保持着相对稳定的宗藩关系。然而，在晚明时期"宋体字"广泛流行的同时，朝鲜本仍然主要采用楷体，并没有采用易于刻印的"宋体字"。直到肃宗十年（1684年），校书馆才开始模仿晚明流行的"宋体字"，铸造了铁活字，即"校书馆印书体字"。尽管朝鲜作为明朝的藩属国一直与明朝保持着朝贡关系，并且两国书籍交流频繁，朝鲜的印刷字体却比明朝滞后了百余年。从东亚汉文化圈的角度来看，朝鲜未普遍采用晚明通用的"宋体字"主要有两个原因：首先，嘉靖皇帝即位后，对

---

① （清）黄裳：《清刻本》，江苏古籍出版社2002年版，第17页。

② 屈万里、昌彼得著，潘美月增订：《图书版本学要略》，中国文化大学出版部1986年版，第78页。

朝鲜施行了严格的门禁政策。朝鲜使臣在会同馆"必主事署名于牌，然后得以出入，防禁之严苛，甚于顷日"①，"虽出行，而无所为之事，然欲买书册，亦不得往书肆，欲出观光，而把门人不快许其出入，至为未便"②，这使得他们获取宋体字刻本变得相对困难。其次，宋体字刻本最初出现在安徽徽州的书坊，随着徽商的商业活动，它在江浙地区广泛流行，并逐渐传播到全国许多地方，如南京国子监用宋体字重刻了《三国志》《宋书》《南齐书》等史书，北京国子监用宋体字重刻了《十三经注疏》《二十一史》。然而，明朝内府的刻书一直坚持采用楷书体，未采用宋体。朝鲜获得的赐书均为内府本，对朝鲜君臣而言，沿用明内府本的楷书体刻书，也是在政治上对明事大的表意。直到肃宗二年（1676 年），朝鲜才以明嘉靖本的宋体字为模板，刻制木活字，印刷了《周书国编》《增删濂洛风雅》《新补汇言》《周易大全》等书籍。到了肃宗十年（1684 年），校书馆又在明刻本宋体木活字的基础上铸造了铁活字，用于印刷《乐田先生归田录》《文谷集》《息庵先生遗稿》《农岩集》《尤菴集》等文集，该批活字是为第一校书馆印书体活字。景宗三年（1723 年）之前，印书馆又以明万历刻本宋体字为模板，铸活字，印刷《药泉集》《昆仑集》《三渊集》等，该批活字是为第二校书馆印书体活字。此外，校书馆还使用笔写体活字印刷了《箕雅》《孔圣家语》《诗选》《韦苏州集》《欧阳文抄》《苏柳文抄》等书籍。③

　　为何在明王朝已经灭亡 30 余年后，朝鲜肃宗时期却开始采用明代中后期流行的宋体字作为校书馆铸字以及刻印书籍的标准字体？笔者认为，

---

① 《朝鲜王朝中宗实录》卷五十三，中宗二十年三月七日丙寅，影印本第 16 册，第 388 页。

② 《朝鲜王朝中宗实录》卷七十九，中宗三十年一月二十七日戊子，影印本第 17 册，第 571 页。

③ 校书馆的笔写体活字印刷书籍现存 15 种，详细信息请参阅曹炯镇所著的《中韩两国活字印刷技术之比较》，学海出版社 1986 年版。

这可能是朝鲜君臣"尊周思明"心态在文化层面的体现。朝鲜长久以来将明朝视为中华文化的正统代表，是名副其实的"大中华"，而朝鲜则恪守藩邦职责，并积极地"用夏变夷"，追求华化，自视为"小中华"，对明朝有着深厚的文化依附，同时又有着文化优越感。明朝的覆亡使得朝鲜失去了"大中华"的文化参照，增强了其自尊意识，并强化了"尊华攘夷"的倾向。他们痛斥清朝对中华礼仪和正统的破坏，认为清政权的建立是以下犯上，窃据权柄，有违春秋大义，"坏尧舜以来上衣下裳之制，使天下泯然皆为羯，莫克自异，天下之变极矣"①。肃宗继位后，清朝的统治已稳固，朝鲜复明的希望破灭，因此，试图通过强化与明朝的联系来解决内心的正统危机。同时，清朝注重改善与朝鲜的关系，对朝鲜施以"字小之恩"，对朝鲜使臣给予优待，使得朝鲜接触并吸收清朝的文化，大批书籍通过燕行使臣的努力流入朝鲜，包括广泛流行的宋体字的明刻本书籍。肃宗时期校书馆用明刻本宋体字为模板刻铸活字印刷书籍，以及后来建大报坛祭祀明朝皇帝，表彰援朝的明朝将领及其后裔，以及在私人信件、碑铭中暗行明朝年号，都是"尊周思明"情感的表达，体现了对明朝正统文化的尊崇和继承。宋体字印出的书籍为依恋明朝的朝鲜士大夫提供了富有想象力的表达其政治立场的平台。然而，韩国学者李载贞持有不同观点，她认为"宋体字明刻本书体未必反映士大夫怀念明朝的政治态度，而很可能仅仅是作为一种新的书体。……士大夫不是根据喜好，而是根据所要刊行的书籍性质来选择书体。校书馆印书体字适合文集刊行，因此主要也用于文集刊行。"②校书馆首先用活字摆印《乐全先生归田录》，也别有深意。《乐全先生归田录》的作者申翊圣是朝鲜汉文四大家之一申钦的长子，他反对与清朝议和，拒绝为清朝皇帝的功德碑即三田渡碑撰写碑文，并因"斥和"

---

① ［朝鲜朝］成海应：《研经斋全集》卷三十二《风泉录·正统论》，《韩国文集丛刊》第274册，第223页。

② ［韩］李载贞：《明刻本宋体字传入朝鲜半岛后》，《文汇报》2017年9月1日。

被囚禁于沈阳。他始终忠于明朝，其作品《归田录》收录了他退隐后所作的诗歌，直白地表达了对明朝的忠诚和对满清的抵制。整理者金锡胄曾主持铸刻"韩构字"印刷亲人和友人的文集，唯独将《乐全先生归田录》交付校书馆用校书馆活字印刷。申翊圣的甥侄朴世采在跋文中提到："因耻屈身异代而发者，惟我伯舅乐全公"，"穷而不慼，怨而不诽，尤足以增天理民彝之重矣，未几被拘于沈馆，犹无所变，由是而论，公之归田之义正与靖节征士旷世相符"①。朴世采还在跋尾题署"崇祯壬戌十月"字样，反映了朝鲜士大夫在表达其个人政治倾向上的努力。尤菴宋时烈"言必称朱子"，在朱熹正统论的影响下，提出了具有朝鲜特色的尊周义理论，尊崇明朝，排斥清朝，对朝鲜朝后半期的意识形态产生了深远影响。据《朝鲜王朝肃宗实录》记载，宋时烈的《尤菴集》也是按照肃宗的命令，以校书馆印书体字印出的。②

再如，金寿兴所著的《退忧堂集》，采用校书馆的印刷字体印制，他将宋时烈视为精神导师。这部文集由他的外甥李喜朝负责整理并最终定稿，跋文中也标注了"崇祯纪元八十三年庚寅"的字样。韩国学者李载贞认为，校书馆印制的书籍中以文集数量居多，但也不乏史部书籍，如《东国史略》《东国文献备考》《宋朝史详节》《明史纲目》《弘文馆志》《考事新书》《增修无冤录》等，以及子部书籍，如《孙武子直解》《武经尉缭子》《东垣十书》等。笔者认为，文集之所以占据多数，并非因为校书馆的印刷字体特别适合印制文集，而是因为朝鲜文人希望保留明朝的字体来印制书籍，以此表

---

① [朝鲜朝] 申翊圣：《乐全堂归田录》，奎章阁藏本。

② 《朝鲜王朝肃宗实录》卷六十，肃宗四十三年七月四日丙辰条："提调闵镇厚曰：'先正臣宋时烈殁已久矣，而文集尚未刊行，诚是欠事。今闻其子孙门生方欲付之剞劂，而卷帙浩大，未易始工云。自校书馆刊行似为得宜矣。'上曰：'曾前《同春集》，亦以特命刊出矣，今亦分付校书馆刊行。'"此处所提及的《同春集》即为朝鲜王朝中期理学家宋浚吉的《同春堂集》，宋浚吉在孝宗朝任兵曹判书，与时任吏曹判书的宋时烈一道主持朝局，并在孝宗死后的"己亥礼讼"中支持宋时烈。引文见《朝鲜王朝肃宗实录》，影印本第68册，第658页。

达对明朝的怀念之情。因此，他们贿赂了校书馆的印刷工人，来印制家人和友人的文集。① 随后，在古代朝鲜印刷史上出现的"整理字"和"全史字"，尽管也属于"宋体"，但与校书馆印书体明显不同。这是因为"整理字"和"全史字"以武英殿本为字模，而当时的"宋体字"已经变得更加整齐方正。因此，从不同时期朝鲜活字所依据的字模我们可以看出，朝鲜文化心态的转变，即从明清鼎革时期的怀念明朝、轻视清朝，转变为对清朝文化的接纳和欣赏。

在东亚历史上，朝鲜在"中华文化圈"内扮演着不可或缺的重要角色。长期以来，它在以中国为中心的"华夷秩序"和"朝贡册封体系"中发展。两国之间的使节交流以及传入朝鲜的中国汉籍，成了朝鲜了解中国的重要媒介。朝鲜不仅全面吸收和借鉴了汉籍中蕴含的汉文化，用于国家和文化建设，而且从"他者"的视角出发，对中国文化进行了深思熟虑的理解和批判。通过注释、续写和改编中国汉籍，朝鲜表达了日益增长的自我认同感，以及摆脱"东夷"身份、塑造自身文化特色的强烈愿望。

---

① 参见 [韩] 金斗钟：《关于近世朝鲜后期活字印本的综合考察》，《大东文化研究》第 4 辑，2003 年。

# 第二章　古代朝鲜对中国儒学典籍的接受与诠释

儒学构成了中国传统文化的核心。自春秋时期孔子以《诗》《书》《礼》《乐》教授弟子开始，至汉武帝将儒家学说定为国家正统思想，儒学经典如《诗》《书》《礼》《乐》《易》《春秋》等，不仅确立了其作为政治理念、文化学术和社会意识形态载体的"经典"地位，而且在随后的世代中持续得到阐释与发扬。进入宋代，一种源自传统儒学的新理论体系——程朱理学，对东亚文化圈的诸多国家产生了深远的影响。这种影响伴随着学术思想书籍的交流而扩散。

早在新罗统一之前，儒家思想便随着儒学典籍的传入在古代朝鲜半岛流传开来。最初，半岛的儒学以汉唐时期的儒学为根基，但随着朱子学的传入，朝鲜的儒学逐渐演变为具有本土特色的性理学，并最终成为朝鲜朝五百年间官方的统治哲学。

## 第一节　对中国儒学典籍的刊印

当中国的儒学经典及其注解本、续编本等传入朝鲜半岛后，它们迅速被朝鲜的君主和学者所接受。这些崇尚儒学的朝鲜人士，利用雕版印刷和活字印刷技术，对传入的儒学文献进行了重新刻印或复制，从而创造出了具有朝鲜本土特色的印刷版本。这些版本不仅丰富了域外汉籍的宝库，而且成了其中极为珍贵的版本类型之一。

如前所述，朝鲜半岛的雕版印刷活动至少始于10世纪末。然而，查阅《高丽史》可知，关于儒学典籍的印刷记录相对较少。例如，高丽穆宗四年（1001年），秘书省进献了根据北宋国子监本《七经正义》重刊的《礼记正义》和《毛诗正义》，这项工作耗时十余年，并经过多次校勘才得以完成。高丽靖宗十一年（1045年），秘书省又进献了《新刊礼记正义》70本和《新刊毛诗正义》40本，其中各藏一本于御书阁，其余则分赐给群臣。① 高丽文宗十年（1056年），下令有司印刷《九经》《论语》《孝经》等书籍，每种各印一本，分发至各学堂，供"明经等诸业举人"学习使用。② 高丽恭愍王十九年（1370年），晋阳牧刊印了叶采的《近思录集解》，这是朝鲜木版本《近思录》相关文献的早期记录之一。《近思录集解》"其诸纲要，悉本朱子旧注，参以升堂记闻及诸儒辩论，择其精纯，刊除繁复"③，"凡求端用力之方，暨处己治人之道，破异端之局，体用相涵，本末贯洞，会六艺之突奥，立四子之阶梯，人文载开，道统复续"④，不仅使《近思录》原书体例更加明晰，而且使朱子学的思想内容更加明朗，几乎替代了《近思录》原文，成为东亚流传最广的《近思录》注本。高丽恭愍王二十年（1371年）晋州牧刊印了朱熹的《中庸或问》。作为《四书集注》的辅助，朱熹以问答形式阐明《集注》中的取舍之意，解答学者们的疑问。尽管《中庸或问》是朱熹最不满意的作品，他生前并未公开出版，但民间书商往往秘密刊印，该书随着高丽使节的往来流入朝鲜半岛，从侧面反映了朱子学在高丽朝的

① ［朝鲜朝］郑麟趾等著，孙晓主编：《高丽史》卷六，第一册，第175页。
② ［朝鲜朝］郑麟趾等著，孙晓主编：《高丽史》卷七，第一册，第208页。
③ （宋）叶采：《近思录集解序》，元刊本《近思录集解》卷首。
④ （宋）叶采：《近思录集解序》，元刊本《近思录集解》卷首。

传播和接受情况。高丽恭让王三年（1391 年），尚州牧刊出元代陈澔编撰的《礼记集说》，该书汇集了前人的注释，既重视文字训诂，又兼顾义理之说，是以义理注经的代表。

在高丽时期，儒学典籍的刊印记录相对较少，这主要是由于统治者推行的崇佛抑儒政策限制了儒学的传播。尽管儒学典籍有所刊印，但与佛经的广泛刻印相比，其规模相形见绌。高丽末期，以郑梦周、郑道传为首的士大夫阶层开始认识到崇佛抑儒政策的诸多弊端，并积极吸收程朱理学的精髓。随着新王朝的建立，这些儒学者得到了李成桂的培养和重用。他们依据《尚书》等儒家经典，制定了治国的纲领和典章制度，对促进朝鲜社会崇尚礼义的风气起到了关键作用。正是在这些儒学学者的推动下，儒学在古代朝鲜半岛的发展迎来了新的篇章。

朝鲜朝在继承和发展雕版印刷技术的同时，积极吸收中国的木活字印刷技术，并利用本国丰富的铜矿资源铸造铜活字。活字印刷技术的进步极大地促进了儒学典籍的广泛传播。然而，朝鲜最初铸造活字的初衷是为了刊印中国汉籍。太宗三年（1403 年），太宗明确地对群臣说："凡欲为治，必须博观典籍，然后可以穷理正心，而致修齐治平之效也。吾东方在海外，中国之书罕至，板刻之本，易以剜缺，且难尽刊天下之书"。因此，他希望"范铜为字，随所得书，必就而印之，以广其传"。[1] 为此，朝鲜专门设立了铸字所，并任命官员负责监督和管理，以中国儒学典籍为范本，自行刊印儒学典籍。从那以后，每次铸造新字，都会印刷出大量书籍，其中儒学典籍占据了相当大的比例。

儒家经典是一个开放的体系，其内容自两汉时期至唐宋时期经历了从"六经"到"五经""七经""九经""十三经"的演变。尽管如此，它们均能被归类于"六经"体系中，《乐经》失传后，该体系便被称为"五经"体系。

---

[1] ［高丽朝］权近：《阳村集》卷十一《铸字跋》，《韩国文集丛刊》第 7 册，第 225 页。

所谓的"六经"包括了儒家学者整理的古代圣王治国的典章文献，而《论语》《孟子》以及《礼记》中的《大学》和《中庸》则是孔子、曾子、孟子等儒家学者在民间讲学时的记录，它们虽非"六经"原典，却是对"六经"经义的传述和阐发，故而以"传述"的形式成为儒家经典体系的一部分。到了两宋时期，随着儒学的复兴与重建，尤其是朱熹对"四书"的合注，使得《论语》《大学》《中庸》《孟子》受到特别的重视。宋儒们在"四书"原典的基础上展开对天理论、心性论、工夫论等的深入诠释，思想体系也发生了根本性变化，不仅构建了新儒学经典体系的框架，而且推动了经学史、儒学史的转型。此后，在中国经学史上，出现了一个与《五经》体系并列甚至更重要的《四书》体系。[1]《四库全书总目》"经部"清晰地说明了《论语》《大学》《中庸》《孟子》单篇与"四书"体系的区别："训释《大学》《中庸》者，《千顷堂书目》仍入'礼'类，今并移入'四书'，以所解者，《四书》之《大学》《中庸》，非《礼记》之《大学》《中庸》。学问各有渊源，不必强合也。"[2] 从《六经》之学到《四书》之学的演变，反映了中国思想体系的重大转变：汉代儒家学者重视《六经》的研究，将其与典章制度、国家治理紧密联系，强调学术服务于政治；而宋代儒家学者则转向对《四书》的阐释和发扬，即《四书》之学，强调了以仁为本的内圣之道。

受中国儒学影响，朝鲜半岛对儒家经典的理解和接受也经历了类似的发展。随着朱子学的传入，《大学》《中庸》以及真德秀的《大学衍义》受到了朝鲜统治者的重视，不仅被纳入经筵讲学的内容，也被视为治理国家的重要参考。为了推广以程朱理学为核心的"新儒学"，"四书"类文献成了朝鲜朝刻书机构刊刻的重点。

世宗二年（1420 年），为了翻印《大学衍义》，世宗特别下令由李葳改

---

① 朱汉民：《从〈六经〉到〈四书〉——宋代儒家新经典体系的建立》，《光明日报》2020年9月26日。

② （清）永瑢等撰：《四库全书总目》卷二十一，中华书局2003年版，第176页。

进铸字技术，从而诞生了"庚子字"。这一变革使得书籍得以广泛印刷，学问得以普及，无人不学。卞季良为此撰写了《〈大学衍义〉铸字跋》，盛赞"文教之兴当日进，而世道之隆当益盛"①。世宗四年（1422年）《真西山读书记·大学衍义》共59卷得以出版。世宗五年（1423年），《孝经大义》被印刷发行，而世宗六年（1424年）《大学大全》也被印行。李仁荣在《清芬室书目》中著录了覆世宗朝庚子字刻本的《论语集注大全》，具体刊刻时间不可考。

世宗元年（1419年），朝鲜使臣敬宁君李裶、赞成郑易、刑曹参判洪汝方等人从明朝带回了明成祖御赐的《性理大全》和《四书五经大全》，这标志着性理学著作首次以官方赐书的形式传入朝鲜半岛。②然而官方赐书的数量有限，无法满足朝鲜从中央到地方对《四书》《五经》和《性理大全》的广泛需求。世宗三年（1421年），咸吉道观察使因"道内书籍鲜少，学者未得讲习"而请求赐予"《四书》《五经》，以劝学徒"③。此后朝鲜中央和地方机构开始自行刊印这些经典著作：世宗七年（1425年），下令忠清道、全罗道、庆尚道监司印制《性理大全》《五经大全》和《四书大全》，并为各道提供不同数量的印纸；世宗九年（1427年）七月，庆尚道进献新刊的《性理大全》；同年九月，下令庆尚道按照明朝内府本《性理大全》的样式刊刻书籍，进献《五经大全》（包括《易》《书》《春秋》）；十月下令全罗道按照《性理大全》的样式刊刻版本，进献《五经大全》（包括《诗》《春秋》）；世宗十年（1428年），《四书五经大全》和《性理大全》的全部刊印工作完成，将庆尚道进献的50件《性理大全》分别赐予二品以上的文臣及集贤殿博士。卞季良撰写的《〈四书五经〉〈性理大全〉跋》记录了世宗

---

① ［朝鲜朝］卞季良：《春亭集》卷十二《〈大学衍义〉铸字跋》，《韩国文集丛刊》第8册，第160页。

② 《朝鲜王朝世宗实录》，世宗元年十二月七日丁丑，影印本第2册，第348页。

③ 《朝鲜王朝世宗实录》，世宗三年九月十九日己卯，影印本第2册，第452页。

广传这些著作的意愿："我殿下思广其传，命庆尚道监司臣崔府、全罗道监司臣沈道源、江原道监司臣赵从生锓梓于其道"①。"锓梓"是雕版印刷的专业术语，而《朝鲜王朝实录》中世宗十年（1428年）、十一年（1429年）陆续有"《四书大全》，已分三处刊板，各构楼阁，分类藏置，毋使乱秩，如或刓缺，随即改刊"，"全罗道监司进新刊《诗》《礼》板子，命下铸字所"以及"庆尚道监司进新刊《易》《书》《春秋》板子，命下铸字所"等，这些记录证明了世宗年间全罗、庆尚等各道所进献的《四书五经大全》和《性理大全》都是基于明朝内府本进行"模刻"雕版印刷的版本。尽管此前已有经过李葳改铸的"庚子字"，但朝鲜仍采用雕版方式模刻，以努力保留明成祖御赐《性理大全》和《四书五经大全》的原貌，以此方式表达对天朝上国的至诚事大。

自世宗十四年（1432年）起，《性理大全》不仅被纳入经筵进讲的教材，还被朝鲜儒学者们广泛地研究和讨论。这部集宋代理学著作和理学家言论之大成的性理学百科全书，成了朝鲜君臣和知识分子的必读之书，被收藏于春秋馆、成均馆等官方图书馆、地方官府以及各地的乡校。《考事撮要·册板目录》记录了庆尚道的庆州板、清道板、安东板都存有《性理大全》。《四书五经大全》作为科举考试的必读之书，各道、府、县等都有不同的版本，至于哪个是最初的版本，目前尚缺乏详尽的考证资料。《四书五经大全》特别是《性理大全》的印刷和传播，极大地推动了朝鲜儒学的发展。经过朝鲜儒学者的不懈努力，传入朝鲜半岛的中国儒学最终演变成具有朝鲜本土特色的"性理学"。在这个过程中，朝鲜儒学者对朱子学的解读及其学术理路深受《性理大全》的影响。例如，儒学家退溪李滉对《性理大全》中象数易学的复杂难题进行了阐释，撰写了《启蒙传疑》，阐明了他对象数易学的理解，

---

① ［朝鲜朝］卞季良：《春亭集》卷十二《〈四书五经〉〈性理大全〉跋》，《韩国文集丛刊》第8册，第161页。

并从义理和象数的角度继承和发展了朱熹的易学思想。① 李滉还搜集了《宋史·道学传》《元史·儒学传》《朱子大全》《朱子实记》《大明一统志》《朱子言行》等中国文献资料，将宋元明时代的朱子学者或与朱子学有关的 516 位 ② 人物的言行、学说以及史实等汇编成《宋季元明理学通录》，该书实际上是《性理大全》"诸儒"门类的补充和续编。基于《性理大全》衍生的这些朝鲜汉籍，对于研究古代朝鲜半岛儒学的发展以及朝鲜人对中国儒学典籍的诠释方式具有重要的价值。

朝鲜通过活字印刷技术刊印中国儒学经典，展现了其对儒学的接纳与传播。为了便于研究，特此将朝鲜朝活字印刷的儒学典籍概览整理成表（见表 6），从而一窥朝鲜五百年间儒学典籍印刷的规模。

**表 6　朝鲜朝活字刊印中国儒学典籍概览 ③**

| 书名 | 作者 | 卷数/册数 | 版本类型 | 刊印时间 | 出处 | 备注 |
|---|---|---|---|---|---|---|
| 集成小学 | 元·何士信 | | | 世宗十年（1428 年）十月 | 《朝鲜王朝实录》世宗十年九月丁巳条 | |
| 大学衍义 | 南宋真德秀 | 40 卷 | 甲寅字本 | 世宗十六年（1434 年）十月 | 赵炳舜藏本 | 中宗年间有再刊本，高丽大学华山文库有藏 |
| 近思录集解 | 南宋叶采 | 4 册 | 甲寅字本 | 世宗十七年（1435 年）四月 | 黄义敦藏本 | 中宗年间有再刊本 |

① 相关内容可参见金生杨：《退溪对朱子象数易学的发展》，载《尤溪首届朱子文化研讨会学术论文集》，中国文史出版社 2006 年版，第 374—390 页。

② ［朝鲜朝］李滉《宋季元明理学通录》中所补 516 人中，有 83 人只记录了姓名。

③ 本表根据《韩国古书年表》《朝鲜王朝实录》《清芬室书目》《奎章总目》以及韩国国立中央图书馆电子图书馆数据库整理，旨在尽可能全面地搜集朝鲜朝活字印刷的中国儒学典籍。然而，由于大量典籍的刊刻详情未被详尽记录，因此本统计可能存在疏漏。未来，将继续寻找更多资料予以补充。

| 书名 | 作者 | 卷数/册数 | 版本类型 | 刊印时间 | 出处 | 备注 |
|---|---|---|---|---|---|---|
| 标题注疏小学（集成） | 元·何士信 | 不详 | | 世宗十八年（1436 年） | 韩国古书年表 | |
| 新编标点性理群书句解（前集、后集） | 南宋·熊刚大 | 前集23 册，后集23 册 | 甲寅字本 | 世宗二十六年（1444 年） | 韩国国立图书馆一山文库 | 中宗年间有再刊本，日本内阁文库有藏 |
| 诗传大全 | 明·胡广等奉敕撰 | | 甲寅字本 | 世宗朝 | 李仁荣《清芬室书目》 | 《五经大全》之一，此《诗传》非朱熹《诗集传》而是胡广等人在元代刘瑾《诗传通释》基础上损益而成 |
| 小学集注 | 南宋·朱熹撰，明·陈选集注 | | 甲寅字本 | 文宗即位年（1450 年） | 《朝鲜王朝实录》文宗即位年十二月丁亥，正音厅印 | 《文献通考·经籍考》《宋史·艺文志》皆将该书著录为《小学书》(4 卷)，《明史·艺文志》则著录为《小学句读》(6 卷) |
| 性理大全 | 明·胡广等奉敕撰 | | 甲寅字本 | 成宗朝 | 高丽大学华山文库 | |
| 诗大文 | | 1 册 | 甲寅字本 | 成宗朝 | 李仁荣《清芬室书目》 | 朝鲜重刊，改易书名 |
| 书大文 | | 1 册 | 甲寅字本 | 成宗朝 | 李仁荣《清芬室书目》 | 朝鲜重刊，改易书名 |

古代朝鲜汉籍与中国汉籍文化关联研究

续表

| 书名 | 作者 | 卷数/册数 | 版本类型 | 刊印时间 | 出处 | 备注 |
|---|---|---|---|---|---|---|
| 新刊大学附音释文三注 | | 3册 | 甲寅字本 | 成宗、中宗间 | 李仁荣《清芬室书目》 | |
| 大学章句或问 | 南宋·朱熹 | | 甲寅字本 | 成宗、中宗间 | 日本蓬左文库 | |
| 诗学大成 | 明·林桢 | 30卷 | 木活字 | 燕山君二年（1496年） | 《燕山君日记》二年十一月庚午条 | 原题《联新事备诗学大成》，朝鲜重刻本改易书名 |
| 小学 | | | 木活字本 | 燕山君二年（1496年） | 《燕山君日记》五年八月己酉条 | 校书馆文武楼藏书 |
| 大学直解、中庸直解 | | | 木活字本 | 中宗三年（1508年） | 《朝鲜王朝实录》中宗三年六月丁亥条 | |
| 孟子集注大全 | 明·胡广等奉敕撰 | | 甲寅字本 | 中宗朝 | 《清芬室书目》 | |
| 近思录 | | | 木活字本 | 中宗十三年（1518年） | 《朝鲜王朝中宗实录》十三年正月乙巳条 | 求礼县刊 |
| 论孟或问 | 南宋·朱熹 | | 木活字本 | 中宗十三年（1518年） | 《朝鲜王朝中宗实录》十三年十一月丁巳条 | |
| 大小字孝经 | | | 木活字本 | 中宗十六年（1521年） | 《朝鲜王朝中宗实录》十六年二月乙酉、丁亥条 | |
| 朱子大全别集 | 南宋·朱熹 | 100卷 | 木活字 | 中宗三十八年（1543年） | 韩国国立图书馆、《韩国古书年表》 | |
| 周易传义大全 | 明·胡广等奉敕撰 | 24卷 | 甲寅字本 | 中宗、明宗间 | 《清芬室书目》 | |
| 书传大全 | 明·胡广等奉敕撰 | 10卷 | 甲寅字本 | 中宗、明宗间 | 日本内阁文库 | |

续表

| 书名 | 作者 | 卷数/册数 | 版本类型 | 刊印时间 | 出处 | 备注 |
|------|------|-----------|----------|----------|------|------|
| 仪礼集传集注 | 南宋·朱熹 | 10 册 | 甲寅字本 | 中宗、宣祖间 | 书院文库目录·陶山书院 | |
| 仪礼注疏 | 唐·贾公彦 | 15 册 | 甲寅字本 | 中宗、宣祖间 | 书院文库目录·陶山书院 | |
| 仪礼经传通解续 | 南宋·黄榦、杨复 | 32 册 | 甲寅字本 | 中宗、宣祖间 | 书院文库目录·陶山书院 | |
| 朱子大全、续集、别集 | | 100 卷 | 乙亥字本 | 中宗三十八年（1543 年） | 韩国国立图书馆 | 宣祖六年有重刊本 |
| 附释音周礼注疏 | 唐·贾公彦 | | 乙亥字本 | 中宗、明宗间 | 绍修书院 | |
| 真西山读书记乙集大学衍义 | 南宋·真德秀 | | 乙亥字本 | 中宗、宣祖间 | 高丽大学石洲文库 | |
| 论语集注重订·辑释章图通义大成 | 南宋·朱熹 | 10 册 | 辛卯字本 | 成宗、明宗间 | 桧渊书院 | 《辑释章图通义大成》此指《论语章图》，原题《论语章图概括总要》，作者元代王元善通考、程复心图、倪士毅撰 |
| 二程全书 | 南宋·程颢程颐 | | 辛卯字本 | 中宗、明宗间 | 桧渊书院 | |
| 大学章句或问 | 南宋·朱熹 | | 甲寅字复刻木活字本 | 成宗朝 | 《清芬室书目》 | |

续表

| 书名 | 作者 | 卷数/册数 | 版本类型 | 刊印时间 | 出处 | 备注 |
|---|---|---|---|---|---|---|
| 近思录集解 | 南宋·叶采 | | 甲寅字复刻木活字本 | 中宗十四年（1519年） | 韩国国立图书馆 | |
| 新编音注性理群书句解 | 南宋·熊节撰，熊刚大集解 | | 甲寅字复刻木活字本 | 中宗朝 | 韩国国立图书馆 | |
| 心经附注 | 南宋·真德秀撰，明·程敏政注 | | 甲寅字复刻木活字本 | 中宗朝 | 韩国国立图书馆 | |
| 仪礼经传通解 | 南宋·朱熹 | 18卷 | 木活字本 | 宣祖即位年（1567年） | 《朝鲜王朝宣祖实录》即位年十一月乙卯条 | |
| 仪礼经传通解续 | 南宋·朱熹 | 18卷 | 甲寅字本 | 宣祖三年（1570年） | 书院文库目录·陶山书院 | |
| 四书章图重订辑释通义大成 | 元代王元善通考、程复心图、倪士毅撰 | 23册 | 辛卯字本 | 宣祖三年（1570年） | 日本蓬左文库 | |
| 仪礼经传通解续 | 南宋·朱熹 | 29卷 | 木活字本 | 宣祖三年（1570年） | 《朝鲜王朝宣祖实录》四年七月戊寅条 | |
| 朱子大全 | 南宋·朱熹 | | | 宣祖六年（1573年） | 《朝鲜王朝宣祖实录》六年正月癸巳条 | |
| 西山读书记下集大学衍义 | 南宋·真德秀 | 43卷 | 辛卯字本 | 年代不详 | 日本奥平武彦藏本 | |

续表

| 书名 | 作者 | 卷数／册数 | 版本类型 | 刊印时间 | 出处 | 备注 |
|------|------|-----------|---------|---------|------|------|
| 朱子语类 | 南宋·朱熹 | 140卷75册 | 己卯字 | 宣祖八年（1575年） | 韩国国立图书馆 | |
| 书传大全 | 明·胡广等奉敕撰 | 1卷（残本） | 再铸甲寅字（癸酉字） | 不详 | 《清芬室书目》 | |
| 小学集说 | 明·程愈 | 1册 | 癸酉字 | 不详 | 屏山书院 | |
| 中庸或问 | 南宋·朱熹 | | 木活字本 | 宣祖十九年（1586年） | 韩国古书年表 | |
| 中庸章句 | 南宋·朱熹 | | 木活字本 | 宣祖十九年（1586年） | 韩国古书年表 | |
| 诗传 | 南宋·朱熹 | | 木活字 | 宣祖二十年（1587年） | 韩国古书年表 | |
| 书传 | 南宋·朱熹 | | 木活字 | 宣祖二十年（1587年） | 韩国古书年表 | |
| 仪礼 | | | 甲寅字复刻木活字本 | 宣祖朝 | 陶山书院 | |
| 诗传大全 | 南宋·朱熹 | 10卷 | 训练都监木活字 | 光海君二年（1610年） | 韩国国立图书馆一山文库 | 安平大君字体 |
| 书传大全 | 南宋·朱熹 | 10卷 | 训练都监木活字 | 光海君二年（1610年） | 韩国国立图书馆一山文库 | 安平大君字体 |
| 大学或问 | 南宋·朱熹 | 1册 | 显宗实录字 | | 韩国国立图书馆一山文库 | |

续表

| 书名 | 作者 | 卷数/册数 | 版本类型 | 刊印时间 | 出处 | 备注 |
|------|------|----------|----------|----------|------|------|
| 真西山氏心经附注 | 南宋·真德秀 | 2册 | 戊申字 | 显宗十三年（1672年） | 韩国国立图书馆一山文库 | 戊午字即四铸甲寅字 |
| 小学诸家集注 | 南宋·朱熹 | | 戊申字 | 肃宗二十年（1694年） | 《奎章总目》 | |
| 大学章句、中庸章句 | 南宋·朱熹 | | 戊申字 | 肃宗二十一年（1695年） | 韩国国立图书馆一山文库 | |
| 周易大全、诗传大全 | 明·胡广等奉敕编撰 | | 戊申字 | 肃宗二十一年（1695年） | 韩国国立图书馆一山文库 | |
| 近思录集解 | 南宋·叶采 | 4册 | 戊申字 | 肃宗二十七年（1701年） | 韩国国立图书馆一山文库 | |
| 心经附注 | 南宋·真德秀撰，明·程敏政注 | 2卷 | 戊申字 | 肃宗三十一年（1705年） | 韩国国立图书馆一山文库 | |
| 大学或问 | 南宋·朱熹 | 1册 | 韩构字 | 肃宗十年（1684年） | 韩国国立图书馆一山文库 | |
| 周易大全 | 明·胡广等奉敕编 | 3册 | 校书馆印书体木活字 | 肃宗二年（1676年）以后 | 韩国国立图书馆一山文库 | |
| 大学章句 | 南宋·朱熹 | 1册 | 校书馆印书体木活字 | 英祖十七年（1741年） | 韩国国立图书馆一山文库 | |
| 中庸章句 | 南宋·朱熹 | | 校书馆印书体木活字 | 英祖十七年（1741年） | 韩国国立图书馆一山文库 | |

| 书名 | 作者 | 卷数／册数 | 版本类型 | 刊印时间 | 出处 | 备注 |
|---|---|---|---|---|---|---|
| 诗、书、周易 | | 10册 | 校书馆印书体木活字 | 英祖十七年（1741年） | 韩国国立图书馆一山文库 | |
| 大学衍义 | 南宋·真德秀 | 10册 | 戊申字 | 英祖末期 | 韩国国立图书馆一山文库 | |
| 近思录 | 南宋·朱熹 | 4册 | 丁酉字 | 正祖六年（1782年） | 韩国国立图书馆一山文库 | |
| 四书三经 | | 50册 | 丁酉字 | 正祖二十一年（1797年） | 韩国国立图书馆一山文库 | |
| 礼记集注 | | 20册 | 丁酉字 | 正祖二十一年（1797年） | 韩国国立图书馆一山文库 | |
| 大学朱子章句 | | 1册 | 生生字 | 正祖朝 | 韩国国立图书馆一山文库 | |
| 孟子集注大全 | 南宋·朱熹 | 5册 | 整理字体木活字 | 纯祖二年（1802年） | 韩国国立图书馆一山文库 | |
| 论语集注大全 | 南宋·朱熹 | 3册 | 整理字体木活字 | 纯祖二年（1802年） | 韩国国立图书馆一山文库 | |
| 心经附注 | 南宋·真德秀撰，明·程敏政注 | 2册 | 整理字体木活字 | 纯祖初期 | 韩国国立图书馆一山文库 | |

经过统计分析，我们发现传统儒家"六经"（实际上因《乐经》失传，通常称为"五经"）中，只有《小学》《孝经》和《仪礼》的原文是以朝鲜活字印刷的。这些经典多以注解本的形式呈现，例如《仪礼经传通解》《小学集说》和《附释音周礼注疏》等，但它们的印刷次数和数量都相对较少。相较之下，"四书"文献在朝鲜被活字印刷的频率要高得多。朱熹的诸多著作，

包括《四书集注》《四书或问》《朱子语类》《朱子大全》和《小学集传》等，都会伴随着每一次铸字技术的革新被印刷。

南宋理学家真德秀所著的《大学衍义》以及真德秀撰、明代程敏政注释的《心经附注》，在朝鲜王朝时期受到了君臣和文人的极高重视。《大学衍义》被列为朝鲜经筵的必讲之书，《心经》及其《心经附注》"已成为韩国心性之学的阐释与建构的重要思想载体，对韩国儒学影响至深"①。明成祖组织编撰了《性理大全》和《四书五经大全》，通过传承和诠释儒家经典，确立了程朱理学一元化的思想统治地位，统一了士大夫们的思想，并获得了民众对统治者统治地位的认同。明成祖将《性理大全》和《四书五经大全》御赐朝鲜，旨在获得藩属国的文化认同和政治认同。朝鲜朝多次印制这些著作，证明了其对程朱理学的自觉接受。通过统计儒家经典活字本的刊印情况，可以看出古代朝鲜半岛的儒学典籍"经典化"体系经历了与中国大致相同的发展变化，即从重视《五经》之学到重视《四书》之学的演变，更加强调《四书》的重要与优先地位。

《四书大全》完全遵循了朱子学以《四书》为中心的原则。《五经大全》中的《礼记大全》主要依据元代陈澔的《陈氏礼记集说》编撰而成。朱熹将《礼记》和《仪礼》合而为一，成《仪礼经传通解》，因此，信奉朱子学的朝鲜儒学者们对《礼记大全》关注较少。同时，胡广等人在编撰《春秋大全》时，直接参考了元代汪克宽的《春秋胡传纂疏》，而非原始经典《春秋三传》，导致朝鲜儒学者对《五经》中的《春秋》和《礼记》（包括《仪礼》）逐渐疏远。故而，《四书》《五经》实际上被朝鲜学者强调的是《四书》《三经》。

到李滉对《四书》《三经》（并称"七书"）进行阐释时，可以说明《四书》《三经》已经在朝鲜经学史和儒学史上确立了其经典地位。通过"四书

---

① 朱人求：《真德秀〈心经〉与韩国儒学》，《哲学动态》2015 年第 4 期。

三经"称呼上的排序，也反映出"四书"在朝鲜儒学经典体系中的核心地位。随着部分朝鲜儒学者对程颐、朱熹对《四书》《五经》的说解进行再研究并提出疑问，甚至出现了程颐、朱熹的注释比《四书》《五经》经典原文更受重视的现象。朝鲜后期，特别是17到18世纪，近畿南人派的一些学者，如许穆、李瀷、崔象龙等开始反思这种现象。许穆在与友人朴德一讨论文学问题时曾指出"宋时程氏、朱氏之学，阐明《六经》之奥纤，悉委曲明白，恳恳复绎，不病于烦蔓，此注家文体，自与古文不同，其敷陈开发，使学者了然无所疑晦。不然，圣人教人之道，竟泯泯无传。……后来论文学者，苟不学程、朱氏而为之，以为非儒者理胜之文。《六经》古文，徒为稀阔之陈言。穆谓儒者之所宗，莫如尧舜孔子；其言之理胜，亦莫如《易》《春秋》《诗》《书》，而犹且云尔者，岂古文莫可几及。"①他强调应重视《六经》原文，认为那才是儒家思想的真正源头。李瀷在《星湖塞说》中也表达了对"今人专用力于程朱，许多说话终未及半道而辄废"的现象的深刻反思，②并视《六经》为正宗。崔象龙进一步提出"四经四书"说，主张从经和传的角度将《四经》和《四书》融会贯通。他认为："言经传则八而四也，言工夫则四而一也。近世专意于四经者，或昧于《四书》，研熟于《四书》者，或遗乎《四经》。盖不知《四经》为《四书》之基址，《四书》为《四经》之注脚也。所以读者或习于文章制度而不知义理之所寓，或详于性命仁义而不知时措之有宜，虽诵读不倦，老于典籍，而终未能融会贯通。"③他分析了《四书》和《四经》之间的联系，并得出结论，认为《四经》和《四书》是"一贯之道"。如果从心性修养、德性培养及其践履过程来看（即"工夫"），则"四而一"。也就是说，《四经》和《四书》如果不最终落实到实践上，最终只能是故纸

---

① [朝鲜朝]许穆：《记言》卷五《答朴德一论文学事书》，《韩国文集丛刊》第98册，第51页。

② [朝鲜朝]李瀷：《星湖僿说》卷十，英祖三十六年手写本，韩国国立中央图书馆藏本。

③ [朝鲜朝]崔象龙：《凤村集》卷六《经书八图序》，《韩国文集丛刊》第118册，第551页。

堆而已。其对《四经》和《四书》的称呼顺序，也体现了崔象龙的《四经》根源意识。

随着朝鲜本土文字"训民正音"的创造，朝鲜的统治者们为了向不同社会阶层的民众普及儒家伦理教育，提出用朝鲜的民族文字"谚文"来解释儒家经典。他们在汉字文本下逐字标注谚文，从而产生了具有朝鲜特色的汉文与谚文对照版本，即"谚解本"。在将汉文谚解的过程中，还出现了一个过渡阶段，即在汉文旁边附加"吐"（口诀、语诀、悬吐），以帮助阅读汉文典籍。关于儒学典籍翻译的具体细节，将在下一节详细讨论，此处不再赘述。

审视古代朝鲜半岛对中国儒学典籍的刊印历史，我们可以观察到一个从单纯翻刻中国本到结合本土实际需要并融入具有朝鲜特色元素的本文形式演变过程。不同形式的儒学典籍在朝鲜社会的各阶层广泛传播。正是基于这些承载着儒学思想的典籍文献的重印与传播，朝鲜在吸收中国儒学的基础上，根据自身需求进行了选择性的采纳、批判性的继承以及创造性的诠释和补充，从而发展出了具有朝鲜特色的儒学体系。

## 第二节　对中国儒学典籍的翻译

儒学典籍在古代朝鲜半岛历经了流行与普及、发展与升华两个阶段。在流行与普及阶段，印刷和翻译是其重要方式。尽管古代朝鲜半岛的居民使用与汉语截然不同的语言体系，且长期缺乏本民族的文字，但随着汉文化的传播，汉字逐渐被朝鲜半岛的人民所接受，并在很长一段历史时期内作为官方文字使用。朝鲜世宗颁布的《训民正音》使得普通朝鲜民众能够阅读和理解儒家经典。朝鲜的君主和儒学学者在将儒学经典翻译成本民族文字的过程中付出了巨大努力。这一翻译过程历经了口诀、释义和最终规范几个阶段。

## 一、对儒学典籍的口诀

在统一新罗时期，薛聪"以方言读《九经》，训导后生"①，这被认为是古代朝鲜学者采用口诀方式学习儒家经典文献的最早例证。遗憾的是，他解读《九经》的成果未能流传至今，因此他所使用的具体口诀方法已难以查证。到了朝鲜后期，学者李圭景对"口诀"进行了阐释，并详尽地阐述了采用口诀学习儒家经典的理由：

> 经书句节曰"句读"，中国则无方言，而寻常言语，已具文字，故于句节处，点句读读之。故无如我东之原文外，句读作方言以读之，曰"悬读"也，俗称"悬吐"。无此悬读，则文义难解，故更名曰"口诀"。新罗弘儒侯薛聪，以方言解《九经》，教授后学，东儒之最醇，无出其右。故丽朝从祀文庙，其方言解经者，必为口诀而无传焉。今只有吏读（或称"吏道"），即簿牒句节处，以方言悬读，衍成文字，便于吏隶之告官。其所谓解《九经》者，恐如是也。弘儒之世，即唐时也，其解经必取唐朝流来之句读，经义亦不失中原先贤之相传授，而竟无所遗传，则吾儒之不幸也。我世祖三年戊寅，上患东方学者语音不正、句读不明，虽有权近、郑梦周口诀，讹谬尚多，遂命郑麟趾、申叔舟、丘从直、金礼蒙、崔恒、徐居正等，分授《五经》《四书》，考古证今，定口诀以进，此今之经书《句读悬口诀》，而谚解亦口诀之所解释者也。经书句读、口诀，苟或一误，文义从以舛错，遂失本旨。可不惧哉。②

据此可知，古代朝鲜半岛所采用的口诀实际上是一种标记符号，而非独立的语言结构。它们不仅承担着与中国古代句读相似的断句功能，还用于标

---

① ［高丽］金富轼著，杨军校：《三国史记》卷四十六，第657页。

② ［朝鲜朝］李圭景：《经传杂说》，《五洲衍文长笺散稿》，韩国古典综合数据库：http://db.itkc.or.kr/dir/item?=ITKC_GO_1301A_0140_160_0020。

示句子中的主语、宾语、补语等成分，并揭示句子间的连接关系，相当于在韩语中起到助词和词尾的作用。例如，在韩国国立中央图书馆收藏的《诗大文》和《周易传易口诀》中，我们可以看到朝鲜汉籍中的悬吐采用了简化汉字或汉字笔画、韩字的形式，有的单独列出，置于整个版框之上（如《诗大文》），有的则随文标注（如《周易传义》），这为朝鲜人阅读和理解儒学典籍提供了便利。朝鲜太祖曾命令何崙、赵璞对《四书》"点节以进"①；太宗则命权近编撰《五经吐》，最终权近完成了《诗经吐》《尚书吐》《周易吐》。②《实录》中提到的"吐"和"点节"，应当都是基于《五经》和《四书》的口诀。

关于"口诀"的评价，朝鲜的学者们持有不同的见解。例如，世宗朝的右议政孟思诚表达了这样的忧虑："有吐则臣恐学者不着力研究。"世宗则借鉴"程朱亦虑学者未达经书奥旨，故着注解，令其易知"的做法，强调"外方教导若因此诲人"③，那么采用"口诀"来标注，以帮助国民理解和阅读，是十分必要的。

朝鲜学者崔恒在其著作《经书小学口诀跋》中阐述了儒学经典口诀的重要性："文者，贯道之器也。不因乎文，何以见道？不明乎道，何以语治？文固一日不可不讲明也，而莫先乎经书。……大抵欲观书者，须先晓正经，正经既晓，则诸家之解已蹄。欲读书者，须先正语诀，语诀既正，则他歧之惑自祛。然则正经之有口诀，诚儒者指月之指也。《易》之为书，最精妙微隐，非天下之至神，孰得而开示。恭惟我殿下万机余间，暂定口诀，四圣之旨，炳如指掌。又以《小学》尤切于学者入道之门，亦自定诀。《诗》则命河东君臣郑麟趾，《书》则蓬原君臣郑昌孙，《礼》则高灵君臣申叔舟，《论语》则汉城府尹臣李石亨，《孟子》则吏曹判书臣成任，《大学》则中枢府同知事臣洪应，《中庸》则刑曹判书臣姜希孟诀之。既讫，又命中枢府知事臣

---

① 《朝鲜王朝太祖实录》卷十五，太祖七年九月十七日己丑，影印本第 1 册，第 138 页。
② 《朝鲜王朝世宗实录》卷四十，世祖十年闰四月十八日己亥，影印本第 3 册，第 129 页。
③ 《朝鲜王朝世宗实录》卷四十，世宗十年闰四月十八日己亥，影印本第 3 册，第 129 页。

丘从直、同知事臣金礼蒙、工曹参判臣郑自英、吏曹参议臣李永垠、户曹参议臣金寿宁、前右承旨臣朴楗等论难校正。每遇肯綮，悉禀睿断，乃命典校署印而颁之。唯《易》则正经之下，并附程朱之传印之。于是《小学》、经书之指南始备，文从义顺，各得其正，不劳指授，涣然冰释。"①崔恒明确指出了为儒家经典添加口诀的必要性，并且详细说明了《五经》（除《春秋》外）和《四书》的口诀分工以及严格的校正流程。鉴于《周易》内容的"精妙微隐"，不仅为其制定了口诀，还附上了程朱对《周易》的注解。最终，在世祖朝，《小学》《诗经》《尚书》《周易》以及《四书》的口诀都已完成，并由典校署印刷发行，这极大地促进了朝鲜民众对儒家典籍的理解，加速了儒学在古代朝鲜半岛的传播。

## 二、对儒学典籍的释义

自朝鲜世宗颁布《训民正音》以来，对中国儒学典籍的翻译工作便已启动。然而，直到宣祖时期，《四书》《三经》才最终被完整翻译即谚解。在口诀与谚解之间，还经历了"释义"阶段。中国古注类型多样，包括传、注、笺、章句、音义、集解、义疏等，尽管名称各异，但都从不同角度对原文进行解释。有的注释侧重于文字训诂，有的则侧重于串讲文意，还有的致力于考订或补充史实。虽然这些都可以统称为"释义"，但直接将古注称为"释义"的情况并不普遍。在古代朝鲜，"释义"并非直接对经籍原文进行全篇解释，而是对先前的口诀或部分翻译中存疑之处进行整理和批评，并以汉文或韩文附加翻译者的释义和按语。从文本形态上看，构成了古代朝鲜半岛儒学典籍翻译的早期形态，成为朝鲜知识分子理解儒学典籍的重要参考，并为后来准确的经书谚解奠定了基础。其中，最典型的释义代表作是朝鲜朱子学派主要代表人物之一李滉的《经书释义》，它涵盖了"四书"和"三经"等7种儒

---

① ［朝鲜朝］崔恒：《太虚亭集》卷二《经书小学口诀跋》，《韩国文集丛刊》第9册，第202页。

学典籍的释义。李滉的"释义"具有以下内容和特点：

第一，批评过往翻译中的不妥之处。

朝鲜学者运用《训民正音》韩字①对儒学经典进行了部分翻译工作，这些翻译的痕迹可以在李滉的《经书释义》中找到。然而，翻译的形态并不统一，李滉的"释义"往往是对先前翻译的批评。例如，在《诗经·周南·葛覃》的"言告言归"一句，朱熹在《诗集传》中指明"言，辞也"②，意即"言"是虚词。而在李滉的《诗释义》中，该句下注释为："氏귀告ᄒ야，归호믈，告코라ᄒ라，或云告코라，言호라。按：言，既语辞，不当说。"③他不仅列举了先前的口诀和标记"归""告"等的朝鲜音以及语词的词性，还维护了朱熹的观点，指出"言"作为虚词，无实际意义，无须解释，并以按语形式明确了"虚词不释"的原则。据学者统计，在《诗释义》中，李滉对以往释义加按语或进行纠正的条目超过200条。④对口诀、谚文翻译部分的批评条目更多。再如《论语·为政》第七章"子游问孝。子曰：'今之孝者，是谓能养。至于犬马，皆能有养。不敬，何以别乎？'"⑤退溪李滉对"能养"进行释义，先列出先前的两种口诀和部分翻译，"能养을니ㄹㄴ니〇能养ᄒ야아ᄒ리리니ㄹㄴ니"，然后提出自己的见解："下说极无理，不足辩，上说亦恐未安。当云，是를닐온，能히，养ᄒ요미니。盖其意谓今之所谓孝者，是可谓能养之孝耳，非真孝也云云。若如上说，其文当曰'今之能养者，人以为孝也'，岂曰'今之孝者，是谓能养'乎？意虽不甚相远，而语有毫厘之

---

① 《训民正音》是由朝鲜第四代国王世宗大王李祹与其子第五代国王文宗大王李珦主导创制的朝鲜语文字，亦称谚文。在当今，朝鲜称之为朝鲜字（조선글），而韩国则称为韩字（한글）。

② （宋）朱熹：《诗集传》卷一，明嘉靖三十五年崇正堂刻本。

③ ［朝鲜朝］李滉：《三经释义》卷一，韩国国立中央图书馆藏本。

④ ［韩］金秀炅：《韩国朝鲜时期诗经学研究》，万卷楼图书股份有限公司2012年版，第25页。同见于付星星、金秀炅：《韩国诗经学概要》河北教育出版社2021年版，第14页。

⑤ （宋）朱熹：《论语集注》卷二，明正统十二年司礼监刻本。

异，但细玩'者'字，'是谓'字，则可知正意。"①他批评两种翻译都未对
"者""是谓"进行解释，导致文意理解不确切。这也恰恰说明了李滉"释义"
的特点在于对细节的关注，以确保翻译的准确性。又如《诗经·召南·摽有
梅》，朱熹将"摽"直接解释为"落也"，在串讲每章文意时，体现出梅子落
地的层叠变化。面对"摽有梅"的重章复沓，李滉主张用韩字的时态来体现
变化，"摽ᄒ난，下章혼，此说是。或摽ᄒ고인난梅여者，非也。"他指出将
"摽有梅"直接翻译成梅子落地则不准确，"摽"要翻译出在不同章节的变化，
才能准确反映出待嫁女子焦急迫切的心情。

　　第二，总体上依据朱熹注进行翻译解说，但也会对朱熹注解进行辨正。

　　关于李滉的"释义"对朱熹注释的遵循，目前韩国学术界已有广泛讨论。
但对朱熹的"遵循"并非仅是出于对朱子学派的仰慕，而是深入探究其实际
意义。以《论语·为政》第六章为例，孔子回答"孟武伯问孝"的问题时说：
"唯其疾是忧"，朱熹提供了两种解释：其一，"言父母爱子之心无所不至，
惟恐其有疾病，常以为忧也"；其二，"人子能使父母不以其陷于不义为忧"。
朱熹的解释表明，子女不让父母担忧自己的身体健康是孝，不让父母在道德
层面担忧也是孝。李滉对"父母唯其疾是忧"也有两种解释，分别是"疾을
忧ᄒ시ᄂ니라"和"疾만忧ᄒ시게홀디니라"②。使用"을"表明"忧"的对
象仅限于"疾"，而使用"만"则意味着"忧"的对象不仅限于"疾"，父母
对孩子的担忧还包括其他方面。通过分析可见，李滉的"释义"是在深刻理
解朱熹注解的基础上提出的，两条解释与朱熹的注释完全吻合。再比如《诗
经·邶风·绿衣》中的"絺兮绤兮，凄其以风"一句，朱熹将"凄"解释为
"寒风"，李滉在遵循朱熹注解的同时，也进行了细致的辩证分析：

　　　　生员李克仁释义，凄혼그风으로〇风에배ᄒ얏다，今按：此说
　　　良是。盖本汪虽训'凄'为寒风，然乃是寒风之意非直以'凄'字

---

①　[朝鲜朝] 李滉：《四书释义·论语释义》，韩国国立中央图书馆藏本。
②　[朝鲜朝] 李滉：《四书释义·论语释义》，韩国国立中央图书馆藏本。

为寒风也。从来说者，但见寒风之训，遂断以'凄'字当'风'字，反以'风'字为受风之意，穿凿为说，或云凄에ㄱ배风ㅎ옛다，或云凄ㅣㄱ배风ㅎ옛다，或云凄에배불이옛다，或云凄의风으로븟옛다，或云凄를风ㅎ옛다，愈巧愈不通，皆眩于寒风之训而然，不可不辨也。〇又有说云凄히风ㅎ옛다，又凄혼风으로배ㅎ옛다，此两说亦近是。①

李滉首先借鉴了李克仁的解释，并通过对比分析，揭示了其解释的根源在于朱熹的注释。李滉虽然认同这一解释，但他更注重对《诗经》中每个字词的精确阐释。例如，"凄"字本身并不含有"寒风"的含义。朱熹的注释方法侧重于义理而非训诂，他串讲解说，要借助"寒风"这一意象来传达主人公被遗弃的悲凉情感，因此将"凄"解释为寒风。然而，在朝鲜知识界对朱熹注释的理解过程中，产生了许多不同的解释，例如北风吹拂带来的寒意、"凄"特指从北方吹来的风、"凄"意味着北风的到来等，这些解说愈发多样化。李滉对此评价为"愈巧愈不通"。李滉的"释义"不仅剖析了各种复杂解释的起源，也表明了他对朱熹注解的尊重和接受，是基于对《诗经》文字训诂和文法深入理解的基础上的接受。

第三，根据个人对儒家经典原文的解读，作出独立的阐释。

李滉尽管是朱子学派的忠实追随者，并对朱熹及其学派对儒学经典的阐释进行了深入研究，但他并非缺乏个人见解或盲目追随。在对儒学典籍进行"释义"时能够提出独立见解，例如，在解读《论语·为政》第二章"诗三百，一言以蔽之，曰：思无邪"时，朱熹从诗歌的实用角度出发，对"思无邪"进行了阐释："凡诗之言，善者可以感发人之善心，恶者可以惩创人之逸志，其用归于使人得其情性之正而已。然其言微婉，且或各因一事而发，求其直指全体，则未有若此之明且尽者。故夫子言《诗》三百篇，而

---

① ［朝鲜朝］李滉：《三经释义·诗释义》，韩国国立中央图书馆藏本，第3页。

唯此一言足以尽盖其义，其示人之意，亦深切矣。"①朱熹认为"无邪"即为"正"，强调诗歌的功能在于引导人的言行符合儒家倡导的伦理道德和行为准则。

李滉并没有简单重复朱熹的解释，而是提出了自己对"思无邪"的理解："思ㅣ邪ㅣ업스미니라〇思ㅣ邪ㅣ업게홀디니라，此有工夫说。今按：两说皆当存之，但下说当云업게호미니라。"②首先"思ㅣ邪ㅣ업게홀디니라"即"使得思想情感中没有邪恶"。这种翻译强调通过学习诗歌来净化思想中的邪恶，与朱熹的实用主义观点相吻合。李滉还提出了另一种理解："思ㅣ邪ㅣ업스미니라"，即"没有邪恶的思想情感"，这并非强调实用功能，而是基于对诗歌本质特征的认识，即"诗言志"，认为诗歌所表达的思想情感本身是纯洁无邪的。③清代郑浩在《论语集注疏要》中也从"诗言志"的本质论出发，对"思无邪"进行了阐释："夫子概言诗三百篇，无论孝子、忠臣、怨男、愁女，皆出于至情流溢，直写衷曲，毫无伪讬虚徐之意，即所谓'诗言志'者，此三百篇之所同也，故曰'一言以蔽之'。惟诗人性情千古如照，故读者易收感兴之效。"④郑浩在评论诗歌是作者真情流露这一点上与李滉的观点一致，但在对"邪"的解释上与朱熹、李滉有所不同。李滉遵循朱熹的解释，将"邪"理解为"不正"，"无邪"即为"正"，将"邪"解释为"虚徐"，"无邪"即不虚徐，"直写衷曲"。郑浩的解释比李滉稍晚，这表明李滉在理解"思无邪"方面有着自己独到的见解。

第四，融合汉儒重名物训诂和宋儒重微言大义阐发的解经方法。

---

①　（宋）朱熹：《论语集注》卷二，明正统十二年司礼监刻本。

②　[朝鲜朝] 李滉：《四书释义·论语释义》，韩国国立中央图书馆藏本，第2页。

③　韩国学者李昤昊在探讨相关议题时，援引了刘若愚所著《中国的文学理论》（同和出版公司1984年版）中关于中国古典文学范畴的表现论，以此分析李滉对"思无邪"概念的翻译。详细内容可参见李昤昊：《退溪的论语翻译学与解释学》，载张崑主编：《东亚论语学：韩日篇》，华东师范大学出版社2011年版，第67—68页。

④　程树德：《论语集释》，中华书局2017年版，第60页。

汉学与宋学之间的主要差异体现在对经典文献原文的阐释重点上。汉学侧重于对名物的训诂和文字异同的辨析，而宋学则更注重阐发经文中的微言大义。李滉在阐释《三经》和《四书》时，不仅重视对经典原文的字词和语法进行解释，还注重深入理解文意，为后世的精确翻译（谚解）提供了宝贵的参考。

例如，《孟子·公孙丑上》"文王何可当"句，朱熹仅解释了"当，犹敌也"，而李滉的解释则更为详尽："文王을잇데可히当ᄒ리오，今按：此说误。当云文王은잇데可히当ᄒ시리오。盖孟子将言商先三（'三'当为'王'）德厚流长，文王虽以圣德不能王天下之意，故先以'文王何可当'一句发之，正所谓倒句法也。《集注》'当犹敌也'，义亦晓然矣。若如释意，则丑本问文王足法与否，孟子何遽以敌不敌答之？况丑意王道若易，则文王圣德岂有不王之理？孟子答以'文王虽圣德，彼时商命未替，文王何得以有天下乎？'故以'何可当'发之，而结之曰'是以难也'。是其语势问答起结之间通贯相应，若如此释，是孟子不答丑意，而遽以一句赞文王之德，不亦赘乎？"李滉指出，"文王何可当"是一种修辞上的倒装。从语法角度分析，将其翻译为"文王值得效法吗"（文王을잇데可히当ᄒ리오）是不准确的。必须在准确理解文意的基础上，翻译才能做到准确无误。孟子首先说明了文王从一个百里小国开创丰功伟业面临的巨大挑战，然后叙述了商朝的历史，到纣王时，纣王虽荒淫，但微子、微仲、比干、胶鬲等若干有才有德的贤人济济于堂，文王虽贤能，但当时商朝的天命尚未结束，文王也不可能一朝称王。

李滉对儒家经典的"释义"体现了朝鲜中期儒家典籍释义类作品的典型特征，深受研究韩国《诗经》学、《论语》学以及韩国儒学的学者们的重视。这里以《三经释义》《四书释义》为例，对朝鲜学者在口诀与完全谚解之间的释义内容及其特点进行了初步分析。研究发现，以退溪李滉为代表的朝鲜中期儒学释义作品，是在对口诀、字音、语法、注解等多方面进行综合整理后进行评价和辨正的。这些释义作品不仅反映了释义者个人解释儒家经典的方法和思想倾向，而且在释义过程中引用了众多不同学派的翻译和注解。我们还可以洞察到朝鲜中期的解经倾向，这具有重要的学术价值。

李珥与李滉一样，重视《四书》《三经》的口诀和释义，他关注到其中的不准确之处，甚至有些解释与经文原意相悖。李珥不仅对旧有学说进行了大量修正，还特别关注《四书五经大全》中小注与各种解释的差异，"亦颇取舍点抹"①。李珥在《大学》和《中庸》大全本小注部分根据不同的圈点标准，运用了〇●◎⊙等各种符号，并对《大学》大全本中的 6 条小注进行了详细的辨析和纠正。② 其后，李珥的弟子及其后学对大全本中的小注保持了密切的关注。每当发现与朱子的解释有所出入时，他们便会提出辨正意见，以此来巩固朱子学说在政治和思想领域的主导地位。

## 三、官方对儒学典籍的谚解

朝鲜自建国之初便确立了以儒立国的统治理念，推崇儒家的礼仪和学说，以此来规范民众的思想与行为。然而，"经书口诀释义，中朝所未有，始发于薛聪，成于郑圃隐、权阳村。至世祖朝，分命诸臣，著口诀，而然犹人各有书纷纭穿凿。……其口诀，似亦当以中朝所定句读为准，而今乃务加割断，使口诀释义混然相杂，无所准，则恐亦不得不再修者也。……谚解又益多门，至退溪李滉合成释义，犹未尽显于世。栗谷李珥乃就《四书》著谚解，以便学者受读"③。正因口诀和释义的混乱，迫切需要官方介入，校正并刊行《四经》《三书》的官方谚解版本。如果说口诀是为了克服韩文与古代汉语文言文之间的语法差异，那么谚解则是朝鲜统治者和儒学学者为了解决口诀和释义阶段出现的混乱和不一致性，进而更准确地解释儒学经典所做出

---

① [朝鲜朝] 李珥：《栗谷全书》卷三十五《附录·行状》，《韩国文集丛刊》第 45 册，第 367 页。

② [朝鲜朝] 李珥：《栗谷全书》卷十四，《韩国文集丛刊》第 44 册，第 299 页。

③ （清）李裕元：《林下笔记》卷十七《文献指掌编》，韩国古典翻译院 1999 年版。

的努力，这加速了儒学在朝鲜半岛的传播。

中宗十八年（1523 年），下令刊印《谚解小学》，"宣布中外，欲使闾巷妇人小子，皆得以知之"①。随后，又使用乙亥字版印制了《中庸谚解》和《孟子谚解》。宣祖九年（1576 年），宣祖命令柳希春对《四书》《三经》进行解释和谚解。柳希春感到责任重大，力有不逮，于是推荐了李珥参与这项工作。然而，根据栗谷李珥的年谱，李珥最终只完成了《四书谚解》。因此，在宣祖十七年（1584 年），特别设立了小学四书谚解校正厅，负责儒家经典谚解的校对、编纂和出版。校正厅的成立，标志着朝鲜朝对儒家典籍谚解工作的正式化和规模化。宣祖二十一年（1588 年）十月，完成了对《四书》《三经》的音释和谚解校正工作。不幸的是，不久之后朝鲜经历了壬辰战争和丁酉再乱，导致"《三经》已为翻校，未及刊行，失于兵火"②。因此，在宣祖三十四年（1601 年），再次下令校正厅对儒家经典的谚解本进行重新校对。然而，战后的物资短缺给校对工作带来了诸多挑战，所以《四书》《三经》谚解本的确切出版时间仍需进一步考证。

目前所存最早的《四书》《三经》的谚解本是宣祖年间（1567—1608 年）训练都监金属活字（庚辰字）版的《论语谚解》，现收藏于韩国庆尚大学图书馆。在光海君、仁祖、肃宗、英祖、正祖、纯祖、高宗等君主在位期间，均有《四书》《三经》谚解本的出版记录。从现存的《四书》《三经》谚解本来看，金属活字版本相对较少，而木活字或雕版印本较多。这可能是因为战乱导致原先保存的大量金属活字遭到破坏，加上人力物力的缺乏和经费的紧张，对书籍出版事业造成了巨大影响，短时间内难以重新制造大量金属活字来印制《四书》《三经》谚解本。经过校正厅校对、编纂和出版的《四书》《三经》谚解本，被称为校正厅本。

---

① 《朝鲜王朝仁宗实录》卷一，仁宗元年一月二十四日戊午，影印本第 19 册，第 187 页。

② 《朝鲜王朝宣祖实录》卷一六二，宣祖三十六年五月十三日戊辰，影印本第 24 册，第 478 页。

　　早期的口诀和儒学者们的释义为《四书》《三经》的谚解奠定了基础，完全用韩文翻译的谚解本由中央内阁和地方机构多次印行，为朝鲜儒学者和儒生用国语学习《四书》《三经》提供了便利，并发挥了国语教科书的功能。从现存的《四经》《三书》各谚解本来看，其编纂体系涵盖了对儒家经典全文的注音、口诀以及谚解。

　　以《诗经谚解》为例，该书的谚解主要基于明代胡广等人奉敕编纂的《五经大全本》中的《诗经大全》。在卷首，它设立了"物名"条目，用韩文词汇解释《诗经》中出现的事物名称。对于那些朝鲜半岛不存在的事物，它引用了《山海经》《尔雅》《埤雅》等中国文献和字书进行补充说明，以消除朝鲜知识分子阅读《诗经》时的障碍。谚解《诗经》原文的过程首先是逐字在汉字下用韩文进行标音，然后在口语表达处标记具有语法功能的"吐"（即口诀），接着按照韩语的语序重新叙述和解释（谚解）。韩文谚解不是逐句进行，而是以《诗经》的"章"为单位，汉字和韩文混合翻译。之所以逐字在汉字下用韩文标音，是因为朝鲜官方虽然使用汉字，但只取其字形，不取其读音。只有少数译官能够说汉语、写汉字，因此，朝鲜使团在与中国文人进行笔谈时留下的资料极为宝贵，成为两国文化交流的重要资料。由于语音差异，古代朝鲜人努力用韩文标记汉字，尽管如此，朝鲜的汉字音仍然相当混乱。因此，在《训民正音》颁布的次年，即颁布了《东国正韵》，[①]对朝鲜汉字音进行规范、校正，确立了统一的汉字音标准。儒学典籍谚解本具有权威地位，加上科举考试采用"考讲"和"背诵"等形式，进一步推动了朝鲜汉字音的统一。《四经三书谚解》通常采用韩字标音，但在无法具体区分声类的情况下，也会使用反切和直音

---

　　① 《东国正韵》是由朝鲜儒学大师申叔舟等人，奉命依据中国韵书特别是《蒙古韵略》《古今韵会举要》《洪武正韵》等，汲取各韵书之精华，并融合朝鲜本土语言特色所编纂的。在探讨《东国正韵》与中国韵书之间关系的研究领域，中韩两国学者已产出大量成果，因此不纳入本研究的研究范围。

法。①《三经谚解》标注汉字读音主要依据《五经大全》的读音，对于《诗经》，则继承了朱熹为了诗歌押韵而改变字音的"叶音"法。例如，《诗经·周南·关雎》中的"参差荇菜，左右采之"，朱熹在《诗集传》中标注"采，叶此礼反"，而《诗经谚解》直接标记汉字音为"치"。再如《诗经·周南·葛覃》中的"葛之覃兮，施于中谷""黄鸟于飞，集于灌木，其鸣喈喈"，朱熹用直音法标注"施，音异"，并用"叶音"标注"喈喈，叶居奚反"，《诗经谚解》则直接依据朱熹的注音将两字分别标记为"이"和"지"。当然，《诗经谚解》也有不采用朱熹"叶音"的情况，而是直接标注汉字音，例如《诗经·周南·关雎》中的"参差荇菜，左右芼之"，朱熹标注为"芼，音帽，叶音邈"，并用直音法标注"芼"的本音，也给出了该句中的音"邈"。但《诗经谚解》未采用朱熹的叶音，直接将该字音标为"모"，但同时标注了"ᄒᆞᆫ다"，指明该词的词性为动词。《诗经谚解》为了帮助朝鲜儒生更准确地理解《诗经》内容，除了用韩字标音外，还会对容易引起误解的字词词性和语法功能进行解释。例如，《诗经·周南·汉广》中的"汉有游女，不可求思。汉之广矣，不可泳思；江之永矣，不可方思。"三句中都出现了"思"，《诗经谚解》除了标记该字读音为"ㅅ"外，还分别说明三处的"思"的语法作用："ㅣ로다""ㅣ며""ㅣ로다"，即"汉有游女，不可求思"中的"思"是一节的结束语，"汉之广矣，不可泳思"中"思"是连接语，"不可方思"中"思"是一章的结束语。类似的标记在《诗经谚解》中比比皆是。

　　《四书三经谚解》本中韵文和散文的谚解呈现出不同特点。以《诗经》为例，其作为韵文的特点在谚解过程中得到了特别的关照，尤其是在处理音律和韵律方面。谚解中的"口诀"严格遵循《诗经》四言的句读规则，同时在允许的范围内尽可能地保留了《诗经》本身的节奏。在翻译时，为了避免

①　[韩]金秀炅：《韩国朝鲜时期诗经学研究》，万卷楼图书股份有限公司 2012 年版，第 33 页。

诗歌的散文化，译者努力使用汉语词汇来控制谚解的字数，并且在翻译中考虑到了朗读时的节奏感。至于《诗经谚解》"卷首"对物名的单独解释，是为了弥补翻译时因照顾朗读节奏而无法充分展现物名解释的一种方式。对于《论语》《孟子》《中庸》《大学》等散文形式的儒学典籍，谚解时较多地参考了退溪李滉的《四书释义》。这不仅是因为李滉对儒学经典的深入研究和对经文主旨的深刻理解，而且因为参与《四书谚解》的许多儒学者都是李滉的弟子。例如赵穆，他在校正厅四书三经谚解中扮演了重要角色。赵穆相较于其师李滉更重视"心学"，并且对《心经》进行了广泛的研究和评论。柳希春在奉命进行四书五经谚解时曾明确指出："上命详定四书五经口诀谚释……则须以李滉说为依据，……李滉校正《朱子大全》《语类》及所说四书五经口诀、谚释之说，并乞取来参考。"① 实际上，在校正厅对《论语》《孟子》《中庸》《大学》的翻译过程中，也大量采用了李滉的翻译。例如，在《论语·先进》中，"非曰能之，愿学焉"一句，李滉之前的释义书通常将其翻译为"能티몯혼디라"，意即"不善于做"，而未对"曰"字进行翻译。李滉认为不翻译"曰"字会影响对原句的理解，因此提出应翻译为"能ㅎ노라니ㄹ는아니라"，即"并不是说很会做"，从而准确传达了公西华在回答孔子"问志"时的谦虚态度。校正厅的《论语谚解》采纳了李滉的翻译，即"能ㅎ노라닐ㅇ는즐이아니라"（并不是很会做）。再如《论语·颜渊》"夫达也者，质直而好义，察言而观色，虑以下人"句中"质直"一词，李滉之前的翻译将其解释为"直ㅇ로，质ㅎ고"，即以正直作为人的品质。李滉则认为应将"质"和"直"视为并列的品质，即"质ㅎ며，直ㅎ며"，意即质朴并且正直。校正厅本接受了李滉的观点，翻译为"质ㅎ며，直ㅎ고"（质朴而正直）。校正厅《四书三经谚解》本自完成以来，直至朝鲜末期，一直被确定为官方的标准本。在朝鲜朝会试的"背诵"环节，"但背书之法极难，别

---

① ［朝鲜朝］柳希春：《眉岩集》卷十八《经筵日记》，《韩国文集丛刊》第 34 册，第 491 页。

有谚解，必尽诵无一字差"①，要求考生必须毫无差错地背诵《四书三经谚解》本的注音、口诀及翻译。"其诵者，有一字之差，与吐释或有违于当时印本，则皆落之。"②由此可见，校正厅谚解本在学术界乃至科举制度中具有极高的权威地位。谚解本在推动儒学思想在朝鲜知识界的普及及研究、规范和发展朝鲜汉字字音方面发挥了重要作用，成为朝鲜儒学者、儒生对儒学典籍进行深入研究的重要基础。

《四书三经谚解》因其在学术研究和科举考试中的重要性，受到了朝鲜学者们的极大关注。洪直弼在其《梅山集》中记载了宣祖的教诲："经书谚解，乱前始而不卒，今宜博选经学儒雅之士，设为校正厅，急速选进。李月沙诸公，遂应是选，设局于南别宫，而竣事印行，故谓之官本《谚解》，即今见行者也。又有《栗谷谚解》，一遵中国句绝，且解释音义真正不差，非官本之所可及也。惜乎！其不及于《三经》也。官本解错处，殆不胜谕，数百年来，承讹袭谬，莫反之正。蒙学后生，习熟见闻，全失音释。"③由此可见，后世学者对校正厅谚解的评价并不高，他们对谚解本中的注音、口诀、翻译（谚解）进行了深入的辨正。例如，朝鲜后期实学家李瀷的弟子尹愭撰写了《孟子谚解辨》，从文法角度对《孟子》中的若干条目进行了辨正。他指出《孟子谚解》在句读和释义方面存在不足，例如《孟子·梁惠王上》中的"吾不忍其觳觫若无罪而就死地"一句，《孟子谚解》翻译为"내ㄱ觳곡觫속히无우罪죄흔거시死ㅅ地디예就쥬흐는듯흠을음디몯흐노라"（我不忍心看他觳觫的样子，就好像没有罪而就死地）。尹愭认为"谚解以'若'字属下，为'似'字义，而以为似无罪而就死地者然，此恐失于照勘也。夫牛

_____

① ［朝鲜朝］洪大容：《湛轩书外集》卷二《乾净衕笔谈》，《韩国文集丛刊》第248册，第150页。

② 《朝鲜王朝仁祖实录》卷二十九，仁祖十二年一月二十三日庚戌，影印本第34册，第543页。

③ ［朝鲜朝］田愚：《艮斋集》卷十六《题〈中庸谚解〉后》，《韩国文集丛刊》第333册，第226页。

之觳觫，是乃无罪而就死地而然也，又何'似''若'之有哉?"他提出，牛的觳觫是无罪而面临死亡的自然反应，无须使用"似"或"若"这样含糊的词汇。于是作出判断："盖'若'字当属于上文'觳觫'之下，而读之曰'觳觫若'，其义若曰'觳觫然'也。如'惕若''炳若''发若''纷若''沱若''戚嗟若'之类是也。且其下文孟子曰:'王若隐其无罪而就死地，则牛羊何择焉'，若如谚解之意，则何不着'若'字于'无罪'之上乎?是其当属于'觳觫'之下，故于此直曰'无罪而就死地'也。且以文法言之，若但曰'觳觫无罪'，则句法太促无味，而必曰'觳觫若'，然后，是为形容其恐惧觳觫然之状，而句读亦纡余矣。"① 尹愭从句读和文法的角度，明确指出"若"字应属于上文，用以形容牛因恐惧而发抖的状态，而"无罪而就死地"则是对事实的客观陈述，无须使用"似"或"若"等词汇。尽管尹愭的解释并非定论，但他的观点反映了朝鲜儒学者们在使用校正厅《四书三经谚解》时，不盲从权威，而是持有独立判断和思考的态度，迈出了对儒家经典进一步阐释的重要一步。

## 第三节　对中国儒学典籍的解说与诠释

自儒学典籍传入古代朝鲜半岛以来，历代朝鲜儒学者根据各自时代的社会问题及统治者的政治需求，对其进行了具有不同侧重点的解读。这些解读不仅反映了儒学者对儒学概念和范畴的多元理解，也揭示了他们之间在思想理论和价值观念上的交流、冲突以及知识的传承与融合。此外，通过这些注解和诠释，我们能够洞察到不同时期儒学者的思维特征和研究方法的演变。朝鲜儒学者对儒学经典的注释和阐释，主要集中在"四书五经"上。

---

① ［朝鲜朝］尹愭:《无名子集》第十册《孟子谚解辨》，《韩国文集丛刊》第256册，第403页。

## 一、对中国儒学典籍的图解阐释

从中国的视角来看，文献的阐释方式有多种体裁，包括传注体、笺疏体、章句体、集解体、校注体、考证体、译注体等。自高丽末期至朝鲜朝初期，权近所著的《大学指掌图》标志着朝鲜半岛开始采用图表形式来阐述经书要义，这种图解体在朝鲜儒学中逐渐兴起。然而，利用图表来阐释书籍内容并非朝鲜儒学者首创，实际上，早在西汉时期，图解体的著作便已问世，并在宋代之后得到广泛应用。《隋书·经籍志》记载了南朝齐梁时期诸如《毛诗图》《毛诗古圣贤图》《周官礼图》《尔雅图》等经书图解作品，遗憾的是这些作品并未流传至今。现存的经书图解大多出自宋代以后，例如北宋真宗年间，太常博士刘牧提出"象由数设"的理论，并用48张图来阐释《周易》经传，通过"数"来推导"象"。随后，杨复创作了《仪礼图》，叶仲堪和杨甲分别完成了《六经图》，明代刘绩制作了《三礼图》，王应电撰写了《周礼图说》，吴继仕则创作了《七经图》。清代江为龙、王皞、杨魁植等人在前代《六经图》的基础上，继续编纂了《六经图》和《九经图》。至于性理学方面的图解，朱熹《朱子语类》中的《大学图》是最早的代表作。元代程复心在《四书章图隐括总要》中，对四书的每一章先进行图解，然后辅以文字解释，例如针对《大学》，他制作了《大学政教之绪》《大学入德之门》《明德新民之故》《致知格物之故》《诚意之学》等图解，每一张图解都旨在阐明一个核心思想，并对朱子学说的未尽之处进行了深入阐释。程复心之后，关于图解性理学的书籍，鲜有能超越其成就者。

（一）权近图解《四书五经》

在古代朝鲜半岛，最早以图解形式阐释四书五经的是丽末鲜初的学者权近。他所著的《入学图说》收录了关于《四书》《五经》以及《河图洛书》

的图解共 34 篇。① 这些图解的编撰初衷在于帮助初学者理解《中庸》和《大学》这两部经典。权近发现，"一二初学辈来读《庸》《学》二书者，语之谆谆，尚不能通晓"，因此，他参考了周敦颐的《太极图》和朱熹的《四书章句》，制作了图解来辅助说明，并且引用了先贤的格言来阐释其意。"五经"体系庞大而复杂，对初学者而言，深入理解颇具挑战。权近因此采用了图表的方式，以增强对经书解释的形象性和直观性。他特别绘制了《五经体用合一之图》和《五经各分体体用之图》，以图解的形式揭示了《五经》之间的相互关系。在权近看来，《周易》是"五经之全体"，《春秋》是"五经之大用"，《尚书》"以道政事"，《诗经》"以言性情"，《礼记》"以谨节文"。尽管《五经》各自侧重于不同的方面，但《周易》和《春秋》在体用上都显得尤为完备。"《易》者道在天地，而圣人体之"；《尚书》体现了圣人"敬天之心"和"经世之法"；《诗经》的核心在于"思无邪"，能够激发善心，遏制不良志向；《礼记》的核心在于"无不敬"，为贤者设定了标准，为不肖者提供了追求的目标；《春秋》则阐述了圣人之道，"而天地不能违者也"。② 权近不仅用图表清晰地展示了《五经》之间的体用关系，还用精练的语言概括了每部经书的核心要义，这反映了他对《五经》深刻的理解。

权近还以图解的形式展现了《大学》和《中庸》的精髓。例如在《大学》中，他指出："大学一书，纲领备而节目详，文简而易知，理切而易明，为学之序，用力之方，至为精密。在初学者，尤为当务之急。然初学之士，其于体用本末，知行工效，多不能察，语之虽勤，而识之不易。"因此，他将《大学》的核心思想绘制成图表，命名为《大学指掌之图》，以便初学者"先观一经全体了然在目，然后即是书而读之。则不烦指诲，而自知其节次矣。苟能常

---

① 权近《入学图说》中共收图说 42 篇，其中 8 篇属于文字阐述和辨正，如《论孟大旨》《中庸分节辨议》等。

② 《阳村先生入学图说》，明宗二年荣川郡木板本，第 50 页。

目在之，潜心熟玩，则一部《大学》常在胸中矣。"① 权近还通过图表探讨了气质、理、气、心性、意、命、才、善等议题，《天人心性合一图》《天人心性分释图》《大学指掌图》《中庸首章分释图》和《中庸分节辨议》等都反映了他对心性问题的深刻关注。当然，周敦颐的《太极图说》和朱熹的《四书章句》是权近研究"天人心性"等哲学问题的灵感来源。例如，周敦颐的《太极图》不仅为权近提供了经典图解诠释方法，还激发了他对宇宙起源的新思考。与周敦颐的自然宇宙观不同，权近通过《天人心性合一图》和《天人心性分释图》的图解和阐释，更注重探讨人的形成以及善恶的养成，从而展现了朝鲜性理学的独特视角。

朱熹将"四端七情"归结为"理气"问题，说"四端是理之发，七情是气之发"，权近则在此基础上将"四端七情"归结为"心性"问题，他说"四端是性之所发，七情是心之所发"，他在《天人心性合一图》中的相关论述可以说开启了韩国儒学史上"四端七情"辩论的先河。

《天人心性合一图》与《天人心性分释图》不仅展现了权近关于天、人、心、性合一的理念，还揭示了达到"天人合一"境界的途径在于"诚"与"敬"。而《洪范九畴》和《无逸》的图解，则进一步阐释了儒家经世致用的精神。

《洪范九畴》记载了治理国家所必须遵循的基本法则；而《无逸》的核心思想在于告诫统治者切勿沉溺于安逸之中，应时刻保持警惕，防患于未然。权近不仅将《尚书》中这两篇关于统治者执政智慧的篇章转化为图解，并且对其进行了详尽的阐释：

> 《洪范九畴》，天人之道备矣。五行者，天之所以生，物之始在天，道莫大焉，故居一而为首。既有五行，万物生焉，则人者，万物之灵，而五事，人道之本，故居二而为次。既有人，则必有所

---

① ［高丽朝］权近：《阳村先生入学图说》，朝鲜明宗二年荣川郡木板本，第22页。

事，而八政者，事之最急，故居三。欲修人事，又当验于天道，而历象授时不可缓也，故五纪居四。顺五行，敬五事，厚八政，协五纪，人君之道备焉，故皇极居五而当中。皇极者，继天道而立人极，为四方之标准，万民之取法者也。人君之治，酬酢万变，其用不同，而皆归于中正，故三德次皇极而居六。事之可疑，当听于天，故稽疑居七。治有得失，则征有休咎，所当推天而省己，故庶征居八。得失休咎之征，不惟现于天象，而善恶吉凶之应，终必及于吾身，故福极居九而终焉。人君治天下之大典，未有加于此者也。然畴虽有九，而枢要有三，在天惟五行，在人惟五事，而皇极者，合天人而一之者也。……天人相为流通，感应之道可谓明矣。至于八政、五纪、三德、稽疑、福极之用亦皆在乎极之立不立尔。然则修五事而立皇极者，其道何由？在乎敬而已。叙畴圣人以敬加于五事之上，所以示万世人主以心法也。①

权近首先探讨《洪范九畴》中所阐述的治国九条法则的排序依据，并明确指出统治者通过修养五事来确立皇权的方法“在乎敬而已”。在《无逸》篇的结尾，再次强调“敬者，畏天保民，鉴古法祖之要，而无逸之宝，心也”，“敬则无逸而寿，不敬则反”②。权近关于天人合一、心性以及“敬”的讨论，对李滉“敬论”思想的形成产生了深远的影响。

权近通过图解式的研究，深化了对朝鲜半岛朱子学的理论探讨。在高丽末期至朝鲜初期政治思想变革的背景下，他为儒教思想的确立奠定了基础，并“对朝鲜前期（至中期）性理学的哲学研究起了向导的作用”③。尽管图解的形式和体制并非权近首创，但他在《入学图说》中采用的“图说”模式，

---

① [高丽朝] 权近：《阳村先生入学图说》，明宗二年荣川郡木板本，第76—77页。

② [高丽朝] 权近：《阳村先生入学图说》，明宗二年荣川郡木板本，第80页。

③ 韩国哲学会编，龚荣仙译：《韩国哲学史》（中卷），社会科学文献出版社1998年版，第115页。

开创了朝鲜半岛儒学者利用图解来准确把握程朱理学核心思想，并对儒学经典进行阐释的新方法。

随后，金泮创作了《续入学图》，权采贡献了《作圣图》及其《作圣图说》，而郑之云则完成了《天命图》等作品，朝鲜的图说经典作品不断涌现。在这些作品中，退溪李滉的影响尤为显著，他堪称古代朝鲜半岛儒学图说的集大成者。

## （二）李滉图解《圣学十图》

退溪李滉是朝鲜儒学发展史上的重要人物，在朝鲜儒学的发展历程中扮演了承前启后的重要角色。他在程朱理学的传播与阐释上，达到了"集大成于群儒，上以继绝绪，下以开来学，卓然为渊源正宗"的高度。[1] 李滉的性理学思想虽源自朱子，却也展现了其独到之处。他的儒学思想在东亚儒学思想史上占据了一席之地。[2] 他的《天命图说》《启蒙传疑》《非理气为一物辩证》和《圣学十图》共同构成了李滉完整的儒学思想体系。特别是《圣学十图》，体现了李滉"体认圣学大端、心法至要的心得"。通过图解的方式，为人们指明了通往圣学的道路，提供了简明易懂的启示。《圣学十图》"融铸宋明理学之精髓，构成他的思想逻辑结构。其规模之宏大，操履之功用，在李朝理学史上均属罕有"[3]。

李滉在宣祖刚刚即位的特殊背景下，呈上了《六条疏》，主张"谨于彝教而本于性道，宗于圣贤而质于庸学，稽之史传而验之时事"[4]，期望宣祖能够不懈地致力于圣学的修养。他还进献了《圣学十图》，不仅展示了他"得

---

① ［朝鲜朝］任宪晦：《鼓山集》卷九《〈渊源正宗〉跋》，《韩国文集丛刊》第314册，第221页。

② 韩国哲学会编，龚荣仙译：《韩国哲学史》（中卷），第176页。

③ 张立文：《李退溪思想研究》，东方出版社1997年版，第35页。

④ ［朝鲜朝］李滉：《戊辰六条疏》，见《东贤奏议》卷十一，韩国古典翻译院影印本第1册，2018年版，第170页。

君行道""致君尧舜"的人生理想，还提出了关于天理的根本、摒弃恶习、恢复善行、持守敬意和实践道德等方法，体现了他对现实社会的深切关怀。《圣学十图》包括图、图说、退溪按语几部分。图说均源自中国先贤的论述，而退溪在此基础上进行进一步的阐述，展现了李滉学问体系的全貌。《圣学十图》的编排顺序也蕴含着特定的意义。现将《圣学十图》各图、图说等概况列表如下：

**表7　李滉的《圣学十图》简介表**

| 图序及名称 | 图 | 图说 |
|---|---|---|
| 第一　太极图 | 南宋·周敦颐 | 周敦颐《太极图说》、朱子《太极图说解》 |
| 第二　西铭图 | 元·程复心 | 北宋·张载《西铭》，朱熹、杨时等宋儒对《西铭》的解说 |
| 第三　小学图 | 朝鲜·李滉自作 | 朱熹《小学题词》《大学或问》 |
| 第四　大学图 | 丽末鲜初·权近 | 大学经文、朱熹《大学或问》 |
| 第五　白鹿洞规图 | 朝鲜·李滉自作 | 朱熹《白鹿洞规后序》 |
| 第六　心统性情图·上图 | 元·程复心 | 程复心《心统性情图说》 |
| 第六　心统性情图·中图、下图 | 朝鲜·李滉自作 |  |
| 第七　心学图① | 元·程复心 | 程复心《心学图说》 |
| 第八　仁说图 | 南宋·朱熹 | 朱熹《仁说》 |
| 第九　敬斋箴图 | 南宋·王柏 | 朱熹《敬斋箴》 |
| 第十　夙兴夜寐箴 | 朝鲜·李滉自作 | 南宋·陈柏《夙兴夜寐箴》 |

《圣学十图》构成了一个全面的体系，涵盖了天道、人性、心性、修养和行为等主题。各图中的内容和概念之间的联系以及核心思想，均通过图内文字的布局和字体大小得以体现。每一图除了引用先贤的图说之外，还附有退溪的按语，以阐明其意义。

---

① 韩国国立中央图书馆所藏宣祖二年（1572年）雕版《圣学十图》第七图为《心学图》，第八图为《仁学图》，与学界相关研究者所谈顺序相反，本研究以宣祖二年木板本《圣学十图》为研究底本，故遵从原书十图顺序。

《圣学十图》首列《太极图》。作为宇宙本质的"太极",是朱熹所谓的"道理大头脑处",是"百世道术渊源",因此"首揭此图,亦尤《近思录》以此说为首之意"①。《太极图》的主图与周敦颐的《太极图》完全相同,但在主图的左右两侧添了对各个小图的解释。这些解释与朱熹对"太极"的阐释完全吻合:"是所谓太极也,形生神发则阳动阴静之为也。五性感动则阳变阴合而生水、火、木、金、土之性也;善恶分则成男成女之象也;万事出则万物化生之象也。至圣人定之以中正仁义而主静立人极焉,则又有得乎太极之全体而与天地混合无间矣。"②李滉认为无极而太极也,其本体不离阴阳,太极的动静产生阴阳,男女皆受阴阳之气而化育。从"太极"推演到"立人极",强调圣人之学肇端于领悟造化,即"太极"。"用力于小、大学之类,及其收功之日而溯极一源,则所谓穷理尽性而至于命,所谓穷神知化德之盛"③,最终实现"天人合一"的境界。《太极图》起到了提纲挈领的作用,构成了其他九图展开的基础。

《西铭》是北宋理学家张载所著,后由元代程复心绘制成图。李滉将其纳入《圣学十图》作为第二图。《西铭图》图中上部分阐述"理一分殊",下部分则阐释"尽事亲之诚以明事天之道"。李滉引用朱熹的解释来阐述:"乾为父,坤为母,有生之类,无物不然,所谓理一"④,即天地与万物构成一个整体,天地是万物的"父母",而万物则是天地的"子女";"人物之生,血脉之属,各亲其亲,各子其子,则其分,亦安得而不殊"⑤,人们因血脉不同而各有所亲,各有所子,这就是"分殊"。这里,"理一分殊"强调的是天地与万物(包括人类)之间的关系,体现了"体"的一面;而尽事亲之诚以明事天之道,则体现了"用"的一面。对于"用"的一面,李滉引用了理学家

---

① [朝鲜朝] 李滉:《圣学十图·第一太极图》李滉按语。
② [朝鲜朝] 李滉:《圣学十图·第一太极图》朱熹《太极图说解》。
③ [朝鲜朝] 李滉:《圣学十图·第一太极图》李滉按语。
④ [朝鲜朝] 李滉:《圣学十图·第二西铭图》朱熹说解。
⑤ [朝鲜朝] 李滉:《圣学十图·第二西铭图》朱熹说解。

杨时的解释："知其理一，所以为仁；知其分殊，所以为义。犹孟子言'亲亲而仁民，仁民而爱物'，其分不同，故所施不能无差等耳"，因此李滉得出结论："圣学在于求仁，须深得此意，方见得与天地万物为一体……为仁之功始亲切有味，免于莽荡。无交涉之患，又无认物为己之病，而心德全矣。"①由此可见，相较于"理一分殊"的理论，李滉更重视"仁"的思想，更加强调对"求仁"的体认，认为"求仁"的过程也是内心"持敬"的修炼过程，只有内心充满仁爱、心有所感时，才会产生善义仁爱的行为。

《圣学十图》中的第三和第四图分别是《小学图》和《大学图》。李滉依据《小学》的目录，自行绘制了《小学图》，与权近的《大学图》相呼应。他还引用了《大学或问》中的"通论大小之说"，以展示两者用功的概要。因此，这两幅图应当一起审视。这两图"上而包《太极》《西铭》二图，下而包《白鹿洞规》以下六图。上二图是求端扩充，体天尽道极致之处，而为《小学》《大学》之标准本原；下六图是明善诚身，崇德广业用力之处。而为《小学》《大学》之田地事功，而若其用力之方，则皆以'敬'为主。"②李滉明确指出，其他八图与《小学图》和《大学图》紧密相连：《太极图》和《西铭图》构成了《小学》和《大学》的根本标准，而《白鹿洞规图》等六图则构成了《小学》和《大学》的实践领域。在所有这些图中，"敬"是贯穿始终的主线。无论是《小学》还是《大学》，都特别强调"敬"的实际践行。《小学》以"立教""明伦""敬身"为纲领，统领了小学的组织结构、教学内容、目标和宗旨，是成为圣人的基础训练，也是"持敬"的起点；《大学》则以"明明德"为本体，以"新民"为应用，以"止至善"为终极目标，修身、齐家、治国、平天下都离不开"敬"，同时也是实践"敬"的过程。《白鹿洞规图》与《小学图》和《大学图》相辅相成，明确提出了"五教之目"（父子有规、君臣有义、夫妇有别、长幼有序、朋友有信）、"为学之序"（博学、

① ［朝鲜朝］李滉：《圣学十图·第二西铭图》李滉按语。

② ［朝鲜朝］李颐淳：《后溪集》卷七《圣学十图赞》，《韩国文集丛刊》第 269 册，第 231 页。

审问、慎思、明辨、笃行）、穷理、修身、处事、接物的具体要求。从这五
个方面来看，李滉强调无论是小学教育还是高等教育，最终都归结为涵养心
性，而"敬"是涵养心性的过程和关键："'敬'之一字，圣学之所以成始而
成终者也。为小学者不由乎此，固无以涵养本源，而谨夫洒扫应对进退之节
与夫六艺之教；为大学者不由乎此，亦无以开发聪明，进德修业。而致夫明
德新民之功"。①

此外，还有两幅图分别名为《敬斋箴图》和《夙兴夜寐箴图》，它们详
细阐释了"持敬"的行为，但各有侧重。《敬斋箴图》指出："有许多用工地头，
故随其地头排列"，即根据不同的场合规定具体的"持敬"行为。要实现"静
弗违"，必须"正其衣冠""尊其瞻视""潜心以居""对越上帝"；要实现"动
弗违"，则需"足容必重""手容必恭""择地而蹈""折旋蚁封"；要达到"表
交正"，则应"出门如宾""承事如祭""战战兢兢""罔敢或易"；而要实现"里
交正"，则需"守口如瓶""防意如城""洞洞属属""罔敢或轻"。该图从主动"持
敬"和被动接受"持敬"两个维度提出了具体规范，在实践过程中，只要保
持"心敬"，就能消除"有差"和"有间"。②《夙兴夜寐箴图》则强调："有
许多用工时分，故随其时分排列"，即按照不同的时间进行"持敬"的训练。
从晨兴、夙悟、日干、夕惕，从早至晚勤奋谨慎，不懈怠，才能达到"为圣"
的境界。

关于李滉《圣学十图》体系的逻辑构成，学术界展开了广泛的讨论。张
立文认为《太极图》是十图的核心，其余九图皆围绕"立太极""立人极"
而展开；③日本学者高桥进则认为《小学图》和《大学图》构成了十图的轴心；④
韩国学者李东俊则强调《圣学十图》以《大学图》"修身、齐家、治国、平

① ［朝鲜朝］李滉：《退溪集》卷七《进〈圣学十图〉札》，《韩国文集丛刊》第29册，第
204—205页。
② 此段所引均见自《圣学十图·第九敬斋箴图》的内容。
③ 张立文主编：《退溪书节要》，中国人民大学出版社1989年版，第9—10页。
④ ［日］高桥进：《李退溪和主敬哲学》，延边人民出版社1991年版，第195页。

天下"为主旨；而李甦平教授则认为《心学图》才是《圣学十图》的中核，"其他九个图是第八图的延伸和演绎"①。在《圣学十图》中，《心统性情图》与《心学图》相辅相成，李滉在《进〈圣学十图〉札》中明确指出："圣学有大端，心法有至要……圣门之学，不求诸心，则昏而无得，故必思以通其微，不习其事，则危而不安，故必学以践其实，思与学，交相发，而互相益。""成圣"是李滉的终极追求，在这一修炼过程中，"心法"扮演了至关重要的角色。修炼"心法"必须持守敬意，而持敬则能融合思与学，贯穿动静，统一内外，是达到显微之道的关键。李滉主张，心是身体的主宰，若能持守敬意，则能领悟圣学，成就圣人。持敬实践是李滉性理学的核心特色。他在程复心的《心学图经》基础上进一步发展和深化，强调"心者，一身之主宰，而敬又一心之主宰也。学者熟究于主一无适之说，整齐严肃之说，与夫其心收敛常惺惺之说，则其为工夫也尽，而优入于圣域，亦不难。"②圣学心法应有其程序，即致知、诚意、正心、修身应有序进行，而"求放心"则是修炼的首要任务。孟子曾从人性本善的前提出发，提出"仁，人心也"，认为"放心"即为不仁。他还说"学问之道无他，求放心而已矣"，意即求放心即是求仁。孟子也提出了求仁的方法，即"仁者如射，射者正己而后发。发而不中，不怨胜己者，反求诸己而已"，③即通过发挥主观能动性，在思想意识上反省自己，排除欲念，以达到善的境界。

　　审视《心学图》的构图，我们可以发现"求放心"的过程实际上等同于"持敬"修养的实践。《心统性情图》则在《心学图》的基础上进行了更深入的阐释，其中的中图和下图由李滉亲自绘制。他基于"理气二分"的理论，将"四端"与"七情"纳入"心性"的范畴。"七情"代表了人心，"四端"则代表了道

　　① 李甦平：《李退溪敬哲学和未来人格发展》，《韩国学论文集》第五辑，社会科学文献出版社1996年版，第140页。
　　② [朝鲜朝] 李滉：《退溪集》卷七《进〈圣学十图〉札》，《韩国文集丛刊》第29册，第205页。
　　③ 杨伯峻：《孟子译注》，中华书局2010年版，第74页。

心。李滉阐述道："人心者，人欲之本；人欲者，人心之流。……陷于物欲之心，众人遁天而然，故乃名为人欲。"① 由此可见，李滉将"人心"与"道心"以及"天理"与"人欲"紧密地联系起来。通过主敬、居敬、持敬的修养，最终旨在实现程朱理学所倡导的"存天理，遏人欲"。李滉运用"理气二元"理论对"四端七情"进行了阐释和发挥，并与奇大升展开了长达 8 年的辩论。随后，众多儒学者也参与进来，这场辩论持续了几乎整个朝鲜朝的 500 年历史，最终形成了主张理学的退溪学派和主张气学的栗谷学派，这标志着具有朝鲜朝特色的性理学的诞生。②

审视《圣学十图》，我们还可以发现李滉构建了一个完整的性理学思想体系，其中"主敬"思想贯穿于这十幅图之中。《西铭图》和《仁说图》展示了李滉对"敬"的理解，而《小学图》《大学图》《白鹿洞图》《敬斋箴图》以及《夙兴夜寐箴图》则描绘了李滉所倡导的"敬"的实践方式。李滉将"成圣"视为其哲学追求的最高目标，认为要达到圣人的境界，必须涵养心性，提升个人的道德修养。而通过"敬"的修养，达到明辨善恶、诚心诚意的境界，是实现"成圣"的核心所在。李滉不仅深入理解并吸收了中国传入的儒家经典和教义的精髓，而且通过图解的方式进行了阐述和注释。他的作品不仅继承了中国儒学的传统，还融入了个人的见解和阐释，从而促进了朝鲜中期性理学的进一步发展。

在权近和李滉之后，儒学典籍的图表化得到了显著的发展，图表变得更加多样化和精细化。例如，在朝鲜后期，被誉为"关西夫子"的鲜于浃，对

---

① ［朝鲜朝］李滉：《退溪集》卷四十《答侄问目中庸》，《韩国文集丛刊》第 30 册，第 391 页。

② 古代朝鲜半岛的儒学研究者们对"四端七情"理论的探讨始于丽末鲜初的权近。随后，郑之云、李滉、奇大升、李珥、成浑、金长生、张显光等学者也对其进行了深入的研究和阐述。在韩国儒学史上，李滉与奇大升、李珥与成浑之间的辩论代表了关于"四七论辩"的两个重要高潮。关于这些辩论的详细资料，可以参考李甦平：《韩国儒学史》，人民出版社 2009 年版，第 598—687 页。

心性理气进行了深入研究，尤其在《周易》方面造诣深厚。他将《周易》的核心内容，包括《伏羲则河图以作易两仪四象图》《伏羲则河图以作易八卦图》《河图十五中宫之数》《伏羲八卦方位之图》《文王八卦方位之图》《伏羲六十四卦圆圈》以及《伏羲六十四卦方图》等，全部以图表形式展现，并最终汇编成《易学图说》。都圣俞则从体用关系的角度出发，绘制了《五经体用合一图》和《五经各分体用之图》。他阐述道："《易》，五经之全体也；《春秋》，五经之大用也；《书》以道政事，《诗》以言性情，《礼》以谨节文，各具其一事。而《易》《春秋》则三者之体与用兼备矣。又推而言之，则圣人《五经》之全体，而《五经》圣人之大用也。《易》者道在天地而圣人体之，《春秋》者道在圣人而天地不能违者也。故《易》将兴而龙出，《春秋》作而獜至也。"①尽管都圣俞对《五经》体用关系的理解并未超越权近，但他的图表说明却比权近的《五经图》更为完整、清晰和精确。

在朝鲜后期，崔象龙的《经说八图》对儒家经典的图解尤为引人注目。如前所述，崔象龙对儒家的"四经"以及程朱理学家所推崇的"四书"持有独到见解。他将《诗经》《尚书》《礼记》《易经》与《论语》《大学》《中庸》《孟子》视为"经"与"传"的关系，并以"敬"为核心，贯穿八部经典，创作了《经书八图》。崔象龙认为，《易经》的主旨在于"时"，而《中庸》的"诚"则无时无刻不在体现"时"；《尚书》中的"钦"与《大学》中的"敬"相呼应；《诗经》的"思无邪"与《孟子》的"存遏"相辅相成；《礼记》的"无不敬"与《鲁论》中强调的"仁"以"敬"为本相一致。他指出，无论是"四经"还是"四书"，其核心要义皆可归结为"敬"，并认为"敬"是圣学之要。崔象龙进一步阐述，《四经》中的《尚书》和《礼记》自然体现了"敬"，而《易经》的"时"亦需以"敬"来实践，六十四卦皆强调警惕与戒惧，以达到无咎。《诗经》的"思无邪"亦以"敬"为工，先儒以"敬"和"直内"为防邪存

---

① 　[朝鲜朝] 都圣俞：《养直集》卷二《五经图》，《韩国文集丛刊》第 17 册，第 71 页。

诚之本。至于《四书》,《大学》自是强调"敬",《论语》中的"仁"由"敬"而得,故颜回的"四勿"、仲弓的"敬恕"、樊迟的"恭敬"皆以"敬"来体现"仁"。《中庸》的"诚"非"敬"不立,首尾两章反复强调戒惧慎独。《孟子》的"存遏"亦以"居敬"为核心,存养省察皆是专注无他之功。崔象龙以"敬"字贯穿始终,展现了他对儒家经典的深刻理解。① 从崔象龙对《大学》的图解中,我们可以看到他如何在继承李滉"敬"论的基础上,对儒家经典进行创新性阐释。例如,李滉采用权近的《大学图》,将《大学》的核心概念"明明德、新民、止于至善"横向排列,并在"知止""能得"处标注"始""终",简洁地展示了"大学之道"的知行合一过程。而崔象龙在《大学图》中,将"止于至善"置于轴心位置,但位置上位于"明德""新民"之下,通过线条的连接,揭示了"止于至善"是"明德""新民"的终极阶段。他用"敬"字来统领"三纲""八目",其中"修身"位于轴心,通过"格物""致知""诚意""正心"达到"修身",并将其作为"齐家""治国""平天下"的起点。崔象龙清晰地展示了"三纲""八目"之间的逻辑结构和相互关系,体现了他逻辑思维的严谨性,同时也反映了他对朱子学认识的深化。

## 二、对中国儒学典籍的诠释

儒学自中国传入古代朝鲜半岛后,对朝鲜半岛的政治、经济、文化、思想等领域都产生了深刻影响。随着承载儒学思想的典籍在朝鲜半岛的广泛传播,朝鲜儒学者不仅推崇这些文献,还致力于儒学经典的本土化,通过续写、注释和讲读,发展出具有朝鲜特色的衍生作品。这些长期累积形成的朝鲜儒学典籍,已成为研究东亚儒学和学术发展史的宝贵资源,具有重要的思想和学术价值。

---

① [朝鲜朝] 崔象龙:《凤村集》卷二十一《经书八图序》,《韩国文集丛刊》第118册,第551页。

从朝鲜半岛统一新罗前到高丽初期，儒学者们主要通过抄写和翻刻来表达对中国儒学典籍的接受与敬仰。尽管在佛教盛行的高丽时期，儒学的发展受到了一定的限制，儒学典籍的注释工作相对较少，但到了高丽末期，随着程朱理学及其相关著作的传入，对儒学典籍特别是"四书"和性理学书籍的研究出现了显著的转变，产生了大量的注解和诠释文本。本节选取《论语》《诗经》和《近思录》作为"四书五经"及性理学书籍的代表，探讨古代朝鲜儒学者如何继承并创新性地转化中国儒学典籍以及他们如何通过经典诠释，展现礼乐文明体系和政治文化认同的思想世界。

### （一）对《论语》的解读与诠释

在朱子学对朝鲜半岛产生深刻影响之前，最早的儒学典籍注解书是由高丽末期的金仁存编撰的《论语新义》。遗憾的是，原书已失传。朝鲜中期金杰在《海东文献总录》中著录了此书："高丽睿宗在东宫读《论语》，金缘为侍读学士，纂《新义》进讲。金缘，江陵人，后改名仁存，字□□，性明敏，少登第，有文名……"① 我们只能从这些记载中得知金仁存《论语新义》的成书时间，而关于金仁存生平的其他记述则来源于《高丽史·金仁存列传》。由于《论语新义》原书已不存，我们无法确切了解其具体的注释方法。然而，从书名"新义"来看，它可能与北宋时期为了复兴文化事业而对儒家经书进行重新校正并颁行于学官的注释书有关，尤其是王安石重撰的《三经新义》（包括《新经书义》《新经毛诗义》《新经周礼义》），这些书被用作科举考试的教科书。根据《宋史·艺文志》的记载，王安石除了编撰《三经新义》外，还撰写了《易解》《左氏解》《字说》《论语通类》等新的经书注释书。晁公武在《郡斋读书志》中也记录了王安石的《论语》注释书："右皇朝王

---

① ［朝鲜朝］金杰：《海东文献总录》，张伯伟编：《朝鲜时代书目丛刊》第 7 册，中华书局 2004 年版，第 3660 页。

安石介甫撰，并其子雱《口义》，其徒陈用之《解》，绍圣后皆行于场屋。"①
这表明王安石的《论语注》、王雱的《论语口义》以及陈用之的《论语全解》
在北宋哲宗之后也被用作科举考试的参考书。随着高丽与北宋之间频繁的使
节往来，王安石的注解书也传入了朝鲜半岛，②为高丽儒学者重新注解《论
语》提供了重要的参考。尽管如此，目前尚无确凿证据表明王安石的《三经
新义》及相关《论语》注解书是否对金仁存《论语新义》的编撰产生了直接
影响。

在高丽末期，儒学研究领域发生了重大变革，最引人注目的是性理学的
引入。儒学研究者们逐渐将研究焦点从对经典原文的直接研究转移到了注释
经典文献，尤其是朱熹的《四书集注》传入后，李穑、郑梦周等儒学学者对
其进行了新的解读。此后，越来越多的儒学研究者致力于对儒家经典文献的
阐释工作，涌现出多位具有代表性的儒学思想家，并且产生了具有朝鲜本土
特色的儒学文献解读和诠释成果。

宋儒对经典的阐释注重"义理"，而非仅仅侧重于考据和词章。受此影
响，朝鲜儒学学者在重新诠释儒学典籍时，也倾向于对特定问题进行深入
解释。

"仁"是儒家思想的核心，是最基本的社会伦理规范。在《论语·学而》
的第二章中，首次提及"仁"的概念，并将之与"孝弟"联系起来："君子
务本，本立而道生。孝弟也者，其为仁之本与！"如何理解"孝弟"与"仁"
的关系成为经学者们讨论的重点。东汉的包咸解释道："先能事父兄，然后

---

① （宋）晁公武撰，孙猛校证：《郡斋读书志校证》，上海古籍出版社 2011 年版，第
136 页。

② 关于王安石的《三经新义》等注解书籍传入朝鲜半岛的证据，可以参考高丽时期李齐
贤的《栎翁稗说》："尝见神孝寺堂头正文，年八十善说《论》《孟》《诗》《书》，自言学于儒者
安杜俊。昔一士人人宋，闻荆公退处金陵，往从之受《毛诗》，七传而至杜俊。故《诗》则专
用王氏义，《语》《孟》及《书》所说，皆与《朱子章句》《蔡氏传》合。"见《栎翁稗说·前集二》
世宗十四年原州牧刻本。

仁道可成也。"① 三国时期的何晏在《论语集解》中继承了包咸的观点："先能事父兄，然后仁道可大成。"② 南朝梁的皇侃在《论语义疏》中进一步阐释："此更以孝悌解本，以仁释道也。言孝是仁之本，若以孝为本则仁乃生也。仁是五德之初，举仁则余从可知也。故《孝经》云'夫孝，德之本也，教之所由生也。'王弼曰：'自然亲爱为孝，推爱及物为仁也'。"③ 从这些引述中可以看出，包咸和何晏都没有为"仁"提供明确的定义，而是认为"孝悌"是具体的行为，存在于"仁"之前，"仁"则是一个更抽象的概念。直到王弼，他用"爱"将"孝"与"仁"联系起来，并阐明了二者之间的微妙差异：对父兄的自然亲爱是孝；而将这种亲爱扩展到其他人或物时，则表现为"仁"，将"仁"视为一种超越亲情的"爱"的实践。到了宋代，程颐和朱熹彻底改变了先前经学家对"仁"与"孝"关系的解释。程颐提出："为仁以孝悌为本，为性则以仁为孝悌之本。……盖仁是性也，孝悌是用也。"④ 朱熹直接将"仁"解释为"爱之理，心之德也"，并进一步阐释"为仁"，就是实践"仁"，而孝悌是实践"仁"的具体体现。⑤

　　我们注意到，朝鲜儒学者通过阐释儒学经典来展示他们所认同的思想体系的正统性和权威性。从高丽末期至朝鲜朝，围绕是否采纳朱熹对"仁"的解读，朝鲜儒学者形成了两大《论语》诠释学派：朱子学派和实学派。朱子学派以李滉和李珥为代表，他们完全尊崇朱熹的解释；而实学派则以丁若镛、洪大容等人为代表，他们对朱熹的解释持有不同看法。

　　尽管退溪学派的李滉和栗谷学派的李珥在性理学的理气问题上持有不同主张，但他们在《论语》中对"仁"的解释上却一致地接受了朱熹的解读，

---

① （南朝梁）皇侃：《论语义疏》卷一，清代乾隆道光年间长塘鲍氏《知不足斋丛书》本，国家图书馆藏。

② （三国魏）何晏：《论语集解》卷一，元代岳氏荆溪家塾刻本。

③ （南朝梁）皇侃：《论语义疏》卷一，清代乾隆道光年间长塘鲍氏《知不足斋丛书》本。

④ （宋）朱熹：《论语集注》卷一，明嘉靖四十三年益藩乐善堂刻本。

⑤ （宋）朱熹：《论语集注》卷一。

或者在此基础上进行了进一步的阐述。李滉和李珥的解释分别体现在他们各自的《论语释义》中。李滉将"仁"解释为"仁ㅎ을本인더",而李珥则解释为"그仁本인더",两者都是基于朱熹将"为仁"中的"为"视为动词,并解释为"行仁"的基础上,用谚文进行的阐释。

退溪学派对《论语》的解读贡献显著,① 代表作品包括李德弘的《论语质疑》、柳长源的《论语纂注增补》、柳健休的《东儒论语解集评》、李震相的《论语札义》以及郭钟锡的《茶田论语经义答问》。李德弘特别针对朱熹在《论语集注》和《孟子集注》中对"仁"的不同解释顺序提出辨析。② 他指出,"爱理、心德,爱言其用,理言其体,心之德,即其全体。《孟子》则论性之体,故训仁,先体而后用。《论语》则言仁之用,故先用而后体。如言性情、情性之类也。"李德弘运用"体用论"来阐释这两处解释顺序的差异,认为《论语·学而》强调"行仁",即仁的实践(孝弟),因此先论"爱之理",先功能后本质;而《孟子·梁惠王上》中孟子与梁惠王探讨的是仁的本质,所以先论"心之德",先本质后功能。这不仅阐明了"仁"与"孝弟"的关系,也对朱熹在不同经典中的解释进行了梳理和阐释。柳长源的《论语纂注增补》最显著的特点是汇集了众多中国朱子学者对《论语》中"仁"的阐释,从而更准确地把握"仁"的含义,并证明朱熹解释的正确性。柳长源不仅引用了朱熹的《论语精义》《论语或问》《朱子大全》《朱子语类》中有关《论语》诠释的内容,还参考了《论语集注大全》以及真德秀的《论语集编》、赵顺孙的《论语纂疏》、元代胡炳文的《论语通》、许谦的《论语丛说》、倪士毅的《论语辑释》,明代蔡清的《论语蒙引》、徐养元的《论语集说》、林希元的《论语存疑》,清代习包的《论语翼注》等相关论

---

① 本节所引朝鲜朝儒学者《论语》诠释的相关成果原文均引自韩国经学资料系统(http://koco.skku.edu),引用时不再一一标注说明。

② 朱熹在《论语集注·学而》第二章中解释为"仁者,爱之理,心之德",而在《孟子集注·梁惠王上》第一章中将"仁"解释为"仁者,心之德,爱之理"。

述，并指出了在朝鲜半岛通行的《论语集注大全》版本中的错误之处。例如，"《语类》'爱之理，爱自仁出也。'《大全》于'自仁出也'上落去'爱'字，并不分明"。柳健休的《东儒四书解集评·论语编》以汇集朝鲜儒学者对《论语》的解说为特色，特别是对《学而》第二章中"仁"的讨论，主要是在程颐、朱熹对"仁"的解说基础上进行补充和延伸。例如，对于"孝弟为仁之本"的讨论，引用金昌协的观点："孝弟不特为仁之本，为义、为礼、为智，皆以此为本。"所引朝鲜儒学者的解说主要集中在心性角度的阐释。

　　栗谷学派《论语》诠释的成果主要有金长生的《论语辨疑》、李惟泰的《论语答问》、宋时烈的《论语或问精义通考》《退溪论语质疑疑义》、权尚夏的《论语辑疑》、林泳的《论语札录》、鱼有凤的《论语详说》、崔左海的《论语古今注疏讲义合纂》以及朴文镐的《论语集注详说》。崔左海在《论语古今注疏讲义合纂》中探讨"仁"的概念时，与退溪学派的柳长源一样，广泛引用了朱熹的《论语精义》《论语或问》《论语集注大全》等著作，并借鉴了元、明、清三代的经学研究成果，例如宋代张栻的《论语解》，明代蔡清的《论语蒙引》，清代陆陇其的《论语讲义困勉录》等，旨在深入挖掘朱熹关于"仁"的原始意义。李惟泰在讨论"仁"时提出："盖仁之全体，具于一身之中。其用发见于事亲从兄之间，其孝弟尽处，便是仁也。如言恻隐之心，仁也。仁是体，恻隐是用，其不可谓由用而至于体也，明矣。"他主张"仁"与"孝弟"是本体与作用的关系，二者不可混同，这实际上是对朱熹关于"仁"与"孝弟"关系的解释进行了强化。朱熹认为"仁"与"孝弟"是不同层面的概念，同时强调了它们之间的联系："所谓情性者，虽其分域之不同，然其脉络之通，各有攸属者，则曷尝判然离绝，而不相管哉！"[1] 李惟泰认为"仁"作为"性"的本体和"孝弟"作为

---

① （宋）朱熹：《晦庵先生朱文公文集》卷六十七《仁说》，《朱子全书》第23册，上海古籍出版社2002年版，第3280页。

"情"的作用，既相互联系又有所区别，这与朱熹的"理气论"相呼应，即理与气虽不相混，但也不相离。尽管朝鲜朱子学派的儒学者们接受了朱子的解释，但他们为了确保"仁"的根本性，特别强调了"仁"与"孝弟"不应混淆的解释，这成了朝鲜后期儒学者对"仁"与"孝弟"关系的普遍诠释倾向。

无论是退溪学派还是栗谷学派的儒学学者，都以性理学作为思想的根基，致力于通过朱子的哲学体系来阐释儒家的核心理念——"仁"。他们以"心与理的关系"为关键点，深入解读朱熹对经学的阐释，并对其与其他注释家对经典原文的不同见解进行细致的分析。他们广泛借鉴宋元明清时期经学家对《论语》的注解，以此来丰富朱熹对《论语》的阐释，进而出现了一种朱熹的解读比《论语》原文更受推崇的态势。在引用朝鲜儒学者关于《论语》的辨正内容时，他们表现出明显的排他性，即拒绝接受与朱子解释相悖的诠释，以此来彰显对朱子《论语》解释的绝对尊崇。

在朝鲜后期，特别是经历了"壬辰倭乱"和"丙子胡乱"之后，遭遇了严重的危机。以天理、性理为核心的朱子学理论已无法有效解决政治、经济等领域的混乱。因此，一些朝鲜儒学者开始采取现实主义态度，面对社会问题，实学思潮随之兴起。最终形成了一个重视现实参与和解决社会实际问题的思维体系，摒弃了朱子学的心性讨论。实学派的先驱朴世堂对《论语》进行了诠释，他在思想上脱离了朱子学的框架，不仅对《论语》，还对《孟子》《中庸》《大学》《尚书》《诗经》等儒家经典进行了全面的质疑和重新审视，提出了与朱熹不同的见解，并对身为高官的宋时烈进行了批评，因此被贴上了"斯文乱贼"的标签，官爵被剥夺。他的《思辨录》一度被禁止，只能以抄本形式流传。尽管如此，朴世堂开放的学术观点和广阔的学术视野对朝鲜朝后期的启蒙思想家产生了深远的影响。

星湖李瀷是最早对《学而》第二章中"仁"进行解释的实学家。他解释道："仁者，性也，性即理也。理中有四，仁居其一。仁之发则爱，爱即情也。

何可以知其有这仁？由情而推测也。故曰彼仁者即爱之所由生者，是也，此以理言也；心，气也，心统性，四德莫非心之所该，然仁为全德，故曰心之德也，此以气言也。非气，理无挂搭处故也。"①李瀷对"仁"和"爱"的理解与朱熹的阐释以及朱子学派的朝鲜儒学者的观点大体一致，他将"仁"定义为人的本性，而将"爱"即"孝弟"，视为情感的体现。然而，在后续的论述中，李瀷展现出与朱子学派显著的区别。他更倾向于强调通过真诚且具体的"爱"（"孝弟"）来领悟作为本性的"仁"。与朱子学派侧重于"仁"的根源性和"仁"与"爱"的区别不同，李瀷更加注重"仁"的实际表现，即"孝弟"。

茶山丁若镛，朝鲜实学派的杰出代表，毕生致力于经学研究，尤其重视儒家经典。对他而言，唯有那些能够经天纬地、贯穿古今、横跨宇宙的圣作贤述，方可称为"经"。经，是"恒久之至道，不刊之鸿教也。汪濊浑灏，经之文也；简易渊邃，经之义也；光大贞明，经之教也。通明知化，尽精微之蕴，开物成务，极繁赜之几"②。在经书注解方面，丁若镛察觉到汉儒解经时"以考古违法，而明辨不足"，宋儒则"以穷理为主，而考据或疏"。因此，他"取六经四书，沈潜究索，凡汉魏以来，下逮明清，其儒说之有补经典者，广搜博考以定讹谬，着其取舍，用备一家之言"。他的经学著作丰富，涉及《毛诗》《尚书》《乐书》《周易》《论语》《中庸》《大学》《孟子》《小学》等众多经典，致力于阐释经典的原始意义。丁若镛反对朱子学派对朱熹注解的盲目追随，在《论语古今注》中，他批评了朱熹对"仁"的解释。为了总结丁若镛对《论语》中"仁"的诠释特点，现将其关于"仁"的诠释内容著录如下：

---

① ［朝鲜朝］李瀷：《星湖疾书》卷之《论语》，韩国国立中央图书馆藏写本。https://www.nl.go.kr/korcis/search/searchResultDetail.do。
② ［朝鲜朝］丁若镛：《与犹堂全书》第一集《诗文集》卷五《十三经策》，《韩国文集丛刊》第281册，第171页。

道者，人所由行也。仁者，二人相与也。事亲，孝为仁，父与子二人也。事兄，悌为仁，兄与弟二人也。事君，忠为仁，君与臣二人也。牧民，慈为仁，牧与民二人也。以至夫妇朋友，凡二人之间，尽其道者，皆仁也。然孝弟为之根。

[质疑] 孟子曰：仁义礼智根于心。仁义礼智譬则花实，惟其根本在心也。恻隐着恶之心发于内，而仁义成于外。辞让是非之心发于内，而礼智成于外。今之儒者认之为仁义礼智四颗在人腹中，如五脏然，而四端皆从此出，此则误矣。然孝弟亦修德之名，其成在外。又有孝弟二颗在人腹中，如肝肺然哉。程子云：人性中曷尝有孝弟来？其意亦谓孝弟成于外而已，非谓人性之中无可孝可弟之理也。萧山欲一反其说，坚以孝弟作里面物，其说又偏矣。孝弟亦仁，仁亦孝弟。但仁是总名，事君、牧民、恤孤、哀鳏无所不包。孝弟是专称，惟事亲、敬兄乃为其实。故有子谓"诸仁之中，孝弟为之本"，而程子谓"行仁自孝弟始"，未尝不通，但程子曰"孝弟谓之行仁之本则可，谓是仁之本则不可"，此与有子语不合。仁与为仁不必猛下分别也。○总之古之圣王识务知要，故率天下以孝弟，三王异尚而尚齿则同，大学养老，天子袒而割牲，执酱而馈，以教诸侯之弟，《祭义》文，民于是不好犯上而祸乱不作，斯大智也。时君不识务，惟制坚甲利兵以御难，设深文重刑以遏犯上，彼既无本，将何以事君尽忠以成仁哉？

[引证]管子曰："孝弟者，仁之祖也。"房玄龄云："仁从孝弟生，故为仁祖"○《祭义》曰：众之本教曰：孝，仁者，仁此者也。礼者，履此者也。义者，宜此者也。孝经曰：夫孝，德之本也。教之所由生也，教行而民焉有不归仁者乎？○《吕览》曰：夫孝弟，三王五帝之本务。即君子务本○《后汉杜笃传》曰：功虽显外，本之者心也；末虽烦蔚，致之者，根也。夫仁人之有孝，犹四体之有心

腹，枝叶之有根本也。故曰：夫孝，天之经也，地之囊也，人之行

也。孝弟也者，其为仁之本软。此乃仁孝先后论也，此时已有仁先

之论。①

首段对"仁"的解释，批判了朱子学派将"仁"视为人的本性，并将"孝弟"视作具体实践行为的传统观点。丁若镛认为"仁"体现的是人与人之间的关系，如君臣、父子、官民、夫妻等，它是在实践了孝、悌、忠、慈等行为之后才得以确立的概念。文中进一步阐述，孝悌即是仁，仁亦是孝悌，但"仁"是总括性的概念，而"孝弟"则是其具体表现形式之一。通过比喻，孝被比作控制四肢行为的大脑，或大树的根，生动地展示了孝是天经地义的真理，从而得出"孝弟为之根"，"孝弟也者，其为仁之本"的结论。丁若镛对"仁"的解读在朝鲜经学史上具有划时代的意义。他跳脱了朱子学派从天理、性理角度对"仁"的诠释，转而结合了经世治事的内容。他提出，圣王贤君引导天下人行孝悌是大智慧的体现；相反，如果当权者不识时务，"惟制坚甲利兵以御难，设深文重刑以遏犯上"，那么就是舍本逐末，"将何以事君尽忠以成仁哉"？丁若镛从实践的角度出发，对"仁"的含义进行了阐释，与朱子学派形成了鲜明对比。结合经世致用的内容来解释经典，也成为朝鲜实学派解经的总体特征。在诠释"仁"的过程中，丁若镛不仅广泛引用了《孟子》《管子》《礼记》《吕氏春秋》《后汉书》等众多文献，还借鉴了程颐、朱熹、房玄龄等经学家的见解。他不将任何一种学说视为绝对权威，也不排斥任何一种学说将其视为异端，而是选择那些符合他个人认知和理解的经学观点，作为解释儒家经典中问题的依据。

以上仅从朝鲜儒学学者对《论语》中"仁"这一核心概念的解读角度，探讨了在经典文本诠释过程中，不同学派所展现的多样化解读方法与立场。同时，也充分展示了古代朝鲜儒学学者在诠释经典时，往往将其与自身的思

---

① ［朝鲜朝］丁若镛：《与犹堂全书》卷五《十三经策》，《韩国文集丛刊》第282册，第159页。

想体系认同以及对社会政治世界的期待紧密相连。

如果细细考量，每位儒学者对儒家经典的解读都带有其独特的个性。以朝鲜后期杰出的经学家朴文镐为例，他著有《七书详说》《经说》《五书札说》《孟子随笔》《诗经叠字考》和《四礼集仪》等。在对《七书》（即四书三经）的注释中，朴文镐表达了这样的动机："《七书》之朱子注已详矣，犹复为此者，所以益致其详，而窃附于注家之有疏也。"①这表明朴文镐是在朱子注释的基础上进行扩展和补充。他还指出："世之读朱子注者，往往失其旨，盖不知以意逆注而恣为臆断，则不免有已自己注自注之病，又不知阶注以达经，而致有经自经注自注之失，初学者之不能发蒙……见行谚解往往不依文势，然此实非大义所系，惟其释义之间有失经旨与注意者，则初学先入之见常在于此，所系又不轻"，所以作《七书注详说》，"使读者有以择之"。② 朴文镐依据《四书五经大全》，参考了朱熹的《四书集注》，省略了《大全》中的小注，同时融入中朝儒学者的论断，并提出了自己的独立见解。他的《论语集注详说》被认为是朝鲜后期《论语》注释书的典范。在该书的开头，朴文镐补充了朱熹的《读论语孟子法详说》，为初学者研读《论语》和《孟子》提供了指导。在具体的注释体例上，他沿用了《论语集注》分章训释的模式，并对注释符号、术语进行了说明。例如"每章之首必加圈者，恐其与上章相混而别之也。每篇首章不圈者无事乎别也。""凡字有二音，恐混及字不甚显难晓者，必着其音于本文之下，一则别嫌，一则明微。"③每篇原文都用大字顶格书写，二程的经说、朱熹的《集注》原文则缩进一格，而引用的陈栎、胡一桂、胡云峰等儒者的观点以及朴文镐自己的见解则用双行小字呈现。朴文镐在注释中还特别用"伯子"和"叔子"来区分程颢和程颐的说法，以防

---

① ［朝鲜朝］朴文镐：《论语集注详说》卷首《七经注详说序》，韩国学中央研究院藏木活字本。https://jsg.aks.ac.kr/data/serviceFiles/pdf/K1-161_001.pdf。后引不再详注。

② ［朝鲜朝］朴文镐：《论语集注详说》卷首《七经注详说序》。

③ ［朝鲜朝］朴文镐：《论语集注详说》卷一。

止学习者混淆。

接下来，我们继续以《学而》篇第二章"君子务本，本立而道生，孝弟也者，其为仁之本与"为例，探讨朴文镐在《论语》注释中所体现的特点：

子务本，本立而道生，孝弟也者，其为仁之本与。与，平声。此入德之君子。凡君子有以成德言者，有以入德言者，随文推之可见。务，专力也。本犹根也。朱子曰：木有根、有干，有枝叶。仁者，爱之礼，心之德也。程子曰：《论语》书旨要在知仁。〇朱子曰：爱之理是偏言，则一事，此章所言之类是也。心之德是专言，则包四者，后章所言之类是也。合而言，则四者心之德而仁为主，分而言，则仁是爱之理，义是宜之理，礼是恭敬辞让之理，知是分别是非之理，其实爱之理，所以为心之德。〇诸葛氏泰曰：《论语》言"为仁"，故先言爱之理。《孟子》首章言"仁"，故先言心之德。〇又或有单言心之德或有单言爱之理，其分合倒置各随其本文而不同耳。〇农岩曰：《论语》注训"仁"有三：爱理心德，仁之义也；当理无私，仁之事也；全体至极，仁之分也。〇至极恐不息之讹，不佞忘仓注可考。〇新安陈氏曰：仁为《论语》一书之大纲领。南轩张子尝类聚《论语》中言"仁"处，名曰《洙泗言仁录》，此其首章云。为仁，犹曰行仁。恐读者把"为"字意贯至本字，故训之如此。与者，疑辞谦退，不敢质言也。字训毕。言君子凡事专用力于根本，根本既立则其道自生。亦以"则"字换本文"而"字。〇朱子曰务本而道生，是泛言以起下句之实，所以《集注》下一"凡"字。〇"自生"与下注之"自此而生"同。若上文所谓孝弟以此节"孝弟"而合于上节"孝弟"乃是为仁之本。义释毕。此下十二字乃所以补本文未足之意也。学者务此，则仁道自此而生也。两字皆指孝弟。〇于本文言外为此二句，以实上文"泛言之务本道生"语。〇程子叔子曰：孝弟，顺德也。上注中"其心和顺"四字，盖出于此。故不好犯上。以"故"字换本文"而"字。岂复去声〇于此二字可见作乱之为犯上上一等恶耳。有逆理乱常悖逆之事？小恶且无，况大恶乎？德有本，泛言德也。非指上"顺德"也。本立则其道充大，二字衬"生"字，盖生则必至于充大。孝弟行于家，本立，而后仁爱及于物。道生。所谓此下将引他书之语，故着此二字，后多放（仿）此亲亲孝弟而仁民也。仁爱○出《孟子·尽心》故为仁以孝弟为本庆源辅氏曰：以其施于外者言也。○新安陈氏曰：以上解此章正意，下句别是一意，又推本言之。论性则以仁为孝弟之本。庆源辅氏曰：以其发于内者言也。○此句与上句为对举，以起下说，而先总提如此。或问：一作"谓"孝弟为仁之本，此是由孝弟可以至仁否？此问非谓孝弟是仁之本。曰叔子：非也。朱子曰：仁是义理，不是地位，不可言至。谓行仁《集注》之以"行"口训为"仁"盖出于此。凡朱子注，多用程子说为定论，而又必表出程子本说，宁淡于辞，有重复而不欲没其实云自孝弟始，答或人问意止此。盖"自始"二字与"由至"二字略相近，然彼此地位之远近言，此以义理之始终言，所以曰非也。孝弟是仁之一事，此下承或人答问之意而乃言仁所以为孝弟之本之故。谓之行仁之本则可，朱子曰：孝弟固具于仁，以其先发，故是行仁之本。○可非仅可之可，犹曰是是。谓是犹即也仁之本则不可。至此犹泛论，此下乃明言之。盖此等"盖"字，与"夫"字义同，非疑辞也仁是性也，孝弟是用也。朱子曰：仁之用。性中只有个犹此也仁义礼智四者而已，曷尝有孝弟来？栗谷曰：来，语辞，如《庄子》有"以语我来"。○此以上论仁为孝弟之本之故既毕，此下文又转而归之于本文正意。然仁主于爱，爱末大于爱亲，以"爱"一字，作仁与孝弟间线脉。故曰：孝弟也者，其为仁之本与。①

通过对《学而》第二章的注释分析，可以看出朴文镐对程颐、朱熹的经学理论进行了深入的阐释和补充。他广泛引用了宋元明时期的理学家例如辅广、诸葛泰、陈栎以及朝鲜儒学学者例如金昌协、李珥等的观点，以此来丰富朱熹《论语集注》的内容。朴文镐的注解不仅涵盖了对朱熹注释意图的解读，例如朱熹将"为仁"解释为"行仁"，朴文镐则指出："恐读者把'为'字意贯至本字，故训之如此。"他还对朱熹关于"言君子凡事专用力于

---

① [朝鲜朝] 朴文镐：《论语集注详说》卷一。

根本，根本既立则其道自生"的观点进行了分析。朴文镐通过比较朱熹《集注》与《论语》原文，指出了朱熹用"则"字替换了原文的"而"字，并解释了朱熹的论点"务本而道生，是泛言以起下句之实"，从而解释了《集注》中"言君子凡事专用力于根本"中"凡"字的使用。对于"所谓亲亲而仁民"句中的"所谓"一词，朴文镐解释说："此下将引他书之语，故着此二字，后多放（仿）此"。朴文镐的疏解也有对朱熹《集注》上下文句逻辑关系的说明：如"此句与上句为对举，以起下说，而先总提如此"，"此以上论仁为孝弟之本之故既毕，此下文又转而归之于本文正意"。对于"然仁主于爱，爱莫大于爱亲"句中的"爱"字，朴文镐解释为："以'爱'一字，作仁与孝弟间线脉。"朴文镐的详尽注释极大地便利了初学者对《论语》原文及其朱熹《集注》原义的理解，这完全符合他编撰《论语集注详说》的初衷。

朝鲜后期的崔象龙在对《四书三经》的注解和诠释中展现了独特的个性。朝鲜朱子学派在解释儒家经典时，通常会广泛引用宋元明时期的理学家以及朝鲜儒学学者的见解，尤其在引用本国学者的解释时，会将自己学派老师的思想作为权威论断，并在诠释中彰显师承关系。然而，崔象龙的诠释并非简单地广泛引用中朝儒学大家对儒家经典的解释，而是批判性地吸收畿湖学派和岭南学派的观点，并提出自己独到的见解。崔象龙著有《四书辨疑》8卷，其中《论语辨疑》2卷，通过他对《论语》的诠释，我们可以深入分析其经典诠释的个性化特征。崔象龙对《论语》的解读不仅包括将其中的主旨内容绘制为《论语图》，还涉及对整部《论语》篇章结构的细致分析。

《论语》的核心思想一直是朝鲜儒学界讨论的焦点。李滉认为，《论语》并非系统性著作，而是一系列散记，他主张在讨论仁、义、孝悌、忠信等概念时，应深入探究其内在道理，并在实践中不断积累，以达到融会贯通的境界。他批评那些试图用"仁"字概括整部书的学者，认为这种做法可能偏离了真正的要旨，而无法获得实质性的理解。① 随后，许多学者将《论语》的要旨归纳为"敦仁博议"。例如，朝鲜后期学者尹善道认为："《庸》之诚也，《学》之敬也，《鲁论》之敦仁博义，《邹篇》之遏欲存理，皆其所谓大旨者。"② 许穆也认为"《论语》大旨，是敦仁博义"③。金万英也表达了对这一主旨的认同："礼乐威仪墙内备，典章文物室中明。敦仁博义天人立，孝父忠君家国平。"④ 但崔象龙却持有不同看法。他质疑"敦仁博义"的说法，并表示自己更倾向于退溪李滉的观点。⑤ 崔象龙认为，如果必须用一个字来概括《论语》的主旨，"则不得不拈出一'仁'字"，因为"二十篇中无一篇不言仁，无一事不言仁"。他进一步分析了《论语》篇章之间的联系，指出《学而》篇首强调学习，随后讨论孝悌作为仁的根本，从而明确了学习、孝、仁三者之间的关系。例如，在《学而》第二章"有子曰：其为人也孝弟"下，崔象龙注曰："篇首揭'学'字，次言孝，次言仁，其意深矣，故愚尝以'学''孝''仁'三字，为一部之纲领。"⑥ 在《为政》篇中，他也观察到了类似的结构。第四章"吾十有五而志于学"，接下来的四章分别为"孟懿子问孝""孟武伯问孝""子游问孝""子夏问孝"，即在"志学"章之后，接连讨论了孝的问题，这与《学而》篇的结构相呼应。

崔象龙在解读《论语》时，特别注重挖掘章节间的内在联系。例如，《为政》第二十三章："子张问：'十世可知也？'子曰：'殷因于夏礼，所损益，可知也；周因于殷礼，所损益，可知也。其或继周者，虽百世，可知也'。"

① [朝鲜朝] 李滉：《退溪集》卷三十五《答李宏仲》，《韩国文集丛刊》第30册，第305页。
② [朝鲜朝] 尹善道：《孤山遗稿》卷六《对经传宗旨策》，《韩国文集丛刊》第91册，第494页。
③ [朝鲜朝] 许穆：《记言》卷二《眉叟许先生年谱》，《韩国文集丛刊》第99册，第364页。
④ [朝鲜朝] 金万英：《南圃集》卷五《七言律诗·论语》，《韩国文集丛刊》第36册，第353页。
⑤ [朝鲜朝] 崔象龙：《凤村集》卷六《杂著·经书八图》，《韩国文集丛刊》第118册，第283页。
⑥ [朝鲜朝] 崔象龙：《凤村集》卷十三《论语辨疑》，《韩国文集丛刊》第118册，第385页。

这一章讨论的是关于"知礼"即典章制度的问题。第二十四章："子曰：非其鬼而祭之，谄也。见义不为，无勇也。"这一章则讨论了为政者不当作为和不作为的问题。崔象龙通过解释"祭非其鬼、见义不为，皆由于知不明"，建立了与前一章的联系，并认为"通上章皆论知之事"，并且指出《为政》篇"以知终篇"与《学而》篇"结以知人"相似。朱熹没有注意到《学而》和《为政》两篇都以"知"作为结尾的特点，而是从内容上认为第二十三章、第二十四章与《八佾》篇一样，都是讨论礼乐之事。崔象龙首先肯定了朱熹从内容上总结这两章与《八佾》篇关系的观点，但同时也提出了自己的见解和认识，认为朱熹的解读似乎忽略了更深层次的"知"的意义。①

《里仁》篇末两章分别阐述"子曰：'德不孤，必有邻'。""子游曰：'事君数，斯辱矣；朋友数，斯疏矣。'"崔象龙在注解中指出该篇详细论述了仁、义、礼、智，因此以"德不孤"作为结尾。而"斯辱"和"斯疏"则是与德行相伴的反面。这有助于读者理解这两章之间的内在联系。由于整篇都在讲述仁、义、礼、智，因此以有德行的人必有志同道合者相随，不会感到孤独作为结束。在最后的章节中，子游所领悟的，正如朱熹所言："事君，谏不行，则当去；导友，善不纳，则当止。至于烦渎，则言者轻，听者厌矣，是以求荣而反辱，求亲而反疏。"② 这正是"德邻之反"。最终，崔象龙得出结论："《论语》记载之次，恐无一条无意味。"

《乡党》篇详细记录了孔子的仪态、言谈以及日常生活中的饮食起居，为研究孔子提供了生动的素材。崔象龙认为《乡党》"有功于学者最大"，并且《论语》的编纂者将其置于第十篇的位置，"其非该括七篇之意乎"③？崔象龙将《述而》篇与《乡党》篇进行了对比，他认为《述而》共38章，其

① ［朝鲜朝］崔象龙：《凤村集》卷十三《论语辨疑》，《韩国文集丛刊》第118册，第390页。

② （宋）朱熹：《晦庵先生朱文公义集》卷六十《答潘子善》，《朱子全书》第23册，上海古籍出版社2002年版，第2908册。

③ ［朝鲜朝］崔象龙：《论语辨疑》，《凤村集》卷十三，景仁文化社2011年版，第407页。后引不详注。

中记录孔子的行为和言谈举止，共有 8 章，与《乡党》相辅相成，并且他将这 8 章内容与《乡党》篇的相应章节联系起来。他指出，"'燕居申申'当在'居不容'之下；'食于有丧者之侧'当在'式凶服'之下，'所慎齐战疾'当在'齐必变食'之上；'雅言诗书，不语怪力'当在'食不语'之下；'子以四教'恐无相属。'钓而不纲'当在'山梁雌雉'之下。"① 除了"子以四教"未找到匹配内容外，其他所列章节若置于《乡党》的相应位置则更为恰当。崔象龙还认为《述而》篇的最后一章"子温而厉，威而不猛，恭而安"应作为《乡党》篇的结尾，《论语》的编纂者将其置于《述而》篇的末尾，"其意深哉"。孔子的仪态、饮食起居使学者能够了解其日常生活的某些方面，而他展现的正直和仁德的言行举止，则成为学者们效仿的典范。崔象龙最后引用朱熹的话："除是孔子方恭而安，初要持敬也，须勉强"，他告诫学习者必须"持敬"，说："欲学圣人之容色，岂不以持敬为本领哉？"②

崔象龙致力于深入研究《论语》各篇章及章节间的逻辑顺序与结构布局，旨在精确掌握其核心要义，这一方法构成了他对《论语》解读的主要特色。正是基于对篇章结构分析的深刻认识，崔象龙最终创作出了《论语图》。

崔象龙在解读《论语》时，提出了许多新颖的见解。例如，在阐释《雍也》篇第二十二章"樊迟问知"时，孔子回答"仁者，先难而后获，可谓仁矣"，崔象龙提出"此'仁者'二字恐衍文"。他从文章结构的角度进行了解释，认为"先难后获，有生熟之别。若言熟底，则可固曰'仁者先难后获'，而若言生，则既曰'仁者'而岂曰'先难'乎？"并推测既然前面说樊迟问知，可知樊迟对所问之事不熟，"夫子告樊迟，必告以生底，故结之以'可谓仁'三字。则仁者之极功，其可曰'可谓仁'乎？"崔象龙因此推断"仁者"二字当为衍文。这种观点在朝鲜儒学家中是前所未有的。崔象龙在解释《论语》时，不盲信程颐、朱熹以及其他宋元明理学家甚至朝鲜儒学者的解释，而是

---

① ［朝鲜朝］崔象龙：《论语辨疑》，第 402 页。

② ［朝鲜朝］崔象龙：《论语辨疑》，第 402 页。

经常提出自己的辨正。例如，程颐解释《阳货》第三章"唯上知与下愚不移"时说："人性本善，有不可移者，何也？语其性则皆善也，语其才则有下愚之不移。所谓下愚有二焉，自暴自弃也。人苟以善自治则无不可移，虽昏愚之至，皆可渐磨而进也，惟自暴者拒之以不信，自弃者绝之以不为。虽圣人与居，不能化而入也，仲尼之所谓下愚也。然其质非必昏且愚也，往往强戾而才力有过人者，商辛是也。圣人以其自绝于善，谓之下愚。然考其归则诚愚也。"① 对此，崔象龙则认为"程子说多可疑"，还直接指出了其中的矛盾之处：如果真的可以逐渐改变最愚笨的人，那么他们就不是真正的下愚。而且，说那些固执且能力过人的人是自暴自弃，两个"然"字似乎暗示着能力过人者比自暴自弃的愚笨者更差，但最终都归于下愚，这同样值得怀疑。②

崔象龙对《论语》的阐释超越了中国理学家和朝鲜特定学派的解读框架，他采取了一种客观公正的态度，对所引用的各家学说进行了评价。他的注解以朱熹的《集注》为核心，同时对大全本的小注以及《论语或问》和《朱子语类》中的朱子学说进行了辨析，从而在客观上巩固了朱子集注的权威地位。尤为值得一提的是，他从《论语》篇章的顺序和结构布局出发进行阐释，力图揭示篇章构造的内在统一性，这在朝鲜经学史上具有深远的影响。

## （二）对《诗经》的解读与诠释

自《诗经》编纂成册以来，它所蕴含的"兴观群怨"等艺术与社会功能便受到统治阶层和文人雅士的重视与运用，至西汉时期，更被尊为儒家经典。在朝鲜半岛，这部古典文献同样拥有悠久的传播与接受历程。它不仅成为朝鲜君臣讲学时的教材，也是朝鲜儒学学者们阐释与解读的对象。这些朝鲜知识分子以汉文形式再创作的成果，反映了他们对政治理念的追求、学术思想的探索以及对国家兴衰和历史命运的深刻感悟。

① （宋）朱熹：《论语集注》卷九，明嘉靖四十三年益藩乐善堂刻本。
② ［朝鲜朝］崔象龙：《论语辨疑》，第 422 页。

黄俊杰在《东亚儒家经典诠释传统研究的现状及其展望》一文中探讨了中国诠释学的三个维度：第一，将注疏儒家经典视为个人修身立命的途径；第二，通过重新阐释经典，为所面临的社会政治问题提供解决策略；第三，通过重新诠释经典来彰显其认同的思想体系的正统性。① 朝鲜儒学者对儒学典籍的诠释也涵盖了这三个维度，不同的诠释者基于各自的诠释目的，展现了各异的解读特色。以下是目前可考、作者明确的朝鲜儒学者对《诗经》的解说与诠释成果列表：

表8　朝鲜儒学者对《诗经》的解说与诠释成果概览

| 序号 | 《诗经》解说与诠释成果 | 作者 |
| --- | --- | --- |
| 1 | 诗浅见录 | 权近（1352—1409 年） |
| 2 | 诗释义 | 李滉（1501—1570 年） |
| 3 | 诗说 | 许穆（1595—1682 年） |
| 4 | 古诗经考 | 尹镌（1617—1680 年） |
| 5 | 诗传 | 洪汝河（1621—1678 年） |
| 6 | 诗经记疑 | 韩汝愈（1642—1709 年） |
| 7 | 读书箚录——诗传 | 林泳（1649—1696 年） |
| 8 | 诗传箚疑 | 李喜朝（1655—1724 年） |
| 9 | 经传疑义问解——诗传 | 李縡（1680—1746 年） |
| 10 | 诗传说 | 李显益（1678—1717 年） |
| 11 | 诗传 | 林象德（1683—1719 年） |
| 12 | 诗·读诗记疑·读大雅记疑·诗——追录 | 尹东奎（1695—1773 年） |
| 13 | 渼上经义——诗传 | 金元行（1702—1772 年） |
| 14 | 大雅问 | 黄景源（1709—1787 年） |
| 15 | 三经通义——诗传 | 白凤来（1717—1799 年） |
| 16 | 诗传箚录 | 金锺厚（1721—1780 年） |
| 17 | 诗传箚录 | 金锺正（1722—1787 年） |
| 18 | 诗思辨录 | 朴世堂（1629—1703 年） |
| 19 | 诗经疾书 | 李瀷（1681—1763 年） |
| 20 | 三经问辨——诗传辨疑 | 洪大容（1731—1783 年） |

---

① 黄俊杰：《东亚儒学：经典与诠释的辩证》，华东师范大学出版社 2012 年版，第 47 页。

续表

| 序号 | 《诗经》解说与诠释成果 | 作者 |
|---|---|---|
| 21 | 诗经简略 | 朴胤源（1734—1799 年） |
| 22 | 诗传箚录 | 金龟柱（1740—1786 年） |
| 23 | 御制经书疑义条对——毛诗 | 高廷凤（1743—1822 年） |
| 24 | 诗讲义 | 李书九（1754—1825 年） |
| 25 | 诗传讲说 | 金羲淳（1757—1821 年） |
| 26 | 诗经讲义 | 正祖李祘（1752—1800 年） |
| 27 | 诗次故 | 申绰（1760—1828 年） |
| 28 | 诗说 | 成海应（1760—1839 年） |
| 29 | 诗类 | |
| 30 | 诗经讲义 | 丁若镛（1762—1836 年） |
| 31 | 诗经讲义补遗 | |
| 32 | 诗传讲义 | 赵得永（1762—1824 年） |
| 33 | 诗传讲义 | 李崑秀（1762—1788 年） |
| 34 | 诗传讲义录 | 崔璧（1762—1813 年） |
| 35 | 诗传 | 姜必孝（1764—1848 年） |
| 36 | 诗经 | 李敦秀（1767—1799 年） |
| 37 | 诗传讲义 | 金学淳（1767—1845 年） |
| 38 | 诗名多识 | 丁学祥（生卒年不详） |
| 39 | 经筵讲义——诗 | 许传（1797—1886 年） |
| 40 | 答问类编——诗 | 奇正镇（1798—1876 年） |
| 41 | 诗传演义——诗传清庙瑟图 | 金在洛（1798—1860 年） |
| 42 | 诗经集传辨正 | 沈大允（1806—1872 年） |
| 43 | 诗六义讲说 | 李埈（1812—1853 年） |
| 44 | 经旨蒙解——诗传 | 朴宗永（1804—1875 年） |
| 45 | 诗讲义发问 | 柳重教（1832—1893 年） |
| 46 | 诗经讲义续集 | 尹廷琦（1814—1879 年） |
| 47 | 诗集传 | 朴文镐（1846—1918 年） |
| 48 | 诗集传详说 | |

　　本表格仅涵盖了能够体现朝鲜儒学学者对《诗经》解读和阐释特色的代表性成果。然而，还有大量针对《诗经》中特定问题的探讨成果未被纳入统计范围。例如，朝鲜后期的学者金岱镇对《诗经》中《十月之交》章节的注解提出了质疑。李光庭则通过《秦风·无衣》表达了"尊攘"之意："此诗

不作于襄公之时，则其亦闵其身之渐沦于夷俗，而思王师之复兴，光复旧物，如宣王时乎？此未可知也。平王既不能用同仇偕作之民以攘夷复仇，中国遂为夷狄所侮，猾夏之祸，蔓及后世。不知今日岐雍之间，尚有复咏无衣者乎？"①申锡祐专门阐释了《小雅·鹿鸣之什》篇中的"如日之升"的含义。李定稷则重新审视了《关雎》的诗旨："《诗序》云：《关雎》乐得淑女以配君子，忧在进贤不淫其色，哀窈窕思贤才而无伤善之心焉。夫其言因夫子所云'乐而不淫，哀而不伤'之训。而离析文字迂回而求之，然其见窈窕而思贤臣则亦可谓得其告往知来之旨也。"明确指出该篇的诗旨应是"告往知来"②，但"善说《诗》者"却断章取义认为其诗旨在于劝善戒恶，这种说法只是为了符合道义而已。此类关于《诗经》中个别问题的讨论不胜枚举，暂不作为本研究的讨论对象。

### 1. 经筵讲义《诗经》

众多朝鲜儒学者对《诗经》的阐释成果与经筵制度紧密相连，并主要出现在正祖朝之后，这在一定程度上反映了经筵场域中经学研究范畴的演变。大约在高丽睿宗十一年（1116 年）之后，仿照宋代的经筵制度，为君王开设"经筵"，研读《诗经》《尚书》《易经》《大学》《中庸》等儒家经典，以及《贞观政要》《资治通鉴》等史书。

根据《高丽史》的记载，关于《诗经》的经筵讲义记录仅存 6 条，涵盖了《关雎》《鲁颂》《泮水》《云汉》和《七月》等篇章。尽管我们无法得知具体的讲论内容，但通过这些篇目可以推测，经筵主要阐述了《诗经》的德政和教化作用。在睿宗十二年至十六年（1117—1121 年）间，有 4 条记录；仁宗十二年（1134 年）有一条；另外一条则出现在恭让王二年（1390 年）。

---

① ［朝鲜朝］李光庭：《讷隐集》卷六《杂著·秦无衣》，《韩国文集丛刊》第 187 册，第 232 页。

② ［朝鲜朝］李定稷：《石亭集》卷六《关关雎鸠在河之洲说》，韩国国立中央图书馆藏铅活字本，第 45 页。

这表明高丽朝的经筵并不定期举行，这与高丽时期崇佛抑儒、"武臣专制"以及长期的元朝统治有关，使得以儒家经典为主的经筵难以顺利进行。

进入朝鲜朝后，经筵制度经历了确立、困难和兴盛三个阶段。在不同的时期，《诗经》的经筵讲义展现了不同的特点。例如，在世宗朝，关于《诗经》的经筵记录虽然稀少且简略，但通过《朝鲜王朝世宗实录》中的零星记载，我们可以看出此时的《诗经》讲解更注重与朝鲜社会现实的结合，即从"致用"的角度来解读经典。世宗在读到《豳风·七月》时，表达了对农事艰难的深刻理解，并强调了农事的重要性，命令"集贤殿"广泛收集本国的农桑事务，以图和诗歌的形式展现，使所有阶层都认识到农务的重要性，并将其传给后代。① 再如，在讲解《召南·采蘋》时，立即联系到本国的农桑蚕事，并强调了农事的重要性，指出"天时人事既至，则其利不啻倍蓰"。作为国家的统治者，应避免过度消耗民力。② 在讨论《大雅·瞻卬》"哲夫成城，哲妇倾城"时，又联系到妇女和宦官参政对国家统治的潜在危害。③ 成宗是朝鲜朝历史上参加经筵次数最多的君主，经筵教材中《四书》《大学衍义》等性理学书籍占据了相当大的比重。关于《诗经》的讲解更加重视其"善可为法，恶可为戒，圣人所以垂劝惩于后世"的教化功能。例如，讲到《小雅·鼓钟》"鼓钟将将"句时，经筵官金永坚劝诫不应在礼宴中使用女乐；④ 讲解《大雅·荡》中"虽无老成人，尚有典刑"句时，经筵官李承召劝诫成宗不应过度依赖新进之人，而应保持先王的旧章。⑤ 成宗时期的经筵也对《诗经》原文进行了章句训诂，主要依据朱熹

---

① 《朝鲜王朝世宗实录》卷六十一，世宗十五年八月十三日癸巳，影印本第3册，第499页。

② 《朝鲜王朝世宗实录》卷七十八，世宗十九年九月八日乙未，影印本第4册，第104页。

③ 《朝鲜土朝世宗实录》卷七十九，世宗十九年十一月十二日戊戌，影印本第4册，第114页。

④ 《朝鲜王朝成宗实录》卷二十六，成宗四年一月九日庚子，影印本第9册，第2页。

⑤ 《朝鲜王朝成宗实录》卷二十八，成宗四年三月十二日壬寅，影印本第9册，第13页。

的《诗集传》并参考《诗传大全》。宣祖、孝宗时期，经筵以《四书》为中心，《诗经》的解释明显减少。到了肃宗朝，经筵受到党争的影响，课本和注释的选择与特定政治势力紧密相关。例如，在"甲寅礼讼"之后，南人派掌权，尹鑴在主持经筵时不仅建议不读朱熹的《论语集注》，还建议肃宗研读四书三经，"勿依谚解句绝"。虽然朝臣提出"祖宗朝刊行之谚解，不可猝变"，肃宗仍"依鑴言读之"。① 到了英祖朝，经筵制度已经发展成熟，对《诗经》的解读达到 130 余次，所读《诗经》篇目和具体问题的讨论也更加详细，主要围绕以下内容展开：首先，强调《诗经》在修身正己、德行涵养方面的作用；其次，经筵官通过《诗经》大义劝诫君王修德政；最后，利用经筵讲《诗》来讨论时政。在具体的讲《诗》过程中，依据朱熹的《诗集传》和《诗传大全》中的"小注"对《诗经》的具体篇目进行解释，关注赋比兴手法的运用，并对朱熹的"淫诗说"进行了激烈讨论和质疑。例如，在英祖十年（1734 年）八月二十七日的经筵日记中，经筵官宗城认为，《郑风》中被朱熹认定为"淫诗"的《褰裳》《风雨》《扬之水》《出其东门》等篇章，按照古注，都"非淫奔之诗，而或贤者不得志，兄弟不相得，或世道混浊，君子不相容"而作。②

经筵的一个重要环节是君王提问、侍讲官回答。通过对问，一些问题得到了解决，但同时也有问题未得到解答，成为之后解《诗》的方向。例如，英祖提出的"六辔在手，则马几何？""武丁谁也？……距汤几代？""苞杞为何物？"等问题，都使经筵侍讲官意识到自己在解《诗》过程中对鸟兽草木名称的不熟悉，从而意识到仅依靠朱熹《诗集传》和《诗传大全》小注解经的局限性。这也促使朝鲜文臣多方面引证资料来解《诗》。表 8 中列有丁学祥编撰的《诗名多识》，虽然没有直接证据表明该成果与经筵条对直接相关，但通过内容查考可知，该书以朱熹的说解为主，同时参考了《尔雅》《韵会》

---

① 《朝鲜王朝肃宗实录》卷三，肃宗元年三月十八日丙子，影印本第 38 册，第 255 页。
② 《承政院日记》，英祖十年八月二十七日。

等字书，对《诗经》中所涉及的几乎所有物名进行了详细解释。

在正祖朝时期，经筵制度经历了重大变革。由于正祖李祘的学识和修养远超当时的经筵官，经筵原本用于教育君王的功能逐渐减弱。为了应对这一变化，正祖创立了奎章阁抄启文臣制度，旨在培养人才并提升君臣间的学术交流。正祖与抄启文臣共同参与"经史讲义"活动，通过选拔应试文臣中的优秀条问内容，编纂成《经史讲义》。其中，《诗经讲义》和《总经讲义》特别关注《诗经》的内容。许多参与"讲义"活动的抄启文臣，也重新编辑了他们的"条对"，从而丰富了朝鲜后期《诗经》学的研究内容和成果。本节将通过分析正祖李祘的《诗经讲义》和丁若镛的《诗经讲义》，探讨朝鲜君臣在经筵中解说《诗经》的特色。

正祖精心挑选的《诗经讲义》共 9 卷，包括《条问辛丑选》2 卷，《条问癸卯选》1 卷，由抄启文臣洪仁浩在正祖九年（1785 年）编纂；《条问甲辰选》1 卷，由抄启文臣徐有榘在正祖十五年（1791 年）编纂；《条问己西庚戌选》5 卷，则由抄启文臣金熙朝等人在正祖十六年（1792 年）编纂。正祖时期的"诗经讲义"活动主要探讨了"诗之篇旨、六义、古韵、诗乐、鸟兽草木、器用服饰"等主题。精选的条目"为类至赜，用工至密"，避免了"虽以吕伯恭（吕祖谦）之博识，所著《读诗记》犹不免偏主小序之病，辅汉卿（辅广）之醇儒，所著《童子问》亦不免多背《朱传》之讥"的毛病。正祖对《诗经》的条问，"本之以《朱传》，参之以众说，名物则只求其实然之证，字句则但核其文从之训"，目的是纠正那些喜好夸耀和追求新奇的说《诗》风气。① 正祖所谓的"参之以众说"，经学者考证，主要是参考了清代毛奇龄的诗学研究成果。② 在《讲义》中，毛奇龄的名字并未明确标注，而是用"或者曰""或

---

① ［朝鲜朝］正祖李祘：《弘斋全书》卷一八〇《群书标记二·诗经讲义》，《韩国文集丛刊》第 267 册，第 509 页。

② ［韩］金秀炅：《韩国朝鲜时期诗经学研究》，万卷楼图股份有限公司 2012 年版，第 75—81 页。

云""今世儒者云"等词语代替，推测其原因可能与他对清初学术的矛盾态度有关。

在古代朝鲜半岛，朱子学占据主导地位，朱熹的《诗集传》限制了朝鲜儒学者们对《诗经》的解读视野，他们解经依然重视义理，将清代文人的考据学成果视为无用或斥之为俗学。正祖在《弘斋全书·策问》中的《俗学》一文中，严厉批评了明末清初的考据学："自有明末清初诸家，嗤杀诐淫之体出，而繁文剩简，灿然苕华，诙谐剧谈，甘于饴蜜，目宋儒为陈腐，嗤八家为依样者，且百余年矣。竞相奇诡，日甚月盛，以孜孜于哗世炫俗之音，浮念侧出于内，流习交痼于外，经义之学也，则以排偶诃《虞书》，以重复訾《雅颂》，石经托之贾逵，诗传假诸子贡，而非圣诬经之风，丰坊孙镤辈，为之倡焉。淹博之学也，则察于名物，泥于考证，耽舐杂书曲说，而猖恣穿凿之风，杨慎、季本辈为之倡焉。文章之学也，则典册之金匮琬琰，读之必诋诮，簿录之兔园钉饾，见之辄嘈囋，所矜者虫刻，所较者鸡距，而裨贩剽贼之风，七子五子辈为之倡焉。今其三学源流之以其书行于世者，欲举十之一二而言之……毛奇龄之经说之属是已。"[①] 批判之词如此尖锐，归根结底是在试图维护朱熹经说的独尊地位。然而，在实际的条问过程中，毛奇龄对朱熹《诗集传》中论证不严密、解说不清楚之处，以及对子贡《诗传》、申培《诗说》的辨伪等问题，都在正祖与抄启文臣的"诗经讲义"过程中被涉及或探讨。毛奇龄在对《诗经》的考据以及相关问题的辨伪过程中，广征博引，使正祖接触到了以前未曾接触过的文献材料。因此，正祖对毛奇龄的态度是既批判又借鉴，从最终呈现的《诗经讲义》来看，正祖也在有意识地将毛奇龄所引用的丰富材料与毛奇龄的经说区别对待。

在《诗经讲义》中，正祖的条问与抄启文臣的条对内容为我们揭示了当

---

① ［朝鲜朝］正祖李祘：《弘斋全书》卷五十《策问三·俗学》，《韩国文集丛刊》第263册，第282页。

时朝鲜君臣对《诗经》的接受态度。正祖的条问展现了以下几个显著特点：

第一，对朱熹说解大胆质疑，阐发朱熹说解未尽之处。

正祖对朱子学持有客观的态度，既认可其对朝鲜国家治理、思想、文化及学术领域的正面贡献，又意识到过分依赖朱子学可能引发的问题。他积极关注清初的学术发展，尽管为了保持朱子学的权威性对乾嘉考据学进行了严厉的批评。然而，在与抄启文臣的学术对话中，他不断借鉴清初学者对《诗经》的见解，以此来补充或阐释朱熹理论的不足和矛盾之处。例如，在探讨《周南·关雎》时，正祖提出疑问："'寤寐求之'一句，与'左右流之'一句相应。朱子所谓'先言他物以起兴'是也。然《集传》释'流之'之义曰'顺水之流而取之也'。据'此则流之'之'流'，在既取之后，而'求之'之'求'，乃在未得之前矣。律以引类起兴之义，得不无牴牾者耶？近世儒者之说曰'流者泛无定也。女子居家，靡有所适，如荇菜之在水，浮浮然无所定，故以荇菜为兴'，此说似得诗人之本旨。"[①] 他不仅指出了朱熹解释的矛盾，还引用了清代毛奇龄的观点，认为将"流"解释为"无定"更符合该诗的主旨。

正祖的条问还注重比较朱熹的解释与其他学说的不同，激发文臣对朱熹说解的深入思考和阐释。例如，在《周南·卷耳》中"不盈顷筐"的讨论中，正祖询问："顷筐者何器？而谓之不盈者亦何也？古注以为志在辅佐君子，忧思深也。《集传》之不取古注，乃反释之以思念君子者，果何义欤？"正祖的条问揭示了朱熹说解与古注的不同。如果按照古注，辅佐君子的主人公应是人臣；而朱熹则认为是后妃因君子不在而思念之。抄启文臣金启洛极力维护朱熹的解释，认为"顷筐"是容易被装满的容器，之所以说"不盈"，正是因为思念。他指出后章的"陟彼崔嵬""陟彼高冈"都是"思望君子"的

---

① ［朝鲜朝］正祖李祘：《弘斋全书》卷八十六《经史讲义二十三·诗三》，《韩国文集丛刊》第 264 册，第 307 页。后引不再详注。

具体行为，认为朱熹的《集传》解释"可谓深得咏叹之旨"①。

对于《邶风·北门》诗旨，朱熹解释为："卫之贤者，处乱世，事暗君，不得志，故因出北风而赋以自比，又叹其贫窭人莫知之，而归之于天也。"②但正祖认为"此诗犹有可议者"，对朱熹的解释提出质疑。他说："君子忧道不忧贫而终窭且贫，若有未能忘情于贫富者，何欤？修身必能齐家而室人交谪，亦未能使之安于糟糠，何欤？此以贤者责备之义言之。故如此而只取其大体为好欤？官尊则禄厚，禄厚则役繁矣。大夫而从政则大夫官之尊者，政是事之大者。今曰政事一埤益我，则此贤者是为大夫矣。大夫之禄，足以仁其三族，而不能救室人之饥寒，何哉？且政事埤益则是委任之专也。贤者得委任之专则可以行其志矣，而曰不得其志，何欤？岂政事之埤益，非委任之专，而不过以簿书期会劳苦之也。贤者欲行其志则有如单父之掣肘故耶。此诗也，始则忧贫叹劳，终则信天知命，亦可谓发于情而止于礼者欤。"《北门》一诗的主旨并不一定是表达贤者未得志的哀怨，而是将北门比作大夫，表达了一种愿望——即希望实现自己的抱负，却因外界的过度干预而感到束缚。在解读《诗经》的过程中，正祖并未局限于朱熹的解释，而是广泛参考了各种说法，以求找到最恰当的解释。

第二，征引诸说，提出己见。

正祖在条问《诗经》中的字、词、句子、诗旨等问题时，先列举诸家解释，提出自己的见解，并征求文臣们的建议。例如，在《召南·驺虞》中对"驺虞"二字的讨论，正祖说："欧阳公据《月令》七驺之文、《周官》山泽虞之称，以为官名，且解之曰'田猎之官'，当以多杀为心，而今五豕取一，故诗人美之。首句言田猎之得时，次言君仁不尽杀，卒叹虞人之得礼。今以是说考之经文，则辞达理顺，庶得正义。而'驺虞'之为兽名，不见于《尔

---

①　[朝鲜朝] 正祖李祘：《弘斋全书》卷八十六《经史讲义二十三·诗三》，《韩国文集丛刊》第 264 册，第 297 页。

②　(宋) 朱熹：《诗经集注》卷二，明嘉靖三十五年崇正堂刻本。

雅》诸书，其真有此兽，有未可知。《集传》之不从欧说，而必以兽名解之者，果有他的据耶?"①正祖引用了欧阳修的解释，并对朱熹将"驺虞"解释为兽名提出质疑，期待文臣能提供朱熹这样解释的依据。文臣韩商新条对时指出，《六韬》和《淮南子》中都记载了散宜生得驺虞献给纣王的事迹，但《尔雅》中确实未收录"驺虞"。朱熹虽将其解释为兽名，但因为欧阳修的解释也有依据，所以朱熹将其收录于《诗序辨说》以备一说。无论是正祖的条问还是文臣的条对，都搜集了大量文献资料，当然，君臣问答过程中所引的相当一部分文献转引自《诗传大全》。

　　再如，在探讨《周南·桃夭》中"桃夭"所指女子婚嫁的时间时，正祖引用了诸家的解释进行条问："《集传》引《周礼》仲春令会男女之文，以桃夭为昏姻之时。然则此诗当作赋，而乃以为兴者何也? 且经传所著昏姻之时，多有牴牾。《孔子家语》曰：霜降而妇功成，嫁娶者行焉。韩婴曰：霜降逆女。此则以秋冬为期也。《夏小正》曰：二月绥多女士。《白虎通》曰：嫁娶以春者，为其天地始通，阴阳交接之时也。此则以仲春为期也。后之论者或主《家语》、韩婴之说，或主《夏小正》《白虎通》之文，所据各异，莫之能一，今可以详辨其得失耶?"②正祖将《周礼》《孔子家语》《夏小正》《白虎通》以及韩婴《韩诗外传》中的解释一一列出，既有自己的思考，也给文臣提供了讨论的话题和空间，期待文臣进行辨正。

　　第三，对于尚未解决的问题，反复提出疑问，以求得确切的理解。

　　以《周南·樛木》中的"乐只君子"为例，朱熹将"君子"解释为"自众妾而指后妃"，正祖对此表示疑惑。在癸卯年的经筵上，他提出了自己的疑问："凡《诗》之所称'君子'者，如《旱麓》之'岂弟君子'，指人君言也；

---

　　①　[朝鲜朝]正祖李祘：《弘斋全书》卷八十六《经史讲义二十三·诗三》，《韩国文集丛刊》第264册，第309页。

　　②　[朝鲜朝]正祖李祘：《弘斋全书》卷八十六《经史讲义二十三·诗三》，《韩国文集丛刊》第264册，第308页。

如《庭燎》之'君子至止'，指贤人言也，如《小戎》之'言念君子'，指良人言也。由此观之，'君子'二字，固是男子之美称，而此则以后妃之贤，称为君子何也？"①他希望文臣们能给出解释。金熙朝根据朱熹的解释进行了回应，认为"君"字可理解为"小君"，而"子"字可理解为"内子"，因此称后妃为君子并无不妥。在古代，夫妻被视为一体，妻子从属于丈夫的地位，因此可以称其为"小君"。郑玄在《礼记笺》中将"内子"解释为大夫之妻。然而，正祖对这一解释并不满意，于是在甲辰年的经筵上，他再次提出了问题："'乐只君子'之'君子'，郑笺、孔疏皆以为指文王而言，欧阳公、吕东莱皆宗其说。而至于朱子独作'自众妾而指后妃'之辞，且引'小君''内子'之文以证之。此固为不易之正解，然《诗》之所称君子，如'君子好逑''君子于役''君子阳阳''既见君子'之类，皆属妇人指其夫之辞，未尝有称妇人为君子者，则此章之君子独属之后妃者，得无一辞异例之嫌耶？"正祖在广泛阅读了郑玄的《毛诗笺》、孔颖达的《毛诗正义》、欧阳修的《诗本义》、吕祖谦的《吕氏家塾读书记》等著作后，继续对朱熹的解释进行质疑。

文臣韩商新仍然极力维护朱熹的解释，认为既然这首诗专门描述了后妃的美德，那么诗中提到的君子也应该是指后妃。他还引用了《朱子语类》中的记载，有人质疑"后妃不可称君子"，朱子从文义的角度出发，认为不得已才将其解释为后妃，"若作文王，恐太隔了"，从而得出"《集传》之为正解"的结论。

第四，以经为史，以史解《诗》。

正祖条问的特点需从两个维度解析。首先，他强调以经为史，特别重视《诗经》的"美刺"功能。正祖曾说："读书，史为最切。才看一事，便了其利害。才考一人，立辨其贤愚。若其能了于往事，能辨乎前人，则资古镜今，效验日来。汉重经术，而《诗》有美刺，《书》谨诰训，《春秋》严褒贬，

---

① ［朝鲜朝］正祖李祘：《弘斋全书》卷八十六《经史讲义二十三·诗三》，《韩国文集丛刊》第 264 册，第 297 页。

皆史之道也。故汉儒专学，尤尚《春秋》，国家大议，动引《诗》《书》。"①
他指出《诗经》具有"史"的特质，其"美刺"功能尤为显著。挖掘《诗经》
的"美刺"被认为是解读《诗经》的难点所在。正祖还说："《诗》其难解乎？
曰难解也。朱子《集传》训释备矣，而犹有难解者何也？非风雅之体之难解
也，非兴比之义之难解也，非正变之调之难解也，非字句音韵之难解也，非
鸟兽草木之名之难解也，惟诗中美刺之事，有异同是非为难解。旧说之可考
据者有小序，而先儒之取舍从违不同。当何所折衷而凭信欤？此其最难解者
也。"②诗歌的讽喻内容通常与字面意义没有直接的联系，加之历代儒家学者
对于取舍和判断存在差异，学习《诗经》的人常常难以作出明确的判断，这
导致了对同一首诗的多种不同解读。在戊午年的经筵讲义中，正祖在与文臣
讨论读《诗》的方法时，谈及"汉唐诸儒以大序为子夏所作，而小序则或称
子夏、毛公合作，或称卫宏所衍，或称《国史》所题，盖言人人殊矣。至程
子断之曰：诗大序，其文似系辞，分明是圣人作。学诗而不求序，犹欲入室
而不由户也。小序则但看大序中'国史明乎得失之迹'一句，可见如非国史，
何以知其美刺？此其笃信推重，果何如也？且以他书参考，《鸱鸮序》与《金
滕》合，《北山烝民序》与《孟子》合，《昊天有成命序》与《国语》合，《硕
人》《清人》《皇矣》《黄鸟》序与《左传》合，而《由庚》六篇，又与《仪礼》合矣。
当毛公时，《左传》未出，《孟子》《国语》《仪礼》未行于世，而其说先与之合，
谓不本于国史可乎。然朱子《集传》则一扫旧说，以为序不足信，而其于郑
卫，尤力排而深斥之。夫以程朱之嫡统相承，而不同如此，则学者将何所折
衷？而姑举一诗，以例其余。如《风雨》之以风雨如晦比世之乱，以鸡犹守
时而鸣比君子之不改其度。岂不愈于朱子所谓'风雨如晦，正淫奔之时'者

---

① ［朝鲜朝］正祖李祘：《弘斋全书》卷一六二《日得录二·文学》，《韩国文集丛刊》第
267 册，第 185—186 页。

② ［朝鲜朝］正祖李祘：《弘斋全书》卷八十八《经史讲义二十五·诗五》，《韩国文集丛刊》
第 264 册，第 325 页。

乎?"① 这段文字揭示了正祖不仅关注了汉唐儒者关于《诗经》大小序的争论，还详细列举了程颢、程颐与朱熹对《诗经》大小序的不同见解。程氏主张在学习《诗经》时应重视大序，而朱熹则对二程的观点进行了逐一反驳，认为《小序》是汉儒所作，可信之处极少。《大序》虽好，但也有不尽如人意的地方，并主张解《诗》应"废序"，"当以诗解诗，不可以序解诗"。② 程朱理学对朝鲜影响深远，但二程与朱熹在《诗经》及其解读方法上存在显著分歧，这使得朝鲜的君臣感到困惑。从正祖所举《风雨如晦》的例子来看，他超越了朱熹对经文的解读限制，坚持了《毛诗序》中"美刺"阐释的传统。

正祖经常将《诗经》中的记载与史书中的事件相互印证，从而对《诗经》进行历史性的解读。以《召南·何彼秾矣》的创作背景为例，历来解诗者对此众说纷纭。在甲辰年的经筵上，正祖列举了"后儒之论此者，其说有三歧"③，期望文臣们能够提供证据，解开这个历史谜团。然而，文臣们提供的答案并未能解决正祖的疑惑。因此，在癸丑年的经筵上，正祖转而用历史事实来验证《诗经》中的说法："《何彼秾矣》，古今说诗诸家，论说纷纭，而朱子亦存两解，曰'未详孰是'，然予则疑两解俱不可通。若谓武王女、文王孙适齐侯之子，则武王时齐侯即太公也，以武王女适其子，是甥舅为婚。《周礼》之郁郁彬彬也，而安得有此事乎？若谓平王宜曰襄公诸儿，则按《春秋》，庄王四年，襄公娶王姬。时襄公为诸侯已五年矣。《诗》何以称齐侯之子乎？或曰平王非东迁之王，则齐侯亦非齐国之侯，齐一也。此说似矣。然诗人所以称人世德者，固有例矣。曰齐侯之子，卫侯之妻。曰汾王之甥，蹶父之子。无不直指其实，则何独于此以平正之王，齐一之侯称之乎？或曰宣

---

① [朝鲜朝]正祖李祘:《弘斋全书》卷一〇八《经史讲义四十五·总经一》,《韩国文集丛刊》第265册，第200页。

② (宋)黄士毅编，徐时仪、杨艳汇校:《朱子语类汇校》卷八十一，上海古籍出版社2016年版，第3120页。

③ [朝鲜朝]正祖李祘:《弘斋全书》卷八十六《经史讲义二十三·诗三》,《韩国文集丛刊》第264册，第309页。

王之世，未尝无雅，则平王以下，岂遂无南。此亦似矣。然季札观周乐，以二南为风化之基，则焉有周平齐襄之世。而其诗可以为南乎？此不可不旁引曲证而详说之。"① 正祖通过联系史实和礼法，对诸儒的解释提出了质疑。

第五，重视《诗经》的教化作用。

《诗序》中提到："正得失、动天地、感鬼神，莫近于《诗》"，《诗》有着"经夫妇、成孝敬、厚人伦、美教化、移风俗"的教化作用。朝鲜的君王在理解和阐释《诗经》时，也特别重视其中所体现的道德伦理教育。正祖曾说："先王教人，《诗》之教为大。《诗》者由于心而形于言，心之所感者正，则其言可以为教。"② 还说"诗之教，主于敦厚温柔；而其义则兴观群怨也。其用则感发惩创也，其多识则草木鸟兽之名也，其读法则不以文害辞，不以辞害志，以意逆志也。故曰善观诗者，当推诗外之意"。③ 在阅读和解释《诗经》的过程中，若遇到与政教、伦理道德不符之处，定会提出质疑。例如，《卫风·硕人》中，朱子依据《诗序》和《左传·隐公三年》的记载，解释为"首章极称其族类之贵，以见其为正嫡，小君，所宜亲厚，而重叹庄公之昏惑"。④ 朱子将"硕人"解释为弃妇，而正祖则进一步阐发，将夫妇关系提升至君臣关系，他说"比之于士君子，立身一败，万事瓦裂。盖人臣进不以道则终必摈斥，妇女嫁不以礼则终必弃逐，为人所贱恶故也。人君进其臣，男子取其妇，皆爱之也，而终乃斥弃之者何也？爱而知其恶，即此心之本然。始虽迷惑，而终必觉悟故欤"。⑤ 这强调了君主最初可能被不以正

---

① ［朝鲜朝］正祖李祘：《弘斋全书》卷一〇六《经史讲义四十三·总经三》，《韩国文集丛刊》第 265 册，第 162 页。

② ［朝鲜朝］正祖李祘：《弘斋全书》卷一八二《群书标记四·雅诵》，《韩国文集丛刊》第 267 册，第 540 页。

③ ［朝鲜朝］正祖李祘：《弘斋全书》卷一〇六《经史讲义四十三·总经三》，《韩国文集丛刊》第 265 册，第 160 页。

④ （宋）朱熹：《诗经集注》卷三，明嘉靖三十五年崇正堂刻本。

⑤ ［朝鲜朝］正祖李祘：《弘斋全书》卷八十九《经史讲义二十六·诗六》，《韩国文集丛刊》第 264 册，第 357 页。

道进身的臣子所迷惑，但最终必将排斥。由此可见，正祖通过对《硕人》的解读，加强了对群臣的道德要求。再如，正祖对《邶风·燕燕》的解读，超越了《诗序》中"卫庄姜送归妾"的解释，探讨了父子、妻妾、君臣之间的伦理纲常。首先，他解释"大归"为"长久离去"，但从伦理纲常的角度认为"妇人夫死不能下从其夫，则自处以未亡人终身于所嫁之邦，似合道理"，对"戴妫之必归于陈"提出质疑。同时，他对古注中将"归"解释为"大归"表示不解，如果母国父母尚在而归，则应视为"暂时归宁"，不能称之为"大归"。① 紧接着又对庄姜进行了道德层面的评判，他说："父虽不慈，子不可以不孝。君臣犹父子也，君使臣不以礼，臣不可以不忠。夫妇犹君臣也，夫虽疏弃，妇不可以忘夫。庄姜之贤，岂不知此个道理乎？且凡人于先君，忠心易衰，则易致日远而月忘，其则或有以为无能而倍之者矣。庄姜之贤，又岂有是乎？然而戴妫必以先君之思勖勉庄姜。若虑夫庄姜之不足于此，何也？且送人赠之以言，礼也。戴妫之留别庄姜，勖之以思先君。而庄姜之于戴妫，只一味赞叹其德美，而无一言劝勉何欤？"② 从妻妾关系延展到夫妻关系、父子关系，进而上升到君臣关系，正祖通过解读《诗经》，不断强化了对群臣的道德伦理教育。

**2. 重文献考据的《诗经》解说**

从以朱熹的义理解说为核心，到运用清代乾嘉考据学派的考据方法，这一转变体现了朝鲜儒学学者在《诗经》研究方法上的演变。

在朝鲜朝长达五百余年的历史中，朱子学一统天下，以程朱为代表的宋儒经说成为官方经学教育的主导，而汉唐时期的古注释则几乎被遗忘。然而，在宋儒性理之学盛行的英正时期，有一位学者却"抱残守缺而独倡朴学

---

① [朝鲜朝] 正祖李祘：《弘斋全书》卷八十八《经史讲义二十五·诗五》，《韩国文集丛刊》第 264 册，第 343 页。

② [朝鲜朝] 正祖李祘：《弘斋全书》卷八十八《经史讲义二十五·诗五》，《韩国文集丛刊》第 264 册，第 343 页。

之门"①，掇拾汉唐古注解说《诗经》，撰成十余万字的解经成果《诗次故》，就是正祖时期的学者申绰。申绰出身两班贵族，外祖父郑厚一是江华阳明学派郑斗齐之子，父亲申大羽是当时的名儒，申绰的学术思想也深受阳明心学的影响。后世研究申绰的学术思想时，自然地将其归入江华阳明学派进行考察。

无论是阳明学还是经过郑斗齐本土化的朝鲜阳明学，其核心主张都是回归心性，认为"六经之实，则具于我心"，主张治学应"发明本心"，反对烦琐的经文训诂，提出"六经注我，我注六经"，强调"学苟知本，六经皆我注脚"。然而，深受阳明心学影响的申绰却能专注于汉唐时期的注疏，运用校勘、辑佚、辨伪等方法，注重对经书原文的字词训释以及地理名物、礼俗制度的阐释，关注《诗经》的异文和逸诗，展现出明显的重汉轻宋的学术倾向，实际上开创了朝鲜考据学的先河。

当今学者在讨论朝鲜的考据学时，普遍认为它是在金正喜的推动和清朝乾嘉学派的影响下形成的。金正喜重视考据而轻视义理，注重汉儒经学的实证，他在金石考据和今古文《尚书》辨伪方面取得了显著成就，日本学者藤冢邻评价他为"五百年以来不可多得的人才，特别是对清学的造诣，无人可以与之匹敌"②。但是，根据申绰在《诗次故后叙》中的记载，"积二十年观止录讫，依《经》第次，数易稿而断手。岁戊午，家人失火，烬灭无迹"，可以推断出《诗次故》的初稿完成于正祖二十二年（1798 年），这比金正喜与乾嘉学派的翁方纲、阮元结识的时间（1809 年）早了 11 年。因此，申绰的考据学思想显然并非受到金正喜的影响。

实际上，杨慎、毛奇龄、顾炎武、朱彝尊等明清时期的考据学家的研究成果一经完成，便随着中朝使节的交流传入朝鲜半岛。然而，在程朱理学占

---

① ［朝鲜朝］申绰：《诗次故》卷首，朝鲜印刷株式会社 1934 年版，第 3 页。

② ［日］藤冢邻著，藤冢明直编：《清朝文化东传の研究：嘉庆・道光学坛と李朝の金阮堂》，国书刊行会 1975 年版，第 380 页。

据主导地位的背景下，儒学学者们在解释经典时更倾向于义理而非训诂。因此，多数坚持朱子学权威的朝鲜学者将明清考据学视为俗学，正祖甚至公开表示"吾所深戒而甚恶者，明清考证之学也"①。尽管如此，申绰在这样的学术氛围中重新肯定了汉儒训诂的经学价值，并付诸实践，其背后的原因可以在明中期儒学发展的脉络中找到答案。

明中期，程朱理学遭遇挑战，以王守仁为代表的心学学说和以杨慎、何良俊为代表的提倡汉学地位提升的思潮，成为与程朱理学相抗衡的两股力量。这两股力量之间既有对立又有融合。例如，杨慎等汉学倡导者不仅质疑宋儒性理学的统治地位，还对阳明学忽视训诂、空谈心性的做法进行了尖锐批评。杨慎明确反对陆九渊提出的"六经皆我注脚"，他说："曰六经吾注脚也，诸子皆糟粕也。是犹问天曰：何不径为雨？奚为云之扰扰也？问地曰：何不径为实？奚为花之纷纷也？是在天地不能舍博而径约，况于人乎？"薛应旂、李元阳等阳明学者也有支持重视汉儒训诂经学价值的言论，薛应旂曾说："自今观之，汉去古未远，而圣人之遗旨，犹或有得于面承口授之余，故宋儒释经遂多因之，而阙文疑义一以注疏为正。如'九六老变'，孔颖达之说也；'文质三统'，马融之说也；河洛表里之符，宗庙昭穆之数，刘歆之说也；'五音六律，还相为宫'，郑玄之说也。其择言之广，取善之公，要在明乎经而不失圣经之意耳，岂得尽如夹漈之论哉？"②通过这些论述，我们可以看出，在薛应旂等阳明学者看来，《六经》承载着圣人的思想，是回归本心的基础和途径，而汉儒和宋儒的传注笺疏只是对《六经》的解释和阐发。宋儒对经书的绝对权威被解构。阳明心学者对汉儒和宋儒的经学研究成果给出了更为客观的评价，并表明了对汉、宋博约之争的态度："汉儒之学长于

---

① ［朝鲜朝］正祖李祘：《弘斋全书》卷一二二《鲁论夏笺一·八佾》，《韩国文集丛刊》第 265 册，第 522 页。

② 朱彝尊：《经义考》卷二九七《通说三》，《四部备要》第 12 册，中华书局 1989 年版，第 1527 页。后引不再详注。

数，若仪文、节度之烦，虫鱼草木之变，皆极其详，其学也得圣人之博；宋儒之学长于理，若天地阴阳之奥，性命道德之微，皆究其极，其学也得圣人之约。合是二者，而虚心体认，则天机相为感触，当自默会于燕闲静一之中，超然悟于意言象数之表，而吾心之全体大用，可一以贯之而不溺于先入之说，不蔽于浅陋之见矣。"① 汉儒主张"博"，宋儒主张"约"，而阳明心学者主张将二者结合，这无疑打破了宋学独占官学的局面，显著提升了汉学的地位。申绰的《诗次故》正是朝鲜半岛阳明心学者尝试在朱熹经书说解系统之外，通过汉儒的经传训诂来解经的实践成果，开创了朝鲜考据学的先河，对朝鲜考据学的兴起起到了示范作用。

如前所述，《诗次故》的初稿在戊午年遭遇了一场意外的火灾，不幸化为灰烬。然而，申绰"复抖擞神经，日月重理，疏于前者密于后，龊于始者节于今，碎签残札，累积寸德，更十七霜而书又成，凡二十有二卷"。由此可见，《诗次故》经历了两次编撰过程，前后耗时长达 37 年，这充分展现了申绰对这部作品的重视程度。在第二次成书时，申绰还撰写了《诗次故外杂》和《诗经异文》，这表明他对《诗经》中逸诗和异文的关注。他详细列出了《诗次故》中引用的书目，共计 289 种，均为唐以前的古籍。实际上，在编纂《诗次故》的过程中，申绰也参考了一些唐以后的书籍，例如南宋蔡卞的《毛诗名物解》、李樗和黄櫄的《毛诗李黄集解》、明代冯复京的《六家诗名物疏》、何楷的《诗经世本古义》，以及吕祖谦、王应麟、顾炎武等人的著作。但是，为了坚持"以古订古"的学术原则，并自圆其说"次止于唐"，申绰有意在《诗次故引用书目》中隐去了这些唐以后的书籍。尽管如此，申绰以个人藏书为基础，完成了《诗次故》这部解读《诗经》的巨著，其引用范围之广，在当时是无与伦比的。

申绰对《诗经》的解读，是通过借鉴汉唐时期的古注来实现的。例如，

---

① 朱彝尊：《通说三》，第 1528 页。

在阐释《周南·关雎》中的"君子好逑"时，他采取了以下方法：

> 君子好逑《后汉》后妃赞，《诗》美好逑。章怀引释此诗云：
> 言后妃有关雎之德，宜为君子好匹。《释文》：逑本亦作仇。《尔雅》：
> 仇，匹也。孙炎曰：相求之匹。郭璞曰：诗曰：君子好仇。《桓二年
> 左传》：师服曰：嘉耦曰配，怨耦曰仇。绰按：刘向《列女传》：《诗》
> 曰君子好逑，言贤女能为君子，和好众妾，字虽作'逑'，义同怨
> 耦之'仇'。郑据彼故云：三夫人以下，能为君子，和好众妾之怨
> 者。又《礼·缁衣》：子曰：唯君子，好其正，小人毒其正，即引此
> 诗。《注郑玄》曰：'正'当为'匹'，字之误也。匹谓知识朋友仇匹也。
> 彼《疏孔颖达》曰：言君子之人，以好人为匹也。①

申绰以《说文解字》《尔雅》《方言》《经典释文》等古代字书为基础，通过训诂深入探求"逑"的含义。此外，他采用"绰按"的方式，广泛引用《后汉书》《列女传》《礼记》等汉唐时期的注疏，阐明了"逑""仇""匹"三者之间的关联，其研究方法具有鲜明的考据学特色。

《诗次故》致力于通过对古代注释的钩稽与文献的征引，实现以古鉴古的目的。在此过程中，申绰先生展现了其博采众长的能力，对汉唐时期的古注进行了细致的辨析和纠正，力求揭示准确的含义。例如，在解读《邶风·匏有苦叶》篇中的"士如归妻，迨冰未泮"这句诗时，申绰的辨正工作尤为精彩：

> 《地官·媒氏》疏引《韩诗传》曰：古者霜降逆女，冰泮杀止。
> 绰按：韩、毛诗以秋冬为嫁娶之时，冰泮则农桑起，故云迨未泮
> 也。马、郑说，以仲春为嫁娶之时，迨未泮而请期，然后二月可
> 昏。各有所据。其曰秋冬为昏时者，《家语》霜降而妇功成，嫁娶
> 者行焉。冰泮而农桑起，昏礼杀于此。又曰冬合男女，春班爵位。

---

① [朝鲜朝] 申绰：《诗次故》卷三，朝鲜印刷株式会社 1934 年版，第 94—96 页。

荀卿亦云：霜降逆女，冰泮杀止。毛学于荀，故于《东门之杨》传曰：男女失时。不逮秋冬。《绸缪》传曰：参星十日见东方，可以嫁娶。韩诗亦同于荀，其曰中春为昏时者，《地官媒氏》，中春之令会男女。《夏小正传》：二月冠子娶妇之时。马融已从其说，而郑学于马，故于《易·泰》"六五"注，五爻辰在卯，春为阳仲，万物生育，嫁娶大吉。又笺此云：匏有苦叶，济有深涉，谓八月时，阴阳交会，始可为昏礼纳采问名也。士如归妻，使之来归己，谓请期也。冰未散，正月中以前也，二月可以昏矣。王肃难郑曰：来归之言，非请期之名。《周官》令会男女之无夫家者，于是时，奔者不禁，则姻之期，非此月也。且《诗》曰：将子无怒，秋以为期。《韩诗》曰：冰泮杀止。是秋冬昏候之验也。马昭难肃曰：《殷颂·天命》：玄鸟降而生商。《月令》玄鸟至之日，祀于高媒。玄鸟孚乳之月，以为嫁娶之候。《礼》诸侯越国娶女，及冰未散请期，乃足容往返也。且《春秋》：鲁送夫人嫁女，四时通用。而《家语》不附于《春秋》，非孔子之言。秋以为期，此乃淫奔之诗矣。孔晁答曰：玄鸟至祠高媒，求男之象，非嫁娶之候。且《诗》云"有女怀春""春日迟迟""嘒彼小星""三星在隅""蔽芾其樗""熠耀其羽"，凡此皆仲春嫁娶之候。昭曰："有女怀春"，谓女无礼过时，故思春日迟迟，蚕桑始起，女心悲矣；"嘒彼小星"喻妾侍从夫人；"蔽芾其樗"喻行遇恶人；"熠耀其羽"喻嫁娶盛饰。皆非嫁娶之候。庾蔚之谓王郑皆有证据，而王为优。束皙曰：《春秋》二百四十年，鲁女出嫁，夫人来归。大夫逆女，天王娶后，自正月至十二月，悉不以得时失时为褒贬，何限于仲春季秋？若婚姻季秋，期言仲春，则隐二年冬十月、夏之八月，伯姬归于纪。周之季春，夏之正月。桓九年春，季姜归于京师。庄二十五年六月、夏之四月，伯姬归于纪。或出盛时之前，或在期尽之后，而经无贬文，三传不讥，何哉？凡诗人之兴，取义繁广，或举譬类，或称所见，不必皆可以定时候。又《桃夭》篇，叙美昏时，盖谓盛壮之时，非日月之时，故其次章曰：其叶蓁蓁，有蕡其实，之子于归。此其在仲春之月乎？又《摽有梅》，"夏之向晚""迨冰未泮"，正月以前；"草虫喓喓"，末秋之时。或言嫁娶，或美男女及时，然咏各异矣。《礼》曰：日月以告君。若必在仲春，则日月有常，何复告君乎？王肃云婚姻始于季秋，止于仲春。不言春不可嫁也，而马、昭相难，错矣。两家俱失，义皆不通。通年听昏，盖正礼也。①

申绰在此援引了《周礼》《仪礼》《礼记》《春秋》《孔子家语》《韩诗》等古典文献，以及荀子、毛亨、郑玄、马融、束皙等学者的解释，详细列举了经学家们长期争论的"婚有定期"与"通于四时"的议题。他清晰地展示了毛传郑笺之争和王肃郑玄之辩中的"秋冬说"与"仲春说"，以及束皙所主张的"通年听昏"。在文末，申绰明确阐述了自己认为"通年听昏，盖正礼也"的观点。

在考据的过程中，申绰屡次展现出其独立的见解。例如，在解读《齐风·南山》中的"葛屦五两"时，他直接用按断的方式表达了自己的观点："先儒解五两者，义终不允。绰谓'五'当为'有'"，并引证古书印证自己的观点："《皋陶谟》'天叙有典'，马融本作'五典'，'有庸哉'，马融本作'五庸哉'。《宾筵》之'发彼有的'，应吉甫诗作'发彼五的'。'有'既作'五'，则'五'亦可以为'有'，盖古字通也。言葛屦则必有两，冠緌则必有双，以责齐襄文姜。非其耦而相乱也。又按：文姜者，襄公之妹。而焦赣《易林》称襄送季女至于荡道。以为襄公之季女何哉？岂别有所据邪？"②申绰的解释与以往的诸多说法截然不同。

申绰在引用古注解《诗》时，特别关注异文现象。例如，对《周南·汉

---

① ［朝鲜朝］申绰：《诗次故》卷一，朝鲜印刷株式会社 1934 年版，第 42 页。
② ［朝鲜朝］申绰：《诗次故》卷七，朝鲜印刷株式会社 1934 年版，第 39 页。

广》"不可休息"一句的解释：

> 不可休息《说文》：休，息止也。《释文》：休息，并如字。古
> 本皆尔。本或作"休思"。此以意改尔。绰按：《韩诗外传》引作
> "休思"。①

通过引用《经典释文》，申绰关注到有的版本将"休息"写作"休思"，这是根据上下文意思所作的改动。申绰还发现《韩诗外传》中恰恰引作"休思"，揭示了《韩诗》与《毛诗》在字形记录上的差异。

在《异文》章节中，依然保留了"休息"这一词条。它不仅引用了《韩诗》，还进一步援引了孔颖达的《毛诗正义》来提供更为详尽的阐释：

> 休息《释文》并如字。古本皆尔。本或作"休思"。此以意改
> 尔。《孔疏》：《诗》之大体，韵在辞上。疑休、求字为韵，二字俱
> 作"思"，但未见如是之本，未敢辄改。绰按：《韩诗外传》引此作
> "休思"。②

孔疏从音韵学的角度分析，"休"与"求"在古音中押韵，而"思"字在句尾作为助词，用以补足音节。然而，孔颖达未能找到版本依据，因此不敢轻易改动。继孔疏之后，申绰对《释文》中"此以意改尔"的判断进行了补充论证，并引用《韩诗》作为辅助证据，以证明孔颖达的解释是正确的，原文当为"不可休思"。

申绰主要运用校勘学中的"他校"方法，广泛引用《文选》《汉书》《礼记》《韩诗外传》等古籍中所引《诗经》的异文并进行分析。尽管从现代校勘学的视角来看，他未直接搜集各《毛诗》版本进行对校，从而列出异文，这不免有些遗憾。然而，在当时的学术背景下，能够深入研究汉唐时期的经书原文，并扎实地进行校勘和考据，实属不易。特别是，他能够对《诗经》异文产生的原因进行理论层面的分析，这一点尤为可贵。他总结异文产生的

---

① ［朝鲜朝］申绰：《诗次故》卷一，朝鲜印刷株式会社 1934 年版，第 42 页。

② ［朝鲜朝］申绰：《诗经异文》卷上，朝鲜印刷株式会社 1934 年版，第 15 页。

原因，归纳为古今差异、假借、隶变、音转、形转、义转、涉误、师读、俗写、方音等十种，并对每一种原因都进行了详尽的阐释：

> 一曰古今者，字体变化，有古有今，洲古作州，今作𡿺，示古作视，莫今作暮，随人所尚，故无定质。二曰假借者，古人字少，恒好假借，今人字备，多还本体，舒古假荼，横古借衡，既还其本，则为横为舒。向者儋，何也，假作谁何之何。……假借之道，只借其音，未借其义。三曰隶变者，从篆变隶，从隶变楷，篆欲备，隶欲省，楷则或从篆而备，或从隶而省，一省一备，自生异同。……或从变而同，或从变而异，知者徐察，自当有见。四曰音转者，诗本口相咏歌，不专竹帛，故传者声讹，则受者听莹。……五曰形转者，所谓乌舄之变，成于三写，况不止三，能无舛乎？……六曰义转者，取义而已，不拘本也。秉国秉文，秉皆作执，秉训执也。体无之体作履，率履之履作礼，体训履，履训礼，义均故易彼也。七曰涉误者，因其所似，指甲谓乙也，骓牝骊牡，释畜文也，而认作《卫诗》，设其福衡，封人文也，而认作閟宫，……引之者虽名马求牛，见之者知羊质虎皮也。八曰师读者，读非一师，所以异同，……《般》之于绎思，毛诗无而三家有，始也诗出性情，有一无二，末乃众师相驳，曰东曰西，未知从谁讹转，讫兹岐疑也。九曰俗写者，不稽六义，随俗卤莽也，执作艺，禮作禮，饬作饬，峙作時是也。然字经古人便自雅好，袭杖杜而罔愆，因弄獐而非罪。十曰方音者，各处一方，读从其音也。王室如，齐音；我乃酌彼，秦声。字随音转，未觉其讹也，如是种种，转换不穷，虽天禄之校准，鸿都之刻，未足以尽正其讹。至若通人达士，羞为局固，文生墨客，性好奇变，其所援引，尤无定准。①

---

① ［朝鲜朝］申绰：《诗经异文·序》，朝鲜印刷株式会社 1934 年版，第 3—8 页。

申绰深入探讨了《诗经》异文产生的根源，涵盖了古书用字、方音、方言、字形、音韵以及师读等多个方面。特别是对于师读导致异文的分析，尤为精彩。

总的来说，申绰以考据为主的解《诗》方法，对以《朱传》为核心的解经传统构成了挑战，并为后来朝鲜的考据学奠定了基础。然而，申绰在研究中不愿轻易违背古代教义，因此他的著作中罗列了大量的古注和旧说，而个人的见解和结论相对较少。他对经学研究的过分谨慎态度，也遭到了一些学者的批评。例如，与申绰交往密切的丁若镛就曾提出批评意见，认为申绰不愿轻易违背古训，这自然是儒者的风范，若只是一味维护郑注，拒绝接受其他见解，那么经文的真义将无法通达，人心亦难以信服。①

撇开对《诗经》的解读观点不谈，在具体的《诗经》解读实践中，除了申绰之外，朝鲜后期的实学家丁若镛也自觉地运用了文献考据的方法。丁若镛继承了星湖李瀷的"经世致用"学说，成为朝鲜儒学史上集大成的实学家，其著作广泛涵盖了经学、文学、经济、医学、地理、文化等多个领域。学界对丁若镛的研究成果极为丰富，特别是关于其《诗经》方面的研究，主要集中在诗学观与四言诗的关系、《国风》论、《诗序》观、比兴论等方面。本研究不重复这些论述，而是将重点放在丁若镛解《诗》的方法上。丁若镛关于《诗经》的解说和诠释成果主要体现在《诗经讲义》中，这是他在正祖十五年（1791 年）经筵讲《诗》时的"条对"记录。然而，由于"讲义之体，唯问是对"，未涉及的问题即便有旧闻也不敢陈述，因此丁若镛又撰写了《诗经讲义补遗》3 卷。② 现在所见的《诗经讲义》包括了经筵《讲义》和《讲

---

① ［朝鲜朝］丁若镛：《与犹堂全书》第　集《诗文集》卷二十《答申在中》，《韩国文集丛刊》第 281 册，第 430 页。

② ［朝鲜朝］丁若镛：《与犹堂全书》第二集《经集》卷二十《诗经讲义补遗》，《韩国文集丛刊》第 282 册，第 463 页。

义补遗》两部分。在《诗经讲义序》中，丁若镛强调了训诂在阐明义理中的重要性，间接揭示了他的解《诗》方法。他指出："读书者唯义理是求，若义理无所得，虽日破千卷，犹之为面墙也。虽然，其字义之诂训有不明，则义理因而晦，或训东而为西则义理为之乖反。兹所以古儒释经，多以诂训为急者也。古今文字之异用，如华夷解语之殊音。诂训者象译也，译之不得其本义，而归而语其国曰中华文物盛矣，斯为可笑夷也。今人之读书蒙昧，而言必称三代者，何以异是？诸经皆然，《诗》为甚。《诗》者，浏然吟讽于声容色辞之外，而其语脉倏忽，非如记事之文一问一答者，可以理势求之也。故失之一字而句义晦，失之一句而章义乱，失之一章，篇意已燕越矣。故《小序》废而不得为一辞者，由诂训之有不明"①，进而认为解经者如果能广泛参考先秦两汉的古文，折中于多寡之间，经之本义自然会显现。因此，他深入研究了《九经》《四书》及诸子散文、史书，凡是引用诗句、讨论诗学之处，都一一抄录下来。

丁若镛与申绰一样重视《诗经》逸诗和文字训诂，但他克服了申绰"唯郑注是护"的局限，不仅引用先秦两汉的诗说进行辨正，还关注了宋元以来的诗学成果。例如，在《小雅·巧言》中，毛传"餤，进也"、郑笺"邛，病也"的解释，丁若镛进行了辨正：

> 补曰："餤"与"馅"通。通凿进毒于饼餤中可见也，馅饼中实味也。盗言外则甘而内藏乱，如饼之外甘而中实毒味也。如是看，方与"甘"字对勘。《表记》曰："君子之接如水，小人之接如醴。君子淡以成，小人甘以坏。"引此诗以实之。"甘"字不可泛看。邛者，劳也，瘁也。孔子曰："上人疑则百姓惑，下难知则君长劳。臣不援其所不及，不烦其所不知，则君不劳矣。《小雅》曰：匪其

---

① ［朝鲜朝］丁若镛：《与犹堂全书》第一集《诗文集》卷十三《诗经讲义序》，《韩国文集丛刊》第 281 册，第 276 页。

止共。维王之邛。"《缁衣篇》:"邛者,劳也。"①

首先,丁若镛提出与毛传、郑笺不同的解释。从古书用字的角度来看,"餤"是"馅"的通假字。将毒药混入饼馅之中,外表甜美而内含毒性,这样的解释才能与"甘"字形成对比。其次,他援引《礼记·表记》来支持"君子淡以成,小人甘以坏"的观点。郑玄将"邛"解释为"病",而丁若镛则认为应解释为"劳"。他还引用《礼记·缁衣》的解释来佐证自己的观点。

在《邶风·击鼓》中,"契阔"一词,毛亨解释为"勤苦",而朱熹则认为有"隔远"的含义,并指出"阔"与"契阔"是同义。丁若镛对这些解释进行了细致的辨析。

> 补曰:两合曰契,双离曰阔。契阔者,离合也。《周礼》有券契之法,《唐书》有木契之制,盖以左右两片,相合如符以为信也。阔者,门之辟也。闭门则两扉相合,辟门则两扉相离,其间广阔,故谓之阔也。郑玄《丧服注》以辟领之间谓之阔中。盖辟领两片,左右分开,其间正如辟门之象,故名曰"阔中"。阔之本义如是也。死生合离,无渝此心,即夫妇之约誓也。于嗟阔兮者,不幸而相离也,离而弃之,不令生活则信誓空矣。故曰"于嗟洵兮,不我信兮"。②

经过上述引证和辨析,我们可以看出丁若镛在解读经典时,并非采取了绝对化的态度对待汉儒与宋儒。他既不盲目信奉朱熹的解释,也不完全固守于毛传和郑笺的注解,而是致力于通过训诂学的方法,准确地把握《诗经》的原始含义。

通过借鉴其他文献来阐明通假字,从而精确把握《诗经》的含义,是丁

---

① [朝鲜朝] 丁若镛:《与犹堂全书》第二集《经集》卷二十《诗经讲义补遗·小雅》,《韩国文集丛刊》第 282 册,第 472 页。

② [朝鲜朝] 丁若镛:《与犹堂全书》第二集《经集》卷二十《诗经讲义补遗》,《韩国文集丛刊》第 282 册,第 468 页。

若镛解读《诗经》的常用方法。例如，在《小雅·节南山》中，"秉国之均，四方是维"，毛亨将"均"解释为"平"。而到了南宋，潘时举则将"钧"解释为陶工在制作陶器时所用的转轮。从毛亨和潘时举的解释中，我们可以看出《诗经》在流传至南宋期间，字形已经发生了变化。丁若镛通过辨识通假字，建立了"均"与"钧"的联系，他指出：

> 均、钧，通。"钧"者，权衡之名。《说文》云：三十斤为钧。《汉书·律历志》曰："权与物钧而生衡，衡权合德，百工由焉。《诗》云：'尹氏大师，秉国之钧。'"字从金。钧之得名，本以均平，然阿衡、保衡亦取衡平之义。"秉钧"之"钧"，恐非陶均。……〇此篇皆不均不平之意。秉钧者操衡也。①

丁若镛指出在《诗经》中，"钧"字有"平衡"之义，"秉钧"指代执掌权力的人。又如，《小雅·宾之初筵》"室人入又""矧敢多又"句，郑玄解释"又"为副词，强调动作的重复。然而，丁若镛引用《周礼·秋官》中司刺执掌的"三宥"制度，②指出"又"与"宥"相通，从而对诗意进行阐释："盖谓三酌之时，幸以不识之宥宥之矣，矧敢望于多宥哉？"又进一步引《礼记·王制》及其注解"王三又，然后制刑，注曰'又'当作'宥'"③来支持自己"通假"的见解。在《诗经讲义》及其《补遗》中，丁若镛通过揭示通假字来解释词义的例子不胜枚举。然而，有时他对字形和字音的分析不够科学和严谨，导致对《诗经》含义的解释显得有些牵强。例如，在解读《魏风·硕鼠》时，他基于毛亨的"止，所止息也"的解释进一步阐述："齿者，

---

① ［朝鲜朝］丁若镛：《与犹堂全书》第二集《经集》卷二十《诗经讲义补遗》，《韩国文集丛刊》第 282 册，第 471 页。

② 《周礼·秋官·司刺》："掌三刺、三宥、三赦之法，以赞司寇听狱讼。……一宥曰不识，再宥曰过失，三宥曰遗忘。"即首次宥恕适用于那些因看错人而误杀人的情况，第二次宥恕适用于无心之失导致的误杀，而第三次宥恕则是针对因疏忽而忘记某处有人存在，从而误杀人的情形。

③ ［朝鲜朝］丁若镛：《与犹堂全书》第二集《经集》卷二十《诗经讲义补遗》，《韩国文集丛刊》第 282 册，第 473 页。

止口也，字从止从口，故曰'相鼠有齿，人而无止'也。礼者体也，字皆从豐旁，故曰'相鼠有体，人而无礼'也。《左传》师服之言曰：'礼以体政。'《春秋传》：叔孙豹与庆封食，不敬，为赋《相鼠》。"对于该诗的诗旨，《毛序》指出："《硕鼠》，刺重敛也。国人刺其君重敛，蚕食于民，不修其政，贪而畏人，若大鼠也。"郑玄笺："大鼠大鼠者，斥其君也。"朱熹在《诗序辨说》中则认为"此亦托于硕鼠以刺其有司之词，未必直以硕鼠比其君也。"① 尽管具体的控诉对象略有差异，但分析一致认为是对剥削者无理行为的控诉。丁若镛对《硕鼠》诗旨的分析大致与《毛序》相符，尽管他对"齿者，止口也，字从止从口"和"礼者体也，字皆从豐旁"的字形拆解不够科学，但通过所引文献可以看出他对《左传》引用《诗经》含义的重视和阐释。

丁若镛在解释《诗经》时，运用了考据学的方法，重视探究先秦文献中引用《诗经》的深层含义。他既没有完全陷入对汉代儒学者解释的盲目追随，也没有全盘否定朱熹在《诗集传》中的阐释，而是采取了批判性的继承态度。尽管在考据技巧和方法上，他与明清时期的考据学家相比尚有差距，但丁若镛从实学家"经世致用"的立场出发，通过文献考据，努力开辟了《诗经》解释的新途径，这一积极尝试是值得肯定的。

在朝鲜的《诗经》学史上，朝鲜的儒学者对《诗经》的诠释，不仅反映了他们对政治理念的追求、学术思想的探索，还蕴含了他们对国家兴衰和历史命运的深刻感受，展现出独特的学术风貌。例如，朴世堂在其著作《诗思辨录》中，展现了与朝鲜其他《诗经》研究者不同的态度和方法。他不仅尊崇《毛诗》，还广泛吸纳了其他三家诗学的精华，频繁引用《韩诗》来补充《毛诗》的不足，体现了他宽广的学术视野。在对待汉学与宋学的问题上，朴世堂采取了折中的立场，用汉学来填补宋学的空缺，同时用宋学来矫正汉学的局限。在解读《诗经》时，他从文本本身出发，以意逆志，超越了单纯的文

---

① 韩国学者金秀炅在其著作《韩国朝鲜时期诗经学研究》（台湾万卷楼出版社 2013 年版）中对相关议题进行了简要探讨。详细内容请参见该书第 226—227 页。

献考证和义理分析，直接触及《诗经》的深层含义，关注社会现实，并表达了对生命政治的渴望，其学术特色具有明显的经世致用倾向。① 成海应则采取了汉学与宋学并重的方法，特别注重诗学的传承和演变，并强调对朱熹《诗集传》版本的校勘工作。其解释趋向"显出既从《序》又从朱的形态"②。每位朝鲜儒学学者的《诗经》研究成果都值得独立研究，但他们在解读和诠释这部经典时，都无一例外地将自己所处的时代背景及历史际遇融入其中。在朱子学说主导的学术环境中，他们积极地进行性理学的诠释，并将其与训诂学的实证方法相结合，通过经典诠释的方式，努力构建一个理想的明君贤臣政治模式。

## 第四节　对中国儒学典籍的续写与仿编

当中国的儒学经典传入朝鲜半岛后，朝鲜人以多种方式接受并加以改造，其中续写和仿编成为再创作的重要形式之一。

程朱理学自 11 世纪起，不仅成为我国思想体系的主导，还对朝鲜半岛的社会思潮和意识形态产生了深远的影响。作为理学思想的重要载体，《近思录》是朱子最具影响力的理学著作之一。它强调人伦道德，内容切实精粹，对性情心术的端正具有积极意义。《近思录》所构建的"三纲八目"为后来的编纂者提供了范本，其 14 卷的体例标志着朱子理学体系的成熟。③ 该书在南宋及其后的各朝代备受尊崇，并在传入朝鲜半岛后，被不断地抄印、注解、续编和仿编。它对学习者理解圣学起到了"识其门庭"的作用，被视为

---

① 可参阅付星星：《古代朝鲜半岛〈诗经〉诠释的特征——以朴世堂〈诗思辨录〉为例》，《域外汉籍研究集刊》（第十八辑），中华书局 2018 年版。

② 杨沅锡：《研经斋成海应的诗经学研究》，高丽大学 2000 年硕士学位论文。

③ 可参阅程水龙所著《〈近思录〉东亚版本考述》第一章"《近思录》原文本的产生及其版本"，凤凰出版社 2022 年版，第 68—71 页。

"四子之阶梯，初学之关钥"，① 甚至被提升至理学经典的地位。

一些推崇程朱理学的朝鲜儒学者，在研习《近思录》的同时，也效仿朱熹、吕祖谦所采用的体例和编纂方式，辑录了宋元明时期杰出理学家的语录，或是朝鲜著名儒学士的言论，甚至融合了中国和朝鲜理学家的语录，编纂了多部类似《近思录》的著作。这些由朝鲜儒学者仿作和续编的《近思录》文献，在主题和编纂体系上与中国明清时期的《近思录》续作极为相似，② 但在具体内容和书名上，却展现了鲜明的朝鲜本土特色。

在现存的朝鲜儒学文献中，较早的《近思录》续作当属卢守慎编撰的《近思后录》。卢守慎是著名儒者李彦迪的弟子，他早期对《心经》中关于人心与道心的解释与朱熹的解释相一致。然而，在深入研究明代哲学家罗钦顺的《困知记》后，他的观点发生了转变，主张"道心未发，人心已发"，并因此对阳明学进行了深入研究，这使他受到了朱子学者的批评。罗钦顺在《困知记》中自述了自己从笃信佛学到经过长期的"研磨体认"，最终"了然有见乎心理之真"，③ 从而毅然决然地放弃了佛学。他批判了佛学提倡的"明心见性"、程朱的"理先气后"以及陆王的"此心但存，则此理自明"，并明确表示"明斥似是之非，盖无所不用其诚"。罗钦顺反对"存天理，灭人欲"的观点，认为："欲与喜怒哀乐皆性之所有者，喜怒哀乐又可去乎?"④ 提出了理欲统一的学说。他强调思考的重要性，提出"能思者心，所思而得者性之理"，并认为"苟学而不思，此理终无由而得"。⑤ 罗钦顺还否定了"顿悟"，提倡《中庸》中倡导的博学、审问、慎思、明辨、笃行的循序渐进的学习过程。《困知记》是罗钦顺哲学思想的集大成之作，对于研究宋明理学的演变

---

① （宋）叶采:《近思录集解》卷首，朝鲜宣祖十一年礼山县刻本。

② 程水龙在其著作《〈近思录〉东亚版本考述》的第三章至第五章中，深入探讨了明清时期《近思录》的续编与仿编作品的版本及注释本情况，这些内容具有重要的参考价值。

③ （明）罗钦顺:《困知记》卷下，中华书局1990年版，第34页。后引不再详注。

④ （明）罗钦顺:《困知记》卷下，中华书局1990年版，第28页。

⑤ （明）罗钦顺:《困知记》卷下，中华书局1990年版，第35页。

具有重要价值。

该书传入朝鲜半岛后，引起了朝鲜儒学者的广泛讨论，讨论主要集中在对心学的批判以及对理学的改造上。李滉明确指出"《困知记》人心道心说，分明缪误，以寡悔之高明。其于学问，亦不可谓不深，而乃反主张其说如彼，深可怪叹"①。金启在给卢思慎的书信中也批评罗钦顺"不达圣贤心性情意体用几微之妙用，而以道心为体，以人心为用，可笑。今之士大夫惑于《困知记》诡诞之说，皆靡然从之，而莫敢是非，可胜叹哉。"②然而，卢守慎对心性的理解"大抵以整庵之说，先生之言为是"。《近思后录》正是卢守慎根据罗钦顺的《困知记》中的言论，仿照《近思录》进行分类汇编的成果。高丽大学图书馆藏有该书的残卷，书后抄录了罗钦顺的《困知记序》《困知记续书》《困知记再续识》等序跋文。最后，有一篇题署为"嘉靖庚申（1560年）上冬四日后学卢守慎书于沃川之薛斋"的《困知记》跋文：

> 守慎晚得《困知记》，见其言正大精微，多发未发，大有功于程朱之门，顾以随手札录，前后互见，恨未易融会也！昔朱子答门人，谓《程氏遗书》类编也好，只恐言仁处或说著义，言性处或说著命，难入类耳，却终编成《近思录》。后仍复有《续》《别》二录，至今学者赖之。辄敢撮取记言汇属十四门，拟为《后录》，独其间数条不免分截迁就。噫！此朱夫子所以有难意也。噫！此特慎自以便于参究而融会焉已。

在朝鲜，朱子学派的学者们对罗钦顺的心性理论进行了激烈的批评。然而，卢守慎却能够坚守自己的观点，将罗钦顺的言论进行了系统的分类和编纂，这一点实属难能可贵。卢守慎所编纂的《近思后录》不仅是朝鲜儒学史上的第一部，也是东亚儒学史上首个专门辑录明代理学家语录《近思录》的

---

① [朝鲜朝] 李滉：《退溪集》卷二十六《答郑子中》，《韩国文集丛刊》第30册，第113页。
② [朝鲜朝] 卢思慎：《苏斋集》内集下篇《答金都事别纸》，《韩国文集丛刊》第35册，第382页。

仿编本。

被誉为"北儒之冠"的韩梦麟创作了《续近思录》14 卷，这部作品是朝鲜学者对《近思录》的续编代表作。在序言中，韩梦麟阐述了他续写《近思录》的初衷，他指出："朱夫子性理道学上说话，不啻倍蓰于周、程、张诸贤之书，信所谓义理之府库，学门之表准，其一言一语无非可读可法，而第其篇秩浩穰，若无畔岸，学者不能遍观而尽识。"① 且尽管中朝的儒学学者已经对朱熹的著作进行了节选和摘录，如退溪李滉的《朱子书节要》和明朝丘濬的《朱子学的》，这些作品虽然精要且便于阅读，但韩梦麟认为它们仍然过于繁杂。因此，他从《节要》和《学的》中"采其尤切于学者六七百言，又于《四书注疏》中取其紧要者数百条，编为一书"。他谦称此书"以为朝夕寓目之资"，实际上，有意引导学习者"领其要而得其门"。韩梦麟的《续近思录》虽名为"续"，但并非仅是对《近思录》的简单续编，而是仿照《近思录》编撰体例，精选朱熹理学的言论，共收录朱熹语录 769 条。通过查考《续近思录》的编排条目，除了少数条目名称略有改动外，其余均"一依《近思录》条目为次"。现将《近思录》和《续近思录》条目列表进行比较，以明确后者对前者体例结构的效仿：

表9 《近思录》与韩梦麟《续近思录》条目概览表

| 条目卷次 ＼ 书名 | 《近思录》 | 《续近思录》 |
|---|---|---|
| 卷一 | 道体 | 道体 |
| 卷二 | 为学大要 | 为学大要 |
| 卷三 | 格物穷理 | 致知 |
| 卷四 | 存养 | 存养 |
| 卷五 | 改过迁善，克己复礼 | 克己 |
| 卷六 | 齐家之道 | 家道 |

---

① ［朝鲜朝］韩梦麟：《续近思录》卷首《续近思录序》，朝鲜纯祖十九年木活字本，首尔大学奎章阁藏本。

| 书名<br>条目卷次 | 《近思录》 | 《续近思录》 |
|---|---|---|
| 卷七 | 出处进退辞受之义 | 出处义利 |
| 卷八 | 治国平天下之道 | 治体 |
| 卷九 | 制度 | 治法 |
| 卷十 | 处事之方 | 政事 |
| 卷十一 | 教学之道 | 教学 |
| 卷十二 | 改过及人心疵病 | 警戒 |
| 卷十三 | 异端之学 | 异端 |
| 卷十四 | 圣贤气象 | 观圣贤 |

经过比较，我们注意到韩梦麟在《续近思录》中对条目名称进行了简化，同时某些条目的命名反映了从"他者"视角的调整。例如，"改过及人心疵病"这一条目，在韩梦麟的解读下，认为其对朝鲜学者具有警示意义，因此更名为"警戒"；而《近思录》中的"圣贤气象"被视为朝鲜学者效仿圣贤的典范，故而更名为"观圣贤"。这一现象揭示了朝鲜儒学者在续写和仿作时，并非简单地复制，而是融入了自己独到的思考和理解。

目前所见韩梦麟所著的《续近思录》卷首，收录了朝鲜后期性理学家吴熙常于"崇祯后四己卯"年（1819年，朝鲜纯祖十九年）所撰写的序言。这与韩梦麟本人所作序的时间"崇祯三周岁在丁丑"（1757年，朝鲜英祖三十三年）相隔了62年。吴熙常应韩梦麟之孙韩国襈的请求，为这本书的出版撰写了序言，在其中详细描述了韩梦麟编纂此书的若干细节，并对《续近思录》进行了评价：

> 余尝从关北多士，闻故参奉凤岩韩公隐居教授，蔚然为北儒之冠，至今衣缝掖者咸翕然宗之，意其邃学博识必有以大过人者。乃者公孙国襈携公所辑《续近思录》三卷，千里来访，属余为序。窃惟子朱子《近思》一书，即《四书》之津筏也，大而天人性命之原，细而日用躬行之实，包涵该括，开卷灿然，其所以继往开来者，可谓至深切矣。明（当作"清"）儒张伯行父又取朱子微言之关于学

问者，汇分类次，编为《续录》。夫朱书之宏博浩穰，不啻倍蓰于四子之遗书，而宇宙间义理至朱子而大备，兹《续录》之所由作也。今公此书发凡立例，一遵寒泉之成规，而拣择去取，与张氏之书大略相似，旷世殊域不谋同志者亦云异矣。况其为书也，分之则各专一家，合之则互见得失，虽与之并行，无伤也。噫！公主于穷北荒僻之野，奋起孤唱，与中华述者相上下，所谓豪杰之士非耶！且闻公搜辑之时年已七十有余，右腕病痿，左搦管缮写卒稿，好学之诚，老而弥笃，尤非浮慕之所可几也。苟使北方之学者皆能以公之心为心，而沉潜于是编之中，俟其怡然涣然，以进乎《大全》，则庶几巨细不遗，博约两进，虽不见张氏书足矣。异日是编傥入中国，而有具眼者则尚可见朱子书大明于左海，而绝徼之外亦有如张伯行者出焉，是不可以无传也。于是略加修整而序之。公讳梦麟，学于崔鹤庵慎门人韩耻庵，世襄鹤庵之学出于华阳宋文正云尔。①

在序言中，我们可以了解到韩梦麟的学术渊源。他是尤庵宋时烈的再传弟子，后者以"言必称朱子"著称。韩梦麟的学问深厚，对学习的热忱至老不衰。在编纂《续近思录》时，他已经年过七十，并且右手患有疾病。吴熙常在将韩梦麟的《续近思录》与清代张伯行的同名作品进行比较后，对韩梦麟的作品给予了极高的评价："异日是编傥入中国，而有具眼者则尚可见朱子书大明于左海，而绝徼之外亦有如张伯行者出焉。"②清初理学名臣张伯行对《近思录》推崇备至，他编撰了《近思录集解》《广近思录》和《续近思录》，旨在表彰程朱理学，并推广其将道统与治统合一的理念。这些作品对后世产生了深远的影响。其中，《续近思录》分为"道体""论学""致知""存养""克

---

　　① ［朝鲜朝］吴熙常：《续近思录序》，韩梦麟：《续近思录》卷首，朝鲜纯祖十九年木活字本，首尔大学奎章阁藏本。
　　② ［朝鲜朝］吴熙常：《续近思录序》，韩梦麟：《续近思录》卷首，朝鲜纯祖十九年木活字本，首尔大学奎章阁藏本。

治""家道""出处""治体""法治""政事""教学""戒警""辨别异端"和
"总论圣贤"等 14 个部分，辑录了朱熹的语录 639 条。该书最早的版本是康
熙四十九年(1710 年) 的姑苏正谊堂刻本。经过比较，正如吴熙常所言，"拣
择去取，与张氏之书大略相似"。韩梦麟在编纂《续近思录》时，张伯行的
同名作品已经完成并刊行了 40 多年。然而，在韩梦麟的《续近思录序》中，
对张氏的作品只字未提，这可能是因为他未曾见过张氏的书。因此，吴熙常
认为两人是"旷世殊域，不谋同志者"。韩梦麟的《续近思录》作为朝鲜儒
学者续写《近思录》的代表作，在中国域外熠熠生辉。它与《朱子大全》"博
约两进"，相辅相成。

李汉膺所著的《续近思录》14 卷，是朝鲜儒学者对《近思录》的又一
杰出续作。这部作品的独特之处在于，它不仅精选了南宋三贤——朱熹、张
栻、吕祖谦的精辟言论，还收录了被誉为"东方朱子"的李滉的语录。李滉，
朝鲜朝前期一位具有开创性的儒学大师，他尊崇朱熹，并致力于传承和维护
程朱理学的官方学术地位，其学术成就远超元明时期的诸多儒者。李汉膺高
度评价了李滉在"绍修洛闽《近思》之学"方面的贡献，并将其与南宋三贤
并列。《续近思录》共收录了这四位学者的精要语录 1062 条，按照"道体""为
学""致知""存养""力行""家道""出处""治道""治法""临政处事""教
学之道""戒警""辨别异端""总论圣贤"的分类顺序编排，其篇章结构遵
循《近思录》的范例，但也有所创新。在序言中，李汉膺详细阐述了编纂此
书的初衷：

> 子朱子承周、程、张四夫子统绪，推广辨明之时，则有若张南
> 轩、吕东莱两先生菀为道义契，相与讲讨切磨之，其所以相助相长
> 之者大矣。朱子殁后三百有二载，而退陶李子生于东方，讲明朱子
> 之学，以斯道为己任。今天下沦没，道学弁髦，而独我东诸贤，绍
> 修洛闽《近思》之学，实退陶倡之也。朱子尝与东莱选周、程、张
> 书，为《近思录》，曰："《四子》，《六经》之阶梯；《近思录》，《四

子》之阶梯。"其迹甚美而大有功于后学也。膺也生最晚，追慕退陶，以及朱、张、吕，而其书浩博，茫不知下手，于是乃敢采掇四子，集要语，篇目一依《近思录》例，名曰《续近思录》，僭矣，无所逃罪，然后之学者有意于四子者，由是而寻焉，则庶乎得其门而入也。然则斯又为《近思录》之阶梯，以及《四子》《六经》，退翁所谓"溯伊洛而达洙泗，无往而不可"者是矣。……①

李汉膺认为，《四子》是《六经》的阶梯，《近思录》又是《四子》的阶梯，而他所编撰的《续近思录》，"为《近思录》之阶梯"。遵循此路径，便能"溯伊洛而达洙泗"，达到圣学的境界。该书卷首清晰地列出了精要语录的文献来源：《朱子大全》《朱子语类》《论语集注》《诗集传》《大学或问》《中庸或问》《家礼》《南轩先生文集》《东莱先生文集》《退溪先生文集》以及《退溪先生言行录》。从中可以看出，占绝大多数的中国的性理学著作和理学家的文集，构成了李汉膺接受和吸收思想以续写《近思录》的重要基础。

李汉膺所著的《续近思录》目前在韩国国立中央图书馆、国会图书馆以及首尔大学奎章阁均有收藏，这些版本均为木板印刷，共 14 卷，装订为 4 册。各馆的藏书目录中关于该书的刊印地点、刊印者以及刊刻年份均标注为"未详"。然而，李汉膺在序文中署名"时强圉大荒落南吕上浣真城李汉膺谨识"，这一信息实际上揭示了作序的大致时间。在太岁纪年法中，"强圉"和"大荒落"分别代表岁阳和岁阴的名称，"强圉"对应于天干中的"丁"，而"大荒落"对应于地支中的"巳"，②"强圉大荒落"即丁巳年。结合序文末尾李汉膺提到的"才学不逮，且极耄荒，抄纂之际极费心力"，可以推知该"丁

---

①　［朝鲜朝］李汉膺：《续近思录》卷首，朝鲜后期木板本。同时见于李汉膺：《敬菴集》卷九，《韩国文集丛刊》第 116 册，第 176 页。

②　《尔雅·释天》记载："太岁在甲曰阏逢，在乙曰旃蒙，在丙曰柔兆，在丁曰强圉，在戊曰著雍，在己曰屠维，在庚曰上章，在辛曰重光，在壬曰玄默，在癸曰昭阳。""大岁在寅曰摄提格，在卯曰单阏，在辰曰执徐，在巳曰大荒落，在午曰敦牂，在未曰协洽，在申曰涒滩，在酉曰作噩，在戌曰阉茂，在亥曰大渊献，在子曰困敦，在丑曰赤奋若。"

巳年"大约是哲宗八年（1857 年）。至于"南吕"，它指的是十二律与十二月相对应的八月，"上浣"则指的是每月的上旬。"真城"为李汉膺的籍贯，但籍贯与版刻地点并不能简单等同，因此"刊写地"一项仍然不详。

朝鲜的儒学者们在模仿《近思录》编纂中国理学家言论的同时，也致力于将本国具有显著影响力和独特学术思想的学者们的言论进行分类整理。柳徽文参考了南宋程若庸的《续近思录》、蔡模的《近思续录》以及清代汪佑的《五子近思录》，通过补充和润色，完成了《近思后录》的编纂。鉴于本国著名儒学家李滉的著作内容繁多，学习者难以把握其核心要义，柳徽文便从《退溪文集》和《言行录》中选取"切于学者日用者，分门编辑"成《近思后录》[①]。这是朝鲜儒学家仿照《近思录》并以《近思后录》命名，专门挑选本国某位名儒言论的早期尝试。

鲁西先生尹宣举曾计划将赵光祖、李滉、成浑、李珥这"四子"的著作进行节选，以继续《近思录》的编纂工作，遗憾的是，他的手稿未能完成。尹拯也曾打算从"四子"的著作中"择其言之关大体切日用者，以次编摩各自为一家言，合成十余卷书"。但他认为不必按门类编排，以免给人模仿之嫌，他主张命名为《近思后录》以示其美好愿景，然而最终也未能完成著作。姜必孝深感"四先生心法德行可配周程，道同而言亦符均之为圣译也欤，然则会粹言续原书以接响乎濂洛，固斯文所不可阙，而后学之所不敢不勉者"。因此，他取"四先生"的遗著，加以删减和编排，仿照《近思录》的条目顺序，按照"道体""为学""致知""存养""克治""齐家""出处""治道""治法""临政处事""教人之道""警戒改过""辨别异端""总论圣贤"等 14 门类，编纂成《近思后录》14 卷。在条目名称上，与《近思录》相比，也做了一些改动。

姜必大的《近思后录》，相较于此前朝鲜学者所著同名为《近思后录》的作品，在朝鲜儒学本土化建设方面取得了突破。它不仅包含了赵光祖、李

---

① ［朝鲜朝］柳徽文：《好古窝集》卷十三《管窥僭言》，《韩国文集丛刊》第 112 册，第 422 页。

滉、成浑、李珥四位先生的言论，还加入了尹拯关于重大原则和日常应用的言论，是朝鲜儒学家仿照《近思录》对本国儒学进行本土化建设的又一成果。

在朝鲜后期，朝鲜与清朝一样，面临列强的侵略和西学东渐的严峻挑战。朝鲜的知识分子们迫切寻求突破，本土意识和独立意识空前高涨。正是在这样的历史和文化背景下，朝鲜大儒宋时烈的九世孙宋秉璿对本国儒学进行了前所未有的本土化重构，并最终完成了《近思续录》的编撰。他坚定地认为自己是中华文化的真正继承者。在他的观念中，值得尊敬的理学家不仅包括周敦颐、程颢、程颐、张载和朱熹，还包括本国的杰出儒者静庵赵光祖、退溪李滉、栗谷李珥、沙溪金长生和尤庵宋时烈等"五先生"。他将本国的儒学大师与南宋的理学家相提并论，认为"静菴、退溪作于前，抽关启键，有似乎濂溪周子；栗谷、沙溪继其后，阐明大备，又同于程、张夫子；尤菴晚出，发挥运用，殆若紫阳之夫子"，从而构建了一个清晰的师承关系和有序的道学传统。宋秉璿认为"五先生之学，即周、程、张、朱之道"。

鉴于"五先生"的著作内容浩瀚，宋秉璿感到望洋兴叹。因此，他将多年搜集的五先生语录汇集起来，并与外弟金圣礼共同进行筛选和编辑。他们模仿清代汪佑的《五子近思录》的体例，将788条语录按照"道体""为学""致知读书""存养""力行""齐家""出处""治道""治法""临政处事""教道""警戒""辨异端""论圣贤"等类别编排成册，形成了《近思续录》。宋秉璿认为，该书"凡于求端用力处已治人之道，洎夫辨异端、观圣贤之事，罔不备载，则可以为进学之阶级"，为学者们全面掌握朝鲜朝儒学五贤的思想提供了极大的便利。他还提出："阐明四子之旨，则此书安知不为《四子》《近思》之羽翼也欤？"他鼓励学习本国儒学大师言论的学者们"不以人僭逾而废之，循是而进，亦庶乎得其门而入矣。若不先力乎此，直欲求诸五先生全集，则地负海涵，未易见其涯际，必须由其要而致其博。然后可以尽得宗庙百官之盛矣"[①]。

---

① ［朝鲜朝］宋秉璿：《渊斋集》卷二十三《近思续录序》，《韩国文集丛刊》第329册，第393页。

宋秉璿所编纂的《近思续录》，尽管题名承袭自《近思录》，却并未收录中国宋明理学家的语录。它仿效《近思录》的体例，专注于收录本国杰出儒士的言行录，从而形成了一部彻底本土化的《近思续录》。根据其子宋哲宪所撰写的《家谱》以及宋秉珣所作的《行状》，宋秉璿从39岁开始编纂《近思续录》，直至60岁仍在对其进行校勘和续补，最终形成了后世所熟知的校改定本。朝鲜高宗十一年（1874年）七月，宋秉璿"就静、退、栗、沙、尤五先生遗书，纂辑其要领，与省斋金公更加商确，仿《五子近思录》之例，条分类别，编为是书"。① 即《近思续录》的初编本，但此版本并未刊印。高宗十九年（1882年）七月，在给其族叔李膺洙的信中提到："《近思续录》今更考阅，则删可为多，添亦有之，大费心力，然后可以成书。"② 高宗三十二年（1895年），宋秉璿前往栖碧亭，与李秉瑚、郑大卿、安成焕等君子"复阅诸先生书，亦有收入处，庶可为完本矣。斯役既毕，又校制治文字，并使易纸"。这一年是乙未年，恰逢朱夫子与吕先生在寒泉相会之年，他赋诗感慨："乙未仲夏月，同志会三四。续编有校役，寒泉依故事。笔删用心苦，对床更相议。泉响入户冷，灯光到夜邃。叔季起淫辞，恒抱忧世意。纵有一苇力，难抗滔天水。愿言吾党士，经旨讲未已。"诗中描述了儒学同道共同校订《近思续录》的情景，以及末世相聚、相互勉励的深情厚谊。至于该年校订、笔删之后是否立即刊印，目前尚无确切资料证明。光武五年（1901年），宋秉璿在《答安稺章》中与安成焕讨论了《近思续录》的"磨灭头注"以及文字措辞问题：

> 《近思续录》"道体篇"十一板"自体之体"，考先祖手书真本，
> 则初非所误，而又细究其文义，则用字亦不必为然，故磨灭其头
> 注，且连"乡士友"。以序中"礼学"二字，为不满于沙翁，有所
> 是非，故改以"实践"。盖"潜思实践"，是称横渠语；"笃实践履"，

---

① [朝鲜朝]宋秉璿:《渊斋集》卷五十附录《年谱》,《韩国文集丛刊》第330册,第429页。
② [朝鲜朝]宋秉璿:《渊斋集》卷六《上枕泉族书》,《韩国文集丛刊》第329册,第104页。

是称沙溪语，则"实践"二字，更无可议者否？细商以示如何。《东鉴》纂辑，极知其僭猥，而当此华夷无分，人兽无别之世，邪说炽行，乱贼踵起，天理人伦于是乎坠矣。寻常不胜其忧惧之心，故敢生此意。今幸略成头绪。上下千有余年之间，兴亡之几，治乱之迹，昭昭乎在。然善善恶恶，一任天理之公，非至明不能，其过恶未著者，则心迹之间，操纵尤难。故尚多有商量处。恨未得与吾贤者共之也。知我罪我。先圣犹有所云。①

根据信件中的"十一板"表述，可以推断出在光武五年之前，《近思续录》已经完成了印刷。目前，高丽大学收藏有两套《近思续录》，它们在行款、版式和装帧上完全相同。然而，经过仔细对比两版中宋秉璿所作的序文，可以明显看出这两套《近思续录》并非出自同一版。这是因为宋秉璿与安成焕在讨论措辞时出现了差异，两种序文中分别出现了"沙溪之礼学"和"沙溪之实践"的不同表述。特别是"实践"二字周围有明显的修改痕迹，这表明"沙溪之实践"是光武五年宋秉璿与安成焕讨论后决定的最终印刷版本。《近思续录》的版刻情况相当复杂，目前还难以仅凭宋秉璿的序言、年谱和行状来精确判断该书版刻的确切时间，只能大致推断出时间的范围。②

西学东渐，朝鲜儒学面临前所未有的挑战。宋秉璿在此背景下编纂了具有鲜明本土特色的《近思续录》，表达了重建道统、回归传统的强烈愿望。这部作品标志着朝鲜儒学在继承中国儒学传统的同时，成功实现了本土化构建。因此，《近思续录》在朝鲜儒学史上具有划时代的里程碑意义。③

---

①　[朝鲜朝] 宋秉璿：《渊斋集》卷十一《答安稺章（辛丑九月三十日）》，《韩国文集丛刊》第 329 册，第 178 页。

②　程水龙在《〈近思录〉东亚版本考述》一书中指出，宋秉璿《近思续录》在刊刻和修订的过程中至少经历了四种不同的版本：朝鲜朝高宗十一年序刊本、共宋秉璿与金圣礼同修订的版本、高宗三十二年夏的校改本以及疑似朝鲜朝光武五年所刻的木板本。这些版本的刊刻时间是基于宋秉璿所作序言的时间以及与友人的书信往来推断得出的，因此这些结论尚存在讨论的空间。

③　罗海燕：《〈近思续录〉与韩国的儒学本土化建构》，《东疆学刊》2016 年第 4 期。

通过对朝鲜儒学者《近思录》续作和仿编成果的梳理与分析，朝鲜儒学的本土化建构过程清晰可见：朝鲜的儒学家们起初对中国宋明理学怀有崇高的敬意，随后逐渐实现了与中国思想的融合，最终孕育出具有本国特色的儒学体系。这一演变不仅映射出朝鲜本土意识的逐步觉醒，也彰显了其文化独立性的不断增强。

中国儒学典籍，特别是儒家经典，在东亚的政治、文化、思想史上发挥了重要作用。这些典籍所蕴含的中国文化精髓，在朝贡册封体系的推动下，跨越时空界限，不仅在古代朝鲜半岛，而且在整个东亚汉文化圈内，都赢得了"经典"的崇高地位。受汉文化影响的国家和地区，通过继承和创新性地解释中国儒家经典，构建了理想的礼乐文明社会。朝鲜的儒学学者对"四书五经"以及《近思录》的接受和改造是全面而深入的。例如，"四书"之一的《大学》，从格物、致知的"知"，到诚意、正心、修身的"行"，再到"知行合一"的理念，扩展至齐家、治国、平天下的宏伟目标，以实现"内圣外王"的理想。正是《大学》所倡导的德业修养和实践步骤，使其成为朝鲜时代学者们最为推崇的经书。关于《大学》的注释书籍数量之多，超过了其他任何经书。对《大学》的诠释，既有朱子学派强调"崇正学，辟异端"的解说，也有追求学问与思想自由的学者提出的创新见解。例如李彦迪、高应陟、张显光、安邦俊、崔攸之、朴世堂、李万敷、安泰国等学者，他们不回避朱熹《大学章句》中提出的"格物致知传意错简"问题。尽管在朱子学派绝对尊崇的思想体系中，这些学者的观点可能只是少数，但正是他们的进取性思考，推动了朝鲜经学史和学术史的持续发展，并保持着蓬勃的活力。由于篇幅所限，所举之例虽仅是冰山一角，但它们颇具代表性，通过这些例子，我们可以窥见朝鲜学者对中国儒学典籍传统性继承及创新性诠释的总体风貌。

# 第三章　古代朝鲜对中国史部书的模仿及其再创作

　　"史部"是古代图书分类中的一个术语，根据《四库全书总目》的分类体系，"正史""编年""纪事本末""别史""杂史""诏令奏议""传记""史抄""载记""时令""地理""职官""政书""目录""史评""汇编"等各种体裁的历史文献都可归入史部。史学传统是中华民族精神心理结构和文化内核的重要组成部分。中国传统史学秉承以史为鉴、经世致用、秉笔直书的宗旨，其影响力超越了地理界限，对整个东亚汉字文化圈的史书编纂产生了深远的引领和示范效应。朝鲜的传统史学，可以说在深受中国传统史学影响的同时，也逐渐发展出了自己的特色。

## 第一节　对中国史书的刻印概况

　　如前所述，至少自汉四郡时期起，中国史书便开始持续不断地传入古代朝鲜半岛。在统一新罗以前，中国史书已在朝鲜半岛广泛流传。百济"俗重骑射，兼爱坟史"①。新罗模仿唐朝制度，设立国学，实行科举，

---

① （唐）令狐德棻等撰：《周书》卷四十九，中华书局 1971 年版，第 887 页。

"读《春秋左氏传》，若《礼记》，若《文选》，而能通其义，兼明《论语》《孝经》者"被列为"读书三品科"中之"上品"，"若博通'五经'、'三史'、诸子百家书者"① 则被破格选用。由此可见，史书是当时朝鲜知识分子的必读书，甚至出现了"学士大夫，其于五经、诸子之书，秦、汉历代之史，或有淹通而详说之者。至于吾邦之事，却茫然不知其始末"② 的现象。正是在积极借鉴中国史书的基础上，朝鲜古代史学得以萌芽和发展。

朝鲜世祖曾说："惟经以载道，史以记事，非经，无以澄出治之源，非史，无以考理乱之迹，一经一史，不可以偏废也。"③随着朝鲜文化与印刷技术的进步，源自中国的史学著作被用各种活字印出。古代朝鲜半岛对中国史书的刻印情况详见表 10。

表 10　古代朝鲜半岛对中国史书的刻印简况表 ①

| 书名 | 刊印时间 | 活字类型 |
|---|---|---|
| 通鉴纲目 | 1376 年 | 高丽木活字 |
| 十七史纂古今通要 | 1412 年 | 癸未字 |
| 续六典 | 1413 年 | 癸未字 |
| 音注全文春秋括例始末左传句读直解 | 不详 | 癸未字 |
| 东莱先生校正北史详节 | 不详 | 癸未字 |
| 宋朝表笺总类 | 不详 | 癸未字 |
| 新刊类编历举三场文选对策 | 不详 | 癸未字 |
| 元六典 | 不详 | 癸未字 |
| 资治通鉴纲目 | 1423 年 | 庚子字 |

① ［高丽］金富轼著，杨军校：《三国史记》卷三十八，第 554 页。

② ［韩］李丙焘校：《三国史记》卷首，乙酉文化社 1988 年版，第 1 页。

③ 《朝鲜王朝世祖实录》卷三十三，世祖十年六月二十九日辛亥，影印本第 7 册，第 633 页。

④ 本表根据金斗钟的《韩国古印刷技术史》（首尔探求堂 1979 年版）、曹炯镇的《中韩两国古活字印刷技术之比较研究》（学海出版社 1986 年版）以及《朝鲜王朝实录》中的相关记载编制。

| 书名 | 刊印时间 | 活字类型 |
|---|---|---|
| 前后汉直解 | 1423 年 | 庚子字 |
| 通鉴纲目续编 | 1423 年 | 庚子字 |
| 史记 | 1425 年 | 庚子字 |
| 唐律疏义 | 1425 年 | 庚子字 |
| 战国策 | 1420—1434 年间 | 庚子字 |
| 新刊类编历举三场文选对策 | 1420—1434 年间 | 庚子字 |
| 前汉书 | 1420—1434 年间 | 庚子字 |
| 少微家塾点校附音通鉴节要 | 1420—1434 年间 | 庚子字 |
| 五朝名臣言行录 | 不详 | 庚子字 |
| 资治通鉴 | 1437 年 | 甲寅字 |
| 资治通鉴纲目 | 1437 年 | 甲寅字 |
| 春秋经传集解 | 1450 年前 | 甲寅字 |
| 国语 | 1434—1450 年间 | 甲寅字 |
| 前汉书 | 1434—1450 年间 | 甲寅字 |
| 增修附注资治通鉴节要续编 | 1443—1468 年间 | 甲寅字 |
| 北史 | 1475 年 | 甲寅字 |
| 后汉书 | 1470—1494 年间 | 甲寅字 |
| 史记 | 1470—1544 年间 | 甲寅字 |
| 元史 | 1497—1515 年间 | 甲寅字 |
| 续资治通鉴纲目 | 不详 | 甲寅字 |
| 续资治通鉴纲目集览 | 1470—1506 年间 | 甲寅字 |
| 前汉书 | 1470—1506 年间 | 甲寅字 |
| 少微家塾点校附音通鉴节要 | 1495—1544 年间 | 甲寅字 |
| 三国志 | 1515 年 | 甲寅字 |
| 魏书国志（即《三国志·魏书》） | 1515 年 | 甲寅字 |
| 历代通鉴纂要 | 1518 年 | 甲寅字 |
| 南史 | 1506—1567 年间 | 甲寅字 |
| 春秋左传注解 | 1506—1544 年间 | 甲寅字 |
| 后汉书 | 1506—1544 年间 | 甲寅字 |
| 晋书 | 1506—1544 年间 | 甲寅字 |
| 资治通鉴纲目 | 1506—1567 年间 | 甲寅字 |
| 史记 | 1506—1570 年间 | 甲寅字 |

续表

| 书名 | 刊印时间 | 活字类型 |
|---|---|---|
| 前汉书 | 1506—1573 年间 | 甲寅字 |
| 增修附注资治通鉴节要续编 | 1506—1573 年间 | 甲寅字 |
| 东莱先生音注唐鉴 | 1506—1573 年间 | 甲寅字 |
| 文献通考 | 1555 年 | 甲寅字 |
| 续资治通鉴纲目 | 1546—1575 年间 | 甲寅字 |
| 史记评林 | 不详 | 甲寅字 |
| 历代十八史略 | 1451 年 | 庚午字 |
| 宋史 | 1474 年 | 庚午字 |
| 春秋胡氏传 | 1470—1494 年间 | 庚午字 |
| 古今历代标题注释十九史略通考 | 1470—1494 年间 | 庚午字 |
| 东莱博议 | 1470—1494 年间 | 庚午字 |
| 贞观政要 | 1470—1494 年间 | 庚午字 |
| 晋书 | 1470—1494 年间 | 庚午字 |
| 通鉴论 | 1495—1544 年间 | 庚午字（小字） |
| 古史通略 | 1495—1567 年间 | 庚午字 |
| 少保于公奏议 | 1520 年 | 庚午字 |
| 晋书列传 | 1506—1544 年间 | 庚午字 |
| 宋元史略 | 1506—1544 年间 | 庚午字 |
| 历代史论 | 1506—1544 年间 | 庚午字 |
| 皇朝道学名臣言行录 | 1506—1567 年间 | 庚午字 |
| 资治通鉴纲目集览镌误 | 1506—1567 年间 | 庚午字 |
| 续资治通鉴纲目 | 1506—1567 年间 | 庚午字 |
| 资治通鉴总要论 | 1506—1567 年间 | 庚午字 |
| 五朝名臣言行录后集 | 1506—1567 年间 | 庚午字 |
| 大明一统志 | 1506—1608 年间 | 庚午字 |
| 皇朝名臣言行录 | 1506—1608 年间 | 庚午字 |
| 新刊皇明历朝资治通纪 | 1506—1608 年间 | 庚午字 |
| 新增附注资治通鉴节要续编 | 1506—1608 年间 | 庚午字 |
| 春秋穀梁传注解 | 1506—1608 年间 | 庚午字 |
| 通典 | 1560 年 | 庚午字 |
| 春秋胡氏传集解 | 1563 年 | 庚午字 |
| 新刊详增补注东莱先生左氏博议 | 1546—1567 年间 | 庚午字 |

| 书名 | 刊印时间 | 活字类型 |
|---|---|---|
| 新刊皇明启运录 | 1546—1608 年间 | 庚午字 |
| 贞观政要详解 | 世祖初年 | 乙亥字 |
| 经国大典 | 1471 年间 | 乙亥字 |
| 宋史 | 1474 年间 | 乙亥字 |
| 春秋胡氏传 | 成宗朝 | 乙亥字 |
| 古今历代标题注释十九史略通考 | 成宗朝 | 乙亥字 |
| 音注全文春秋括例始末左传句读直解 | 成宗朝 | 乙亥字 |
| 东莱博议 | 成宗朝 | 乙亥字 |
| 大明律解讲 | 成宗、明宗间 | 乙亥字 |
| 通鉴总论 | 成宗、燕山君间 | 乙亥字 |
| 晋书 | 中宗朝 | 乙亥字 |
| 宋元史略 | 中宗朝 | 乙亥字 |
| 历代史论 | 中宗朝 | 乙亥字 |
| 资治通鉴纲目集览镌误 | 中宗、明宗间 | 乙亥字 |
| 续资治通鉴纲目 | 中宗、明宗间 | 乙亥字 |
| 大明一统志 | 中宗、宣祖间 | 乙亥字 |
| 皇朝名臣言行录 | 中宗、宣祖间 | 乙亥字 |
| 皇明历朝资治通纪 | 中宗、宣祖间 | 乙亥字 |
| 增修附注资治通鉴节要续编 | 中宗、宣祖间 | 乙亥字 |
| 春秋穀梁传注解 | 中宗、宣祖间 | 乙亥字 |
| 通典 | 1560 年 | 乙亥字 |
| 春秋胡氏传集解 | 1563 年 | 乙亥字 |
| 新刊详增补注东莱先生左氏博议 | 明宗朝 | 乙亥字 |
| 新刊皇明启运录 | 明宗、宣祖间 | 乙亥字 |
| 唐书 | 1469—1484 年间 | 乙酉字 |
| 宋元史略 | 1495—1544 年间 | 乙酉字 |
| 史钺 | 1484—1494 年间 | 乙酉字（小字） |
| 宋朝名臣言行录 | 1484—1544 年间 | 乙酉字 |
| 皇朝名臣言行录 | 1484—1544 年间 | 乙酉字 |
| 治平要览 | 1516 年间 | 乙酉字 |
| 东莱先生十七史详节 | 1535 年间 | 乙酉字 |
| 南唐书 | 1506—1544 年间 | 乙酉字 |

| 书名 | 刊印时间 | 活字类型 |
|---|---|---|
| 五朝名臣言行录（前集、后集、续集、别集、外集） | 1506—1567 年间 | 乙酉字 |
| 文献通考 | 1558 年间 | 乙酉字 |
| 资治通鉴纲目 | 1494 年 | 癸丑字 |
| 宋朝奏议 | 1494 年前 | 癸丑字（小字） |
| 大明会典 | 1552 年 | 己卯字 |
| 孤树裒谈 | 1546—1567 年间 | 己卯字 |
| 资治通鉴纲目 | 1577 年 | 癸酉字 |
| 古今历代标注十九史略 | 1573—1592 年间 | 癸酉字 |
| 史略 | 1573—1592 年间 | 癸酉字 |
| 东莱博议 | 1573—1592 年间 | 癸酉字 |
| 春秋经传集解 | 1573—1592 年间 | 癸酉字 |
| 汉书 | 1573 年 | 癸酉字 |
| 四传春秋大全 | 1615 年 | 训练都监甲寅字 |
| 春秋集传大全 | 1616 年 | 训练都监甲寅字 |
| 春秋胡氏传 | 不详 | 训练都监甲寅字 |
| 史汉一统 | 不详 | 训练都监甲寅字 |
| 春秋经传集解 | 不详 | 训练都监甲寅字 |
| 历代将鉴博议 | 不详 | 训练都监甲寅字 |
| 春秋胡氏传 | 1623—1649 年间 | 训练都监庚午字 |
| 宋朝名臣言行录 | 不详 | 训练都监甲辰字 |
| 历代史鉴斧钺 | 不详 | 宣祖实录字 |
| 历代名臣奏议 | 不详 | 宣祖实录字 |
| 贞观政要 | 1675 年 | 戊申字 |
| 春秋补编 | 1678 年 | 戊申字 |
| 东莱先生左氏博议 | 1680 年前 | 戊申字 |
| 少微家塾点校附音通鉴节要 | 1692 年 | 戊申字 |
| 皇明通纪 | 1699 年 | 戊申字 |
| 春秋集传 | 1699 年 | 戊申字 |
| 春秋集传大全 | 1699 年 | 戊申字 |
| 明纪编年 | 1699 年 | 戊申字 |
| 东莱吕先生左氏博议 | 1699—1720 年间 | 戊申字 |

续表

| 书名 | 刊印时间 | 活字类型 |
|---|---|---|
| 增订史记纂 | 1675—1720 年间 | 戊申字 |
| 春秋经传集解 | 1675—1720 年间 | 戊申字 |
| 春秋左传 | 1715 年前 | 戊申字 |
| 战国策 | 1715 年前 | 戊申字 |
| 汉书纂 | 不详 | 戊申字 |
| 春秋经传集解 | 1700—1734 年间 | 戊申字 |
| 会纂宋岳鄂武穆王精忠录 | 1769 年 | 戊申字 |
| 皇明通纪辑要 | 1771 年 | 戊申字 |
| 古今历代标题注释十九史略通考 | 1675—1776 年间 | 戊申字 |
| 国语 | 1675—1776 年间 | 戊申字 |
| 唐陆宣公奏议 | 1725—1776 年间 | 戊申字 |
| 资治通鉴 | 1675—1776 年间 | 戊申字 |
| 春秋经传集解 | 1675—1776 年间 | 戊申字 |
| 史记 | 1689 年前 | 显宗实录字 |
| 汉书 | 不详 | 显宗实录字 |
| 史记评林 | 不详 | 显宗实录字 |
| 资治通鉴纲目 | 1680 年前 | 韩构字 |
| 续资治通鉴纲目 | 1680 年前 | 韩构字 |
| 陆宣公奏议抄 | 1677—1684 年间 | 韩构字 |
| 明史纲目 | 1703 年 | 第一校书馆印书体字 |
| 宋朝史详节 | 不详 | 第二校书馆印书体字 |
| 资治通鉴纲目续编 | 1773 年 | 壬辰字 |
| 少微通鉴节要 | 1777—1800 年间 | 丁酉字 |
| 增修附注资治通鉴节要续编 | 1864—1895 年间 | 丁酉字 |
| 春秋左传 | 1797 年 | 丁酉字 |

通过上表统计可以看出，在古代朝鲜半岛，正史、史论、史评、名臣奏议、史注等多种类型的史书都经历了重新刻印。其中，通鉴类史书的刻印次数最多，这与他们所承载的"鉴于往事，有资于治道"以及"嘉善矜恶，取是舍非"的政治治理和伦理道德功能密切相关。在重新刻印的过程中，通常

会根据所依据的版本来确定书名。例如，《东莱博议》是南宋时期吕祖谦为考生所编写的书籍，流传广泛，从宋代到清代不断被刊印，每个时期的版本都带有其时代的特征，主要分为增注本和句解本两个系统。在不断重印的过程中，产生了诸如《左氏博议》《吕东莱先生左氏博议》《东莱博议》《增注东莱先生左氏博议》等多种名称。至于朝鲜究竟依据哪个版本进行重印，以及在重印时是否对书名进行了修改，目前尚难以考证。例如，在肃宗年间，使用戊申字印刷的版本被称为《东莱吕先生左氏博议》。再比如，《三国志·魏书》在朝鲜半岛重印时，直接被称为《魏书国志》。

　　朝鲜重印的大量史书不仅为朝鲜的知识界提供了阅读和研究的便利，促进了中国汉籍在朝鲜半岛的传播，而且也为朝鲜知识分子的注释、抄选、增补乃至重新改编提供了基础。另外，正是由于朝鲜重印本的存在，一些在中国已经散佚失传的史书得以以朝鲜版本的形式保存下来。例如，元初潘荣所著的《通鉴总论》是元代"通鉴学"进一步发展的代表作之一，它总结了历代的治乱兴衰，文笔雄健，是传播历史评论的力作。遗憾的是，该书在中国已经失传，但幸运的是，在朝鲜成宗至燕山君年间（1470—1505 年），它曾以金属活字（乙亥小字）的形式印刷，并题为《资治通鉴总论》。潘荣撰，陈孟稠集释校，胡雷订正。线装 1 册，共计 97 页，四周单边，有界行，每半页 14 行，每行 16 字，上下黑口，对黑鱼尾。这清晰地展现了《资治通鉴总论》的朝鲜版本面貌。

## 第二节　对中国史书纪传体例的模仿

　　司马迁所著的《史记》开创了以人物为中心的史书纪传体撰写的先河，这种纪传体不仅成为中国官修正史的范式，还被朝鲜的两大官修正史《三国史记》和《高丽史》所效仿。

## 一、高丽官修正史《三国史记》

《三国史记》成书于高丽仁宗在位期间（1142—1145 年）。这部著作由高丽杰出的史学家和文学家金富轼所著，他借鉴了中国正史的纪传体体例。在撰写过程中，金富轼参考了《三韩古记》《花郎世纪》《新罗古记》《鸡林杂传》《海东高僧传》等朝鲜半岛古代文献资料，同时参考《尚书》《春秋左传》《史记》《汉书》《后汉书》《晋书》《南齐书》《梁书》《魏书》《南史》《北史》《隋书》《旧唐书》《新唐书》《资治通鉴》等中国史书，以及《册府元龟》《通典》等类书和政书的资料，最终完成了这部共 50 卷的《三国史记》。该书分本纪、列传、年表、杂志四部分，其褒善抑恶、辨华夷、存王道、鉴后世的修史理念与中国史书如出一辙。① 司马迁在撰写《史记》时，旨在"究天人之际，通古今之变，成一家之言"，而金富轼则志在"成一家之史，贻之万世，炳若日星"。高句丽、百济、新罗"能以礼通于中国"，然而，这些国家的历史在范晔的《后汉书》、宋祁的《新唐书》等史书中虽有记载，但由于中国史家"详内略外"的编纂原则，导致三国的事迹多有遗漏。因此，金富轼奉高丽仁宗之命编纂《三国史记》，记录"君后之善恶，臣子之忠邪，邦业之兴衰，人民之理乱"，通过修史"以垂劝诫"。在编纂本国前朝历史时，参考中国汉籍并模仿其纪传体裁，既体现了高丽对中华文化的仰慕，也反映了高丽通过编纂本国历史来强调民族和文化独立性的愿望。仁宗下令编纂《三国史记》之际，正值高丽臣服于金国之后不久，国内刚刚平息了"李资谦之乱"和"妙清之乱"。通过编纂本国历史，颂扬民族历史上的杰出人物，激发高丽士人的民族意识，更好地应对内外挑战，维护高丽的独立和稳定，正是《三国史记》编纂的现实需求。

中国的史学家们始终坚持正统观念，认为只有由华夏族建立的王朝才具

---

① 详见宋成有：《中国史籍编撰与〈三国史记〉》，载北京大学韩国学研究中心编：《韩国学论文集》第二十二辑，中山大学出版社 2013 年版。

有正统地位，而周边的民族或国家则被视作夷狄。无论是《春秋公羊传》中提出的"内诸夏而外夷狄"，还是《春秋穀梁传》中的"不使夷狄为中国"，这些都体现了古代中国人的"天下观"。在编纂正史的过程中，史学家们努力将中国以外的所有国家和民族纳入史册，而那些被称作四夷的文明则被视为较低等的组成部分。古代朝鲜，作为中华文明影响下的"汉字文化圈"中的关键成员，在很长一段时间内，都是在以中国为中心的"华夷秩序"和"朝贡册封体系"中存在的。高句丽、百济、新罗，作为封贡体系下的"藩属"，在史书中的记载通常位于"东夷传""外国传""异域传"中。至于三国在列传中的排列顺序，则是根据与中国的亲疏关系来决定的，大致顺序为高句丽（史书有时记为"高丽"）、百济、新罗。强调民族意识是高丽时代编纂史书的一个显著特点，《三国史记》在编撰时将三国的国王"提升"至"本纪"而非"世家"，采用三国国王在位的年份来编年记载历史，并且不采用中国的年号，这反映了高丽的主体意识。

《三国史记》在模仿中国史书方面，不仅体现在修史思想上，更多地体现在编纂体例上。在结构排序上，它效仿《汉书》，首先编排本纪，随后是年表，接着是志，最后是列传。在三国诸王的排序上，新罗被置于首位，其次是百济，高句丽则排在最后。从篇幅来看，《三国史记》的主体部分是本纪，以国王为核心，详细记录了国王的日常生活、朝政事务以及左右重臣的生卒信息。在本纪中，还重视对三国遣使朝贡中原王朝活动的记录。在叙述过程中，尽管三国诸王的地位有所提升，但仍以"王"相称，而对中原王朝的皇帝则尊称为"帝"。在文字表述上，对诸王的事迹几乎与中国史书无异，例如《三国史记·新罗本纪·沾解尼师今》记载："二年，春正月，以伊飡长萱为舒弗邯，以参国政。二月，遣使高句丽结合。"①《三国史记·高句丽本纪·小兽林王》则记载："二年，夏六月，秦王苻坚遣使及浮屠顺道

---

① ［高丽］金富轼著，杨军校：《三国史记》卷二，第25页。

送佛像、经文。王遣使回谢，以贡方物。立太学，教育子弟。"①在年表的处理上，《三国史记》除了借鉴《史记》中的《六国年表》和《十二诸侯年表》的编排方法外，还加入了中国隋唐帝王的年号，这既反映了高丽对宋朝的"事大"，也表明了其对中原王朝正统性的认同。关于年号问题，金富轼有专门的评论："三代更正朔，后代称年号，皆所以大一统，新百姓之视听者也。是故，苟非乘时并起两立而争天下，与夫奸雄乘间而作，觊觎神器，则偏邦小国，臣属天子之邦者，固不可以私名年。"②金富轼明确指出，正朔和年号象征着王朝统治的合法性和唯一性，中原王朝才是正统，新罗作为臣属于唐朝的藩属小国，是不应私设年号的。《三国史记》中的"志"编排相对简略，仅包括祭祀、乐、色服、车骑、器用、屋舍、地理、职官等类别。"国之大事，在祀与戎"，但《三国史记》却将"祭祀"与"乐"合并为一志。在中国史书中，强调自然灾害与治国失误、人事祸福的"五行志"并未在《三国史记》中单独设立，神异的天象和自然灾害等均在"诸王本纪"中记述。例如，《新罗本纪·逸圣尼师今》："二十年，冬十月，宫门灾。彗星见东方，又见东北方。"③《百济本纪·比流王》："十三年春，旱。大星西流。夏四月，王都井水溢，黑龙见其中。……十八年，秋七月，太白昼见。国南蝗害谷。"④至于"地理志"，《三国史记》相对重视新罗而轻视百济和高句丽。

《三国史记》在塑造人物形象方面，对中国史书的编撰手法有着明显的借鉴。在"列传"部分，由于史料的稀缺，仅记载了55位人物的事迹，其中新罗占44位，高句丽7位，百济也仅记录了7位。特别值得注意的是，"列传"中对人物事迹的叙述方式，模仿的痕迹尤为明显。例如，对于曾与唐朝军队联手灭掉百济和高句丽的新罗重臣金庾信，所占篇幅宏大，而且对

① ［高丽］金富轼著，杨军校：《三国史记》卷十八，第221页。
② ［高丽］金富轼著，杨军校：《三国史记》卷五，第67页。
③ ［高丽］金富轼著，杨军校：《三国史记》卷一，第16页。
④ ［高丽］金富轼著，杨军校：《三国史记》卷二十四，第291页。

其性格和形象的描绘细腻入微，赋予了其神秘的色彩，与其他列传的叙述手法形成鲜明对比。深入阅读《金庾信列传》会发现，《三国史记》对金庾信这一人物的刻画手法与司马迁的《史记》有着诸多相似之处。例如，金庾信的出生充满了神秘色彩，"舒玄（庾信父——引者注）庚辰之夜梦荧或、镇二星降于己；万明（庾信母——引者注）亦以辛丑之夜梦见童子衣金甲乘云入堂中，寻而有娠，二十月而生庾信。"①荧惑星即火星，作为二十八星宿之一，因其运行轨迹复杂，常与战争、冲突联系在一起。他的父亲梦到主掌战争的火星，而母亲梦到童子身着金甲，这些描述为金庾信日后在战争中展现的卓越军事才能埋下了伏笔。在《史记》中，刘邦的母亲"尝息大泽之陂，梦与神遇。是时雷电晦冥，太公往视，则见蛟龙于其上。已而有身，遂产高祖。"②司马迁赋予刘邦"蛟龙之子"的出身，预示了他非凡的身份。从叙事功能的角度来看，人物神异的出身起到了预示未来的作用。金庾信在山中偶遇神秘老人并获得"秘法"的情节，与《史记》中的"张良拾履"故事在构成要素和具体情节上极为相似，都出现了老者，都经历了一番曲折最终获得了老者赠予的奇书或秘法。不同的是，司马迁塑造了一个恪守孝道的张良，而金富轼则塑造了一个忧国忧民的金庾信。这种差异的原因可能有二：一是金富轼在编撰《三国史记》时参考了大量中国史料；二是金富轼本人对中国汉籍极为熟悉，并在编撰史书时积极借鉴了中国史家的创作手法，同时融入了本土化的内容，从而塑造了更为细腻、丰满的人物形象。

　　陈寅恪曾指出："史论之作者，或有意，或无意，其发为言论之时，即已印入作者及其时代之环境背景。"③《左传》开创了"君子曰"的叙述模式，用以表达是非判断和情感褒贬。司马迁则采用了"太史公曰"的方式，直接评论政治的得失和人物的功过。班固在模仿司马迁时，使用了"班固曰"来

---

　　①　［高丽］金富轼著，杨军校：《三国史记》卷四十一，第602页。
　　②　（汉）司马迁：《史记》，中华书局2014年版，第435页。
　　③　参见冯友兰：《中国哲学史》附录一，华东师范大学出版社2010年版，第296页。

发表自己的见解。司马光在《资治通鉴》中，既继承了前人的传统，又有所创新，他保留了直接标注评论的方式，即"臣光曰"，同时创新性地将评论语句穿插于相关人物或事件的叙述之中，而不是仅限于文末。《三国史记》则汲取了《左传》《史记》《汉书》和《资治通鉴》等史书中的史论手法，在叙述史实时，通过"论曰"的形式，巧妙地融入了对天命、正统观念、儒家伦理以及仁政亲民的思考。在《三国史记》中，这样的史论共有 31 处，它们直接展现了金富轼的历史观和他编纂史书的理念。

随着新朝的建立，修撰前朝历史成为惯例。这一行为不仅旨在通过修史来证明新王朝的合法性，巩固其统治地位，同时也为了汲取前朝兴衰的经验教训。《三国史记》的编纂亦是如此。金富轼在"论曰"中总结了儒家思想，强调了实行仁政、选拔贤能、重视民众对于国家长治久安的关键作用。在《高句丽本纪》的结尾，他总结了高句丽的兴亡教训："当其上下和，众庶睦，虽大国不能以取之。及其不义于国，不仁于民，以兴众怨，则崩溃而不自振。"他不仅引用孟子的"天时地利不如人和"语，还借鉴了《左传》的观点："国之兴也以福，其亡也以祸。国之兴也，视民如伤，是其福也。其亡也，以民为土芥，是其祸也。"① 以此强调国君应当重视百姓，推行仁政。同时，贤明的君主还应善于任用贤臣。《高句丽本纪》记载了故国川王任用贤者晏留的事迹，并在"论曰"中强调："古先哲王之于贤者也，立之无方，用之不惑。……贤在位，能在职，政教修明，而国家可保。"② 凸显了任用贤才的重要性。不仅如此，君主还应"和颜受谏"，正如"论曰"所言："古之明君，虚己问政，和颜受谏，犹恐人之不言，悬敢谏之鼓，立诽谤之木而不已。"然而，高句丽东城王面对劝谏书却闭门拒谏，正如庄子所言："见过不更，闻谏愈甚，谓之狠。"③

---

① ［高丽］金富轼著，杨军校：《三国史记》卷二十二，第 266 页。
② ［高丽］金富轼著，杨军校：《三国史记》卷十六，第 203 页。
③ 曹础基：《庄子浅注》，中华书局 2002 年版，第 466 页。

《三国史记》中的"论曰"部分深入探讨了儒家思想的核心价值，如"孝道"、"仁"和"义"。在第四十八卷的"列传"里，记载了一位名叫圣觉的人，他割下自己大腿的肉来喂养生病的母亲，这一孝行得到了国王的赞赏。这一行为与韩愈在其散文《鄂人对》中描述的鄂人割肉喂母的故事极为相似。韩愈在文中表达了对身体发肤受之父母的尊重，并明确反对通过伤害自己身体来表达孝道的做法。

金富轼在引用《唐书》的相关记载时，也提出了自己的见解。他认为，尽管圣觉出身"委巷之陋，非有学术礼义之资，能忘身以及其亲"①，这种诚意是值得赞扬的。《高句丽本纪》中，大武神王因听信谗言而导致王子好童自杀。金富轼对此评论道："其不仁，不足道矣。"但同时他也批评了好童。他认为，当儿子受到父亲的责备时，"宜若舜之于瞽瞍，小杖则受，大杖则走"。好童选择自杀，将父亲置于不义之地，这种行为是"执于小谨，而昧于大义"②。

综上所述，《三国史记》的编纂不仅采用了中国正史的纪传体体例，而且广泛参考和引用了众多中国汉籍，蕴含着丰富的中国文化元素。这一方面展示了编纂者对中国汉籍的深刻了解，另一方面也反映了他们对中国制度和文化的主动吸收与内化。其中的 31 篇史论不仅清晰地记载了"春秋大义"，而且映射出高丽尊崇儒学、崇尚礼义的思想理念。

## 二、朝鲜官修正史《高丽史》

《高丽史》是朝鲜立国仅 3 个月后，由国王李成桂下令编纂的官方国史。《高丽史》的撰修和党派斗争始终联系在一起，从体裁的选择到书名的确定，都经历了激烈的辩论。自太祖元年起，郑道传和郑摠担任主编，开始编纂《高丽国史》。太宗十四年（1414 年），河崙、卞季良等人开始第一次改修。

---

① ［高丽］金富轼著，杨军校：《三国史记》卷四十八，第 674 页。
② ［高丽］金富轼著，杨军校：《三国史记》卷十四，第 188 页。

世宗五年，柳树和尹准对《高丽史》进行了校对。到了世宗二十年，申溉和权踶等人负责进一步修订，纂成《高丽史全文》。最终，在金宗瑞和郑麟趾的主持下，《高丽全史》（亦即《高丽史》）得以完成，这一过程跨越了五个阶段，历时超过60年。① 在前四个阶段，编纂和修订工作均采用编年体。直到郑麟趾等人纂修《高丽全史》时，才最终决定采用纪传体。《朝鲜王朝世宗实录》详细记载了春秋馆史官关于编修国史体裁选择的讨论过程：

> 春秋馆议改撰《高丽史》，议论不一。史官辛硕祖、崔恒、朴彭年、李石亨、金礼蒙、河纬地、梁诚之、柳诚源、李孝长、李文炯议曰："作史之体，必有纪、传、表、志，备载事迹，各有条贯，迁、固以来，皆袭此体，无有改者。若编年之法则櫽括本史，以便观览耳。今不作本史，乃于编年，欲令备载，铺叙甚难，至别有世系地理，赘莫甚焉。且凡例内，如朝会、祭祀、街衢经行、春秋藏经道场、生辰受贺、王子诞生、赐教礼物、人日颁禄、燕享中国使臣之类，皆以常事，略而不书，只书初见。若有本史而作编年则可也，今无本史而略之如此，殊失史体。乞依历代史家旧例，作纪、传、表、志，无遗备书，然后就令已撰编年，更加删润，别为一书，与本史并传，庶合古人修史之体矣。或以为高丽事迹本多疏缺，欲为纪、传、表、志，难以就绪，然前史列传，有一人之事，只书数行，亦有当立传而史失行事不得立传者，事迹不备者，虽阙之亦未为害，苟制作得体，事之难易迟速，不必复论。"

> 鱼孝瞻、金系熙、李勿敏、金命中议曰："作史之体，必立纪、传、表、志，固是常例，但恐功不易就，非数年之内所可必成。又体例阙略，不似古人之作，虽或成之，反不堪观也。以宋朝之事观

---

① 参见杨军：《朝鲜王朝前期的古史编纂》，社会科学文献出版社2013年版，第50—105页。关于《高丽史》的编纂进程，可参阅孙卫国：《史记对朝鲜半岛史学的影响》，《社会科学辑刊》2010年第6期。

之，本史之外，有全文，又有续编。乞依《宋史》全文之例，今撰《高丽史》，更加校正，仍旧颁行。其记、传、表、志之作，如不得已，姑（得）〔待〕后日。"……宗瑞、麟趾入见东宫曰："欲于编年备记时事，例多不通，愿从硕祖等议。"①

通过该段记录可知，春秋馆的史官们对于本国国史的编纂体例持有两种截然不同的观点。辛硕祖、梁诚之等学者主张采用纪传体，他们认为纪传体能够详尽地记载事件，并且自司马迁、班固以来，这一体例一直被沿用，未曾改变。鉴于高丽史事的不完整性，他们认为纪传体能更好地补充纪、传、表、志的详尽内容。然而，鱼孝瞻等人则认为纪传体的完成难度较大，如果体例不够完善，反而会降低其价值。他们主张在现有的编年体基础上进行修订并出版。金宗瑞、郑麟趾则认为编年体仅能记录时事，缺乏纪、传、表、志的完整性，因此他们支持辛硕祖等人的观点，主张采用纪传体。② 最终，在世宗国王的批准下，基于前四个阶段编年体高丽史料的基础上，以纪传体重新编纂了国史，成就了《高丽全史》（简称《高丽史》）。《高丽史》全书共139卷，包括世家46卷，志39卷，表2卷，列传50卷，目录2卷。在《纂修〈高丽史〉凡例》中，明确指出了世家、志、表、列传各部分对中国正史的借鉴。为了"正名分"，在编纂《高丽史》时，采用了"避本纪为世家"③，这既遵循了儒家"君君臣臣父父子子"的"正名"理念，也体现了朝鲜对中原王朝宗主国地位的尊重。郑麟趾等人在编撰《高丽史》时，其书写风格参照了《两汉书》及《元史》，在事实和言辞的记录上都力求准确。书中对于称谓如宗、陛下、太后、太子、节日制诏等，尽管可能涉及僭越，但采取了"从当时所称书之，以存其实"的处理方式。④ 现将《高丽史》《史记》《汉书》《后

---

① 《朝鲜王朝世宗实录》卷一二三，世宗三十一年二月五日丙辰，影印本第5册，第117页。
② [朝鲜朝] 郑麟趾等著，孙晓主编：《高丽史》卷首《进高丽史笺》，第一册，第12页。
③ [朝鲜朝] 郑麟趾等著，孙晓主编：《高丽史》卷首《进高丽史笺》，第一册，第9页。
④ [朝鲜朝] 郑麟趾：《高丽史》卷首《纂修高丽史凡例》。

汉书》《元史》的分类条目及排列顺序列于表11，以便比较它们之间的异同。

**表11　《高丽史》与《史记》《汉书》《后汉书》《元史》分类条目比较表**

| 《史记》 | 本纪 | 表（三代世系表、十二诸侯年表、六国年表、秦、楚之际月表、汉兴以来诸侯王年表、高祖功臣侯者年表、惠景闲侯者年表、建元以来侯者年表、建元以来王子侯者年表、汉兴以来将相名臣年表） | 书（礼、乐、律、历、天官、封禅、河渠、平准） | 世家 | 列传（公卿将相其他各方面代表人物专传、匈奴列传、南越列传、东越列传、朝鲜列传、循吏列传、佞幸列传大宛列传、游侠列传、滑稽列传、日者列传、龟策列传、货殖列传） |
|---|---|---|---|---|---|
| 《汉书》 | 纪 | 表（依《史记》旧表，新增汉武帝以后的沿革，新增百官公卿表、古今人物表） | 志（律历、礼乐、刑法、食货、郊祀、天文、五行、地理、沟洫、艺文） | 列传（较之《史记》新增外戚传、元后传、宗室传） | |
| 《后汉书》 | 纪 | 列传（较之《史记》《汉书》新增党锢传、宦者传、文苑传、独行传、方术传、逸民传和列女传） | 志（律历、礼仪、祭祀、天文、五行、郡国、百官、舆服） | | |
| 《元史》 | 本纪 | 志（天文、五行、历、地理、河渠、礼乐、祭祀、舆服、选举、百官、食货、兵、刑法） | 表（后妃表、宗室世系表、诸王表、诸公子表、三公表、宰相年表） | 列传（后妃、诸臣、儒学、良吏、忠义、孝友、隐逸、列女、释老、方技工艺、宦者、奸臣、叛臣、逆臣、外夷） | |
| 《高丽史》 | 世家 | 志（天文、历、五行、地理、礼、选举、百官、食货、兵、刑法） | 表（年表） | 列传（后妃、宗室、诸臣、良吏、忠义、孝友、列女、方技、宦者、酷吏、嬖幸、奸臣、叛逆） | |

经过比较分析，我们可以看出，《高丽史》在世家、志、列传的分类和

编排顺序上，几乎承袭了《元史》的模式。但从朝鲜的现实需要出发，在某些名称上进行了选择性的取舍，并对顺序进行了细微的调整。以《地理志》为例，管子在《水地》篇中曾说："水者，何也？万物之本原也，诸生之宗室也。"① 庞大的水系和独立的自然生态系统孕育了流域文明，河道的变迁、水利工程与人们的日常生活紧密相连，治水更是国家治理体系中的关键环节。因此，河患的频繁程度成了正史是否设立"河渠志"的标准之一。司马迁深刻认识到水的双重性——既可为利亦可为害，因此特设"河渠书"来记录从上古至秦汉时期的水利发展，而班固则仿照《史记》设立了"沟洫志"。从东汉到唐中期的近八百年间，华夏文明的主要发源地，特别是黄河，相对稳定，未发生重大水患，因此从《后汉书》到《新旧唐书》均未设立"河渠志"。然而，自宋以后，黄河流域水患频发，因此从《宋史》开始，《金史》《元史》《明史》《清史稿》均设有《河渠志》。朝鲜半岛虽然水资源丰富，但因地形特点，水患较少，因而《高丽史》中并未单独设立"河渠志"，而是将朝鲜半岛内河流水利的相关记载归入了《地理志》。又如，《高丽史》借鉴了《元史》中"礼乐""祭祀""舆服"三志，并将它们统一整合为"礼制"。《高丽史》中的"表"仅有两卷，与中国史书中的"表"相比，数量较少且结构简单，差异显著。《纂修〈高丽史〉凡例》中明确阐述了关于"表"的编纂原则："历代史表详略有异，今纂《高丽史》'表'，准金富轼《三国史记》，只作年表"②，内容十分简略。

《高丽史》的列传部分首列"后妃"列传，随后是"宗室"列传，接着"诸臣""良吏""忠义""孝友"等依次排列，"叛逆"列在最后。关于高丽的最后一位君主辛禑，郑麟趾等人认为他并非真正的高丽王室成员，而是"以

---

① 黎翔凤：《管子校注》卷十四，中华书局 2004 年版，第 831 页。
② [朝鲜朝] 郑麟趾等著，孙晓主编：《高丽史》卷首《纂修高丽史凡例》，第一册，第 9 页。

逆旽之蘖窃位十六年"，因此将辛祦"降为列传，以严讨贼之义"①。在书写辛祦和辛旽父子的称谓时，春秋馆借鉴了中国史学家处理类似人物的惯例。例如，汉代的吕后曾立他人之子为惠帝，《后汉书》记载为"帝"，而《资治通鉴》和《通鉴纲目》也使用"帝"来称呼。宋朝的苍梧王的事迹与辛祦相似，但《南史》称其为"废帝"。《资治通鉴》在标题中称苍梧王，而在叙述中则使用"帝"，《纲目》也通常写作"宋主"。至于那些非法占据王位的人，仍然可以称作"某主"，而不会直呼其名，这是为了保持历史的真实性。《纲目》在记录非正统统治者时，会在两行分注中书写其名，如魏文帝曹丕、吴太帝孙权等。对于那些没有固定谥号的人，也会书写其名。春秋馆臣认为辛祦是辛旽之子，恭愍王名义上收他为子，并托付给大臣，且他接受了帝位，在位 14 年，这与其他盗据王位者不同，因此他理应被视为合法君主。然而，辛祦和辛昌并非正统继承人，也没有获得封谥，因此又不能简单地与苍梧王相提并论，因此"其标题所称，依魏帝曹丕、晋帝奕例，称废王祦、废王昌，至叙在位时事，则依苍梧王例，因当时臣民所称史氏所书，或称'王'或称'上'"②。

《元史》在世家、志、表、列传之后并未包含论赞部分，这一做法亦为《高丽史》所效仿。然而，《高丽史》在世家部分保留了李齐贤等人的赞语。

从《史记》《汉书》《后汉书》直至《元史》，作为纪传体正史的典范，它们展现了历代史书编纂和史学思想的连续性。如果将朝鲜朝编纂的《高丽史》置于东亚汉字文化圈的背景下审视，其编纂方式和理念亦体现了对汉文化的继承。

---

① ［朝鲜朝］郑麟趾等著，孙晓主编：《高丽史》卷首《纂修高丽史凡例》，第一册，第10 页。

② 《朝鲜王朝世宗实录》卷八十二，世宗二十年七月八日庚寅，影印本第 4 册，第 153 页。

# 第三节　对中国通鉴类史书的模仿与节选

## 一、中国通鉴类史书概述及其东传

司马光的《资治通鉴》是一部贯穿古今的编年体史学巨著，起始于晚周，终结于五代。这部作品不仅具有"鉴前世之兴衰，考当今之得失"的政治治理功能，还体现了"鉴于往事，有资于治道"的政治智慧，以及"嘉善矜恶，取是舍非"的伦理道德价值。《资治通鉴》广泛征引史料，将编年体史书推向了新的高峰。继《资治通鉴》之后，宋元明时期出现了大量"通鉴类"史书，逐渐发展成为包含释义、训诂、改作、续作、阐释等多方面内涵的"通鉴学"。① 据统计，从宋代至清代，共有"通鉴类"著作50种。② 其中朱熹的《资治通鉴纲目》在司马光原著的基础上，节选并改纂了《资治通鉴》的内容，以编年体形式记录了自周威烈王二十三年至五代后周世宗显德六年的历史。《纲目》分为四个层次："表岁以首年"（在行格外横书甲子以纪年），"因年以著统"（在每一纪年下的行格内，著录朝代、帝王、年号、年数），"大书以提要"（用大字提示史事之纲要），"分注以备言"（用双行小字的分注，陈述事实细节，或者摘录司马光、胡安国等诸儒的议论）。《通鉴纲目》采用"春秋"笔法，寓褒贬于文字之中，严格区分正朔、明辨伦理纲常。其纲目清晰，便于阅读，更发挥了史学道德垂训功能，改纂自成一体，影响深远。《资治通鉴纲目》在朱熹生前并未定稿，而是在其去世19年之后首刊于福建泉州。该书的大量刊行促进了其在朝野的广泛传播，不仅成为朝廷经筵的进讲之书，而且受到历代学者的极力推崇。例如，南宋后期理学大

---

① 葛兆光：《从〈通鉴〉到〈纲目〉——宋代通鉴学之一脉》，《扬州师范学院学报》1992年第3期。

② 请参阅李宗邺：《中国历史要籍介绍》，上海古籍出版社1982年版，第343—345页。

家真德秀认为《资治通鉴纲目》自《春秋》以来"未之有也",认为君主若
精通此书,足以掌握道德与威严的权柄,洞察治理与混乱的根源;臣子若精
通此书,足以坚守常规事务的正道,通晓应对变故的权宜之计。《通鉴纲目》
被誉为"穷理致用之总会,而万世史笔之准绳规矩"①。《通鉴纲目》不仅多
次被翻刻,还催生了众多续补、辨正、节要、注释等作品。例如,鉴于朱熹
所著《通鉴纲目》卷帙浩繁,阅读起来颇为不易,尹起莘撰写了《资治通鉴
纲目发明》,旨在"疏通其义旨"。尽管他对朱熹在某些史事上的考证失误持
有保留意见,但他并未对这些疑点进行修正或深入考证,而是采取了迁就的
态度以通融其论点。刘友益则著有《资治通鉴纲目书法》,专注于阐述朱熹
如何运用春秋笔法来评价历史,但他同样没有对朱熹考证失误的历史事实进
行更正,而是给出了牵强的解释。因此,无论是尹起莘的《发明》还是刘友
益的《书法》,都遭到了现代学者的批评。②到了明代,宪宗皇帝命儒臣对《资
治通鉴纲目》进行考订和续编(即《续资治通鉴纲目》,又称《续宋元资治
通鉴纲目》),其地位得到了显著提升。宪宗高度评价《通鉴纲目》"实备《春
秋》经传之体,明天理,正人伦,褒善贬恶,词严而义精,其有功于天下后
世大矣。"③并将其与经书并列,下令在学宫中颁行,要求学子们学习背诵。
这种"纲目体"不仅在中国史学体系中持续发挥着影响,还传播至朝鲜半岛,
对古代朝鲜的政治文化及史学思想产生了深远的影响。

　　《资治通鉴》成书后,最初以何种方式、何种版本形态传入古代朝鲜半
岛并无明确的文献记载。然而,根据《三国史记》和《高丽史》对《资治通
鉴》的直接引用或间接提及,可以明确该书在两部史书编纂之前已经传入朝
鲜。其传播途径可能包括官方的赠书、求书以及使节的购书等。不仅《资治

---

　　①　《资治通鉴纲目》卷首,李方子《资治通鉴纲目后序》,清武英殿本。
　　②　葛兆光:《从〈通鉴〉到〈纲目〉——宋代通鉴学之一脉》,《扬州师范学院学报》1992
年第 3 期。
　　③　《资治通鉴纲目》卷首,《明宪宗御制序》,清武英殿本。

通鉴》，其他如《通鉴集览》《资治通鉴音注》《续资治通鉴纲目》《通鉴纂要》
《资治通鉴纲目前编》《少微通鉴节要》《资治通鉴节要续编》《通鉴纪事本末》
《资治通鉴纲目考异》等众多中国"通鉴类"和"纲目类"史书也通过类似
途径传入古代朝鲜半岛。例如，世宗十七年（1435 年）八月，世宗国王命
圣节使南智向明朝请求胡三省的《音注资治通鉴》、赵完璧的《通鉴源委》、
金履祥的《通鉴前编》、陈樫的《历代笔记》以及丞相脱脱等编纂的《宋史》。
世宗还特别嘱咐，如果明朝钦赐，则不得私自购买，以彰显"朝鲜事天朝最
恭谨"，但"礼部如云御府所无，则亦不可显求"，暗示使臣可以采取秘密交
易的方式购书。至于《资治通鉴纲目》《资治通鉴纲目书法》等书籍，则由
使臣自行购买。① 这些"通鉴类"和"纲目类"史籍传入朝鲜后，多经朝鲜
人翻刻、续补、校释、评选，成为国王经筵进讲之书，或成为朝鲜科举及史
学教育的必读之书，对朝鲜半岛的政治文化、史学观念、史学教育以及史书
编纂产生了深远的影响。

　　在古代朝鲜半岛，为朝鲜国王讲解经史的传统可追溯至统一新罗以前。
到了高丽时代，宝文阁、修文殿、集贤殿和书籍所都曾负责向国王讲论经
史，只不过当时并未设立正式的"经筵官"。直到恭让王二年（1390 年）
才设立领经筵事、知经筵事和讲读官②。高丽忠烈王十二年(1286 年) 庚子，
国王"召国子司业崔雍讲《通鉴》"③，这是关于高丽国王召大臣讲解《资治
通鉴》的最早记载。忠肃王元年（1314 年）闰三月，国王"命前选部议郎
尹莘杰、司宪执义尹宣佐、前典校令白元恒侍王，讲《通鉴》"④。

　　朝鲜朝延续了经筵制度，自定宗二年（1400 年）起便开设了经筵讲学，

---

　　① 《朝鲜王朝世宗实录》卷六十九，世宗十七年八月二十四日癸亥，影印本第 3 册，第
649 页。

　　② ［朝鲜朝］郑麟趾等著，孙晓主编：《高丽史》卷七十六，第五册，第 2422 页。

　　③ ［朝鲜朝］郑麟趾等著，孙晓主编：《高丽史》卷三十，第三册，第 957 页。

　　④ ［朝鲜朝］郑麟趾等著，孙晓主编：《高丽史》卷三十四，第三册，第 1089 页。

"《左传》《通鉴》《续编》三史，考讲用之。"① 根据《朝鲜王朝实录》的记载，共有 10 种通鉴类中国史籍被选为经筵进讲的内容，详细情况请参见表 12。

表 12 朝鲜国王经筵进讲通鉴类中国史书统计表

| 朝鲜国王 | 经筵进讲通鉴类中国史书 | 备注 |
|---|---|---|
| 定宗 | 《资治通鉴》《通鉴撮要》《通鉴纲目》 | 《通鉴撮要》实为独立于《资治通鉴》的《资治通鉴目录》由司马光编撰，旨在为读者提供一个便捷的纲领性线索和核心要义 |
| 世宗 | 《资治通鉴》《通鉴纲目》《资治通鉴续编》 | 《资治通鉴续编》是明代学者陈桱所编纂的，它实际上是对《宋史》的补充与修订 |
| 世祖 | 《通鉴节要续编》 | 该书全称《增修附注资治通鉴节要续编》是以"节要"的形式续补旧题北宋江贽的《少微通鉴节要》编年体史书。编纂者为明代建阳书商刘剡 |
| 睿宗 | 《宋元节要》 | 此《宋元节要》即为仿照《少微节要》体例纂辑宋元至明初史事的《增修附注资治通鉴节要续编》 |
| 成宗 | 《资治通鉴》《少微通鉴》《十九史略》 | 《少微通鉴》即旧题北宋江贽所撰，流行的版本为明人王逢和书坊主人刘剡依照《陆状元通鉴》改编而成的《少微家塾点校附音通鉴节要》② 《十九史略》全称《古今历代标题注释十九史略通考》，编撰者为余进，是古代朝鲜半岛最流行的"史略"版本。③ 在《朝鲜王朝实录》《承政院日记》中多简称《史略》 |
| 燕山君 | 《资治通鉴纲目》 | |

① ［朝鲜朝］梁诚之：《讷斋集》卷四《校定大典四十五事》，《韩国文集丛刊》第 9 册，第 343 页。
② 详见土重民编：《中国善本书提要》"史部编年类"，上海古籍出版社 1983 年版，第 101 页。
③ 相关论述可参阅秦丽：《宋元明普及性史书的东传朝鲜——以〈少微通鉴节要〉与〈十八史略〉为中心》，《古代文明》2019 年第 2 期。

续表

| 朝鲜国王 | 经筵进讲通鉴类中国史书 | 备注 |
|---|---|---|
| 中宗 | 《资治通鉴纲目》《续通鉴纲目》《十九史略》《少微通鉴》 | 《续通鉴纲目》为明成化年间商辂奉诏修撰，增修宋元史以接《通鉴纲目》，又称为《续宋元资治通鉴纲目》或《资治通鉴纲目续编》 |
| 明宗 | 《资治通鉴纲目》 | |
| 宣祖 | 《通鉴纲目》 | |
| 仁祖 | 《史略》《资治通鉴》 | |
| 孝宗 | 《资治通鉴》《史略》 | |
| 显宗 | 《资治通鉴》《史略》 | |
| 肃宗 | 《资治通鉴》《史略》 | |
| 英祖 | 《资治通鉴》《少微通鉴》《通鉴总论》《宋元通鉴》《史略》 | 《通鉴总论》，元代潘荣所纂。此《宋元通鉴》即为《通鉴节要续编》① |
| 正祖 | 《资治通鉴节要续编》 | |
| 纯祖 | 《资治通鉴》 | |
| 哲宗 | 《资治通鉴》 | |

通过表格可以看出，《资治通鉴》和《通鉴纲目》依旧是朝鲜国王经筵进讲时所采用的主要史书。此外，通鉴类史书的节本、选本、续编本也被纳入经筵进讲的书目中。这些节本、选本、续编本无一例外地采用了"纲目体"，并且它们都集中地体现了朱熹理学思想影响下的正统史观。例如，明朝商辂奉命编纂的《续资治通鉴纲目》，继承了朱熹《通鉴纲目》的体例，但也有其创新之处。该书规定，"凡中国为正统，夷狄不得纪元。及金元得中原，然后分注纪年于宋年下。凡夷狄开元，中国正统未绝，犹系之中国，及夷狄全有天下，中国统绝，然后以统系之。其间书法间亦有异，及中国有义兵

---

① 明人薛应旂承接司马光《资治通鉴》续作《宋元通鉴》，记录了上起宋太祖建隆元年（960年），下至元至正二十七年（1368年）共408年间史事。朝鲜前期学者柳希春（1513—577年）《经筵日记》中记载："上曰：读《少微通鉴》，则又须读《宋元通鉴》，即世所谓《通鉴节要续编》者也。"明确解释经筵进讲的所谓《宋元通鉴》实为刘剡编，张光启订正的《资治通鉴节要续编》。可参见朱冶：《〈资治通鉴节要续编〉在朝鲜王朝的传播与影响》，《史学史研究》2018年第3期。

起，即夷之于列国。"①该书不仅剥夺了辽、金的正统地位，而且仍然将南宋末的端宗、帝昺二帝视为正统，并记录了两宋十八帝的史事。这与元朝修纂的《宋史》仅记录两宋十六帝的体例有明显的区别。该书的编纂宗旨是"凡诛乱讨逆，内夏外夷，扶天理而遏人欲，正名分以植纲常，亦庶得诸子之意，而可以羽翼乎圣经。"②使之足以作为鉴证前代是非、了解后代得失的工具，从而鼓励人们行善，惩戒恶行，使风俗变得淳厚。

再如，旧题北宋时期江贽所著的《少微资治通鉴节要》在宋、元、明三代产生了多种改编和重刊版本。宣德年间，王逢和刘剡刻印了《少微家塾点校附音通鉴节要》；明正德年间，司礼监刻印了 50 卷本的《少微通鉴节要》；明万历年间，又出现了 21 卷本的《新刊宪台考正少微通鉴全编》等。然而，在普及本中，刘剡的《少微家塾点校附音通鉴节要》最为流行。"少微先生《通鉴节要》一书行世久矣，然训释阙略，议论简少，览者憾焉"，尽管刘剡本因训释阙略为时人所诉病，但其书编纂具有明显的义理化倾向，"松坞王先生《释义》（王逢《资治通鉴释义》）善本，训释详备，句读明白。于引援则标其语之详，于断句则采其义之精，于统纪则别其正朔闰位之分，于承继则判嬴吕姓系混乱之殊。而又附之以三皇世纪于前，继之以宋、辽、金、元《续节要》刊附于后"。③经刘剡重编后的《少微家塾点校附音通鉴节要》"崇正道而辟异端"，其增补宋元史事的《少微通鉴节要续编》更是明初正统史观的典型体现。它以南宋末代皇帝赵昺在崖山海战后投海自尽作为《宋纪》和《元纪》的分界，尊宋为正统，而将辽、金、元视为"外夷狄"。在书中，辽、金、元的君主不被尊称为"帝"，仅以"主"相称，所有与这些朝代相关的史事都附于《宋纪》之后。尽管《元纪》将元朝视为正统，但对元朝皇

---

① （明）商辂：《续资治通鉴纲目》卷首凡例，明万历二十八年刻本，北京大学图书馆藏。

② （明）商辂：《续资治通鉴纲目》卷首宪宗御制序，明万历二十八年刻本，北京大学图书馆藏。

③ 参见韩国国立图书馆藏《少微家塾点校附音通鉴节要》卷前翠岩精舍刘应康识语。

帝继承正统的时间进行了大幅缩短，例如记载元世祖"在位三十五年，承正统实计十六年"。在撰写过程中，刘剡特别挑选了与国家兴衰密切相关的重大事件，重视引用帝王将相的政治理论和实际有用的奏章文献。他还注重记录政治制度的起源和演变，并沿用了在编撰《少微家塾点校附音通鉴节要》时的做法，引用宋元时期儒者的史论和史评，将朱熹的义理思想融入春秋笔法和历史评价之中。

通鉴类史书的节本和选本之所以成为经筵进讲之书，是因为它们相较于全本而言，既不冗长也不简略，能够使读者在翻阅时迅速把握全书的脉络，"盖读史之捷径"①。朝鲜世宗即位年（1418年）开经筵，世宗曾提出"欲讲《资治通鉴》如何？"大臣柳观表示《资治通鉴》"卷数甚多，恐未可遍览"②。因此，《资治通鉴》当时并未成为世宗朝经筵进讲的教材。相反，《续通鉴纲目》《十九史略》《少微通鉴》等"纲目体"史书不仅成为经筵进讲之书，而且成为朝鲜朝科举考试和普及史学教育的必读书。③

## 二、朝鲜本国通鉴类史书的编纂

朝鲜后期文臣李宜显在其著作《陶峡丛说》中，详细探讨了史书的三种主要体裁。他按照从中国到朝鲜的顺序，阐述了每种体裁的发展历程。在讨论编年体时，他指出："一曰编年，左氏《春秋传》，司马温公《资治通鉴》，自周威烈王止五代。宋江贽又节约资治，作《通鉴节要》。明张光启又作《节要续编》，宋元史也，俗谓《宋鉴》。陈建《皇明通纪》，止天启丁卯。王汝南《明纪编年》，比《通纪》稍略，而止于弘光乙酉，首末颇似完备。徐居正《东国通鉴》，纪新罗、高句丽、百济、高丽四代。而朱夫子用孔子'春

---

① 《明宪宗实录》卷一五九，成化十二年十一月乙卯。

② 《朝鲜王朝世宗实录》卷二，世宗即位年十一月十三日己未，影印本第2册，第282页。

③ 详细分析可参看孙卫国：《朝鲜世宗朝之历史教育——以〈资治通鉴〉与〈资治通鉴纲目〉为中心》，《安徽史学》2018年第2期；秦丽：《宋元明普及性史书的东传朝鲜——以〈少微通鉴节要〉与〈十八史略〉为中心》，《古代文明》2019年第2期。

秋笔法'作《纲目》，此则编年之中立纲分目，又是一例也。宋元则有东人金宇颙《宋元纲目》，明则有李玄锡《明纲目》，高丽则有市南俞棨《丽史提纲》，而罗、句、济三国见阙。近者林象德著《东史会纲》，俱载焉，皆用纲目义例也。"① 李宜显明确指出，徐居正的《东国通鉴》是模仿《资治通鉴》的编年体史书，而俞棨的《丽史提纲》和林象德的《东史会纲》则是仿照朱熹《通鉴纲目》的编年体下的纲目体史书。

《东国通鉴》是朝鲜朝官方编纂的编年体史书，其名称透露出对《资治通鉴》的仿效之意。该著作的编纂始于朝鲜世祖四年（1458 年）九月，并在成宗十五年（1484 年）十一月完成，历时长达 26 年，期间编纂团队成员几经变化。国内外学者对《东国通鉴》编纂人员的考证有所讨论②，本研究不再深入探讨这一问题，而是主要分析其编纂动机、史料来源以及编纂体例等，进而探讨其对中国通鉴类史书的模仿情况。

根据《朝鲜王朝实录》的记载，朝鲜世祖四年（1458 年）九月，朝廷下令"撰《东国通鉴》。上以本国书记脱落未悉，欲合三国、高丽史，作编年书，令旁采诸书，纂入逐年之下"③。根据《实录》的记载，世祖下令编纂《东国通鉴》的初衷在于弥补国内尚未有涵盖高丽历史的通史这一空白。先前的国史著作《三国史记》和《高丽史》均采用纪传体编撰方式，然而世祖似乎更偏爱编年体的史书形式。至于他为何有此偏好，尚需进一步探究。

首先，编年体的采用既源于世祖本人对《资治通鉴》的高度重视，也满足了现实的需求。通过《资治通鉴》，能够"历观古今之治乱得失，而可

---

① ［朝鲜朝］李宜显：《陶谷集》卷二十八《陶峡丛说》，《韩国文集丛刊》第 181 册，第 445 页。

② 韩国学者郑求福最早在其论文《东国通鉴의 대한史学史的考察》中考察并探讨了《东国通鉴》的参编人员。国内学者王巧玲在其硕士论文《〈东国通鉴〉编撰考》中，对《东国通鉴》的参编者进行了详尽的考证。随后，杨军在其著作《朝鲜王朝前期的古史编撰》中，也对《东国通鉴》的参编者问题进行了讨论。以上资料均可作为参考。

③ 《朝鲜王朝世祖实录》卷十四，世祖四年九月十二日丙申，影印本第 7 册，第 294 页。

以广其智虑"①，因此该书受到朝鲜世宗的青睐。世宗不仅将其作为经筵进讲之书，还命令铸字所将其印出颁赐给文臣。为了深入理解《资治通鉴》，世宗组织群臣编撰《训义》，倾注了大量心血。此外，《资治通鉴》还被列为科举考试武科观试的试取条件之一："《武经七书》《四书五经》《通鉴》《小学》中从自愿讲考，通一书者取"②。世祖耳濡目染，自然对《资治通鉴》极为重视。自太宗朝编撰《太祖实录》起，编修前代朝鲜国王的实录已成为惯例。世宗不仅编撰了《定宗实录》和《太宗实录》，还命令朝臣编撰《高丽史》和《高丽史节要》。其后，文宗编修了《世宗实录》，再次修撰了《高丽史》，而端宗则刊行了《高丽史节要》。编修或者刊印史书成为每一代国王必行之事。加之《高丽史》历经五次撰修，前四次均采用编年体，"若编年之法则隐括本史，以便观览耳。……若有本史而作编年则可也，今无本史而略之如此，殊失史体"，直到郑麟趾等人纂修《高丽全史》时，才改用纪传体。世祖提出修史之时，正值贯穿古代朝鲜半岛的编年体通史尚未出现，这既是世祖倾向于着力编撰编年体史书的契机，也是其原因所在。

　　此外，编纂编年体通史的做法，旨在彰显其即位的正统性。世祖李瑈，是朝鲜朝第七任君主，作为世宗的嫡次子、文宗的弟弟以及端宗的叔叔，通过"癸酉靖难"③事件肃清了政敌，并迫使端宗退位。世祖的即位背景并不光彩，因此他采取了诸多措施来标榜其正统性并维护王权，包括编纂《经国大典》以完善典章制度，设立修撰厅专门修纂《国朝宝鉴》，记录历代君王的政绩和历史事件。编撰编年体通史《东国通鉴》同样是巩固正统性、维护王权的重要举措。重视"通史"体现了中国史学观念的精髓，它既强调"以史为鉴"的实用性，又体现"通古今之变"和"通古今而计之"的反思性。

① 《承政院日记》，仁祖三年四月二十九日。
② 《朝鲜王朝世宗实录》卷九七，世宗二十四年八月五日壬辰，影印本第4册，第427页。
③ "癸酉靖难"指的是在端宗元年（1453年），由首阳大君李瑈策划并执行的一场旨在铲除以金宗瑞、皇甫仁为首的大臣集团以及安平大君的政变。在这次"靖难"行动之后，首阳大君成功掌握了国家的实际权力，并在两年后迫使端宗退位。

通史作为一种史书体裁，其核心在于"通"，它不专注于记录单一朝代的历史，而是强调各朝代在时间上的连续性。世祖通过编纂《东国通鉴》，展示了对世宗和文宗编修《高丽史》的继承，从而凸显了对世宗、文宗正统继承的合法性。

　　《东国通鉴》在世祖时期并未完成编纂。睿宗元年十月，鉴于"《东国通鉴》则先王时修撰几讫，依所启督成"①，决定继续其编撰工作。然而，仅一个月后，睿宗便退位，导致编撰计划未能付诸实施。成宗时期，出于巩固王权和强调正统性的需求，再次启动了《东国通鉴》的编纂工作。李德懋在《盎叶记·东国史》中记载了《东国通鉴》的最终形态："初，世祖命文局撰《东国通鉴》，未就绪，成庙朝徐居正启陈，续撰书成。凡五十七篇，三国纪八卷，新罗纪四卷，高丽纪四十四卷，三国以前杂采诸书，称外纪，为一编。"②同时，他详细记录了成宗时期参与编纂的人员名单，除了徐居正外，还有郑孝恒、孙比长、李淑瑊、金淬、李承宁、表沿沫、崔溥、柳仁洪和李克墩。

　　由李克墩作序，揭示了《东国通鉴》编纂的动机和目标，现将该序言转录如下，以供参考。

　　　　经以载道，史以记事。经则孔子删定述作，已垂教于万事；史则马班以下，作者非一，代各有书，浩穰难记，学者虽穷十年之力，尚不读遍，况人主日有万机，复何暇于周览焉哉。先正司马公衰集历代史，旁采群书，撮其机要，上起衰周，下迄五季，作长编曰《资治通鉴》，诚史家之指南也。紫阳朱夫子因之，作《纲目》，文约而事愈备，监戒昭而几微着，深得《春秋》谨严之旨。后有作者，举不外于二家范围之中矣。吾东方，自檀君历箕子，以至三

_____

　　①　《朝鲜王朝睿宗实录》卷八，睿宗元年十月四日甲寅，影印本第8册，第421页。
　　②　[朝鲜朝]李德懋：《青庄馆全书》卷五十四《盎叶记》，《韩国文集丛刊》第258册，第491页。

韩，载籍无征，下逮三国，仅有国乘，错略太甚，加以无稽不经之说，后之作者相继纂述，有全史焉，有史略焉，有节要焉，然复袭本史之疏漏。高丽氏统三为一，传世三十三，历年几五百。虽有国史，中间记载繁简颇有不同，且未免阙遗之失，恭惟太祖康献大王应运开过，收旧图籍，以为秘府之藏。三宗相承，文治益隆，设官开局撰《丽史》，有所谓全史者，有所谓节要者，史家制作于斯渐备。世祖惠庄大王圣学天继，留神经史，尝谓左右曰：吾东方虽有诸史，无长编通鉴，可拟《资治》。命词臣将欲校雠，而事竟未施。我主上殿下，绍膺大统，遹追先猷，命达城臣徐居正……谨摭三国以下诸史，兼采中国史，用编年记事，凡例一依《资治》，而寓以《纲目》笔削之旨，删繁削冗，务存要领。三国并峙则称《三国纪》，新罗统合则称《新罗纪》，高丽则称《高丽纪》，三韩以上则称《外纪》。上下千四百年，国势之离合，运祚之修短，君举之得失，政治之污隆，靡不直书。至如重名教、崇节义、讨乱贼、诛奸谀，尤加谨严，庶几垂劝戒而训后世也。先儒之有论断者，皆取而书之。间亦附臣等之臆论，极知狂僭，不足齿作者之列。臣又窃念箕子以九畴之学，敷八条之教，当时必有记动记言之官备载嘉言善行，而今皆泯灭无传。三国则鄙野荒缪，高丽则脱略舛错，虽使借手于班、马，尚难为之词。况如臣等之谀闻陋识，安能养体隆委而赞一辞乎？姑以管见，汇粹纂次，编成五十七卷。装潢投进，宵旰之暇，时赐观览，鉴前世治乱兴亡之迹，为今日左右之箴警，益懋稽古之盛德，则其于至治，未必无小补云。①

李克墩序文中交代了参编人员的信息，与李德懋所记一致，因此在引用时省略了这部分内容。序言包含以下五个方面的信息：第一，回顾了朝鲜半

---

① ［朝鲜朝］李克墩：《〈东国通鉴〉序》，见《东国通鉴》卷首，朝鲜古书刊行会编：《朝鲜群书大系》续编第3册，广陵书社2019年版，第1—3页。

岛史书编撰的历史脉络和发展，从檀君朝鲜、箕子朝鲜到三韩的历史，指出"载籍无征"，缺乏可考证的资料。三国时期的历史，虽有国乘，但内容过于简略且错误颇多，夹杂着无稽之谈。高丽虽有国史，但记载详略不一，且存在遗漏。这暗示了通过编纂通史来纠正错误、补充遗漏的意图。第二，阐述了《东国通鉴》的编纂原则，即根据事实记录国家的兴衰、君主的治国得失以及政治的清明与否，秉持着褒扬善行、贬斥恶行的宗旨，以达到"垂劝戒而训后世"的目的。同时，希望朝鲜国王在闲暇时阅读此书，"鉴前世治乱兴亡之迹，为今日左右之箴警"，从而增进稽古之德，对实现至治有所裨益。第三，明确了《东国通鉴》的编纂体例和史料来源。体例上采用了编年体，并参照《资治通鉴》，同时融入了《纲目》的编纂原则，删减冗余，力求精要；史料则基于三国以后的各史书以及中国史籍。第四，指出了在修史过程中，对于前史中的史论"皆取而书之"，同时加入了李克墩等编纂者的史论。第五，谦虚地表达了编纂者们"谫闻陋识"，可能未能完全纠正三国史的鄙野荒谬和高丽史的脱略舛错。

实际上，《东国通鉴》完成后，其评价并不高，流传也不广泛。在韩致奫的《海东绎史·艺文志》中专门收录"徐居正《东国通鉴》"条，且引用了日本松下见林在《异称日本传》中的评价："《东国通鉴》五十六卷，朝鲜徐居正等撰修，记三韩始终，其间往往有日本事表章，而惟恨志近代小事烦杂，于上世大事多阙如也。"[1]明确指出了《东国通鉴》在记录高丽历史时过于详尽，而对三国之前的上古历史则存在较多的缺失。松下见林的评价是相当客观的。从《东国通鉴》的篇幅分布来看，三国之前的上古史仅占 1 卷，三国史占 12 卷，而高丽史却占据了 44 卷。李克墩在序文中也提到，三国史乃至上古史的可参考史料确实非常有限，"虽使借手于班、马，尚难为之词"。对《东国通鉴》编纂贡献巨大的徐居正也承认："义理之或鳌，事涉

---

① ［朝鲜朝］韩致奫：《海东绎史》卷四三，张伯伟编：《朝鲜时代书目丛刊》第 5 册，中华书局 2004 年版，第 2500 页。

不经而荒怪，语多无稽以缪悠，虽再经先儒之校雠，犹复袭本史之疏漏。"①
这并非《东国通鉴》编纂者所独有的问题，而是历代史家在修史时普遍面
临的难题。权近等人编纂的《东国史略》在上古史部分杂糅了野史和传说，
错误和遗漏之处颇多，但作为官方史书，《东国史略》虽史料匮乏但仍被后
世史家广泛引用。例如，申叔舟在世祖朝负责编纂《三国通鉴》，对于上古
史的处理也是"据阳村《东国史略》，博采群书，添补阙漏"②，但"博采群
书，添补阙漏"只是世祖的编撰要求，在实际操作中很难实现。《东国通
鉴》至少在成宗朝已经印行，但流传并不广泛，常有"《东国通鉴》有谁读
之？"③"《东国通鉴》何人看得乎？"④"谁见《东国通鉴》"⑤的疑问。探究其原
因，主要有两个方面：一是"学者所习，惟在中国书籍，东国之书，漫不识
其题目，故上下数千年善恶兴亡之事，懵然莫知"⑥，朝鲜学者重视中国汉籍
的学习，忽视了对朝鲜典籍的研究；二是《东国通鉴》篇幅庞大，"考据颇
精博，而初学病其浩繁"⑦。因此，朝鲜知识分子个人对《东国通鉴》进行了
节略，如中宗、宣祖年间柳云龙曾"节略《东国通鉴》，为《史略》三卷"，
但完成后"将欲印布，未果"⑧。

关于《东国通鉴》的史源主要分为两部分：高丽时期的史料主要借鉴
郑麟趾的《高丽史》和金宗瑞的《高丽史节要》，而高丽之前的历史则主要
依据金富轼的《三国史记》和权近的《东国史略》。至于《东国通鉴》中所

① ［朝鲜朝］徐居正：《进〈东国通鉴〉笺》，《东国通鉴》卷首，第2页。
② ［朝鲜朝］申叔舟：《保闲斋集》附录姜希孟撰《文忠公行状》，《韩国文集丛刊》第10册，第161页。
③ ［朝鲜朝］李瀷：《星湖全集》卷二十五《答安百顺书》，《韩国文集丛刊》第198册，第511页。
④ ［朝鲜朝］李晬光：《芝峰类说》卷四《官职部·史部》。
⑤ ［朝鲜朝］沈光世：《休翁集》卷三《海东乐府并序》，《韩国文集丛刊》第84册，第348页。
⑥ ［朝鲜朝］沈光世：《休翁集》卷三《海东乐府并序》，《韩国文集丛刊》第84册，第348页。
⑦ ［朝鲜朝］李玄逸：《葛庵集·别集》卷三《书历代便考后》，《韩国文集丛刊》第128册，第435页。
⑧ ［朝鲜朝］柳云龙：《谦菴集》卷六《先代遗事》，《韩国文集丛刊》第49册，第87页。

称的《外纪》即上古史部分，其内容主要源自中国史籍及权近的《东国史略》。《外纪》篇幅较短，涵盖了"檀君朝鲜""箕子朝鲜""卫满朝鲜""四郡""二府""三韩"等条目。[①]除了"檀君朝鲜"和"二府"这两个条目外，其他条目大多源自中国的历史记载。接下来，我们将重点考察"檀君朝鲜条"和"二府条"。

"檀君朝鲜条"：

> 东方初无君长，有神人降于檀木下，国人立为君，是为檀君，国号"朝鲜"，是唐尧戊辰岁也。初都平壤，后徙都白岳，至商武丁八年乙未，入阿斯达山为神。[②]

关于檀君朝鲜的神话，见于高丽僧一然所著的《三国遗事》"纪异第一·古朝鲜"中引自《古记》的记载："……号曰坛（檀）君王俭，以唐高（尧）即位五十年庚寅，都平壤城，始称朝鲜。又移都白岳山阿斯达，……御国一千五百年。……寿一千九百八岁。"[③]同时，《三韩古记》中也有记载："檀君讳王俭，旧史《檀君记》云：有神人降太白山（今宁边妙香山）檀木下，国人立为君，时唐尧戊辰岁也，至商武丁八年乙未，入阿斯达山。"[④]通过比较，可以发现《东国通鉴》中关于"檀君朝鲜"的记载源自《三韩古记》，而非《三国遗事》。那么，《三国遗事》所引用的《古记》又是何书呢？金泽荣（1850—1927年）在《韶濩堂集借树亭杂收》卷二《檀氏朝鲜纪》中记载："子

---

① 《东国通鉴》所呈现的古史体系，涵盖了三朝鲜——四郡——二府——前三国时期，这一框架在《三国遗事》中已有体现。随后，权近、李詹等史学家在编纂《三国史略》时，继承了该体系。《三国史略》完成后，将檀君朝鲜、箕子朝鲜、卫满朝鲜并称为"三朝鲜"的古史观，逐渐确立为朝鲜王朝的正统史观。详细论证说明可参阅杨军：《朝鲜前期的古史编撰》，社会科学文献出版社2013年版。

② [高丽朝] 权近等：《东国史略》卷一，成宗年间甲辰字本，韩国国立中央图书馆藏本。

③ [高丽朝] 僧一然著，陈蒲清、[韩] 权锡焕注译：《三国遗事》，岳麓书社2009年版，第6页。

④ [朝鲜朝] 李肯翊：《燃藜室记述别集》卷十九《历代典故·檀君朝鲜》，《朝鲜群书大系续》第二十一辑，朝鲜古书刊行会1923年版，第459页。

孙相传享国一千年，徙于北夫余之地，国以遂绝而史无传者。后新罗释无亟，或曰高丽僧，高丽忠肃王国师释一然等，相与记檀君事，而或杂以不经之说，如无亟《古记》所云'檀君享寿千年'之类，故人或疑之。"① 由此可知，《三国遗事》所引《古记》实际上是新罗或高丽僧无亟所著，成书时间大概在 10 世纪左右。权近有一首应制诗《始古开辟东夷主》，诗题自注："昔神人降檀木下，国人立以为主，因号檀君。时唐尧元年戊辰也。"诗中写道："闻说鸿荒日，檀君降树边。位临东国土，时在帝尧天。传世不知几，历年曾过千。后来箕子代，同是号朝鲜。"② 诗题中的"唐尧元年戊辰"和诗中的"历年曾过千"的描述，也是源于《三韩古记》而非《三国遗事》。"檀君朝鲜"是朝鲜半岛历史上一个充满神话色彩的概念，却在高丽末期至朝鲜初期，受到推崇程朱理学的文人群体的热烈追捧。他们认为"檀君"的传说与朱熹所倡导的道统观有着某种微妙的契合。道统观念认为道统源自天，始于尧，而传说中的"檀君"同样是天赐，且与尧同时。传统的朝鲜古史观认为朝鲜半岛的历史始于箕子，而箕子来自被周武王所灭的商朝，道统观难以协调。因此，"檀君朝鲜"之说被认为能够巧妙地解决这个问题。③ 尽管《三国遗事》《三韩古记》的真实性和可靠性都难以得到证实，但仍被提倡程朱理学的史学家们所采用。

"二府条"：

> 汉昭帝始元五年，以朝鲜旧地平那、玄菟等郡为平州都督府，临屯、乐浪等郡为东府都督府。④

《三国遗事》中"纪异第一·二府"章节引用了《前汉书》的记载："昭帝始元五年己亥，置二外府，谓朝鲜旧地平那及玄菟郡等，为平州都督府；

---

① 金泽荣：《韶濩堂集借树亭杂收》卷二《檀氏朝鲜纪》，《韩国文集丛刊》第 347 册，第 480 页。
② 《朝鲜王朝太祖实录》卷十一，太祖六年三月八日辛酉，影印本第 1 册，第 101 页。
③ 杨军：《朝鲜王朝前期的古史编纂》，社会科学文献出版社 2013 年版，第 20—31 页。
④ ［高丽朝］权近等：《东国史略》卷一，成宗年间甲辰字本，韩国国立中央图书馆藏本。

临屯、乐浪等两郡之地置东部都尉府。"① 再参考李詹《双梅堂邃藏文集》中的"杂著·二府条":"《前汉》昭帝始元五年己亥,置二外府。谓朝鲜旧地平那及玄菟郡为平州都督府,临屯、乐浪等两郡之地置东府都督府。"② 通过比较,可以发现《东国通鉴》的记载依据了李詹的杂记"二府条"。

权近和李詹均为《东国史略》的编纂者,这两条史料表明徐居正等人在编纂《东国通鉴》的三国前史部分时,并未引入新的史料,而是直接借鉴了《东国史略》的内容。

《资治通鉴》将三皇五帝的上古历史归入《外纪》部分。遵循《资治通鉴》的体例,《东国通鉴》也将檀君朝鲜至三韩的历史归入《外纪》。在《三国史记》中,并未将上古史独立成卷,《三国遗事》则未提及"箕子朝鲜",而是分别叙述了马韩、弁韩和辰韩,且没有将它们统称为"三韩"。《东国史略》继承并发展了《三国遗事》的古史体系,增加了"箕子朝鲜"的内容,并按照"三朝鲜→四郡→二府→前三国"的顺序进行编排,四郡和二府并未单独列出,而是被纳入"卫满朝鲜"之下,这反映出高丽后期史学家对上古历史的关注有所增加。到了《东国通鉴》,史学家的上古史意识表现得更为明显。

理学大师朱熹强调"正统论",将历史上的分裂时期视为无统,《东国通鉴》在处理统一新罗前的历史时,明显受到朱熹这一理论的影响。《东国通鉴》的凡例第二条阐述道:"三国势均力敌,不可主一。故依《纲目》无正统例,以立国先后,分注其年,称其纪曰'三国纪'。新罗统一之后,始大书其年,称'某国纪',每王依《资治通鉴》例,先书'某王'。"③ 在《三国史记》中,新罗、高句丽、百济各自为纪,三国之中新罗立国最早,故而被置于各纪之首;而《东国史略》则明显以新罗为中心,记载新罗历史时不提及国号,而

---

① [高丽朝] 僧一然著,陈蒲清、[韩] 权锡焕注译:《三国遗事》,岳麓书社2009年版,第17页。

② [朝鲜朝] 李詹:《双梅堂箧藏集》卷二二,《韩国文集丛刊》第6册,第346页。

③ [朝鲜朝] 徐居正等编:《东国通鉴》卷首《东国通鉴凡例》,朝鲜古书刊行会编:《朝鲜群书大系》续编第3册,广陵出版社1923年版,第1页。

记载高句丽、百济历史时则明确标出国号。《东国通鉴》虽依据前史，但在"正统论"的影响下，对前史有所创新。凡例第五条指出："每年必先书中国年号，尊之也。新罗尝行年号，僭拟中国，故削之。"这反映了藩属国对宗主国地位的认同。然而，仔细观察会发现，《三国纪》的纪年方式与《新罗纪》《高丽纪》存在差异，《三国纪》仅记录中国年号，而新罗、高句丽、百济均只记录年代，不书写年号。相反，《新罗纪》《高丽纪》则是先记录统一新罗、高丽的年代，中国年号则以小字附注。这体现了朝鲜史家的"华夷观"，不承认元朝的正统地位。凡例第六条明确指出："《纲目》法《春秋》笔削之旨，寓褒贬以示劝诫，陈桱因之作《续编纲目》，至如少微之《通鉴节要》、张光启之《续编节要》，凡有关于名教国家大体者，则略仿《纲目》之例，先提其纲，后叙其实，今从之。"①说明《东国通鉴》采用纲目体的编撰方法，其"纲"仿效《春秋》，而"目"则效仿《左传》，在笔法上既有记录也有删减，褒善斥恶，同时也体现出对朱熹的推崇。

《东国通鉴》的古史部分几乎原封不动地借鉴了权近等人编纂的《东国史略》。成宗七年（1476 年），徐居正等人撰成《三国史节要》，极大地促进了《东国通鉴》三国史部分的编纂进程。因此，从徐居正主动申请修撰《东国通鉴》（成宗十四年十月）到《东国通鉴》初步完成（成宗十五年十一月），仅用了一年时间。成宗对书中史论部分并不满意，他指出："此书固垂诸万世者也，权近之论，或有以一己所见而论之之处乎？且著论者，唯金富轼、权近而止乎？"②徐居正等人作出回应："司马迁之论，班固非之；司马光之论，后人亦有非之者。三国之时，金富轼之论，权近亦非之，臣等今观权近之论，或有误处。金富轼、权近数人外，余无作论者，但李詹只著赞二篇而

---

① ［朝鲜朝］徐居正等编：《东国通鉴》卷首《东国通鉴凡例》，朝鲜古书刊行会编：《朝鲜群书大系》续编第 3 册，广陵出版社 1923 年版，第 1 页。

② 《朝鲜王朝成宗实录》卷一七二，成宗十五年十一月十三日丙申，影印本第 10 册，第 640 页。

已。且著论而泛称：'史臣曰'者，非一，然未知为谁也。至于高丽时，则作论者，唯李齐贤而已。"① 由此可见，最初撰成的《东国通鉴》版本并不包含史论部分，一方面，是因为金富轼、权近等人的史论存在不当之处；另一方面，明确标注史臣姓名的史论极为罕见，高丽史部分也仅有李齐贤一家之言。至于那些泛泛而论的"史臣曰"，作者身份不明。因此，在修撰时，徐居正等人决定省略史论部分。然而，《东国通鉴》现存版本中包含了参修使臣的史论内容，这可能是由于成宗的不满，徐居正等人随后进行了修订。史论的加入也同样招致了批评，例如，中宗朝鱼得江曾上书指出："近世徐居正，总裁史局，撰《东国通鉴》，至为该博，铸字印颁，亦罕于世。臣观金富轼《三国史》史论，权近《丽史节要》史论，文章简古，今不可赞一辞，而居正史论，不及金、权远矣。此非尽居正之手，多出于僚佐新进之手，"②他还担忧，"万一华人得之，必小我之文章"，因此建议"更设史局，所云论与文，更加笔削"，重新印出《东国通鉴》。然而，鱼得江的建议并未被采纳，导致《东国通鉴》在民间难寻。

《东国通鉴》在特定的历史背景和现实需求下编纂，其意义深远。从世祖颁布修撰令至成宗时期最终完成，历时 26 年，其间编修人员几经变动。参编使臣不仅对历史进行了系统的整理，还致力于订讹误，补缺漏。在编纂《东国通鉴》的过程中，编纂者们秉承了《春秋》的史学精神和《纲目》的笔法，详细记录了历代王朝的更迭与兴衰，为后世提供了重要的警示。当代统治者亦可借鉴历史，因此《东国通鉴》的编撰不仅具有历史价值，也具有现实意义。该书保存了丰富的史料，其叙事手法、年号和纪年方式的处理深受程朱理学的影响，从一个侧面展现了朱子性理学在古代朝鲜的繁荣。

① 《朝鲜王朝成宗实录》卷一七二，成宗十五年十一月十三日丙申，影印本第 10 册，第 640 页。
② 《朝鲜王朝中宗实录》卷九十八，中宗三十七年七月二十七日乙亥，影印本第 18 册，第 605 页。

## 三、对中国通鉴类史书的注解、节选（增补）以及续编

《资治通鉴》和《通鉴纲目》等通鉴类史书传入朝鲜后，不仅成为朝鲜王廷经筵进讲、科举考试以及普及史学教育的必备读物，还经历了多次的刻印、铸印、注解、节选（包括节要或撮要）、续作以及阐释，从而衍生出众多基于中国史籍的朝鲜史籍。

世宗李祹是朝鲜朝历史上开创一代盛世的君主，被誉为"海东尧舜"，他设立了集贤殿，聚集了当时的文学精英，以"备顾问，掌雠校，日引经幄，讲论经史"。鉴于司马光的《资治通鉴》是"史学之渊源"，但各家注释详略不一，难以编考①，世宗便召集中枢院使尹淮、礼曹左参判权蹈、集贤殿副提学偰循等，在集贤殿共同考阅《资治通鉴》，对难以理解的文义部分，"参究《源委辑览释义》，以至诸书，撰其所解，逐节附之，名之曰《通鉴训义》"②。为了方便初学者，世宗还命人整理《历代世年歌》，并由尹淮进行注释，唯独元朝部分以临江张美和的诗作补充。对于东国年代的记载，他命吏曹判书权蹈编撰并注解。虽然篇幅不及《资治通鉴》庞大，但"篇帙虽简，开辟以来，运祚长短、国势离合本末，大略一览了然"③。

世宗对《资治通鉴训义》的编撰极为重视，集贤殿的文士们每完成一稿，都会呈上以供审阅和裁决，④"亲见谬误，或至夜分"⑤，甚至一度因修纂《资治通鉴训义》而暂停经筵。最终，在世宗十八年（1436年），他下令以"甲

---

① 《朝鲜王朝世宗实录》卷六十八，世宗十七年六月八日戊申，影印本第3册，第633页。

② 《朝鲜王朝世宗实录》卷六十四，世宗十六年六月二十六日辛未，影印本第3册，第575页。世宗朝编撰《资治通鉴训义》的记录也旁见于《朝鲜王朝肃宗实录》，三十四年十二月三十日壬申，副校理李正臣的上疏："昔我世宗大王，命尹淮、偰循等四十余人，聚集贤殿，修正《资治通鉴》，随事夹注，亲加雠正，赐名曰《思政殿训义》。"影印本第40册，第312页。

③ 《朝鲜王朝世宗实录》卷七十二，世宗十八年四月四日庚子，影印本第3册，第670页。

④ 《朝鲜王朝世宗实录》卷六十八，世宗十七年六月八日戊申，影印本第3册，第633页。

⑤ 《朝鲜王朝世宗实录》卷六十六，世宗十六年十二月十一日甲寅，影印本第3册，第604页。

寅字"印制此书，并颁赐给大小臣僚。① 徐居正的《笔苑杂记》详细记录了世宗朝训解《资治通鉴》的主要参考书籍及具体做法："世宗尝留意《资治通鉴》，于是据胡三省《音注》及《源委》（赵完璧《通鉴源委》）、《释文》（史炤《通鉴释文》）、《集览》（王幼学《资治通鉴纲目集览》）等书，删润之，有未尽处，又旁采他书以补之。且文字回互艰深处，辄注本史全句，或书句、字于句下，以便口读。以止字释、翻音莫不详备，皆取睿裁"②。

元代胡三省的《资治通鉴音注》，虽名为"音注"，实为校注，注释地理、名物制度，考核史实异同，补充《资治通鉴》的不足，是《资治通鉴》注释中通行最广、影响最大的注本之一，也是中国史书注解中的佼佼者。南宋史炤的《通鉴释文》，虽名为"释文"，实为针对《资治通鉴》中疑难字的释音训诂之书，比胡三省的《音注》早一百多年。自胡三省作《资治通鉴音注》及《通鉴释文辨误》后，史炤的《通鉴释文》逐渐式微，明代以后流传甚少。元代赵完璧的《通鉴源委》的体例与史炤的《通鉴释文》相同，是一部以释音为主的注释书，主要采用反切、直音两种注音方法。王幼学的《资治通鉴纲目集览》是针对《资治通鉴纲目》的训诂之书。从这些引文中可以看出，朝鲜世宗国王召集的文学之士注解的是中国史书，主要参考资料也都是相关的中国史书。

在朝鲜君臣眼中，朱熹的《通鉴纲目》承袭了"春秋笔法"，其本质属于史学著作，而其中蕴含的义理堪比经典。世宗曾一度暂停了经筵活动，指派经筵官专门对《资治通鉴》与《通鉴纲目》进行比较。"撮《资治通鉴大

---

① 世宗朝在太宗朝"癸未字"的基础上有过三次改铸，第一次是世宗三年（1421年）的"庚子字"，第二次是世宗十六年（1434年）的"甲寅字"，第三次是《资治通鉴纲目训义》撰成后世宗鉴于"甲寅字"字样稍密，令晋阳大君李瑈新铸字，是为"丙辰字"。《资治通鉴训义》自世宗十六年六月开撰，世宗十八年撰成，颁印时间早于《资治通鉴纲目训义》撰成印出时间，故《资治通鉴训义》当为"甲寅字"印出。

② ［朝鲜朝］李圭景：《五洲衍文长笺散稿》之《史籍总说》，韩国古典数据库：https://db.itkc.or.kr/dir/item?itemId=GO#/dir/node?dataId=ITKC_GO_1301A_0170_010_0020。

全》所不载于《纲目》者"，直到世宗十六年，经筵官最终按要求汇集完毕后，才恢复了经筵活动。①《资治通鉴训义》颁行后不久，世宗又命令李季甸、金汶编纂《纲目通鉴训义》："凡为学之道，经学为本，固所当先，然只治经学，而不通乎史，则其学未博，欲治史学，无若《纲目》一书。顷既撰《资治通鉴训义》，又欲因此书并注《纲目》，以惠后学。"于是李季甸、金汶等人"参酌增损，撮其要语，逐节分附，凡所去取，悉禀睿断"。②接着，世宗命令集贤殿副校理李思哲、修撰崔恒等进行校对，经过三年的编纂，书籍完成。考虑到原注释过于密集，世宗又命令以晋阳大君李瑈书字模，重新铸造大字，即"丙辰字"，用丙辰新字为纲，甲寅字为目，重新颁印《资治通鉴纲目训义》，共计149卷。柳义孙奉命为《资治通鉴纲目训义》作序，他指出："史籍之行于世者多矣，莫详于《通鉴》，而莫要于《纲目》，实天下万世之龟鉴也。然其诸儒注释，颇有详略，且相抵牾，固未易遍观而折衷。恭惟我主上殿下天纵圣学，潜心经史，万机之暇，翻阅二书，参究诸注之异同，俾归于一，毫分缕析，粲然可考，诚史书之大全也。读者苟能仰体圣训，先明经学，然后博之于《通鉴》，约之以《纲目》，则本末兼该，内外融贯，而庶不谬乎明体适用之学矣。傥或躐等而徒务于涉猎，则岂吾圣上倡明道学，垂世立教之美意哉？后之观是书者，当自警省云。"③

该段序言透露了两个重要信息：首先，《通鉴纲目训义》在世宗朝受到极高的重视和评价，质量也得到了充分的认可，"毫分缕析，粲然可考，诚史书之大全"。李圭景在《五洲衍文长笺散稿》中高度评价了《资治通鉴纲目训义》，认为该书"训义之精，今古所无"，并指出朱熹的《通鉴纲目》"颇有疏漏，又不夹注于句下，而附于每卷之末，观览亦不便"，故而对《通鉴

---

① 《朝鲜王朝世宗实录》卷六十五，世宗十六年八月十日甲寅，影印本第3册，第586页。

② 《朝鲜王朝世宗实录》卷七十四，世宗十八年七月二十九日壬戌，影印本第4册，第25页。

③ 《朝鲜王朝世宗实录》卷七十四，世宗十八年七月二十九日壬戌，影印本第4册，第25页。

纲目》的解释"当以我朝《训义》为第一"①。其次，通过柳义孙的表述，可以看出在朝鲜君臣心中，经学是根本，史学为末，先精通经学，再广泛涉猎《通鉴》，以《纲目》为纲要，就能全面掌握本末，内外贯通。中宗朝经筵掌令李彦迪也说："先读圣经、贤传，而讲明道义，涵养德性者，本也。历览史记，通达古今事变者，末也。"②无论是经学还是史学，最终的目标都是"明体适用"。正如明代学者吕坤在《呻吟语》中所阐述："明体全为适用。明也者，明其所适也，不能适用，何贵明体？然未有明体而不适用者。"朝鲜君臣在学习经典和历史时，并非仅仅停留在表面的理解，而是怀有深刻的现实关怀，从经、史中汲取治国的经验。

成宗由于《纲目》等书籍内容繁多，难以一一细读，因此指派卢思慎、李克墩、李琼仝等人在《通鉴纲目》的基础上"摭取诸论"，编纂出《纲目新增》。在编撰这部著作的当年，朝鲜国内遭遇了严重的旱灾和饥荒。尽管如此，众臣在忧心关注国内灾情的同时，仍致力于《纲目新增》的编纂工作，他们认为朱熹的《纲目》遵循春秋笔法，每一个字都蕴含着褒贬之意，并且广泛采纳了诸位儒学学者的观点，经过审慎的考量和附注，每一处都蕴含着深远的意义，是一部值得流传万世的经典。尽管经过朝鲜君臣的努力加入了诸多论述，但也不可避免地出现一些详略不当和重复之处。于是成宗决定"独览之，勿颁于外"。③

在宣祖时期，弘文馆的应教官、经筵侍讲官柳希春在其著作《眉岩集》中收录了从宣祖元年至宣祖十一年的《经筵日记》，这些日记记录了为应对经筵讲学所需而编纂的《纲目训释》。遗憾的是，《纲目训释》的具体卷数和

---

① ［朝鲜朝］李圭景：《五洲衍文长笺散稿》之《史籍总说》，韩国古典综合数据库 https://db.itkc.or.kr/dir/item?ITKC_GO_1301A_0170_010_0020。

② 《朝鲜王朝成宗实录》卷六十四，成宗二十三年十月三十日戊戌，影印本第 17 册，第 72 页。

③ 《朝鲜王朝成宗实录》卷一四三，成宗十三年七月六日癸酉，影印本第 10 册，第 351 页。

册数已无从考证。

朝鲜高宗的生父、兴宣大院君李昰应在《通鉴纲目》的基础上，"取古人行事善可为戒之最彰明较著者以表揭之"，编撰成《纲目集要》7 卷。该书收录了高宗十五年（1878 年）的全史字印本，书前附有弘文馆提学申应朝撰写的序言。申应朝盛赞《纲目集要》"旨意不迁，条贯不紊，简而有裁，秩然有序，使世之厌难惮繁不能举其始终而终归于鲁莽者，无不瞠乎"。①该书在叙述历史事件时力求简明扼要，未能详尽记载历代的全部内容，但将国号和帝系信息置于篇首，便于读者查考世系；在史事的选择上，对周汉时期略写，而对唐宋时期则详加叙述。书中对关键要点均用大字标出，以便于查阅，并隐含"纲目"之意。该书宣称对朱熹的《通鉴纲目》"只字片言不敢增损"，但书中还是融入了《宋元续史》（即《续通鉴纲目》）的内容，以阐明历史兴衰的关键时刻。《纲目集要》在编排上灵活运用了"纲"与"目"的关系，有时将纲目并列于文中以贯穿文理，有时则将目置于纲中以补充史实。为避免篇章内容杂乱，作者在篇章开头处加上了圈点，以便读者识别。

乔志忠先生在其著作《明代史学发展的普及性潮流》中阐述道："一批史书，如果具有满足社会各阶层了解、学习历史知识的功能，且具备相当的流布程度，可称之为普及性史书。普及性史书的流布，加以一部分史家以传播历史知识为宗旨而撰史，从而具有明确的史学普及意识，二者相结合，即构成一定社会历史时期的普及性史学。"②《中国古籍善本书目》的史部编年类记录了《资治通鉴》《资治通鉴纲目》及其衍生的编年史 87 种。这些"纲目体"的节编本和续编本，正是明代史学普及性潮流的产物，它们中的大多数流传至古代朝鲜半岛。当时的朝鲜表现出了强烈的史学普及意识，渴望历史知识的广泛传播。这些传入朝鲜的史书，有的被用作国王经筵进讲的教

---

① ［朝鲜朝］李昰应：《纲目集要》卷首申应朝《纲目集要序》，韩国国立中央图书馆藏印本。

② 乔志忠：《明代史学发展的普及性潮流》，《中国社会历史评论》（第四辑），商务印书馆 2002 年版，第 439 页。

材，有的则成了科举考试和历史教育的必读之书。

在《朝鲜王朝实录》中，有关于朝鲜朝廷将史书颁赐给地方的多次记载。例如，世宗二十五年（1443 年），朝廷向宗簿寺下达旨意："赴宗学宗亲内通《小学》四书一经者，年满四十则放学；通《小学》四书二经、《少微通鉴》者，不拘年限放学。其放学者，每年每一月一度会讲，三不通者，依已成格例拟罚。其中不勤学业，不通《小学》四书一经者，待满五十岁放学；五十岁以上人，毋令会讲。"①《少微通鉴》被确立为宗亲学堂考核的关键内容。次年，朝廷又"命赐《通鉴训义》《性理群书》《近思录》《通鉴纲目》、柳文、韩文、《通鉴节要》《集成小学》《丝纶集》各一件于清州乡校，令生徒习之。"②世祖朝"史官重选，只试《少微通鉴》及制述一篇"③。世祖十年（1464 年），同知中枢院事梁诚之呈递奏章，建议在春秋馆中精选 20 位具备文艺才能的官员，并根据他们的专长，将他们分为理学和史学两个领域。由 5 位学者负责研究《周易》《易学启蒙》《性理大全》；同样，有 5 位致力于《胡传春秋》（胡安国《春秋传》）《左传春秋》《史记》《前汉书》的研究；还有 5 位专注于《通鉴纲目》《通鉴续编》《宋元节要》的深入探讨，另外 5 位负责《三国史记》《东国史略》《高丽全史》。对于这些选定的官员，定期进行考核。④春秋馆特别指派了专门人员，负责"纲目体"和节要本史书的讲解工作。在成宗六年（1475 年），命令礼曹将《少微通鉴》《春秋左传》《古文真宝》《文选策问》《古赋》等书籍送往永安道，要求永兴都会的儒生阅读和学习。⑤到了成宗二十三年（1492

---

① 《朝鲜王朝世宗实录》卷一〇〇，世宗二十五年六月十七日庚子，影印本第 4 册，第 484 页。

② 《朝鲜王朝世宗实录》卷一〇五，世宗二十六年八月十四日庚申，影印本第 4 册，第 581 页。

③ 《朝鲜王朝世祖实录》卷二十，世祖六年五月二十二日丁酉，影印本第 7 册，第 397 页。

④ 《朝鲜王朝世祖实录》卷三十三，世祖十年六月二十九日辛亥，影印本第 7 册，第 633 页。

⑤ 《朝鲜王朝成宗实录》卷六十一，成宗六年十一月二十四日己巳，影印本第 9 册，第 288 页。

年），"世子既为进讲《十九史略》，又以《少微通鉴》继进书讲。"①光海君即位后，首先让童蒙学习《十九史略》，在打下一定基础后，才开始学习《大学》《论语》等经典著作。②

《十九史略》和《少微通鉴节要》等著作，作为经筵进讲和普及历史教育的重要教材，对朝鲜社会产生了深刻影响。然而，在朝鲜的君臣眼中，这些书籍也存在一些问题。例如，仁祖朝的司谏郑弘溟就曾批评《少微通鉴》："非徒裁剪资治，文字颇失取舍，间有文理不相接续，……其他小小瑕类，不可胜记，其精详不及《史略》甚远。"③尽管《十九史略》"文简而畅，事该而约，且其笔法，深得紫阳微旨，实是史家之要诀"④，但仍有人提出不同看法。例如，明宗朝的经筵侍讲官柳希春曾批评《十九史略》过于简略，而许筠则持有不同意见，他认为《史略》是一部能够让人全面了解历史的著作，阅读后令人难以忘怀；相比之下，"《真宝》(《古文真宝》) 则一人偶然粹会者，其去就殊不可晓，虽不读可也。"⑤因此，围绕《十九史略》和《少微通鉴节要》出现了若干续编之作。

鉴于"威烈以前，江氏因涑水（此指司马光）编年之旧，初不概及；曾氏欲兼该首尾，又欠太简"⑥，仁祖、肃宗时期的李时善融合了曾先之的《十八史略》和江贽的《少微通鉴节要》，进行了润色和修纂。他记录了"上自太古，下至皇朝永历"年间的史事，既克服了《节要》缺乏首尾连贯的问

① 《朝鲜王朝成宗实录》卷六十四，成宗二十三年十月三十日戊戌，影印本第 17 册，第 72 页。

② 《朝鲜王朝光海君日记》卷十，光海君即位年十一月四日丁亥，影印本第 26 册，第 207 页。

③ [朝鲜朝] 郑弘溟：《畸庵集续论》卷十二《漫述》，《韩国文集丛刊》第 87 册，第 193 页。

④ [朝鲜朝] 郑澔：《丈岩集》卷二三《〈史略补要〉序》，《韩国文集丛刊》第 157 册，第 516 页。

⑤ [朝鲜朝] 许筠：《惺所覆瓿稿》卷二四《惺翁识小录下》，《韩国文集丛刊》第 74 册，第 347 页。

⑥ [朝鲜朝] 李是远：《沙矶集》册四《史补略序》，《韩国文集丛刊》第 302 册，第 137 页。

题，又补充了《史略》过于简略的不足，"宗紫阳之笔法"，纂成了《史选》（又名《历代史选》）共 35 卷。后来，岭南伯李公在李时善《史选》的基础上进行了适度的增删，以补充《少微通鉴节要》中缺失的上古至周考王时期的史事。他的具体做法是选取太古之后至威烈之前的史事，附于《少微通鉴节要》的开头，并对所增删的内容进行了调整。至于该书的命名，"则不可因《史选》之旧名，又不能并及五代以后，则所补者亦略而已。然李氏纂述之意，不可没而不书，子其为叙《史补略》命名之意，而归美于李氏，则庶免于僭妄之咎。"① 这段文字阐述了《史补略》与李时善《史选》的不同之处，同时也解释了命名的原因。笔者检索《韩国历代文集丛刊》《韩国历史情报综合系统》《韩国历代人物综合情报系统》等诸多数据库发现，除了《历代史选》外，李时善条目下还记录有《史补略》。结合李是远《史补略序》中提到的"偶借李氏《史选》于私塾，即安东李正言锡宙曾祖时善所辑选也"，可以推断"岭南伯李公"应与李是远为同一时代的人。他的生平及对史书的续写情况尚待进一步考证，但大致可以推断，《史补略》的成书时间应在李时善所著《史选》之后百余年的哲宗时期。

英正时期，魏伯珪编纂了《新编十九史略续集大明纪》。他在"序言"中首先对中国纪传体史书的发展历程进行了评述，随后对司马光的《资治通鉴》等通鉴类史书给予了中肯的评价："司马氏《通鉴》作，而后历代兴废、君臣事迹一览全举，然编帙浩大，亦不可家户人诵。至《少微通鉴》行而村学巷塾皆能谈周说唐，犹不如曾氏《十九史略》，文简而事赅，语略而意备，还有胜焉。况上自开辟，下至宋元，六万八千岁事，全载于七篇，妇孺能言，樵牧皆诵，其功反有贤于古作者矣。乃若明史，既后于曾氏，而所谓通纪、纪略、编年等大小数种行于世，而其文皆带小说体裁，只可披阅，不堪读诵，且专用方言吏读，不纯史文，支离冗杂，徒繁编帙，故遂不见行于

---

① 　[朝鲜朝] 李是远：《沙矶集》册四《史补略序》，《韩国文集丛刊》第 302 册，第 137 页。

乡曲，则虽宿儒犹病于不得见也。"① 魏伯珪取材《明史》，删繁就简，取其精华，仿照《十九史略》体例，补充了明代的史实。关于明代史事的处理，魏伯珪也有所阐述："至于明史，全史既稀，大家文集又不流播，若复略之但提其纲，则事之终始不全，人之善恶不着。且中叶以下政令章疏，语句文体，浸浸不古，若纯易以古文，又失记实之法，故可删而不删者，约十之三。"② 由此可见，魏伯珪补充的明代史事并非小说，而是采用了史书的撰写语言，而非方言吏读，力求文辞简洁而内容翔实，言简意赅。

朝鲜中期承政院承旨郑澔先肯定《十九史略》"文简而畅，事该而约，且其笔法，深得紫阳微旨，实是史家之要诀"，继而指出该书"依中国诸史而作，故其所记中国事迹，固无余憾，而独我东方事实，略不载见"，于是"就东国诸史，略采沿革治乱之迹，考年较时，删繁取要，逐条添附于曾氏原史编记之下"，撰成《史略补要》，力图通过此方法强化朝鲜人对本国历史的认识和了解。值得注意的是郑澔在《史略补要序》中有大段关于"春秋大义""正统"的讨论，"所谓正统云者，乃历代帝王之统，非统合天下之统。若必以统合天下为正统，则东都之周，益州之汉，杭州之宋，以其地则未过九州之一大县，而不害为帝王之统，此犹继世之事。至于宋祖之有天下也，太原以北，尽为契丹之有，终宋之世，犹未统合，其可以此不许帝王之正统乎"，明确提出"正统"不是"统合天下之统"，而是从君臣大义和华夷之分来辨明的帝王之统。故而批评余进《十九史略》"绝统之说"，"遽许其统于宋亡之后，至于世祖纪下特书曰'用夏变夷'"的做法。③ 郑澔是宋时烈的

---

① 元代曾先之汲取了自司马迁《史记》至欧阳修《五代史》等正史中的精华，以及李焘的《续资治通鉴长编》和刘时举的《续宋通年编鉴》，编撰成《十八史略》。《十九史略》全称《古今历代标题注释十九史略通考》，是余进在《十八史略》基础上补入《元史略》而成。魏伯珪此处提"曾氏《十九史略》"，以及下文洪仁谟提及的终于元代史事的"曾氏《史略》"均属误记。

② ［朝鲜朝］魏伯珪：《存斋集》卷二十一《新编十九史略续集大明纪序》，《韩国文集丛刊》第 243 册，第 450 页。

③ ［朝鲜朝］郑澔：《丈岩集》卷二十三《〈史略补要〉序》，《韩国文集丛刊》第 157 册，第 516 页。

弟子，其"正统"认识与乃师一脉相承。

郑澔在中国史书基础上，增补了与朝鲜相关的史实，这一做法被后来的史学家所继承。例如，纯祖朝的洪仁谟对于"今之学者，幼少时必先读江赞《通鉴》、曾先之《史略》。《通鉴》终于五季，《史略》终于元。夫幼而不习，则长而易忘，宜今人之不能详于皇明"感到不满。他主张普及明朝历史，因此在清乾隆年间纂修的《御撰资治通鉴纲目三编》基础上，撰写了《续史略》1卷，目的是"续曾先之书，资蒙士训习"，这是《续史略》的编撰动机之一。另外，《续史略》与先前编纂的明代史书不同之处在于，它将明史的纪年下限延伸至南明永历十六年（1662年），首次完整地使用南明年号记录南明历史，"此非所谓尊正统，攘夷狄，明大义于天下者乎？"①《续史略》最初是洪仁谟手抄本，作为其子洪奭周的历史学习材料，"其文约，其事核，其体裁实仿曾氏书，而其去取与夺，必本于《春秋》《纲目》之义。"② 在纯祖八年大报坛崇祀之礼结束后的第二天，洪仁谟致书其子洪奭周，撰写了《续史略序》，随后用活字印出该书。③《续史略》亦有贬斥清初正统、彰显春秋华夷观念于世的深远意义。洪奭周在其父《续史略》的基础上，增补了史实，并对崇祯、弘光、隆武、永历时期的史事进行了考异，编纂成《续史略翼笺》21卷。洪奭周主要参考了《御撰资治通鉴纲目三编》《明史》《明季遗闻》《评鉴阐要》《弇州山人四部稿》《弇州续稿》《嘉靖以来首辅传》《明史纪事本末》《名山藏》《明儒学案》《明史稿》《牧斋初学集》《先进遗风》《天顺日录》《皇明通纪》《绥寇纪略》《崇祯遗录》等中国史料，同时引用了朝鲜李玄锡的《明史纲目》中关于李自成攻入北京、崇祯皇帝殉难的记载，以及金昌业

---

① [朝鲜朝]洪奭周：《渊泉集》卷十八《续史略序》，《韩国文集丛刊》第293册，第398页。

② [朝鲜朝]洪奭周：《渊泉集》卷十八《续史略序》，《韩国文集丛刊》第293册，第398页。

③ 在肃宗统治时期，为了纪念壬辰战争期间明朝对朝鲜的援助，特地建立了大报坛以祭祀明神宗，表达对"藩邦再造"恩情的感激。随后，在英祖统治时期，大报坛得到了进一步的扩建，其祭祀对象不仅限于神宗皇帝，还包括了明太祖和崇祯皇帝。祭祀仪式被定于每年的三月十九日（农历），这一天恰逢崇祯皇帝在煤山自尽的纪念日。

的《老稼斋燕行日记》中关于辽东战事的记述，还引用了李廷龟《丁主事参论本国辩诬奏》。① 从洪氏征引书籍的总体情况来看，以中国史书为主，引用数量最多的是清朝官方编纂的《通鉴纲目三编》和《评鉴阐要》，这既表明了洪奭周对官修史书质量的认可，也反映了他在引用过程中通过史论、史评表达了对清修明史的史论不当的不满。例如，对于明朝灭亡的原因，洪氏认为"《明史》谓正德、崇祯成败之异，其言固是也，而犹有所未尽"，他指出了朋党之争的严重性："至天启、崇祯之世，则举朝皆朋党也。方四郊多垒，天下鼎沸，而盱衡攘臂者唯同异好恶是争，虽民命国计之急，皆以为第二义，漠然而不之讲矣。夫同乎己者，则虽庸回卑污，茫然无一能一策者，不害其为吾党也。异乎己者，则虽干城柱石可用之材，唯恐其去之不速也。由是道也，虽使在朝者皆君子之朋，犹将不免于败事，况又未必然乎？嗟呼，熊廷弼之败，袁崇焕之戮，卢象升、孙传庭之不获尽其用而死，是皆好恶之故也，而宗社亦随之矣。呜呼，朋党之为祸于人国也如此。"② 在洪奭周看来，朋党结党营私，不顾国家利益，才是导致明朝灭亡的根本原因。

韩国国立中央图书馆、忠南大学图书馆、庆尚大学图书馆、汉阳大学图书馆等机构均收藏有《通鉴要解》。这些版本均为线装雕版刻印的本子，四周单边，花鱼尾。该书名题为《通鉴要解》，全称为《通鉴五十篇详节要解》，其编撰的初衷源于司马光的《资治通鉴》对朝鲜读者而言阅读难度较大，因此特别选取了《少微通鉴节要》和朱熹的《通鉴纲目》中的关键语句进行注解，并广泛参考了退溪李滉的《朱子书节要》中的批注。各图书机构所收藏的册数、卷数、版框大小等记录存在差异。例如，岭南大学图书馆所藏的《通鉴要解》，卷头有朝鲜方丈九渊的"序言"，时间题为"嘉庆十年乙丑（1805 年）

---

① 具体引用情况见秦丽：《朝鲜洪奭周〈续史略翼笺〉研究》，南开大学 2015 年硕士学位论文。
② [朝鲜朝] 洪奭周：《续史略翼笺》，《域外汉籍珍本文库》第二辑，西南师范大学出版社 2011 年版，第 760 页。

孟冬",卷首引用了元初潘荣所撰写的《通鉴总论》,而版心处题为"通鉴总论注"。在编年类史书或普及类史书中,以序言形式讨论历史或引用前人的史论,并非朝鲜人的创新,实际上这是明代普及性史书的常见做法。潘荣所撰写的《通鉴总论》是元代"通鉴学"进一步发展的代表性成果之一,该书总结了历代治乱兴亡,文笔雄健,是传播历史评论的力作,因此被广泛引用。同样,朝鲜方丈九渊在注解《资治通鉴》的重要篇目时,也借鉴了潘荣的《通鉴总论》,采用的同样是注解《通鉴总论》的方式。此外,韩国东亚大学翰林图书馆所藏的《通鉴要解》在卷首有"丙寅九月下浣通训大夫行吏曹佐郎兼实录记奏官完山李在玑序",该版本的卷头书名为《通鉴五十编详节要解》,而序头书名为《通鉴五十卷详节要解》。

朝鲜后期的"学者型"君主正祖李祘,尽管仅在位 24 年,却留下了逾百部史书,为朝鲜朝官方史学树立了一个高峰。正祖曾深入研读朱子的《资治通鉴纲目》,"采其书法、论断、事实、名物之有疑者,著为问目,凡六百九十五则。"[①]他将这些问题分派给春秋馆学生,每人负责一则,要求他们详细回答。随后,他指派文臣沈晋贤等人整理这些回答,并将它们附在相应的问题之下,最终汇编成册,即《纲目讲义》。

正祖注意到明朝成化年间商辂奉诏编纂的《续资治通鉴纲目》中"纲"和"目"使用了小字,这与朱熹所提倡的"提纲挈目"原则相悖。因此,他命令臣僚广泛搜集资料,校正错误,"仿洪武正韵字,大其画印其纲,而目则用壬辰铜字印行"[②],最终完成了《新订资治通鉴纲目续编》27 卷。每一卷都经过正祖亲自审定,其"凡例"模仿《资治通鉴纲目训义》,而事实则追溯并考证了原始史料。

---

① 《朝鲜王朝正祖实录》卷三十二,正祖十五年五月三日丁丑,影印本第 46 册,第 219 页。

② [朝鲜朝]正祖李祘:《弘斋全书》卷一七九《群书标记一·新订资治通鉴纲目续编》,《韩国文集丛刊》第 267 册,第 488 页。

正祖在春邸时，感慨"自朱子续麟之后，一代有一代之纲目，惟皇明二十朝事实久无纲目"。① 于是，他依照朱熹的《通鉴纲目》体例，续写了南明二十朝的历史，完成了《资治通鉴纲目新编》20 卷。他自称为"新编"，意在表明这是在原编和续编之后的作品，并强调"我东之于皇朝，若鲁之于周"。正祖仿效孔子编纂《春秋》时"周礼尽在鲁"的故事，通过续写《新编》，意在彰显朝鲜在"小中华"意识驱使下的文化优越感。

检索《古今书目》，著录有李㘾应编纂的《纲目辑要》，该书共 7 卷 3 册，是基于《通鉴纲目》和《续通鉴纲目》的摘录与整理。此外，还有一部写本《纲目抄》8 册，其编纂者不详，该手抄本精选了朱熹《资治通鉴纲目》中关键的语段。另一部名为《续纲目疑补记见》的手抄本，分为 2 卷 2 册，编纂者同样不详，其内容主要针对《续资治通鉴》中存疑之处进行解释或补充。在这部手抄本中，可以看到"弘斋"和"震章"的印章，这似乎表明它与正祖及其后裔在经筵时的笔记有关。最后，还有一部名为《通鉴增删》的手抄本，共 15 卷 5 册，编纂者未知，该书在宋代江贽的《通鉴节要》基础上进行了增删，简洁地记录了从周威烈王二十三年到后周世宗显德六年的历史，跨度达 1362 年。

## 第四节　对中国史书的注释和改编

古代朝鲜编纂的史书，无论官修还是私撰，均未获得本国史学家的高度评价。例如，安鼎福在《东国历代史》中批评《三国史记》，虽然包含有本纪、志、年表和列传，但内容疏漏且错误频出，"不成史体"；而郑麟趾奉命编撰的《高丽史》"有世家、志、列传，世家失于繁冗，志失于脱略，列传失于疏漏"；与《三国史记》相比，它虽"典实而不能无后人之恨"；俞棨的《丽史提纲》和林象薰的《东史会纲》"稍简整而不无讹谬"；一然的《三国遗事》

---

① ［朝鲜朝］正祖李祘：《弘斋全书》卷一七九《群书标记一·资治通鉴纲目新编》，《韩国文集丛刊》第 267 册，第 488 页。

"专为诸僧事迹，而《王历篇》亦有国事之可言者，盖多荒谬"。安鼎福还指出，《东国通鉴》和《东国舆地胜览》多取材于以上几部史书，因此不足为观。至于权近、李詹、河崙等人奉太宗之命编纂的《东国史略》（安鼎福记为《三国史略》）、李塈的《东国史略》和吴沄的《东史纂要》则被评价为"不过类钞，太过疏略"。①

值得注意的是，自高丽时期的李承休所著《帝王韵记》以史诗形式叙述了从中国开天辟地至元朝兴起的历史以来，古代朝鲜半岛投入巨大努力，陆续编纂了数十部中国史书。这种现象在东亚汉字文化圈乃至全世界都是罕见的。《帝王韵记》中"正统相传颂"的理念奠定了古代朝鲜人心中对华夏文明及王权正统性的认识，而"辽东别有一乾坤，斗与中朝区以分"的表述则体现了高丽的民族独立意识。学者孙卫国统计，朝鲜朝编纂的中国史书多达40 余部。② 实际上，古代朝鲜编撰的中国史书数量远超此数。孙卫国的研究重点在于探讨朝鲜编纂中国史书的动机及其与"尊周思明"思想的关联，因此在研究论文中并未对这些史书的成书方式和内容进行分类。然而，若考虑这些史书的成书方式和内容，它们可以进一步细分为史编、史补、史选、史注等类别。史编和史补是古代朝鲜人根据特定主题或编撰意图，搜集并编排中国汉籍中的史料，或在中国原有史籍基础上进行续补；史选则是摘抄和选编中国史籍的相关篇章或内容；史注则是为了便于理解而对中国史籍进行训解。笔者检索了韩国《增补文献备考》《奎章阁图书韩国本综合目录》《奎章阁韩国本图书解题续集·史部》《古今书目》③、《朝鲜图书解题》等重要书目，将古代朝鲜人编纂或选编的中国古书列表如下，并对其成书方式进行了区分，以便学界进行更深入的研究（见表13）。

---

① ［朝鲜朝］安鼎福：《顺菴集》卷十三《杂著·东国历代史》，《韩国文集丛刊》第 230 册，第 46 页。

② 孙卫国先生在《朝鲜王朝所编之中国史书》（《史学史研究》2002 年第 2 期）一文中列表统计朝鲜王朝所编的主要的中国史书为 39 部。

③ 本文所依据的《古书目录》为韩国国立中央图书馆藏本。

**表 13　古代朝鲜编纂的中国史籍**

| 著者 | 书名 | 抄写／刊行时间 | 成书方式 | 备注 |
|---|---|---|---|---|
| 太宗命撰 | 思政殿训义（资治通鉴训义） | | 史注 | 太宗命尹淮、权蹈、偰循等四十余人在胡三省《音注》及赵完璧《通鉴源委》的基础上删减、润色并旁采他书进行补正而成 |
| 世祖命撰 | 贞观政要注 | | 史注 | 命集贤殿校理韩继禧等注《贞观政要》 |
| 成宗命撰 | 春秋集传大全 | | 史编 | 印本，55 卷 55 册，在《春秋经》下系以左丘明传、公羊高传、榖梁赤传、胡安国传，卷首采杜预、何休、范甯以及胡安国的传序，后有朝鲜姜希孟的跋文 |
| 朴世采 | 春秋补编 | 肃宗四年（1678 年） | 史补 | 印本，3 卷 2 册，摘二程全书、朱子全书中有关春秋的解说而成书 |
| 洪仁谟 | 春秋公榖合选 | 正祖二十二年（1798 年） | 史选 | 印本，2 卷 1 册，选《公羊传》《榖梁传》中"紧要"文字而成 |
| 不详 | 春秋人物 | 不详 | 史编 | 写本，1 册，将《春秋》所载鲁、晋、楚、秦、郑、卫、宋、陈、蔡、曹、吴国等国著名人物按照编年的方式进行排列，编撰目的在于阅读春秋诸书简便 |
| 崔锡鼎 | 左氏辑选 | 肃宗三十四年（1708 年） | 史选 | 活字本，8 卷 4 册，先是抄辑《左传》中"紧要"文字，又在国名之下系以人名（字号、异称、父子关系等），以便观览 |
| 金在鲁 | 左氏辑选续 | | 史选 | 1 卷，崔锡鼎《左氏辑选》基础上增补而成 |
| 不详 | 左氏辑选补遗 | 不详 | 史选 | 写本，1 册，《东国文献备考》中收金在鲁所编《左氏集选续》1 卷，疑和《左氏辑选补遗》为同一书 |
| 不详 | 左传汇类 | 不详 | 史选 | 写本，8 卷 4 册，摘录《左传》中文句，按照天道、地理、人事、居处、礼乐、技艺、服食、器用、草木、虫鱼、文字等分为 11 类 |
| 不详 | 左传文字抄 | 不详 | 史选 | 写本，1 册 |

续表

| 著者 | 书名 | 抄写/刊行时间 | 成书方式 | 备注 |
|---|---|---|---|---|
| 申炅 | 再造藩邦志 | 肃宗十九年（1693 年） | 史编 | 印本，4 卷 4 册，记录朝鲜壬辰战争期间出兵援助朝鲜的明朝将士事迹 |
| 不详 | 壬辰笔录 | 不详 | 史编 | 写本，1 册，壬辰笔录，记朝鲜壬辰战争期间出兵援助朝鲜的兵部侍郎宋应昌等 27 人及提督李如松等 40 余人策划有关防御事宜的事迹 |
| 英祖命纂 | 追感皇恩编 | 英祖四十五年（1769 年） | 史编 | 活字本，2 卷 2 册，汇集太祖开国起至仁祖二十一年明朝对朝鲜的祭文、任命或封赠的诰文、发布的诏书、命令等敕文以及礼部的咨文 |
| 吴庆元吴显相父子 | 小华外史 | 纯祖三十年（1830 年）上版 | 史编 | 印本，3 卷 6 册，高丽、朝鲜两朝与明朝关系史 |
| 李恒老 | 宋元华东史合编纲目 | 高宗十年（1873 年） | 史编 | 印本，33 卷 33 册，仿朱熹《资治通鉴纲目》体例，将宋、元史和高丽史合编 |
| 朴泰辅 | 周书国编 | 不详 | 史编 | 印本，10 卷 3 册，采用国别体，记鲁隐公元年至周武王元年 400 年历史、鲁哀公以下至周威烈王二十二年前后六十四年历史 |
| 李恒福 | 鲁史零言 | | 史选 | 印本，30 卷 15 册，将《左传》按事类分抄 |
| 正祖命纂 | 史记英选 | 正祖二十年（1796 年） | 史选 | 印本，8 卷 4 册，专选《史记》本纪、列传及太史公自序等 40 余篇 |
| 李恒福等 | 史纂 | | 史选 | 印本，12 卷，专选《史记》中本纪 1 篇、世家 4 篇、列传 45 篇、书 3 篇 |
| 不详 | 史汉一统 | | 史选并注 | 印本，16 卷 16 册，抄录《史记》《汉书》中传记并略加注释 |
| 崔岦 | 汉史列传抄 | | 史选 | 印本，4 卷 4 册，专选《史记》《汉书》中列传，分甲、乙、丙 3 集。甲集抄录项羽等八人传记，乙集抄录韩信等 20 余人传记，丙集抄录吴王刘濞等 10 余人传记。各集都附有谚文和口诀 |
| 安玮 | 汉书传抄 | | 史选 | 印本，2 卷 2 册，专选《汉书》中陈胜、项籍、晁错、严助等 15 人传记 |

续表

| 著者 | 书名 | 抄写／刊行时间 | 成书方式 | 备注 |
|---|---|---|---|---|
| 不详 | 汉书略选 | 正祖十年（1786年） | 史选 | 印本，1册，抄录《汉书》列传，篇数不详。该年正祖内阁新铸"丁酉字"，该书为"丁酉字"试印本 |
| 英祖命编 | 皇明通记辑要 | | 史编 | 印本，24卷4册，在晚明史籍《皇明通纪》基础上删节而成 |
| 不详 | 皇明纪略① | | | 印本，6卷3册 |
| 李时善 | 史选 | | 史选 | 选录《通鉴节要》《十九史略》二书内容合编而成 |
| 李时善 | 史补略 | | 史补 | 印本，9卷3册，在曾先之《十九史略》基础上专选周威烈王至唐代史实而成 |
| 洪仁谟 | 续史略 | | 史补 | 1卷，在曾先之《十九史略》基础上补充明代290年间史实 |
| 洪奭周 | 续史略翼笺 | | 史补 | 印本，3卷6册，洪奭周在其父洪仁谟《续史略》基础上加以注释及补遗 |
| 洪凤汉 | 正史汇鉴 | | 史编 | 写本，8卷4册，专选上古至明代诸史书中有关箴戒的事迹，分类条录，作为世子讲学的材料。共分为笃圣孝、法祖宗、敬事天、谨祀典、典圣学等34类 |
| 正祖李祘 | 宋史筌 | | 史编 | 写本，148卷61册，在元朝末年脱脱等人编撰的《宋史》的基础上的加工而成 |
| 正祖 | 宋史撮要② | | 史编 | 写本，3卷，从多部"通鉴类""纲目类"史书中摘录从北宋太祖到南宋恭帝约300余年的史事 |

① 《增补文献备考》著录《皇明记略》共3卷，编者为金堉。目前尚不确定这是否与现有的6卷3册版本为同一书，有待进一步考证。

② 《宋史撮要》的记载仅出现在《增补文献备考》和正祖的《群书标记》中。这两部书目均著录该书为三卷，《增补文献备考》未注明《宋诗撮要》的编者，而《群书标记》则明确指出："予既纂《宋史筌》以尽其规模之大，节目之详，复寓反约之义，取编年诸史，删繁汰漉，撮其肯綮，作为此编。事省于《通鉴》，文约于《纲目》而大经谳条之，为后炳鉴者则固该括无遗，约而尽之，与《史筌》相为表里，览是书者尚可以知予笔削之意。"奎章阁《西序书目》专门收录"朝鲜本"，记载该书为正祖"亲自撰写"，但卷数却记录为6卷。关于《宋史撮要》的卷数和册数问题，可参见张光宇：《韩国奎章阁藏〈宋史撮要〉综考》，《宋史研究论丛》第29辑，科学出版社2021年版。本表格暂且依据《增补文献备考》的记载，将该书卷数著录为三卷。

| 著者 | 书名 | 抄写／刊行时间 | 成书方式 | 备注 |
|---|---|---|---|---|
| 正祖 | 明纪提挈 | | 史编 | 写本，20卷，实为《资治通鉴纲目新编》的副产品，采用编年体记录"事实之别有依据者" |
| 正祖 | 全史全评 | | 史选 | 写本，80卷，专门选抄23代史中的史臣论赞 |
| 正祖 | 新订资治通鉴纲目续编 | | 史编 | 印本，27卷，采用纲目体续编宋元史，仿《洪武正韵》字，用大字书写顶格编排，即为纲；其后用小字分注叙述具体内容，低格编排，即为目。撰成后用"壬辰字"印出 |
| 正祖 | 资治通鉴纲目新编 | | 史编 | 写本，20卷，采用纲目体所编的明史 |
| 正祖命撰 | 春秋注解 | | 史注 | 正祖命李书九在杜预《春秋经传集解》、林尧叟《春秋左传句解》的基础上删繁补缺而成 |
| 正祖 | 春秋注解考异 | | 史注 | 2卷，正祖命李书九、成海应在前命撰《春秋注解》的基础上著录诸书引用异文 |
| 正祖 | 陆奏约选 | | 史选 | 2卷，正祖精选陆贽奏议29篇，仿照李滉《朱书节要》义例，节删字句，便于诵读。并命铸字所以丁酉字印颁，又将印本下送湖南营翻刻藏版 |
| | 宋名臣录选 | | | 写本 |
| | 宋朝史详条 | | 史选 | |
| | 史纂抄选 | | 史选 | |
| | 马史列传 | | 史选 | |
| | 史记抄 | | 史选 | |
| | 战国策抄选 | | 史选 | 写本 |
| 李玄逸 | 尊周录 | | 史编 | |
| 池光翰 | 池氏鸿史 | | | |

　　从表13来看，《春秋》等编年体史书，《史记》《汉书》等纪传体史书，《资治通鉴纲目》《十九史略》等纲目体史书，都成为朝鲜知识分子抄选和注

解的对象。值得注意的是，朝鲜编纂的中国史籍主要集中在宋史和明史，并且大多完成于英祖、正祖时期。这一现象集中反映了朝鲜对"尊华攘夷"正统观念的重视，① 同时也体现了朝鲜"小中华"意识的不断增长。

## 一、《宋元华东史合编纲目》的编纂

朝鲜朝首次质疑元朝正统性的是宣祖时期的弘文馆副提学金宇颙。他依据华夷观念和春秋笔法，撰写了宋元史，完成了《续资治通鉴纲目》。在朝鲜儒学史上，宋时烈是一位关键人物，他在此基础上进一步发展了这一理论。宋时烈是朝鲜朝中期"复仇雪耻"理念的主要阐述者和倡导者。他在《丁酉封事》中表达了朝野上下对"正统"认识模糊、逐渐接受对清朝卑躬屈膝现状的深切忧虑："《春秋》以至《纲目》一主于大一统，盖大统不明，则人道乖乱，人道乖乱，则国随以亡。我国自丙丁以后，人心渐晦，以伪为真，以僭为正者多矣。若复十数年后，则正统之说，当不闻于缙绅间，此盖由许衡。以近世儒者失身胡元，乃以帝尧大统，接之女真，且于辽金称大，而以列国待宋，正犹入鲍肆而不闻臭，遂以丑差之论，倡于天下，而后人藉此为重，甚可羞也。"② "胡元入主中国，以腥膻杀戮之种，秽乱尧舜文武之境土。此诚天地之大变，古今之逆德。……今此丑虏。其羯羠之性，甚于胡元，而久居神州。……我之国小力弱如此，惟以忍痛含冤，迫不得已之心存之于内，戒宴安之鸩毒，致俭勤之实德，一以保吾民，强为善为务，蓄吾之力以待彼衅，则天其或者遂吾之愿乎？自丙丁以至于今已逾五十年矣，生乎其间者，已至于老死，则不知有皇朝者多矣。虽以许衡之学行，犹不知宋帝之为正统，而服事胡元。况我东表之偏邦乎。然秉彝之天则无所不同，今日之人，

---

① 参见孙卫国：《朝鲜王朝所编之中国史书》，《史学史研究》2002 年第 2 期。同时可参阅张光宇：《朝鲜王朝正祖时期的官方史学研究》，上海三联书店 2019 年版。

② [朝鲜朝] 宋时烈：《宋子大全》卷五《丁酉封事》，《韩国文集丛刊》第 108 册，第 209—210 页。

若思其祖先之得蒙神皇之恩，而得有其身，则含感思报之心。"①一方面，这反映了朝鲜因现实利益的考量，在政治上臣服于清朝的无奈；另一方面，也明确指出由少数民族建立的元朝和清朝均非正统，表达了重振"尊周大义"的强烈愿望。对于商辂等人在《续通鉴纲目》中"世运之丁极否，冠履倒置，天地晦冥，三纲既沦，九法亦致，第已成混一之势，知复延七八之传，故不得，已大书其年"的做法，② 宋时烈曾"讥其为僭"。

李恒老继承了宋时烈的正统认识，他认为："天有阴阳，地有刚柔，人有男女，统有夷夏，此天地之大分界也。……中夏之君治天下，常也；蛮夷之君治天下，变也。天地气数有盛衰之变，故帝王之统亦有正反之变。中夏天子，蛮夷天子，尊卑上下，全无等威，此乃阴疑于阳，地抗于天，女加于男，臣强于君。名之不正，礼之无序，事之不顺，心之不安，孰有大于此者乎？宰之以义，待之以礼，正其名而安其理，则非徒中华得中华之正，抑亦蛮夷得蛮夷之正，……《纲目》严夷夏之分，而蛮夷君长曰'死'，此待蛮夷君长之道也。蛮夷入于中国，为中国君长，则当待以中国君长，不当待以蛮夷君长，但中国君长有华主夷主之别，不可不慎。"③ 鉴于《续宋元通鉴纲目》"处胡元以正统，与大宋无别，是不识正统法义，而大失《纲目》主意"，李恒老"承尤庵宋夫子遗旨，更定史例，贬削伪统"，④ 令弟子柳重教、金平默编撰史书，而李恒老亲自考订，命名为《宋元华东史合编纲目》(简称《华东纲目》《华东史合编》《华东合编》)。

《华东纲目》的编撰并非简单地在《续通鉴纲目》的基础上重修宋元史，

---

① [朝鲜朝] 宋时烈：《宋子大全》卷十九《论大义仍陈尹拯事疏》，《韩国文集丛刊》第108 册，第 455 页。

② (明) 商辂：《续资治通鉴纲目》卷首《进续资治通鉴纲目表》，明万历二十八年刻本，北京大学图书馆藏。

③ [朝鲜朝] 李恒老：《华西集》卷十七《凤冈疾书》，《韩国文集丛刊》第 304 册，第 432 页。

④ [朝鲜朝] 柳重教：《省斋集》卷八《上重庵先生〈华东合编纲目书例禀目〉》，《韩国文集丛刊》第 323 册，第 180 页。

而是承袭了郑澔《史略补要》在中国史书基础上补充朝鲜史事的做法，将高丽史事与中国史事巧妙地融合。《华东纲目》的编纂目的，并非仅仅是为了通过否定元朝的正统地位，进而间接否定清朝的正统地位，而是旨在通过修史这一途径，明确并巩固朝鲜作为"小中华"的身份与地位。李恒老的弟子崔益铉在《华东史合编跋》中，详尽阐述了该书编纂的意图："《华东合编》之所以继《纲目》而作也，夫《春秋》《纲目》之义，莫大于攘夷狄讨乱贼，而在孔、朱以上之夷狄乱贼则幸已见正，若孔、朱以下之夷狄乱贼，则中国不复生圣贤，而人心日亡，天理日晦，终无见正之所，而乃正于吾先师华西李先生之手。先生东偏之人也。胡元不干宋统。合编亦可不作也。至此而名正义明。……然此编之不帝胡元，其名义随世变而关系尤重，改正中朝商、万诸公之缪笔，以开天下万世之心目，抑亦不得已之甚者欤？……曰夷而进于中国，则中国之春秋之意也。况吾东箕子立国，革夷陋而为小中华，后虽中微而贸贸，始自高丽，已骎骎有用夏之渐，所以以风俗好，见称于朱子也。至于本朝，则得复小中华，而崇祯以后，则天下之欲寻中国文物者，舍吾东无可往。实所谓周礼在鲁也。"①《华东纲目》的编纂，其深远用意在于攘夷狄，讨乱贼，进而实现"正名"之目的。朝鲜单方面认为自崇祯以后，正统存于朝鲜，是"周礼在鲁"的生动体现。

柳重教、金平默皆为朝鲜后期杰出的性理学家，同时也是宋时烈"尊周"思想的坚定拥护者。柳重教更是亲自撰写了《正统论》一文，明确指出元朝实为"夷狄干统之变"，而清朝的统治不过是"夷狄冒据中国"。尽管清朝的统治在当时已近三百年之久，但在柳重教等朝鲜知识分子的心中，他们"犹以皇明旧君为君，以俟天下义主之舆"。②

金平默的正统思想体现在他的《宋元华东史合编纲目》中。他认为"所谓正统，必圣贤之德，受天明命。……唐虞夏商周之有天下是也，其次虽非

---

① [朝] 崔益铉：《勉庵集》卷二四《东史合编跋》，《韩国文集丛刊》第 325 册，第 566 页。
② [朝鲜朝] 柳重教：《省斋集》卷三二《正统论》，《韩国文集丛刊》第 324 册，第 146 页。

必圣贤之君，李月文物犹有中国之旧，如秦、汉、晋、隋、唐及我皇明之有天下是也；又其次僭叛割据三分五裂，而正统之子犹能保守一方，以存正统之烝，尝如东周、蜀汉、东晋、南宋及我命三皇帝之建号南方是也。"①在金平默眼中，元朝并未"用夏变夷"，涤去腥膻，而仅仅凭借武力强占疆土，"乃阴反统阳，天地古今之变逆"。他更是忧虑"皇明之区宇亦将为建虏之有，而衣裳之足举皆薙发左衽以为臣仆"。他明确指出，李恒老主持编撰《华东纲目》的目的在于让"天下万世知夷狄之主中国，僭而非正，伪而非真"，"可攘而不可尊"。②

　　柳重教的《省斋集》中保留了他和金平默共同编撰《宋元华东史合编纲目》的诸多细节。在《新史总叙》中，柳重教明确指出了该书的史源，主要参考了《续资治通鉴纲目》，并辅以《宋元通鉴》《历史纲鉴》及《宋名臣录》等史书。对于高丽史事，则主要依据俞棨的《丽史提纲》，同时参考了《东国通鉴》和《东史纂要》。在史论方面，该书以《续纲目》与《丽史提纲》所载的史论为主，同时广泛采纳各家之说以作补充。在处理本国臣子论本国事时，详细记录其姓名；而涉及后代人论前代事时，则采用"某子某氏""某号某氏"或"某氏某"等称谓。对于程颢、程颐、朱熹的史论，书中则直接以"程子""朱子"相称，未使用其全名。

　　《华东纲目》原编共29卷，另有附录4卷，按照元、亨、利、贞的顺序排列，其中包括柳重教的《华东纲目书法》1卷，金平默的《华东纲目发明》3卷。原编前24卷为柳重教草创，后5卷由金平默草创，最终由柳重教完成统稿工作。

　　《华东纲目》在体例上仿照《资治通鉴纲目》，共分为统系、岁年、名

---

　　①　[朝鲜朝] 李恒老考订，柳重教、金平默编：《宋元华东史纲目合编·附录四》，韩国精神文化研究院藏书。

　　②　[朝鲜朝] 李恒老考订，柳重教、金平默编：《宋元华东史纲目合编·附录四》，韩国精神文化研究院藏书。

号、即位、改元、尊立、崩葬、篡贼、废徙、祭祀、行幸、恩泽、朝会、封拜、征伐、废黜、罢免、人事、灾祥等 19 个门类。对于各门类下材料的处理、史事的评论以及人物的褒贬方面的原则和体例，柳重教在《华东纲目书法》中都进行了明确说明。学者王元周曾将《书法》与朱熹《资治通鉴纲目》所列门类进行对比，并详细列出了柳重教在《书法》中对朱熹所列门类的改动，此处不再赘述。①

梳爬《宋元华东史合编纲目》，可以发现该书是在朱熹《通鉴纲目》的基础上的续编之作。书中所记载的宋、元史事是完整的，但所附入的高丽史事并非高丽全史，而是精选了从高丽光宗十一年（960 年）至恭愍王十六年（1367 年）期间与思想、文化、遣使朝贡等有关的史事，尤其注重中国文化对高丽史事的影响。例如，虽然高丽本是宋朝的藩属国而非诸侯国，但柳重教等人认为宋朝并未正式册封任何国家为诸侯国，而高丽则是"以外国进于中国"的特例。因此，在涉及高丽史事时，该书采用了列国例进行处理。

此外，在纪年、名号、即位、崩葬等方面，《华东纲目》也为高丽提供了诸多特例。例如，按照朱熹《通鉴纲目》的纪年方法，无统大国不纪年，而诸小国只纪元。但《华东纲目》却为高丽特设了纪年，记为"高丽某年"，改世则云"某王某某年"。在名号上，高丽也被赋予了列国特例，称为"高丽王"。在即位方面，按照《通鉴纲目》的定例，只有正统天子继承大统才称为"即位"，其余均称"立"或者"嗣"。辽、金、夏诸国继世记为"嗣"，称帝后记为"立"，其余小国继世并不一一记录，如果涉及相关史事则记为"嗣"，这是元初的定例。而对高丽则采用特例，其继世被记录为"太子某立"或"某君某立"。至于崩葬的记录，按照元朝惯例，秦汉以后王公死皆曰"卒"，但高丽用特例记为"薨"。以上种种，都可以看出在《华东纲目》

---

① 详细论述可参阅王元周：《华西学派的正统认识与本国认识辨析——以〈宋元华东史合编纲目〉为中心》，载北京大学韩国学研究中心编：《韩国学论文集》第 13 辑，民族出版社 2004 年版。

中高丽被抬高至"无统大国"的地位。通过该书的书法，也体现了朝鲜的独立、自尊意识。

## 二、《小华外史》的编纂

朝鲜正祖朝的吴庆元、吴显相父子广泛引用了中国、朝鲜和日本的历史资料，采用编年体体例，记述自朝鲜太祖元年至纯祖二十四年共 432 年间朝鲜与明朝之间的史事，编纂成《小华外史》。该书从撰写到刊刻前后历时几近 50 年。《小华外史》首叙明朝与朝鲜之关系，续录明亡后朝鲜国内思明、祭明、优待明朝遗民及其后裔的相关史实。《小华外史》无论成书背景还是编撰理念都浸透着浓厚的"小中华"思想。通过记述史事，努力塑造朝鲜"小中华"形象，坚守"正统大义"；遵循传统华夷观念，严守华夷界限。《小华外史》往往被研究朝鲜"小中华"思想、"华夷观"衍变、"尊周思明"心态的学者引用，[①] 是研究中朝关系史、移民史的重要史料，有着重要的史学价值。乔治忠和孙卫国先生最早向中国学界推介《小华外史》，从《小华外史》的编纂、《小华外史》的内容与史义、《小华外史》的史源与史料学方法以及《小华外史》的史学价值等方面进行了考论。但有三个问题值得进一步探索：一是《小华外史》的编纂、重校直至刊行的过程有着怎样的政治诉求？又是如何体现吴氏祖孙"小中华"意识的强化的？二是在"小中华"意识影响下

---

① 引用《小华外史》来研究朝鲜"小中华"意识、"华夷观"衍变、"尊周思明"心态、中朝移民史的研究成果可参看以下研究成果：孙卫国：《大明旗号与小中华意识》，商务印书馆 2007 年版；孙卫国：《朝鲜王朝"小中华"思想的核心理念及其历史演变》，《韩国研究论丛》2014 年第 2 期；王元周：《华夷观与朝鲜后期的小中华意识》，《韩国学论文集》，中山大学出版社 2013 年版；刘喜涛：《文化视域下的朝鲜"小中华"思想研究：以〈小华外史〉为中心》，《北华大学学报》2011 年第 3 期；柏松：《明清时期朝鲜王朝"华夷观"探究》，东北师范大学 2009 年硕士学位论文；于逢春：《17 世纪中期以降中日韩［朝］诸国"华夷观"衍变及"华夷秩序"再建构》，《新疆师范大学学报》2015 年第 6 期；牟元珪：《明清时期中国移民朝鲜半岛考》，《韩国研究论丛》（第四辑），社会科学文献出版社 1998 年版。韩国方面主要侧重于对《小华外史》的收藏，迄今未见《小华外史》的相关研究成果。

吴庆元父子对所引中国文献是如何处理的？三是为《小华外史》作序的吴熙常、金炳学等人与吴氏祖孙之间有着怎样的关系？

《小华外史》的编撰者吴庆元（1764—1839 年），字善余，海州人，自号"首阳逸民"。朝鲜正祖七年（1783 年）文科中选，曾历任延日县监、海州判官、金山郡守、永禧殿参奉等职，后流配牙山。他的六世祖是朝鲜名臣"丙子三学士"之一的吴达济（1609—1637 年），曾在清皇太极率兵攻打朝鲜之时力主奋力抵抗，反对与清议和，最终被清处死，朝鲜钦敬其忠义，赐谥"忠烈"。吴庆元编撰《小华外史》的目的，无疑是为了彰显尊攘大义，慕华思明，维护中华正统。然而，《小华外史》的编撰，更是在 19 世纪特殊的国内外背景下，"小中华"意识强化的产物。

在吴庆元的眼中，朝鲜早已完成了由夷到华的蜕变。他指出："孔子作《春秋》也，诸侯用夷礼则夷之，进乎中国则中国之。推此义也，朝鲜之得比中国，其所自来远矣。于是乎道之以礼度，齐之以德政，跨罗掩丽，于斯为盛，而春秋大一统之旨，炳然特着，日星乎中天，将使皇朝之三百年基业，憖遗我朝鲜未死之人心，则此心此义终不可以移易得他矣。"①在 19 世纪清朝出现衰亡征兆，暴露出种种社会矛盾之时，吴庆元的"小中华"意识得到进一步的强化。

吴庆元感叹中国幅员辽阔，百姓众多，却"奔走臣虏殆将数百年，不闻有正名举义之事"②。然而，"我东君臣上下志砺薪胆，念切《风》《泉》，而不以存亡而改节"③，但"今距南城之难，岁阅数百矣，人皆习熟安恬，讳言义理"④。因此，他深感"岁月寝远，人心渐狃，并与尊攘之大义而亦几乎熄"，于是致力于"搜罗公私文献，纂修成书，上以阐列朝之志事，下以资

---

① ［朝鲜朝］吴庆元、吴显相：《小华外史》，朝鲜高宗五年木刻本，首尔大学奎章阁韩国学研究院收藏，第 29 页。以下所引不详注。

② ［朝鲜朝］吴庆元、吴显相：《小华外史》，第 29 页。

③ ［朝鲜朝］吴庆元、吴显相：《小华外史》，第 17 页。

④ ［朝鲜朝］吴庆元、吴显相：《小华外史》，第 145 页。

后人之讲明"。他们自诩为"中华文明"的传承者，并明确指出编撰《小华外史》的目的不仅在于将其私藏于国内，而是"要薪共之于四海之广，千载之远"。①

吴庆元秉持"尊明贬清"的宗旨，全书将明朝尊称为"皇朝"，而将清廷贬称为"夷狄""虏"。在《凡例》中，他明确规定了纪年方式，以明朝年号为尊，将其用大字书写，下附朝鲜国王年份作为参照。南明政权覆灭后，则采用大字干支纪年，分注朝鲜纪年。《小华外史》的结构安排独具匠心。对于明朝灭亡之前的史事，作者用 6 卷的篇幅详尽记述了明朝对朝鲜的恩泽，特别是不惜笔墨详细记载了明朝出兵援助朝鲜的"壬辰卫国战争"。另外，还用 2 卷的篇幅记述了明朝灭亡之后朝鲜的"尊周思明"活动。

关于吴庆元何时着手编撰《小华外史》，目前尚未有确凿的历史资料可供查证。然而，其族兄吴熙常在为该书写作的"序言"中明确标注了"崇祯纪元后四庚寅"，即公元 1830 年，这为我们提供了该书初稿完成时间的线索。再参考吴显相②在《小华外史跋》文中的记载，其父吴庆元"殚精竭虑十有余年始完"，这表明吴庆元早在 1820 年之前就已经着手撰写该书。值得注意的是，《小华外史》中还收录了吴庆元在"崇祯纪元后四癸巳"（1833 年）所作的跋文。通过吴熙常的序和吴庆元的跋文内容来看，当时的《小华外史》写本尚未包含《大报坛志》《王人姓名记》以及《皇朝遗民录》等内容。

在《小华外史》撰成后，吴庆元仍感觉"未尽善"，于是多次进行修改。临终前，他将这项未竟事业托付给了自己的儿子吴显相。根据《日省录》的记载，"高阳郡守吴显相遭父丧"的时间为"宪宗五年十一月十三日"③，可以推断出吴庆元逝世于 1839 年。而吴显相重新校订《小华外史》的工作，

---

① [朝鲜朝] 吴庆元、吴显相：《小华外史》，第 30 页。

② 吴显相（1785—1861 年），字玉铉，号采薇山人，海州人，曾任靖陵参奉、青山县监、林川郡守、星州牧使、高阳郡守、工曹参判等职。

③ 《日省录》，宪宗五年十一月十三日。

则应当是在 1839 年之后进行的。

朝鲜宪宗十五年（1849 年），时任成均馆祭酒的洪直弼为《小华外史》写了有深意的跋文。文中提到："首阳逸民吴公庆元氏，裒辑洪武壬申以来字小事大底文献，编年系月，巨细不遗，仍及启祯后朝野史乘之有关于尊攘大经者。公胤子采薇山人显相氏，重定其原编，附之以《王人姓名录》《皇朝遗民录》《殉节死难录》，统名之曰《小华野乘》。"① 这段文字清晰地揭示了吴显相对《小华外史》原编做出的重大贡献，他不仅重新整编了原编内容，还将《王人姓名录》《皇朝遗民录》《殉节死难录》等附于原编之后。吴显相曾将《小华外史》更名为《小华野乘》。

洪直弼是朝鲜后期"老论派"的学问大家，曾是吴熙常的门生。他深信朝鲜早已超越"夷"之地位，跻身"华"之行列。尽管在政治上，朝鲜君臣不得不屈从于现实压力，对清行事大之礼，但他们内心始终深藏着"尊周而攘夷"的愿望。因此，吴显相邀请这样一位人物为《小华外史》作跋文，其背后的深意不言而喻。

在吴庆元的跋文之后，紧接着是吴显相撰写的《小华外史跋》。尽管未明确标注撰写时间，但文中详尽地记录了他对原编内容的精心调整。他对原编中"句复而易眩，文繁而寡征"② 等不足之处进行了删节，并明确列出了原书后附录的《大报坛志》《王人传》（即《王人姓名录》）以及《遗民传》（即《皇朝遗民录》）。全书共分为 12 编，文中并未提及书名《小华野乘》，似乎已将书名重新更正为《小华外史》。此外，在跋文中并未发现"剞劂""锓板"或"镂板"等等与印刷相关的字样，这表明此时的版本很可能仍为珍贵的手写本。所附的《王人姓名记》《皇朝遗民录》以及《大报坛志》，尽管其体例与《小华外史》原编有所不同，但在"尊攘"与"忠义"的核心理念上与原编保持着高度的一致，充分展现了作者对于历史传承与文化精神的深刻理解

① [朝鲜朝]洪直弼：《梅山集》卷三十《小华外史跋》，《韩国文集丛刊》第 296 册，第 71 页。
② [朝鲜朝] 吴庆元、吴显相：《小华外史》，第 147 页。

与尊重。

首尔大学奎章阁韩国学研究院收藏的《小华外史》，在卷首部分，除了吴熙常的序言外，还收录了金炳学、尹定铉、金学性三人的序文，且每篇序文均有明确的撰写时间："崇祯纪元后五戊辰""皇明永历后四戊辰"，即1868年。金炳学（1821—1879年）出身安东金氏，历任成均馆大司成、左议政、承政院都承旨，弘文馆、奎章阁大提学等重要官职，主持编修了《哲宗实录》和《大典会通》。尹定铉（1793—1874年）则曾任弘文馆校理、奎章阁检校直阁、承政院右副承旨及成均馆大司成等职。他是著名抗清志士"丙子三学士"之一尹集的后裔。金学性（1807—1875年）也曾任奎章阁提学、工曹判书、弘文馆提学等官职，并与朝鲜后期丰壤赵氏势道政治的核心人物赵寅永有着姻亲关系。

将这三位杰出人物紧密联系在一起，并为《小华外史》共同撰写序文的关键人物，乃是吴显相的长子吴取善。① 金学性在序文中提及："今山南伯取善氏参判，公冢嗣也，将锓梓于察营"②；而尹定铉的序文中也提到"采薇公之胤取善氏，观察岭南，将以是书付剞劂"③。两者均印证了《小华外史》的最终刊刻工作是由吴庆元之孙吴取善所完成的。这意味着，在1868年之前，《小华外史》一直是以手写本的形式流传。关于这一点，在此前的学术研究中尚未得到充分的揭示与阐述。

如果吴庆元最初编撰《小华外史》是出于对人们日益习惯于对清"事大"而忘却"华夷之分"的深切忧虑，那么吴取善于1868年将《小华外史》付梓刊行，则显然与当时清朝与朝鲜国内的复杂时局有关。清朝在历经两次鸦片战争的惨败后，不得不与西方列强签订一系列不平等条约，其封闭的国门

---

① 吴取善（1804—?），字舜为，号山南伯，曾任奎章阁直阁、艺文馆提学、成均馆大司成、司宪府大司宪、吏曹参判、行龙骧卫护军、岭南观察使等职。

② ［朝鲜朝］吴庆元、吴显相：《小华外史》，第14页。

③ ［朝鲜朝］吴庆元、吴显相：《小华外史》，第12页。

被彻底打破。而朝鲜，则因其独特的地理位置，最终成了东北亚国际纷争的焦点，面临着来自日本的觊觎、法国与美国的"洋扰"等多重现实危机。

1863 年，年幼的高宗即位，政权由其父大院君掌控。大院君采取了一系列措施，包括对外闭关锁国，对内打击权贵、镇压天主教势力等，试图稳固统治。高宗二年（1865 年），大院君下令撤除了崇祀明朝皇帝的圣地万东庙，此举立即遭到了朝鲜儒臣的强烈反对。

在这样的国际与国内背景下，《小华外史》的镂版刊行，无疑是对明朝再造之恩的深刻感念，同时也是对朝鲜作为"中华文明"承继者身份的强调。该书的编撰，高举尊攘大旗，通过特殊人物的作序，进一步强化了"小中华"意识，并蕴含了维护朝鲜后期王权体制、抵御来自清朝与国内党争压力的现实诉求。

目前，《小华外史》存世的版本主要有 5 种，其中，最早的版本是朝鲜纯祖三十三年（1833 年）吴庆元的手写本，共计 10 册，分为正编 16 卷，别编 3 卷附编 6 卷。首尔大学奎章阁韩国学研究院收录此本，著录该本四周双边，花鱼尾，有界栏，半页 10 行，行 20 字，注文则用双行小字。正编一至四册，详细记载了自朝鲜太祖元年（1392 年）至纯祖二十四年（1824 年）计 432 年间朝鲜与明朝之间的史事。卷首有吴熙常序言；五至六册则构成了别编部分，题为《褒忠奖节》，专注于表彰与记录期间涌现的忠臣义士及其英勇事迹。七至十册，为附编内容。第七册特别收录了与万东庙相关的上梁文、祝文及碑文，为研究该庙宇的历史与文化提供了宝贵资料。第八册则广泛收集了《陪臣诗赋》与《陪臣杂著》，包括李廷龟的《都御使杨公镐去思碑》、崔孝一的《祭海神文》等佳作。九至十册，则分别收录了宋时烈的《三学士传》与黄景源的《皇明陪臣传》，为后人了解明代朝鲜士人的生平与贡献提供了重要参考。

首尔大学奎章阁韩国学研究院同时收藏了朝鲜高宗五年木刻本的《小华外史》。此本由吴庆元编撰、吴显相重校、吴取善最终刊行。共计 12 卷，分装 6 册。版式上四周双边，花鱼尾，有界栏，半页 10 行，每行 21 字。一至四册为涵盖本集 8 卷，卷首收录有吴熙常、金炳学、尹定铉、金学性等名家撰写的 4 篇序文，并附有《小华外史总要通论》及《凡例》，卷末则附有吴庆元、吴显相父子的两篇跋文。第五册为续编部分，其中收录了吴显相在申钦所著《天朝征倭诸将官姓名记》的基础上重新厘定并补充的《王人姓名记》，以及他按照《征倭后仍居东国诸人》《避地东来诸人》《东来皇朝女人》的顺序，并补入明遗民后孙麻蓬直、王德九所撰《东征将相遗后录》《皇朝遗民录》中相关内容的《皇朝遗民录》。第六册则为别编，主要记载了《大报坛志》，详细描述了崇祀明朝三帝的具体仪式及所用器具。此书系吴显相在《增修皇坛仪轨》的基础上，参考《筵说》中的记载，对烦琐的仪注进行删节整理而成。值得一提的是，相较于 1833 年的吴庆元手写本、高宗五年本在续编和别编的内容上进行了重新编排，并替换掉了手写本中的《褒忠奖节》《陪臣传》《陪臣杂著》《陪臣诗赋》等内容。

此外，1908 年日本人久纳重吉曾根据朝鲜高宗五年刊本重印《小华外史》，其内容、装帧均与原版保持一致。而日本尊经阁文库收藏有线装《小华外史》，全书共计 8 卷 4 册，但并未收录《王人姓名记》《皇朝遗民录》《大报坛志》等内容。至 1914 年，日本统治下的汉城朝鲜研究会用活字印刷了《小华外史》日译本，全书共 12 卷，分 6 卷装订为 2 册。该译本采用日文在前、汉文原文附后的形式呈现，各卷内容的安排与朝鲜高宗五年本保持一致。不过，值得注意的是，尽管该译本中的汉文部分附有句读，但其中的差错却相对较多。

史书编纂的前提是对文献资料的大量占有。吴氏父子在编纂《小华外史》时，广泛引用了源自中国、朝鲜及日本的文献资源。从文献的类型来看，凡是关乎"尊攘"主题，不论官修史书，还是私撰史书、野史、杂抄，以及笔记、文集、地志，乃至明末遗民的家乘等，均在引用之列。他们在引用文献时，都严谨地注明其出处，确保了资料的真实性与可追溯性。据详尽统计，

《小华外史》共征引文献 149 种 ①，其中中国文献 32 种，包括《明实录》《明史》《明纪编年》《明史稿》《明纪本末》《开国方略》《吾学编》《皇明通纪》《明季南略》《文献通考》《续文献通考》《通鉴辑览》《弇州别集》《弇州续稿》《大明会典》《南疆绎史》《行在阳秋》《幸存录》《求野录》《仪礼经传集解》《武备志》《春明梦余录》《三礼图》《东征记》《诗经》《尔雅》《周礼图》《麻氏家乘》《陇西李氏家乘》《苏州志》《康公事实》。其中，《明实录》被征引高达 326 次，成了《小华外史》中征引次数最多的文献。同时，《吾学编》《皇明通纪》《弇州别集》《续文献通考》《大明会典》《明史稿》等有关朝鲜国王即位的记录，曾一度成为朝鲜与明、清政治交涉（辩诬）的导火索。② 吴氏在文献征引上毫不避讳，任何涉及"尊攘"的言论均被其广泛引用。对于征引文献的处理方式，我们可以将其归纳为两大类，而这两类方法均紧紧围绕着"尊攘"的核心宗旨展开。

首先，对史事删繁取要。在引证相关历史事件时，吴氏父子并未简单照搬照抄原文，而是进行了删繁就简，保留了核心要点。以《小华外史》中"壬申洪武二十五年九月"条为例，可见一斑。

> 本国恭愍王薨逝，无嗣。权臣李仁任以辛旽子禑主国事，昏暴自恣，多杀无辜，至欲兴师侵犯辽东，其时大将李（康献王初讳）以为不可而回军。禑自知负罪，逊位于子昌，国人不顺。启请恭愍妃安氏，择立宗亲王瑶，亦昏迷不法，其子奭复痴无知。群臣国人以社稷生灵为虑，以王妃之命退瑶于私第，择于宗亲，无可以当舆望者，推门下侍中李（康献王初讳）主国事。伏望俯从舆意，以安小国之民。③

---

① 乔治忠、孙卫国在《朝鲜吴庆元〈小华外史〉考论》中提到《小华外史》征引史书和文献的初步统计数字是 180 余种。

② 季南：《朝鲜王朝与明清书籍交流研究》，吉林人民出版社 2016 年版，第 119—142 页。

③ [朝鲜朝] 吴庆元、吴显相：《小华外史》，第 32—33 页。

该条史事源出《明太祖实录》卷二二一，①通过对比，可以看出吴氏父子在修史过程中，不仅遵循了史家避讳的常规做法，将"李成桂"的名讳处理为"康献王初讳"，更巧妙地省略了宗亲王瑶及其子王奭昏聩以及听信谗言进而谋害李成桂等人的具体史事。

其次，对《明实录》中涉及朝鲜的负面言论进行删减。以《小华外史》中"壬申洪武二十五年九月"的史事记载为例：

> 高丽限山隔海，非我中国所治。尔部移文，从其声教。果能顺
> 天道合人心，则使命往来实彼国之福也。②

该段文字源出《明太祖实录》卷二二一。③通过比较，《明实录》中不乏从宗主国视角出发，对周边藩属国有"僻处东夷""以安东夷之民"等表述。文中"其间事有隐曲，岂可遽信"的评价，更是透露出对朝鲜的某种不信任感。然而，吴氏认为明朝与朝鲜之间的关系，"义虽君臣，恩逾父子"④，这种深厚的情感纽带超越了传统的君臣之义。他们坚信朝鲜已经完成了从"夷"到"华"的蜕变，因此，在引用相关史料时，特意删除了明朝对朝鲜表示不

---

①　《明太祖实录》卷二二一记载："本国自恭愍王薨逝，无嗣，权臣李仁人等以辛旽子祦主国事。昏暴自恣，多杀无辜，至欲兴师侵犯辽东。其时，大将军李成桂，以为不可而回军。祦自知负罪，惶惧，逊位于其子昌。国人弗顺，启请恭愍王妃安氏，择立宗亲定昌国原君王瑶权国事。及今四年，亦复昏迷不法，听信谗说，离间勋旧。其子奭复痴騃无知，纵于酒色，与祸党玄禹宝等潜谋复祸位。守门下侍中郑梦周尝以前者欲攻辽东为李成桂所阻。致令朝廷索取马匹，以此谗于王瑶，谋害成桂及赵俊、郑道传、南訚等。国中居民，多被杀戮。群臣国人，以社稷生灵为虑，谓瑶不足以治民。今年七月十七日，以恭愍王妃安氏之命，退瑶于私第，择于宗亲，无可以当舆望者。惟门下侍中李成桂，中外人心，凤皆归附。于是，臣等与国人、耆老，共推成桂主国事。伏从舆意，以安小国之民。""中央研究院"历史语言研究所1962年版，第3233—3234页。

②　[朝鲜朝] 吴庆元、吴显相：《小华外史》，第33页。

③　《明太祖实录》卷二二一记载："高丽限山隔海，僻处东夷，非我中国所治。且其间事有隐曲，岂可遽信？尔礼部移文谕之，从其自为声教。果能顺天道，合人心，以安东夷之民，不启边衅，则使命往来，实彼国之福也。""中央研究院"历史语言研究所1962年版，第3234—3235页。

④　[朝鲜朝] 吴庆元、吴显相：《小华外史》，第17页。

信任的言辞，以及那些象征身份和文化差异的"东夷"字眼，以彰显朝鲜的独特地位与身份。

《小华外史》"庚戌五年夏四月"条记载："朝鲜国王素守礼法，其事朝廷小心敬慎，不外交于理为宜。尔等若欲市易，听于辽东境上，不尔禁也。"① 查考《明宣宗实录》，"尔等"之后还有"既受朝廷爵命，亦当绝外交，毋纵下人，侵越邻境"② 等文字，吴氏父子在引用时同样进行了删减。此种删减行为，恐怕并不符合《小华外史》"凡例"中所述的"文句之间重复繁黏急切难会处，则略加删节"③ 的情况，其背后的目的也显然不仅仅是为了"贯文义"。

在《小华外史》的编纂过程中，确实存在将历史事实与咨文内容混淆以及时间、数量上与所引用资料不符的情况。例如，《小华外史》中"癸卯二十一年"条记载："夏四月，遣陪臣朴从愚等贡马三十匹。"④ 然而，在《明实录》中，关于朝鲜使臣朴从愚等人贡马的时间记载为永乐二十一年（1423年）六月，时间相差整整两个月。此类时间上的不符在《小华外史》中屡见不鲜，其背后的原因主要可归因于两国使臣出使路途中的时间差异。明朝史官所记录的时间通常是朝鲜使臣抵达的时间，而吴氏父子则站在朝鲜的角度，记录的是朝鲜使臣"朝天"的出发时间。此外，《小华外史》中还存在着一些数字上的差异，如将"十五"误记为"五十"，将"一百一十"误记为"一百十一"等。这些数字的差异很可能是由于文献在传抄过程中出现的讹、脱、衍、倒等情况所致。

《小华外史》凝聚了吴氏家族三代人的心血，他们历经数十载，孜孜不倦地考证史料，删繁就简，去伪存真。从吴庆元的初步编纂，到吴显相的精

---

① ［朝鲜朝］吴庆元、吴显相：《小华外史》，第68页。
② 《明宣宗实录》卷六十五，"中央研究院"历史语言研究所1962年版，第1534页。
③ ［朝鲜朝］吴庆元、吴显相：《小华外史》，第20页。
④ ［朝鲜朝］吴庆元、吴显相：《小华外史》，第62页。

心重校，再到吴取善的最终付梓刊行，这一过程跨越了近半个世纪。深入剖析，《小华外史》不仅在内容取材上独树一帜，更在文献处理手法与书名选定上，秉持"尊攘"的理念，矢志不渝地塑造着自身的"中华正统"形象。

值得注意的是，吴熙常、金炳学、尹定铉、金学性等一众学者为该书所作的序言，同样蕴含深意。它们不仅为《小华外史》增色添彩，更深刻地丰富了朝鲜"小中华"意识的研究内涵，揭示了"华夷观"的演变轨迹，以及朝鲜士人"尊周思明"的复杂心态。这些序言与正文交相辉映，共同构建了一个多维度的学术体系，对于理解那个时代的历史文化具有重要意义。

### 三、《宋史筌》的编纂

《宋史筌》是朝鲜正祖御笔亲裁的巨著，是在元朝末年丞相脱脱等人编撰的《宋史》的基础上进行文化加工和选择的产物。作为一部由朝鲜学者精心编撰的中国史书，《宋史筌》受到当今中韩学界的广泛关注，催生了诸多《宋史筌》的研究成果。这些研究或聚焦于《宋史筌》与《宋史》中《高丽传》的对比研究，① 或深入探讨《宋史筌》编纂过程中朝鲜欲借修撰中国史书以彰显春秋大义与正统观念的深层动机，② 抑或致力于揭示《宋史筌》的编纂宗旨及其所产生的广泛影响。本书主要从《宋史筌》对《宋史》内容的增补与改删入手，剖析《宋史筌》和《宋史》之间的关系。

《宋史》是元朝末年丞相脱脱与阿鲁图相继主持编纂的一部纪传体史书。该史书早在朝鲜端宗年间便已通过明朝赐书的方式传入朝鲜。然而，在正祖的眼中，《宋史》并未在史笔中充分贯彻其理想中的正统观念，他批评道："脱脱《宋史》，黜帝昺，皆非正史"，他还指出该书"潦率无据，体裁则乖谬，

---

① 杨渭生：《宋丽关系史研究》，杭州大学出版社1997年版。宋晞：《读〈宋史筌高丽传〉》，《宋史研究论丛》，中国文化大学出版部1988年版。

② [韩]李成珪：《〈宋史筌〉的编纂背景及其特色——朝鲜学人对中国史编撰的有关研究》，《震檀学报》第49号，1980年9月。

辑叙则舛杂"①，这些缺陷引发了朝鲜君臣的不满。

朝鲜君臣内心深植的"尊攘观念"及"小中华"意识，在被迫臣服于清朝后愈发凸显。他们以维护明朝正统为己任，鉴于《宋史》"最羡于诸史而为最无可征，洪武中，命翰林学士宋濂等改修，中撤未果，其后周公叙建请改纂亦未就，又如王惟俭之《宋史记》、柯维骐之《宋史新编》虽皆佚传"②的情况，自觉承担起了改修《宋史》的任务。正如李德懋在《宋史筌编撰议》中所言："蒙古匪惟亡宋亡中国而已，实亡宋史与中国之史也。《史筌》之作，纪二帝，传三房，搜遗民，此其大纲。王者之起，必有取法者矣。是岂但存宋史，抑亦存中国之史也，与高皇帝廓清元房，再辟乾坤，匹美伟烈。"③字里行间透露出浓厚的中华文化继承意识，朝鲜君臣俨然以中华文化的继承者自居，故而主观上认为朝鲜修撰中国史具有正当性，修《宋史》即是保存中国之历史。

正祖在春宫日讲之余，已潜心致力于编纂工作，他反复研读原史，亲手勾画删改，逐渐形成了初步的编纂规模，最终定名为《宋史筌》。此后，这部史书又历经几十个文臣的反复讨论与斟酌，他们不断修订义例，历经十多次的修改，前后耗时几十年之久。在正祖四年（1780 年），这部凝聚了无数人心血的史书得以最终撰成。

正祖特在《宋史筌》卷首增置《义例》一卷，清晰阐述了对《宋史》所作的修订与改动：

第一，在《宋史》一书中，对于宋恭宗赵㬎、端宗赵昰、怀宗赵昺的称谓，称"宗"不称"帝"，更有甚者，直接将他们称为"瀛国公""益王""卫王"。此外，该书还将端宗赵昰与怀宗赵昺的事迹，附庸于赵㬎的本纪之中。

---

① 《御定宋史筌》卷首上谕，奎章阁藏本。

② 《御定宋史筌》卷首上谕，奎章阁藏本。

③ ［朝鲜朝］李德懋：《青庄馆全书》卷二十一《编书杂稿一》，《韩国文集丛刊》第 257 册，第 298 页。

此举引发了朝鲜君臣的极度不满，因此，他们决定为赵昰与赵昺单独设立本纪，并"揭二帝之年号（庙号）"，以此明确他们的历史地位与身份。

第二，设立"太祖母杜皇后本纪"。《宋史》中并未给予赵匡胤的生母杜太后独立的本纪地位，而是将其事迹零散地分布于《太祖本纪》以及《太祖母昭宪杜太后列传》之中。这一做法源于太祖的父亲赵弘殷虽被追尊为"宣祖"，但在《宋史》中并未为其设立独立的本纪，因此，太祖之母亦未能单独立纪。然而，朝鲜的史学家却对此持有异议。他们认为"无帝纪而独立后传，最是误例也"，更直言"既传帝妹不纪母后，殊为径庭"。他们指出，将太祖之妹与太祖之母置于同一层次进行叙述，显然是不恰当的。因此，他们主张为太祖母杜皇后设立独立的本纪，并将其置于《后妃本纪》之首，以此彰显对皇后的尊崇之意。

第三，秉持朱子学与义理论的精髓，进一步提升周敦颐、张载、程颢、程颐等"北宋四子"以及朱熹的地位，"特升周敦颐等五贤于《世家》"。同时，借鉴为孔子弟子立传的做法，将程朱学派的师友、门人纳入《儒林传》，并置于《循吏传》之上，以彰显其在儒学传承中的卓越贡献与深远影响。

第四，按照《明史》的编纂惯例，将《律》编入《乐志》，而《历志》则专门叙述历法沿革。《宋史筌》的编纂者明确指出，"律历之法数本不可牵合"，然而，《宋史》却沿袭了班固在《汉书》中将《律》与《历》二志合并为一的做法，导致"或言律而及历，言历而及律，条贯舛错，名实贸乱"。因此，对"律"与"历"进行了明确的区分与调整。

第五，为保持两宋宫殿记载体例的一致性，将南宋宫殿从《舆服志》迁移至《地理志》的"临安府"条下。在《宋史》中，"东都汴梁"条已详尽记载了北宋宫殿，然而"临安府"条目却未见南宋宫殿的踪迹，反而将其纳入《舆服志》中，这无疑透露出编撰者对南宋政权偏安一隅的轻视态度。在编修《宋史筌》时，有人提议直接摒弃有关宫殿的记述。然而，正祖却秉持"土阶卑宫可以劝后，阿房未央可以戒世"的理念，坚持将南宋宫殿载入《地理志》"临安府"条下，以保持对两宋宫殿记载体例的连贯与统一。

第六，明确正统地位，区分华夷之别，将辽、金、蒙古的历史与西夏并列，统称为《外国传》。在《宋史》中，辽、金、蒙古历史与宋并列，朝鲜君臣对此表示不满。他们认为："辽、金、西夏俱是宋朝外，不可与宋并立各史以乱其统，而脱脱之修史也，西夏则建国僭号传世十余，与辽金无异，而特以其部落之异，故编入于《宋史》之《外国传》。辽、金则东北之杂种，高丽之属国，与西夏无别，而乃以其族类之近，故并列于全史，至皇明因循未改，此是史家之大失也。且蒙古即元之旧号也，铁木真始建号于宋宁宗之世，四世相传，至忽必烈始并吞中国，天下之大统一而已，忽必烈十六年以后，则不得已许其闰位矣，大宋未亡之前，岂可容各立史也？"①因此，他们将辽、金、蒙古的史事均载入《外国传》。

《宋史筌》还对《宋史》中多个重要志书，如《天文志》《礼志》《乐志》《仪卫志》《舆服志》《刑法志》及《艺文志》等，进行了删改和补充。比如，参考元代马端临的《文献通考》，删去了《天文志》中的占候之法。针对《礼志》中"阙而未备，杂而无别者"的问题，进行了系统的厘正和补缺。例如，补充了《吉礼》中关于社稷享祀与文庙释奠的仪注，使宗庙之制与禘祫之礼得以清晰区分。

针对元人不知乐理，沿袭《旧唐书》中《乐志》只纪其形制始末以存大略的叙事方式问题，《宋史筌》提出了批评，并在"立例无法，器数之繁缛散见而不统，制度之严格杂记而失序"的情况下，采取了删繁就简、汇类成详的方法，创立了《乐志》新例，即分为乐制、乐律、乐仪、乐舞、乐人、乐歌、乐章7个细目，详尽记载历朝乐制的沿革与变迁。

在《仪卫志》中，针对《宋史》中叙事冗杂、缺乏要领的问题，增设了"沿革"与"序例"两目，清晰呈现了历朝仪仗的增损与排立法。同时，对"形

① 《御定宋史筌》卷首《义例》，奎章阁藏本。

名"与"服饰"两条进行了适当的删改与调整，使其更符合整体结构。

在《舆服志》中，《宋史筌》不仅完善了"天子舆服"中关于"七服"的描述，还参照《文献通考》补充了皇后服饰中的冠制与袆衣的详细记载，同时对太子服与命妇服的次序进行了厘正。此外，还将与"车舆"无关的"门戟"移至"宫室"条目下，并删除了金人配饰如兔鹘带、弓、刀、牌印等不必要的内容。在《职官志》与《选举志》中，《宋史筌》删除了重复的内容，确保了信息的精练与准确。对于《刑法志》中"有于详而反晦"的条目，《宋史筌》进行了整合与梳理。最后，将《艺文志》更名为《经籍志》，并借鉴《明史艺文志》的做法，仅收录宋朝书籍，同时删除了重复的内容。

《宋史筌》对《宋史》中的《列传》部分进行了重大的修订与调整，其改动主要体现在以下几个方面：

第一，对《列传》的名目进行修订。具体而言，将《儒林》与《道学》合二为一，统称为《儒林》；同时，将《方技》的名称更改为《艺术》；另外，将《佞幸》与《奸臣》两类合并，统一命名为《奸佞》。①

第二，针对《列传》中人物排列次序杂乱无章的现象，进行相应的调整，并对缺失的传记进行补充。例如，《宋史儒林传》中的刘安世、陈瓘、刘勉之、胡宪、魏掞之、穆修、刘羲叟、谯定、郭雍、吕大临、陆佃、杨杰、和岘、杨简等人原本散见于其他传记之中，《宋史筌》根据类别重新归类；又如石𡒥、辅广、赵蕃等人原本并未立传，《宋史筌》依据《考亭渊源录》所载内容进行了补充；再如胡旦、刘颜、何涉、李觏、郑樵、王应麟、徐梦莘等人则调整至《文苑传》中。这一系列人物排列次序的调整，完全基于编纂者对宋代人物的深入了解和客观评价。

同时，文中感慨宋遗民"隐忍畏约，孤行孑立，嘻嘻咄咄，如痴如狂

---

① 《御定宋史筌》卷首《义例》中还谈及将"艺文志"改为"经籍志"，将"卓行传"合"孝义传"，把"叛臣传"改为"叛逆传"，但参考正祖《上谕》中的《义例》可知，《宋史筌》已经恢复《艺文志》《卓行传》，《叛逆传》《叛臣传》仍单列两传。

而隐，然为蒙古之勍敌"①。为了全面反映宋遗民的事迹，特从《元史》以及《宋诗小传》《宋诗存》《元诗选》《辍耕录》《癸辛杂识》《节义考》《松雪集》等元明时期的笔记和野史资料中，精选出119位宋遗民的事迹，特立《遗民传》，这不仅是对历史的尊重，更体现了崇明反清的思想倾向。

此外，文中还批评了《宋史》中《外夷传》"在在讹误，而高丽尤甚，年纪名号，动辄纰谬，事实俗尚，举皆颠错"②。为了纠正这些错误，编纂者依据郑麟趾《高丽史》"王世家"的标准，对有关高丽的部分进行了重新撰写，并提升了高丽在《外国传》中的地位，将其列为《外国传》之首。这一改动彰显了朝鲜在华夷观支配下的文化自信。

第三，优化《列传》中各传记的归类与排列顺序。如前所述，《宋史筌》将原有的《后妃列传》重新归类至《世家》，同时将《宗室》提升至《世家》，此举不仅彰显了对赵宋皇族的尊崇之意，还深刻传达了正祖本人对王室宗亲的深切重视，同时也有效地修正了《宋史》中缺失《世家》的"不完整"体例。具体排列上，将《公主传》置于首位，随后列《五贤传》，而将《外戚传》调整至《诸臣传》之后，最后则将《儒林传》和《文苑传》安排在《循吏传》之后，以更加合理和有序的方式呈现历史人物的事迹。

正祖李祘等编撰者在中国史籍的基础上，通过删繁补缺，修正谬误，更改文字用语，调整甚至重新撰写部分内容，对《宋史》进行了细致改编。这一改编过程，不仅展现了对中国传统史学的深刻借鉴与模仿，更凸显了其在朝鲜史学史及文化史上的独特地位与非凡意义。

通过对《宋史》的改编与再创，朝鲜君臣所秉持的尊正统、正名位、辨夷狄、标不臣的儒家义理观得以淋漓尽致地展现。正如正祖李祘在《宋史筌》"上谕"中所言："揭二帝之年号，尊正统也；传三虏之僭伪，黜夷狄也；配

① [朝鲜朝]李德懋：《青庄馆全书》卷二十一《宋史筌编撰议》，《韩国文集丛刊》第257册，第259页。
② 《御定宋史筌》卷首《义例》，奎章阁藏本。

后妃于本纪，壹名位也；次宗室于世家，重敦亲也；补遗民于列传，与贞节也；外三忠于原史，标不臣也。"①这一修史行为，正是朝鲜君臣借以彰显自身"小中华"地位的重要途径。

## 四、《春秋左氏传》的校释

日本早稻田大学图书馆藏有一套署名为杜预注，蔡济恭、李秉模、李书九等人奉命编校的《春秋左氏传》，共计 10 册 27 卷，另有卷首 1 卷。著录明确的出版时间为朝鲜正祖二十一年（1797 年），装帧形式为朝鲜线装，丁酉铜活字刊本。该书虽直接题名《春秋左氏传》，却非简单的朝鲜翻刻本，实为朝鲜国王正祖命蔡济恭、李书九等人对《春秋左氏传》的校注本。《春秋》作为我国编年体史书之祖，东传至朝鲜后，不仅成为朝鲜国王研习君主之道、治乱兴衰的经筵教材，更在正祖朝之后，成为儒生们学习和考试的重要内容。正祖对《春秋》给予了高度评价，认为其"字字斧钺，辞旨隐微"，为"天下万世明大一统之书"。

正祖命撰的《春秋左氏传》创新性地借鉴朱熹《通鉴纲目》的体例，《春秋经》大字为纲，《左传》小字附为目，"以昭尊经之体"。此书的编撰，不仅体现了正祖对儒家经典的高度重视，也彰显了其致力于文化繁荣与学术传承的深远用意。

第一，《春秋经》与《左氏传》各自独立成书，互不统属，这造成了"世之学者或专治传文，反昧经旨"，因此，正祖等人主张将经、传合一。然而，如果"经传之一行并书者，淆乱未易区别"，所以采用朱熹的纲目体书法，以《春秋经》为纲，《左氏传》为目，此举"不但于看读甚便，又有合于圣人大书特书之本意"。②尊君父、讨乱贼、辟邪说、正人心是《春秋》的宗旨。

---

① 《御定宋史筌》卷首《上谕》，奎章阁藏本。
② ［朝鲜朝］正祖李祘：《弘斋全书》卷一六四《日得录四·文学》，《韩国文集丛刊》第 267 册，第 209 页。

重新校注《春秋左氏传》则是基于"荡平政治"的现实需求。如此，才能重焕"大一统"之宗旨，彰显其深远之义。①

第二，《左传》作为"春秋三传"之一，其史实最详细，但仍存在"违经害义"之处。杜预的《春秋经传集解》是最早关于《春秋左氏传》的注解，将原本各自成书的《春秋》和《左传》合二为一，从而成为正祖朝抄启文臣们校注《春秋左传》不可或缺的重要参考。然而，杜预的集解中也存在"牵合曲从""强抒己见"之处。没有好的注本，则"敷明伦立纪之化"难以彰显，"春秋尊攘大义"也难以明晰。

第三，宣祖朝时期，曾命副提学申钦负责编纂纲目体《春秋》一书，虽"缮写以进"，但并未能及时刊行于世。此外，世宗朝有命集贤殿副校理李季甸等注解《通鉴纲目》（即《思政殿训义》）的先例。正祖在校注《春秋》时，其"编纂注释之义例与年甲，实符两朝故事"②，无疑是对前人智慧的继承与发扬。

正祖朝编撰的《春秋左氏传》不仅仅是单纯的注释之书，而是校勘与注释并行。"传文之移章易次，注说之删繁就简"，都出自正祖本人的裁定。至于校注的具体依据与过程，在《凡例》中均有详尽阐述：注释部分以杜预《春秋经传集解》为基础，"汰其繁琐"；对解释未尽之处，则"杂采诸家，隐括大旨"；对于传、注中的谬误，则援引诸家之说进行辨正，所引均注明姓氏，可见校勘态度之严谨。

此外，将《公羊传》《穀梁传》与《左传》之间的异文也一并附在经文之下，以备参考。在校勘《左传》时，更是将唐开成石经本与诸多善本参互考证、校正同异，以作定本。格式上，"每卷第一行书册名处，书以'春

---

① ［朝鲜朝］正祖李祘：《弘斋全书》卷一六四《日得录四·文学》，《韩国文集丛刊》第267册，第209页。

② ［朝鲜朝］正祖李祘：《弘斋全书》卷一八四《群书标记六·春秋左氏传》，《韩国文集丛刊》第267册，第575—576页。

秋'，第二行低一字，书以'左氏传'。每经一段下，书传一段，传则用卫夫人字，经则用大字。有经无传者，只书经，有传无经者，隔一圈书于其上，传文之下，皆如纲目样"。① 为了方便检索，该书卷首附有诸儒姓氏、纪年图、地图、春秋类例、春秋世系图、国名谱、人名谱等。在编撰这些图、谱时，既有对中国史书相关做法的继承，也有所创新。比如"纪年图"的创制，便是出于"诸家皆从年表之例，不便寻省"的弊端，于是画成一图，随格表年，详纪大事。而地图以及列国君臣世系图，则采自清代史学家马骕的《绎史》。《绎史》除具有纪事本末体的特色外，还融合了编年体、纪传体的长处，考订精详，首创集纪人、记事、世系图、年表于一书的史书体裁，深受当时学者的推崇。四库馆臣在编撰《四库全书》时，虽将其归入史部纪事本末类，但也明确指出其"史例六家，古无此式，……自为一家之体者矣。"② 该书成书于康熙九年（1670 年），传入朝鲜的具体时间尚待考证，其内容在朝鲜知识界中并未获得高度评价。如尹行恁曾批评其"博采诸子以补其缺，可谓大费心力。然神怪之说，虚谎之论，俱收而并蓄，只是消闲破寂之奇话而止耳。"③ 然而，该书首创的春秋列国君臣世系图，却被正祖朝编撰《春秋左氏传》时所采纳。经过论述，可以得出结论，朝鲜的《春秋左氏传》在史料来源、史书编纂手法以及考据精神等方面，均明显受到了中国的影响。

朝鲜本《春秋左氏传》的编纂始于正祖二十年（1796 年）冬，次年六月校正完成，随即交付铸字所进行印刷。此次编纂与监印工作由李晚秀、金近淳、申绚、曹锡中、洪奭周、李书九、成大中、尹光颜、李翼晋、丁若镛等一众编校、参校文臣共同承担。同年十二月，铸字所进呈丁酉字本《春秋

---

① 《承政院日记》，正祖二十年十二月十二日。

② （清）永瑢等：《四库全书总目提要》卷四十九《史部第五》，中华书局 1965 年版，第444 页。

③ ［朝鲜朝］尹行恁：《硕斋别稿》卷十八《薪湖随笔·十九史略》，《韩国文集丛刊》第288 册，第 159 页。

左氏传》一部，藏于春秋馆。《春秋左氏传》从始编至印刷完成历时一年时间，正祖对参与编纂工作的蔡济恭、李秉模等人员进行了嘉奖，依据他们的贡献大小分别赐予奖赏，并亲自颁赐新印的《春秋左氏传》。随后，他命令左承旨李书九与检书官成海应仿效司马光编纂《资治通鉴考异》的先例，编纂《春秋注解考异》2卷，旨在详细阐述各家笺注的取舍之道。① 鉴于当时儒生中研习《春秋》者寥寥无几，朝鲜文臣深感忧虑，担忧《春秋》之学将趋于荒废。左议政李秉模适时提出将《春秋》纳入儒生学习及考试科目的建议，并主张通过殿讲等形式逐步推广。右议政沈焕之积极响应，提议使用新颁的朝鲜本《春秋左氏传》作为儒生殿讲及文臣专经讲习的教材。② 考虑到"新刊本姑未及广布中外"，文臣儒生即使想要预先读习，也难得新本，于是正祖下令内阁："虽新件，许令来印，以为次第广颁之地。"在朝鲜君臣的共同努力下，《春秋左氏传》最终成为朝鲜官方规定的太学儒生必修与必考内容，确保了这一经典的传承与发展。

古代朝鲜对中国史书的接受历程，涵盖了翻刻、翻印、广泛阅读、理解内化直至再创作的全面过程。此间，无论采用模仿、续修、节选、注释还是重新编撰等手段，均透露出强烈的现实利益追求。华夷观与儒家正统观念始终贯穿于朝鲜学者对中国史书的接受过程之中。总体而言，受朱熹理学深远影响，朝鲜对通鉴类史书的续修与节选尤为热衷。通过注释、续写、改编乃至编撰中国史书，朝鲜学者不仅展现了日益增强的自我意识，更表达了他们迫切希望摆脱"东夷"身份的愿望。深入分析基于中国史书而衍生的朝鲜史

---

① ［朝鲜朝］正祖李祘：《弘斋全书》卷一八四《群书标记六·春秋注解考异》，《韩国文集丛刊》第267册，第580页。左承旨李书九曾针对中国本《春秋左传杜林合注》中"昧于义理"以及"舛杂殊甚"之处删繁补缺，重新刊印颁行。此《春秋注解考异》之书实源于李书九对"齐人取子纠"的注解未采用程颐说，正祖亲自召询，李书九略陈诸家注解的异同，于是才命李书九、成海应对杜林合注进行考订。

② 《朝鲜王朝正祖实录》卷五十，正祖二十二年十一月二十九日戊子，影印本第47册，第136页。

籍中的政治情态，以及朝鲜对中国史学的仿效与取舍过程及其背后的原因，不仅能够揭示中国传统史学对朝鲜史学的深远影响，更能挖掘出其中潜藏的政治动因。特别是在英正时期，朝鲜人对中国史书的编撰实践，尤为凸显了他们在面对清朝时，如何平衡现实与情感的复杂心态。

# 第四章　基于文学阅读与接受的
## 中国诗文评选

选本是编选者在特定历史背景下对作家作品的精心整理，它深刻地反映了编选者的接受偏好、审美视角及文学理念。正如美学巨匠朱光潜所言，选本"是一种选择。有选择就要有排弃，这就可显示选者对于文学的好恶或趣味。这好恶或趣味虽说是个人的，而最后不免溯源到时代的风气，选某一时代文学作品就无异于对那时代文学加以批评，也就无异于替它写一部历史。……一部好选本应该能反映一种特殊的趣味，代表一个特殊的倾向。因为如此，一个好选本还可以造成一种新风气，划出一个新时代"①。鲁迅先生曾指出："选本，往往能比所选各家的全集或选家自己的文集更流行，更有作用。"②当中国的文集及其精选选本跨越国界，传入古代朝鲜半岛之时，它们便如同一股清泉，深深滋养了朝鲜半岛的汉文学创作与批评领域。这些选本在朝鲜半岛的广泛传播与刊行，不仅为朝鲜文人提供了丰富的中国诗文资源，更成为他们对中国文学进行再创造与再评价的重要基石。朝鲜文人在研读这些中国文人的文集与选本的过程中，不仅加深了对中国文学的理解与认

① 朱光潜:《谈文学选本》,《朱光潜全集》第九卷,安徽教育出版社 1993 年版,第 217—218 页。

② 鲁迅:《选本》,《鲁迅全集》第七卷,人民文学出版社 1981 年版,第 136 页。

知，更在不同原因与动机的驱使下，借鉴并采用了中国选本的编纂方式，创作出了数量庞大、类型繁多的中国诗文选本。①

　　深入研究朝鲜文人在不同历史阶段所编纂的中国诗文选集，能够洞察朝鲜古代文士对中国文学的独特见解，并精准捕捉朝鲜文坛文风演变的脉搏。这一探索同样有助于我们更全面地理解中国古代诗文作品在朝鲜的传播与接受状况。

## 第一节　中国诗文选本的东传及其刊印状况

　　中国诗文选本传入古代朝鲜半岛的确切时间因文献资料匮乏而无法考证，但大致可追溯至统一新罗以前。据《旧唐书·高（句）丽传》记载，高句丽末期，未婚子弟在地方教育机构"扃堂"研习《五经》《史记》《汉书》《后汉书》等史书以及《玉篇》《字统》《字林》等小学书，并深入学习被誉为"总集之弁冕""文章之渊薮"的中国首部诗赋文总集《文选》。至新罗神文王六年（686年），由唐高宗朝中书令许敬宗编纂的古代中国诗文总集《文馆词林》，亦由新罗遣唐使携归。②

　　宋代的《文苑英华》《唐文粹》《宋文鉴》《瀛奎律髓》《古文真宝》《文章正宗》《文章轨范》《崇古文诀》《圣宋名贤五百家播芳大全文粹》《濂洛风雅》等诗文选本，也在高丽时代传入古代朝鲜半岛。朝鲜朝时期，随着印刷术的进步，这些诗文选集得以广泛重刊，尤其是《文选》《古文真宝》等，

---

　　①　朝鲜朝的文人学士，基于实际需求，在中国丰富的文献资源基础上，精心编纂了涵盖经史子集各领域的选本，这一举措促进了大量朝鲜汉籍的诞生。为便于深入探讨，本章将焦点对准集部选本文献，特别是诗歌、散文、小说及尺牍等类别的选本编纂过程，旨在透过这一视角，洞悉朝鲜汉籍与中国汉籍之间错综复杂而又深厚的文化联系。

　　②　《文馆词林》乃唐高宗朝时期，由中书令许敬宗秉承皇命精心编纂而成，其原貌恢宏，共计1000卷。据《三国史记·新罗本纪》记载，神文王六年，新罗遣使入唐，"奏请《礼记》并文章"，武后"令所司写吉凶要礼，并于《文馆词林》采其词涉规诫者，勒成五十卷赐之"。详见 [韩] 李丙焘：《三国史记》卷八，第81页。

作为科举士子的必修文学教材，更是屡经翻印。例如，世宗二年（1420 年）重刊《古文真宝》（名为《诸儒笺解古文真宝》）22 卷，世宗十年（1428 年）重刊《文选六臣注》，端宗即位年（1452 年）再刊《古文真宝》（名为《详说古文真宝大全》）22 卷，成宗、中宗年间重刊《文选五臣注》，明宗八年（1553 年）重刊《文选李善注》。诗文选集在朝鲜频繁重刊，不仅彰显了中国诗文集在当地的广泛传播与接受，也反映了朝鲜知识阶层对中国诗文的深切需求与热爱。

值得注意的是，无论《文选》还是《古文真宝》，朝鲜重刊本的版本流行情况都与中国存在显著差异。具体而言，《文选》在国内的刊刻可划分为三种主要类型：五臣注单刻本、五臣注与李善注合刻本以及李善注单刻本。《五臣注》初成之际，便获得了唐玄宗的高度评价，"比见注本，唯只引事，不说意义，略看数卷，卿此书甚好"，皇帝的青睐无疑在某种程度上提升了社会对五臣注的认可。然而，正当《五臣注》在唐代风靡一时之际，它也遭受了严苛的批评，这种批评在宋代更是愈演愈烈。例如，苏轼曾直言不讳地批评《五臣注》"真俚儒之荒陋者也"。尤袤也指出"五臣特训释旨意，多不原用事所出，独李善淹贯该洽，号为精详"。① 洪迈在《容斋随笔》中对五臣注《文选》的批评更为尖锐："狂妄注书，所谓小儿强解事也"。② 这种对五臣注的贬低性评价几乎演变为后世学者的普遍共识，进而导致了五臣注本在中国学术领域中的边缘化命运。

反观朝鲜，最早用铸字刊印的《文选》是世宗十年"六臣注本"，且该版本中五臣注在前，李善注附后。此版本不仅保存了国子监准敕节文、进士沈严的《五臣注后序》以及有关《文选》李善注校刻的珍贵资料，还附有"宣德三年闰四月，崇政大夫、判右军都总制府事、集贤殿大提学、知经筵春秋馆事兼成均大司成、世子贰师臣卞季良"的跋文。该本现藏于首尔大学韩国

---

① （宋）尤袤：《文选跋》，李善注：《文选》，中华书局 1974 年版。

② （宋）洪迈：《容斋随笔》，上海古籍出版社 1978 年版，第 7 页。

学研究院奎章阁，故又称奎章阁本《六家注文选》。此外，中宗四年重刊的《五臣注文选》（又称朝鲜正德四年本），经赵蕾博士研究证实，它并不具备合注本的特征，而是单行的五臣注本。① 这一版本在东亚汉字文化圈内被公认为现存最完整且讹误最少的五臣注本之一，在东亚"文选学"史上具有不可替代的"坐标"价值。

　　《古文真宝》是继《文选》之后又一部在古代朝鲜半岛广泛传播且影响深远的诗文综合选本。此选本深受明孝宗赞誉，称其为"依经以立言，本雅以训俗，其词茂而典，其义婉而章，其条贯森然炳然，旷分井列，莫不可观。诚九流之涉津，六艺之关键"的选本。② 这是"一个在中国失传近四百年，却在韩、日被当作教科书的选本"③。但由于资料匮乏，《古文真宝》的作者、成书时间一直没有定论，但大抵可归于宋末元初之际。《古文真宝》编撰的目的正如元刻本郑士文《叙》中所言"《真宝》之编，首有《劝学》之作，终有《出师》《陈情》之表，岂不欲勉之以勤，而诱之以忠孝乎？此编者之微意也"④。其性质则与吕祖谦的《古文关键》、真德秀的《文章正宗》、谢枋得的《文章轨范》等选本相类，旨在为初学者提供写作范本，学习诗文创作的技巧。《古文真宝》开篇即选入宋真宗、宋仁宗、司马光、柳永、白居易等人 8 篇劝学文，随后各卷分体编选五七言古风、歌行、辞赋、序（含送序、书序）、表、记、箴、铭、碑、传、书、论等体裁作品，所选诗文都是口耳相传的佳作。其编排顺序先诗后文，先短篇后长篇，难易相间，由浅入深，且附有简单批注，均有助于初学。由此可见，《古文真宝》的教科书性

---

　　① 详细论证可参阅赵蕾：《朝鲜正德四年本五臣注〈文选〉研究》，河南大学 2021 年博士学位论文。

　　② （宋）黄坚：《诸儒笺解古文真宝》之《御制古文真宝后跋》，明万历十一年司礼监刻本。

　　③ （宋）黄坚选、熊礼汇点校：《详说古文真宝大全》，湖南人民出版社 2007 年版，封面语。

　　④ （宋）黄坚选、熊礼汇点校：《详说古文真宝大全》，湖南人民出版社 2007 年版，第 4 页。

质，从其编选内容及排序原则中可见一斑。

《古文真宝》编纂完成后，衍生出了多种加工与改编版本，其中既有对选文的精心增删，也有对原诸儒注解的细致校订。目前，《古文真宝》存世版本可划分为两大系统：一是以《诸儒笺解古文真宝》为题的版本系统，另一则是以《详说古文真宝大全》为题的版本系统。接下来，我们将分别探讨这两个版本系统的《真宝》在古代朝鲜的刊印与传播情况。

《诸儒笺解古文真宝》系统中，早于林桢校订辑注本之前，已存在诸多"删略过多，注释模糊"的旧版刊行于世。元至正二十六年（1366 年）郑士文作序、林桢校订本，经日本学者藤堂明保考证，实为"世人所称的'魁本大字本'，准确而言，当为《魁本大字诸儒笺解古文真宝》"①。此后，该系统又衍生明弘治十五年（1502 年）青藜斋重刊本，以及明神宗时期加批阅并增补的司礼监本（经厂本）等。朝鲜世宗二年（1420 年），忠清道观察使姜淮仲撰写了《〈善本大字诸儒笺解古文真宝〉志》，文中记载了高丽朝艺文馆大提学、知春秋馆事田禄生曾出使元朝，并购得《古文真宝》，后在合浦"募工刊行，由是皆知是编有益于学者"的情况。该志文中还提及《古文真宝》"板昏且无注解"，可以推知田禄生购得的《古文真宝》应是元至正二十六年前"率多删略，注释不明"的旧刊本。随后，"公州教授田艺出示此本（即题为《善本大字诸儒笺解古文真宝》），有补注明释，了然于心目，因嘱沃川守李护监督重刊……今以二本雠校，则旧本颇有埜隐先生所删所增，故与今本中间微有小异耳。"② 由此可知，田艺所藏的《古文真宝》附有"补注明释"，与田禄生所购得的并非同一版本，故在选文内容上存在细微差异。经过二本互相雠校，最终在世宗二年在沃川重刊。

---

① ［日］藤堂明保监修，佐藤保、和泉新译：《古文真宝》"前言"，学习研究社 1984 年版，第 12 页。
② ［朝鲜朝］田禄生：《埜隐逸稿》卷四姜淮仲《〈善本大字诸儒笺解古文真宝〉志》，首尔大学韩国学研究院奎章阁藏本，第 73 页。

　　在《详说古文真宝大全》为题的版本系统中，较早的有元初著名理学家陈栎的改编本①以及在此本基础上元末明初宋伯贞音释、刘剡校正、东阳詹进德刊行的《详说古文真宝大全》。万历元年（1573 年）张瑞图校释、刘龙田主持刻印了《新锲台阁校正注释古文大全》；万历三十六年（1608 年），叶向高校、郑世容主持刻印了《京版新增注释古文大全》，同年，郑世容还将该书的"后集"部分单独印出。此外，万历年间余文台也主持刻印了《〈评林注释要删古文大全〉后集》，此版本在通行本后集 10 卷的基础上新增 1 卷，专门收录各类遗文。

　　在该系统各版本中，宋伯贞音释、刘剡校正的《详说古文真宝大全》诗文篇目最为丰富，共计收录诗文 373 篇，其中古文 130 篇。该版本摒弃了以往按文体排列的方法，转而以作品写作时间为序，便于读者更全面地理解某人、某代的文风。1499 年明代宗朱祁钰初登大宝，即派遣翰林院侍讲倪谦出使朝鲜，倪谦将《古文真宝》作为礼物赠予朝鲜文人。1452 年，朝鲜端宗将朝鲜刊本《详说古文真宝大全》颁赐全国，足见其影响之深远。朝鲜朝前期的儒臣金宗直曾撰写《〈详说古文真宝大全〉跋》，对《古文真宝》给予了高度评价，并详细记述了宋伯贞音释本《古文真宝》传入朝鲜及成宗三年（1472 年）重刊的历程。金宗直在跋文中提到："诗以三百篇为祖，文以两汉为宗，声律偶俪兴而文章病焉。梁萧统以来，类编诸家者多矣，率皆夸富斗博。……惟《真宝》一书不然，其采辑颇得真西山《正宗》之遗法。……景泰初，翰林侍读倪先生将今本以遗我东方，其诗若文，视旧倍蓰，号为《大

---

　　①　陈栎（1253—1334 年）是宋末元初新安理学的重要代表人物，字寿翁，堂号"定宇"，故又被称为"定宇先生"。陈栎原籍徽州休宁滕溪，此地在隋代是新安郡的治所，故人称"陈新安"。陈栎本人著作丰赡，但在其本人著作以及他人记载中，并未提及他曾编《古文真宝》。但在《详说古文真宝大全》后集的卷四韩愈《送陆歙州修诗序》题下、卷十《太极图说》文后的标注，均出现了"此吾州事""新安陈栎谨书"等字样，这些证据证实了陈栎曾改编《古文真宝》的事实。巩本栋的《略论〈古文真宝〉的东传》，熊礼汇的《〈古文真宝〉的编者、版本演变及其在韩国、日本的传播》，姜赞洙的《中国刻本〈古文真宝〉的文献学研究》等对此问题进行过深入探讨，皆可参阅。

全》。汉晋唐宋奇闲俊越之作会萃于是，而骈四俪六、排比声律者，虽雕绘如锦绣、豪壮如鼓吹，亦有所不取。又且参之以濂溪、关洛性命之说，使后之学为文章者知有所根柢焉。"

成宗三年，晋州牧使权良①、判官崔荣主持刊刻《详说古文真宝大全》，此后，该版本在朝鲜广为流传，并在此基础上陆续产生了抄本、雕版印刷本、活字印刷本等共计40种不同版本，②如明宗二十二年（1567年）刊本、宣祖二年（1569年）兴阳县刊本、肃宗二年（1676年）刊本，以及正祖、纯祖年间的戊申字、甲寅字、丁酉字等活字本。

古代朝鲜文人对传入的《古文真宝》不是简单地翻刻与翻印，而是进行了多层次、多角度的加工与诠释，使得其注释愈发详尽。根据《诚斋文库目录》记载，朝鲜时代《古文真宝》的刊本数量高达53种，且经过朝鲜文人整理重刊后，其选文数量远远超越了中国的各版本。许筠在《惺翁识小录》中提道："国初诸公皆读《古文真宝》前后集，以为文章。故至今人士，初学必以此为重。"③由此可见，《古文真宝》已成为朝鲜文人研习汉文学、提高汉文写作技能不可或缺的教材。例如，在朝鲜中宗、宣祖年间，性理学家成浑之子成文濬"始龀，读《古文真宝》前集，兼看《唐音》学作诗，先辈往往称之"④。而朝鲜宣祖、仁祖朝的学者、文臣申钦更是"十一岁读《中庸》《大学》《论语》《孟子》《古文真宝》等书，能强记"⑤。朝鲜文人李植则告诫

---

① "晋州牧使权良"，金宗直在《〈详说古文真宝大全〉跋》中记录为"牧使柳公良"，但经笔者详细查考《朝鲜王朝成宗实录》后，发现晋州牧使的姓名应为"权良"而非"柳良"。因此，本书在引用时依据《朝鲜王朝成宗实录》的记载进行了更改。

② 详见全寅初主编：《韩国所藏中国汉籍总目五·集部》，首尔学古房2005年版，第36—39页。值得注意的是，此书中提及的《详说古文真宝大全》的版本数量与巩本栋在《略论〈古文真宝〉的东传》一文中所记录的"174种"有较大出入。

③ [朝鲜朝] 许筠：《惺所覆瓿稿》卷二十二《惺翁识小录》，《韩国文集丛刊》第74册，第347页。

④ [朝鲜朝] 成文濬：《沧浪集》卷一《序》，《韩国文集丛刊》第64册，第4页。

⑤ [朝鲜朝] 申钦：《象村稿》附《年谱》，《韩国文集丛刊》第71册，第267页。

子孙"科文工夫，韩柳苏文、《文选》、八大家文、《古文真宝》《文章轨范》等中，从所好，抄读一卷，限百番。"[①] 性理学家李滉也曾说："学者不可不解文章，若不解文章，虽粗知文字，未能达意于言辞。《古文》后集有气之文也，须读取五六百遍，然后始见功。吾壮年，只读得数百余遍，而操笔临纸，则若或起之自然，胸中流出矣。"[②]

　　古代朝鲜半岛的两个版本系统在选择唐宋文篇目时存在显著差异。在后期广为流传的《详说古文真宝大全》中，唐文收录了46篇，而宋文则多达68篇，这一数量上的对比鲜明地体现了编者对宋文的重视，同时也折射出儒家宗经重道的深刻思想。

　　宋末元初，《古文真宝》经历了重要改编，陈栎作为关键人物，将周敦颐、程颐、张载等理学大家的文章集中移至后集卷末，并明确指出："今选古文终之以《太极》（周敦颐《太极图说》）《西铭》（张载）二篇，岂无意者？盖文章道理，实非二致。欲学者由韩、柳、欧、苏词章之文进，而粹之以周、程、张、朱理学之文也。以道理深其渊源，以词章壮其气骨，文于是无弊矣。"[③]这一论述深刻展现了理学与文学之间的紧密融合。显然，这样的编选策略符合古代朝鲜性理学家讲学论文、借以阐发思想观点的实际需要。

　　值得注意的是，尽管陈栎在元代新安理学中占据重要地位，且致力于阐扬朱子学说，但无论是其个人著作还是其他相关文献，均未明确记载他曾编选《古文真宝》。然而，朝鲜文人却普遍将《古文真宝》的编撰归功于陈栎。例如，朝鲜中期学者洪暹（1504—1585年）在其七言诗《以古文真宝后集赠明仲弟》中便直接提及"新安赖有定宇陈，生不及朱道具体。却恐文章随世变，后生逐末失根柢。删其冗僻剔其伪，手把规矩出凡例。萃为一书号真

---

①　[朝鲜朝] 李植：《泽堂集别集》卷十四《杂著》，《韩国文集丛刊》第88册，第514页。

②　[朝鲜朝] 李德弘：《艮斋集》卷五《溪山记善录》，《韩国文集丛刊》第51册，第81页。

③　（宋）黄坚选、熊礼汇点校：《详说古文真宝大全》，湖南人民出版社2007年版，第5页。

宝，西山正宗意妙契。"①并盛赞陈栎的改编继承了南宋理学家真德秀《文章正宗》的编选思想。此外，朝鲜中期学者李德弘（1541—1596 年）在《艮斋集》中也记录了陈栎对《古文》前集编选的影响："先生教《古文》前集，必遗《劝学文》，曰此书出于陈新安。"②而朝鲜正祖时期的《镂板考》更是明确指出了《古文真宝大全》由元陈栎所编，并由进士宋伯贞进行音释。③朝鲜后期文臣李宜显（1669—1745 年）则进一步指出："陈栎《古文真宝》，中原则绝稀，而我东几乎家诵户读。"④这不仅再次确认了朝鲜文人对陈栎为《古文真宝》编撰者的认定，还揭示了该书在中国与朝鲜之间传播情况的显著差异。

文本的取舍与编排，能够折射出选本编者的独特视角与理念，诸如吕祖谦的《古文关键》、楼昉的《崇古文诀》、谢枋得的《文章轨范》等，它们已超越了"文以载道""原道宗经"的传统追求，转而强调文法，旨在为科举考试提供文章范本。这些选本中入选之"文"，是与骈文、韵文相区别的散文文体。《古文真宝》虽以"前集""后集"的方式有意识地区分韵文和散文，但其在题目中对"文"的界定，仍沿用了《文选》《文苑英华》《文章正宗》《古文集成》等诗文总集中广义的"文"的概念，这在一定程度上背离了当时总集编纂中"诗""文"分离的主流趋势。这或许正是《古文真宝》在清朝以后在中国本土逐渐式微的一个原因。然而，当《古文真宝》东传至古代朝鲜半岛后，却契合了高丽朝、朝鲜朝"以儒治国"的理念和科举选拔人才的制度，由此引发了广泛的关注与传播。各种抄本、注本及相关讲论层出不穷，

---

① ［朝鲜朝］洪暹：《忍斋集》卷一《以〈古文真宝后集〉赠明仲弟》，《韩国文集丛刊》第 32 册，1988 年，第 310 页。

② ［朝鲜朝］李德弘：《艮斋集》卷五《溪山记善录》，《韩国文集丛刊》第 51 册，第 80 页。

③ ［朝鲜朝］徐有榘：《镂板考》卷六《总集》，张伯伟编：《朝鲜时代书目丛刊》第 4 册，中华书局 2004 年版，第 2019 页。

④ ［朝鲜朝］李宜显：《陶谷集》卷二十八《陶峡丛说》，《韩国文集丛刊》第 181 册，第 456 页。

甚至出现了朝鲜刊本回流至中国的情况。①

　　诗文选本不仅是诗文传播与接受的重要载体，也是展现不同诗文主张的重要工具。以唐代文学为例，它在中国文学史上璀璨夺目，而唐诗则代表了唐代文学的最高成就。唐诗，作为中华民族心灵的瑰宝，承载着深邃而精妙的语言艺术精华。它不仅是蒙童启蒙教育的重要内容，更加深植为中华民族独特的历史记忆与文化认同。自唐代以降，历代文人通过注释、评点、编纂唐诗选本，或传递个人的文学偏好，或彰显不同团体或学派的文学理念。这些选本成为中国诗学、文学在朝鲜传播与接受的重要媒介。尤其是宋元明时期的唐诗选本东传至朝鲜半岛后，成为朝鲜文人研习、模仿的典范，其影响力远超过《沧浪诗话》等诗学理论著作，对朝鲜诗坛产生了更为直接而深远的影响。

　　以朝鲜明宗至宣祖朝为例，这一时期对唐诗选本的刊刻与传播力度之大，前所未有。诸如北宋王安石的《唐百家诗选》，南宋朱熹的《训蒙绝句》，元代元好问的《唐诗鼓吹》、方回的《瀛奎律髓》、杨士弘的《唐音》《唐诗正音抄》，以及于济的《精选唐宋千家联珠诗格》、刘履的《风雅翼》（含选诗补注、补遗、续编），明代茅坤的《唐宋八大家文钞》、高棅的《唐诗品汇》、张震的《唐诗正音辑注》，以及康麟的《雅音会编》等，均被活字印刷，为朝鲜文人学习唐诗、崇尚唐风提供了宝贵的资源与便利条件。

## 第二节　朝鲜文人编选的中国文学选本

　　文学书籍的广泛输入，极大地便利了朝鲜文人把握中国文学风尚变迁的脉络，同时也为他们编撰中国文学选本开辟了道路。针对传入的文学书籍，

---

　　① 《增补文献备考·艺文考》记载："肃宗四年，清使侍卫噶等求观东国文集，赍去石洲、挹翠轩、荷谷、玉峰、兰雪轩、圃隐等集，及《正气歌》《桂苑笔耕》《史略》《古文真宝》……"见张伯伟编：《朝鲜时代书目丛刊》第6册，中华书局2004年版，第2902—2903页。

朝鲜文人常常进行具有思想性与批判精神的解读、探索以及文本实践活动。文学选本，正是这些实践活动的硕果之一。审视朝鲜文人所编纂的文学选本，大致可分为诗歌选本、散文选本、小说选本以及尺牍选本等多个类别。

## 一、朝鲜文人对中国诗歌选本的编纂

检索《海东绎史·艺文志》《奎章阁总目》《增补文献备考》等朝鲜时代重要书目，经初步统计，发现可明确出版年代及编纂者的朝鲜人所编纂的中国诗文选集共有 61 种，① 其中唐宋诗文选集占据多数。

### （一）最早的诗歌选本《十抄诗》

古代朝鲜文人在中国文学及选本的影响下开始编纂中国诗歌选本，大致可以追溯到高丽时期的《十抄诗》。该书精选了包括刘禹锡、白居易、张籍、章孝标、杜牧、皮日休、杜荀鹤、贾岛、张祜、李群玉、曹唐、罗隐、温庭筠、方干在内的共计 26 位唐五代杰出诗人的七言律诗，并收录了崔致远、朴仁范、崔承佑、崔匡裕等 4 位新罗入唐诗人的佳作，总数高达 300 首。《十抄诗》最初或以写本形式流传，可惜原本不存，现存最早的、有文献资料可考的版本当是高丽末期释子山的《夹注名贤十抄诗》。② 《十抄诗》的出现，与高丽朝以诗赋选拔人才的科举制度密切相关。高丽光宗九年（958 年），光宗采纳后周人双冀的建议，推行科举制度，其中诗赋在科举取士评判中占有重要地位，其优劣直接影响到士子的仕途。《十抄诗》正是在这样的社会背景下应运而生。

首尔大学奎章阁韩国学研究院藏本《夹注名贤十抄诗》，其前附有密阳

---

① 朝鲜文人精心编纂的 61 部中国诗文选集概况，详见拙作《朝鲜王朝与明清书籍交流研究》，吉林人民出版社 2016 年版，附表 2 第 245—248 页。

② 国内最早深入研究《夹注名贤十抄诗》的学者是查屏球，他不仅细致考证出该书中保存的唐代佚诗多达 102 首，还精心整理并出版了释子山夹注本的《夹注名贤十抄诗》，为学界贡献了宝贵的资料。

儒学教授官李云俊、校书校理权擎的跋文，揭示了该诗选实为"福城君慎村权先生讳思复为进士时所写"①。而后，高丽忠肃王后六年（1337年）安东府刊刻了该版本。到了朝鲜朝端宗即位年（1452年），阳城府使李伯常深感《十抄诗》之重要，认为"是诗抄者东贤也，注者亦东僧也。而世之启蒙者率由是入，真吾东方之青毡也，然板本甚鲜。且今更设进士科，用诗赋，则学者固不可不知"②，于是请权擎校正文字，由儒生朴学问书写，并在继任阳城府使李紧的督促下，最终完成了《夹注名贤十抄诗》的重刊工作。

《十抄诗》的编纂与成书蕴含两个重要维度：

首先，该选集专注于晚唐五代时期的七言律诗，深刻映射出编者对中国诗歌发展演进脉络的独到见解。七言律诗，其滥觞可追溯至齐梁时期的新体诗，历经初盛唐的逐步成型。然早期作品中多为应景之作，即便是盛唐大家如李白、王维的七律作品，亦偶有不合黏对之处。直至杜甫的出现，他将个人际遇、家国情怀、历史遗迹及时事政治融入七言诗中，极大地拓展了律诗的领域与深度。此后，晚唐的温庭筠、李商隐、杜牧等"七律巨匠"更是将这一诗体推向了新的高峰，使律诗艺术步入了一个新的阶段。七言律诗讲究格律、对仗，对创作者提出了更高的要求。唐代科举制度中以诗赋作为选拔人才的标准之一，这无疑进一步推动了律诗的繁荣发展。高丽效法唐制，同样以诗赋作为科举取士的重要内容，这就要求考生不仅具备深厚的文学底蕴，还需精通律诗创作的规则和技巧。因此，对于渴望在科举中脱颖而出的高丽文人而言，直接研习晚唐五代时期已臻成熟的七言律诗作品，无疑是一条既直接又高效的学习路径。

其次，《十抄诗》所收录的诗人群体，涵盖了进士及第的佼佼者以及科

---

　　①　［高丽］释子山夹注，查屏球整理：《夹注名贤十抄诗》，上海古籍出版社2005年版，第211页。

　　②　［高丽］释子山夹注，查屏球整理：《夹注名贤十抄诗》，上海古籍出版社2005年版，第210页。

场声名显赫的才俊，其选诗标准透露出强烈的功利色彩和现实追求。这30位诗人，可粗略划分为两大阵营：一是以刘禹锡、白居易、张籍、章孝标、杜牧、皮日休、杜荀鹤等为代表的进士及第诗人，他们凭借卓越才华在科举中脱颖而出；另一阵营则包括贾岛、温庭筠、罗隐、方干等，虽未及第，但凭借"奇才横溢，丽句清词，广传词坛"的美誉，在七言律诗创作领域独树一帜。尤为值得注意的是，崔致远、朴仁范、崔承佑、崔匡裕四位新罗入唐诗人，亦能融入上述分类之中。崔致远、朴仁范、崔承佑作为留学生参与唐朝科举，荣获"宾贡进士"之誉，而崔匡裕虽未登科，却也是才华横溢的"宿卫学生"。选诗者在编纂过程中，对这四位新罗诗人的诗作并未特别标注国籍，此举实则映射出高丽文人对唐代七言律诗艺术形态及大唐文学、文化的深切认同与向往。精选每位诗人的10首七言诗佳作，无疑为后学者树立了学习标杆，这深刻体现了选诗者在甄选过程中所秉持的实用主义与功利性考量。

随后，出现了金台铉《东国通鉴》、崔瀣《东人之文》、赵云仡《三韩诗龟鉴》等专选本国文人汉诗文作品的选本。总体来看，高丽时期编纂的诗文选本尚未形成规模，且数量相对有限。到了朝鲜朝，太祖推行"崇儒排佛""事大主义"政策，确立了以儒立国的治国理念，从而在意识形态层面奠定了崇尚文治的基础。在"文治焕然高出百王"的世宗国王、好学君主中宗以及成宗的推动下，陶渊明、李白、杜甫、杜牧、欧阳修、李商隐、苏轼、王安石、韦应物、黄庭坚、陆象山、朱熹、陈与义等人的诗文集得以广泛传播与刊印。这一时期，朝鲜朝文人独立编纂中国诗文选集的风尚开始兴起。

### （二）"学宋"风气下的近体诗选本编纂

一般说来，文学风尚的变迁会深刻影响选本在诗文选择上的倾向。朝鲜朝初期，因袭了高丽末年的主宋诗风尚，正如金万重在《西浦漫笔》中所说：

"本朝诗体，不啻四五变，国初承胜国之绪，纯学东坡，以迄于宣靖，惟容斋称大成焉。中间参以豫章，则翠轩之才，实三百年一人。又变而专攻黄、陈……"①。李晬光也曾言："我东诗人，多尚苏黄，二百年间皆袭一套"②。

　　世宗朝，在书法、绘画、诗文等方面均有良好造诣的安平大君李瑢就曾精选北宋梅尧臣、王安石、黄庭坚的诗文，编纂成《宛陵梅先生诗选》《半山精华》和《山谷精粹》。此外，他还携手集贤殿文臣将李白、杜甫、韦应物、柳宗元、欧阳修、王安石、苏轼、黄庭坚等唐宋诗人的作品，按照五律、七律、七绝的体裁分类编排，编纂成《唐宋八家诗选》。这部诗选"被公认为韩国典型的三体诗类选诗集，在探索和发扬唐宋近体诗表现美学方面做出了一定的贡献"。③ 该集无论是诗体的编排还是分体之下列选的"八家"，都受到中国文学传统的影响。例如，三体选诗的体例即源自南宋周弼的《三体诗选》，而所列的"李杜韦柳，欧王苏黄"八家，与朝鲜朝初期的"李杜韩柳，欧王苏黄"略有不同。这并非单纯源于安平大君的个人喜好，而是深深植根于朝鲜文人对中国文学批评与接受的传统之中。安平大君在编纂的过程中，借鉴了苏轼等文学家的见解，并参考了如严羽的《沧浪诗话》、蔡正孙的《诗林广记》、魏庆之的《诗人玉屑》等诗话中对韦应物、柳宗元诗歌地位的高度评价。苏轼曾赞誉："李太白、杜子美以英玮绝世之姿，凌跨百代，古今诗人尽废。然魏晋以来，高风绝尘，亦少衰矣。李、杜之后，诗人继作，虽间有远韵，而才不逮意，独韦应物、柳宗元发纤秾于简古，寄至味于淡泊，非余子所及也。"④ 这一评价进一步提升了韦、柳二人在文学史上的地位，正

---

① ［朝鲜朝］金万重：《西浦漫笔》，载赵钟业编：《韩国诗话丛编》，首尔太学社1996年版，第510页。

② ［朝鲜朝］李晬光：《芝峰类说》卷九，乙酉文化社1994年版，第616页。

③ ［韩］黄渭周：《关于韩国编撰的中国诗选集的研究》，首都师范大学中国诗歌研究中心编：《中国诗歌研究》第二辑，中华书局2003年版，第235页。

④ （宋）苏轼撰，（明）茅维编，孔凡礼点校：《苏轼文集》，中华书局1986年版，第2113页。

如南宋诗人曾季貍所言："前人论诗，初不知有韦苏州、柳子厚。……二者至东坡而后发此秘，遂以韦、柳配渊明"①。而严羽、魏庆之等人秉持"以人而论"的观点区分诗体。他们将韦应物和柳宗元所创作的山水田园诗，其清韵、淡远的美学意境，从诗歌体裁的角度进行了总结和概括，并将其融合为一，称为"韦柳体"。蔡正孙的《诗林广记》中更是引用了多位文学大家的评价，对韦应物、柳宗元的诗歌给予了极高赞誉，进一步印证了他们在文学史上的重要地位。② 安平大君可能较早地接受了宋人对于"韦柳"并称的流派意识，并将其运用到了对唐诗的观照与建构之中。

《八家诗选》《宛陵梅先生诗选》《半山精华》及《山谷精粹》等作品，无一不彰显安平大君对"萧散简远""萧散冲淡"这一诗歌传统的深刻认同与自觉追求。萧散简远，意指自然洒脱、无拘无束，且言辞简练，意境深远，蕴含丰富，引人深思，回味无穷。苏轼曾将六朝诗歌视为此风格的典范，而陶渊明之诗更将其推向巅峰，李杜之后，只有韦应物、柳宗元勉强继之。北宋梅尧臣的诗歌，平淡自然同时又典雅蕴藉，安平大君"掇其精英，选为一帙，有所难晓，略加注解"，编纂成《宛陵梅先生诗选》两卷。与古人对宛陵诗"或曰工于平淡，或曰句句精练，或曰如朱弦疏越，一唱三叹"的评价不同，安平大君更看重梅尧臣诗歌中的"简古精纯，平淡深邃"。他认为："诗之体，盛于唐而兴于宋，然其间所赋之诗，豪放美丽，清新奇怪则或有之矣，至如简古精纯，平淡深邃，寄兴托比，自与唐人无校，则独

---

① （宋）曾季貍：《艇斋诗话》，《四库未收书·艇斋诗话》影印本，https://cnkgraph.com/Book/集部/别集类/艇斋诗话/7272。

② 宋代蔡正孙《诗林广记》卷四"韦苏州""柳子厚"条引用诸说，给予了韦应物、柳宗元高度评价："朱文公云：其诗无一字做作，直是自在，其气象近道，意常爱之。又云：苏州诗高于王维诸人，以其无声色臭味也。徐师川云：自李、杜以来，古人诗法尽废。唯苏州有六朝风致，最为流丽。刘后村云：韦苏州诗律深妙，流出肝肺，非学力所可到也。……刘后村云：子厚才高他文，惟韩可对垒，古律诗精妙，韩不及也。"见《景印文渊阁四库全书》，第1482册，第38页。

圣俞一人而已。"①申叔舟在为该诗选作序时，高度评价了安平大君的文学修养："大抵诗之豪放美丽，清新奇怪者，则固有以动人耳目。夫人得而悦之，若简古精纯平淡深邃者，则知之者鲜矣，而好之者尤鲜矣。至于好而乐，则非深得夫天几于牝牡骊黄之外者，未易以到也。今观匪懈堂所论之切，所选之精，真可谓知而好，好而乐矣。惟其知之也深，故其论之也切，其好之也笃，故其选之也精。"②在梅尧臣"遗稿不传"的背景下，安平大君的诗选对于梅尧臣诗歌的保存和传播具有重要作用。同时，他对梅尧臣所构筑的简古精纯、平淡深邃的诗歌世界的关注与探讨，不仅促进了朝鲜诗坛对梅尧臣诗歌的深入理解，也极大地丰富了朝鲜朝文坛对宋诗美学鉴赏的内容与视角。

　　世宗朝文人崔恒在为《山谷精粹》作序时说："古诗之变，至齐梁纤靡；律诗之变，至晚唐破碎。于其间，独李、杜集众体而圣之。韦、柳诸公，从而和之也。寥寥五季间，至宋奎聚，诗道一大中兴。于是欧、王、苏、黄辈铿戛相与鸣，称为大家"，特别提及黄庭坚的诗，评价其"自出机杼，环奇绝妙。度越诸子，遂号为江西诗祖"③。安平大君深爱黄庭坚诗中"清新奇怪"的意境，故而"采其短章之佳者，粹而汇之，就加评论"，终于撰成《山谷精粹》。该诗选今已不存，其选诗内容、数量以及编次方式皆不得而知。但从崔恒的序言中，可窥见该诗选是基于安平大君对宋诗尤其是对江西诗派深刻认知基础上的编选和评价，对朝鲜朝初期文坛学习和理解江西诗派的创作方法，具有推动作用。崔恒更评价说："后之学诗者，苟能即此一帙，熟读而深体之，则古人悟入之法，当自此得之，祛浅易鄙陋之气，换清新奇巧之髓。"④

---

①　[朝鲜朝] 申叔舟：《保闲斋集》卷十五《宛陵梅先生诗选序》，《韩国文集丛刊》第10册，第59页。

②　[朝鲜朝] 申叔舟：《保闲斋集》卷十五《宛陵梅先生诗选序》，《韩国文集丛刊》第10册，第59页。

③　[朝鲜朝] 崔恒：《太虚亭集》卷一《山谷精粹序》，《韩国文集丛刊》第9册，第54页。

④　[朝鲜朝] 崔恒：《太虚亭集》卷一《山谷精粹序》，《韩国文集丛刊》第9册，第54页。

王安石的诗歌雅丽精绝，脱去流俗，"造语用字，间不容发；然意与言会，言随意遣，浑然天成"。① 梁启超先生评价王安石的诗歌说："虽谓荆公开宋诗一代风气，亦不必过。"② 安平大君则更将王安石的诗歌视为典范，赞其"用意高妙而操律精严"，"清淡而华妙，高雅而从容"，恰是其追求的自然平淡诗风的最佳体现。安平大君专选王安石诗歌 517 首，编纂成《半山精华》。在《唐宋八家诗选》中，王安石的诗歌数量亦名列前茅，137 首，仅次于杜甫。然而，王安石因推行新法，在明朝士大夫中饱受非议，甚至朝鲜朝文人崔溥在《东国通鉴论》中也指责其"心术不正，而学术亦不正"③。金安老则说："后人之借学术乱天下者，皆指为安石……安石学术不正，大为相业所误。"④ 然而，在朝鲜朝初期诗坛仍以学苏黄为主流的背景下，安平大君能够超越政治观念的束缚，坚持从文学的角度出发，对王安石的诗歌作出公正客观的评价，并大力推崇，实属难能可贵。

《香山三体法》是安平大君精选白居易七言绝句、七言律诗及五言律诗三种体裁的诗歌合集。白居易的诗歌，早已跨越山海，流传至古代朝鲜半岛，并被高丽、朝鲜朝文人以入诗、和韵、集句及评论等多种方式接受。然而，白居易用平易通俗的文字，以轻描淡写的笔触抒写日常生活的闲适，其诗风虽自然平易，却因缺乏典雅而被评价为"声调近俗""居易之俚"，因而在高丽朝和朝鲜朝均未成为朝鲜文人学诗的楷模。高丽朝崔滋在《补闲集》中总评白居易诗时说道："凡新学诗，欲壮其气力，虽不读可矣，若缙绅先觉，闲居览阅，乐天忘忧，非白诗莫可。古人以为白公为人才者，盖其辞和

---

① （宋）叶梦得：《石林诗话》，人民文学出版社 2011 年版，第 411 页。
② 《梁启超评历史人物合集·汉宋卷》，华中科技大学出版社 2017 年版，第 179 页。
③ [朝鲜朝] 崔溥：《锦南集》卷一《东国通鉴论》，《韩国文集丛刊》第 16 册，第 84 页。
④ [朝鲜朝] 金安老：《希乐堂稿》卷二《诗·司马温公》，《韩国文集丛刊》第 21 册，第 303 页。

易，言风俗叙物理甚的。"① 而李睟光《芝峰类说》引杜牧之言，评白居易的诗"纤艳不逞，非庄人雅士所为。流传人间，子父女母，交口教授，淫言媟语，入人肌骨，不可去"，并且认为"少杜此言，盖有所见"②。当然，这些严厉的批评主要源自朝鲜文人在儒家文学功用论深刻影响之下，对《长恨歌》所产生的偏见。同时，在尊儒反佛的治国理念主导下，他们也对晚年沉浸于佛法研究的白居易及其作品给予了讥讽与批评。尽管如此，白居易诗歌中那份对日常生活闲适情趣的描绘，读来令人心旷神怡，深受朝鲜文人喜爱。

　　安平大君编撰的《香山三体法》原本不存，今人仅能通过金烋《海东文献总录》所收录的相关记载窥见安平大君编撰此书的初衷："白乐天之诗，颇有遣怀之作，故达道之人率多爱之。古人撰录其诗者，或名曰养恬，或名曰助道，然其所录不传，世无得而见之。余幸得元本，浩穰繁乱，难于披阅。今以三体类而出之，庶几与达道者共之。"③"序言"中并未显现安平大君对白居易诗歌的偏爱，他之所以将白居易的诗作分为三体进行整理编排，实则源于白居易诗集传世稀少，且其所得原本过于繁杂，难以阅读。分体选诗的做法客观上促进了白居易诗歌在朝鲜朝的传播。

　　综合安平大君所编选的4种诗文选集来看，包括专选唐诗的《香山三体法》，以及专选宋诗的《宛陵梅先生诗选》《半山精华》和《山谷精粹》。在《唐宋八家诗选》中，从选诗的数量分布上，唐诗与宋诗几乎呈现出平分秋色的态势（唐诗319首，宋诗349首），这体现了安平大君在推崇唐诗的同时，也极力挖掘并选出了那些具有唐诗般含蓄深邃、情景交融且格律严谨、刻画入微的宋诗佳作。这一编纂特点，既不同于当时中国诗坛普遍存在的宗唐之风，也有别于高丽末至朝鲜朝初期诗坛专学苏轼、黄庭坚的风尚。安平大君

---

　　① ［朝鲜朝］崔滋：《补闲集》卷中，蔡美花等校注：《韩国诗话全编校注》第1册，人民文学出版社2012年版，第100页。

　　② ［朝鲜朝］李睟光：《芝峰类说》卷九，《韩国文集丛刊》第1册，第1034页。

　　③ ［朝鲜朝］金烋：《海东文献总录》，张伯伟编：《朝鲜时代书目丛刊》第7册，中华书局2004年版，第3890页。

较早地肯定了宋诗在诗体发展上的卓越成就，其编纂实践展现了他对唐宋诗之间折中而深刻的批评态度以及非凡的艺术鉴赏能力。

如果说安平大君对唐宋诗的批评态度较为折中，那么中宗朝文人柳希龄则明显表现出"主宋"的倾向。柳希龄精心编纂了《祖宗律诗》《宋诗正韵》《诗宪源流》《苏诗抄》等 4 部中国汉诗选本，其中 3 部专选宋诗。《祖宗律诗》原书不存，但根据李仁荣的《清芬室书目》的记载，可以窥见该书的概貌：全书共 14 卷，分为 2 册，采用中宗宣祖年间的木活字印刷，开篇附有嘉靖丁亥年柳希龄的序言（仅存半页残篇），随后是诗派祖宗图及总目。每卷均以"祖宗诗律卷之几"为题，署名为"菁川梦菴编"。内容上，卷一至卷二为天文门，卷三至卷六为地理门，卷七至卷十四则为人事门。该书以"一祖"杜甫及"三宗"黄庭坚、陈师道、陈与义为核心，同时辅以吕紫薇（吕本中）、曾茶山（曾几）、高子勉（高荷）、谢无逸（谢逸）、潘邠老（潘大临）、谢幼槃（谢薖）、韩子苍（韩驹）、王立之（王直方）、僧如璧等江西诗派成员，并纳入了苏子美（苏舜钦）、周尹潜（周莘）、赵章泉（赵蕃）、陆放翁（陆游）、朱晦菴（朱熹）等诗人的作品。[①] 李仁荣所描述的《祖宗律诗》版式特点为四周双边，有界，半页 10 行，每行 17 字，黑口。值得注意的是，除《清芬室书目》外，其他目录书籍均未著录此书。幸运的是，韩国学者黄渭周寻得了《祖宗律诗》的卷九至卷十四部分，并提及该书附有《诗派祖宗图》。[②] 通过黄渭周的描述及李仁荣的著录，我们可以进一步探寻《祖宗律诗》与中国文学传统之间的深厚渊源。

在南北宋之交，吕本中的《江西诗社宗派图》通过对北宋诗歌创作的深刻总结，勾勒出以黄庭坚为核心，携手陈师道等 24 位才俊的"江西诗派"

---

① ［朝鲜朝］李仁荣：《清芬室书目》，张伯伟编：《朝鲜时代书目丛刊》第 8 册，中华书局 2004 年版，第 4709—4710 页。括号内文字为笔者引用时所加。

② ［韩］黄渭周：《关于韩国编撰的中国诗选集的研究》，载首都师范大学中国诗歌研究中心编：《中国诗歌研究》第二辑，中华书局 2003 年版，第 236 页。

轮廓。随后，在宋元之际，方回则在吕本中勾勒的江西诗派大体轮廓的基础上，跨越两宋，全面构建了"江西诗派"的完整体系，纂成《瀛奎律髓》共计49卷。他首次提出"一祖三宗"之说，即以杜甫为鼻祖，黄庭坚、陈师道、陈与义为宗师，并以此作为江西诗派传承脉络的核心。在点评陈与义的《道巾寒食二首》后，方回题说："简斋诗即老杜诗也，予平生持所见，以老杜为祖，老杜，同时诸人皆可伯仲，宋以后山谷一也，后山二也，简斋为三，吕居仁为四，曾茶山为五，其他与茶山伯仲亦有之，此诗之正派也。余皆傍支别流。"① 方回编此唐宋五七言律诗选，旨在使"后八代五季之文弊革也。文之精者为诗，诗之精者为律。所选诗格也，所注诗话也，学者求之髓，由是可得也"。《瀛奎律髓》传入古代朝鲜半岛后，备受推崇，在成宗、燕山君、中宗及宣祖等朝代，曾先后4次被刻印颁布，成为朝鲜诗坛研习律诗创作的重要教材。

柳希龄在广泛阅读中国诗选、深刻理解中国文学的基础上，汲取了方回《瀛奎律髓》中的"一祖三宗"理论，进而对江西诗派的文学脉络进行了重新梳理与丰富，不仅补充了吕本中《江西诗社宗派图》的不足，更在《诗派祖宗图》中融入了自己的独到见解。与方回"圆融唐宋"的选诗理念略有不同，柳希龄的《祖宗律诗》虽以"江西诗派"为主体，但并不拘泥于宗派界限，还选入了苏舜钦、周莘、赵蕃、陆游、朱熹等人的诗作。这既体现了柳希龄对宋诗，特别是江西诗派汉诗创作手法的深刻领悟与接受，也为宋诗作品及汉诗理论在古代朝鲜半岛的广泛传播贡献了力量。

柳希龄还编有《宋诗正韵》②，收录了宋代21位诗人的135首作品。除了江西诗派的重要成员如韩驹、谢逸、潘大临、徐俯、洪刍、吕本中、陈与

---

① （元）方回：《瀛奎律髓》，《景印文渊阁四库全书》，第1366册，台湾商务印书馆1986年版，第38页。

② 《宋诗正韵》有中宗—宣祖初年间丁酉木活字本六卷两册，现藏于成均馆大学尊经阁。另外성암古书博物馆资料室藏有该书第4—6卷残卷。

义等外，还收录了张耒、晁补之等苏轼挚友及弟子的多篇诗作。这 135 首宋诗中，江西诗派及其相关人物的作品占据了 118 首，彰显出该选集以江西诗派为核心的特点。该选集按照诗人的生卒年份对作品进行排列，且所收录的古体诗数量远超五七言律诗，从某种程度上可以说它是对《祖宗律诗》专收五七言律诗的一种补充。根据韩国学者黄渭周的考察，柳希龄还编有《苏诗抄》，现存 2 卷 1 册，精选苏轼的 92 首诗作，分类依据是古迹、宫殿、居室等主要内容，而非汉诗的形式或创作时间。自高丽时代起，直至李朝末年，苏轼在朝鲜文学史上始终占据着举足轻重的地位。

柳希龄编撰《祖宗律诗》《宋诗正韵》及《宋诗抄》，不仅反映了朝鲜诗坛对宋代诗歌的尊崇风气，还试图以江西诗派为脉络，勾勒出宋诗发展的全貌与体系，展现了其深厚的学术造诣与独到的文学眼光。

### （三）古体诗选本编纂

在朝鲜初期的诗坛，随着"学宋"风气的盛行，开始有人有意识地投身于古体诗的编选工作，旨在纠正当时文坛过分偏重于近体诗、一味追求在形式上模仿汉诗创作方法的偏颇。成宗朝的成倪、权健、安琛、金䜣、李昌臣、曹伟和申从濩六位弘文馆文臣共同编撰的《风骚轨范》正是这样一部中国古体诗选本。该选本初稿完成于成宗十一年（1480 年），并于成宗十五年（1484 年）在江原道以甲辰字版刊行于世。目前，该本在韩国的成均馆大学图书馆、奎章阁韩国学研究院、高丽大学、延世大学，日本国立公文书馆内阁文库等多家机构均有收藏。2016 年，韩国成均馆大学东亚学术院与中国社会科学院历史研究所合作，将甲辰字本的《风骚轨范》作为"具有代表性的朝鲜翻刻中国本以及选编本"影印，并收入《韩国成均馆大学尊经阁藏汉籍珍本丛刊》中，使得这部"深藏闺中"的朝鲜本中国古诗选跨越国界，呈现在中国读者面前。《风骚轨范》共 45 卷，分为前集 16 卷和后集 29 卷，广泛收录了自汉魏至元末 688 位诗人的 3092 首古体诗。在《风骚轨范序》中，成俔明确表达了对古诗的推崇，同时指出了律诗的局限，并深刻剖析了朝鲜诗坛存在的弊端：

> 树木者必培其根本，根本既固，则柯条自然蓇茂而敷翠。导泉者必浚其渊源，渊源既开，则支派自然旁达而无碍。不然，则无根之木必枯而无源之水必绝。能喻此理，可以知学诗之道矣。夫古诗，譬之水木则根本、渊源也，而律乃柯条支派也。《诗》三百篇邈乎不可尚已。汉苏子卿，李少卿始制五字；逮建安黄初，曹子建父子继而振之，王仲宣、刘公干之徒从而羽翼之。自是厥后，作者继出，历魏晋、宋、齐、隋唐极矣。当是时也，去古未远，元气尚全，故其词雄浑雅健，不务规矱而自有规矱。至唐又制律诗，媲黄配白，并俪对偶，竞趋绳尺，华藻盛而句律踈，锻炼精而性情逸，气局狭而音节促，淆淳散朴，斫丧元气而日趋乎萎薾。大抵自古而学律易，自律而学古难，如枝叶不能庇本根，支派不能当源流也。我国诗道大成而代不乏人，然皆知律而不知古，其间虽有能之者，未免有对偶之病而无纵横捭阖之气。以嫫母之资而效西子之颦，实今日之痼疾而不能医者也。余尝在玉堂极论斯弊，同列亦以为然。曰律诗则有《瀛奎律髓》，绝句则有《联珠诗格》，而独无古体所裒之集，其可乎？于是登天禄阁抽金匮万卷书，自汉魏至于元季搜抉无遗，择其可为楷范者若干首，分为前、后集，前集十六卷，以体编之，欲使人知其体制，后集二十九卷，以类分之，欲使人从其类而用之。……①

显然，成俔等人编纂《风骚轨范》的初衷在于精选那些能够彰显各家独特韵味与卓越成就的佳作，旨在为研习古体诗者开辟道路并树立典范，进而纠正朝鲜诗坛上普遍存在的"知律而不知古"之弊端，即便偶有佳

---

① ［朝鲜朝］成俔：《虚白堂文集》卷六《风骚轨范序》，《韩国文集丛刊》第14册，第463页。

作，也常因过分追求对仗工整而缺失了古诗应有的磅礴气势与自由挥洒的韵味。

《风骚轨范》的编撰有两个方面值得关注：一是该选集时间跨度深远，囊括众多人物，所选诗人的诗作题材广泛，情感真切，均能体现古体诗的传统。这一定是建立在大量汉籍原典东传及妥善保藏的基础之上。唯有如此，方能实现"登天禄阁抽金匮万卷书，自汉魏至于元季搜抉无遗"，从而彰显出中朝两国间书籍交流之频繁与密切。二是该书在编纂过程中，虽受中国选本分类传统的熏陶，却并未简单复制其分类模式，而是独树一帜，依据自身的分类理念和评选准则，对诗歌进行了精心的编排与调整，从而构建出一个新的分类体系，并展现出独特的个性化分类风格。

在《风骚轨范》编纂问世之前，中国古代按门类编纂的诗文选集已流传至朝鲜半岛，并被整理与复刻，对朝鲜文坛的诗学造诣与分类编纂能力的提升，起到了促进作用。现将《风骚轨范》编撰刊行之前，朝鲜朝所刊行的分门类纂汉诗文选本列表（表14）如下：

表14 《风骚轨范》编撰刊行前朝鲜朝刊行的分门类纂汉诗文选本概览①

| 序号 | 编撰者 | 分门类纂书名 | 刊行时间 | 版本类型 |
|---|---|---|---|---|
| 1 | 六臣注 | 文选 | 世宗十年（1428年） | 庚子字 |
| 2 | 南宋·杨齐贤集注，元·萧士赟补注 | 分类补注李太白诗 | 世宗十八年（1436年） | 甲寅字 |
| 3 | 南宋·刘辰翁批点，朝鲜世宗朝辛硕祖等奉敕编 | 纂注分类杜诗 | 世宗二十六年（1444年） | 甲寅字 |

① 此表专列由中国东传朝鲜并经朝鲜朝文人整理后出版刊行的分门类纂汉诗文选本。朝鲜朝文人独立编选的中国诗文选本不在统计之列。实际上，如安平大君李瑢所编纂的《匪懈堂精选半山精华》，早在世宗二十七年（1446年）便以雕版印刷形式发行；又如孙肇瑞编撰的《格斋庚韵唐贤诗》，是对北宋熙宁元年（1068年）编纂的《唐贤诗范》进行逐一和韵创作的成果，它在成宗十年（1479年）也得以刊行。

续表

| 序号 | 编撰者 | 分门类纂书名 | 刊行时间 | 版本类型 |
|---|---|---|---|---|
| 4 | 南宋·王十朋、刘辰翁批点，吕祖谦分类 | 增刊校正王状元集注分类东坡先生诗 | 成宗年间 | 甲寅字 |
| 5 | 元·虞集注 | 虞注杜诗 | 成宗二年（1471年） | 木版 |
| 6 | 元·方回选评 | 瀛奎律髓 | 成宗六年（1475年） | 木版 |

《风骚轨范》的分类编排蕴含了深厚的文化语境与独特的期待视野：在朝鲜初期，特别是世宗和成宗年间，中国诗选集的出版活动繁荣，无疑对《风骚轨范》的编撰产生了重要影响。此外，成伣在《慵斋丛话》中对《东文选》的分类方式表达出不满："达城（徐居正别名）所撰《东文选》，是乃类聚，非选也。"他指出，徐居正等人仅仅是模仿《文选》的方式，将三国至朝鲜朝初期的东国诗文进行了简单的分类汇集，缺乏系统性的分类体系和独特的分类视角。成伣等人意图通过《风骚轨范》这部著作，充分展示他们对中国古诗的独到见解与深刻批评，并彰显他们的分类思想和编撰能力。通过表14可以看出，在《风骚轨范》撰成之前，除了《文选》之外，宋元时期的分门类纂汉诗选本也是其主要参考对象。《风骚轨范》在继承与创新之间找到了平衡，其前集分体，后集分类，既体现了对中国分门类纂选本的接受，又有所创新。前集的分体方式可以追溯到《文选》与《古文真宝》，但当细致考察前集中各文体的具体分类时，会发现其中绝大多数的文体名称与《元诗体要》相吻合。《元诗体要》是由明代宋绪仿照《瀛奎律髓》编撰的元诗选本，该书将文体细分为38类，并在各类之前附有小序，便于读者理解。此书在成书后不久便传入朝鲜半岛，但并未广泛传播，仅在朝鲜文人之间流传。直到燕山君十年（1505年），校书馆才将《元诗体要》正式印行。现将《风骚轨范》前集诗歌的分体与排序情况与《元诗体要》进行列表比较，以便更清晰地展现两者之间的关联与差异（见表15）。

表 15 《风骚轨范》前集诗歌分体情况（与《元诗体要》比较）

| 《元诗体要》 | | 《风骚轨范》 | | |
|---|---|---|---|---|
| 卷次 | 诗体名称 | 卷次 | 诗体名称 | 不同诗体名称及卷次 |
| 卷1 | 四言体 | 卷1 | 四言体 | |
| | 骚体 | | | |
| | 选体 | | | |
| | 乐府体 | 卷5 | 乐府体 | |
| | 柏梁体 | 卷14 | 柏梁体 | |
| 卷2 | 五言古体 | | | 卷2—卷4 古风体 |
| | 七言古体 | | | 拟古格 |
| 卷3 | 七言古体 | | | 拟古用句格 |
| | | | | 杂诗格 |
| | | | | 遣兴寓怀格 |
| | 长短句体 | 卷15 | 长短句体 | |
| 卷4 | 杂古体 | 卷2 | 杂古体 | |
| | 言体 | 卷2 | 言体 | |
| | 词体 | 卷12—卷13 | 词体 | |
| 卷5 | 歌体 | 卷6—卷7 | 歌体（上、下） | |
| | 行体 | 卷8—卷10 | 行体 | |
| 卷6 | 操体 | 卷2 | 操体 | |
| | 曲体 | 卷11—卷12 | 曲体 | |
| | 吟体 | 卷11 | 吟体 | |
| | 叹体 | 卷13 | 叹体 | |
| | 怨体 | 卷13 | 怨体 | |
| 卷7 | 引体 | 卷13 | 引体 | |
| | 谣体 | 卷12 | 谣体 | |
| | 咏体 | 卷14 | 咏体 | |
| | 篇体 | 卷14 | 篇体 | |
| | 禽言体 | 卷14 | 禽言体 | |
| 卷8 | 香奁体 | | | |
| | 阴何体 | | | |
| | 联句体 | 卷16 | 联句体 | |
| | 集句体 | 卷16 | 集句体 | |
| 卷9 | 无题体 | | | |
| | 咏物体 | | | |

| 《元诗体要》 | | 《风骚轨范》 | | |
|---|---|---|---|---|
| 卷 10 | 五言近体 | | | |
| | 七言近体 | | | |
| 卷 11 | 七言近体 | | | |
| 卷 12 | 七言近体 | | | |
| 卷 13 | 五言排律体 | | | |
| | 七言排律体 | | | |
| | 五言绝句体 | 卷 16 | 绝句体五言格 | |
| | 六言绝句体 | | | |
| | 七言绝句体 | | 七言格 | |
| 卷 14 | 七言绝句体 | | | |
| | 拗体 | | | |
| | 侧体 | | | |

通过比较可知，《元诗体要》共分 38 体，《风骚轨范》共计 23 体，其诗体分类名称均可在《元诗体要》中找到依据。可见中国诗歌选本对朝鲜文人创作内容与编撰方式都产生了深远影响。朝鲜文人在对中国各体诗歌的认识和理解基础上，作出了相应的调整和改变，例如，古风体与绝句体被细致划分为六格，此六格实为细分小类，古风体下的四格已初显对古风题材的特殊关注，而绝句体下的两格则依旧从语言形式层面进行划分，为与大类相区分，特称之为"格"。此外，《风骚轨范》中的诗体分类理念也深刻影响了成侃个人的古体诗创作与编排。在成侃的古体诗集《虚白堂风雅录》中，这种分类方式得到了生动体现：卷一汇聚了歌体、行体、曲体、吟体、词体、谣体、篇体等诗歌形式，卷二则收录了引体、怨体、叹体、乐府杂体等作品。曲、吟、谣、怨、叹等分类，实为对乐府诗细致入微的划分与解读。《风骚轨范》在致力于纠正朝鲜文坛模仿、创作近体诗的弊端的同时，有意识地推崇古诗中的乐府诗，为朝鲜诗坛乐府诗的发展注入了新的活力，并起到了重要的推动作用。

《风骚轨范》后集，共 29 卷，分为 21 大类，内含 57 小类（即 57 赋），囊括了古体诗所涉的各种题材。其题材分类名称不仅深受《文选》《分门纂类唐宋时贤千家诗选》《分门纂类唐歌诗》《瀛奎律髓》《分类补注李太白诗》《增刊校正王状元集注分类东坡先生诗》《集千家注分类杜工部诗》等分门类纂选本的影响，更广泛汲取了唐宋时期编纂的《北堂书钞》《艺文类聚》《太平御览》《文馆词林》《古今事文类聚》《初学记》等类书以及《诗话总龟》《诗人玉屑》《唐宋分门名贤诗话》等文献。关于具体题材名称的详尽分类及比较，可参阅韩国学者林俊哲先生的《汉诗分门纂类的传统和朝鲜前期的〈风骚轨范〉》①，此不赘述。

综观《风骚轨范》前后两集，其编排巧妙融合了古诗形式与题材的分类，展现了独特的编纂艺术：前集精选古体诗各体佳作，呈现了各古诗诗体的独特风貌；后集则广罗各类题材作品，让读者能深入领略不同题材的独特魅力。此外，该选本还极大地便利了古诗学习者。不仅是编纂者诗学造诣与编纂能力的集中体现，更是其倾注心血，致力于为古诗学习者树立典范、提供便捷的明证。姚大勇在《〈风骚轨范〉简述》一文中评价说："《风骚轨范》的成书，填补了此前古诗选本尚缺的空白，与《瀛奎律髓》《联珠诗格》鼎足而三，共同构成了中国古今体诗的完整范本。"② 不仅如此，《风骚轨范》涉及诗人数量众多，它不仅囊括了众多知名诗人的佳作，还发掘并保存了许多在其他古诗选本中鲜见的、不甚知名的诗人诗作。一些在《全宋诗》等权威文献中未能收录的诗人，如宋代杜旃、滕希清、马存扶、吴炳、刘圻父、张泌、程伯淳等以及他们的部分诗作，如苏庠的《舟过洞庭呈窦秀才张赵二武侯》《丘山林精舍置酒槃礴》，王安中的《玉友》，李鹰的《梅花吟》《拜汾阳像后》《三龛》，朱敦儒的《送王伯起》等，均在《风骚轨范》中得以重现。这一事实充分证明了《风骚轨范》在保存中国古诗文献以及古诗文献的辑佚、校勘方面所发挥的重要价值。

---

① ［韩］임준철：《汉诗分门纂类의 전통과 조선 전기〈风骚轨范〉》，槿域汉文学会编：《汉文学论集》第五十四辑，檀大出版部 2019 年版，第 110—121 页。

② 姚大勇：《〈风骚轨范〉简述》，《古典文学知识》2010 年第 4 期。

（四）"宗唐"风气下诗歌选本的编纂

南宋诗人严羽所著的《沧浪诗话》，拉开了中国诗坛"唐宋诗之争"的序幕，他倡导以性情为尺度来评判唐宋诗歌的优劣。随后，明代高棅的《唐诗品汇》提出了"得性情之正"的选诗原则，以及明代文人对于性情的深入探讨，这些观念逐渐传入朝鲜，并在中期诗坛引发了"宗唐"与"主宋"的激烈辩论。

在朝鲜中期诗风转型之前，诗坛创作主体主要分为辞章派和道学派，他们过分沉迷于宋诗的"点铁成金""以文为诗"及"练字琢句"等技巧，却忽视了诗歌抒发情感的本质，因此受到尊唐诗人的严厉批评。

随着中宗、宣祖两朝的发展，朝鲜文坛的诗风开始由宗宋转向宗唐。这一时期，涌现了众多唐诗选本，如李晬光的《唐诗汇选》、许筠的《唐诗选》《唐绝选删》及《四体盛唐》，李敏求的《唐律广选》，闵晋亮的《唐诗类选》，金锡胄的《唐百家诗删》，任埅的《唐律辑选》《手书唐五言古诗》《歌行六选》及《唐诗五言》，安鼎福的《千首唐绝》与《百选诗》，吴载纯的《三唐律选》，张混的《唐律集英》，申纬的《全唐近体选》与《唐诗画意》，以及李祥奎的《唐律汇髓》等。以下，将择要探讨"宗唐"风气下朝鲜诗歌选本的编纂特点与影响。

### 1. 许筠对诗文选本的编纂

在"宗唐"与"主宋"的学术论争中，有一位人物尤为引人瞩目。他在"学唐"的道路上，构建了一种独特的性情诗学体系，在朝鲜诗学史上发出了"尊唐抑宋"的最强音。他不仅是中朝文化、文学交流史上的重要人物，更以"非徒能诗，性且聪敏，多识典故及中朝事"而著称。① 他热衷于搜集中国典籍，并对中国典籍进行编选与注解；同时，他积极与明朝各阶层人物交往，不遗

---

① 《朝鲜王朝宣祖实录》卷一四三，宣祖三十四年十一月十七日辛亥，影印本第24册，第317页。

余力地将朝鲜的文学、书画作品推介至中国，这位文化使者便是许筠。

许筠，出身名门，乃道学之宗草堂许晔之子，也是"三唐诗人"苏谷李达的高足，同时还是诗文名扬四海的朝鲜女诗人许兰雪轩的兄长。他一生四次出使明朝，三次抵达燕京，每行必满载书籍而归，自述曾倾尽家资，"购得书籍，几四千余卷"。① 其藏书丰富，从"六经"到"四子"，从《性理大全》《春秋左氏传》《国语》《史记》《资治通鉴》到《文选》、李杜韩欧等大家文集、前后七子（如李梦阳的《空同集》、何景明的《大复集》等）的佳作，乃至晚明文人的新著（如吴从先的《小窗自纪》《小窗清纪》、李如一的《藏说小萃》等），再到"四大奇书"（《三国演义》《西游记》《水浒传》《金瓶梅》）及诸多历史演义小说，皆是许筠搜罗的对象。尤为值得一提的是，许筠所搜集的《吾学编》《皇明大政纪》《续文献通考》《经世实用编》《史乘考误》《昭代典则》《灼艾集》《孤树裒谈》《林居漫录》等书籍，因涉及朝鲜太祖宗系、建国问题，以及宣祖交倭、光海君即位等敏感问题，还曾引发朝鲜与明朝之间的"宗系辩诬"。②

许筠并未将搜集到的中国汉籍束之高阁，而是在这些中国汉籍的基础上进行文化加工和选择，从事着一种再创性著述活动。尽管许筠的诗作融合了唐宋元明各朝的风格，显得"杂出多调"，但他在诗歌品鉴方面的造诣却独树一帜，其著作《惺叟诗话》与《鹤山樵谈》更是广受赞誉。同时，他在编选中国诗文时所展现的独到诗学见解，也进一步印证了他在这一领域的深厚造诣。

他效仿《诗经》故事，专选古诗 300 篇，编撰《古诗选》6 卷，秉持"详于汉魏而略于晋宋，以至梁陈，则所采尤少，其或古而涉近者不必取，近而铨古者不敢遗。唯祈其合于古而已"的原则，力求符合古风。在明代高棅的

---

① ［朝鲜朝］许筠：《闲情录凡例》，李离和编：《许筠全书》，首尔亚细亚出版社 1983 年版，第 254 页。

② 该内容的详尽论述，请参阅拙著《朝鲜王朝与明清书籍交流研究》，吉林人民出版社 2016 年版，第 120—128 页。

《唐诗品汇》的基础上，他"先芟其芜，存十之五"，并参考元代杨士弘的《唐音》与明代李攀龙的《古今诗删》，打破了以往选本重初盛唐、轻中晚唐的偏见，注重唐诗的创作质量。只要诗歌精妙，即便是晚唐之作亦不遗漏；而若创作平庸，即便是盛唐诗歌亦不留存，"妙则虽晚亦详，而或颣或俗，则亦不盛唐存之"①。他共选唐诗2600余首，按体裁分类编排，成《唐诗选》60卷。此外，他还专选盛唐时期的七言古诗、歌行、五言律诗、七言律诗4种诗歌体裁，编撰成《四体盛唐》，但卷数及所收诗歌总数不详。

许筠尤为推崇唐代五七言绝句，认为其"言短而旨远，其辞藻而不靡"，②具有独特的艺术魅力。他认为在唐代的各体诗歌中，只有绝句不必按初、中、盛、晚来分期，因其"具得诗人之逸韵"，即便是"闾巷妇人、方外仙怪"也可讽诵。于是，他在李攀龙的《古今诗删》、杨士弘的《唐音》、高棅的《唐诗品汇》以及徐充的《百家唐诗汇选》的基础上，精选绝句935首，编撰成《唐绝选删》10卷。此选本是许筠所编唐诗选本中唯一传世之作，现珍藏于韩国国立中央图书馆。关于《唐绝选删》的底本、编选体例、特点及其诗学观，左江先生已有详尽论述，此处不再赘述。③

许筠盛赞唐诗，同时严厉批判了宋诗中过于注重形式技巧、脱离现实生活的倾向。他认为诗歌之理"不在于详尽婉曲，而在于辞绝意续，指近趣远，不涉理路，不落言筌"，唯有如此，方可称为诗歌的佳作。"唐人之诗，往往近之矣。宋代作者不为不少，俱好尽意而务引事，且以险韵窘押，自伤其格。殊不知千篇万首都是牌坊腐臭语，其去诗道，数万由旬。"④然而，对于王安石、苏轼、黄庭坚、陈师道、陈与义这五位宋代诗人，许筠却给予了客观中肯的评价，认为王安石之作精当凝练，苏轼之诗气势凌人，黄庭坚之作

① ［朝鲜朝］许筠：《惺所覆瓿稿》卷四，《韩国文集丛刊》第74册，第175页。

② ［朝鲜朝］许筠：《惺所覆瓿稿》卷四，《韩国文集丛刊》第74册，第175页。

③ 详见左江：《"此子生中国"——朝鲜文人许筠研究》，中华书局2018年版，第336—364页。

④ ［朝鲜朝］许筠：《惺所覆瓿稿》卷四，《韩国文集丛刊》第74册，第175页。

深邃倔强，陈师道之诗沉郁简洁，陈与义之诗温婉明亮，若将这五位诗人置于唐代，亦能跻身名家之列。因此，他并未因宋诗的总体弊病而全盘否定，而是"拔其小篇及近体诗稍丽者"，编纂成《宋五家诗钞》。此外，许筠还专选王安石七言律诗（4卷）和七言绝句（2卷），命名为《荆公二体诗钞》。

对于宋代的散文，他推崇欧阳修与苏轼，认为欧阳修的文章"风神道丽，情思感慨婉切者，前无古人"；而苏轼的文章"弄出机抑，变化无穷，人不测其妙者，亦千年以来绝调"①。许筠一反朝鲜文坛崇尚先秦两汉文风、轻视欧阳修与苏轼的传统，精选欧阳修文章68篇、苏轼文章72篇，编纂成《欧苏文略》8卷。对于宋代文学的最高成就的代表——宋词，许筠也有独到见解。他认为"词源于太白，而至飞卿篇什始盛，其辞促而丽，后主变而稍畅，其辞巧婉，俱为词家三昧。逮宋欧、晏、秦、黄，流艳昌大者胜之，而靖峭则当少让焉。"②于是，他精选了温庭筠和南唐后主李煜的词作共39首，编纂成《温李艳体》一册。

诗歌发展到明代，倡导"诗必盛唐"，复古之风长达百年，形成了前后七子、公安派、竟陵派等诸多诗歌流派，留下了诸多诗歌作品。这些明代诗人的诗作通过多种途径传播至朝鲜，对朝鲜诗坛产生了深远影响。许筠遍读李梦阳、何景明、李攀龙、王世贞、谢榛等前后七子诗作，并对何景明、李梦阳、李攀龙、王世贞四家诗歌给予高度评价。他称赞何景明的诗歌"畅而丽，虽病于蹈拟，而出入六朝、李杜，藻蒞可爱"；李梦阳的诗歌"雄力捭阖，虽专出少陵，而滔滔莽莽，气自昌大"；李攀龙的诗歌"峭拔清壮，论者以岷峨积雪方之，殆足当矣"，且其古乐府虽多为仿六朝之作，却能别出新意，展现出"沈宋之清劲"的特色。至于王世贞的诗歌，许筠则评价为好似"大海汪洋，蕴蓄至巨。虽间或格坠近世，而包含万代，囊括百氏"。在许筠看来，这四家的作品，代表了明朝诗歌的最高成就。因此，他精心挑选

---

① ［朝鲜朝］许筠：《惺所覆瓿稿》卷四，《韩国文集丛刊》第74册，第247页。
② ［朝鲜朝］许筠：《惺所覆瓿稿》卷四，《韩国文集丛刊》第74册，第249页。

了四人的诗作共计 1300 篇，编纂成《明四家诗选》24 卷。此外，许筠还对
李攀龙的《明诗选》进行了删补工作，删去了其中十分之三四的内容，并补
充了王廷相的《风雅》、顾起纶的《国雅》等明诗选本以及明朝文人别集中"合
于音者"的佳作，最终收录 624 篇，编成了《明诗删补》。

　　许筠共编选涵盖诗集、文集、词集以及尺牍集在内的 11 种中国诗
文集①，这些选本深刻彰显了他"尊唐抑宋"的诗歌评判倾向。尽管他编选
了《宋五家诗钞》，但其背后的目的与动机却与唐诗选本及倡导"诗必盛唐"
的明诗选本大相径庭。他通过选本的编纂为诗歌学习者指明了一条正确的道
路，倡导在"知诗"的基础上进行学习，旨在既避免学唐的盲目跟风，又保
持对宋诗弊端的清醒认识。这正是许筠既高度重视唐诗选本的编纂，同时又
不忽视宋诗选本的意义与价值的体现。

　　许筠对于唐宋诗歌的界限持有极为坚定的看法，他撰写了《诗辨》一文，
其中明确提到："'三百篇'自谓'三百篇'，汉自汉，魏晋六朝自魏晋六朝，
唐自为唐，苏与陈亦自为苏与陈，岂相仿效而出一律耶？盖各自成一家。"②
由此可见，在许筠的眼中，唐诗与宋诗的区别远不止于时代的不同，它们更
是代表了两种截然不同的文学风格和创作理念。

### 2. 李珥对诗歌选本的编纂

　　李珥是朝鲜朝儒学史上与李滉齐名的儒学大师，被誉为朝鲜朝"儒贤之
最"。他频繁地探讨"道"与"文"之间的微妙关联，坚定不移地主张"文"

---

　　①　左江先生在其著作《"此子生中国"：朝鲜文人许筠研究》中统计许筠编选中国诗文选
集数量是 12 种，除本书述及的 11 种选集外，还有《四家宫词》。笔者查考《惺所覆瓿稿》，
确实收录《四家宫词》跋文一篇，但此跋文未透漏出许筠参与编选的信息。大型的《宫词》
组诗起于唐代王建，宋人开始将唐宋名家的宫词组诗进行合编，明代黄鲁曾选唐代王建、五
代后蜀花蕊夫人、宋徽宗赵佶、北宋王珪四家宫词绝句成《四家宫词》，后有林志尹编、杨慎
批点本《四家宫词》，许筠在跋文中未谈及所读是何版本，但谈到了他本人对宫词的看法，并
敬告读者"无以其词之妙而忘其为人，则足以惩创逸志矣"。故而笔者认为许筠编选《四家宫
词》证据不充分，故暂时将许筠编选的中国诗文选集数量记为 11 种。
　　②　[朝鲜朝] 许筠：《惺所覆瓿稿》卷四，《韩国文集丛刊》第 74 册，第 241 页。

应服务于"道"，同时"道"亦常以"文"的形式得以展现。他阐述道："道之显者谓之文。文者，贯道之器也。"① 他还进一步强调："道之显者谓之文。道者，文之本也；文者，道之末也。得其本而末在其中者，圣贤之文也。事其末而不业乎本者，俗儒之文也。古之学者必先明道，苟能明道而有得于心，则见乎威仪，发乎言辞者，莫非道之著者也。是故，其为文也，辞约而理当，言近而指远，卒泽于道德仁义炳如也，此则圣贤之文也。"② 在坚持"道本文末"这一理念的同时，李珥还观照诗文的审美价值和功用，他指出："诗虽非学者能事，亦所以吟咏性情，宣畅清和，以涤胸中之滓秽。"③ 受中国诗风的深远影响，李珥精心编纂了中国诗文选集《精言妙选》，以此展现他对诗文艺术的深刻理解。

他在《精言妙选序》中详尽阐述了他对诗歌的认识、选诗的原因和目的、选诗的标准以及诗歌的编排次序。他指出："人声之精者为言，诗之于言，又其精者也。诗本性情，非矫伪而成，声音高下，出于自然。"《诗经》"曲尽人情，旁通物理，优柔忠厚，要归于正"，实为诗歌的滥觞。然而，当时的朝鲜诗坛"世代渐降，风气渐漓"，作诗者致力于用诗歌的形式记录目之所见，而非由性情而发，抒心之所感。李珥深感"诗源久塞，末流多岐，学者睢盱眩乱，莫寻其路"，故而搜集古诗，备得众体，目的是通过选诗使作诗者"知源流之所自"，明了诗歌发展的脉络，从而在创作时能够"不流于矫伪"。

李珥并未采用传统的按体分类编排的方法，而是按照"冲澹萧散""闲美清适""清新洒落""用意精深""情深意远""格词清健""精工妙丽""明道韵语"等风格对古诗进行分类，④ 每种风格下再依创作时间先后，以五言

---

① [朝鲜朝] 李珥：《栗谷先生全书拾遗》卷四，《韩国文集丛刊》第45册，第539页。
② [朝鲜朝] 李珥：《栗谷先生全书拾遗》卷四，《韩国文集丛刊》第45册，第576页。
③ [朝鲜朝]李珥：《栗谷全书》卷十三《精言妙选序》，《韩国文集丛刊》第44册，第271页。
④ 关于李珥风格分类的具体描述详见《栗谷先生全书拾遗》卷四《精言妙选总叙》，《韩国文集丛刊》第45册，第533页。

古诗、七言古诗、五言律诗、七言律诗、五言绝句、七言绝句的顺序排列，共计8篇，分别以"元""亨""利""贞""仁""义""礼""智"为各篇的标识，遗憾的是，"智集"已佚。目前，该集存有多种版本，包括奎章阁韩国学研究院藏本（雕版）、延世大学图书馆藏雕版（1册3卷）、延世大学图书馆藏抄本，以及金南馨个人收藏的同春堂抄本，可惜均非全本。①

李珥篇名所选之字以及八种风格的排序均蕴含深意。"元、亨、利、贞"与"仁、义、礼、智"均为理学家热议的命题。李珥在朱熹"元亨利贞，天道之常；仁义礼智，人性之纲"的基础上，进一步融合天道与人道，他认为："太极在天曰道，此道字，以天命流行之道，言率性之道，以人物当行之道言。在人曰性。元亨利贞，道之流行者也；仁义礼智，性之所具者也。元于时为春，在人为仁；亨于时为夏，在人为礼；利于时为秋，在人为义；贞于时为冬，在人为智。"②在编纂《精言妙选》时，他将"不事绘饰，自然之中，深有妙趣，古调古意"的"冲澹萧散"风格诗作置于"元字集"；将"从容自得，出于寓兴，非思索可到"的"闲美清适"风格的诗作置于"亨字集"；将"蝉蜕风露，似不出于烟火食之口"的"清新洒落"风格的诗歌置于"利字集"；将"句语锻炼，格度严整，间有造妙之论，非常情所可企及"的"用意精深"的诗歌置于"贞字集"；将"即景即事，写出襟怀，怨而不悖，哀而不伤"的"情深意远"的诗歌置于"仁字集"；将"笔力遒劲而无急迫之意，有凝远之味"的"格词清健"的诗歌置于"义字集"；将"虽有雕绘之饰，而不至于淫艳"的"精工妙丽"的诗歌置于"礼字集"③。此举既体现了他的哲学理念，又展现了他对诗歌审美艺术的观照，从这个角度来看，李珥通过选诗实践了哲学家和诗人的双重身份的统一。尤其值得注意的是，排在前三

---

① 关于《精言妙选》的版本考察详见韩国学者晋永美：《李珥中国诗选集〈精言妙选〉小考》，《文献季刊》2008年第3期。

② ［朝鲜朝］李珥：《栗谷全书》卷二十《圣学辑要》，《韩国文集丛刊》第44册，第450页。

③ ［朝鲜朝］李珥：《栗谷先生全书拾遗》卷四，《韩国文集丛刊》第45册，第533页。

位的"冲澹萧散""闲美清适""清新洒落"风格，均与理学所倡导的"心性存养"紧密相连。朱熹曾提出"真味发溢"，即强调真情自然流露，不事雕琢。李珥所提出的"冲澹萧散"风格，正是对朱熹"真味发溢"思想的继承与发扬，彰显了他崇尚自然、反对矫饰的美学追求。

《精言妙选》现存版本收录魏晋南北朝 23 位诗人的各体诗歌 41 篇，收录唐代 90 位诗人的 330 篇诗歌，收录宋代 14 位诗人的 31 篇诗歌，共计402 篇（义字集、礼字集、智字集缺）。现将《精言妙选》所收诗人及诗歌数量列表（表 16）如下：

表 16 《精言妙选》收录诗人及其诗作概览表 ①

| 时代 | 诗人姓名及选诗数量 | 总数 |
|---|---|---|
| 魏晋南北朝 | 陶渊明（10），谢灵运（6），无名氏（2），谢惠连（2），陆机（2），曹植（2），江淹（1），郭璞（1），卢谌（1），班婕妤（1），苏武（1），阮籍（1），王粲（1），曹丕（1），刘琨（1），刘桢（1），陆云（1），李陵（1），张协（1），张华（1），左思（1），蔡邕（1），卓文君（1） | 共23人，41篇作品 |
| 唐代 | 韦应物（47），李白（41），杜甫（31），孟浩然（20），柳宗元（17），王维（15），刘长卿（11），常建（7），李商隐（7），贾岛（5），戴叔伦（5），李端（5），张籍（5），韩愈（4），马戴（3），司空曙（3），温庭筠（3），王昌龄（3），刘禹锡（3），李顾（3），储光羲（3），钱起（3），皇甫曾（3），高适（2），骆宾王（2），卢纶（2），卢照邻（2），白居易（2），王勃（2），戎昱（2），李群玉（2），岑参（2），张九龄（2），张说（2），郑谷（2），赵嘏（2），韩翃（2），项斯（2），许浑（2）。以下各位诗人各选诗1篇：高骈、顾况、僧皎然、丘丹、权德舆、郎士元、唐太宗、杜牧、杜审言、孟迟、僧无可、武元衡、孙革、宋之问、僧文兆、沈佺期、杨衡、吕岩、吴向之、雍陶、王建、王缙、于鹄、于濆、熊孺登、刘驾、刘方平、刘延之、柳谈、刘沧、李山甫、李涉、李益、李咸用、任藩、李归唐、长孙佐辅、张祜、郑巢、朱放、秦系、陈羽、君山老父、陈子昂、崔鲁、崔曙、崔颢、鲍溶、贺知章、韩偓、许宣平 | 共90人，330篇作品 |

① 本表格依据韩国学者晋永美的《중국시선집『정언묘선（精言妙選）』의 내용과 특성》整理，韩国栗谷学会编：《栗谷学研究》第 31 集，2015 年。

| 时代 | 诗人姓名及选诗数量 | 总数 |
|---|---|---|
| 宋代 | 王安石（8），朱熹（7），欧阳修（4），赵师秀（2），姜夔（1），潘阆（1），苏轼（1），僧惠崇（1），王彦和（1），魏野（1），刘翰（1），曹极（1），曾巩（1），陈与义（1） | 共14人，31篇诗作品 |

通过统计分析，李珥在选诗过程中展现出了鲜明的宗唐倾向。具体而言，相较于魏晋南北朝时期的41篇诗作和宋代的31篇诗作，唐诗入选330篇，在数量上占据了绝对优势。此外，李珥所选的宋诗也与朝鲜前期《祖宗律诗》中重视黄庭坚、陈师道等江西诗派诗作的情况有所不同。他选择了王安石的诗歌8篇，朱熹的7篇，欧阳修的4篇，赵师秀的2篇，而其余入选的宋代诗人诗作则均只有1篇。这些选择并非美学意义上宋诗风格的典型代表，而是与当时朝鲜诗坛盛行的宗唐风气紧密相连。

李珥的唐诗观深受理学影响，与朱熹诗学观念高度契合。朱熹秉持"自然"为核心的诗学主张，对古体诗情有独钟，并创造性地提出"诗三变"理论，将诗歌发展划分为三个阶段：虞夏至魏晋、晋宋至唐初、沈宋后至当代，强调律诗的出现标志着诗歌创作法则的根本变革，"以至今日益巧益密，而无复古人之风矣。"[①] 在诗歌典范的选择上，朱熹尤为推崇《诗经》与《楚辞》，认为风、骚二体以其自然高远、真情流露的艺术魅力，堪称"从此心写出""从道中流出"的真情实感的典范。他视魏晋诗歌为《诗经》《楚辞》的延续，可作为学诗之基石；而晋宋至唐初的诗歌，虽已显露出律诗的雏形，但仍保留了骚雅遗风，可作为学诗者的辅助。至于沈佺期、宋之问之后的诗歌，则因过分追求形式上的平仄、对仗，失去了自然吟咏的韵味。

朱熹崇尚的是那种幽远淡泊、气韵高古的诗歌风格，对陶渊明、柳宗元、韦应物等平淡自然的诗人赞不绝口。他认为"作诗须从陶、柳门庭中来

---

① （宋）朱熹：《晦庵先生朱文公文集》卷六十四《答巩仲至》，《朱子全书》第23册，上海古籍出版社2002年版，第3095页。

乃佳，不如是，无以发萧散冲淡之趣，不免局促尘埃无由到古人佳处"①。他特别赞赏陶渊明的超然自得、韦应物的淡泊高洁，将"超然自得"视为诗歌创作的至高境界，这既体现了理学家对道德境界的追求，也蕴含了深刻的审美意蕴。

在李珥的《精言妙选》中，韦应物的诗歌入选数量最多，达到 47 首，足见其对韦诗的青睐。柳宗元、陶渊明虽也备受推崇，但选篇数量均未及韦应物。这既与朝鲜诗坛当时的宗唐风气有关，也反映了韦应物诗歌易于模仿、词语平近的特点。朝鲜中期"汉文四大家"之一的李植就曾指出："李、杜歌行，雄放驰骋，必须健笔博才，可以追蹑。然初学之，学之易于韦、柳诸作，以其词语平近故也。必不得已姑学李、杜，参以苏、黄诸作，以为准的。"②此外，宗唐诗人如金净、白光勋等也对韦应物诗歌推崇备至。曾以冬至兼谢恩正使身份入燕的金昌集甚至专门摘录韦应物诗歌 21 首，编成《韦诗集句》，保存在其《梦窝集》中。

## 二、朝鲜文人对中国古文选本的编纂

朝鲜朝前期，主要致力于重刊源自中国的各类古文选本，如《文选》《韩文正宗》《崇古文诀》《古文精粹》《文章轨范》《三苏文》《苏文正宗》《古文类选》《西汉文鉴》等。尽管此举彰显了对古文的浓厚兴趣，但与汉诗领域相比，朝鲜文人并未展现出对古文独立的批评意识，因而未见其编选的中国古文选本问世。壬辰战争和丙子战争后，前期刊印的书籍文献遭到严重破坏，且书籍流通环境发生了变化，清代中朝两国的书籍交流较明代更为自由，大量书籍通过使行往来传入朝鲜半岛，使得朝鲜知识分子更易接触中国汉籍。因此，前述古文选本的重刊需求不再迫切。此时，朝鲜流行的古文选

---

① （宋）蔡正孙：《诗林广记》，《景印文渊阁四库全书》，第 1482 册，台湾商务印书馆 1986 年版，第 142 页。

② [朝鲜朝] 李植：《泽堂集》卷十四《学诗准的》，《韩国文集丛刊》第 88 册，第 518 页。

本为明代茅坤编纂的《唐宋八大家文钞》。

明代后期文坛，前后七子的"拟古派"主张"文必秦汉"，而"唐宋派"则标举唐宋文风，两派间论争激烈。茅坤作为唐宋派的代表人物，精选唐代韩愈、柳宗元，宋代欧阳修、王安石、曾巩、苏洵、苏轼、苏辙 8 位大家的典范散文作品，并附简短评论，编成《唐宋八大家文钞》，共计 164 卷，50 册。该书最早的刻本是茅坤侄子茅一桂于明万历七年（1579 年）在杭州主持校阅的版本，此后还有崇祯元年（1628 年）方应祥刻本、崇祯四年（1631 年）茅著重订本、康熙四十五年（1706 年）何焯手校本，以及清后期安徽聚文堂刻本等多个版本。

许筠在《欧苏文略跋》中提及"元美（王世贞）晚年喜读长公（苏轼）文，茅鹿门坤平生推永叔（欧阳修）为过昌黎，此二子非欺人者也"，暗示其在编撰《欧苏文略》时可能参考过茅坤的《唐宋八大家文钞》。李植在《作文模范》中则评价"茅鹿门坤所抄八大家文，最为中正"①。金昌协也教导其子金崇谦，"须先严立课程，趑趄无怠，而以其间将《汉史》或《八大家文钞》，一看四五板或六七板，逐句逐字，一一理会。"② 而为文则应学习《八大家文钞》。由此可见，茅坤的《唐宋八大家文钞》对朝鲜文人产生了深远的影响。

在朝鲜，《唐宋八大家文钞》流传有肃宗年间的洛东契字本及英祖年间戊申字本。后岭南监营以戊申字本为底本，翻刻成木版本，使该书得以广泛传播。

朝鲜中后期涌现出多种朝鲜文人编撰的古文选集，经由对朝鲜古代目录典籍及文人别集的详尽检索，截至 18 世纪，共计发现由朝鲜文人独立编纂的古文选本达 29 种之多（参见表 17）。

---

① ［朝鲜朝］李植：《泽堂集》卷十四《作文模范》，《韩国文集丛刊》第 88 册，第 519 页。

② ［朝鲜朝］金昌协：《农岩集》卷十一《与崇谦》，《韩国文集丛刊》第 161 册，第 519 页。

表 17  朝鲜中后期文人编撰的古文选集概览表

| 序号 | 书名 | 编者 | 主要内容 | 备注 |
|---|---|---|---|---|
| 1 | 大家文会 | 柳梦寅（1559—1623 年） | 选《左传》4 篇，《国语》2 篇，《战国策》2 篇，《史记》3 篇，韩愈散文 4 篇，柳宗元散文 3 篇 | 柳梦寅任黄海道监事期间，在尹晖的协助下，以木版本刊出 |
| 2 | 删补大家文会 | | 在《大家文会》的基础上内容增、删篇目而成 | 原书全本不存，无法详细比较其与《大家文会》内容的异同 |
| 3 | 皇明茅鹿门王弇州二大家文抄 | 申最（1619—1658 年） | 收录茅坤散文 31 篇，王世贞散文 57 篇 | 由其外甥金锡胄以"韩构字"印出 |
| 4 | 古文百选 | 金锡胄（1634—1684 年） | 全书 3 编，上编、中编各 3 卷，下编 1 卷。分别收录汉代散文、韩柳散文及宋代散文。每篇作品后都有评语，评语多来自茅坤《唐宋八大家文钞》、谢枋得《文章轨范》 | 金锡胄以"韩构字"印出 |
| 5 | 选文掇英 | 任堕（1640—1724 年） | 在朝鲜本六臣注《文选》中选出汉魏六朝散文 27 卷 | 有显宗实录字本 |
| 6 | 选文精粹 | 不详 | 选出《文选》中"精粹"54 篇。该本以"六臣注本"为主，同时参考了"五臣注本""李善注本"，标注各本异文 | 有甲寅字本、训练都监木活字本 |
| 7 | 古文精选 | 不详 | 2 卷 2 册，收录先秦两汉时期 45 人的 64 篇古文作品 | 两部选本同名，均为木版本，但收录内容 |
| 8 | 古文精选 | 不详 | 4 卷 3 册，收录欧阳修散文 41 篇，韩愈散文 78 篇 | 不同，是否为同一人所编，待考 |
| 9 | 文章大成录 | 不详 | 6 卷 2 册。按"壮气焰""发光辉""横波澜""骋雄辩""切事情""神变化"六个主题收录 42 篇作品，主要涉及庄子 6 篇，司马迁 6 篇，班固 4 篇，韩愈 9 篇，柳宗元 5 篇，欧阳修 4 篇，苏洵 3 篇，苏轼 4 篇，苏辙 1 篇 | 书名"大成"取义于明代李伯玙编《文翰类选大成》 |

| 序号 | 书名 | 编者 | 主要内容 | 备注 |
|---|---|---|---|---|
| 10 | 唐宋八子百选 | 正祖李祘 | 6卷3册。从茅坤《唐宋八大家文钞》中选取八大家古文百篇。采取先按文体（表、上书、札子、论、策、书、序、记、杂着、碑、墓志、墓表、传、祭文等）分类，各体之下再按作者（韩愈、柳宗元、欧阳修、苏洵、苏轼、苏辙、曾巩、王安石）顺序编排 | 正祖命奎章阁臣以"丁酉字"印出 |
| 11 | 古文会粹 | 郑逑（1543—1620年） | 具体收录内容不详，成书于宣祖二十三年（1600年） | 该选本毁于火灾。见张显光《旅轩集》卷十三《寒冈郑先生行状》 |
| 12 | 大家意选批评 | 李植（1584—1647年） | 在茅坤《唐宋八大家文钞》的基础上选出42篇佳作，略加评点 | 该选本初名《大家意选》，其后人在整理该选本时，为了誊写的方便，只记录了所选文章的题目以及李植的评语，故称为《大家意选批评》 |
| 13 | 文章指南 | 崔有渊（1587—?年） | 1卷1册，选《庄子》《史记》《汉书》《文选》、韩愈、柳宗元名篇而成 | 见金宇颙《东冈集》卷十六《文章指南跋》 |
| 14 | 史汉精华 | 赵翼（1579—1655年） | 选《史记》《汉书》中"古文可法者" | 见赵翼《浦渚集》卷二十六《史汉精华序》 |
| 15 | 欧苏文略 | 许筠（1569—1618年） | 8卷，选欧阳修散文68篇，苏轼散文72篇 | 见许筠《惺所覆瓿稿》卷四《欧苏文略序》 |
| 16 | 文趣 | 金昌协（1651—1708年） | 6编，"文凡二百余首，起自仲长统《乐志论》以及于宋明诸作，凡文之语涉趣事而见于序、记、书牍、题识之流者，悉收焉" | 见申靖夏《恕菴集》卷十《文趣序》 |

续表

| 序号 | 书名 | 编者 | 主要内容 | 备注 |
|---|---|---|---|---|
| 17 | 史汉精粹 | 金镇圭<br>（1658—1716 年） | 10 卷。从书名来看，所选内容应是《史记》《汉书》中"精粹"文章 | 见金春泽《北轩集》卷二十《芦山录·仲父竹泉府君自叙总论》，该文还提及金镇圭编有《左氏传概》2 卷，《奏议文隽》4 卷，《皇明碑志》18 卷，《俪文集成》23 卷 |
| 18 | 文苑典则 | 申琓<br>（1646—1707 年） | 2 册，选周朝、汉代以来古文 | 见申暻《直菴集》卷十九《叔父恕菴先生遗事》 |
| 19 | 文章宗选 | 申圣夏<br>（1665—1736 年） | 52 卷，选取经史子集各部散文百余篇，"圣贤载道之文，历代纪事之文，馆阁词章之文，草泽光怪之文，无不尽收并畜" | 见申暻《直菴集》卷十《文章宗选序》 |
| 20 | 古文选 | 崔尚履<br>（1692—？年） | 8 卷 3 册，选取从《左传》到唐宋时期的古文 | 见崔奎瑞《艮斋集》卷十二《亡儿持平行状》 |
| 21 | 古文集成 | 崔昌大<br>（1669—1720 年） | 3 编。选取从先秦到明代古文 300 余篇，仿照真德秀《文章正宗》的体例分类编排 | 见李夏坤《头陀草》卷十六《删补古文集成序》 |
| 22 | 删补古文集成 | 李夏坤<br>（1677—1724 年） | 在崔昌大《古文集成》的基础上，精选 200 篇 | |
| 23 | 诸家文粹 | 金道洙<br>（1699—1733 年） | 篇数、卷数不详。仿明代沈津《百家类选》选诸子杂家之文。根据金道洙《删定诸家文粹说》可知，该选本初编时，所选佛道文章数量很多，后"删道家之半，全去佛书"，首列《孔子家语》，后选《左传》《国语》、荀子、扬雄、贾谊、董仲舒、王通（文仲子）、韩愈等文章 | 见金道洙《春洲遗稿》卷二《删定诸家文粹说》，另见李德寿《西堂私载》卷三《诸家文粹引》 |

| 序号 | 书名 | 编者 | 主要内容 | 备注 |
|---|---|---|---|---|
| 24 | 八家百选 | 安鼎福（1712—1791 年） | 是否分卷不详。从茅坤《唐宋八大家文钞》中选古文百篇，略加批评文字而成 | 见安鼎福《顺菴集》卷十八《八家百选序》 |
| 25 | 八家百选 | 洪乐仁（1729—1777 年） | 是否分卷不详。从茅坤《唐宋八大家文钞》中选古文百篇。其选文宗旨是"精且贵者，在少而不在多"，"杰而后选，满百而止" | 见洪乐仁《安窝遗稿》卷五《八家百选序》 |
| 26 | 文粹历选 | 丁范祖（1723—1801 年） | 选取自夏商周三代至汉代古文"尤粹美者"111 篇 | 见丁范祖《海左集》卷十九《文粹历选序》 |
| 27 | 古文轨范 | 成大中（1732—1809 年） | 选《庄子》中《齐物论》《养生主》，屈原的《离骚》《卜居》，汉代的《治安策》《鹏鸟赋》《伯夷传》《谏山陵疏》，三国·魏嵇康《绝交书》 | 见成大中《青城集》卷五《古文轨范序》 |
| 28 | 古文程楷 | 申大羽（1735—1809 年） | 15 卷。选先秦、东汉到唐代韩愈的散文 114 篇 | 见申大羽《宛丘遗集》卷三《古文程楷序》 |
| 29 | 西汉文类 | 申大羽（1735—1809 年） | 具体篇卷不详 | 见申绰（申大羽之子）《石泉遗稿》卷一《先府君事状》 |

在梳理朝鲜文人别集的过程中，我们发现个别朝鲜文人提及了编选古文选本的情况，然而这些选本在朝鲜古代目录书中均未被著录。例如，正祖朝蔡济恭文集中收录《御定千古百选议》一文，明确提及了正祖有意命奎章阁臣选编古文的范围，涵盖了《易》《书》《礼》《春秋》《战国策》《论语》《孟子》《中庸》《大学》《孝经》《老子》《庄子》《管子》《列子》《荀子》《孙武子》《周易参同契》等经典，以及韩婴、陆贾、贾谊、司马迁、董仲舒、刘向、班彪、班固、诸葛亮、杜预、韩愈、柳宗元、陆贽、李翱、欧阳修、苏洵、苏轼、苏辙、王安石、曾巩、周敦颐、邵雍、张载、程颢、程颐、朱熹等名家文章，共计百篇。蔡济恭还表达了自己对于"老、庄、荀、列、佛书"等的看法，他认为这些书籍与儒家经义不符，应被视为"异

端书",同时建议在"册末以'异端书'三字，别加标题，然后从次第，区以书之，以正内华外夷之分"①。此外，文中还透露了正祖编撰《诗赋千选》的意愿。然而，无论是朝鲜时代的书目，还是正祖李祘的《弘斋全书》，均未发现著录《千古百选》和《诗赋千选》，因此这两种选本是否最终撰成尚有待进一步考证。

通过对朝鲜中后期②个人编撰的古文选本的统计与分析，我们发现朝鲜文人个人编撰的古文选本总体呈现出以下特点：

首先，这些选本普遍以在古代朝鲜流通较广的《古文真宝》《文章轨范》《唐宋八大家文钞》等中国选本为蓝本进行编纂。除了李夏坤的《删补古文集成》是在崔昌大《古文集成》的基础上进行删减整理外，鲜有在朝鲜文人已编撰的古文选本基础上再次编撰的实例。这一现象与多数朝鲜文人编撰的中国古文选本未能广泛刊行密切相关。据史料记载，仅有金锡胄的《古文百选》、正祖李祘的《唐宋八子百选》等少数选本得以活字印刷并流传。这种信息流通的不畅，导致了如安鼎福、洪乐仁等人均编撰了名为《八家百选》的选本，尽管选本名称相同，但因个人对古文的理解与批评水平的差异，所选内容亦各具特色。

其次，朝鲜文人编撰古文选本的动因，与当时朝鲜文坛对文章典范的热烈讨论密不可分。在明代拟古风气的影响下，朝鲜中期文坛亦掀起了"秦汉派"与"唐宋派"关于古文文法的激烈论争。前者视秦汉古文为文章之典范，致力于模仿其字句、修辞，以再现文章的古朴之气；而后者则将唐宋古文视为典范，强调"道文一体"的理念及文章的实用价值。这两大派别的论争，不仅推动了朝鲜文坛对古文创作的深入探索，也间接促进了朝鲜文人个人编

---

① [朝鲜朝] 蔡济恭：《樊岩集》卷二十九《御定千古百选议》，《韩国文集丛刊》第235册，第565页。

② 由于朝鲜文人个人别集数量庞大，查考工作难度较大，本书的统计数据仅涵盖到18世纪末。个人认为，随着朝鲜文人对古文认知与批评能力的不断提升，19世纪以后，个人编撰的古文选本数量理应相当可观。未来，会继续对此进行补充和整理。

撰古文选本的热情。

朝鲜前期，尽管官方机构试图通过活字刊印中国的古文选本，以提升朝鲜文人对古文创作的认识和水平，但并未取得预期效果。文人儒士们依旧倾向于采用台阁体书写科举文章。明代前后七子倡导"文必秦汉、诗必盛唐"的理念，在抵制"台阁体"文风、清除八股文负面影响方面发挥了关键作用，同时也为朝鲜文人带来了革新朝鲜文坛散文创作弊病的希望。

中宗朝的金正国，目睹了"病学文者急于取科第，嗜俗文"的现象，主张"学两汉文以矫其弊"，并从《史记》和《汉书》中选各篇序文，编纂成《文范》，"以劝初学后生"。① 然而，金正国的主张在当时并未受到足够的重视。直至16世纪末，以尹根寿和崔岦为代表的"秦汉派"兴起，他们极力推崇秦汉时期的散文为典范，强调散文创作的审美价值，从而掀起了一股复古文风。柳梦寅在秦汉古文的创作与批评领域独树一帜，他撰写了多篇文章，阐述了古文写作的必要性与美学方法论。柳梦寅精选了《左传》4篇、《国语》2篇、《战国策》2篇、《史记》3篇、《汉书》3篇、韩愈散文4篇、柳宗元散文3篇，编纂成《大家会选》，旨在帮助学习者掌握秦汉古文文风和字句表达。关于为何在效法秦汉古文的同时又选择了唐代柳宗元的文章，柳梦寅认为柳文精劲有力，保留了浓厚的古文气息，"最精劲且古，后世无沿袭"。而韩愈虽反对骈体文，主张恢复秦汉儒学道统，但其倡导的古文运动实际上是以先秦散文为典范，因此其散文中也蕴含着深厚的"古文"色彩，故也被选入。

这一时期，朝鲜文人编撰的一系列古文选本均展现出以秦汉散文为典范的倾向。例如，崔有渊编撰的《文章指南》，选取了《庄子》《史记》《汉书》以及韩愈、柳宗元的散文，旨在为学习者提供指导。赵翼则认为做文章"则亦当以古文为法"，他推荐的古文范本除了六经之外，还包括《左传》《史记》

---

① ［朝鲜朝］金正国：《思斋集》卷三《文范序》，《韩国文集丛刊》第23册，第43页。

《汉书》等。他认为这些书籍是唐宋以来文章的渊源所在，"念后生为文，不可舍此书"。于是，他选取了《史记》《汉书》中的历史散文，编纂成《史汉精华》。①

自17世纪中期起，"唐宋派"批评家们开始对"秦汉派"的理论与方法进行质疑与批评。作为回应，"秦汉派"继续编撰了多部古文选本，如金镇圭的《史汉精粹》、申琓的《文苑典则》、金道洙的《诸家文粹》等。总体而言，"秦汉派"的古文选本中，历史散文与先秦诸子散文占据主导地位，这与柳梦寅在编纂《大家会选》时所强调的散文创作应重视学习秦汉古文风格的理念密切相关。此外，从各选本收录作品的文体来看，书、表、册、上书、论等应用性文体占据主要地位，这反映了朝鲜文人对实用文体意识的重视与选文观念的体现。

"秦汉派"的初衷在于通过学习"秦汉古文"来提高散文创作水平，然而却最终演化为对秦汉文章字句、修辞的单纯模仿与抄袭，这股模拟风潮激起了唐宋派文人的深切厌恶与强烈不满。

18世纪后半期到19世纪，"秦汉派"和"唐宋派"之间的学术论争愈演愈烈。李植，作为朝鲜文坛"秦汉派"与"唐宋派"论争中的重要人物，他力主将唐宋古文树立为典范。他说："古今风俗事情悬殊，而文章词令，通于其间，虽使古人生于今世，必为今之文，此与诗学不同。当以唐宋以下为法，惟其本源来历，不可不溯求而知之也。"② 李植更强调，文章和语言都应符合时宜，其沟通性与时效性至关重要。作文之时，应以距当时较近的唐宋以降之文为楷模。他进一步指出："宋人文字大抵不畔于理，不止程朱以后也，其言德行，则本于六经，言理气，或参以释典。"③ 正是这种不背离儒家经义的精神，成了李植等唐宋派古文论者推崇唐宋古文的重要

---

① [朝鲜朝] 赵翼：《浦渚集》卷二十六《史汉精华序》，《韩国文集丛刊》第85册，第468页。
② [朝鲜朝] 李植：《泽堂集》卷十四《作文模范》，《韩国文集丛刊》第88册，第518页。
③ [朝鲜朝] 李植：《泽堂先生别稿刊余》卷十六《杂录》第九册，首尔大学奎章阁藏本。

缘由。

李植认为,《六经》之所以被尊为文章之典范,并被赋予至高无上的价值,其精髓并不在于文字表达的技巧,而在于其中蕴含的儒家伦理道德。他强调:"学者果能从事《诗》《书》、孔孟之说而有得焉,则其谓之古,谓之本者,夫岂外于此哉!"在他看来,《六经》不仅是文章写作的典范,更是义理思想的根源,值得我们终身学习。然而,他并不主张无条件地、一味地追求字句上的"复古"。针对近年来文坛出现的"文体遽变,末学后生,稍窥秦汉数十卷文字,则视经训……视古修辞,宁失诸理"的现象,李植慨叹:"文之靡而道之丧。"① 为了引导学者正确学习古文,他从唐宋八大家中精心挑选了除苏轼、曾巩之外的 42 篇他认为对文章学习至关重要的古文,撰成文学批评选本《大家意选批评》。现根据首尔大学奎章阁珍藏的《泽堂先生遗稿刊余》中收录的《大家意选批评》,特将所精选的具体篇目整理并列表如下(表 18):

**表 18　《大家意选批评》所选篇目概览表**

| 散文类别 | 具体篇目 |
| --- | --- |
| 序跋 | 韩愈(6篇):《送许使君刺郢州序》《赠崔复州序》《送董生邵南序》《送王秀才序》《送李愿归盘谷序》《送高闲上人序》<br>欧阳修(2篇):《内制集序》《送田画秀才宁亲万州序》<br>苏辙(1篇):《古史序》 |
| 杂记 | 韩愈(1篇):《画记》<br>柳宗元(2篇):《游黄溪记》《始得西山宴游记》<br>欧阳修(4篇):《菱溪石记》《丰乐亭记》《醉翁亭记》《有美堂记》<br>王安石(1篇):《芝阁记》<br>苏洵(1篇):《彭州圆觉禅院记》 |

---

① [朝鲜朝] 李植:《泽堂集》卷九《颐庵集后叙》,《韩国文集丛刊》第 88 册,第 150 页。

续表

| 散文类别 | 具体篇目 |
|---|---|
| 碑志 | 韩愈（13篇）：《唐河中府法曹张君墓碣铭》《试大理评事王君墓志铭》《殿中侍御史李君墓志铭》《贞耀先生墓志铭》《唐故相权公墓碑》《平淮西碑》《南海神庙碑》《柳州罗池庙碑》《柳子厚墓志铭》《马少监墓志》《南阳樊绍述墓志铭》《张彻墓志》（《故幽州节度判官赠给事中清河张君墓志铭》）<br>柳宗元（2篇）：《故秘书郎姜君墓志》《故襄阳丞赵君墓志》<br>欧阳修（5篇）：《忠武军节度使同平章事武恭王公神道碑铭》《太尉文正王公神道碑铭》《资政殿学士户部侍郎文正范公神道碑铭》《论尹师鲁墓志铭》《石曼卿墓表》 |
| 奏议 | 王安石（4篇）：《仁宗皇帝言事书》《本朝百年无事札》《进戒疏》《上时政疏》 |
| 书牍 | 柳宗元（1篇）：《继许孟容书》 |

从表格所列篇目来看，韩愈的文章20篇，数量最多，欧阳修的文章11篇，柳宗元、王安石的文章各5篇，苏洵、苏辙的文章各1篇。各家选文的数量恰好与李植在《作文模范》中对他们的认识和评价相吻合。他说："韩文，文之宗"，"以为终身模范可也"，"柳之于韩，如伯仲，欧、王、曾，专出于韩，三苏虽学《庄》（《庄子》）、《国》（《国语》），亦不出韩之模范"。苏洵的文章"虽诡，文气不下于韩，以意为主，笔端有口"，建议子孙"柳以下六家之文……余力一读，时复阅览，从其所好，增减其所抄可也"，他认为唐宋八大家的文章是"古文章正脉"。① 在李植看来，以文章闻名于世的大家，如韩愈、柳宗元，其论述均有着极深的造诣，"去程朱只一间"。而曾巩、欧阳修、王安石的文章则稍逊一筹，"惟三苏之学，本于《庄子》《战国策》，纵横倒竖，全昧义理"，他提醒学习者："读其文者当察之。"② 正是基于这样的认识，《大家意选批评》在编选时未将苏轼、曾巩的散文纳入其中。

从文体类型角度来看，所选碑志类作品数量最多，序跋、杂记次之。每篇古文都附有李植对写作意图及写作技法的精辟分析，这显然是受到了茅坤在《唐宋八大家文钞》中，以修辞学视角对八大家古文创作方法深入剖析的

① ［朝鲜朝］李植：《泽堂集》卷十四《作文模范》，《韩国文集丛刊》第88册，第518页。
② ［朝鲜朝］李植：《泽堂先生别稿刊余》卷十六《杂录》第九册，首尔大学奎章阁藏本。

启发。在体例布局上，各篇作品开篇并未设置特定标记，仅通过换行来提示新内容的开始。而解析的层次则巧妙地以"○"符号来划分，并采用"首批"的形式，聚焦于唐宋古文作者通过作品所要传达的深层意图及其独特的行文风格，从而引导读者深入学习唐宋古文的精髓。以韩愈的《送李愿归盘谷序》为例，标题之下即以"题下曰"三字提示接下来的是"首批"内容："愿乃诉之弟，西平之子，家世豪贵，虽尝隐居，未几出而仕，为节度使，颇溺于声色。此篇中'曲眉丰颊'以下一节，乃其所自言'宜其不得久居之山林也'，退之直书其言，而退之亦似有先知之明也。"① 李植借此"首批"手法，不仅叙述了李愿的生平事迹及相关背景，更对韩愈"直书其言"的深刻用意进行评价。当需进一步补充说明或抒发个人见解时，李植则转而采用"旁批"的方式，以"点"字作为提示。其批注遵循"自……至……云云"的规范格式。例如，在评点柳宗元《赵襄阳丞墓志》时，他指出："自'贞元'至'之野'云云，大概说。点：'绯衣缁衾，凡自家之物皆在'，曰言其可信。自'神付'至'此哉'云云，约而言之极简。自'始矜'至'襄阳丞'云云，都叙平生只此。"② 既有对墓志内容的评价，也有对柳宗元语言特点的评价，字里行间透露出对柳宗元文风的深刻理解。

从李植对所选唐宋六家散文的评价中，可以清晰窥见朱熹思想的深远影响，其评价中透露出鲜明的理学色彩。例如，《菱溪石记》的评语直接标注"晦翁评，见《语类》"，彰显了他与朱熹在文学评判标准上的一致性。

李植与朱熹一样，将义理作为评价文章优劣的标准。例如，在点评苏辙的《古史序》时，他赞道："苏氏文章皆倒置横逸，独此文理胜义正，词气尔雅，所以朱子亟称之，为之发挥也。"此番评价，完全源于朱熹对三苏文

① ［朝鲜朝］李植：《泽堂先生遗稿刊余》卷十七《杂记·大家意选批评》第十册，首尔大学奎章阁藏本。标点为引用时所加，下同。
② ［朝鲜朝］李植：《泽堂先生遗稿刊余》卷十七《杂记·大家意选批评》第十册，首尔大学奎章阁藏本。

章的认识和评价。朱熹在给吏部尚书汪应辰的信中，针对苏学进行了深刻剖析："以为世人读之，止取文章之妙，初不于此求道，则其失自可置之。夫学者之求道，固不于苏氏之文矣，然既取其文，则文之所述有邪有正，有是有非，是亦皆有道焉。固求道者之所不可不讲也。讲去其非以存其是，则道固于此乎在矣，而何不可之有？若曰惟其文之取，而不复议其理之是非，则是道自道、文自文也。道外有物，固不足以为道，且文而无理，又安足以为文乎？盖道无适而不存者，故即文以讲道，则文与道两得，而一以贯之，否则亦将两失之矣。中无主，外无择，其不为浮夸险波所入而乱其知，思者几希，而况且彼之所以自任者，不但见文章而已。既亡以考其得失，则其肆然而谈道德于天下矣，亦孰能御之。"① 此番论述，不仅从"文"与"道"两个维度对苏文进行了剖析，更鲜明地展现了他文道合一的文学观念。在朱熹眼中，苏氏文章虽文辞奇巧，却往往缺乏儒家义理的支撑，未能实现文与道的和谐统一，故非学道之典范。然而，对于苏辙《古史序》中关于圣人的论述，他却给予了高度评价，认为其议论精妙，程张之后无人能及。② 李植在编纂《大家意选》时，对朱熹的这一评价深表赞同，并特意选取了《古史序》作为苏辙散文的代表。

李植的文道观与朱熹如出一辙。朱熹强调"道者，文之根本；文者，道之枝叶。唯其根本乎道，所以发之于文，皆道也。三代圣贤文章皆从此心写出，文便是道。"③ 他虽主张文道合一，却并未将二者等同视之，而是强调"文皆从道中流出"，道为根，文为叶，二者紧密相连，不可分割。李植亦秉持此理，他认为："世必有英粹聪睿之资，而加之以宏博正大之学，然后其发于文词。……本末相须，华实相副，不期文而自文。古昔圣贤立言垂世者，

---

① （宋）朱熹：《与汪尚书》，《朱子全书》第30册，上海古籍出版社2002年版，第1305页。

② （宋）黄士毅编，徐时仪、杨艳汇校：《朱子语类汇校》，上海古籍出版社2016年版，第3120页。

③ （宋）朱熹：《朱子语类》卷一三九《论文》，《朱子全书》第18册，上海古籍出版2002年版，第4314页。

皆是道也。外此以为文，虽奇僻以为古，藻绘以为华，比之偏霸闰统，谓是全体正宗则未可也。"①他同样强调文道统一，道为主，文为辅，二者应相辅相成。

李植文道观的形成，深受朝鲜时代性理学思想的影响。他对性理学尤其是朱子学推崇备至，并有深刻的理解与体悟。而"性理学从它兴起之初就是以对老佛思想特别是对佛教思想的排斥精神为基础而形成的新儒学，因此所有的性理学者一致具有排佛意识一点也不奇怪……这种意志就是渗透在性理学(直到形成之后)的道统意识，排斥异端，特别是排斥佛教精神。"②在《大家意选批评》一书中，李植的排佛意识更是得到了淋漓尽致的体现。在评论韩愈的《送高闲上人序》时，李植指出："此文学《庄子》，酷似《养生篇》，古人已评之矣。今观此篇，不但极书艺术之妙，其深意讥闲上人名为学佛，所习与其法相反，不得为佛之徒也。与《赠灵澈诗》意同。末又讥佛家多怪异，以明闲于此于彼必居一则，皆不得正也，其泳衣深且远矣。"③韩愈一生致力于弘扬儒学，排斥佛教，虽常与僧人交往，但在与僧人的文章中常寄寓辟佛之意。李植选择此序进行评价，既体现了与韩愈崇儒斥佛思想的一致性，又借此传达了自己的排佛主张。在评价苏洵《彭州圆觉禅院记》时，李植注意到该文虽名为禅院记，但对禅院本身的介绍却极为简略，反而以议论为主，直接点明了苏洵创作此文的动机是"避佞佛之名，本不欲为记故也"。④茅坤《唐宋八大家文钞》中评价该文"翻案格议论，有一段风情"。而李植则更进一步，挖掘文字背后的创作意图，展现了他以"意"评文的选文标准。

---

①　[朝鲜朝] 李植：《泽堂别集》卷五《豀谷集序》，《韩国文集丛刊》第 88 册，第 339 页。

②　韩国哲学会编，龚荣仙译：《韩国哲学史（中卷）》，社会科学文献出版社 1996 年版，第 106 页。

③　[朝鲜朝] 李植：《泽堂先生遗稿刊余》卷十七《杂记·大家意选批评》第十册，首尔大学奎章阁藏本。

④　[朝鲜朝] 李植：《泽堂先生遗稿刊余》卷十七《杂记·大家意选批评》第十册，首尔大学奎章阁藏本。

朝鲜后期史学家、实学家安鼎福也曾受孙甥权儇所托，在茅坤《唐宋八大家文钞》基础上选八大家文百篇，作为学文典范，编纂成《八家百选》。在其《八家百选序》中，安鼎福对中国古文在不同历史时期的演进进行了深入分析，并给予了唐宋八大家的古文以高度评价。其原文如下：

> 道是形而上之物，无声臭之可言，于是焉有文字明其所以然，六经之文是也。继是以后，道虽一而文以代异，春秋之文，不如《典谟》，战国之文，不如春秋，至于异端蜂起，处士横议，各以其学为文，虽不无奇章杰作，可以耸动人者，而求之于圣人之道则悖矣。西汉尊尚经术，文气典雅，彬彬然可观也。然而儒者溺于笺注，高者杂于王伯，比之于古，瞠乎下矣。东京以后，文气日趋于弱，至于魏晋南北朝、唐初而甚焉，徒以组织色态为能，务以悦人，而本之理则无矣。有明万历间，鹿门茅氏坤，取唐宋韩、柳、欧、苏、王、曾之文而选之，名曰《八大家文抄》。八君子也代有前后，文有高，下，皆本于六经，非若异端诸子之各以文名而自雄者比也。隋唐以后，复有所谓科举之文，士君子之生此世者，虽有高世之才，绝人之学，不得不屈首而就之。八君子生于科举之后，而以古人之文气，效工令之规格，是以后世为文者，莫不以是为宗。而顾其篇帙浩汗，学者不能遍读。孙甥权君儇，要余抄读，不揆僭妄，抄得百首，且批评而归之，名曰《八家百选》。使具眼者观之，必将笑其不自量也。然推此而上溯，则秦汉古文，亦可几矣。

安鼎福对古文的发展和评价，与中宗朝的金正国的观点基本一致。金正国曾指出："文自《典》《谟》《训》《诰》，古而难到，降厥晋魏，病于骈缛，唐宋流于浅近，至于今，愈下而愈卑，文之弊极矣。"[①]他进一步提出，唯有

---

① ［朝鲜朝］金正国：《思斋集》卷三《文范序》，《韩国文集丛刊》第23册，第43页。

回归两汉之文，方能矫正古文之弊，达到"不古不下，可学而到"之境，以
此变革后世文体。安鼎福则认为唐宋八大家的散文"以古人之文气，效工令
之规格"，堪称后世文人作文的典范。他明确表达了选文的宗旨，即通过唐
宋八大家的古文这一桥梁，攀登至秦汉古文的巅峰。这一观点，实际上是对
"秦汉派"与"唐宋派"古文理论与主张的巧妙折中，体现了"由唐宋上窥秦汉"
的散文创作理念。

　　18世纪后期，随着众多稗官杂记传入朝鲜，朝鲜文坛"稗史小品体"
蔚然成风。正祖观察到"近来文风渐变，其所谓操觚之士，不本乎《诗》《书》
六艺之文，埋头用心，反在于稗家小说之书"①，诗文创作上，多骈俪之作，
而气韵已失。他更直言不讳地指出："专治乎文章而不本诸经术，这便是异
端。"② 于是，正祖秉持朱熹"文以载道"的文学理念，推行"文体反正"政策，
严令禁止稗官小说与杂书输入。

　　在散文创作领域，正祖对"秦汉派"的模拟文风及"稗史小品体"之风
进行了深刻的反思与批判。正祖视唐宋八大家的散文为"正"，将其作为文
章典范，强调应专注于八大家文章中蕴含的"心"与"气"的学习，而非外
在形式。对于"秦汉派"因牵强模仿而导致的晦涩、深奥、怪僻之风，正祖
更是予以严厉批判。在经筵策问时，他曾言：

　　　　文章者，发于心而作于气者也。故心细而气养，则体虽万变，
　　而文无不至。心粗而气局，则言虽依样而理终不得，此其自然而
　　然，如风行水上，非偭规矩。拾饾饤所可几及也。……虽然，訾訾
　　是书之论行而文体又一变矣。夫周之雅，七国之壮伟，汉之赡，皆
　　心也气也。彼翦彩之花，刻楮之叶，孰不辨其为假为冒？而腼然以

---

　　① ［朝鲜朝］正祖李祘：《弘斋全书》卷五十《策问三·文体》，《韩国文集丛刊》第263册，
第273页。

　　② ［朝鲜朝］正祖李祘：《弘斋全书》卷一六三《日得录三·文学三》，《韩国文集丛刊》
第267册，第201页。

> 秦汉自命，一种哗世炫俗之徒，往往卑夷八家，而古者如赝，才者
> 如莽，奇者如吃，滔滔流弊，至于今莫可救正，然后知八家之真不
> 可少而细心养气之方。……

在批判"秦汉派"的同时，对八大家的正统性给予了高度评价，《日得录》中充斥着对八大家的深刻评论及正祖阅读与亲手圈点的记录。"酬应机务之暇，又尽阅八大家，亲自手圈，钞出其句节，而夜则读书必至四五更，心之所好，不知其为疲。"① 正祖更亲自编纂《唐宋八子百选》（《八子百选》），精选唐宋八大家散文百篇。此选本不仅奠定了"唐宋派"散文理论的基础，亦是"文体反正"的关键一环，标志着正祖选本编纂的起点。

正祖认为："世之哆口论文章者，动必曰先秦两汉，独不知玉固不可伪而鼎固不可赝也，则所剽窃者，秦汉之糟粕而已。曷若近取诸唐宋之犹不失为先河后海之义也乎。唐宋之文，莫京于八家，韩之奇崛，柳之峭刻，欧之演迤，苏之雄放，王之矜则，曾之谨严，得其一，皆足以名世。舒气者必资乎韩苏，按法者必稽乎欧王，参之柳州，以尽其锻炼，参之南丰，以正其议论，去其一，不成大家数。予故曰加一家不得，减一家不得。"② 鉴于唐宋八大家选本众多③，正祖精选韩愈文 30 篇，柳宗元文 15 篇，欧阳修文 15 篇，苏洵文 5 篇，苏轼文 20 篇，苏辙文 5 篇，王安石文 7 篇，曾巩文 3 篇，总计百篇，以丁酉字印出，并赐给文臣儒生。此后，朝鲜纯祖、宪宗、哲宗、

---

① ［朝鲜朝］正祖李祘：《弘斋全书》卷一六四《日得录四·文学四》，《韩国文集丛刊》第 267 册，第 212 页。

② ［朝鲜朝］正祖李祘：《弘斋全书》卷一七九《群书标记一·八子百选》，《韩国文集丛刊》第 267 册，第 498 页。

③ 经学者考证，韩国所藏的中国本唐宋八大家选本，除了茅坤的《唐宋八大家文钞》外，还有明代吴正鸥的《唐宋八大家文悬》，清代储欣的《唐宋十大家全集录》（该书在唐宋八大家的基础上，另增选了唐代李翱、孙樵的作品各 2 卷），以及清代卢元昌的《唐宋八大家集选》、沈德潜的《唐宋八家文读本》、高嵣的《批点唐宋八家文抄》、吴振干与徐永勋合编的《唐宋八大家类选》、雷瑨的《评注唐宋八家古文》，还有刘大櫆的《唐宋八家古文约选》等诸多版本。

高宗各朝，《唐宋八子百选》也多次成为御赐之物，① 官方以此唐宋八大家散文为典范，旨在矫正文风，客观上推动了根植于"义理"的唐宋古文成为文学经典，进一步巩固了宋学独尊的地位。

《八子百选》按体分类，系文于人，限选百篇，省去注释和评语，只收录原文。现将此书所涉文体及唐宋八家之选篇情况整理列表如下（表19）：

**表 19　《八子百选》选篇情况概览表**

| 卷次 | 散文类别 | 作家及其选文数量 |
|---|---|---|
| 卷一 | 表（1篇） | 韩愈（1篇） |
| | 上书（2篇） | 苏轼（2篇） |
| | 札子（1篇） | 王安石（1篇） |
| 卷二 | 论（12篇） | 欧阳修（3篇）、苏洵（3篇）、苏轼（2篇）、韩愈（1篇）、柳宗元（1篇）、苏辙（1篇）、王安石（1篇） |
| 卷三 | 书（13篇） | 韩愈（5篇）、柳宗元（5篇）、欧阳修（1篇）、苏洵（1篇）、苏辙（1篇）、曾巩（1篇） |
| | 序（14篇） | 韩愈（8篇）、欧阳修（2篇）、苏轼（2篇）、柳宗元（1篇）、王安石（1篇） |
| 卷四 | 记（24篇） | 苏轼（8篇）、欧阳修（6篇）、柳宗元（3篇）、韩愈（2篇）、曾巩（2篇）、苏洵（1篇）、苏辙（1篇）、王安石（1篇） |
| 卷五 | 杂著（13篇） | 韩愈（4篇）、柳宗元（4篇）、苏轼（2篇）、王安石（2篇）、欧阳修（1篇） |
| 卷六 | 碑文（6篇） | 韩愈（4篇）、苏轼（2篇） |
| | 墓志（1篇） | 韩愈（1篇） |
| | 墓表（1篇） | 欧阳修（1篇） |
| | 传（6篇） | 韩愈（2篇）、柳宗元（2篇）、欧阳修（1篇）、苏辙（1篇） |
| | 祭文（4篇） | 韩愈（2篇）、苏轼（1篇）、王安石（1篇） |

① 参见 [韩] 尹炫晶《『八子百選』의 編纂과 刊行에 관한 書誌的 研究》，《大东文化研究》第 93 辑，2016 年，第 267—270 页。

从表中所列各种文体来看，记文 24 篇，数量最多。序文包括赠序 14 篇，数量位居第二。这一分布情况鲜明地反映了正祖对与日常生活紧密相连的文体的重视与关注。《八子百选》中，传状碑志文占据了相当大的比例，体现了正祖意图将科举仕途文章与日常生活文章巧妙融合、相辅相成的编纂理念。在选文的标准上，他秉持"或专主乎义理，或兼取其文章"的原则，① 其中，"义理"侧重于内容的"载道"实用功能，强调文章的思想内涵；而"文章"则侧重于与内容相匹配的表现手法，追求形式的优美与表达的精准。

从各家文章入选篇数来看，韩愈文章 30 篇，数量最多，苏轼文次之，入选 19 篇，欧阳修文 15 篇、柳宗元文 16 篇，王安石文 7 篇，苏洵文 5 篇、苏辙文 4 篇，曾巩文 3 篇。各家文章入选篇数已经和李植的《大家意选批评》存在显著差异。尤为值得注意的是，苏轼文章的选录情况发生了较大变化。《大家意选批评》曾以"义理"为评判标准，将苏轼的文章视为"纵横倒竖，全昧义理"，因此未予收录。然而，在正祖编纂的《八子百选》中，却收录了苏轼文 20 篇，说明朝鲜文坛对唐宋八大家的认识和评价发生了变迁。

正祖在推动文体革新时，着重于改革那些已陷入形式化窠臼的科举八股文及失去实用价值的奏议、对策等公文。正祖慨叹儒臣奏议、对策等公文写作"尤违古道，笔法亦随而失真"，"近来体段一变，徒事雕绘，皆乏实用，至于救措，预构陈腐之谈，要无箚着之处"，甚至到了"几至于莫可救药"的程度。②

唐代陆贽的《陆宣公奏议》则别出一格，正祖评价道："用之章疏，尤

① ［朝鲜朝］正祖李祘：《弘斋全书》卷一六四《日得录四·文学四》，《韩国文集丛刊》第 267 册，第 206 页。
② ［朝鲜朝］正祖李祘：《弘斋全书》卷一六四《日得录四·文学四》，《韩国文集丛刊》第 267 册，第 206 页。

为好矣，虽多骈俪，而自然合对，绝无破碎雕刻之病"，且"洗唐家浮靡之
习，启宋朝义理之文，有足以关世运，裨世教"。正祖对此高度重视，亲自
筛选、删繁就简，编成了《陆奏约选》，此书不仅成为君臣日常诵读的必备
之书，还成为奎章阁培养官员的必修教材。① 苏轼也曾向朝廷进《乞校正
陆贽奏议进御札子》，建议哲宗学习陆贽的奏议，以汲取治国理政的智慧。
正祖的近臣洪国荣对苏轼的评价深表赞同，他认为苏轼对陆贽奏议的推崇
虽有过誉之嫌，但总体而言，其言论切中时弊，明于义理，实为后世资治
之良鉴。②

　　苏轼在科考时，献《进策》，特别是其中的《策略》5 篇，全面阐述了
治国理民的策略。正祖对苏轼的《策略》给予了高度评价，并将其作为文
臣、学者学习的典范。他主张在策问中模仿古式，摒弃近规，以当世之要务
为问，使考生能够各抒己见，创作出如苏轼《策略》般有见地、有实用价值
的文章。③ 正祖对苏轼文章的喜爱之情溢于言表，曾"手圈"苏轼文章 99
篇，共计 209 个段落，其中包括策文 13 篇，奏议 24 篇，以及 17 篇与国家
治理密切相关的论辩类文章。在《唐宋八子百选》中，上书及策文共计 16 篇，
其中苏轼占据 5 篇，远超其他七大家。正祖认可了苏轼文章的实用价值，在
"文体反正"过程中，确立了苏轼所作议论性质文章的典范地位。此外，《八
子百选》中，收录杂记 20 篇，其中苏轼杂记文 8 篇，数量最多。与之相比，
虽然柳宗元的抒情性游记广受赞誉，但正祖仅选录了 3 篇。这一选择倾向反
映出正祖对杂记文的选择同样重其议论性，即"载道"的经世功能，以此反

---

　　① 张光宇的《朝鲜王朝正祖与〈陆宣公奏议〉》一文，比较详细地论述了《陆奏》在正
祖朝的地位以及《陆奏约选》的编印及影响，参见《朝鲜王朝正祖时期的官方史学研究》，上
海三联书店 2019 年版，第 364—378 页。
　　② 《承政院日记》，正祖元年二月一日。
　　③ ［朝鲜朝］正祖李祘：《弘斋全书》卷一六四《日得录四·文学四》，《韩国文集丛刊》
第 267 册，第 141 页。

对"文而差"的小品文。①

正祖李祘亲选《唐宋八子百选》有着扶正文风和推进"文体反正"的政治意图，同时也彰显了他对唐宋八大家散文文学价值的认同和重视。在《春邸录·八家百选引》中，他给予八大家作品以高度的概括性评价："韩之正，柳之奇，欧之温雅，王之峭刻，曾之切实，苏氏父子之汪洋而纵横者，一开卷了然在目。"② 而在《群书标记·八子百选》中，他更是进一步阐述："唐宋之文，莫京于八家，韩之奇崛，柳之峭刻，欧之演迤，苏之雄放，王之矜则，曾之谨严，得其一，皆足以名世。舒气者必资乎韩、苏，按法者必稽乎欧、王。参之柳州，以尽其锻炼，参之南丰，以正其议论。去其一，不成大家数。予故曰加一家不得，减一家不得。"③

值得注意的是，仅收录原文而未附加评语，这使得我们难以直接窥见正祖对八大家散文文学层面的具体批评与接受态度。然而，通过正祖亲手圈编而成的《八家手圈》，我们却能直观地感受到他对八大家散文理论与创作手法的深刻理解和接纳。"手圈"作为一种独特的读书方式，以段落为单位对原文进行精炼摘录，通过对原有句子的解构与重构，形成新的句子结构，此过程中既不增字亦不减字，亦不改变文字顺序，以此实现对原文的精准而简洁的批评。以正祖对苏轼散文的手圈为例，我们不难发现苏轼散文中善用比

---

① 明清小品文是正祖"文体反正"过程中除科举八股文外极力反对的另一种文体，在《日得录》多见其对下品文的负面评价："予尝言小品之害，甚于邪学，人未知其信然，乃有向日事矣。盖邪学之可辟可诛，人皆易见。而所谓小品，初不过文墨笔砚间事，年少识浅薄有才艺者，厌常喜新，争相模仿，骎骎然如淫声邪色之蛊人心术，其弊至于非圣反经、蔑伦悖义而后已。况小品一种，即名物考证之学，一转而入于邪学。予故曰：欲祛邪学，宜先祛小品。""西洋之学，学而差者也。小品之文，文而差者也。原其始，岂欲自陷于诐淫邪遁之地？一转而甚于洪水猛兽，且其势必自小品，浸浸入于邪学，路脉虽殊，线络相引，今之攻文者，畏小品如畏邪学，然后可免夷狄禽兽之归也。"见于正祖李祘：《弘斋全书》卷一六四《日得录·文学四》，《韩国文集丛刊》第 267 册，第 211、216 页。

② [朝鲜朝]正祖李祘：《弘斋全书》卷四《春邸录》，《韩国文集丛刊》第 262 册，第 57 页。

③ [朝鲜朝]正祖李祘：《弘斋全书》卷一七九《群书标记一·八子百选》，《韩国文集丛刊》第 267 册，第 498 页。

喻的修辞特色，在《代张方平谏用兵书》中对战争惨状的描绘中尤为显著。

> 且夫战胜之后，陛下可得而知者，凯旋捷奏，拜表称贺，赫然耳目之观耳。至于远方之民，肝脑涂于白刃，筋骨绝于馈饷，流离破产，鬻卖男女，薰眼折臂自经之状，陛下必不得而见也。慈父孝子孤臣寡妇之哭声，陛下必不得而闻也。譬犹屠宰牛羊，刳胔鱼鳖，以为膳羞，食者甚美，死者甚苦。使陛下见其号呼于挺刃之下，宛转于刀几之间，虽八珍之美，必将投箸而不忍食，而况用人之命，以为耳目之观乎？

正祖手圈文字如下：

> 战胜之后，陛下可得而知者，凯旋捷奏，拜表称贺，赫然耳目之观耳，至于远方之民，肝脑涂于白刃，筋骨绝于馈饷，譬犹屠杀牛羊，刳胔鱼鳖，以为膳羞，食者甚美，死者甚苦，使陛下见其号呼于挺刃之下，宛转于刀几之间，虽八珍之美，必将投箸而不忍食，而况用人之命，以为耳目之观乎？①

通过仔细比对，我们可以发现正祖对苏轼运用比喻修辞手法描绘战争惨状的文字给予了特别的重视，并进行了抄录圈点。这一行为深刻体现了正祖反对战争、深切体恤百姓的爱民思想。

苏轼于《答毕仲举书》中，妙喻友人陈述古所热衷的禅学为"龙肉"，自谦己之所学仅如"猪肉"，虽显粗浅，然食之却能真切饱腹。正祖并未沉溺于禅学内容的探讨，反而倾心于苏轼那幽默风趣的比喻，亲手圈点："公之所谈，譬之饮食龙肉也，仆之所学，猪肉也。公终日说龙肉不如仆之食猪肉，实美而真饱也。"②

此外，正祖还在手圈的《文与可飞白赞》中，将文同的飞白体之美地喻为自然界的种种奇观：连绵飘逸的就像轻云蔽月；翻腾飞舞的就像风卷旌旗；

---

① ［朝鲜朝］正祖李祘:《四部手圈》集部《八家三·东坡》，首尔大学图书馆藏本。
② ［朝鲜朝］正祖李祘:《四部手圈》集部《八家三·东坡》，首尔大学图书馆藏本。

柔美的就像飘动的蛛丝萦绕着柳絮；轻盈的就像流水漂动着荇藻。同样，在《众妙堂记》的手圈中，他借用蜩与鸡的比喻，深刻阐述了技巧与习性之间的相辅相成关系；而在《上神宗帝王书》的手圈中，又将制度比作鹰击长空、猎狗逐兔、渔网捕鱼，生动展现了制度的威严与效用。由此可见，正祖在圈阅苏轼散文时，尤为关注其中比喻手法的精妙运用，对苏轼卓越的修辞能力给予了高度评价，并将其视为学习苏轼散文创作不可或缺的核心要素。

苏轼撰有《传神》一文，在继承东晋顾恺之"传神写照，都在阿堵中"观点的基础上，进一步发挥，提出了"天"和"意思"的概念："传神与相一道，欲得其人之天，法当于众中阴察之。今乃使人具衣冠坐，注视一物，彼方敛容自持。岂复见其天乎？凡人意思各有所在，或在眉目，或在鼻口。虎头云：'颊上加三毛，觉精采殊胜。'则此人意思盖在须颊间也。"① 这里的"天"指的是人物最自然、最本真的情态，"意思"则是指其独特的个性特征。苏轼要求作家深入把握人物的个性，进而进行艺术概括，以揭示"传神论"的美学精髓。《传神》作为苏轼的谈艺之作，语言平易通脱，语言质朴流畅，其议论性文章同样展现出这一特色，避免使用抽象的概念化语言，而是善于捕捉生活中的趣味细节、生动场景，或引用富有趣味的历史故事，以深入浅出的方式阐述自己的见解。

正祖的《八子百选》中收录了苏轼的《传神》一文，面对"有言《传神》之不当入"的质疑，正祖高度评价此篇，认为其"虽似小品，于文章家得悟解者，此为上乘"。② 正祖积极吸纳苏轼的"神似论"，并主张将其应用于史书编纂领域，他提出："良史如善画，在于得其神韵而已，故耳目口鼻无不似也，而必加颊上三毛，然后乃得其人。自庸工观之，三毛有无，似无

① 张志烈等校注：《苏轼全集校注》卷十二《文集二·传神记》，河北人民出版社 2010 年版，第 1276 页。

② 〔朝鲜朝〕正祖李祘：《弘斋全书》卷一六四《日得录四·文学四》，《韩国文集丛刊》第 267 册，第 219 页。

关焉，而知者知其为精神之所凑，故必郑重焉。善为史者，不问事之巨细，唯纪神韵所寓处则几矣。故善为画者，画其神，不画其形；善为史者，纪其情，不纪其事。"[1] 这一观点强调了历史记录中应重视人物的内在情感和神韵，而非仅仅停留在表面事件的记录上。

正祖虽接纳了苏轼的"神似论"观点，然而，深入审视《八子百选》中所选的苏轼文章，不难发现，其主要集中于以议论为核心的杂记、上书及奏文等实用文体，这些文体虽各有千秋，却非正祖心中"神似"之文的终极典范。相比之下，韩愈的文章，则被正祖奉为"神似"文章的圭臬。《八子百选》中，韩愈的《蓝田县丞厅壁记》赫然在列，且正祖亲自圈点其中精妙文字，以示其对该篇的推崇与赞赏。

> 文书行，吏抱成案诣丞，卷其前，钳以左手，右手摘纸尾，雁鹜行以进，平立，睨丞曰："当署。"丞涉笔占位，署惟谨，目吏问："可不可？"吏曰："得。"则退，不敢略省。〔漫不知何事。官虽尊，力势反出主簿、尉下。〕谚数慢，必曰丞，〔至以相訾謷。〕丞之设，岂端使然哉？[2]

韩愈的这篇厅壁记，通过详尽描绘县丞签署公文的繁琐细节，并融入友人崔斯立担任蓝田县丞的真实经历，深刻揭示了县丞职位有名无实、权力空置的尴尬处境，字里行间透露出强烈的讽刺意味。在正祖的手圈版本中，他巧妙地省略了关于崔斯立个人经历的叙述部分，而仅仅保留了那些聚焦于县丞签署公文细节的段落，这一处理手法更加鲜明地凸显了县丞有职无权的尴尬与无奈。此外，原文中〔　〕内的韩愈简短评述，在正祖的手圈过程中亦被剔除，此举进一步彰显了正祖旨在强化文本"气韵生动"与"神

---

① 〔朝鲜朝〕正祖李祘：《弘斋全书》卷一六四《日得录四·文学四》，《韩国文集丛刊》第 267 册，第 191 页。

② 〔朝鲜朝〕正祖李祘：《四部手圈》集部《八家一·昌黎》，首尔大学图书馆藏本。引文中〔　〕内文字为韩愈评述文字。

韵悠远”的双重追求。

正祖还手圈韩愈的《张中丞传后叙》，其中南霁云拒食断指、抽箭射塔的壮举，以及张巡在危难中诵读《汉书》的坚韧，展现了深刻的人物风貌。柳宗元的《段太尉逸事状》挑选了段秀实生平中的三则逸闻：勇服郭晞、仁愧焦令谌、节显治事堂，这些事迹共同勾勒出了段秀实外柔内刚、勇毅而不失平易的个性轮廓。正祖在手圈时，特意圈出了“解佩刀，择一老躄者执马，行至晞门。甲士出迎，太尉笑而步入，言：‘一老卒何须甲士？吾已自携头颅而来’”的段落，此举更加鲜明地突出了段秀实外柔内刚、平易近人且刚强不屈的独特个性。

上述例子，深刻地揭示了正祖对文学作品的审美偏好与价值取向。他借助手圈的方式，身体力行地实践了苏轼所倡导的“神似论”，即不拘泥于人物或现象的表面描绘，而是深入探索并展现其内在的真实情感与独特个性，以此作为艺术表达的核心。

如果说正祖编纂《八子百选》蕴含了政治与文学审美的双重考量，那么朝鲜后期的阳明学者李种徽在编纂《三苏文粹》时，则是纯粹基于文学审美的视角，对三苏的文章进行了评选。他深入剖析了三苏文章各自的独特成就，指出：“老泉晚而去蜀，其文实多而涉于野；子瞻少进而习病易除，故其文华质相济而不泥于古，不诡于今；子由最少而最广游，故其文习于周旋进退，而有贵公子都雅娴冶之风，然往往散涣而胜其质。”①李种徽对三苏文章进行了全面而深入的正反两面评价，其中对苏轼的文章尤为推崇，因此在《三苏文粹》中，他精选了苏轼的文章（包括其疏札）共36篇，苏洵的文章15篇，苏辙的文章20篇，展现了他对三苏文学造诣的深刻理解和独到见解。

李种徽编选的《三苏文粹》原本不存，韩国国立中央图书馆藏有写本《三苏文粹》1册，此书既无序言也无跋文，唯见高宗朝检书官徐晚辅的印鉴1

---

① [朝鲜朝]李种徽：《修山集》卷二《三苏文粹序》，《韩国文集丛刊》第247册，第312页。

枚。此书选录苏洵文 6 篇，苏轼文（包括疏札）47 篇，苏辙文 10 篇。该选本与李种徽序言所述之三苏作品数量不吻合，故推测其非李种徽的选本，其真正作者尚待深入考证。不过，通过此同名《三苏文粹》选本，仍可窥见三苏文章在古代朝鲜半岛的传播轨迹及其再编选的历程。

李种徽摆脱了朱子学的束缚，积极肯定阳明学，其学术立场鲜明，即以经为体，以文学和史学为用，有效防止了学术上的片面性。在选本编纂的维度上，他亦展现出对文本整体性与均衡性的高度重视，力求避免狭隘视角的局限。

例如，面对"扬雄、司马相如学楚词，而孟坚始变其体，遂为赋祖"的普遍认知，李种徽则认为："孟坚，亦学楚而不能者也。何以明之？其《幽通》之辞，动辄摹拟《离骚》。"他进一步指出，司马相如与扬雄身为蜀地才俊，"楚蜀相近而风气似之，故欲学楚词，能为楚声"。而班固是陕西扶风县人，"少长中原，其与楚风马牛之不及"，虽形式上学楚辞，但格调终难契合。他还就汉赋发展提出独到见解，认为："班张以下，殊不欲观。至于扬、马二子之文，求之屈、宋，盖亦嫡传，又以为沿流而溯源，缓呕繁简，可以验古今之变而阶梯等级，亦有先后之序。为词赋者，不可不知。"因此，他精选扬雄、司马相如之赋作，专取二人"近楚"之作，编为《扬马赋选》1 卷。①

对于韩愈文不如诗、杜甫诗胜于文的传统评价，李种徽则持不同看法。他指出："韩诗盛行，不减于文，而杜文竟不显。"在深入研读杜甫的《三大礼赋》及《巴蜀安危表》《皇甫淑妃碑》等作品后，他高度评价杜甫之文："雄爽遒紧，沉着痛快，令人战掉眩冒，口呿而舌举急，与之角而不可入，然后知劲气古色。肩班、扬而直上之，昌黎门户，亦由此权舆"，"杜氏之文，虽不居以作者，而其气过于昌黎，且其三赋之作，当开元、天宝之盛，犹有中

---

① ［朝鲜朝］李种徽：《修山集》卷二《扬马赋选序》，《韩国文集丛刊》第 247 册，第 306 页。

州沉厚博大之气象，盖自韩愈以前，班固以下一人而已"①。他更认为，杜甫之文虽数量不多，但质量上乘，丝毫不亚于其诗作。为此，他特地将杜甫的若干篇佳作编纂成集，名曰《杜工部文赋集》。李种徽还提及朝鲜文坛的创作现状，认为其"大抵蔽于弱而失之蹈袭"。为矫正此弊，他强调树立文章典范的重要性，并指出《杜工部文赋集》与先前编选的八大家文章相辅相成，对于提升朝鲜文坛的创作水平大有裨益。

## 三、朝鲜文人对中国小说选本的编纂

在传统的文学观念中，诗文被视为文学正宗，而小说则被视为"街谈巷语""刍荛狂夫之议"，被归为"小道"之列。然而，小说作为"叙事文学的最高形式"，其在文学史上的地位不容忽视，它在"某种程度上可以说是文学发展之必然"。②正如古人所言："合残丛小语，近取譬喻，以作短书，治身理家，有可观之辞。"③小说以其独特的叙事魅力和深邃的思想内涵，赢得了广泛的读者群体。

随着中朝两国之间的频繁交往和文化交流，大量优秀的小说作品传入古代朝鲜半岛。这些作品不仅丰富了朝鲜的文学宝库，而且对朝鲜汉文小说乃至国文小说的发生、发展产生了深远的影响。它们为朝鲜文学注入了新的活力，推动了其文学创作的繁荣与进步。

《十洲记》《搜神记》《世说新语》《西阳杂俎》《太平广记》等文言小说早在高丽时期即已传入朝鲜半岛。彼时的文人士大夫认为，小说"虽未能尽合于圣人之经，未必无一曲之可观，犹足以资闻见之博，而益知道之至大，

---

① [朝鲜朝] 李种徽：《修山集》卷二《扬马赋选序》，《韩国文集丛刊》第 247 册，第 308—309 页。

② 参见韩国学者闵宽东的著作《中国古典小说在韩国之传播》正文前李时人的"序言"，学林出版社 1998 年版，第 16 页。

③ （梁）萧统编，（唐）李善注：《文选》卷三，上海古籍出版社 1986 年版，第 1453 页。

无处而不在焉，是固儒者之所不废"。①

　　与文言小说相比，中国通俗小说的传入对朝鲜文坛触动相当大。通俗小说内容层面上的伦理与史实性薄弱，甚至涉及床笫之欢的描写，因而遭到朝鲜士大夫的强烈排斥。他们将这些小说贬斥为"荒怪鄙俗不经之谈"，对"稗官小品，避如粪秽"②，甚至以"力斥稗官为己任"③，要求禁毁通俗小说的呼声此起彼伏。朝鲜后期的丁若镛曾深刻指出："稗官杂书，是人灾之大者也。淫词丑话，骀荡人之心灵；邪情魅迹，迷惑人之智识。荒诞怪诡之谈，以骋人之骄气；靡曼破碎之章，以消人之壮气。子弟业此而笆篱经史之工，宰相业此而弁髦庙堂之事，妇女业此而织纴组之功遂废矣，天地间灾害，孰甚于此？"他因此提议，应将国内稗官小说尽数收集并焚毁，"燕市贸来者，断以重律"，希望以此实现"邪说少熄，而文体一振"。④正祖李祘自幼便对"稗官俚语"避而远之，他认为此类文字"非但无益于实用，其流之害，移心荡志，有不可胜言。"⑤还下令禁止输入中国"稗官小说"，甚至焚毁内府所藏"凡以稗官小说为名，则并与旧在编籍"⑥的稗官杂记。然而，在朝鲜社会，其他识字阶层却对通俗小说情有独钟，读者群体日益扩大。因此，中国

---

　　①　[朝鲜朝]李承召：《三滩集》卷十《略太平广记序》，《韩国文集丛刊》第11册，第475页。

　　②　[朝鲜朝]成海应：《研经斋全集》卷十二《书赠孙儿骏命》，《韩国文集丛刊》第279册，第265页。

　　③　[朝鲜朝]南公辙：《金陵集》卷四《成北青士执挽》，《韩国文集丛刊》第272册，第68页。

　　④　[朝鲜朝]丁若镛：《与犹堂全书》第一集《诗文集》卷八《文体策》，《韩国文集丛刊》第281册，第177页。

　　⑤　[朝鲜朝]正祖李祘：《弘斋全书》卷一六一《日得录一·文学一》，《韩国文集丛刊》第267册，第146页。

　　⑥　参见《朝鲜王朝正祖实录》正祖十九年七月二十五日："杂书之弊，尤属切中。勿观杂书，恐分精力，朱夫子之言也。刿伊奇诡诐邪之书，正合为灰为烬。内府之藏，凡以稗官小说为名，则并与旧在编籍，祛之丌架之间者，已为数十年，出入迩列之人，莫不闻睹。但搜括私藏，秉畀炎火，恐或徒扰，而令不立矣。明、清曲士所著文字之内而五部，外而八域，一切黜去，无敢家置，有不率教者，用朱夫子所论黄檗僧明正典刑之律事，许使庙堂禀处。"第46册，第589页。

古典小说的传入势不可挡，朝鲜时代，传入的文言、白话小说已达数百种之多。① 这些小说在传入后，被广泛抄录、重刊、编选、翻译，以满足平民阶层与女性读者的阅读需求。

有些读者阅读中国古典小说后，尝试创作小说。鉴于创作技巧尚显不足，他们选择以中国小说为蓝本，通过模仿、改编的手法，将朝鲜的社会现实与个人的独特视角融入其中。他们对中国小说中的故事情节进行了多样化的处理，包括改编、扩写、浓缩或是删减变更，以此完成其本土化的转变过程。这一过程孕育出了朝鲜文人所创作的、带有浓郁中国味道的古典小说，这类作品又常被称作"翻案小说"。接下来，我们将以《训世评话》《太平广记详节》及《删补文苑楂橘》为例，深入探究朝鲜文人小说选本的编撰情形。

## （一）《训世评话》的编撰

成宗年间领中枢府使李边从《搜神记》《搜神后记》《南雍州记》《广异记》《幽明录》《河东记》《还冤记》《儆戒录》《涑水纪闻》《鹤林玉露》《笑林》《剪灯新话》等众多中国小说、笔记以及《三国史记》《三国遗事》《高丽史》等朝鲜史书之中，纂集古今名贤、节妇故事、笑话、传说，并将文言转化为通俗易懂的白话，编撰成《训世评话》2卷。此书中收录了中国故事60则，朝鲜故事5则，内容丰富，寓意深远。

李边编撰此书有着双重目的：其一，鉴于"本国语音与中朝不同，使事交际之间，不无扞格不通之患"，② 李边"于汉音专心致虑五十年"，频繁踏足中国辽东，与中国文人深入交流，共同探讨小学精髓。编撰《训世评话》的直接驱动力，便是"令学汉语者，每加时习"。尽管朝鲜学习者不乏汉语

---

① 详见［韩］闵宽东：《中国古典小说在韩国之传播》，学林出版社1998年版，第10—235页。

② ［朝鲜朝］李边：《训世评话》，韩国国立图书馆藏木板本。本段所引均出自李边的《训世评话序》。

学习资料，如《老乞大》《朴通事》《直解小学》等，均被视为汉语教科书，但《老乞大》与《朴通事》因"多带蒙古之言，非纯汉语，又有商贾庸谈，学者病之"；而《直解小学》与日常口语相差甚远，"非常用汉语"。李边毅然决定撰写新书，采用文言与白话并置的独特形式，以更贴近学习者的实际需求。其二，书名透露出李边意图借助所选篇章达成"训世"的目的。《训世评话》所集故事，大抵可依儒家思想精髓，归为"忠""孝""仁""义"等门类。诸如《虞舜》《文王》《姜诗跃鲤》《孟宗竹》《董永自卖》《夏方》《刿子》《夏侯诉》等故事，皆以孝感为引，颂扬儒家之"孝"道，不仅展示了孝的具体行为，更将孝的精神提升至能感天动地、触动人心之境界，乃至鲤鱼跃水、仙女降临等奇幻之境。此外，《随侯珠》《毛宝》《韦丹》等故事，则传扬了行善积德、善有善报的理念；而《苏娥》《田文英》《苏颋》等篇，则告诫世人莫行恶事，以免招致恶果。《训世评话》中，至少包含《曾公亮》《范纯仁》《乐羊子妻》等14篇故事，用以弘扬儒家所倡导的"义"德。

《训世评话》选取"小说"，将原有的文言文翻译成易于理解的白话文，方便朝鲜学习者学习汉语，同时宣传儒家倡导的做人要求和准则。李边在编纂过程中，并未简单地复制原有故事，而是进行了精心的筛选与改编。他出于对贞洁烈女的尊崇与赞美，毅然剔除了原书中诸如"妾""娟"等带有侮辱意味的女性词汇，并在引述时巧妙融入了自己的独到见解与深刻理解。例如，李边精心挑选了《后汉书·逸民传》中涉及"逢萌"的段落，以此肯定并颂扬"不事二君"的忠臣精神。《逢萌传》原文324字，李边所引仅33字："萌谓友人曰'三纲绝矣！不去，祸将及仁。即解冠挂东都城门，归，将家属浮海，客于辽东'"①《训世评话》中对逢萌的介绍以及对王莽的评价都是《后汉书》原文所无：

【《后汉书》原文】时，王莽杀其子宇。

---

① （南朝宋）范晔：《后汉书》卷一一三，上海古籍出版社1992年版，第1043页。

【李边引文】是时，王莽篡窃汉祚，敢行不义，多杀无辜，并
与其子而杀之。

【李边译文】那时节，王莽夺了汉家帝位，只好杀人，连他的
儿子也杀了。

可见，李边在引用文献时巧妙地融入了自己的理解，并进而将其转化为易于理解的白话文。他对于故事内容的精心筛选与字眼的巧妙删改，无一不紧密围绕着弘扬儒家思想的编撰主旨。

《训世评话》也收录了诸如《徐稜》《都弥妻》及《金淑女》等源自朝鲜的经典故事，其核心旨在弘扬"孝"之美德，并表彰那些贞洁烈女的崇高品德。《徐稜》中孝感天地的传奇，实则选自《高丽史》，其不仅在思想内涵上，且在故事架构上与《训世评话》内另一则《孟宗竹》孝行故事（源自《三国志》之"哭竹生笋"典故）高度契合，展现了一脉相承的孝文化。《都弥妻》的故事则选自《三国史记》，描绘了都弥妻以美貌与节行著称，毅然拒绝国王诱惑、试探乃至威胁的壮举，成了古代朝鲜忠诚爱情与贞烈女性的典范。此故事与《搜神记》中的《韩凭夫妇》异曲同工，两者均颂扬了主人公不慕荣华、不惧强权的反抗精神，同时揭露了如宋康王般耽于女色、横刀夺爱的卑劣行径，与《都弥妻》中国王的无耻行径如出一辙。

深入剖析这些故事，我们不难发现，古代朝鲜的"小说"创作在情节编排的匠心独运、语言运用的精妙绝伦以及思想内容的深刻阐述上，都与中国文化存在着一种难以割舍的继承与发展关系。李边在编纂《训世评话》时，始终将教化意义置于首位，作为评价与筛选小说的核心标准，他"采劝善阴骘诸书中可以劝诫者数十条"，精心编纂成两卷《训世评话》，旨在以文学之力，弘扬道德之美。

(二)《太平广记详节》的编撰

《太平广记》是李昉等人奉宋太宗之命精选的宋代以前野史、小说的合

集，共计 500 卷。该书既是故事总集，又兼类书的功能。全书体系宏大，共分 92 大类，每大类下又设小类，原书已散佚，现仅存残卷。关于其细目的数量，学界众说纷纭，有 130 余类、140 余类、150 余类之说。① 此书编纂始于宋太宗太平兴国二年（977 年），翌年（978 年）即告竣。但因"《广记》非后学所急，收板藏太清楼。于是《御览》盛传，而《广记》之传鲜矣"。②

《太平广记》伴随着宋、丽两国交往而东传至朝鲜半岛。其传入时间，大致可定于熙宁五年（1072 年）至元丰三年（1080 年）之间。③ 世祖朝集贤殿副教理成任，被誉为"好古博雅君子"，他曾潜心研读《太平广记》，对其文采之富丽、叙事之瑰诡深感喜爱，同时，对其内容冗长，缺乏重点深感遗憾，"于是芟其繁芜，约为五十卷"，编纂成《太平广记详节》一书，旨在方便读者观阅。④ 由此可知，成任编撰《详节》的直接动因，正是《太平广记》"泛滥支离"，难以轻松阅读。

《详节》撰成后，曾参与《经国大典》《东国舆地胜览》《东文选》等官修文献典籍编纂工作的辞章大家徐居正和参与《国朝五礼仪》编撰的李承召，应成任之邀，分别为之作序。李承召评价《详节》"若牛渚犀然，幽怪靡遗，骊山冢发，珍贝自献，愈出愈奇，使人矗矗忘倦。上下数千载间，幽而鬼神之情状，明而人物之变态，凡可喜可愕可敬可贱者，燎然毕陈于前，不必读五车书而后免于管窥蠡测之诮也。"⑤《详节》不仅保留了《太平广记》的精髓，更避免了读者因内容繁杂而难以窥其全貌的遗憾。徐居正也评价此书"去就

---

① 郭伯恭《宋四大书考》中记录细目数为 130 余个；台湾学者卢锦堂《〈太平广记〉引书考》中记录细目数为 140 余个；王国良《李朝成任编印〈太平广记详节〉考论》中记录细目数为 150 余个。

② （宋）李昉等编，汪绍楹校点：《太平广记·〈太平广记〉表》，文史哲出版社 1981 年版，第 2 页。

③ 赵维国：《〈太平广记〉传入韩国时间考》，《中国典籍与文化》2002 年第 2 期。

④ [朝鲜朝]李承召：《三滩集》卷十《略太平广记序》，《韩国文集丛刊》第 11 册，第 475 页。

⑤ [朝鲜朝]李承召：《三滩集》卷十《略太平广记序》，《韩国文集丛刊》第 11 册，第 475 页。

悉当，削繁削冗，至简而要，贤于本纪远矣，博而约之，张而弛之。"① 他认为《详节》相较于《太平广记》原书，更胜一筹。

徐居正与李承召都从儒家正统文学观念出发，表达出对稗官之学的态度。李承召强调儒者应"明性理之源，通古今之变，修之身而措诸天下国家"，主张以经史为据，然而，对百家之书也并不排斥，认为其中"虽未能尽合于圣人之经"，也不乏可取之处。他更以六经中《易》之龙图、《书》之龟文、诗歌之玄鸟武敏等神怪之说为例，说明只要先明六经之道，即便是街谈巷议、鄙俚之语，亦能蕴含深意，以此回应成任对"后之人将指而议之曰此所谓非圣之书"的担忧，指出小说具有娱乐功能，可消人无聊不平之气，疏荡胸怀。②

而徐居正在序言中，则坦陈了自己对稗官小说态度的转变。起初，他亦持儒家正统观念，认为稗官小说多为闾巷鄙语，无关世教，仅为滑稽之谈。他甚至劝诫成任之弟成侃应"沈潜六经，规矱圣贤，非圣贤之书，不读可也"。然而，成侃则认为"通儒"阅读应该"博而约之，张而弛之"。成侃的阅读理念深深触动了徐居正，使他逐渐摒弃了对稗官小说的偏见。事实上，徐居正后来也亲自撰写了笔记小说集《太平闲话滑稽传》，以实践证明了文人士大夫在尊崇儒家经典的同时，也能包容稗官小说的存在。

《太平广记详节》原书虽已残缺不全，但留存下来的"目录"仍可揭示其对《太平广记》的编选情况。成任从《太平广记》几近7000篇作品中，选录839篇，沿用了与《太平广记》大体相同的编排顺序，③ 舍弃了诸如"氏族""诠选""才名"及"禽鸟"类下具体如"凤（鸾）""鹄""鹦""鹅（鸭）""鹭""鹧鸪""枭（鸱）"等43个小类中的篇章。对于部分类目，成任更是依据个人

---

① [朝鲜朝] 徐居正：《四佳文集》卷四《详节太平广记序》，《韩国文集丛刊》第11册，第237页。

② [朝鲜朝]李承召：《三滩集》卷十《略太平广记序》，《韩国文集丛刊》第11册，第475页。

③ 张国风：《韩国所藏〈太平广记详节〉的文献学价值》，《文学遗产》2002年第4期。

见解进行了重新整合。例如，《太平广记》卷四四四至卷四四六的"畜类"中原本收 14 篇故事，毫无依据地被分为"猿上""猿中""猿下"，而在《详节》卷三十九和卷四十中，仅选的 6 篇故事，《欧阳纥》《陈岩》《魏元忠》《张铤》被归置于"猿一"，《杨叟》《孙恪》被归置于"猿二"，且通过深入剖析，我们发现这 6 篇均涉及猿怪，但《杨叟》《孙恪》还融入了佛教元素，这显示了《详节》在分类上的明确与细致。

此外，《太平广记详节》因篇目精简，其类目设置与分类界限也更为清晰，有效避免了《太平广记》中大类下小类或附类繁多的混乱状况。在此过程中，便出现了将《太平广记》中的次类题名升格为大类题名的情形，如将次类"杂器用"提升为"精怪"大类，而原"凶器""火"等则与之并列，不再作为次类出现。同时，"宝"类也进行了整合，将"金""玉""随侯""杂宝""钱"等次类统归于"宝"类之下，仅保留"奇物"作为独立的与"宝"并列的类目。值得一提的是，成任还为原本无题名的类目赋予了新的题名。例如：《太平广记》卷二七〇至卷二七三收"妇人一""妇人二（贤妇、才妇）""妇人三（美妇人、妒妇）""妇人四（附妓女）"。"妇人一"并没有次类题名，成任在编选《详节》时，根据所收故事内容，赋予该次类"烈女"题名，也是非常恰当的做法。

本书旨在深入剖析《太平广记详节》所精选篇目的内容，以此为切入点，探寻成任在编纂《详节》时所依据的选文准则与标准。经过细致分析，我们发现成任在编选《详节》的过程中，其内容选择展现出了以下几个鲜明特点：

第一，选篇重人世记事，轻妖（精）怪征兆、典章制度和地理博物，重视选篇的篇幅、连贯性和故事性。在《太平广记》中占据显著篇幅的"神仙""报应""征应""定数""神""鬼""妖怪"等类别，于《详节》中编选率显著降低，凸显了编者成任对超现实题材的淡漠态度。尤为值得注意的是，涉及"异僧""释证""报应"等佛教题材的篇目更是稀少，且即便选入，亦多含对佛教的批评之意。如"诡诈"类中的《宁王》篇，直言僧人作恶多端，终遭恶报；"嗤鄙"类《长须僧》篇，则以僧人言行失当，讽刺其无佛门弟子之风范，并通过伶人藏柯曲舍俗为僧的经历，揭露佛门内部的污浊与放荡。[①] 再者，"夜叉"中的《蕴都师》、"虎"中的"僧虎"等篇，亦均满载对佛教的批判与嘲讽。由此可见，成任在选篇时，不仅偏好现实题材，更透露出其"崇儒抑佛"的思想倾向。

第二，通过精选与新罗或东海相关的篇章，来加深国家主体意识的认同感。例如，在"骁勇"类的《仇丘沂》中，仇丘沂被描绘为威震天下的"东海勇士"，其勇猛之名远播四海；在"神仙"类的《白幽求》中，屡试不第的秀才白幽求，因缘际会随新罗王子渡海游历，偶遇仙人，归国后超脱尘世，以茯苓为食，游山玩水，彻底摒弃了仕途之念；在"贪欲"篇《李邕》中，李邕不仅侵吞了日本遣唐使船上的财物，还设计将日本遣唐使全部杀掉；在"情感"类的《薛宜僚》中，唐朝册封使薛宜僚东渡新罗途中遭遇风浪，滞留期间与新罗女子萌生了深厚的情感；"蛮夷"类中的《新罗》篇，则精心汇编了6个与新罗紧密相关的故事。"蛮夷"的《新罗》则集中罗列了有关新罗的6个故事。通过特意挑选这些与本国紧密相连的故事，旨在让读者深入了解中国古籍中有关本国的记载与趣闻，从而进一步强化国家主体意识的共鸣。

第三，以文人视角，重视选择载录诗歌的篇章。前已述及，成任在遴选篇章时，显著倾向于篇幅略长、故事性丰盈之作。然而，作为一位文人雅士，他尤为偏爱《太平广记》中那些融入诗歌精髓的篇章。例如，"征应"类的《元载》篇，一位书生所赋之诗："城南路长无宿处，荻花纷纷如柳絮；海燕衔泥欲作窠，空屋无人却飞去。"此诗隐晦地预示着元载官运的衰败与家道的没落。"鬼"类中的《巴峡人》，讲述一行人途经巴峡，泊舟休憩之际，忽闻凄切之声吟咏："秋径填黄叶，寒摧露草根。猿声一叫断，客泪数

---

① （宋）李昉等编：《太平广记》卷二六二，上海席氏扫叶山房本，1923年，第21册，无具体页码。

重痕。"此景此情，令人心悸。再如《王绍》篇，一鬼影隔窗向王绍借笔，
于窗棂之上留下诗句："何人窗下读书声，南斗阑干北斗横。千里思家归不
得，春风肠断石头城。"次日，王绍方知昨夜访客竟是鬼魂。这些故事虽篇
幅紧凑，情节亦不繁复，却因其中恰当地融入诗歌而被成任纳入《太平广记
详节》之中。

　　《太平广记详节》保存了现存《太平广记》诸版本中未曾收录的佚文，
是与现存《太平广记》谈恺刻本、孙潜校本、黄晟本等相互校勘的珍贵资
料。① 根据徐居正序文所注明的日期"苍龙壬午夏四月有日"推断，《太平
广记详节》的成书时间早于朝鲜世祖八年（1462 年），更先于明代冯梦龙的
《太平广记钞》问世约 160 年之久，因此它不仅是东亚地区最早的《太平广记》
选本，还承载着特殊的文献价值。

　　在儒学兴盛的朝鲜朝，成任秉持南宋人的观念，视"六经"为正统，"有
《广记》为之变，括洪荒而无外，秉仁义而不惑"②。他认为，尽管小说相较
于六经而言属于小道，但仍不乏可观之处，故而对《太平广记》的消遣娱
乐功能尤为重视，并亲自进行筛选，剔除芜杂，以期在朝鲜人中普及此书，
使儒士们能够治学更加广博。在多数朝鲜文士秉持儒家正统文学观念，对
稗官小说持谨慎态度的背景下，成任却对《太平广记》采取了较为开放的
态度。

　　其弟成伣在《慵斋丛话》中还记载："伯氏文安公（成任）好学忘倦，
尝在集贤殿抄录《太平广记》五百卷，约为《详节》五十卷刊行于世，又聚
诸书及《广记详节》为《太平通载》八十卷。"③《太平通载》广聚诸书，"历

---

　　①　相关考证内容可参看张国风《太平广记版本考述》（中华书局 2004 年版，第 6—10 页）、
《韩国所藏〈太平广记详节〉的文献价值》（《文学遗产》2002 年第 4 期）。

　　②　（宋）唐士耻：《灵岩集》卷三《太平广记序》，《丛书集成续编》第 185 册，台北新文
丰出版社 1988 年版，第 19 页。

　　③　［朝鲜朝］成伣：《慵斋丛话》卷十，韩国古典综合数据库 http://db.itkc.or.kr/
inLink?DCI=ITKC_GO_1306A_0100_000_0010_2004_001_XML。

代史牒、百家著述、夷坚杂志、方外诸书靡不搜阅,以至本国事实,收录无遗类"①。据韩国学者金相圭考证,现存《太平通载》残卷中,可确认的引用文献多达 79 种②,其中中国文献 74 种,朝鲜文献 5 种。如果全本尚存,其实际引用文献数量无疑将更为庞大。在体例上,《太平通载》虽依循《太平广记》及《太平广记详节》,但在篇名设置上却作出了调整,以人系篇,一律采用人名作为篇名。例如,该书卷七"道术"类中的《铁冠道人》,实则出自《剪灯新话》中的《牡丹灯记》;卷六十七"鬼五"类中的《巫马期仁》,则源于《剪灯余话》中的《长安夜行录》;卷二十九"气量"类中的《孙刚》一文,则是《效颦集》中的《孙鸿胪传》的改写。这些例子充分说明,成任在接受并再编选稗官小说的过程中,并非简单地原样照搬,而是融入了自己的认知与理解。

成任去世 8 年后,《太平通载》由他的友人李克墩于成宗二十三年(1492年)在庆尚道尚州刊出。无论是《太平广记详节》还是《太平通载》的刊行,都极大地推动了《太平广记》在古代朝鲜半岛的进一步传播。当然,这一传播与接受过程也离不开朝鲜文人对"小说"的开放与包容态度。同时,《太平广记》作为一部具有百科全书性质的类书,其内容的丰富性与广泛性也为其在域外的传播与接受提供了有利条件。

## (三)《删补文苑楂橘》的编撰

另有一部文言小说集《删补文苑楂橘》,现有朝鲜抄本和活字本若干,遗憾的是,中国国内并没有留存,也未见任何目录书有所记载。关于此书的编撰者,学界众说纷纭,近现代著名学者孙楷第认为:"或是朝鲜人翻明本,

---

① [朝鲜朝] 金烋:《海东文献总录》,张伯伟编:《朝鲜时代书目丛刊》第 7 册,中华书局 2004 年版,第 4130 页。

② 见金相圭:《〈太平广记〉异文研究——以韩国所藏〈太平广记详节〉〈太平通载〉为中心》,浙江大学 2012 年博士学位论文,第 30 页。

或是朝鲜人选编印行。"① 韩国学者朴在渊则推定，《删补文苑楂橘》既非明人编撰，也非中国失传的文言小说集，实则是英祖年间某位朝鲜人（姓氏待考）以明代王世贞所编《艳异编》等传奇小说集为蓝本重新编选的文言小说选本。② 朴在渊根据"第一校书馆印书体字"推测，该书印行时间应在肃宗至英祖年间，并结合英祖御制诗《题〈文苑楂橘〉》，将印行时间进一步限定在 1684 年至 1760 年之间。

　　"删补"二字，可作双重解读：一者，或指确有《文苑楂橘》原书存在；二者，则可能指对历代笔记小说的摘选与整理。然而，现存各版本均未明确标注编纂者姓名，亦无序文可循，因此，该书是否保留了明人所撰《文苑楂橘》的原貌，尚需进一步考证。朝鲜李朝后期学者李圭景在《五洲衍文长笺散稿》中提及，其"家藏书中，有《文苑楂橘》者二卷，乃《广记》之钞略。"③ 李圭景仅提到该书的卷数，未提及篇数，具体选录内容不得而知。张混则在《杂著・平生志》"清宝"类中著录了《文苑楂橘》，与众多中国汉籍并列，其中也不乏《高丽史》《东史》《俪文程选》等朝鲜人编撰之作。由此观之，《文苑楂橘》的归属，中国失传的文言小说选本抑或朝鲜人编选的小说选本，仍存争议。

　　近现代学者傅云子在日本宫内厅曾目睹活字本《删补文苑楂橘》，并认为其为翻刻明本，"往如《剪灯新话》，近如士伦发见之《花影集》，此种传奇小说，正为明代人士所嗜读，是则《文苑楂橘》亦当有原刻也。"④ 直至刘辉先生亲赴韩国，携复印本归来，才开始将其认定为"明代文言小说选集"。⑤

---

　　① 谭正璧：《古本稀见小说汇考》，上海古籍出版社 2012 年版，第 41 页。

　　② 陈文新、[韩]闵宽东合编：《韩国所见中国古代小说史料》，武汉大学出版社 2011 年版，第 145 页。

　　③ [朝鲜朝] 李圭景：《五洲衍文长笺散稿・经典总说》，韩国古典综合数据库 http://db.itkc.or.kr/inLink?DCI=ITKC_GO_1301A_0140_010_0060_2005_001_XML。

　　④ 傅云子：《白川集》，东京文求堂书店 1943 年版，第 103 页。

　　⑤ 刘世德、程毅中、刘辉等编：《中国古代小说百科全书》，中国大百科全书出版社 2006 年版，第 567 页。

综上所述，《删补文苑楂橘》实为朝鲜人在《文苑楂橘》基础上进行的文言小说再选本，至于其是否保留了明人所撰《文苑楂橘》的原貌，仍需后续深入研究。现将《删补文苑楂橘》篇名及出处列表（表20）如下：

**表 20　《删补文苑楂橘》篇名及出处**

| 卷数 | 篇目 | 出处 |
|------|------|------|
| 卷一 | 虬髯客 | 《太平广记》"豪侠"；《艳异编》卷二三 |
| | 红线 | 《太平广记》"豪侠"；《艳异编》卷二三 |
| | 昆仑奴 | 《太平广记》"豪侠"；《艳异编》卷二三 |
| | 古押衙 | 《太平广记》"杂传记"；《情史》卷四 |
| | 韦十一娘 | 明代胡汝嘉撰。此篇明亡后失传，国外仅收录于《删补文苑楂橘》 |
| | 义倡 | 南宋·洪迈《夷坚志》；《艳异编》卷三〇 |
| | 汧国夫人 | 《太平广记》"杂传记"；《艳异编》卷二九 |
| | 负情侬 | 明代宋懋澄《九籥集》；《情史》卷一四 |
| | 崔莺莺 | 《太平广记》"杂传记"；《艳异编》卷一七 |
| | 赵飞燕 | 明代陶宗仪《说郛》；《艳异编》卷七 |
| 卷二 | 裴谌 | 《太平广记》"神仙"；《艳异编》卷四 |
| | 韦鲍生 | 《太平广记》"鬼" |
| | 崔玄微 | 《太平广记》"草木"；《艳异编》卷三五 |
| | 韦丹 | 《太平广记》"报应" |
| | 灵应 | 《太平广记》"杂传记"；《艳异编》卷三 |
| | 柳毅 | 《太平广记》"龙"；《艳异编》卷三 |
| | 薛伟 | 《太平广记》"水族" |
| | 淳于棼 | 《太平广记》"昆虫" |
| | 张直方 | 《太平广记》"狐" |
| | 东郭先生 | 明代马中锡《东田漫稿》；《国色天香》卷九 |

通过表20，可以清晰地看到，《删补文苑楂橘》所选20篇作品均为文言小说的精华，其中唐传奇15篇，宋代志怪小说1篇，明代文言小说4篇，对于探讨唐传奇在明代社会的传播轨迹以及明代小说选本的独特价值，均具有不可估量的参考意义。

从选篇的内容来看，它们与早期的小说选本之间存在着显著的差异。这些作品无一不聚焦于现实社会的百态与人间情感的细腻描绘，无论是言情类还是人情类，都深刻反映了随着阅读视野的拓宽与阅读经验的积累，朝鲜读者群体对于小说尤其是通俗小说所持有的全新认知与日益浓厚的兴趣。《删补文苑楂橘》的出现，正是这一文学观念深刻转变的有力佐证。值得一提的是，英祖亲自撰写的《题〈文苑楂橘〉》一文中，提到"抄文其若果楂橘，忆昔金相类相聚"，虽"金相"身份无从而知，却无疑揭示了上层知识分子深度参与该小说选本编撰工作的事实。该选本最终由"芸阁"以"第一校书馆印书体字"付梓出版，更是上层知识界与王室力量携手推动文学繁荣的生动写照。这一系列举措不仅极大地促进了小说在朝鲜社会的广泛流传，更使得读者群体实现了从文人阶层向平民乃至女性的显著拓展。一时间，小说阅读蔚然成风，甚至出现了女性读者因沉迷小说而"废置家务，怠弃女红。至于与钱而贳之，沉惑不已，倾家产者有之"的现象。① 同时，僧侣们也借此商机，通过抄写小说并出借获利，"妇女无见识，或卖钗钏，或求债铜，争相贳来，以消永日，不知有酒食之议，组纴之责者，往往皆是"。② 此外，英祖年间，完山李氏曾组织宫廷画工金德成等人，在中国小说插图的基础上进行精心摹绘，最终编纂成《中国小说绘模本》。这部涵盖了93种小说的宏伟之作，其中就包括了《删补文苑楂橘》，它不仅见证了朝鲜文人与宫廷女性对中国通俗小说的热爱与收藏热情，更成了两国文化交流史上一段不可磨灭的佳话。

《训世评话》《太平广记详节》及《删补文苑楂橘》等小说选本，最终均由官方机构印行，此举深刻映射了朝鲜民众在不同历史时期对小说艺术的认知与评价的变迁，实为朝鲜小说观念演变的生动写照。这些植根于中

① ［朝鲜朝］李德懋：《青庄馆全书》卷三十《士小节》，《韩国文集丛刊》第257册，第515页。

② ［朝鲜朝］蔡济恭：《樊岩先生集》卷三十三《女四书序》，《韩国文集丛刊》第226册，第75页。

国典籍土壤，又独具朝鲜特色的选本，不仅是中韩文化交流史上不可或缺的珍贵资料，更承载着无可估量的文献价值，为后世研究提供了宝贵的参考依据。

## 四、朝鲜文人对尺牍选本的编纂

在明代之前，尺牍多以"书""启""简"等称谓被收入文人别集之中，鲜少独立成册。然而，自明中后期起，"尺牍"与普通"书"体之间的界限逐渐明朗化，其作为人际间信息传递、情感交流及思想表达的实用性文体，展现出独特的文学审美特质，成为抒发个人情感与见解的小品文不可或缺的一部分，备受文人雅士的青睐。这一时期，不仅文人别集中开始设立以"尺牍"命名的专类，还涌现出众多专以"尺牍"为题的尺牍集与选本。

明中叶以后，尺牍文学的兴起与杨慎、李攀龙、王世贞等文坛巨匠的积极倡导密切相关。特别是王世贞，在杨慎《赤牍清裁》（8卷）的基础上，两度扩充，将尺牍的时间跨度延伸至明代，最终与其弟王世懋携手完成了《尺牍清裁》60卷，为后世同类作品树立了标杆。王世贞致力于通过编撰尺牍选本来推广这一文体，他认为先秦两汉时期的尺牍"质不累藻，华不掩情"，"最称笃古"，这与他倡导的文学复古理念不谋而合。他深刻阐述了尺牍的独特之处："人固有隔千里异胡越，大之不能抒丹素，细之不能讯暄凉矣，得尺一之札而若觌，是以笔为面也。有卒然讷于口，不能以辞通矣，归而假尺一之札上之，而若契，是以笔为口也。故夫他文之为用方，而书牍之用圆也。意不尽则文尽，则止繁简，因浓淡而摹，而不务强其所未至。"[1] 王世贞对尺牍与书体在文体功能与表现手法上的区分与辨析，进一步推动了尺牍向"文人化"或"实用化"的方向发展。[2] 王世贞的尺牍观念以及《尺牍清裁》的编纂工作，深刻影响了后世尺牍文学的创作与选编。

---

① （明）王世贞：《弇州山人四部稿》卷六十八《凌玄旻赫蹄书序》，明刻本。

② 转引自沈从文：《古刻鸿音——古代尺牍的梨枣源流》，《东方早报》2013年12月2日。

至明朝末年，尺牍创作与编选达到了鼎盛时期，如程大约编《国朝名公尺牍》、凌迪知编《国朝名公翰藻》、顾起元编《盛明七子尺牍详解》等作品相继问世，均体现了万历年间文人群体对前后七子等古文辞派复古作品的推崇与传承。此外，随着明中叶印刷技术的革新与商品经济的繁荣，书籍出版成为书商营利的重要途径之一，尺牍文学选本亦成为书坊竞相刊刻的对象。在书商们的推动下，晚明尺牍文学更加兴盛，成为书籍市场上的热销品。

尺牍选家们在选编过程中，往往重视名家名作、实用性以及新刊本，选本名称也常含"名公""大家""贤豪""名翰""含芳"等字眼以突出其权威性；用"通用""类便""通俗""风教"等突出其实用性；用"新刊""新镌""新锲"等凸显其版本特点。同时，选家们还会根据尺牍的销售情况决定是否增修续刻，因此形成了众多尺牍选本系列。例如，黄河清所编《风教云笺》4卷，专收王世贞等嘉靖、万历年间名士的启札，前有王世贞万历十五年（1587）所作序言，借名人效应提升书籍价值；后又辑有《后集》4卷、《续集》4卷。周亮工所编《赖古堂尺牍新钞》也是一系列作品，包括《尺牍新钞》《藏弄集》《结邻集》等，也体现出其对尺牍文学的深厚情感与独到见解。

大量尺牍选本随着中朝两国使臣的频繁往来，东传至古代朝鲜半岛，它们不仅成为朝鲜文人洞悉中国文人思想、言行举止、风流韵事及复杂人际关系的窗口，还成为朝鲜文人重新编纂尺牍的重要文献来源。例如，许筠对凌迪知、屠隆、黄河清、徐京元等4人编纂的尺牍集给予了高度评价①，称其

---

①　此指凌迪知编选的《国朝名公翰藻》、徐京元编选的《百震春雷》（又名《新刻国朝万民通宝书简百震春雷》）、黄河清编选的《风教云笺》以及旧题屠隆、冯梦祯等编选的《国朝七名公尺牍》。其中，《国朝七名公尺牍》8卷，专选王世贞等"后七子"的尺牍作品，有万历刻本。卷首有万历三十一年（1603年）冯梦祯的序和屠隆的序，提道："新安项生，谋合刻七子尺牍，属不佞寓目焉。"由此可知，该选本实为项伯达所辑刻，并假借其师屠隆之名，以期扩大其影响力。

"皆博访而搜极之，裒为大编。览之如入武库，矛戟铠甲，森然而环列，如宝肆陈大贝木难，如巨浸稽天然，信伟观矣。"所以许筠"取其单词只言足配于古人者，别为一书"，编纂成《明尺牍》4卷。① 该尺牍选本现已失传，具体篇目与内容无从知晓，但通过许筠《惺所覆瓿稿卷》中的《明尺牍序》，我们仍可确认其对明代尺牍的精心编选，其标准与前后七子"师法秦汉"的复古主张相契合。

《明尺牍序》中还记载了一条重要信息，具有相当的文献价值："杨用修作《赤牍清裁》，王元美广之，越张汝霖氏合二书。"② 此处"越张汝霖"即浙江山阴的张雨若（字汝霖），明末清初史学家、文学家张岱的祖父。尽管张岱《家传·张汝霖传》中未提及张汝霖编纂尺牍选本之事，但许筠言之凿凿，称曾目睹张汝霖所编尺牍选本，且已广为流传，这为对张汝霖的进一步研究提供了宝贵线索。

朝鲜文人对尺牍的推崇，不仅体现在阅读上，更深刻影响了他们的文学创作。李德懋曾说："古人风流之照耀，余所乐也。观欧阳文忠公、苏长公、王介甫尺牍矣。"③ 南公辙在《东坡尺牍墨刻跋》中表达了对尺牍的钟爱，谈到其"尝喜览魏晋以来笔墨遗迹，而尤于简牍札翰之间，有以见昔人之高致也。……其人与风流，可以想矣。"④ 这种认识促使朝鲜文人在尺牍创作中努力挣脱古文框架的束缚，自由表达友谊的珍贵、对朋友人品的欣赏、对闲适之情及性灵的抒发。朴齐家甚至评价李德懋的尺牍创作风格及其抒情性超越

---

① ［朝鲜朝］许筠：《惺所覆瓿稿卷》卷十三《明尺牍跋》，《韩国文集丛刊》第74册，第247页。

② ［朝鲜朝］许筠：《惺所覆瓿稿卷》卷十三《明尺牍跋》，《韩国文集丛刊》第74册，第247页。

③ ［朝鲜朝］李德懋：《青庄馆全书》卷三《甲申除夕记》，《韩国文集丛刊》第257册，第69页。

④ ［朝鲜朝］南公辙：《金陵集》卷二十三《东坡尺牍墨刻》，《韩国文集丛刊》第272册，第448页。

了明末小品家李日华、陈继儒。①南公辙则有意整理自己与友人的尺牍交往，编成《尺牍集》，并积极进行具有小品文特色的尺牍创作实践。②洪大容的《杭传尺牍》虽非严格意义上的小品文，却真实记录了与中国文人的深情厚谊，展现了尺牍的实用性。朴趾源亦将自己创作的尺牍汇集成《映带亭胜墨》，并在《自序》中阐述了对小品文及当时文学创作的见解，强调古文虽为文学之巅峰，但文章亦需情感真挚，不可徒具形式。他通过对比古文与尺牍，指出文坛之弊，彰显尺牍之优。③

宪宗李奂是朝鲜历史上一位励精图治的君主，曾修建"承华楼"，用以珍藏书画作品。此楼所藏，以中国书画为主，亦不乏朝鲜、越南及日本之佳作。《承华楼书目》下设"尺牍类"，著录了5种珍贵尺牍：《苏黄尺牍》（4册）、《静惕堂尺牍》（2册）、《赖古堂尺牍》（9册）、《小仓山馆尺牍》（8册）、《国朝尺牍》（6册）。其中，《苏黄尺牍》为明万历年间华亭冯大镕有感于"苏黄两先生尺牍为千古雅调，苦漫涣不可读"而精心抄录，其余均为清初尺牍选本。

"清初不同于以往的是，士人们非常重视尺牍的保存与传播，产生了十余种尺牍选本。这些尺牍选本选录了明末清初数千封尺牍作品，在短期内呈爆发式的出现，是尺牍创作史上的非典型现象。"④这些选本不仅是清初遗民思潮、经世思潮、个性思潮等多重思潮交织的产物，更展现了清初文人对于尺牍文学创新的执着追求。在此时期，尺牍选家们纷纷致力于打破旧有格局，力求在尺牍创作中开辟新气象。如李渔编选《尺牍初征》，强调尺牍在

---

① 朴齐家在《雅亭集序》中评价李德懋"尤善尺牍题评，小而只字单辞，大而联篇累纸，零零琐琐，纚纚霏霏，可惊可爱，纵横百出，殆欲兼李君实（李日华）、陈仲醇（陈继儒）辈而掩其长者矣。人见其尺牍题评而曰懋官非古文。"详见《贞蕤阁集》卷一，《韩国文集丛刊》第 261 册，第 605 页。

② ［朝鲜朝］南公辙：《金陵集》卷十《尺牍集》，《韩国文集丛刊》第 272 册，第 180—191 页。

③ ［朝鲜朝］朴趾源：《燕岩集》卷五《映带亭胜墨序》，《韩国文集丛刊》第 252 册，第 95 页。

④ 陆学松、张丽萍编：《清初尺牍选本研究》，东南大学出版社 2019 年版，第 19 页。

文字中的重要性；周亮工则在《尺牍新钞》中收录数十年以来的新近尺牍，旨在打破尺牍总集"古今"并收的传统，以反映明末清初尺牍文学创作的真实成就。同时，他还提出了"是集篇无定格，幅不同规，要于书写性情，标举兴会"的编纂理念，进一步推动了尺牍文学的创新与发展。①

值得注意的是，清初文人对明代古文辞派及小品名家的尺牍作品多持批评态度。周亮工曾批评李攀龙、汪道昆、王稚登、陈继儒等人的尺牍作品"翰词之秽迹""剩技堪呕"，认为其文辞艰深晦涩或过于雕琢而失去自然风神。② 相反，他们更推崇顾宪成、冯琦、方孟旋、曹履吉等人的尺牍作品，认为这些作品各具特色、自成一家。同时，他们也积极收录徐芳、陈弘绪、方应祥、李陈玉、萧士玮等明末清初人的尺牍作品，为重新塑造尺牍典范作出了诸多努力。③ 当然，陈继儒、王柏榖、吴从先、袁枚等人在中国尺牍文学史上的重要地位是不能忽视的。赵树功在《中国尺牍文学史》中对王稚登、陈继儒、袁枚等人的尺牍作品给予了高度评价。④ 尽管这些作品各有其缺点与不足，但其在尺牍文学领域的造诣与成就却是无法否认的。

《苏黄尺牍》《苏黄手简》《尺牍新钞》《小仓山房尺牍》《有正味斋尺牍》及《静惕堂尺牍》等尺牍选本，在传入古代朝鲜半岛后，均赢得了朝鲜文人的深切关注与高度重视。这些文人，在广泛阅读并接受中国文人别集及尺牍

---

① （清）周亮工：《赖古堂尺牍新钞》，周氏赖古唐康熙九年刻本，北京图书馆藏本。

② 周亮工在《结邻集·凡例》中提道："文章本一家，流弊因之迭见，尺牍亦尔，众体宜分。李于麟之砺齿誓牙，不免以艰深而文浅易；汪伯玉之字栉句比，遂至以绳尺而掩风神；王百榖动摹史汉，蓝本无多；陈仲醇矢口林泉，清言成习。此皆翰词之秽迹，抑亦烟墨之狂澜，虽使起诸公于今日，犹然剩技堪呕。"见（清）周亮工《赖古堂尺牍新钞三选》，周氏赖古唐康熙九年刻本，北京图书馆藏本。

③ 周亮工在《赖古堂尺牍新钞·选例》中谈道："尺牍家言，更易蹊畦者，以其事本酬酢，辞取从搜也。兼以王、李分镳，袁、徐继响，崆峒恢体制于前，太原扬风徽于后，初成创则，渐以因陈，家守一编，遂矜绝丽，徒为烟墨之污，止见芜蓁之塞。"见（清）周亮工《赖古堂尺牍新钞》，周氏赖古唐康熙九年刻本，北京图书馆藏本。

④ 关于赵树功对各家的评价，详见《中国尺牍文学史》，河北人民出版社1999年版，第433、440、604页。

选集的基础上，融入自身对尺牍文学的独到见解，亲自整理或编纂出各具特色的尺牍选集。其选本类型可大致归纳为以下几种：

第一，针对中国个别文人的尺牍进行抄写与精选。

欧阳修和苏轼均是北宋文坛的领袖，对宋代文学的发展作出过非常重要的贡献。金元交替之际，杜仁杰精心编纂了二人的书信合集，名曰《欧苏手简》，共4卷。此书东传至朝鲜半岛后，深受世宗喜爱，他反复研读，爱不释手，更促使了其在朝鲜的广泛传播与多种刊本的诞生。据《考事撮要》卷下《八道程途·册板》所载，醴泉、洪州、清州、谷州等地均有《欧苏手简》的刊行记录；而《庆尚道册板》中也可见其刊印的记载，足见《欧苏手简》其影响之深远与受欢迎程度之高。

在此背景下，朝鲜文人纷纷在文集及尺牍选本的基础上，对欧、苏尺牍进行抄选或重刊。显宗朝的南梦赉（1620—1681年）致力于将所见抄本《欧苏手简》广为流传。他曾在晋阳参与《阳村文集》的重刊工作，并特地将《欧苏手简》纳入其中，收欧阳修尺牍49篇，苏轼尺牍95篇，总计144篇，较杜仁杰原编多出21篇。这一现象或可归因于两种可能性：一是杜氏所选的《欧苏手简》在传入朝鲜半岛之前，已被明代文人增广；二是南梦赉在将《欧苏手简》付梓前有所增添。而从南梦赉在《欧苏手简跋》中的自述："或嫌其太少，余应之曰：奚以多为也？折俎虽不及体荐，拣金亦必待淘沙，是亦文苑一例，奚以多为"①，可以推测《欧苏手简》经南梦赉增广的可能性较大。

苏轼、黄庭坚二人，在诗歌、书法、绘画等艺术领域常常并称，其诗文作品对朝鲜文坛产生了深远的影响。究其原因，主要有三：

其一，源自二人卓越的人品与文品所散发的独特魅力。以尺牍为例，苏轼尺牍最大特点是自然，字里行间蕴含史实、传闻、考辨以及水色山光、鱼跃鹊飞的生动景象，更有对过往岁月的深深感慨，②其文字不事雕琢，不逞

---

① ［朝鲜朝］南梦赉：《伊溪集》卷五《欧苏手柬跋》，《韩国文集丛刊》第35册，第83页。

② 赵树功：《中国尺牍文学史》，河北人民出版社1999年版，第275页。

豪壮，尽显真挚情感；而黄庭坚在诗歌创作中倡导"点石成金""脱胎换骨"，这一特点在其尺牍中亦得以彰显，他擅长运用新奇的比喻与语言，将不相干的事物巧妙融合，创造出别具一格的艺术效果，即便是寻常言语，一经其手，亦能焕发新意，其尺牍风格自然简淡，情感含蓄深邃，极具吸引力。

其二，朝鲜时代崇尚文学，视宋朝为立国之楷模，苏轼与黄庭坚的诗文作品成为朝鲜文人提升汉诗、汉文创作水平的重要范本。

其三，朝鲜时代的知识分子与苏轼、黄庭坚有着相似的命运起伏，这种共鸣使得他们更能深入理解并欣赏苏黄二人的作品。尤为值得一提的是，苏黄二人在尺牍中展现出的共同特点——即便内心充满忧虑，也不愿轻易言及，而是将欢笑与闲情传递给读者，将苦涩与辛酸深埋心底。他们的尺牍不仅能够引起朝鲜文人情感上的共鸣，更为他们提供了精神慰藉与解脱之道。

苏轼、黄庭坚二先生"文章节义著天下，竖童牧叟无不知其人。其所称述议论，鸿词巨篇，家诵户习，奉为模楷。至于单辞只语，散见方册者，章逢一睹，辄视为凤毛麟角，片玉碎金，争宝传之。彼布衣韦带之士室靡二酉之藏，人鲜三痴之诮，虽欲窥豹，其道无繇。"明万历年间，华亭冯大镕选辑《苏黄尺牍》①，其弟冯大受为之作序，谈及"愤世嫉邪抑郁牢骚之气，往往形于尺牍，正所谓昌言之不得而私之者也。当时言官请禁，士大夫不得藏其尺牍，亦几于不得言矣。"②综合现存苏黄尺牍来看，少见"愤世嫉邪抑郁牢骚之气"，即便有，也仅寥寥数笔，忧喜皆不过度，故而冯大受之言或有夸大之嫌。然而读苏黄尺牍，"二先生之世可概"，而"士且争而宝之"的描

---

① 关于《苏黄尺牍》，目前较为确定的是存在万历年间的刻本，但多数刻本并未明确标注编者信息。王世伟在《读〈苏黄尺牍〉》一文中，明确指出他所阅读的《苏黄尺牍》为万历年间冯大镕所编纂，且附有冯大受撰写的序言。此外，《古文鉴赏辞典·明代、清代附录》中也收录了《苏黄尺牍》，由明代张所望辑录，该书"收苏轼、黄庭坚尺牍各四卷，明万历十九年(1591年)刊本"。然而，无论是冯大镕还是张所望所编的《苏黄尺牍》，现今均已难觅其踪。为便于研究，本文特引用王世伟《读〈苏黄尺牍〉》中的相关内容作为佐证。

② 转引自王世伟：《读〈苏黄尺牍〉》，《历史文献论丛》，上海社会科学院出版社2004年版，第213页。

述，则确为事实。

《苏黄尺牍》传入朝鲜半岛后，在朝鲜文人间广为传抄。抄写作为朝鲜文人接受尺牍的方式之一，通常仅选取自己喜爱或需要的部分，但《苏黄尺牍》的朝鲜抄写本，经韩国学者考证，均为全文抄写，这既彰显了《苏黄尺牍》本身的收藏价值，也反映了其在朝鲜的极高受欢迎程度。此外，还有抄录苏轼、黄庭坚二人尺牍而冠以《苏长公尺牍》之名的选本。

袁宏道的"性灵"文学观念在朝鲜后期文坛上产生了深远影响，长达一个世纪之久。其"文学发展变化观""宁今宁俗"以及"真诗"等理论，在朝鲜文坛得到了广泛的传播与接受。① 肃宗朝文人任埅对袁宏道的文章给予了高度评价，称其"匠心铸辞，要自胸中流出，笔端鼓舞，不沿袭故套陈语，往往有脱洒可喜者，盖亦艺苑之一豪也"。在评价袁宏道的尺牍时，任埅更是赞叹道："虽多傲世玩人漫浪游戏之语，尽奇警，无凡笔。"② 通过这些简短的书信，人们可以窥见袁宏道超凡脱俗的品格。因此，任埅亲手抄录了袁宏道的尺牍，编纂成册，命名为《石公尺牍》，为朝鲜文人深入了解袁宏道及其尺牍文学创作提供了宝贵的资料。

英祖、纯祖朝文学家、书画家俞汉隽首肯尺牍为"人事日用之文"，是不同于其他文章的独立文体。从结构和创作上来看，"他文章合，书牍散；他文章方，书牍圆；他文章有法，书牍无法"。且尺牍独具传情达意之实用功能，"人固有卒然讷于口，而不能以辞通矣；隔千里异胡越，而不能以情达矣。归而假尺寸之牍，然后辞得以通，情得以达，书牍之用大矣哉。"所以尺牍"侈之为千言万语而非多也，约之为只字片句而非少也，繁其说而非长也，简其辞而非短也，精而非涩也，赡而非驳也"。其篇幅之长短，皆随

---

① 相关阐述可参见韩东：《袁宏道"性灵"文学观在朝鲜文坛的接受与变异》，《延边大学学报》2021年第5期。

② [朝鲜朝] 任埅：《水村集》卷十六《书石公尺牍卷首》，《韩国文集丛刊》第149册，第195页。

情感表达与思想交流之实际需要而定，此乃尺牍与众文体之根本差异所在。俞汉隽概叹"书牍之不得其道久矣，陵夷至于我国，又不胜其支离汗漫"，他主张尺牍与其他文体应"合散相济，方圆相应，有法无法相为用"。鉴于"苏氏尺牍，亡虑数千首，其言杂出而不穷，大抵皆侈而不至于夸，约而不至于俭，繁不太缓，简不太急，精而有章，赡而有则"，俞汉隽精心筛选苏轼尺牍，编纂成《苏文忠公尺牍选录》，以供后人研习品鉴。①

第二，基于中国尺牍集基础上的再选集。

朝鲜文人并未仅仅满足于对中国尺牍集的简单接受，而是按照自己的标准进行了重构与编纂，其中最为显著的成果便是高丽大学新岩文库珍藏的《尺牍集》。该书内页钤有"金奭准"与"小棠"两枚珍贵的藏书印。

此《尺牍集》实为在沈佳胤精心辑评、陈继儒亲撰序言并鉴定的《翰海》尺牍集基础上进一步精选编纂而成。《翰海》全称为《陈眉公先生手授古今尺牍翰海》，最初由陈继儒的高足沈佳胤编订，后于崇祯三年（1630 年）由陈继儒亲自作序，并由金阊徐含灵负责刻版印刷，流传于世。然而，至清代乾隆年间，因书中内容涉及"违碍"之处，被列为"禁毁书"，故原刻本已极为罕见，但抄本仍不绝如缕。光绪二年（1876 年），上海申报馆依据钱名振文宜楼所藏的抄本，采用仿聚珍版技术重新印刷此集。目前首尔大学奎章阁研究院所藏即为该聚珍活字本。

《翰海》的编撰与以往尺牍集按人物编排不同，以题材为核心，分为情、美言、自叙、交际、情志、药石、愤、逸、卧游、文、经世、佳言等 12 类，每类之下又依据具体尺牍内容进行了更为细致的划分，例如"经世"类下再细分为"用人""爱民""赋役""救荒""武备""筹边""治水"等等。所选尺牍作品时间跨度极大，上溯秦汉，下及宋明，尤以明代人尺牍作品占据多数。编选者在文字上进行了精心删节与提炼，使得书中尺牍多为经过加工删

---

① ［朝鲜朝］俞汉隽：《自著》卷十六《苏文忠公尺牍选录序》，《韩国文集丛刊》第 249 册，第 271 页。

节后的精华佳句与警世之言。此外，《翰海》的另一大特色在于沈佳胤及其亲朋所撰写的言简意赅、直指主旨的眉批。这些眉批不仅为读者深入理解尺牍的内容提供了便利，还通过正文中的圈点标注作为重要提示，进一步增强了书籍的学术价值与阅读体验。

朝鲜文人再选的《尺牍集》，继承了《翰海》的编排特点，按照题材进行分类，所选尺牍不仅注重情感的真挚流露，更强调其文艺价值。以"美言"类为例，编者仅挑选文艺气息浓厚的"赞美"，而不选偏于实用的"称美""荐""属"等。即便是被选中的尺牍，也并非简单复制粘贴，而是经过了编者的精心裁剪。他们将尺牍中的套话或说明性文字巧妙剔除，使得每一篇尺牍都更加凝练而富有深意。

在标注尺牍作家名字方面，《尺牍集》也展现出了其独特之处。与《翰海》直接记录作家姓名不同，《尺牍集》采用了更为雅致的方式——记作家的号，这一变化不仅体现了对作家个性的尊重，也增添了文本的文化韵味。此外，《尺牍集》编者还补充了《翰海》中未标注的尺牍作家生存时代信息，这一举措无疑为读者提供了更为全面的背景知识，有助于深入理解尺牍的时代背景与文化内涵。

综上所述，《尺牍集》的编纂不仅体现了朝鲜文人对中国传入尺牍集的深刻理解与独特见解，而且以独特的方式重新选择尺牍，构建了自身的尺牍观。

第三，有意识编撰的中朝文人交往尺牍集。

尺牍，作为文化传播的重要工具与载体，在明清时期的中朝文人交流中扮演着重要角色。它们不仅是学术探讨、艺术鉴赏、书籍及书画作品互赠的媒介，更是探研金石学等领域的桥梁。通过尺牍，朝鲜文人得以洞悉中国政治、经济、文化的脉动，同时，他们也借助这一媒介，热切地向中国文人展示朝鲜的风貌，从文学艺术到特产、方物，力求让中国文人感受到朝鲜继承的"中华文化"精髓。将中朝文人交往尺牍有意识地编撰成集，是朝鲜尺牍集的独特魅力，彰显出朝鲜文人对中华文化的深深向往及对双方友谊的无比珍视。正是凭借朝鲜文人精心编纂的尺牍集，那些明清文人别集中鲜见的、写给朝鲜文人的珍贵尺牍，方能在异国他乡得以流传与保存。

18 世纪是清朝与朝鲜两国在政治、经济、文化等多个领域达到鼎盛的时期，这一时期，两国文人之间的交流尤为频繁，特别是中后期，更是迎来了文人交流的高潮。无论是名噪一时的文豪还是默默无闻的学者，都积极投身于这场跨越国界的文化交流之中。他们通过笔谈、诗文酬赠、请求序跋、评论诗文、互赠书籍和方物等多种形式，展现出丰富多彩的交流内容。

洪大容作为率先摒弃"北伐论"偏见，与清朝文人进行深度个人交流的先驱者，其访清期间的见闻录《湛轩燕记》详细记录了他与朝鲜同行文人与清朝文人交往的实况。而《乾净衕笔谈》更是清晰记录了他在入燕期间与杭州举人陆飞、严诚、潘庭筠等人的会面与对话，以及他们之间的诗文往来。

与洪大容同行的金在行，虽然他与 3 位杭州举人的诗文酬赠并未全部收录于《乾净衕笔谈》中，但洪大容却将金在行在北京期间与这 3 位举人的往复诗文原稿及回国后的书信手稿精心整理，编成了《中朝学士书翰》，现藏于高丽大学华山文库。

《中朝学士书翰》不是一本过录原稿的普通尺牍集，而是往来尺牍、诗文手稿的汇集，严格意义上讲，它是一部装帧考究的尺牍帖。该帖前后木装，缎面，大字楷书题写"中朝学士书翰"，小字则标注了集成时间"乾隆三十二年丁亥"，即 1767 年。洪大容曾作《金养虚在行浙杭尺牍跋》，文中提到金在行"一朝具鞢韦入燕都，与浙杭三人相得甚欢。……是行也，余实与之终始焉，其诗札固不止此。归后多散失。其仅存者，又贫不能为妆。余挈取而编帖以归之。"① 这段跋文揭示了金在行从杭州儒生处所得诗文的丰富程度，以及因散失与财力所限最终由洪大容整理成帖的经过。值得注意的

---

① ［朝鲜朝］洪大容：《湛轩书》卷三《金养虚在行浙杭尺牍跋》，《韩国文集丛刊》第 248 册，第 74 页。

是，跋文中并未直接提及该尺牍帖的题目，《中朝学士书翰》这一名称或为后人所加。该尺牍帖收录的内容概览如表 21：

**表 21　《中朝学士书翰》收录内容概览**

| 序号 | 作者 | 体裁 / 内容 | 备注 |
|---|---|---|---|
| 1 | 陆飞 | 七言绝句《送养虚兄别》 | 同时收录在《燕杭诗牍》中 |
| 2 | 严诚、潘庭筠 | 在京尺牍（养虚贤长兄启：拜读琼篇，如获鸿宝……） | 同时收录在《燕杭诗牍》中 |
| 3 | 严诚 | 七言律诗《敬次清阴先生韵和答养虚尊兄兼请教定》 | 同时收录在《燕杭诗牍》中 |
| 4 | 潘庭筠 | 七言律诗《次韵奉赠养虚吟长兄》 | 同时收录在《燕杭诗牍》中 |
| 5 | 潘庭筠 | 在京尺牍（蒙示啖鳆鱼法甚善……） | 同时收录在《燕杭诗牍》中 |
| 6 | 严诚、潘庭筠 | 在京尺牍（昨日足下不至，郁甚……） | |
| 7 | 严诚、潘庭筠 | 七言绝句二首：《袖里相思字》《素书读罢无他说》 | 《燕杭诗牍》仅收录第一首 |
| 8 | 陆飞 | 在京尺牍（正想行尘，忽见伴至，喜极……） | 同时收录在《燕杭诗牍》中 |
| 9 | 严诚 | 在京尺牍（伤哉，伤哉，夫复何言……） | 同时收录在《日下题襟集》中 |
| 10 | 潘庭筠 | 五言律诗"养虚堂为金丈平仲所居不能蔽风雨赋诗志慨"《辽海孤贫士》 | 同时收录在《燕杭诗牍》中 |
| 11 | 严诚 | 杂记文：《养虚堂记》 | 同时收录在《干净衕笔谈》中 |
| 12 | 潘庭筠 | 金在行归国后尺牍（燕城判别更会无期……） | 同时收录在《燕杭诗牍》中 |
| 13 | 潘庭筠 | 七言绝句二首《车轮门外日如飞》 | |
| 14 | 严诚 | 金在行归国后尺牍（弟今年远客福建，离家一千七百里……） | 同时收录在《日下题襟集》中 |
| 15 | 潘庭筠 | 金在行归国后尺牍（庭筠再拜，养虚尊兄足下……） | |
| 16 | 陆飞 | 金在行归国后尺牍（文章莫妙于言情，亦莫难于言情……），另附七言律诗一首《哭铁桥》 | 同时收录在《燕杭诗牍》中 |
| 17 | 潘庭筠 | 金在行归国后尺牍（养虚先生案启……） | 同时收录在《燕杭诗牍》中 |

　　该表内容按照收录的先后顺序排列，尺牍集末有题为"朱溪翁罗子晦"的跋文，介绍了金在行燕行期间与杭州3位儒生结下的深厚友谊，展现了他们回国后仍跨越千山万水、持续通过书信往来维系友谊的事实，是研究18世纪中朝文化交流不可多得的珍贵资料。

　　从上表中也可看出，《中朝学士书翰》不仅收录了金在行归国后收到的来自杭州3位儒生的尺牍，其中饱含了对友人的思念，更通过书籍、物品的交换与赠予，生动展现了双方对跨国友谊的珍视。例如，潘庭筠在信中追忆了与朝鲜使行的深厚情谊，对正使李烜、副使金善行、书状官洪檍以及随行的洪大容、金在行等表达了无尽的想念，尤其在得知金善行离世的消息后，更是悲痛万分，当即创作挽诗两首以寄哀思，并随信附赠了李斯的《峄山碑》拓本、诗话一册及法帖等珍贵礼物，以表心意。

　　洪大容、金在行在燕行期间，与中国杭州3位儒生的交往，在朝鲜国内引起了较大反响，形成了两种截然对立的观点：一方指责他们与夷狄之国的人交往；而另一方则对洪大容与金在行能够与清朝文人建立联系表示出由衷的羡慕。在此背景下，朴趾源、李德懋、朴齐家、成大中等朝鲜的进步知识分子，积极投身于对清朝文化的探索之中，他们通过阅读《中朝学士书翰》及《乾净衕笔谈》等尺牍集，不断深化对清朝的理解，并逐渐萌生了"北学"的思想。

　　成大中在深入研读《中朝学士书翰》后，撰写了《书金养虚杭士帖》的跋文，其中详细记述了金在行与杭州3位儒士的交往情况，展现了成大中对这段历史事实的深刻了解。他盛赞中国文人所展现的大国风度，并对金在行这位虽身处逆境却以诗酒自娱的"穷士"给予了高度评价。同时，成大中也批判了那些仍抱持狭隘"小中华"观念、将清朝视为蛮夷的人，认为他们应当感到羞愧。① 无疑反映了朝鲜知识界对清朝认识的逐渐转变，为后来的"北

---

　　① ［朝鲜朝］成大中：《青城集》卷八《书金养虚杭士帖》，《韩国文集丛刊》第248册，第504页。

学"思潮及学习清朝先进文化的风潮奠定了思想基础。

李德懋同样对洪大容与金在行能与中国文人交往表示羡慕，他不仅重新编撰了他们之间的笔谈、尺牍及诗文，还将其命名为《天涯知己书》，旨在将这段真挚的友谊树立为交友的典范，以"刺薄于朋友之伦者"。①

随着洪大容与金在行的影响逐渐扩大，中朝两国文人之间的直接交往也日益频繁。例如，朝鲜使臣柳琴将朝鲜后四家的《韩客巾衍集》带到中国，受到了李调元、潘庭筠等中国文人的高度评价，他们不仅为这些作品题写序跋，还使得朝鲜后四家的名声在中国诗坛上大放异彩，为更多的中国文人所了解和认可。

高丽大学汉籍室藏有一部题为《中朝学士书翰录》的尺牍帖，该帖最初由韩国学者千金梅在其《金永爵以及汉中尺牍交流的新资料〈中朝学士书翰录〉》一文中向学术界引介。作为研究金永爵与清朝文人交流、审视当时文化交流特点的重要资料，《中朝学士书翰录》有着重要的学术价值。该尺牍帖收录了程恭受、陈翰、李衍、翁学涵、张丙炎、赵廷璜、李文源等7位清末文人写给朝鲜末期文人金永爵及其子金弘集的尺牍手稿共计15篇，其中14篇为金永爵亲收。这些清朝文士不仅在文学创作上成就斐然，其书法艺术亦堪称精湛。他们精心挑选了红色、粉色、黄色、橙色等色彩华美的纸张，纸张上细腻的底纹图案若隐若现，每篇尺牍的落款处均钤有精致的印章，使得这部尺牍帖在具备历史研究价值的同时，也展现出了较高的书画艺术鉴赏价值。现将该尺牍帖的相关内容整理如下表（表22），旨在为研究金永爵与清朝文人之间交流的具体情形提供便利。

---

① [朝鲜朝]李德懋:《青庄馆全书》卷六十三《天涯知己书书》,《韩国文集丛刊》第259册,第123页。

表 22 《中朝学士书翰录》尺牍内容概览表

| 序号 | 寄信人 | 写信时间 | 主要内容 |
|---|---|---|---|
| 1 | 程恭寿 | 年份不详<br>7月1日 | 对金永爵正月寄来的书信表示感谢，并送上名酒、砚台、茶、笔四件物品和四首寿诗；对金永爵《祭李雨帆河督文》《祭叶润臣观察名澧文》以及和答吴稼轩的两篇文章发表看法；介绍曾和金永爵交往的吴稼轩、张丙炎、杨传第、陈翰、李文源、翁学涵、吴受藻等文人近况；述说战乱后杭州的混乱情况；谈及与1860年燕行使任荷漪、李枕泉唱和；寄送牙尺、墨、洋笺、诗笺等物品 |
| 2 | 程恭寿 | 1860年<br>1月25日 | 询问上封书信是否收到；为即将过花甲的金永爵夫人送诗3首，书屏4封；叙说清朝动荡的时局；告知金永爵自己的二儿子和张祥河的女儿结婚了；告知金永爵所寄送的韦昭注释的《国语》是珍贵的宋版书的复印本；对金永爵赠送纸张、梳子、扇子等物表示感谢，并回赠四川嘉定的丝绸、云南广砚、杭州龙井茶、湖笔等物；告知金永爵琉璃厂售卖的印有古人文句的砚台仿冒品很多，如遇良品，会购买后送给金永爵；介绍吴受藻、叶名澧等人近况 |
| 3 | 陈翰 | 1859年 | 送《再叠前韵兼以送别》诗歌1首 |
| 4 | 陈翰 | 1859年 | 讲述与金永爵交游的往事，称颂他的文采和功绩的《奉和原韵》1首 |
| 5 | 李衔 | 1859年 | 表达对与故乡家人失去联系的担忧；新年来临之际吟诵《奉覆再叠前韵用申歉疚》表达对故乡兄弟的思念之情 |
| 6 | 李衔 | 1859年 | 对收到的诗文和药丸表示感谢，奉上一首赠别诗《奉和原韵志谢兼以赠别》 |
| 7 | 李衔、<br>陈翰 | 1859年 | 对自己的诗得到金永爵的好评表示感谢并表达问候 |
| 8 | 翁学涵 | 年份不详<br>3月20日 | 对金永爵被提拔表示祝贺；传达朱兰、宝佩蘅等人的近况；述说自己的不幸处境和家人生活的窘境 |
| 9 | 翁学涵 | 年份不详<br>4月13日 | 诉说自己无端经历牢狱之灾的经历，将要回老家度过余生 |
| 10 | 张丙炎 | 1864年 | 询问给朝鲜人李祖永的书信是否收到，期待金永爵再次燕行，与之相聚；转达自己以及许宗衡、吴昆田（稼轩）、冯志沂近况；寄送叶名澧拜托转交的《摹刻澄清堂帖》 |

续表

| 序号 | 寄信人 | 写信时间 | 主要内容 |
|---|---|---|---|
| 11 | 张丙炎 | 1864 年 8 月 10 日 | 诉说自己丧父的悲伤心情;父亲的《味真阁诗》在战乱中散失,待回乡后整理父亲的遗稿,印出后会寄送给金永爵 |
| 12 | 赵廷璜 | 1892 年 9 月 8 日 | 已收到朝鲜使臣转交的金永爵的诗集及墓表;得知了金永爵的死讯,对金永爵的人品和成绩大加赞扬;告知金弘集先父收集了从金永爵那里收到的诗歌、书信和笔谈,同时将在金永爵诗集里发现的父亲的诗,补充到父亲的文集里;珍惜过去金永爵和先父的交游,想把这种友谊传递下去;托归国使臣带去《赵文恪公自订年谱》《居易轩遗稿》《向湖村舍诗集》;如果能将父亲赵光和金永爵的唱和诗(七言绝句四章)附录在金永爵文集后面,将不胜感激 |
| 13 | 李文源 | 1861 年 | 对金永爵的文章表示赞赏;感谢金永爵赠送的两把扇子;金永爵求请的书画帖、中药材附子下次找机会寄出,希望金永爵能谅解 |
| 14 | 李文源 | 1862 年 | 拜托燕行使申锡愚带去先父李伯衡的行状一卷 |
| 15 | 李文源 | 1861 年 | 对去年金永爵为父亲李伯衡作诔文表示感谢;告知父亲行状整理好后会寄送;对申锡愚亲自来家中吊唁表示感谢;介绍自家弟兄以及自己的近况;传达叔父和陈翰的近况 |

　　从表格统计的尺牍排序来看,《中朝学士书翰录》并未按尺牍撰写时间排序,而是采取了按人系文的编排方式,即便是同一文人的尺牍,其排序也显得颇为随意。深入研读各篇尺牍的内容简介,我们不难发现,金永爵与清朝文人之间的交流是深刻而多维度的。他们珍视跨国友谊,深情地表达了对异域友人的思念之情以及对天涯远隔、难以重逢的忧伤之感;同时,尺牍中还详尽记录了他们对政治时局的见解、写信人自身的境遇、家人状况以及金永爵所结识的清朝文人的近况;此外,还记录了双方之间诗文、书籍、物品等文化交流的情况。

　　就尺牍的撰写时间而言,除了一封写于 1892 年的尺牍外,其余主要集中于 1859 年至 1864 年间,这一时期正值清朝遭受太平天国运动冲击及西方列强侵略，国势日渐衰微。尺牍中对这些政治时局的描述，无疑引发了朝鲜朝廷及大臣们的深切关注与反响，使得该尺牍帖具备了重要的历史资料价值。更为值得一提的是，两国文人之间不仅互赠诗文，还以笔墨纸砚、梳子、扇子、茗茶、好酒等物品作为礼物，这些举动不仅加深了彼此之间的情谊，更对清朝文化在朝鲜的传播以及朝鲜文化的回传研究产生了深远的影响，具有重要的文化价值。

朝鲜后期文人朴周钟编纂有《尺牍藏弆集》，首尔大学奎章阁研究院收藏有该集的抄本。该集汇集了叶志诜、吴嵩梁、周达、陈克明、张深、秦瀛、汪喜孙、刘喜海、刘杙、缪博振、陈用光、期叶琛等22位清朝文人的28篇尺牍，其中写给金鲁敬的有6篇，其余22篇均为写给金命喜的。这些文人大多源自江浙、湖北等文化繁盛之地，彼此间不乏学术渊源或亲属纽带，如叶志诜、吴嵩梁、周达、汪喜孙、陈用光都曾受教于翁方纲门下，叶继雯与叶志诜是父子关系，缪绍薪与缪博振也是父子相承。

嘉道年间，这些清朝文人或为某一学派的重要人物，或为金石书画领域的翘楚：陈用光是桐城派在江西的重要传承者；汪喜孙则是扬州学派的杰出代表；陈克明是藏泉家、墨拓高手；刘杙篆刻水平首屈一指。通过对此系列尺牍的收集与整理，可以窥见金命喜生平之一斑，其作为"海东三苏"① 之一的非凡成就也得以彰显。金命喜曾随父金鲁敬以子弟军官身份入燕，与吴嵩梁、叶志诜、汪喜孙等清朝名士结缘，对刘喜海编纂《海东金石苑》《朝鲜书目》贡献良多，在19世纪中朝文化交流史上留下了深刻的印记。然而，遗憾的是，金命喜既无个人文集传世，也无"燕

---

① 金鲁敬、金正喜、金命喜父子三人笃好诗文，曾被"诗佛"吴嵩梁比作"海东三苏"。吴嵩梁，字子山，号兰雪，又号澂翁、莲花博士，江西东乡县人，倡导实学，崇儒敬道，精工词、赋、文、画，诗歌才华尤其突出，受到翁方纲、法式善的器重。吴嵩梁的诗名闻名遐迩，日本商人曾重金收购其题诗扇，朝鲜金鲁敬父子更是打造梅花龛来供奉其诗。

行录"记载其行迹，生平资料相对稀缺，清朝文献中亦鲜见其与清朝文
人交往的记录。《尺牍藏弄集》的编纂，无疑为我们揭示了金命喜父子与
清朝文人深厚交往的真相，其文献价值不容忽视。对于深入探究当时汉
文化的传播路径及朝鲜文人对中华文化的接受情况，此集无疑具有积极
的学术意义。

朝鲜后期文人赵冕镐，搜集了清朝文人曹江致朝鲜文人金善民、金善
臣、金正喜、金命喜等4人的7封珍贵尺牍，并编纂成《清朝名家书牍》，
现藏于高丽大学汉籍室。曹江与朝鲜学者柳得恭在琉璃厂书肆结缘，与朴齐
家以笔谈形式深入探讨了朝鲜的名花异卉、古刹名寺、道观胜景以及独特的
服饰文化。此外，曹江还曾为《南公辙文集》作序。金正喜入燕之时，也是
通过曹江引荐，有幸结识了深谙历史地理学的大家徐松。又通过徐松，结识
了当世鸿儒翁方纲与阮元，从而在学术与文化领域开拓了更广阔的视野。赵
冕镐有意识地收集清朝文人与朝鲜文人交往的尺牍，不仅展现了他对文化交
流的高度重视，更为后人留下了清朝与朝鲜两国文人之间友好交往的直接
证据。

19世纪的朝鲜尺牍文学独具特色，体现在朝鲜中人层积极参与尺牍文
学的创作与编选之中。朝鲜时代，身份制度分明，大致可划分为两班贵族、
中人和平民三大阶层。中人作为科举制度下选拔出的专业官员，其职业特性
鲜明。在明清时期，中朝文化交流中扮演关键角色的中人，以译官为代表，
他们毕生致力于翻译工作，相较两班官僚，拥有更多出使中国的机会。译官
李尚迪和吴庆锡出使中国的次数最多。李尚迪将与清代友人往来的尺牍汇集
起来，编纂成《海邻尺素》10卷。该集自1830年1月清朝学者韩韵海致李
尚迪的首封书信始，至1865年孔宪庚寄来的最后一封书信终，共收录了来
自59位清朝友人的276篇珍贵尺牍。这些尺牍对于研究清朝相关人物、中
朝两国间的文化交流、文学艺术交流、书籍及物品交流等方面，均具有重要
的文献价值。这59位友人，是来自今江苏、山西、浙江、山东、河北、广

古代朝鲜汉籍与中国汉籍文化关联研究

西、湖北、江西等地的精英，① 且大多数人均有科举背景，或擅长经史、诗文、书画、篆刻、金石，或精通医术、相术、兵法，或热衷于藏书、西学等。他们通过尺牍这一媒介，把清代学术的方方面面推介到朝鲜。《海邻尺素》提供的线索，为我们深入探究这些清代人物提供了宝贵的资料。

李尚迪不仅是中朝文化交流的直接参与者，更是这一过程中的重要桥梁。他携带诗稿、图卷、集录、书帖等至中国，向清朝文人求取序跋，同时又将清人的文集、书画等抄录多份，带回朝鲜，与更多文人分享，极大地拓宽了文化交流的范围。李尚迪的诗文亦深受清朝文人推崇，被誉为东方之"李白"。其深厚的金石学造诣，更使得他成为清朝文人赠予铭文副本、篆刻、铜印、印石及铭石刻本等珍贵礼物的对象。因此，《海邻尺素》在研究李尚迪与清朝文人文化交流的具体细节方面，同样具有较高的价值。

李尚迪燕行期间结交清朝友人遍及大江南北。清朝后期，朝鲜使臣虽可以自由出入会同馆，但活动范围受限，难以直接了解京外地区的政治、经济、文化动态。译官们则肩负着"探知清朝政事"的重任，而李尚迪正是通过与来自四面八方的清朝人士交往，深入洞悉了清朝的种种情况。例如，张曜孙，江苏阳湖人，是清朝"易学三大家"之一张惠言的侄子，在京师应试期间与李尚迪结缘。《海邻尺素》中收其尺牍数量最多（20封），其中第十四篇更是长达4000余字，字里行间流露出对远方友人的深切思念。张曜孙特意创作了《海客琴尊图》，并在尺牍中详尽介绍了图中人物，以及李尚

---

① 为了便于读者深入研究，现将与李尚迪有尺牍往来的清代文人列举如下：江苏籍文人包括程祖庆、吴俊、邓尔恒、吴赞、王宪成、吕佺孙、吕偶孙、张曜孙、洪龄孙、潘祖荫、潘遵祁、潘曾绥、潘曾玮、潘希甫、汪喜孙、曹懋坚、叶觐仪、阮福、阮常生、张丙炎、朱锡绥等。山西籍文人则有冯志沂、杨尚文、杨尚志、温忠彦、温忠善、温忠翰、张穆、董文涣、王轩等。浙江籍文人包括姚涵、张茂辰、杨淞、周棠、周兰、龚橙、程恭寿、仪克中等。山东籍文人则有孔宪庚、孔宪彝、刘喜海、吴式芬等。直隶（今河北）籍文人包括刘福、王鸿、赵文涵、柏葰等。广西籍文人有朱琦、王拯。湖北籍文人则是叶名澧、叶志诜。

黄爵滋来自江西。高继珩籍贯为河北。吴思权则是甘肃人。雷文辉、杨东有、余垣、倪印增、刘肇铭、丁嘉葆、韩韵海、天台般若等人的籍贯尚待考证。

378

迪在北京结交的清人近况、家人生活及文学、学术活动，更详尽地叙述了自己亲历太平天国战乱的经历。王宪成也在信中痛陈时局之乱，"成通籍以来，已将廿载，梓乡沦陷，无家可归"，字里行间透露出对时局的无奈与感慨。李尚迪则将从清朝友人处获悉的太平天国之乱的情况如实上报朝廷，深刻意识到清王朝已处于风雨飘摇之中。

《海邻尺素》不仅记录了清朝当时的社会风貌、人民生活状况，具有极高的历史资料价值；还收录了关于书籍出版的宝贵信息，对文献学研究具有重要意义。例如，朝鲜宪宗十三年（1847 年）第八次燕行的李尚迪，在北京琉璃厂仅用一个月时间便成功刊行了个人诗文集《恩诵堂集》。这一过程中，江苏常熟人吴赞发挥了关键作用，他全权负责了纸张选择、文字式样及大小、文字校正、序文撰写等所有细节，并通过尺牍与李尚迪反复商定。[①]正是有了吴赞等清朝友人的鼎力相助，出使时间不到 50 天的李尚迪才得以在北京顺利出版《恩诵堂集》。该集的刊行，不仅让李尚迪的诗文在异域得到了清朝文人的进一步认识和赞赏，也间接促进了朝鲜文学的传播与影响。十年后，《恩诵堂续集》在清人孔宪彝的帮助下也在京出版发行。同样，这也是在中国文人帮助下出版朝鲜文人别集的典型案例。

朝鲜文人有意识地将与清朝友人的往来尺牍整理成集，不仅体现出朝鲜文人对尺牍这一文学形式的深刻理解与观念变迁，更彰显了他们对于尺牍在两国文化交流中所扮演的重要角色的重视。同时，这一行为也微妙地映射出朝鲜文人在文化心态层面对清朝的认同与接纳。

## 五、朝鲜文人对朱子选本的编纂

高丽末期，随忠宣王赴元京的安珦回国时，正式将朱子学引入东国。在白颐正、权溥、郑梦周、权近等人的倡导和推动下，程朱理学迅速传播，并

---

① 关于李尚迪《恩诵堂集》出版的详细商定内容，参见《海邻尺素》吴赞第 5 封、第 9 封、第 10 封、第 11 封、第 12 封、第 17 封尺牍，韩国国立中央图书馆藏本。

深刻影响了朝鲜儒学的走向，使其逐渐脱离汉唐儒学的传统框架，转而展现出独具半岛特色的性理学风貌。这一转变不仅标志着朝鲜儒学的新纪元，更使得性理学在随后的朝鲜朝 500 年间成为官方哲学的核心。同时，《四书集注》《朱子大全》等经典著作的广泛刊行与深入普及，极大地促进了程朱理学的研究与传播，涌现出大量朱子选本。

朝鲜朝后期实学派思想家李圭景在《朱子晚年定论》中提及正祖朝御纂《朱子会选》《紫阳会英》《紫阳手圈》《朱书百选》，是朱子选本编纂之大端。其后儒贤编纂的朱子选本也琳琅满目，如《朱子大全箚疑》《朱子大全箚疑补遗》《朱子语类》《语类抄》《朱子语类考解》《节酌通编》《朱书分类》《朱书入门》《朱子书节要》《朱文酌海》《朱子纂要书说》《朱书讲录刊补》《朱子抄选》《朱子学的》《朱书要类》《朱子封事》《朱子奏箚》等等。①"大抵朱书浩穰，古今抄类者无数，如陶山《节要》，不敢议到，而《朱文酌海》《海蚕类编》《朱书类选》《节酌通编》，不可一一枚举。"② 其中影响最大的，当属李滉的《朱子书节要》，"东人之尊崇朱书，实权舆于是书"③一语，道出了其在朝鲜哲学史上的重要地位。岭南学派的李栽、李象靖等人，在《朱书节要》的基础上，撰成《朱子书节要讲录》《朱书讲录刊补》。李象靖更是筛选、整理《朱子语类》中的重要内容，编撰成《朱子语节要》。柳致明亦不甘其后，重新编辑《朱子书节要》，成《朱节汇要》。畿湖学派的赵翼也将《朱书节要》中的重要内容摘编出来，成《朱书要类》。朴世采则致力于《朱子大全》遗文的收集，编纂成《朱子大全拾遗》。朝鲜朝学者对朱熹著述的编纂工作，持续了二百多年，这一过程不仅体现了朝鲜中后期对朱熹性理学理解的逐步深化，更在学术史上留下了浓墨重彩的一笔，具有重要意义。

---

① [朝鲜朝] 李圭景：《五洲衍文长笺散稿·朱子晚年定论辨证说》。韩国古典综合数据库 http://db.itkc.or.kr/inLink?DCI=ITKC_GO_1301A_0140_010_0060_2005_001_XML。

② [朝鲜朝] 柳：《临汝斋集》卷二，《韩国文集丛刊》第 92 册，第 519 页。

③ [朝鲜朝] 徐有榘：《镂板考》，张伯伟编：《朝鲜时代书目丛刊》第 4 册，中华书局 2004 年版，第 2037 页。

## （一）李滉的《朱子书节要》

"东方朱子"李滉所著的《朱子书节要》，开创了朝鲜时代对朱熹书札进行编选的先河。作为朝鲜儒学史上一位杰出的儒学大师，李滉被赞誉为"集大成于群儒，上以继绝绪，下以开来学，使孔孟程朱之道焕然复明于世"。他精研《朱子大全》，遴选"尤关于学问而切于受用者"，编纂成《朱子书节要》。在《答李中久》中，李滉阐述了《节要》的编撰初衷："此书当初不期与四方共之，只为老境精力短乏，须此节约之功，以自便于省览耳。中间被黄仲举苦要印看，不能坚执初意，然亦止为两家子弟辈谋之。不意仲举之破人宿戒，以至传入都中，思之汗栗，噬脐无及。"① 归纳而言，李滉编撰《节要》的初衷有三：一是对《朱子大全》的篇幅节要精简，便于省览；二是用朱子观点教育子弟；三是期望能进一步传播朱子学。他进一步指出："大抵节要书，归重在于学问。则所取皆当以训戒责励之意为主。然一向取此，则不几于使人拘束切蹙，而无宽展乐易愿慕兴起底意思耶，故其间虽不系训警之言……亦多取之。"② 这体现出《节要》"归重在于学问"的编纂宗旨以及"以训戒责励之意为主"又兼顾可读性的材料选取原则。《朱子书节要》虽名为"节要"，但力求完整反映朱熹的理学思想，精准把握其思想要领，成为朱熹著作再创作过程中的佼佼者。该书对于朱子学说在朝鲜的传播起到了重要的推动作用。

在退溪眼中，朱熹的书札如同量身定制的良药，依据个人的才情禀赋、学问深浅，精准施治，或扶持、或鞭策，或激励前行，或警示勿怠，在心灵细微之处亦不容丝毫邪念；在穷究义理的道路上，更是能敏锐洞察丝毫偏

---

① ［朝鲜朝］李滉：《退溪先生文集》卷十四《答李仲举》，《韩国文集丛刊》第29册，第300页。

② ［朝鲜朝］李滉：《退溪先生文集》卷十四《答南时甫》，《韩国文集丛刊》第29册，第368页。

差。"能使人感发而兴起焉。不独于当时及门之士为然，虽百世之远，苟得闻教者，无异于提耳而面命也。"① 因此，"就求其尤关于学问而切于受用者，表而出之，不拘篇章，惟务得要"，退溪遂命友人中擅长书法者及子侄辈，按照"时事出处""汪张问答""吕刘问答""陆陈辩答""知旧门人问答"等主题分卷抄录，共计14卷7册②，全面展现了朱熹与友人、知交及门人弟子间关于学问的探讨、答疑及辩难的内容，深入揭示了朱子思想的精髓。

## （二）郑经世的《朱文酌海》

李滉的《朱子书节要》专选朱熹的书札，为朝鲜知识界搭建起学习与深入理解朱熹思想、学问的坚实基石，"诚初学者之指南"。时隔60余年后，光海君朝的郑经世进一步拓宽了对朱熹著述的遴选范畴，除了书札外，更广泛搜集了封事、奏札、议状、奏状、申请、杂着、序、记、跋、箴、铭、赞、表、祭文、墓志铭、行状、实记等18类文体，编纂成《朱文酌海》16卷。郑经世"平日酷好朱文，常以为如日星焉，河海焉，礼义文章，灿然备具，千古以来，未尝有此"，但《朱子大全》自编纂以来，在中国出现了多种版本，其中正集部分便多达百卷，"学者未易窥其涯涘"。李滉的《朱书节要》虽为初学者提供了指南，但"自封事至碑状诸文字，咸不在选"，读者或有遗憾。于是，郑经世秉持"取其尤关于大体而切于受用者"的原则，亲自选定《朱文酌海》。"其删节之间，各有权衡，与李先生所选《节要》者，实相舆卫。"③ 宋浚吉在《朱文酌海序》中提及郑经世编撰该书的目的在于"补节要之见遗者也"。他进一步指出"博学之士，固自有《大全集》

---

① [朝鲜朝] 李滉：《退溪先生文集》卷四十二《朱子书节要序》，《韩国文集丛刊》第30册，第433页。

② 韩国奎章阁、延世大学图书馆等现藏《朱子书节要》为20卷本，应是在书籍的流传过程中篇卷的厘定有差异。

③ [朝鲜朝] 宋浚吉：《同春堂集》卷十六《朱文酌海序》，《韩国文集丛刊》第107册，第105—106页。

在焉，若其精力不长，未免节约之功者，先将两书，兼玩并观，熟复融贯，以开其路脉，正其规模，然后推以上之，曲畅旁通，则朱门旨诀，精义妙用，其庶几矣乎"①。现将《朱文酌海》所涵盖的文体种类及其具体数量列表见表23。

**表 23　《朱文酌海》各体文章数量统计概览表**

| 序号 | 类目 | 《朱子大全》篇数 | 《朱文酌海》篇数 |
| --- | --- | --- | --- |
| 1 | 封事 | 5 | 5 |
| 2 | 奏札 | 30 | 17 |
| 3 | 议状 | 6 | 5 |
| 4 | 奏状 | 67 | 18 |
| 5 | 申请 | 55 | 5 |
| 6 | 辞免 | 144 | 26 |
| 7 | 书 | 2365 | 117 |
| 8 | 杂著 | 130 | 21 |
| 9 | 序 | 68 | 15 |
| 10 | 记 | 82 | 24 |
| 11 | 跋 | 285 | 36 |
| 12 | 箴·铭·赞·表 | 67 | 9 |
| 13 | 祭文 | 42 | 7 |
| 14 | 碑 | 11 | 4 |
| 15 | 墓表 | 12 | 5 |
| 16 | 墓志铭 | 53 | 7 |
| 17 | 行状 | 13 | 5 |
| 18 | 实记 | 1 | 1 |

从所选文体的数量分布来看，书札类依然占据主导地位。除了涵盖"尤关于大体而切于受用"的应用文体，如封事、奏札、议状、奏请、申请、辞免等，还广泛收录了序跋、题记及各种杂著，这些作品不仅具有实用性，更蕴含了丰富的文学色彩。

---

①　［朝鲜朝］宋浚吉：《同春堂集》卷十六《朱文酌海序》，《韩国文集丛刊》第107册，第106页。

经过仔细比对，我们发现郑经世并不是简单选取《朱子大全》篇目，而是在朱子书基础上采用了5种文献处理方式：保存（全篇收录保存）、选取（只选原文重要部分内容）、删除（去掉原文套用表达或不重要的部分）、组合（将原文中的多篇或多个部分进行整合，统摄于一个题目之下）、校正（怀疑原文误字或需要补记的地方添加题注）。例如，《直秘阁赠朝议大夫范公神道碑》题下注："'庸'当作'佣'，'遂下'脱'于'字，'八'下疑脱'日'字"。又如《答汪尚书》题下注："甲申十月"，为读者提供了准确的时间背景。

以儒学作为治国理念的朝鲜，自其立国之初，便积极引进、复刻并广泛传播《性理大全》及《四书》等性理学经典著作。此举不仅为构建理想国家的政治框架与制度设计奠定了坚实基础，同时也极大地促进了性理学研究的深入发展。在整个朝鲜时代，对朱熹诗文的评选与研究蔚然成风，其滥觞可追溯至退溪李滉，而郑经世则紧随其后，继续发扬光大。

## （三）赵翼的《朱书要类》

赵翼，朝鲜朝中期的性理学家，其学术生涯在20岁前后展现出截然不同的风貌。据其年谱所载，20岁之前，他广泛涉猎，以研习文章为主，兼及音律、象数、卜筮、禅学等多元领域，对兵法亦颇有造诣；而20岁后，则深耕《四书》《近思录》《朱子书节要》等经典，致力于经学与性理学的探索。赵翼深谙朱熹书札的价值，他指出："书牍所以为尤切者，其言皆所与朋友、门人论难往复者，其发明义理之精微，指示学问之蹊径，极明且备。使听者晓然开悟，无复疑晦。学者苟由是而用力焉，则其识见之明，蹈履之笃，将日有所进，深造独得"。[1] 赵翼对李滉编纂的《朱子书节要》给予了较高评价，认为其使人"得见朱子嘉言"，其所选内容实"学者入德造道之要"。但他也指出，由于学者性情、学习能力各异，学习时机有早晚，且各自事务繁忙程

---

① [朝鲜朝]赵翼：《浦渚集》卷二十六《朱文要抄序》，《韩国文集丛刊》第85册，第473页。

度不同，故《朱书节要》20 卷对于部分人来说仍显繁重。① 鉴于此，赵翼在《朱书节要》的基础上进一步精选，并仿效朱熹编纂《近思录》之法，将所选朱熹书札分为 18 类，编成《朱子书抄节分类》10 卷，其篇幅约为《朱书节要》的五分之三。若以现存《朱书节要》收录的朱熹书札 1009 篇计，《朱子书抄节分类》大约包含 600 篇左右。

赵翼还编纂了《朱书要类》。在该书序言中，他再次肯定了李滉《朱书节要》的重要价值，并阐明了《朱书要类》与《朱子书抄节分类》之间的联系：

圣贤绝学，至宋而继，惟朱夫子集大成焉。后学所当师法，岂有如朱子者乎？朱子遗文，卷帙极多，其言浩渺，学者视之，茫然不见其涯岸也。退溪先生就其中掇取书札为《节要》。夫朱子之言，无非可以为后世法也。而其于学者用力之方，则书札为最要也，而又掇其要焉。然则学者欲学朱子，此岂非其门也？退溪先生之惠后学，其大矣乎。然翼之愚，犹恐其文多，学者难于用功也。何者？圣贤之言，非如史传、诸子可玩阅而已。将以体之身而致之行也，则必务要精熟。此书二十卷，其文之多与四书五经殆相埒焉。学者如欲熟之，中人以下精力，虽阅岁穷年，有所不能矣。以是，读是书者率多泛然出入，莫得其要，或读未及半，怠意已生，未免有劳而无功之叹也。故区区之计，窃以为莫如更抄其尤要者而致详焉。盖言要则其所得精，文约则其用力易也。且其言非一类，与其混然杂陈，亦莫如分而异之，使义理事为名目条贯，粲然明白，览者了然得其所从入也。尝僭不自揆，窃敢抄而分之，计今二十年余矣。近复读之，见其所抄所分，或庶几近之。第其间尚多未精处，敢复略加修改，似稍明备。噫！此非翼之书也，乃朱子之言而退溪之节也。区区所为，只是使简约分明尔，学者苟由是而求之，则其

① ［朝鲜朝］赵翼：《浦渚集》卷二十六《朱子书抄节分类序》，《韩国文集丛刊》第 85 册，第 467 页。

于道，真若大路然，岂难知而难成哉？区区为此，盖为暮景自励之
计，而如有同志之士或取而从事焉，则庶此学复明，亦未必不为斯
道之幸也。①

序言的前半部分实际上重申了编纂《朱子书抄节分类》的初衷，内容与
《朱子书抄节分类序》所述几乎相同。序言的后半部分明确指出，《朱子书抄
节分类》编纂 20 多年后，赵翼才在该《抄节分类》的基础上对"未精处"
进行了"略加修改"。由此可见，《朱子书抄节分类》实际上是《朱书要类》
的初稿。最终完成的《朱书要类》共 12 卷，6 册，收录了朱熹书札 485 篇，
在《朱子书抄节分类》的基础上精简了百余篇。与李滉的《朱书节要》相比，
赵翼的《朱书要类》不仅篇目更为精简，而且其特色在于按照主题对朱熹书
札进行了分类编排。这不仅是对前一时期朱子书研究的继承和发展，也为后
续的朱子书研究提供了新的方向，在学术史上占据了重要地位，是当今学术
界研究古代朝鲜学者朱子性理学的重要资料。

在《朱书要类目录》中，赵翼提及了朱熹书札的排序情况。最初的草稿
本《朱子书抄节分类》模仿朱熹的《近思录》，将《太极图》置于卷首，意
在阐述"道之原本"。同时，考虑到"见得理气之本似非初学所宜先也，恐
莫如以下学用功明白切近者先之"，所以在后期修改的过程中，将总论基础
学问和修养的内容放在了前面，其次是读书讲义、持守践履、克治、分别义
理、进退辞受、居官处事等为学以及提升自身修养应该切实用功之事。朱熹
与师友之间的交往细节以及对人学问行事失当的恳切之言都是值得效仿的，
因此"师友交际"类紧随其后。在有了一定的学问修养之后，就可以理解道
之原本，即"理气性命"。至于"性情之微，事理礼制之精，时务之宜，古
人行事之得失，异端荒虚诡怪之病"等，都是在学问有成之后才能洞察的，
因此都被逐一列在"理气性命"之后。

---

① ［朝鲜朝］赵翼：《浦渚集》卷二十六《朱书要类序》，《韩国文集丛刊》第 85 册，第 470 页。

　　《朱书要类》的编撰旨在为朝鲜文人学习圣人学问与言行提供参考。但赵翼更注重对义理根源的探究以及实际应用。他在《中庸困得后说》中明确指出："夫圣贤之言，皆所以明义理及教人践行之法。读之者必求其义理本末之归，以通其知识；又求其事物当然之则，以勉其行实。其中自有无限意味，如刍豢之悦口，不知手舞而足蹈也。由是而入焉，谓之入德；由是而成焉，谓之成德。古之圣贤所以为圣贤，皆由此道也。"他批评那些仅仅为了应付科举而"不求义理，不求践行，不求意味，而唯文字句读是求"的做法，认为这种做法远离了德行。读圣贤之书，如果忽略了义理的精髓、德行的美德和深意的丰富，而只是在文字上耗费精力，那么所获得的不过是文辞的浮华，"是亡其实而取其华，遗其中而事其外"。①

　　赵翼对当时朝鲜人对待科举考试的态度和对学问浅尝辄止的现实进行了批判性的反思。他特别强调了学习方法的重要性，认为掌握正确的方法是学习圣贤学问的基础。因此，他将朱熹在不同书信中讨论学习方法的内容汇编成册，命名为"论为学之方"，并将其置于《朱书要类》的开篇。从《朱子书抄节分类》的编纂到《朱书要类》的最终成书，赵翼对内容顺序的调整反映了他学问观的演变。最初，他希望《朱子书抄节分类》能像《近思录》一样成为学习四书的入门书籍。20年后，他在编纂《朱书要类》时，将"理气性命"的讨论内容后置，强调先通过学习提升个人修养，然后再进入更抽象的"形而上"阶段，这体现了他"下学上达"的学问观。

　　赵翼的《朱书要类》与李滉的《朱子书节要》、郑经世的《朱文酌海》相比，创新之处主要体现在两个方面。首先，赵翼按照主题对朱熹的书信进行了分类整理；其次，他在编排顺序上展现了自己对"为学之方"的独到见解和理解。赵翼还从《朱子大全》中选抄了朱熹的其他文体文章，编纂成《朱文要抄》。朱熹的其他文体文章数量不少于书札，"同是朱子之言，则其

---

　　①　［朝鲜朝］赵翼：《浦渚集》卷二十一《〈中庸〉困得后说》，《韩国文集丛刊》第85册，第473页。

纯正恳恻，与书牍何异也?"在他的奏章中，我们可以看到忠诚于格心之忠，经世之规，济时之略，以及进贤退邪的严格标准，这些都是后世可以效仿的典范；他的杂文、序、记、题跋、碑志等作品表现出他对儒家经典的深刻理解，对古书真伪的辨识，以及对古今语言得失是非的探究，无不细致入微。他弘扬先贤的道德深奥之处，记录其他贤士君子的美德、高尚行为和壮烈事迹，"使人读之，所以开广其胸次，激厉其衷情，不可量矣"。然而，当时的朝鲜学者主要关注朱熹的书信，对他的其他文章关注不足，因此赵翼摘录了各种文体的文章各几十篇。《朱文要抄》与《朱书要类》各有所长，既广博又精练，既注重理论又注重实践，"其于学朱子，庶可全尽而无余矣"。①

## （四）宋时烈的《节酌通编》和《朱文抄选》

尤庵宋时烈是朝鲜 17 世纪朱子学派的杰出代表，也是朝鲜后期礼讼论争的关键人物②。作为朝鲜思想界"双壁"之一李珥的再传弟子，宋时烈继承并发展了栗谷学派的性理学说，坚守儒学信仰，致力于治国平天下的理念。他对朱熹极为尊崇，其思想和行为均以朱子为准则。他曾明确表示："吾所主者，朱子也，栗谷也，则上质皇天无愧矣"，③"言言皆是者朱子也，事事皆当者朱子也"④，"朱子之后义理大备，靡有余蕴，后学只当尊信朱子"。⑤

---

① [朝鲜朝]赵翼:《浦渚集》卷二十六《朱文要抄序》，《韩国文集丛刊》第 85 册，第 473 页。

② 礼讼是指在宗法制度下，因王位继承者的嫡庶、丧服的等差、宗室勋戚的封号等礼仪问题所引起的争讼。显宗继位后宋时烈由于在"己亥礼讼"（因为孝宗过世，针对孝宗的继母庄烈王后该如何服丧一事引发的争论）中获胜而确立了自己在西人中的精神领袖地位。显宗末年，西人在"甲寅礼讼"（1674 年，朝鲜孝宗王妃仁宣王后去世，西人和南人围绕慈懿大妃即庄烈王后如何为仁宣往后服丧问题展开的争论）中败北，南人上台，宋时烈被流放。

③ [朝鲜朝]宋时烈:《宋子大全》卷八十九《与权致道》，《韩国文集丛刊》第 111 册，第 171 页。

④ [朝鲜朝]李恒老:《华西集》卷三十二《拾遗》，《韩国文集丛刊》第 305 册，第 326 页。

⑤ [朝鲜朝]权尚夏:《寒水斋集》卷三十一《尤庵先生墓表》，《韩国文集丛刊》第 151 册，第 70 页。

在 17 世纪中期，朝鲜思想界以尹鑴为中心，流行批判朱子学的风气。作为坚定的朱子信奉者，宋时烈深感危机，他认识到只有深入研究朱子学，才能化解所面临的挑战。因此，在遭遇"甲寅礼讼"失败并被流放期间，宋时烈潜心研读《朱子大全》，遇到难以理解之处，便记录下来并附上自己的见解。这些注释最终汇集成《朱子大全札疑》。

宋时烈注释《朱子大全》的初衷，源于对朱子奏疏、奏状、申请、公移等官用文字的理解困难，这些文字"略如我东俚语，其未能仓卒晓解"。①退溪李滉在编纂《朱子书节要》之外，还撰有《朱子书记疑》，用以解释难以理解的部分，教育初学者。然而，郑经世的《朱文酌海》缺乏相应的解释。基于此，宋时烈不仅对《朱文酌海》中的难题进行解释，还对《朱子书节要》和《朱文酌海》未收录的封事、上奏文、杂著、公移等进行注释，并将注释范围扩展至朱熹的诗、词、赋，最终编成《朱子大全札疑》原集 100 卷，续集 11 卷，别集 10 卷。在编撰的过程中，宋时烈广泛参考了中国汉籍，涵盖经、史、子、集各部。经部书中，他引用了《礼记》《诗经》《周易》《古文尚书》《仪礼》《周礼》《五经正义》《诗集传》《书集传》《毛诗序》《春秋左氏传》《春秋胡氏传》等五经类及其注释书，以及《论语》《孟子》《中庸》《大学》《吕氏中庸解》《中庸或问》《中庸章句》《论语集注》《论语或问》《论孟精义》等四书类及其注释书。性理学书籍如《朱子语类》《太极图说》《性理群书》《心经》也被广泛引用。宋时烈还对《中庸章句》等注释书中的内容与《朱子大全》相关内容进行比较，遇到内容相左之处，都在进行分析的基础上，提出自己的见解，揭示朱熹的"定论"。

在《朱子大全札疑》中，宋时烈引用了大量史书，尤其是《史记》《汉书》和宋代史书如《宋史》，用以说明朱熹著作的历史背景。在注释朱熹的诗、词、赋时，他引用了《文选》《古文真宝》《瀛奎律髓》《事文类聚》等文学选本，

--------

① ［朝鲜朝］宋时烈：《宋子大全》卷五十一《答金延之》，《韩国文集丛刊》第 109 册，第 519 页。

以及韩愈、柳宗元、李白、杜甫、杜牧、白居易、黄庭坚、贾岛、李贺、李密、李商隐等人的诗句。此外，他还参考了《庄子》《老子》《列子》《荀子》《韩非子》等诸子书，以及《楞严经》《维摩诘经》《法华经》《圆觉经》《涅槃经》等佛经。在解释朱熹使用的难解宋朝口语时，《说文解字》《尔雅》《韵会》《玉篇》《韵府群玉》等音韵文字相关书籍发挥了重要作用。由于朝鲜与宋朝之间的"文字差异"，宋时烈对《朱子大全》进行了详尽的注释。在阐述朱熹的著述和主要活动时，频繁使用了朱熹的《年谱》，而在注释中国历代典章制度时，则经常引用《大明一统志》《天文志》《博物志》《通志》《文献通考》等。

宋时烈《朱子大全札疑》的完成，得益于多种主客观因素的共同作用。首先，大量中国典籍的传入为《朱子大全》的注解提供了可能；其次，在《朱子大全札疑》成书后的很长一段时间内，注释内容不断地得到丰富和完善，这不仅彰显了宋时烈个人的学术能力以及对学问精益求精的态度，也反映了他与友人、门生金寿增、金寿兴、金寿恒、朴世采、权尚夏、金昌协、李翔、闵鼎重、闵维重、南万九、洪得禹等人的合作精神。他们参与了书籍的提供、注释内容的审校以及补充工作，这表明《朱子大全札疑》不仅是宋时烈个人的智慧结晶，更是17世纪后半期朝鲜学界与宋时烈交流互动、共同研究的成果。

宋时烈在《朱子大全札疑序》中给予了《朱子大全》选本的代表《朱子书节要》和《朱文酌海》较高的评价：

> 退溪李先生手抄朱子大全简牍为二十篇，名曰《朱子书节要》。而又有《记疑》一册，以释其肯繁难解处，以训蒙士，其功大矣。其后文肃郑公又为《酌海》八卷行于世，盖《节要》之羽翼也。看此二书，前日望洋于《大全》者，可以由约而尽乎博矣。①

---

① [朝鲜朝]宋时烈：《宋子大全》卷一三九《朱子大全札疑序》，《韩国文集丛刊》第112册，第587页。

宋时烈认为《朱子书节要》和《朱文酌海》所选书札及各体文章是《朱子大全》的核心部分，因此这两部选本可作为朝鲜学者学习《朱子大全》的起点。在深入研究和学习《朱子大全》的过程中，宋时烈同时将《朱子书节要》和《朱文酌海》视为至关重要的参考书籍。为了便于学者们接触和学习这两部选本，宋时烈萌生了将它们整合的想法，产出的最终的成果便是《节酌通编》。甚至可以说，他对《朱子大全》的注释也与将《节要》和《酌海》合二为一的构想密切相关。他在给朴世采的信中提道："《节要》《酌海》之通编，始果出于鄙意，而《节要》则付以退溪《记疑》，《酌海》则时以鄙见略为解释，诚是妄作。"①由此可见，宋时烈早已在考虑将这两部选本合订。但他的意图并非仅仅是将两书简单地汇编在一起，而是要将两书的注释内容融合，为学习者提供一套完整的学习朱子学说的教材。同时，我们也能看出《朱子大全札疑》与《节酌通编》在编纂过程中有着紧密的联系。此外，宋时烈还对《朱子书节要》和《朱文酌海》未收录的《朱子大全》其他文体文章进行了补充收录，并加以注释，纂成了《节酌通编补遗》。

宋时烈的朱子书注释和编选成果，包括《朱子大全札疑》《节酌通编》及《节酌通编补遗》，被后世学者继承并进行了持续的研究。《朱子大全札疑》和《节酌通编》被公认为是朝鲜朱子学的代表著作，对朝鲜后期朱子学的研究和教育产生了很大的影响。特别是《节酌通编》，在肃宗朝被选为国王召对时的讲学教材。宋时烈的朱子学选本、注释本成果，不仅集16世纪中期以后朝鲜学界朱子书研究成果之大成，而且推动了朱子学研究的进一步扩展与深化。

依据宋时烈年谱记载，肃宗九年（1683 年），宋时烈精选朱熹的不同体裁文章共 38 篇，包括书信 23 篇，封事 3 篇，奏札 7 篇，议状 1 篇，说 1 篇，序 3 篇，编纂成《朱文抄选》，用作经筵讲学的教材。该书有着特定的读者，

---

① ［朝鲜朝］宋时烈：《宋子大全》卷六十八《与朴和叔》，《韩国文集丛刊》第 110 册，第 318 页。

即肃宗国王，并且有着明确的编纂目的：作为经筵教材，帮助肃宗掌握《朱子大全》中治国理政的核心内容。《朱文抄选》编纂背景是肃宗国王喜读朱子书，在经筵上与臣子们讨论朱熹的封事和奏札。朴世采和金寿兴，两位协助宋时烈校对和增补《朱子大全札疑》的学者，在经筵侍读时向肃宗国王推荐了宋时烈的《札疑》。宋时烈在给朝鲜后期文人尹以健的回信中提到："圣上喜看朱子书，使贱臣者校正以进，此实明圣学、兴圣治之基本。"①基于此，宋时烈从《札疑》中挑选出重要章节，作为经筵讲学的教材。尽管《朱文抄选》收录的是朱熹的言论，但它实际上反映了宋时烈对当时政治现实的认识和理解。在形式上，该书用大字书写朱熹的原文，并省略了原有的注释②，而用双行小字记录宋时烈对所选文章的个人见解和评价。

宋时烈深受朱熹学说的影响，对明朝怀有崇敬之情。明朝灭亡后，他积极倡导尊攘大义，反对清朝统治，并主张"复仇雪耻"。他曾指出："朱子初见孝宗，馨陈所学，而讨复为先。此义一晦，则三纲沦、九法斁，中国入于夷狄，人类化为禽兽矣。"③宋时烈的主张正与孝宗"北伐"计划相合，故而在孝宗朝他曾担任掌令、世子侍讲院进善、司宪府执义等职，并在显宗朝被任命为右相，甚至官至左议政。

朱熹的6篇《封事》饱含了他对政治现实的深切关怀，反映了他对于南宋时局的担忧，并试图通过《封事》来劝诫君主，以期南宋的复兴。这些文献不仅反映了朱熹的治国理念，也是他经世致用思想的体现。朱熹在《封事》中提出："讲学以正心，修身以齐家，远便嬖以近忠直，抑私恩以抗公道，明义理以绝神奸，择师傅以辅皇储，精选任以明体统，振纲纪以历风俗，节

---

① [朝鲜朝] 宋时烈：《宋子大全》卷六十八《与朴和叔》，《韩国文集丛刊》第111册，第128页。

② 宋时烈编选的《朱文抄选》并非直接选自《朱子大全》，而是在《朱子大全札疑》中选取自认为重要的各类文章编撰而成。

③ [朝鲜朝] 宋时烈：《宋子大全》卷二十七《上安隐峰》，《韩国文集丛刊》第109册，第12页。

财用以固邦本，修政事以攘夷狄。"① 这些观点对君主具有重要的警示作用。

宋时烈在编选《朱文抄选》时，对朱熹的封事和奏札给予了极高的重视。他评价这些封事和奏札"精忠恳切，诚意感发，必以格非正君保民定国为心。而辨贤邪，振纪纲，修军政，御外侮，又经纬乎其间。体用俱备，理事相函，较若画一，明如指掌，不局束于浅近小利，不泥滞于迂阔空言"②，并认为它们是解决朝鲜现实问题的良方。在《进〈朱子大全札疑〉疏》中，宋时烈指出："本朝立国，一如赵宋，故其末流之弊，亦与之相类。其国势善弱类之，吏胥贪纵类之，豪强恣暴类之。朱子于当时，目见其然，其所言痛切精悫，药当其病。欲治今日之病，舍是药何以哉？"③ 他还说："古圣贤虽多，而其在今日，则莫近于朱子。于此潜心熟复，不厌不倦，真若朱子日在筵席，相与酬酢，则学日进而德日起。"然而，朱子的言论众多，"其于正朝廷、安百姓，有不足言者矣。然于其中，亦不无先后缓急之殊"。《朱子大全》中共有封事 6 篇，郑经世《朱文酌海》全部收录，宋时烈《朱文抄选》选了其中 3 篇，即《壬午应诏封事》《戊申封事》《己酉拟上封事》。至于奏札，《朱子大全》共 29 篇，郑经世《朱文酌海》选录了 17 篇，宋时烈《朱文抄选》选录了其中 7 篇，并且认为："《行宫便殿》第二《论圣学箚》最所当先，而《癸未垂拱》第一、第二箚，《辛丑延和》第一、第二箚，《戊申延和》第五箚及《乞进德箚》，皆当次第熟读，而后可及其余也。"④

朱熹的《封事》具有鲜明的政治指向，其目的在于劝导君主领悟其中的治国策略，并将其应用于实践，以解决实际问题。朱熹的《封事》在朝鲜朝

---

① （宋）朱熹撰，刘永翔、朱幼文点校：《晦庵先生朱文公文集》卷十二《己酉拟上封事》，上海古籍出版社 2002 年版，第 618 页。

② [朝鲜朝] 宋时烈：《宋子大全》卷十八《进〈朱子封事奏箚箚疑〉札》，《韩国文集丛刊》第 108 册，第 435—436 页。

③ 《朝鲜王朝肃宗实录》卷十四，肃宗九年六月二十九日庚子，影印本第 38 册，第 651 页。

④ 《朝鲜王朝肃宗实录》卷十四，肃宗九年六月二十九日庚子，影印本第 38 册，第 651 页。

受到了广泛关注，不仅被单独编纂成书，而且从英祖至纯祖时期，一直被用作经筵的教材，并频繁出现在朝鲜儒臣的奏疏以及文人的文集中。例如，宣祖元年，朝鲜遭遇了"风旱之灾，飞蝗蔽天，四方忧恤荒灾之报相继不绝"，国家却"未尝发一号，出一令，以为救民之计"，反而"时有籍军之举"。在这种情况下，时年 68 岁的李滉上疏，"别录朱子《上孝宗封事》中一段，自古先圣王，兢兢业业止遗风余烈，犹可为后世法程之语以进"。① 朱子的《封事》也被性理学大师李珥广泛引用至他为朝鲜国王编写的《圣学辑要》中。朝鲜朝前期文人柳希春曾计划将司马光的《稽古录表》，诸葛亮的《出师表》《初领益州牧发教》，陆贽的《奏议》以及朱子的《封事》汇编成一卷，名为《献芹录》进献给君主。② 朝鲜朝后期文人尹愭在《读〈朱子封事〉》中盛赞其可"跻三代之盛"。③ 由此可见，朱子《封事》中的许多主张与朝鲜的现实状况以及君主追求的政治目标相吻合，因此成为朝鲜君臣改革现实、解决实际困难的重要依据。

朱熹的《封事》在朝鲜的早期单独刻印记录出现在《己卯录补遗》中："宗室正叔，袭爵为副正。丁丑年，私印二程《封事》、朱子《封事》，进上曰：'为治之要无过于此，伏愿留神采览焉。'上嘉纳之，赐书籍。"④ 宗室正叔，即世宗李祹的曾孙，在朝鲜文献中常被称为"诗山副正正叔"，这一点由安钟和在《国朝人物志》中得到证实。根据《韩国古籍综合目录》的记录，在韩国国立中央图书馆、首尔大学韩国学中央研究院、延世大学学术情报馆等机构收藏有《朱子封事》《朱子封事抄》《朱子封事抄略》等抄本、木版本、活字本共计 16 种。这些版本的卷数和册数各不相同，主要分为 2 卷和 4 卷两种。查考各版本的书前目录，可知朝鲜所存各种抄本均为 2 卷，

---

① ［朝鲜朝］李滉：《退溪集》附《退溪先生年谱》，《韩国文集丛刊》第 31 册，第 235 页。

② ［朝鲜朝］柳希春：《眉岩集》卷八《日记》，《韩国文集丛刊》第 34 册，第 296 页。

③ ［朝鲜朝］尹愭：《无名子集》册十《读〈朱子封事〉》，《韩国文集丛刊》第 256 册，第 419 页。

④ ［朝鲜朝］安璐：《己卯录补遗》，《韩国文集丛刊》第 3 册，第 43 页。

只抄朱子《封事》5 篇,而其他活字本《朱子封事》均为 4 卷,其中卷一收录了《壬午应诏封事》《庚子应诏封事》《戊申封事》,卷二收录了《己酉拟上封事》和《甲寅拟上封事》,卷三和卷四则收录了朱熹的其他奏疏。尽管名为《朱熹封事》,实际上它包含了朱熹的多篇奏疏,从而丰富了相关的内容。

《朱子封事》的活字本主要有三种:一是显宗年间戊申铜活字本;二是正祖年间壬辰铜活字本;三是正祖年间丁酉字本。英、正时期编撰的《完营册板目录》和《西库藏书录》也都有《朱子封事》的记载。

正祖自称"酷好朱子书,翻阅不释于手,诵念不绝于口,讲究思索不忘乎心",因此在经筵中与臣僚讨论朱子封事时,称赞朱熹"奏札封事,义理明快",每每读到"议论正大处,三复咨嗟",感叹"有如此之学,有如此之德,知无不言,言无不尽,以是契会昭融,功业卓然,明天理于既往,立人纪于方来,使匝域衣冠之伦,得免胥溺之归"。朱子《封事》中讨论的"正心""修攘"之策、"节才用以固邦本"等对君王正心修身、治国理政具有重要借鉴意义的措施,也是正祖与经筵儒臣讨论的重要内容。

正祖还利用朱子《封事》为英祖朝因"疏中正名实(十)条"遣词问题而被流放致死的儒臣赵德邻平反正名。都承旨金灿认为:"大抵文字间成罪,实非盛世事,而至于后世,犹或有此者,盖以不逞辈言语文字间,往往有凶言,故不得不严讨矣,德邻疏中,正名实条,至于'匪心仓卒'等句,诚是不道之言。"正祖则认为,赵德邻奏疏中言辞都引用自朱熹的《封事》,"何必如是看之"? ①

正祖研读《朱子封事》的动机,实际上是为了应对朝鲜现实问题并寻求实用的解决方案。在英祖时期,为了平息党争并保持政治稳定,曾实施了"荡平策"。这一政策的目标与朱熹在《封事》中提出的"保民定国""明义

---

① 《承政院日记》正祖十二年十一月十六日条记载了正祖与儒臣对于赵德邻奏疏中有关"正名"等内容的讨论,详见奎章阁藏本,第 1648 册。

理以绝神奸""远便嬖以近忠直"等主张不谋而合，这些主张强调减轻赋税、体恤民众以及选拔贤能之臣。因此，《朱子封事》成了英祖朝经筵讲论的重要内容。经筵侍讲臣韩元震明确指出，朱熹的"封事奏札中，帝王心法，治国规模，无不备具，且为其君言之，故所言，皆切于人主之身"，因此他建议英祖"取入封事奏札所付之卷，置之左右而熟玩之"，并进一步建议英祖"先看封事奏箚，而后及全书（此指《节酌通编》）。"① 然而，自显宗朝以后，随着外戚权力的不断扩张，君权逐渐被削弱，《封事》中关于治国理政的策略难以得到实际执行，最终随着经筵制度的衰退，关于朱子《封事》的讨论逐渐淡出了经筵的记载。

但是，在朝鲜面临各种现实问题时，儒士们依旧从《朱子封事》中寻求解决问题的办法。以宋时烈的九世孙宋秉璇为例，在朝鲜与日本签订《江华条约》之后，面对外敌频繁的侵扰和国内邪说的盛行，他向高宗呈递了《辛巳封事》，提出了八项建议，包括"懋圣学以正心志""开言路以闻过失""辅元良以固国本""信赏罚以立纪纲""昭俭德以节财用""重名器以定民志""停进贡以存事体"以及"斥倭和以绝邪教"。宋秉璇自谦见识有限，文辞粗浅，明确表示自己的封事中的思想和见解"窃附于朱子封事奏札诸篇"，并希望高宗能在闲暇时"亟取其本篇熟复而详味之"。他称赞朱熹的封事"格心之恳恻委曲，论事之通畅综密，实非后世能言之士所能及"，并指出朱熹的论述"其气象言语，有若为今日准备者甚多"。② 书筵官金铉也引用《朱子封事》中的类似论述，劝告高宗振作精神，坚决抑制私欲，首先实施惩治贪腐的政策，对宗亲之人"少宽贷"，"更严缉盗之令与臭载之罪，无或容恕于左右近习之言"。③

---

① 《承政院日记》，英祖二年九月二十一日，奎章阁藏本，第 623 册，括号内容为引用时所加。

② ［朝鲜朝］宋秉璇：《渊斋集》卷三《辛巳封事》，《韩国文集丛刊》第 329 册，第 50 页。

③ 《承政院日记》，高宗十九年二月九日，奎章阁藏本，第 2897 册。

## （五）正祖李祘编纂的朱子选本

朝鲜正祖李祘，一位学识渊博的学者型君主，毕生推崇朱熹。他曾表示："尊慕而表章之者，靡所不用其极。"[①] 他认为朱熹作为理学的巨擘，是儒学的集大成者。李祘曾说："朱夫子，即孔夫子后一人也。尧舜禹汤之道，得孔夫子而明；孔曾思孟之学，得朱夫子而传。朱夫子尊，然后孔夫子始尊。"[②] 他还强调："朱子定著经说，明白的确，所以往复发明者。其于道理精粗，工夫次序，委曲详尽，无复余蕴。"[③] 学者们可以遵循他的学说，寻找学习儒学的正确路径。若要寻求正道，必须以朱子为标准。[④] 正祖的这些主张，极大地促进了朱子学在古代朝鲜的传播，并对朱子学地位的巩固作出了重要贡献。

朱熹的著述极为丰富，除了"《集传》《集注》《章句》《通解》《或问》以外，片言单辞之散见而错出者，何莫非精义达辞"[⑤]，蕴含着深邃的义理和精妙的表达，然而，"其卷帙既博，领略甚难"[⑥]。因此，正祖有志于整理朱子的著述，期望能编纂成一部集大成的作品。[⑦] 正祖对朱子的书籍投入了巨大的精力，"翻阅不释于手，诵念不绝于口，讲究思索不忘乎心，而圈批抄录亦复

---

① ［朝鲜朝］正祖李祘：《弘斋全书》卷一六五《日得录五·文学五》，《韩国文集丛刊》第 267 册，第 234 页。

② ［朝鲜朝］正祖李祘：《弘斋全书》卷二十九《命使行购朱夫子书真本纶音》，《韩国文集丛刊》第 262 册，第 484 页。

③ ［朝鲜朝］正祖李祘：《弘斋全书》卷一六五《日得录五·文学五》，《韩国文集丛刊》第 267 册，第 230 页。

④ ［朝鲜朝］正祖李祘：《弘斋全书》卷一六五《日得录五·文学五》，《韩国文集丛刊》第 267 册，第 230 页。

⑤ ［朝鲜朝］正祖李祘：《弘斋全书》卷一六五《日得录五·文学五》，《韩国文集丛刊》第 267 册，第 234 页。

⑥ ［朝鲜朝］正祖李祘：《弘斋全书》卷一七九《群书标记一·朱子选统》，《韩国文集丛刊》第 267 册，第 497 页。

⑦ ［朝鲜朝］正祖李祘：《弘斋全书》卷一六五《日得录五·文学五》，《韩国文集丛刊》第 267 册，第 234—235 页。

积有成帙"①。他对《朱子大全》《朱子遗书》及《朱子语类》等书反复研读,"尝为之手校,为之手钞"②。据不完全统计,除了命阁臣徐命膺编撰的《朱子会选》(48卷)外,正祖本人亲自编撰的朱子选本多达9种,包括《两贤传心录》(8卷)、《紫阳子会英》(3卷)、《朱子选统》(3卷)、《朱书百选》(6卷)、《朱文手圈》(10卷)、《雅颂》(8卷)、《朱夫子诗》(12卷)、《朱子书节约》(20卷)、《御定朱书分类》(12卷)。正祖亲自撰写了各选本的解题,详细说明了编撰的目的、结构和方法。

通过这些解题,我们可以了解到,《两贤传心录》汇集了《朱子大全》和《宋子大全》中的核心思想、奏疏、杂著、序跋和诗赋等,旨在比较朱熹和宋时烈在思想上的相似之处。其他9种选本主要依据的文献是《朱子大全》和《朱子语类》。但正祖在编选时,并非直接从《语类》和《大全》中取材,而是参考了明清文人或朝鲜儒臣编纂的"二手"朱子选本。例如,《正祖实录》记载,正祖喜读朱子书,"就《大全》《语类》手加汇选,为《选统》《会选》《会英》诸书。至是取其书牍,约之为《百选》,首之以《上李延平书》,尾之以《与黄直卿书》,以视道统之受授。"③记载了《朱书百选》的文献来源是《大全》和《语类》。《群书标记》中关于《朱书百选》的解题也提到了类似的内容。然而,通过《华城圣庙告由文》可知,《朱书百选》实际上是以李滉的《朱子书节要》为文献基础。④

正祖还编有《朱书分类》6卷,首尔大学奎章阁有藏。为了与英祖朝朱子学者姜浩溥所编纂的《朱书分类》(54卷)相区别,正祖所编书名前加

---

① [朝鲜朝] 正祖李祘:《群书标记》,张伯伟编:《朝鲜时代书目丛刊》第2册,中华书局2004年版,第1126页。

② [朝鲜朝] 正祖李祘:《弘斋全书》卷一六五《日得录五·文学五》,《韩国文集丛刊》第267册,第234页。

③ 《朝鲜王朝正祖实录》卷四十一,正祖十八年十二月二十五日戊寅,影印本第46册,第534页。

④ 《华城圣庙告由文》记载:"选百朱书,《节要》是准。准我大儒,以诏后进。"见《弘斋全书》卷二十三,《韩国文集丛刊》第262册,第369页。

"御定"二字。正祖曾向右议政李秉模提及："'卿曾见故知事姜浩溥所眷朱书乎?'秉模曰：'臣曾未见之矣。'予曰：'九十老人手自誊出，并与《札疑》无一阙漏。予方得此，而将欲参用于朱书编辑时矣。'"① 这段文字透露出两条信息：其一，姜浩溥所编的《朱书分类》是在宋时烈所撰《朱子大全札疑》的基础上再次摘选的朱熹各体文章；其二，姜浩溥编纂的《朱书分类》为正祖《御定朱书分类》提供了重要的参考。现将两部《朱书分类》的具体类目见表24。

表 24 姜浩溥的《朱书分类》与正祖《御定朱书分类》类目比较

| 类目序号 \ 书名 | 姜浩溥《朱书分类》 | 正祖《御定朱书分类》 |
|---|---|---|
| 1 | 理气 | ○ |
| 2 | 性理 | ○ |
| 3 | 学 | ○ |
| 4 | 经籍 | ○ |
| 5 | 尚论 | ○ |
| 6 | 异端 | ○ |
| 7 | 历代 | ○ |
| 8 | 君道 | × |
| 9 | 臣道 | × |
| 10 | 治道 | × |
| 11 | 人伦 | × |
| 12 | 人事 | × |
| 13 | × | 礼 |
| 14 | × | 乐 |

从列表中可以清晰地看出，正祖的《御定朱书分类》在继承了姜浩溥《朱书分类》的框架后，进行了适当的筛选和调整，并且新增了"礼"和"乐"两个类别，从而完成了该书的编纂。

---

① 《承政院日记》，正祖二十二年四月十九日。

《紫阳子会英》共 3 卷，正祖李祘自述，他反复阅读明代高攀龙所编的《朱子节要》，"每读必几十遍，每讫一卷，必首尾抽绎以竟一帙。既竟帙，又手抄之，为三册。"① 该书内容涵盖时事、问答、古事、儒先、学、敬、诚、戒惧谨独、性、仁、心、中、忠恕、浩气、论辩、经、史、科举、诗学、象数、书籍、杂记等多个主题，并收录了各种体裁的诗文，汇编成册。

《朱子选统》一书已失传，《群书标记》中的解题指出，正祖在编纂该书时参考了《朱子大全》和《朱子语类》。正祖提及自己在研读《大全》和《语类》时，有感于二书卷帙浩繁，萌生了将二书进行简化和分类整理的想法。在正祖五年（1781 年），选文编排工作正式展开，并最终形成了一个包含 46 个类目的朱子选本，包括小学、为学之方、存养、持敬、静、知行、致知、力行、克己改过、立心处事、理欲义利君子小人之辨、出处、教人、人伦师友、读书法、读诸经法、论解经、读史、史学、《大学》《论语》《孟子》《中庸》《易》《书》《诗》《春秋》《礼》《乐》、性理、理气、鬼神、道统、诸子、历代、治道、赋、词、琴操、古诗、律诗、绝句、诗余、赞、箴、铭等。"以蝇头细字，净写三册，庸作巾衍之藏。若使分编成书，当为十余卷。"②

《朱子选统》的分类体系中，有"为学之方""知行""力行""读书法""大学""论语""孟子""中庸""易""书""诗""春秋""礼""乐""性理""理气""鬼神"等类目，这些可以在《朱子语类》中找到依据。然而，还有 29个类目在《大全》和《语类》中并不存在，同样在《朱子书节要》《朱文酌海》《朱书要类》等朝鲜文人编纂的朱文选本中也找不到相应的依据。

经过深入研究《朱子选统》的分类和排序，我们发现它与康熙四十五年

---

① ［朝鲜朝］正祖李祘：《群书标记》，张伯伟编：《朝鲜时代书目丛刊》第 2 册，中华书局 2004 年版，第 933 页。

② ［朝鲜朝］正祖李祘：《弘斋全书》卷一七九《群书标记一·朱子选统》，《韩国文集丛刊》第 267 册，第 497 页。

（1706 年）熊赐履、李光地等人奉命编纂的《御纂朱子全书》的目录几乎完全一致。正祖曾表达过遗憾："朱子书虽有康熙所编《全书》及我东《节要》《酌海》《通编》等名目，《语类》与《文集》终未有合成一书者，予甚恨之。"①他又说道："近又留意于《朱子大全》及《语类》，与其外片言只字之出于夫子之手者，欲为集大成，编为一部全书。待其编成，将别构一室于宙合楼傍奉安朱子真像，并藏《全书》板本于其中。予于朱夫子，实有师事之诚，所以欲如是也。"②正祖编纂朱子选本的初衷是为了用朱子学来教化天下，这一政治目标与康熙皇帝在《御纂朱子全书御制序》中所表达的编纂动机不谋而合："朱子集大成而续千百年绝传之学，开愚蒙而立亿万世一定之规，穷理以致其知，反躬以践其实。……文章言谈之中，全是天地之正气、宇宙之大道。朕读其书，察其理，非此不能知天人相与之奥，非此不能治万邦于袵席，非此不能仁心仁政施于天下，非此不能内外为一家。"③《御纂朱子全书》从康熙四十五年（1706 年）开始编纂，至康熙五十三年（1714 年）最终完成并刊行，历时近 8 年。雍正元年（1723 年），该书以"御赐"的方式传入朝鲜，④《奎章总目》中也有收录。正祖即位当年（1776 年），在昌德宫禁苑之北设立了奎章阁，该阁不仅负责奉藏和管理历代御制及王室书籍，还承担着教育培养人才、编印书籍以及作为维系"君臣共治"理念的政治权力中心等职能。⑤正祖五年（1781 年），他命令阁臣徐浩修编纂《奎章总目》，同年，

　　①　［朝鲜朝］正祖李祘：《弘斋全书》卷一六五《日得录五·文学五》，《韩国文集丛刊》第 267 册，第 232 页。

　　②　《朝鲜王朝正祖实录》，正祖二十二年四月十九日癸丑，影印本第 47 册，第 81 页。

　　③　（清）熊赐履、李光地等编：《渊鉴斋御纂朱子全书》卷首《康熙御制序》，清乾隆元年至二年国子监刻本。

　　④　《通文馆志》卷十《纪年续编》记载："礼部咨，雍正元年七月二十日，皇帝赐朝鲜国王《御纂周易折中》全部、《御纂朱子全书》全部……交与正使密昌君李橝等，相应知会该国王祗承可也。"韩国学中央研究院藏书阁文献检索系统：http://yoksa.aks.ac.kr。

　　⑤　相关论述详见张光宇：《朝鲜王朝正祖时期的官方史学研究》，上海三联书店 2019 年版，第 120—125 页。

《朱子选统》也编纂完成。因此，收藏于奎章阁的《御纂朱子全书》成为正祖编选《朱文选统》的文献来源是完全可能的。

书札，作为亲朋好友间交流的私人信件，本质上并非文学作品，不包含虚构故事，也不需要编造情节。它们通常语言通俗，目的明确，或互通消息，或询问动静，或讨论时事，或叙说亲情，或切磋学问、往复论难。朝鲜的文人学者往往偏好通过阅读这些亲切易懂的书札来深入研究学问、修身养性，自然会产生多种书札的选本。前有李滉的《朱书节要》，继以郑经世的《朱文酌海》（虽将选文扩大到多种文体，但总体来看书札数量仍占多数），后继宋时烈的《朱子抄选》，直至正祖时期，则有《朱子书节约》20卷。

正祖在春邸时（1774年）已编成初稿，正祖二十一年（1797年）重新编纂，并于次年命令阁臣徐有榘进行修订，正祖亲自撰写解题。编选此书的目的是要纠正"侈淫辞，竞诡辩，而师心自用……非圣诬经，侧僻缪戾，相率入于夷狄禽兽之域"的心学末流弊端。因此，选录朱熹的书札时，并非全盘照搬，而是经过精心删减，保留了义理，简化了冗余的言辞。书中略引《朱子语类》，因为"其记录之易讹"，不收录经义，因为"有传注之另行"；同时，书中还"并录旧说"，目的是"见其议论本末"。此外，还附录陆陈奏议，"欲详其问答肯綮"。[1] 全书按照内容分类编排，共分23类，包括学、性理、理气、鬼神、经籍、礼、乐、道统、诸子、历代、治道、文艺、赋、词、琴操、古诗、律诗、绝句、诗余、赞、箴、铭、题辞等。表明该书所选不限于书札，还包括了奏札以及诗赋等韵文。

正祖还编有朱熹的诗歌选本《雅诵》，共8卷。除了正祖的自序、编撰义例以及目录之外，正文部分可以分为三个部分：第一部分为开端，收录了歌词、词、赋各1篇；第二部分为主体，收录了古近体诗359首；第三部分为附录，收录了铭、箴、赞、题词、文等52首。对于所选诗文中涉及的人

---

① ［朝鲜朝］正祖李祘：《弘斋全书》卷一八二《群书标记四·朱子书节约》，《韩国文集丛刊》第267册，第545页。

名、地名、时事实迹以及仙释文字的引用，棹歌诸诗寓含的理语、理趣，均有文臣广征博引进行注解。正祖二十三年（1799 年），铸字所将《雅诵》以壬辰字印出。书成后，正祖下令该书"进讲经筵、胄筵，藏之尊经阁，俾作儒生月讲之编，此朱子所谓'明明直照吾家路'也，人人瓒璜，家家弦诵"①。

　　正祖曾自言："予于夫子之文章也，书而有《百选》，奏札而有《节约》矣，又因诗而约而选之者，诚以轮翼之不可偏废，而小学大学规模虽殊，其归则一耳。"② 这表明《雅诵》的编选与其他朱子选本一样，旨在推崇朱子，实行教化。朱熹诗作 1200 余首，正祖选其 359 首，对朱熹诗作的阐释无不与义理道学紧密相连。例如，正祖指出："欲知其造道成德之迹，则观乎《远游》；欲验其体用显微之妙，则览乎《棹歌》；无极、太极、两仪、五行，以至百王千圣肇纪修道之原，则征之于《斋居感兴》；仁山智水，鸢飞鱼跃，以至春风和气，瑞日祥云之容，则考之于《武夷杂咏》；遏人欲，存天理，有《水口之行舟》；尽精微，道中庸，有《鹅湖之次韵》；元元本本，率普涵育，有《西阁》之句；战战兢兢，夙夜儆戒，有《题真》之篇；而《论启蒙》者，羲文之精蕴也；《送林熙之》者，干元之善长也；《观书有感》者，大而极乎道，体之全而细，而析夫理窟之微也；《寄胡籍溪》者，千古心法，夫子既仪刑之，而又将万川之明月要与人，各明其德，以示任道自重之义也。"③

　　朱熹的诗歌中，纯粹的理学诗并不多见，其创作特色在于将对道的体悟融入日常生活和自然山水之中，用诗意的语言表达论道进德的哲理，赋予读者道德与情感的双重力量。理学诗在中国文学史上理应占有一席之地，但却常被批评为缺乏人情味。《雅诵》的编纂、出版和流传，本意在于推崇朱子，实施教化，但客观上也促进了朱子诗歌在朝鲜半岛的传播。

---

　　①　《雅诵·义例》，见首尔大学奎章阁韩国学研究院藏本。

　　②　[朝鲜朝] 正祖李祘：《弘斋全书》卷一八二《群书标记四·雅诵》，《韩国文集丛刊》第 267 册，第 541 页。

　　③　[朝鲜朝] 正祖李祘：《弘斋全书》卷一八二《群书标记四·雅诵》，《韩国文集丛刊》第 267 册，第 540 页。

正祖晚年精心编纂了4种关于杜甫和陆游诗歌的选本，分别是《杜陆千选》《杜律分韵》《陆律分韵》《二家全律》。选择杜甫和陆游的作品，是因为朱熹对这两位诗人给予了高度评价。在《杜陆千选》的序言中，正祖引用了朱熹的话："夫子又尝曰：'光明正大，疏畅洞达，磊磊落落，无纤芥之可疑者，于唐得工部杜先生。'夫子亚圣也，于人物臧否，一言重于九鼎，而其称道杜工部乃如此者，岂非读其诗而知其人也欤？如陆务观，与夫子同时，而夫子尚许之以'和平粹美，有中原升平气象'。则当今之时，等古之世，教其民而化其俗，舍杜陆奚以哉？……跋履山川之间，从容宪度之中，忠君爱国之诚，油然涌发于《秋兴》诸作，而不待夫子之笔，能帝蜀而寇魏，则杜子也；酹隆州之剑，而叹石帆之镜，慨六飞之南渡，恨二辕之北狩，起闻江声颒洞，杰然有铁衣东征之想，则陆子也。予时读《春秋左氏传》，起感于《山榛》《隰苓》之什，历选《三百篇》以后，能得《三百篇》之大旨者，惟杜陆其庶几乎！"①由此可见，正祖编纂杜甫和陆游的诗歌选本，主要原因是出于对朱熹的敬仰，以及对朱熹所赞赏的诗人的推崇。

经过上述分析，我们可以清楚地看到，朝鲜朝文人学士在编纂中国诗歌、散文、小说、尺牍以及朱熹各体文章的选本时，普遍遵循了实用主义的编纂原则。这些选本在不同程度上反映了不同时期的文学潮流和思想倾向。中国各体文学选本的编纂，首先依赖于大量中国汉籍的传入。基于对中国各体文学及其思想的深入认识和理解，朝鲜文人进行了富有思想性和批判性的解读、探索和文本实践，从而产生了具有重要价值的成果。这些成果不仅丰富了域外汉籍的宝库，而且在文献、史料、文学和艺术鉴赏方面都具有不可忽视的价值。因此，在未来的学术研究中，这些成果应当在相关领域得到更广泛的关注和应用。

---

① ［朝鲜朝］正祖李祘：《弘斋全书》卷一八二《群书标记四·杜陆千选》，《韩国文集丛刊》第 267 册，第 541 页。

# 第五章　古代朝鲜汉籍的价值

　　经由古代朝鲜刊印的中国汉籍以及在中国汉籍基础上衍生的朝鲜汉籍，是东亚汉籍的重要组成部分。这些文献无论在外部形制、编撰方式还是所承载的内容上，都体现了汉文化的丰富内涵和广泛影响力。同时，这些朝鲜汉籍无一例外都成为古代朝鲜儒学、史学、汉文学等形成、发展的基础，它们在东亚汉籍中占据着独特地位。正是这些朝鲜汉籍的存在，极大地丰富了东亚文明的内涵。前几章已经详尽阐述了基于中国汉籍衍生的朝鲜汉籍所蕴含的历史与学术价值，因此本章不再赘述。本章将重点从版本学和东亚文化交流的视角，进一步确认古代朝鲜汉籍的独特价值。

## 第一节　古代朝鲜汉籍的版本价值

　　古代朝鲜汉籍的版本价值主要体现在两个方面：首先，朝鲜汉籍的印刷和装帧展现了独特的版本特色；其次，它们保存了与中国汉籍内容一致但形式各异的域外版本。

### 一、具有一定的艺术鉴赏价值

　　中国的印刷术是对全人类文明的一项重要贡献。尽管雕版印刷术传入古代朝鲜半岛的确切时间尚不明确，但可以肯定的是，到了 10 世纪末至 11 世纪初，高丽的雕版印刷技术已经达到了繁荣阶段，刊出工程浩大的《大藏经》即为明证。随着科举制度的发展，社会对书籍的需求日益增长，中央和地方的官府、书院、寺庙等机构纷纷开始刻版印书，书籍的种类也扩展到了儒家经典、文集、医书、农书等。由于高丽刻书质量好且具有一定规模，"高丽本"被宗主国视为"好书"，因此宋哲宗特别编制了书籍目录，向高丽索求了 125 种中国汉籍的高丽版本。①

随后，在中国活字印刷技术的影响下，朝鲜多次制作并改进了活字。朝鲜汉籍的活字印刷数量庞大，随着东亚文化圈各国的文化交流，韩国活字印本在东亚各国均有保存。朝鲜活字的样式可以分为两个系统：一类是传入的中国各版本字体，另一类则是由古代朝鲜的书法大家如安平大君、晋阳大君、姜希颜等所书写的字体。纵观古代朝鲜活字所依据的中国印本书体，主要有两种：一种是书法体中的楷体，另一种是受到明代"宋体字"（匠体字）影响的"印书体"。从字形上看，楷体（正体、真书）易于阅读，同时融合了对著名书法家书体的模仿，兼具实用性和审美性，因此无论是中国的明清印本还是朝鲜本，楷体都是主要的书体形式。当然，在明中后期，民间书坊出现了笔画平直、棱角分明的"宋体字"，而朝鲜本仍然以楷体为主，直到肃宗十年（1684 年）才出现了模仿晚明流行的"宋体字"铸成的"校书馆印书体字"。这一变化背后有着政治原因，一方面是嘉靖皇帝即位后实施的严格门禁政策，另一方面是因为楷体字是明代内府本的主要印书字体，朝鲜继续使用明内府本的楷书体刻书，反映了其在政治上对明朝的尊重。

在朝鲜制作活字的过程中，所选字体不仅映射出朝鲜书法艺术的发展，同时也展现了其与中国文化的深厚渊源。自朝鲜初期至中期，赵孟頫体，亦

---

① ［朝鲜朝］郑麟趾等著，孙晓主编：《高丽史》卷十，第一册，第 289 页。

称作松雪斋体，对朝鲜书法界产生了深刻的影响。安平大君李瑢，率先学习赵孟頫体，成为朝鲜时代"松雪体"的先驱。朝鲜对赵孟頫书体的接纳，部分得益于高丽忠宣王与赵孟頫之间的深厚友谊。在忠宣王逗留中国期间，两人通过书画交流建立了联系。赵孟頫在忠宣王获准返回朝鲜时，特别为其创作了《留别沈王》一诗，表达了不舍之情。诗中"画屏摘句写乌丝"一句，揭示了他们共同的爱好。尽管该诗帖的真迹至今未见，但其拓本在韩国多有流传。

真正对朝鲜松雪体起到巨大影响作用的是赵孟頫楷体书写的《证道歌》，也是赵孟頫书法帖中字数最多、成就最高的书帖。朝鲜文人见之，不禁发出"银钩玉筋，龙爪蚕尾之奇，了然于今日"①的慨叹。赵孟頫的其他作品，如《浣花流水帖》《赤壁赋帖》《张真人碑帖》《五柳传帖》以及题为《赵兰亭》的《兰亭集序帖》，均有朝鲜的木拓本或石印拓本，成为东亚赵孟頫书贴的重要组成部分。赵孟頫的书法风格不仅在中国流传，还影响到了朝鲜半岛。例如，在世祖四年（1458 年）制作的戊寅铜活字以及宣祖二十三年（1590 年）制作的"《孝经》大字"，都采用了赵孟頫体。通过这些活字印刷的书籍，我们可以观察到赵孟頫书法在朝鲜的传播和演变，它们不仅具有实用价值，同时也展现了极高的艺术鉴赏性。

在明清时期，中朝文人通过尺牍作为交流的媒介，分享学术见解、鉴赏艺术品、互赠书籍和书画作品以及共同研究金石学。朝鲜的文人利用尺牍深入理解中国的政治、经济和文化状况，并通过这些书信积极向中国文人介绍朝鲜的文学艺术、特产和地方特色，努力让对方感受到朝鲜继承的中华文化底蕴。朝鲜文人有意识地将这些交流的尺牍编纂成集，这成为朝鲜尺牍集的一大特色，体现了他们对中华文化的仰慕以及对双方友谊的珍视。值得注意的是，这些尺牍集往往包含了双方往来书信的真迹，其中选用的纸张、书

① ［朝鲜朝］黄允元：《证道歌跋》，赵孟頫：《证道歌》，宣祖二十五年木刻本，韩国国立中央图书馆藏本。

法、钤盖的印章都具有重要的艺术价值。

韩国国立中央图书馆古籍部收藏了一部题为《同文神交》的尺牍集。除了题为"同文神交"的封面外，还题有"庚辰六月下浣无号李汉福追题"。李汉福是朝鲜末期著名的书画家。根据他的生辰，可以推断出"庚辰年"指的是1940年。该尺牍帖由李汉福最终汇编，包含了洪良浩、徐浩修与清朝文人往来尺牍真迹。该帖分上下两册，除了洪良浩尺牍帖1封之外，其余均为清代文人的原迹。上册收录了清代翰林修撰戴衢亨、尚书德保、抚宁贡士徐绍薪、兵部侍郎蒙古人博明、翰林戴衢亨、永平秀才李美、莱州知府徐大榕、榆关乡贡进士齐佩莲等人的尺牍帖共14封，以及徐绍薪所赠明代祝枝山的《题画》诗帖1封。下册则收录了为《韩客巾衍集》作序的学者李调元、西洋天文学家索德超、孔子第72代嫡孙孔宪培、书法家铁保写给徐浩修的尺牍帖共7封。

除了戴衢亨、德保、博明、孔宪培各自的一封尺牍在洪良浩的《耳溪集》和徐浩修的《燕行记》中有记载（但并非原迹），其余17封尺牍帖在中朝两国的古籍中均未见收录。特别是李调元在给徐浩修的尺牍帖中透露出清朝学术的诸多信息，例如，《四库全书》的刊刻和保藏情况，明确指出《四库全书》和《四库荟要》都是大部头著作，主要以抄写的形式流传。他的考古学杂记《井蛙杂记》虽有刻本，但极为罕见，难以满足徐浩修求书的愿望，这间接反映了乾嘉考据学风的盛行。这些尺牍帖的史料价值不言而喻，但其原札的书法和艺术价值更值得我们关注。

《同文神交》的第三封信件，是尚书德保致洪良浩尺牍。乾隆二十八年（1763年），德保科举高中探花，官至户部尚书，以文学成就著称。他曾任四库馆、三通馆副总裁，"公退稍暇，犹复拈弄笔墨"，"不独词旨温润，而书法亦复一笔不苟"，"生平不以书名，而其书已独臻古雅"，"以端严苍劲之笔，写温厚和雅之词"。他的书法师法欧阳询、柳公权，风格古雅，笔势苍劲。德保虽不以书法闻名，"而书之法度谨严，神采奕奕，非深于书者不能"。① 德保的书法作品流传不多，因此，《同文神交》中所收录的尺牍显得尤为珍贵。这封尺牍不仅用纸考究，带有清晰的树枝状底纹，还加盖了"臣德保印"朱文方印和"敬尔在公"白文方印，彰显了文人的雅致情趣。该尺牍不仅具有文献史料价值，同时也是一件具有艺术价值的珍品。笺纸的选择，印章的钤印，使我们更加生动地感受到一百多年前中朝两国文人之间的交往细节。

另外，从书籍的装帧形式看，现存朝鲜汉籍多为线装。在中国图书发展史上，以纸张作为书籍重要载体，历经卷轴装、旋风装、经折装、蝴蝶装、包背装以及线装等多种装帧形式。书籍装帧的变化反映的是文化的进步，每种装帧形式都有其独特的优劣之处，并带有鲜明的时代特征。总体而言，宋版书多采用蝴蝶装，到了宋末开始出现包背装，明代主要流行包背装，而清代至民国初期，线装书籍则占据了主导地位。观察目前可见的朝鲜汉籍，绝大多数为线装，也有少量的包背装，而蝴蝶装则较为罕见。这可能是因为蝴蝶装在阅读时需要连续翻动两页，存在一定的不便。包背装与线装在书页折叠方式和装帧流程上基本相似，不同之处在于书衣的形式，包背装需要包裹书背，这自然会降低装帧的效率。线装书籍的装订过程包括理料、折页、配页、检查理齐、压平、齐栏打眼穿纸捻、粘封面、配本册、切书、包角、复口、打眼穿线订书、粘签条、印书根字等步骤，但并非所有线装书都包含上述所有程序。例如，有些线装书不包角，有的则不印书根字。

尽管朝鲜本多采用线装，但它们也展现了与中国古籍不同的特点：朝鲜本的封面用纸比中国本厚，通常为褚黄色，并带有暗纹，这是朝鲜特有的制纸工艺；中国本通常有内封，使用与书页同样大小的纸张向内对折，前三后二，而朝鲜本没有内封，直接使用比半版书页稍大的纸张，四边向内折叠以

① 该段引用内容出自《辽宁省博物馆编纂馆藏中国历代书画著录（书法卷）》中的《清德保墨迹及诸门人题跋》，辽宁美术出版社 2015 年版，第 473 页。

保持与书页齐平，然后将书页的第一页粘贴到封面上；在线材使用上，中国本多用素色双股细线，而朝鲜本则多用单股粗色线，并常染成与封面相同的颜色；中国本多采用四眼针装，朝鲜本则多用五眼针装，偶尔也可见四眼或七眼针装，且打眼位置更靠近书根；从开本大小来看，朝鲜本比中国本大；从内部形制上观察，中国本多采用黑鱼尾，朝鲜本则多用花鱼尾，并在花鱼尾上进行装饰，如镂刻文字或图案，这在中国本中比较少见，因此，成为区分中国本和朝鲜本的重要标志。

## 二、丰富了中国汉籍的域外版本形式

中国汉籍传入朝鲜半岛以后，大多经历了朝鲜的翻刻和重抄过程。这一过程不仅丰富了朝鲜本土的藏书资源，还保存了众多中国汉籍的域外版本。这些版本不仅成为中国古籍辑佚的重要来源，也丰富了中国汉籍的外部面貌，成为东亚汉籍宝库中宝贵的文化遗产。

例如，在世宗年间，金礼蒙、柳诚源等人奉命根据疾病门类对医书进行分类，并采用原文照录的方式编纂了《医方类聚》，从而间接保存了从唐代到明代初期的 153 种医书，其中 40 余种在中国已不复存在。再如，我国第一部文言小说选本《文苑楂橘》在国内原本已失传，但在英祖年间，一位朝鲜人（姓名不详）编纂了《删补文苑楂橘》，共收录了 20 篇文言小说，包括《虬髯客》《红线》《昆仑奴》《柳毅传》《义倡汴国夫人》（即《李娃传》）等唐传奇名篇。韩国学者朴在渊经过考证，认为《删补文苑楂橘》并非明代人编撰，也不是中国失传的《文苑楂橘》，而是朝鲜人在明代王世贞《艳异编》基础上的再选编成果。① 朝鲜后期的学者李圭景在《五洲衍文长笺散稿》中提到，其家藏书中有一部《文苑楂橘》，共 2 卷，是《太平广记》的摘录。学者刘辉曾亲自前往韩国，带回复印本，并认定《文苑楂橘》为"明代文言

---

① 陈文新、[韩]闵宽东合编：《韩国所见中国古代小说史料》，武汉大学出版社 2011 年版，第 145 页。

小说选集"。①尽管这一结论尚需进一步验证，但朝鲜人编纂的《删补文苑楂橘》无疑是研究唐传奇及明代小说选本的重要版本。再如，明代传奇小说集的开山之作《剪灯新话》在国内原本也已失传，幸运的是，朝鲜朝的林芑以夹注的方式"穷搜冥索"，对《剪灯新话》进行了"句解"，不仅保留了原文和序跋，还增补了林芑和尹春年所作的跋文，即《剪灯新话句解》。正是由于朝鲜人对传入小说选本的重新编选，才使得在中国已经失传的《剪灯新话》以朝鲜句解本的形式留存下来，成为学界研究《剪灯新话》的唯一参考，具有重要的版本价值。

中国汉籍传入朝鲜后，朝鲜通过翻刻或翻印等最传统的接受方式来满足国家建设与文化建设等现实需求，也表达了对中华文化的深厚认同。这一过程客观上推动了中国汉籍的传播与保存。太宗时期，朝鲜重金聘请辽东人申得财，以改进印刷和造纸技术。铸字所印出《十七史》《大学衍义》《论语》《经济六典》等汉籍并颁布全国。世宗时期，进一步改进印刷技术，且重视对印刷书籍的校勘工作。世宗三年（1421年），铸字所利用新技术刊印《资治通鉴纲目》，集贤殿负责校其谬误。从世宗五年至十年（1423—1428年），铸字所印制了《文章正宗》《楚辞》《通鉴续编》《宋播芳大全》《大学》《庄子》《史记》《唐律义疏》《集成小学》等书籍，并将它们分赐给群臣。除了中央印书机构外，各道还设有"监司"负责管理刊印书板。例如，世宗十一年（1429年）二月，世宗命令将庆尚道监司进献的新刊《易》《书》《春秋》书板收藏于铸字所。②同年三月，又命令将全罗道监司进献的新刊《诗》《礼》板子收藏于铸字所。③

随着朝鲜铸字技术的不断进步，印书事业也在不断地发展。校书馆等专门的印书机构几乎无时无刻不在进行印刷工作，并且"每于赴京使行之还，

---

①　刘世德、程毅中、刘辉等编：《中国古代小说百科全书》，中国大百科全书出版社 2006 年版，第 567 页。

②　《朝鲜王朝世宗实录》卷四十三，世宗十一年二月二十三日己亥，影印本第 3 册，第 169 页。

③　《朝鲜王朝世宗实录》卷四十三，世宗十一年三月六日壬子，影印本第 3 册，第 169 页。

如得中朝书籍之稀罕于国中者，即必随即印出，以为广布，故公私书籍，至不可胜读"。① 成宗也是朝鲜朝的好学君主，其学问渊博，文辞雄浑。他命令校书馆无书不印。学者姜希孟凭记忆就能列举出《史记》《左传》《春秋四传》《前后汉书》《晋书》《唐书》《宋史》《元史》《纲目通鉴》《大学衍义》《古文选》《文翰类选》《事文类聚》《欧苏文集》《书经讲义》《天原发微》《朱子成书》《自警篇》《杜诗》《王荆公集》《陈简斋集》等。② 这些书籍涵盖了经史子集各部，所记尚且如此，未能记下的书籍数量更是难以估量。这从侧面反映了成宗朝活字印本中存在众多汉籍的事实。

朝鲜朝所刊印的书籍范围与输入的书籍范围基本是一致的，几乎涵盖了经学、史学、文学、医学、字学等各个领域。与科举考试重经史等学问以及诗赋论的能力相联系，经学、史学以及文学书籍占刊印书籍的绝大多数。以朝鲜前期刊印的诗文集为例，共印出66种，其中文人别集36种：包括《樊川文集夹注》《昌黎先生外集》《分类补注李太白诗》《唐柳先生集》《唐翰林李太白文集》《杜工部草堂诗笺》《东坡大全集》《虞注杜诗》《唐陆宣公集》《山谷诗选集注》《黄山谷集》《陶渊明诗选集》《王荆公诗选集》《简斋诗选集》《文天祥集》《朱文公集》《真西山读书记》《欧阳文忠公集》《二程全书》《李白诗选集》《杜甫诗选集》《苏东坡诗选集》《黄山谷诗选集》《止斋集》《象山集》《杜诗批注》《纂注分类杜诗》《李商隐诗选集》《文公朱先生感兴诗》《程氏遗书分类》《东坡诗选》《诸葛亮文集》《靖节先生集》《方孝孺文集》《苏诗摘》《韦苏州集》；诗文选集30种：《古文真宝》《宋名贤五百家集》《文章正宗》《诗选演义》《三体诗》《诗人玉屑》《诗选》《楚辞后语》《文章正宗》《瀛奎律髓》《文章类选》《文翰类选》《宋朝文鉴》《联珠诗格》《鼓吹续编》《诗学大成》《唐诗鼓吹》《文选》《元诗体要》《唐音》

---

① [朝鲜朝] 李彝仲：《西河集》卷十《校书馆请得米布纸地广印书籍启》，《韩国文集丛刊》第144册，第178页。

② [朝鲜朝] 姜希孟：《私淑斋集》卷十二《附录》，《韩国文集丛刊》第12册，第166页。

《诗林广记》《古表精粹》《古文苑》《古文关键》《古文轨范》《文章变体》《续文章正宗》《濂洛风雅》《选唐百家诗》《唐诗品汇》。这些诗文集不仅成为朝鲜文人编纂中国诗选集的重要资料来源，也使中国的诗文集以这种方式在朝鲜得以保存。

正是因为朝鲜半岛大量刊印中国汉籍，使得中国汉籍呈现出域外样貌，丰富了东亚汉籍的内容，在东亚文化史上是浓墨重彩的一笔。

## 第二节 古代朝鲜汉籍的东亚交流史价值

在以中华文化为核心、受儒家思想支配的"汉字文化圈"内，受汉文化辐射的周边国家之间也存在着一定的贸易往来。书籍作为汉文化的重要载体并非中国汉籍针对某一周边国家的单向流动，而是伴随国家间的交往在整个东亚文化圈内流通，"形成了书籍的环流"[①]，而朝鲜充当了汉籍传播的重要中介，促进了汉文化在东亚地区的进一步传播。

朝鲜朝前期，在处理对外关系上，对明至诚事大，与此同时仿效明朝"怀柔远人"的做法，与日本保持了较长时间的友好交邻关系。梳爬《朝鲜王朝实录》，发现几乎每年都有日本求访佛经的记录，从 1388 年到 1499 年间，日本曾派出请经使 83 次，仅《大藏经》就求得 43 部[②]，如世宗即位年（1418 年）八月，对马州守护都督熊瓦遣人求《般若经》[③]；世宗元年（1419 年）三月，九州都元帅源道镇遣使请《大般若经》[④]；世宗二年（1420 年）一月，给予日本使臣亮倪《大藏经》1 部[⑤]；日本国王甚至遣使圭筹、梵龄请求

---

① 张伯伟：《略说明清时期女性诗文集在东亚的环流》，《复旦学报》2014 年第 3 期。
② 李瑞良：《中国古代图书流通史》，上海人民出版社 2000 年版，第 379 页。
③ 《朝鲜王朝世宗实录》卷一，世宗即位年八月二十五日壬寅，影印本第 2 册，第 264 页。
④ 《朝鲜王朝世宗实录》卷三，世宗元年三月七日辛亥，影印本第 2 册，第 305 页。
⑤ 《朝鲜王朝世宗实录》卷二十二，世宗五年十二月二十五日壬申，影印本第 2 册，第 569 页。

大藏经板，被世宗以"所求大藏经板，我国唯有一本，难以塞请"为由婉拒，但日本使臣仍将《大藏经》1 部、《金字华严经》80 卷、《梵字密教》经板、《注华严经》经板带回国①。除了佛经之外，日本也遣人求请儒学典籍，如世祖十年（1464 年）一月，给予对马州太守宗成职所求《论语》《三体诗》②；同年七月，宗成职又求得《金刚经五家解铸本》《法华经》《成道记》《翻译名义》《圆觉经》《楞严经》《大般若经》《起信论》《永嘉集》《证道歌》《新注法华经》《四教义梵网经》③；世祖十三年（1467 年）一月，对马州守护代官宗盛直遣仇难洒毛，求《四书》《五经》，世祖命将典校署所藏《四书五经》送之。④ 成宗二十年（1489 年）八月，成宗国王与礼曹之间曾有过一段针如何给予日本书册的讨论，礼曹启曰："日本国使臣求书册，只与《论语》《孟子》何如？"⑤ 成宗说："医方所以活人也，今客人所索多，而只许此书，无乃不可乎？如《得效方》、东坡、杜诗、黄山谷诗、《诗学大成》等册许之，无乃可乎？"⑥ 通过该段对话可知日本本次遣使所求书籍数量、种类当不在少数，除医书以及《论语》《孟子》外，唐宋诗文集也在所求之列，也可见随着双方交往程度的加深，日本所求书籍范围也随之扩大。以友好交邻的和平交流方式流入日本的汉籍数量不可确知，但从其频繁交往来看，当有不少汉籍经由朝鲜传入日本。壬辰倭乱时，大量朝鲜汉籍被掠夺，甚至铜活字也未能幸免，日本重野安绎在《活板高丽史序》中说道："往昔朝鲜太祖铸字所，铜铸活字印行书籍，至世宗时撰述蔚兴，其技滋精。文禄之役，我将士赍之

---

① 《朝鲜王朝世宗实录》卷七，世宗二年一月六日乙巳，影印本第 2 册，第 363 页。

② 《朝鲜王朝世祖实录》卷三十二，世祖十年一月九日壬戌，影印本第 7 册，第 600 页。

③ 《朝鲜王朝世祖实录》卷三十二，世祖十年七月二十三日甲戌，影印本第 7 册，第 638 页。

④ 《朝鲜王朝世祖实录》卷四十一，世祖十三年一月八日乙亥，影印本第 8 册，第 56 页。

⑤ 《朝鲜王朝成宗实录》卷二三一，成宗二十年八月二十六日辛亥条，影印本第 11 册，第 512 页。

⑥ 《朝鲜王朝成宗实录》卷二三一，成宗二十年八月二十六日辛亥条，影印本第 11 册，第 512 页。

以归。德川氏初，用以印书，所得朝鲜活字者是也。我之文化，资于此而益盛。"①日本在卷帙浩繁的汉籍当中汲取汉文化精华，促进了本国文化的蓬勃发展，却给朝鲜人民带来了深重灾难。

后在德川幕府与朝鲜的积极接触、议和复交过程中，朝日关系最终实现正常化。从德川时代朝鲜派通信使赴日本以来，朝鲜与日本保持了较为稳定的外交关系，虽然通信使次数远不及燕行使频繁，却起到了沟通与日本的政治外交以及朝日之间的文化交流使者的作用。朝鲜前期只有 3 次通信使团成行，且缺乏时间上的连贯性和出使交往的典型性，到了朝鲜后期，通信使的派遣渐渐形成制度，从 1607 年到 1811 年，共计派出朝鲜通信使12 次，每次都留有纪行文字，冠以《海槎日记》《扶桑录》《东槎录》《东槎日记》《海游录》等名称，成为后世研究此一时期东亚政治环境和文化交往等方面内容的重要参考依据，兼具史料和文学价值。李德懋《盎叶记》"东国书入日本"条详细记录了英祖二十四年（1748 年）戊辰通信使携带至日本的书籍目录："《东国通鉴》《三国史》《海东诸国记》《芝峰类说》《理学通录》《朱书节要》《东医宝鉴》《惩毖录》《晋山世稿》《退溪集》《栗谷集》皆入日本，戊辰信使之行也。"② 又记大阪人上月信敬询问东国著述情况："问：'阳村《入学图说》，晦斋《九经衍义》，退溪《圣学十图》《启蒙传疑》《朱书节要》《天命图》《自省录》，栗谷《圣学辑要》《击蒙要诀》《启蒙补要解》，皆贵国儒书，而此后又有何人著书卫道耶？'此等书亦已入于日本，故丹藏之言如此。其中《启蒙补解》，我国所未闻者也。《春官志》曰：'倭所求请书籍，则《五经》《四书大全》《朱子大全》《十三经注疏》《退溪集》《东医宝鉴》《东文选》之属不可胜记，而如《杨诚斋集》《五经纂疏》《文体明辨》《周张全书》《文章辨体》《小学》《字训》《吕东莱续大事纪》等书，我国所无，

---

① ［日］市岛谦吉编：《高丽史》，明治四十二年，国书刊行会活字本。

② ［朝鲜朝］李德懋：《青庄馆全书》卷五十九《盎叶记》，《韩国文集丛刊》第 259 册，第 56 页。

故不许.'"① 该段记录透露出如下信息：第一，上月信敬所提及书籍均已传到了日本；第二，《启蒙补要解》或题为《云台真逸启蒙补要解》，朱熹所作，故李德懋说"我国所未闻者也"。上月信敬误以中国汉籍为朝鲜汉籍，大概因为在中国著述基础上衍生的诸多朝鲜汉籍与中国汉籍极为相近甚至相同，比如前章所述朝鲜续写的《近思录》文献，从书名上与中国明清时期《近思录》续写本书名几无二致。第三，李孟休《春官志》中记，以朝鲜本国所无为借口，未将《杨诚斋集》《五经纂疏》《文体辨明》《周张全书》《文章辨体》《小学》《字训》《吕东莱续大事纪》等带入日本。"我国所无"言过其实，上述中国汉籍其实都已经东传朝鲜，之所以有如此托辞，大概是因为朝鲜对日本在遣使往来的同时，也心存戒备。

申维瀚的《海槎东游录》同样记录了朝鲜通信使充当日本博求书籍中介的情形："日本文献无征，数百年间事，皆如雪中鸿迹，而自我邦关市以来，厚结馆译，博求诸书，又因信使往来，文学之途渐开，而得之于酬答之间者渐广故也"，但"多载两国隐情"之书也被馆译为谋一己之私而携至日本，申维瀚感到深深担忧："金鹤峰《乘槎录》、柳西厓《惩毖录》、姜睡隐《看羊录》等书，多载两国隐情，而今皆梓行于大坂，是何异于觇贼而告贼者乎？国纲不严，馆译之私货如此，使人寒心。"②

琉球由于特殊的地理位置成为古代中国、朝鲜等国家进行贸易的重要枢纽。洪武初年，琉球遣使奉表入贡，成为中国重要的藩属国之一，同时与朝鲜通使交聘往来，经由朝鲜获得不少中国汉籍。如世祖八年（1462年），琉球使臣普须古、蔡璟等来献方物同时求请《大藏经》，回国之时，还带回《韩柳文帖》《李白诗帖》《成道记》《法华经》《金刚经》《翻译名义集》《证道歌》《起信论》《永嘉集》《心经》《大悲心经》《圆觉经》《楞严经》《四教仪》《楞

---

① ［朝鲜朝］李德懋：《青庄馆全书》卷五十九《盎叶记》，《韩国文集丛刊》第259册，第56页。

② ［朝鲜朝］申维瀚：《清泉先生续集》卷六，《韩国文集丛刊》第200册，第488页。

伽经疏》《阿弥陀经疏》《维摩经》《宗要法经论观》《无量寿经义记》《宗镜录》和《宋元节要》①；世祖十三年(1467 年)，琉球国王又获赠《成道记》《法华经》《翻译名义》《起信论》《永嘉集》《大悲心经》《圆觉经》《四教仪》《楞严义海》《道德经》《法数》《涵虚堂圆觉经》《金刚经》《冶父宗镜》《楞严会解》《高峰和尚禅要》《真实珠集》《楞严经》《碧岩录》《水陆文》《维摩诘经》《金刚经五家解》《楞伽经疏》《阿弥陁经疏》《维摩经宗要》《法镜论》《观无量》《寿经义记》以及赵孟頫所书《真草千字文》《心经》《证道歌》《高世帖》《八景诗帖》《浣花流水帖》《东西铭》《赤壁赋》《兰亭记》《王右军兰亭记》等法帖②。从如上记录来看，经由朝鲜传入琉球的书籍以佛经居多，兼有《宋元节要》等史书以及赵孟頫的多种书法帖。

正是由于中国汉籍以及在中国汉籍基础上衍生的朝鲜汉籍在整个东亚文化圈内流通，使得东亚各国文化具有同质性且各具特色。而在东亚文化圈汉籍环流的过程中，朝鲜充当了重要角色，起到了进一步传播汉文化的作用。

---

① 《朝鲜王朝世祖实录》卷二十七，世祖八年一月十五日庚戌，影印本第 7 册，第 506—507 页。

② 《朝鲜王朝世祖实录》卷四十三，世祖十三年八月十四日丁未，影印本第 8 册，第 109 页。

# 结　　论

在中国汉籍基础上衍生的古代朝鲜汉籍成为"中国文化的对话者、比较者和批判者的'异域之眼'"，对朝鲜汉籍给予关注，可以丰富与之相关的中朝（韩）文学关联研究、中朝（韩）传统思想研究、东亚文化建设研究以及中朝（韩）交流史研究等领域的研究内容。通过探究古代朝鲜汉籍与中国汉籍的文化关系，可以得出如下结论：

## 一、朝贡册封体制下，相对稳定的宗藩关系、深入持久的书籍交流，是朝鲜汉籍衍生的基础

朝贡册封是中国与周边国家外交的重要手段，接受宗主国册封，定期向宗主国朝贡，奉行宗主国年号，成为宗藩关系的典型特征。明清与朝鲜半岛的关系经常被当作"朝贡体系"的典型代表加以讨论。当然从文化层面考量，朝鲜士人对明清表现出完全不同的文化心态。[①] 如果单从制度层面来看，明清与朝鲜的宗藩关系确实并无太大不同，自太祖朱元璋起，主张对朝鲜"字小以仁"，施行"厚往薄来"政策，与朝鲜和平相处，明朝与朝鲜之间建立起典型的宗藩关系，使得两国无论在政治交往还是文化交

---

① 关于"尊周思明"文化心态，孙卫国在其著作《大明旗号及小中华意识》和《从"遵明"到"奉清"朝鲜王朝对清意识的嬗变（1627—1910）》中进行了最为系统和深刻的讨论。

流上都具备以往朝代所不具备的规模和特征。清朝入关后，诸位皇帝有意识地向成为符合"中华道统"的圣君明主不断努力，推行一系列儒化政策，试图通过加强清政权"汉化""华化""儒化"来缩小清朝与明朝乃至中国历史上其他汉人建立的王朝之间的差异，从而使自己的统治顺应天意人心；对朝鲜则采取一系列的德化政策，缓和与朝鲜的关系，树立"上国"形象，为清鲜关系的稳定发展，典型的宗藩关系的形成，构筑了深厚的文化基础，客观上促进了两国之间书籍交流的展开。正是在相对稳定的宗藩关系下，双方使行往来，大量汉籍经由官方赐书、使臣购贸、学人交流互赠等方式流入古代朝鲜半岛，成为朝鲜学人阅读、学习的对象，并在此基础上被朝鲜学人以传抄、翻刻、注解、评选、续写、仿编等形式进行本土化改造。例如，理学经典《近思录》在东亚思想学术史上影响广泛且久远，南宋淳祐年间便出现了注本，最著名的当属叶采的《近思录集解》，该书最早版本据王国维《传书堂藏书志》记载，为宋末建阳刊本①，其后又有元明清多种重刻本。《近思录集解》面世后，很快远播朝鲜半岛，甚至取代了《近思录》原文，成为朝鲜知识分子最通行的《近思录》读本。从现存"朝鲜本"《近思录集解》来看，最早为高丽恭愍王十九年（1370年）星山李氏（李鲁叔）晋阳（庆尚道晋州）刻本，其后有甲寅字本、癸酉字本、戊午字本、戊申字本、壬辰字本、丁酉字本等多种活字本以及多种活字本的复刻本，正是在这些朝鲜重刻本的基础上，《近思录集解》得到广泛传播，出现了权橃的《近思录考疑》，金长生、郑晔的《近思录释疑》，权得己的《近思录僭疑》，权思学的《近思录记疑》，徐基德的《近思录会疑》，金钟顺的《近思录札疑》，朴燉的《近思录疑义》，韩元震的《近

---

① （清）王国维撰、王亮整理、吴格审定的《传书堂藏书志》中记载："《近思录》十四卷，宋刊本。宋朱子、吕祖谦同撰，叶采集解。朱子序淳熙乙未，吕祖谦序淳熙三年，叶采《进〈近思录集解〉表》淳祐十二年。每半叶八行，行十八字。宋末建阳刊本。有'建橛''师楚耆好''万宜楼藏善本书印'诸印。"见该书上海古籍出版社 2014 年版，第 492—493 页。

思录注说札疑》，姜奎焕的《近思录集解札疑》，李宗洙的《近思录叶注札疑》，柳栻的《近思录注疑往复说辨》等对《近思录》及其叶采《近思录集解》等，进行训释注评、提出疑惑、札记解析等释疑类文本，更出现了前已述及的名为《续近思录》《近思续录》《近思后录》等诸多续作、仿编本。世宗元年（1419 年）《性理大全》《四书五经大全》以御赐方式流入朝鲜半岛，《性理大全》不仅被列为经筵进讲之书，还被朝鲜儒学者们广泛研读、讨论。李滉阐释了《性理大全》中象数易学的一些烦琐疑难的问题，撰成《启蒙传疑》，阐明了其对象数易学的认识，从义理和象数的角度继承和发展了朱熹的易学思想；李滉还采集《宋史·道学传》《元史·儒学传》《朱子大全》《朱子实记》《大明一统志》《朱子言行》等中国文献资料，将宋元明时代的朱子学者或与朱子学有关联的 516 位人物的言行、学说以及史实等进行汇编，成《宋季元明理学通录》，该书实为《性理大全》"诸儒"门类的补编和续写。这些在《性理大全》基础上衍生的朝鲜汉籍对研究古代朝鲜半岛儒学的发展以及研究朝鲜人对中国儒学典籍的诠释方式有着重要价值。

## 二、在中国汉籍基础上衍生的朝鲜汉籍，透露出朝鲜学人不同的文化心态

一方面，是基于"慕华"思想的文化认同；另一方面，则是传统的华夷观念、性理学思想以及不断凸显的"小中华"意识。这种文化心态贯穿了朝鲜学人对中国汉籍接受的整个过程。朝鲜对承载着中国文化汉籍的接受与改造，展现了朝鲜自身政治、文化体系构建并逐步完善的过程，同时也反映了朝鲜从"认同"走向"自我"的过程。

古代朝鲜半岛许多汉籍著作，从著述体式来看，是对中国著述的模仿与继承，其根源在于"惟我小东，世慕华风"的思想。这种文化认同，本质上是对慕华思想的追溯。"慕华不只是朝鲜王朝君臣自始至终遵循的一种理念，

更是朝鲜制度建设中所依从的一个准则。"①正是基于这种慕华思想，古代朝鲜半岛全面学习中国。首先，在朝贡册封体制下，通过使臣的努力，大量中国汉籍被引入朝鲜。其次，朝鲜对这些汉籍进行了阅读和研究，不仅主动接受了书籍所承载的思想文化，还学习了中国汉籍的体例和编撰方法，并在此基础上进行模仿、节要、增补、续写、注解，甚至改编。通过这些方式，朝鲜表现出对某些问题的不同认识和见解，从而衍生出大量具有朝鲜特色的汉籍。

在太祖时期，郑道传受命仿照《周礼》编纂了《经国大典》，其中的刑法几乎完全借鉴了《大明律》。从机构设置来看，明朝中央设有内阁，而朝鲜则设立了议政府；明朝中央设有六部，朝鲜则设立了六曹；明朝设有大理寺和都察院，朝鲜则有司宪府和司谏院；明朝有五军都督府，朝鲜则设立了五卫都护府。在选拔人才方面，朝鲜沿袭了中国的科举制度，学校机构设置上，中央设有最高教育机构成均馆，并仿照周朝的辟雍、成均、上庠、东序、瞽宗五学，设立了东、西、南、北、中五部学堂，地方牧府郡县则各设乡校。参加科举的考生必须来自这些学校，使学校成为科举的预备场所。在考试内容上，朝鲜也仿效明朝，以《四书》《五经》为命题内容，并以程朱的注解作为评判标准。这些措施都是朝鲜对中华文化仰慕的实质性体现。

如前所述，儒学经典的传承性接受，在史书编纂方面的沿袭与模仿以及对中国诗文的选编，无不彰显了朝鲜对中华文化的认同与尊重。中国汉籍传入朝鲜半岛后，均被有意识地著录和保存，其中最为典型的是正祖朝对中国汉籍整理的成果《奎章总目》。正祖广泛阅读中国汉籍后，深刻认识到其对朝鲜文化的深远影响。因此，他下令编纂《奎章总目》，旨在彰显其"文治"政策，展现书籍文化事业的繁荣，并提升治国水平。《奎章总目》的编纂体现了朝鲜君臣对中国文化的认同感，其分类体系借鉴了中国古代官方和私人

---

①　孙卫国：《试论朝鲜王朝之慕华思想》，《社会科学辑刊》2008 年第 1 期。

编纂的目录书籍，并且引用了晁公武、陈振孙、朱熹、王世贞、黄宗羲、朱彝尊等 53 位宋、元、明、清时期众多著名学者的 128 条解题内容。朝鲜的君臣们自觉地将自己视为"儒家文化共同体"的一员，并以该共同体成员的身份来审视中国的学术与文化。

《奎章总目》的编纂者徐浩修等人通过"臣谨按"的方式，批评了新刻版《十三经注疏》对旧版原貌及其经义训释的模糊处理，认为后人的训释应在保留前人注解的基础上进行增补和修订。同时，他们也指出了《明一统志》中的讹误纰缪，尤其关注了有关朝鲜的记载，指出"平州地之偶名朝鲜也，而书之以箕子受封"①，对"箕子东封朝鲜"质疑，以此表达对自身利益的维护。此外，他们还注重维护理学正统，对《四库全书简明目录》中纪昀尊汉反宋的思想提出批评，对"濂洛诸贤则阳尊阴抑"的做法表达出不满。在《朱子晚年全论》的按语中，对朱熹与陆九渊的思想异同进行辨正，反对朱陆早异晚合的观点，这充分体现了对朱熹思想的高度推崇。

朝鲜的"小中华"观念由来已久。"小中华"这一称谓最早可追溯至高丽文宗时期，当时宋朝因其慕华尚文而赠予其这一美誉。到了明代，朝鲜自称为"小中华"，这不仅是因为它全盘接受了明朝的礼乐文明，还因为得到了中国皇帝"唯尔朝鲜，习箕子之教，素以好学慕义闻中国"②的赞赏。

这种观念在明清鼎革之后得到了进一步的凸显。正祖在《宋史》中提道："最羡于诸史而为最无可征，洪武中，命翰林学士宋濂等改修，中撤未果，其后周公叙建请改纂，亦未就。又如王惟俭之《宋史记》、柯维骐之《宋史新编》虽皆佚传。"③在这样的背景下，他自觉地肩负起改修《宋史》的任务，命群臣编纂《宋史筌》，这是其"华夏文化在邦"美好愿景的具体实践。吴庆元《小华外史》的编撰，更是在 19 世纪特殊的国内、国际环境下，"小中

---

① [朝鲜朝] 徐浩修：《奎章总目》，《朝鲜时代目录丛刊》第 1 册，第 152 页。
② 《朝鲜王朝太宗实录》卷一，太宗元年二月六日乙未，第 1 册，第 195 页。
③ 《御定宋史筌》卷首上谕，奎章阁藏本。

华"意识强化的产物。中国有《文选》，朝鲜则有《东文选》；中国有《朱子大全》，朝鲜则有《宋子大全》；中国理学有周敦颐、程颢、程颐、张载、朱熹所谓"五子"，朝鲜则有金宏弼、郑汝昌、赵光祖、李彦迪、李滉、李珥、成浑等"海东七子"，这些都是朝鲜"小中华"观念在书籍、学术建设上的体现。

"孔子之道，至朱子复明，朱子后孔子也。朱子之道，至栗谷复明，传宋子益著。宋子之于朱子，犹朱子之于孔子，宋子后朱子也。尊周攘夷，一体同功。"①"我国海外道学之传，岂天之正气动心，自不得不然耶！朱子之道至栗谷而复明，栗谷之业至先生（宋时烈）而益广。栗谷如天开日明，先生如地负海涵。"②"是编（韩梦麟《续近思录》）倘入中国，而有具眼者则尚可见朱子书大明于左海，而绝徼之外亦有如张伯行者出焉，是不可以无传也。"③ 这些都是对本邦儒者及其学术思想的肯定及"小中华"观念的张扬。

## 三、朝鲜汉籍与中国汉籍之间存在着不可剥离的孳乳关系，同时它们也是独特的文化实体

古代朝鲜与中国同处于东亚汉字文化圈内，有着共同的儒学文化根基。无论是在儒学典籍经典化的过程中，还是在史学以及汉文学的发展方面，都展现出深刻的理学思想影响，体现了两者之间的共通性。

以儒家经典的演变为例，从两汉到唐宋，儒家经典体系经历了从"六经"到"五经""七经""九经""十三经"的转变。"六经"是儒家整理的先王治理国家的典章文献，而《论语》《孟子》以及《礼记》中的《大学》《中庸》则是孔子、曾子、孟子等儒家学者在民间讲学的"记录"，是对"六经"经

---

① ［朝鲜朝］宋稚圭：《刚斋集》卷十二《疏轩李公行状》，《韩国文集丛刊》第 271 册，第 278 页。

② ［朝鲜朝］宋秉璿：《近思续录》卷十四《论圣贤》，国立中央图书馆藏本。

③ ［朝鲜朝］吴熙常：《续近思录序》，［朝鲜朝］韩梦麟：《续近思录》卷首，朝鲜纯祖 19 年木活字本，首尔大学奎章阁藏本。

义的传述和阐发。尽管这些并非"六经"原典，但它们以"传述"的形式，成为儒家经典体系的一部分。随着两宋时期儒学的复兴和重建，特别是朱熹对"四书"的合注，使得《论语》《大学》《中庸》《孟子》受到了特别的重视。尤其是《大学》和《中庸》，经过宋儒们关于天理论、心性论、工夫论等经典诠释后，从以先王治理为目标的"六经"体系，转入以完成天下有道的人文教化为旨趣的"四书"体系。

受中国儒学的影响，朝鲜半岛的儒学典籍的"经典化"体系也经历了类似的发展变化，即从"五经"到"四书"的转变。到李滉对《四书三经》（并称"七书"）进行释义，可以说"四书三经"成为朝鲜儒学经传的经典之作。通过"四书三经"称呼上的排序，我们也可以看出，在朝鲜经学史上，"四书"比"三经"或"五经"更受重视。朱熹将宋代理学与传统儒学联系起来，试图建立起四书与传统儒学经典之间的进学之阶。他提道："《近思录》好看，'四子'，'六经'之阶梯；《近思录》，四子之阶梯。"将《近思录》与儒学经典相提并论，赋予其"经典"的地位。朝鲜在接受程朱理学的同时，也接受了朱熹的"进学之阶"，并将本国儒学者的学术思想与之结合。例如，李汉膺将李滉与南宋三贤并称为"四子"，认为其所续作的《续近思录》"又为《近思录》之阶梯，以及《四子》《六经》，退翁所谓'溯伊洛而达洙泗，无往而不可'"①，实现了真正意义上的本土化。

在中国汉籍基础上衍生的朝鲜汉籍，无一例外地成为朝鲜儒学、朝鲜史学以及朝鲜汉文学形成和发展的基础，它们构成了独特的文化存在。作为域外汉籍的重要组成部分，这些朝鲜汉籍具有特殊的文化意义。然而，它们无不渗透着程朱理学的深刻影响，无论是基于中国汉籍的经学、史学还是文学选本，都鲜明地体现了理学的指向。

经学方面，李滉的《圣学十图》深刻体现了宋明理学的精髓，构成了其

① ［朝鲜朝］李汉膺：《敬庵集》卷九，《韩国文集丛刊》第116册，第176页。

儒学思想体系的核心部分；李珥以《大学》为基础编撰的《圣学辑要》是研究其"理气二元"理论的关键文献；金长生在《经书辨疑》和《近思录辨疑》中探讨了诸多"心性"议题，并提出了自己独到的见解，例如"四端气发说""物格知至说"和"戒惧慎独说"。中国的《四书》《五经》以及《近思录》则是其思想形成的基础。星湖李瀷为了纠正性理学者治经的空疏学风，撰写了多部对"经典"的批判性著作，如《大学疾书》《小学疾书》《中庸疾书》《论语疾书》《近思录疾书》《家礼疾书》《易经疾书》和《书经疾书》等，这些作品突出体现了他"穷经致用"的经学理念。这些朝鲜学者的贡献不胜枚举。正是他们在阅读、吸收、理解、融合以及本土化中国汉籍所承载的儒家思想文化的过程中，展现了朝鲜儒学的独特风貌。

在史书编撰方面，朝鲜深受中国古代官方史学的影响，效仿编撰了《实录》和《国朝宝鉴》，并仿照纪传体编修了《三国史记》和《高丽史》。同时，仿照通鉴类史书编纂了《东国通鉴》，以及基于中国史书衍生的大量注释、节选、摘编类史书，这些都构成了朝鲜史书的重要组成部分。这不仅促进了中国史籍在朝鲜半岛的传播，也体现了中国传统史学对朝鲜史学的深远影响。

尽管在史书修撰的体裁和体例上，朝鲜大多借鉴了中国的模式，但在修史理念和功用方面，未能突破强调纲常教化、注重垂训鉴戒、总结治国经验等传统史观和史学功用论。然而，作为一个独立的实体，朝鲜史书展现出与中国史书不同的特点。这一点在"尊周思明"类史书以及朝鲜编撰的中国史书中尤为明显，它们对君臣统治秩序、尊王攘夷的华夷秩序进行了明确的宣扬。例如，"《宋史筌》就是一切依照春秋义理，对《宋史》中凡与朝鲜视作坚不可犯的正统义理观相抵触的，都被删节，或重新编排，变成了一部强调尊王攘夷理念的宋史著作。"①

在目录编纂方面，朝鲜也展现出其独特之处，即包含了大量关于中朝、

---

① 孙卫国：《大明旗号与小中华意识：朝鲜王朝尊周思明问题研究（1637—1800）》，商务印书馆 2007 年版，第 268 页。

朝日之间书籍交流历史的叙述。例如,《海东绎史·艺文志》设有"经籍总论",叙述了历代中朝日三国的书籍交流、读书风尚、书籍的存佚情况以及藏书制度;①《东国通志·艺文志》在总序中历述了古代朝鲜半岛各时代（从箕子朝鲜到正祖时代）的图书收藏情况及其与中国的关系;《增补文献备考·艺文考》的"历代书籍"广泛辑录了《朝鲜王朝实录》中有关购书、赐书、献书以及进书中朝的史料,实际上是中朝书籍交流的历史叙述。这些资料都是研究东亚书籍交流的重要史料参考。

古代朝鲜文人编纂的中国诗文选本,不仅反映了他们对中国文学的理解,而且揭示了朝鲜文坛文风的律动和对中国古代诗文作品在朝鲜的传播与接受的状况。这些选本虽然源自中国的汉文典籍,但无论是对中国诗歌、散文、小说、尺牍等的选编,还是对朱熹著作的选辑,都展现了朝鲜朝文人学士实用主义的选编原则。不同选本的编纂,不同程度地反映了不同时期的文学风尚和思想观念。例如,朝鲜中后期的散文选本反映了朝鲜文坛对"文章典范"的探讨;宋时烈的《节酌通编》被视为朝鲜朱子学的代表作,对朝鲜后期朱子学的研究和教育产生了深远影响;朝鲜文人重新选编的《尺牍集》保留了明代尺牍集《翰海》的编排特点,同时也展现了显著的差异。例如:将尺牍的套语或对尺牍的说明性文字省去;《翰海》直接记录尺牍作者姓名,而《尺牍集》则记录作者的别号,并对《翰海》中未标注的尺牍作者的生平时代进行了补充。这些都表明朝鲜文人试图超越对中国传入尺牍集的直接阅读和接受,按照自己的方式重新选择尺牍,表达自己的尺牍观。

抄写、印刷、注释、翻译、节选、续写、仿编和改写,这些方式不仅是古代朝鲜接受中国文化的汉籍受容方式,也是朝鲜汉籍形成的关键途径。每一种方式都值得进行深入研究。例如,注释最初旨在消除学习者的阅读障碍,增进对中国文化的理解,其客观结果则是促进了对汉文化的吸收与传

---

① 张伯伟:《从朝鲜书目看汉籍交流》,载王勇主编:《书籍之路与文化交流》,上海辞书出版社 2009 年版,第 393 页。

播。杜甫的诗歌，蕴含儒家济世救民的情怀，在古代朝鲜"最受崇敬，历久不渝"。然而，由于其诗歌"元气浑茫，辞语艰涩"①，尽管注释众多，人们仍感到难以理解。因此，集贤殿的诸位大臣广泛搜集各种注释，删繁就简，对杜甫诗中的地理、人物、字义进行了详细的解释，形成了《纂注杜工部诗》。宣祖、仁祖朝的李植则以异域的眼光，考辨各家评语及注释的异同，从诗歌创作的角度分析结构，阐明句法，撰写了第一部个人注释杜诗的成果《杜诗批解》。② 其他如帮助君臣理解国家律令的《经国大典注解》，助于学习治国经验的《贞观政要注解》，以及满足从儒生到胥吏广泛阶层阅读需求的《剪灯新话句解》等，都是重要的文化成果。

在翻译方面，有巩固和发展儒教统治的各种经书谚解，有教化民风的《列女传》《女诫》《女则》《吕氏乡约》的谚解，还有满足庶民阶层以及女性阶层对中国通俗小说的需求的大量小说谚解本等。

每一种受容方式都总结出了朝鲜汉籍的类型及特点。为了避免内容庞杂，本书从总体上勾勒古代朝鲜接受中国文化的轮廓，更多个案的研究将在日后的相关论文中进一步阐释和补充。

在中国汉籍基础上衍生的朝鲜汉籍，在外部形制、编撰方式以及承载的内容上，都展现了汉文化的深厚内涵及其强大的影响力。这些朝鲜汉籍是在朝鲜人对中国的思想、文化、制度等进行深入理解后结合自身的思考和批判进行的文本创作和实践的成果。它们构成了韩国学术的基石，丰富了域外汉籍的宝库，并具有重要的文献、史料、文学和艺术鉴赏价值。因此，在未来的学术研究中，这些朝鲜汉籍应在相关领域得到更广泛的关注和应用。对朝鲜汉籍与中国汉籍之间关系的研究，不仅能够加深我们对朝鲜半岛学术的理解，还有助于推动中朝（韩）文化交流与比较研究，为其提供更多的案例基础。这同时也体现了中国文化研究的东亚视角。

① ［朝鲜朝］曹伟：《梅溪先生文集》卷四《杜诗序》，《韩国文集丛刊》第16册，第338页。
② 详见左江：《李植〈杜诗批解〉研究》，中华书局2007年版。

# 参考文献

## 一、中国古文献及文献汇编

（汉）司马迁：《史记》，中华书局 2014 年版。

（三国魏）何晏：《论语集解》，元代岳氏荆溪家塾刻本。

（南朝宋）范晔：《后汉书》，上海古籍出版社 1992 年版。

（南朝梁）皇侃：《论语义疏》，清代乾隆道光年间长塘鲍氏《知不足斋丛书》本。

（南朝梁）萧子显：《南齐书》，中华书局 1974 年版。

（唐）令狐德棻等：《周书》，中华书局 1971 年版。

（唐）李延寿等：《北史》，中华书局 1974 年版。

（唐）姚思廉等：《梁书》，中华书局 1973 年版。

（后晋）刘昫等：《旧唐书》，中华书局 1975 年版。

（宋）苏轼撰，（明）茅维编，孔凡礼点校：《苏轼文集》，中华书局 1986 年版。

（宋）叶梦得：《石林诗话》，人民文学出版社 2011 年版。

（宋）晁公武撰，孙猛校证：《郡斋读书志校证》，上海古籍出版社 2011 年版。

（宋）洪迈：《容斋随笔》，上海古籍出版社 1978 年版。

（宋）李焘：《续资治通鉴长编》，中华书局 1990 年版。

（宋）王应麟：《玉海》，江苏古籍出版社 1990 年版。

（宋）叶采：《近思录集解》，国家图书馆藏元刊本。

（宋）朱熹：《诗集传》，国家图书馆藏，明嘉靖三十五年崇正堂刻本。

（宋）朱熹：《朱子全书》，上海古籍出版社 2002 年版。

（宋）李昉等编，汪绍楹校点：《太平广记》，文史哲出版社 1981 年版。

（宋）黄士毅编，徐时仪、杨艳汇校：《朱子语类汇校》，上海古籍出版社 2016 年版。

（元）脱脱等：《宋史》，中华书局 1977 年版。

（明）商辂：《续资治通鉴纲目》，明万历二十八年刻本。

《明实录》，"台湾中央研究院"历史语言研究所 1962 年版。

（明）罗钦顺：《困知记》，中华书局 1990 年版。

（明）李贽：《李贽文集》，社会科学文献出版社 2000 年版。

《大明会典》，《续修四库全书》第 791 册，上海古籍出版社 2002 年版。

（清）周亮工：《赖古堂尺牍新钞》，周氏赖古唐康熙九年刻本。

（清）李渔：《尺牍初征》，清康熙二十三年刻本。

（清）熊赐履、李光地等：《渊鉴斋御纂朱子全书》，清乾隆元年至二年国子监刻本。

（清）董文涣、李豫：《韩客诗存》，书目文献出版社 1996 年版。

（清）黄裳：《清刻本》，江苏古籍出版社 2002 年版。

（清）孙殿起：《琉璃厂小志》，北京古籍出版社 1982 年版。

（清）王国维撰，王亮整理，吴格审定：《传书堂藏书志》，上海古籍出版社 2014 年版。

（清）姚觐元：《清代禁毁书目四种》，商务印书馆 1937 年版。

（清）朱彝尊：《经义考》，《四部备要》，第 12 册，中华书局 1989 年版。

（清）永瑢等：《四库全书总目》，中华书局 2003 年版。

熊礼汇点校：《详说古文真宝大全》，湖南人民出版社 2007 年版。

## 二、朝鲜古文献及文献汇编

《朝鲜王朝实录》，韩国国史编撰委员会 1970 年版。

郑麟趾等著，孙晓主编：《高丽史》，西南师范大学出版社 2014 年版。

《同文汇考补编》，国史编纂委员会 1978 年版。

《备边司謄录》，国史编纂委员会 1982 年版。

《承政院日记》，奎章阁韩国学研究院藏本。

李昰应《纲目集要》，韩国国立中央图书馆藏印本。

《文献指掌编》，韩国古典翻译院 1999 年版。

《东贤奏议》，韩国古典翻译院 2018 年版。

李丙焘校：《三国史记》，首尔乙酉文化社 1988 年版。

金富轼著，杨军校：《三国史记》，吉林大学出版社 2015 年版。

一然撰，[韩] 权锡焕，[中] 陈蒲清译：《三国遗事》，岳麓书社 2009 年版。

林基中：《燕行录全集》，东国大学出版社 2001 年版。

李滉：《三经释义》，韩国国立中央图书馆藏本。

李滉：《四书释义》，韩国国立中央图书馆藏本。

李尚迪：《海邻尺素》，韩国国立中央图书馆藏本。

田禄生：《野隐逸稿》，首尔大学韩国学研究院奎章阁藏本。

李滉：《圣学十图》，宣祖二年木板本，韩国国立中央图书馆藏本。

权近：《阳村先生入学图说》，明宗二年荣川郡木板本。

李齐贤：《栎翁稗说》，世宗十四年原州牧刻本。

韩梦麟：《续近思录》，朝鲜纯祖十九年木活字本，首尔大学奎章阁藏本。

朴文镐：《七经注详说》，韩国学中央研究院藏本。

洪凤汉等：《增补文献备考·艺文考》，明文堂影印本 1985 年版。

李晬光：《芝峰类说》，首尔乙酉文化社 1994 年版。

韩国古典翻译院：《东文选》，韩国民族促进会 2007 年版。

李瀷：《星湖僿说》，英祖三十六年写本，韩国国立中央图书馆藏本。

吴庆元、吴显相：《小华外史》，朝鲜高宗五年木刻本，首尔大学奎章阁韩国学研究院藏本。

《御定宋史筌》，正祖四年写本，首尔大学奎章阁藏本。

李植：《泽堂先生别稿刊余》，显宗十五年木版本，首尔大学奎章阁藏本。

申绰：《诗次故》，朝鲜印刷株式会社 1934 年版。

许筠著，李离和编：《许筠全书》，亚细亚文化社 1983 年版。

李肯翊：《燃藜室记述》，民族文化推进会 1985 年版。

洪奭周：《续史略翼笺》，《域外汉籍珍本文库》第二辑，西南师范大学出版社 2008 年版。

柳得恭：《滦阳录》，《辽海丛书》第一册，辽沈书社 1984 年版。

柳得恭：《燕台再游录》，《辽海丛书》第一册，辽沈书社 1984 年版。

都圣俞：《养直集》，《韩国文集丛刊》第 17 册，景仁文化社 1988 年版。

李承召：《三滩集》，《韩国文集丛刊》第 11 册，景仁文化社 1988 年版。

申叔舟：《保闲斋集》，《韩国文集丛刊》第 10 册，景仁文化社 1988 年版。

崔恒：《太虚亭集》，《韩国文集丛刊》第 9 册，景仁文化社 1988 年版。

崔溥：《锦南集》，《韩国文集丛刊》第 16 册，景仁文化社 1988 年版。

金安老：《希乐堂稿》，《韩国文集丛刊》第 21 册，景仁文化社 1988 年版。

成俔：《虚白堂集》，《韩国文集丛刊》第 14 册，景仁文化社 1988 年版。

金正国：《思斋集》，《韩国文集丛刊》第 23 册，景仁文化社 1988 年版。

李滉：《退溪集》，《韩国文集丛刊》第 29、30 册，景仁文化社 1989 年版。

卢思慎：《苏斋集》，《韩国文集丛刊》第 35 册，景仁文化社 1989 年版。

洪暹：《忍斋集》，《韩国文集丛刊》第 32 册，景仁文化社 1989 年版。

李詹：《双梅堂箧藏集》，《韩国文集丛刊》第 6 册，景仁文化社 1990 年版。

柳云龙：《谦菴集》，《韩国文集丛刊》第 49 册，景仁文化社 1990 年版。

李德弘：《艮斋集》，《韩国文集丛刊》第 51 册，景仁文化社 1990 年。

权近：《阳村集》，《影印标点韩国文集丛刊》第 7 册，景仁文化社 1990 年版。

崔恒：《太虚亭集》，《韩国文集丛刊》第 9 册，景仁文化社 1990 年版。

李珥：《栗谷全书》，《影印标点韩国文集丛刊》第 44、45 册，景仁文化社 1990 年版。

柳希春：《眉岩集》，《韩国文集丛刊》第 34 册，景仁文化社 1990 年版。

姜希孟：《私淑斋集》，《韩国文集丛刊》第 12 册，景仁文化社 1990 年版。

李奎报：《东国李相国集》，《韩国文集丛刊》第 2 册，景仁文化社 1990 年版。

卞季良：《春亭集》，《韩国文集丛刊》第 8 册，景仁文化社 1990 年版。

许筠：《惺所覆瓿稿》，《影印标点韩国文集丛刊》第 74 册，景仁文化社 1991 年版。

申钦：《象村稿》，《韩国文集丛刊》第 71 册，景仁文化社 1991 年版。

李植：《泽堂集》，《韩国文集丛刊》第 88 册，景仁文化社 1992 年版。

尹善道：《孤山遗稿》，《韩国文集丛刊》第 91 册，景仁文化社 1992 年版。

沈光世：《休翁集》，《韩国文集丛刊》第 84 册，景仁文化社 1992 年版。

许穆：《记言》，《韩国文集丛刊》第 98 册，景仁文化社 1992 年版。

赵翼：《浦渚先生集》，《韩国文集丛刊》第 85 册，景仁文化社 1992 年版。

宋浚吉：《同春堂集》，《韩国文集丛刊》第 107 册，景仁文化社 1993 年版。

宋时烈：《宋子大全》，《韩国文集丛刊》第 108 册，景仁文化社 1993 年版。

李玄逸：《葛庵集》，《韩国文集丛刊》第 128 册，景仁文化社 1994 年版。

郑澔：《丈岩集》，《韩国文集丛刊》第 157 册，景仁文化社 1995 年版。

任埅：《水村集》，《韩国文集丛刊》第 149 册，景仁文化社 1995 年版。

权尚夏：《寒水斋集》，《韩国文集丛刊》第 151 册，景仁文化社 1995 年版。

李彝仲：《西河集》，《韩国文集丛刊》第 144 册，景仁文化社 1995 年版。

李宣显：《陶谷集》，《韩国文集丛刊》第 181 册，景仁文化社 1996 年版。

李光庭：《讷隐集》，《韩国文集丛刊》第 187 册，景仁文化社 1997 年版。

蔡济恭：《樊岩集》，《韩国文集丛刊》第 235 册，景仁文化社 1999 年版。

成大中：《青城集》，《韩国文集丛刊》第 248 册，景仁文化社 2000 年版。

魏伯珪：《存斋集》，《韩国文集丛刊》第 243 册，景仁文化社 2000 年版。

李种徽：《修山集》，《韩国文集丛刊》第 247 册，景仁文化社 2000 年版。

洪大容：《湛轩书》，《韩国文集丛刊》第 248 册，景仁文化社 2000 年版。

李德懋：《青庄馆全书》，《韩国文集丛刊》第 259 册，景仁文化社 2000 年版。

朴趾源：《燕岩集》，《韩国文集丛刊》第 252 册，景仁文化社 2000 年版。

洪大容:《湛轩书》,《韩国文集丛刊》第 248 册,景仁文化社 2000 年版。

李祘:《弘斋全书》,《韩国文集丛刊》第 267 册,景仁文化社 2000 年版。

洪良浩:《耳溪集》,《韩国文集丛刊》第 241 册,景仁文化社 2000 年版。

南公辙:《金陵集》,《韩国文集丛刊》第 272 册,景仁文化社 2001 年版。

宋稚圭:《刚斋集》,《韩国文集丛刊》第 271 册,景仁文化社 2001 年版。

丁若镛:《与犹堂全书》,《韩国文集丛刊》第 281 册,景仁文化社 2002 年版。

洪奭周:《渊泉文集》,《韩国文集丛刊》第 293 册,景仁文化社 2002 年版。

任宪晦:《鼓山集》,《韩国文集丛刊》第 314 册,景仁文化社 2003 年版。

李是远:《沙几集》,《韩国文集丛刊》第 302 册,景仁文化社 2003 年版。

李恒老:《华西集》,《韩国文集丛刊》第 304 册,景仁文化社 2003 年版。

柳重教:《省斋集》,《韩国文集丛刊》第 323 册,景仁文化社 2003 年版。

崔益铉:《勉菴集》,《韩国文集丛刊》第 325 册,景仁文化社 2003 年版。

田愚:《艮斋集》,《韩国文集丛刊》第 332 册,景仁文化社 2004 年版。

宋秉璿:《渊斋集》,《韩国文集丛刊》第 329 册,景仁文化社 2004 年版。

金昌协:《农岩集》《韩国文集丛刊》第 161 册,景仁文化社 2004 年版。

李瀷:《星湖全集》,《韩国文集丛刊》第 198 册,景仁文化社 2006 年版。

金万英:《南圃集》,《韩国文集丛刊续》第 36 册,景仁文化社 2007 年版。

金泽荣:《韶濩堂集》,《韩国文集丛刊》第 347 册,景仁文化社 2009 年版。

柳徽文:《好古窝集》,《韩国文集丛刊》第 112 册,景仁文化社 2011 年版。

李汉膺:《敬菴集》,《韩国文集丛刊》第 116 册,景仁文化社 2011 年版。

崔象龙:《凤村集》,《韩国文集丛刊》第 118 册,景仁文化社 2011 年版。

## 三、现代著作类

傅云子:《白川集》,东京文求堂书店 1943 年版。

[日] 藤冢邻著,藤冢明直编:《清朝文化东传の研究:嘉庆·道光学坛と李朝の金阮堂》,东京国书刊行会 1975 年版。

[韩] 金斗钟:《韩国古印刷技术史》,首尔探求堂 1979 年版。

《鲁迅全集》，人民文学出版社 1981 年版。

李宗邺：《中国历史要籍介绍》，上海古籍出版社 1982 年版。

王重民：《中国善本书提要》，上海古籍出版社 1983 年版。

佐藤保、和泉新译：《古文真宝》，日本学习研究社 1984 年版。

朴真奭：《中朝经济文化交流史研究》，辽宁人民出版社 1984 年版。

［韩］曹炯镇：《中韩两国古活字印刷技术之比较研究》，学海出版社 1986 年版。

屈万里、昌彼得著，潘美月增订：《图书版本学要略》，台湾中国文化大学出版部 1986 年版。

张立文主编：《退溪书节要》，中国人民大学出版社 1989 年版。

［日］高桥进著，王根生等译：《李退溪和主敬哲学》，延边人民出版社 1991 年版。

朱光潜：《谈文学选本》，《朱光潜全集》第九卷，安徽教育出版社 1993 年版。

［韩］千惠凤：《韩国金属活字本》，首尔汎友社 1993 年版。

赵钟业编：《韩国诗话丛编》，首尔太学社 1996 年版。

张立文：《李退溪思想研究》，东方出版社 1997 年版。

韩国哲学会编，龚荣仙译：《韩国哲学史》，社会科学文献出版社 1998 年版。

［韩］闵宽东：《中国古典小说在韩国之传播》，学林出版社 1998 年版。

黄建国，金初升：《中国所藏高丽古籍综录》，汉语大词典出版社 1998 年版。

廉皓等编：《朝鲜姓氏族谱全书》，中国文联出版社 1999 年版。

赵树功：《中国尺牍文学史》，河北人民出版社 1999 年版。

李瑞良：《中国古代图书流通史》，上海人民出版社 2000 年版。

张伯伟：《朝鲜时代书目丛刊》，中华书局 2004 年版。

张国风：《太平广记版本考述》，中华书局 2004 年版。

杨昭全：《中国——朝鲜韩国文化交流史·中朝图书交流》，昆仑出版社 2004 年版。

释子山夹注，查屏球整理：《夹注名贤十抄诗》，上海古籍出版社 2005 年版。

［韩］全寅初主编：《韩国所藏中国汉籍总目》，首尔学古房 2005 年版。

刘世德等:《中国古代小说百科全书》,中国大百科全书出版社 2006 年版。

河北省民族宗教事务厅:《新纂续藏经·东国僧尼录》,河北省佛教协会 2006 年版。

孙卫国:《大明旗号与小中华意识:朝鲜王朝尊周思明问题研究(1637—1800)》,商务印书馆 2007 年版。

李甦平:《韩国儒学史》,人民出版社 2009 年版。

杜慧月:《明代文臣出使朝鲜与〈皇华集〉》,人民出版社 2010 年版。

张志烈等校注:《苏轼全集校注》,河北人民出版社 2010 年版。

张崑将编:《东亚论语学:韩日篇》,华东师范大学出版社 2011 年版。

杨雨蕾:《燕行与中朝文化关系》,上海辞书出版社 2011 年版。

张敏:《韩国思想史纲》,北京大学出版社 2011 年版。

陈文新、[韩] 闵宽东合编:《韩国所见中国古代小说史料》,武汉大学出版社 2011 年版。

[韩] 金秀炅:《韩国朝鲜时期诗经学研究》,万卷楼图书股份有限公司 2012 年版。

谭正璧:《古本稀见小说汇考》,上海古籍出版社 2012 年版。

蔡美花等校注:《韩国诗话全编校注》,人民文学出版社 2012 年版。

张伯伟:《域外汉籍研究入门》,复旦大学出版社 2012 年版。

黄俊杰:《东亚儒学:经典与诠释的辩证》,华东师范大学出版社 2012 年版。

王元周:《小中华意识的嬗变:近代中韩关系的思想史研究》,民族出版社 2013 年版。

杨军:《朝鲜王朝前期的古史编纂》,社会科学文献出版社 2013 年版。

陈正宏:《东亚汉籍版本学初探》,中西书局 2014 年版。

葛兆光:《想象抑郁—读李朝朝鲜汉文燕行文献札记》,中华书局 2014 年版。

张伯伟主编:《域外汉籍研究集刊》第十一辑,中华书局 2015 年版。

邢丽菊:《韩国儒学思想史》,人民出版社 2015 年版。

辽宁省博物馆:《馆藏中国历代书画著录(书法卷)》,辽宁美术出版社 2015

年版。

王鑫磊:《同文书史:从韩国汉文文献看近世中国》,复旦大学出版社2015年版。

季南:《朝鲜王朝与明清书籍交流研究》,吉林人民出版社2016年版。

冯友兰:《中国哲学史》,长春出版社2017年版。

程树德:《论语集释》,中华书局2017年版。

[日]佐藤直方:《韬藏录》,板仓胜明:《甘雨亭丛书》,广陵书社2017年版。

梁启超:《梁启超评历史人物》,华中科技大学出版社2018年版。

张伯伟主编:《域外汉籍研究集刊》第十八辑,中华书局2018年版。

左江:《"此子生中国"——朝鲜文人许筠研究》,中华书局2018年版。

孙卫国:《从"遵明"到"奉清"朝鲜王朝对清意识的嬗变(1627—1910)》,台大出版中心2018年版。

陆学松等:《清初尺牍选本研究》,东南大学出版社2019年版。

张光宇:《朝鲜王朝正祖时期的官方史学研究》,上海三联书店2019年版。

付星星、金秀炅:《韩国诗经学概要》,河北教育出版社2021年版。

[韩]许敬震著,刘婧译注:《朝鲜时期的文艺复兴与中人》,中华书局2021年版。

程水龙:《〈近思录〉东亚版本考述》,凤凰出版社2022年版。

## 四、期刊及论文集论文

张秀民:《朝鲜的古印刷》,《历史研究》1957年第3期。

[韩]金斗钟:《关于近世朝鲜后期活字印本的综合考察》,《大东文化研究》第4辑,1967年。

张存武:《清代中国对朝鲜文化之影响》,《中研院近代史研究所集刊》第4集,1974年。

宋晞:《读〈宋史筌高丽传〉》,《宋史研究论丛》,中国文化学院出版社1979年版。

[韩]李成珪:《〈宋史筌〉的编纂背景及其特色——朝鲜学人对中国史编撰的有

关研究》,《震檀学报》第 49 号,1980 年。

葛兆光:《从〈通鉴〉到〈纲目〉——宋代通鉴学之一脉》,《扬州师范学院学报》1992 年第 3 期。

李甦平:《李退溪敬哲学和未来人格发展》,北京大学韩国学研究所编《韩国学论文集》(第五辑),社会科学文献出版社 1996 年版。

杨渭生:《〈宋史筌高丽传〉与〈宋史高丽传〉》,《宋丽关系史研究》,杭州大学出版社 1997 年版。

赵维国:《〈太平广记〉传入韩国时间考》,《中国典籍与文化》2002 年第 2 期。

何孝荣:《明成祖与佛教》,《佛学研究》2002 年。

孙卫国:《朝鲜王朝所编之中国史书》,《史学史研究》2002 年第 2 期。

乔志忠:《明代史学发展的普及性潮流》,《中国社会历史评论》(第四辑),商务印书馆 2002 年。

张国风:《韩国所藏〈太平广记详节〉的文献价值》,《文学遗产》2002 年第 4 期。

黄渭周:《关于韩国编撰的中国诗选集的研究》,《中国诗歌研究(第二辑)》,中华书局 2003 年版。

王元周:《华西学派的正统认识与本国认识辨析——以〈宋元华东史合编纲目〉为中心》,《韩国学论文集》,北京大学韩国学研究中心 2004 年。

王世伟:《读〈苏黄尺牍〉》,《历史文献论丛》,上海社会科学院出版社 2004 年版。

张伯伟:《二十六种朝鲜时代汉籍书目解题(上)》,《文献》2004 年第 4 期。

[韩]朴现圭:《朝鲜许筠求得李贽著作的全过程》,《海交史研究》2006 年第 1 期。

金生杨:《退溪对朱子象数易学的发展》,《尤溪首届朱子文化研讨会学术论文集》,中国文史出版社 2006 年版。

张升:《朝鲜文献与四库学研究》,《社会科学研究》2007 年第 1 期。

[韩]晋永美《李珥中国诗选集〈精言妙选〉小考》,《文献季刊》2008 年第 3 期。

[韩]유영옥:《眉巖柳希春의 尊朱子 학풍과 經書諺解》,东洋汉文研究所《东洋汉文学研究》第 26 辑,2008 年。

孙卫国:《试论朝鲜王朝之慕华思想》,《社会科学辑刊》2008 年第 1 期。

[韩] 김성수：《조선 후기의 금속활자 주조방법에 관한 연구》，《书志学研究》第 39 辑，韩国书志学会 2008 年。

任晓丽、梁利：《略论朝鲜李朝正祖的"文体反正"》，《解放军外国语学院学报》2009 年第 2 期。

张伯伟：《从朝鲜书目看汉籍交流》，《书籍之路与文化交流》，上海辞书出版社2009 年版。

姚大勇：《〈风骚轨范〉简述》，《古典文学知识》2010 年第 4 期。

左江：《从许筠〈闲情录〉看明代出版业及典籍东传》，《古典文献研究》（第十三辑），2010 年。

孙卫国：《史记对朝鲜半岛史学的影响》，《社会科学辑刊》2010 年第 6 期。

徐毅：《十八世纪中朝文人间请序题跋考论》，《井冈山大学学报（社会科学版）》2012 年第 5 期。

宋成有：《中国史籍编撰与〈三国史记〉》，《韩国学论文集》，北京大学韩国学研究中心 2013 年。

张伯伟：《略说明清时期女性诗文集在东亚的环流》，《复旦学报》2014 年第 3 期。

朱人求：《真德秀〈心经〉与韩国儒学》，《哲学动态》2015 年第 4 期。

孙卫国、郭江龙：《〈朝鲜王朝世宗实录〉的编纂与中国实录传统的影响》，《史学理论研究》2015 年第 3 期。

付星星：《朝鲜时代儒者丁若镛〈诗经讲义〉谫论》，《古典文献研究》2015 年第 2 期。

罗海燕：《〈近思续录〉与韩国的儒学本土化建构》，《东疆学刊》2016 年第 4 期。

尹炫晶：《关于〈八子百选〉的编纂与刊行的书志研究》，《大东文化研究》（总第 93 集），2016 年。

金培懿：《融通一贯之经学/敬学——鲜儒崔象龙〈论语辨疑〉研究》，国立台湾大学东亚文明研究中心《台湾东亚文明研究学刊》2017 年第 28 期。

李载贞：《明刻本宋体字传入朝鲜半岛后》，《文汇报·文汇学人·专题》2017 年 9 月 1 日。

孙卫国:《朝鲜世宗朝之历史教育——以〈资治通鉴〉与〈资治通鉴纲目〉为中心》,《安徽史学》2018 年第 2 期。

朱冶:《〈资治通鉴节要续编〉在朝鲜王朝的传播与影响》,《史学史研究》2018 年第 3 期。

[韩] 김희영:《박세당 (朴世堂) 의 「논어사변록 (論語思辨錄)」을 통해 본 독자적 경전 주해—논어집주 (論語集註)」와의 비교를 중심으로》,《儒学研究》第 43 辑, 忠南大学儒学研究所 2018 年。

董栋:《〈论语〉在韩国的译介历程及其翻译策略研究》,《齐齐哈尔大学学报》(哲学社会科学版) 2018 年第 3 期。

[韩] 임준철:《汉诗分门纂类의 전통과 조선 전기〈风骚轨范〉》,《汉文学论集》(第五十四辑), 2019 年。

秦丽:《宋元明普及性史书的东传朝鲜——以〈少微通鉴节要〉与〈十八史略〉为中心》,《古代文明》2019 年第 2 期。

程水龙, 曹洁:《论东亚"近思之学"的文献构建与价值》,《苏州大学学报 (哲学社会科学版)》2019 年第 4 期。

[韩] 朴素鉉:《朱熹의〈論語集註〉詮釋 상에 나타난"解經"과"治學"관계 고찰》,《中国研究》总第 102 辑, 中国研究所 2020 年。

[韩] 노요한:《고려말—조선초 經部 중국서적의 수입과 간행에 대하여》,《汉文古典研究》第 40 辑, 韩国汉文古典学会, 2020 年。

[韩] 노요한:《안평대군의 뺐 匪懈堂選半山精華뺐편찬과 주해방법》,《汉文学论集》第 59 辑, 韩国汉文学会 2021 年。

[韩] 손한빈:《15—16 세기 송명이학 서적의 유입과 서예적 체현에 관한 연구》,《东亚艺术》第 50 号, 韩国东亚艺术学会 2021 年。

韩东:《袁宏道"性灵"文学观在朝鲜文坛的接受与变异》,《延边大学学报》2021 年第 5 期。

[韩] 권기석:《正祖御定·命撰书의 간행과 국가적 역량의 효과적 활용》,《藏书阁》第 45 集, 韩国学中央研究院 2021 年。

## 五、学位论文

柏松:《明清时期朝鲜王朝"华夷观"探究》,东北师范大学2009年硕士学位论文。

林平:《宋代禁书研究》,四川大学2006年博士学位论文。

[韩]杨沅锡:《研经斋成海应的诗经学研究》,高丽大学2000年硕士学位论文。

赵蕾:《朝鲜正德四年本五臣注〈文选〉研究》,河南大学2021年博士学位论文。

陆学松:《清初尺牍选本研究》,扬州大学2018年博士学位论文。

金相圭:《〈太平广记〉异文研究——以韩国所藏〈太平广记详节〉〈太平通载〉为中心》,浙江大学2012年博士学位论文。

戴委珮:《儒学典籍明清时期在朝鲜半岛的传播研究——以"四书"与〈近思录〉为中心》,福建师范大学2021年硕士学位论文。

# 附录一　古代朝鲜学者《五经》解说及诠释成果一览表

| 序号 | 成果 | 作者 | 出处 |
|---|---|---|---|
| | 《周易》类 | | |
| 1 | 周易浅见录 | 权近（1352—1409 年） | 周易浅见录 |
| 2 | 易学启蒙要解 | 崔恒（1409—1474 年） | 易学启蒙要解 |
| 3 | 安斋易说 | 李世应（1473—1528 年） | 安斋易说 |
| 4 | 六十四卦方圆之图解·卦变解 | 徐敬德（1489—1546 年） | 花潭文集 |
| 5 | 易范图 | 黄孝恭（1496—1553 年） | 龟岩文集 |
| 6 | 周易释义 | 李滉（1501—1570 年） | 经书释义 |
| 7 | 启蒙传义 | | 启蒙传义 |
| 8 | 易图目录 | 柳贇（1520—1591 年） | 易图目录 |
| 9 | 柳倦翁易图解 | 柳元之（1598—1678 年） | 拙斋集 |
| 10 | 倦翁易图记疑 | 柳世鸣（1636—1690 年） | 寓轩文集 |
| 11 | 求正录：易·先天窥管 | 申钦（1566—1628 年） | 象村集 |
| 12 | 易数策 | 李珥（1536—1584 年） | 栗谷全书 |
| 13 | 周易本义口诀附说 | 崔岦（1539—1612 年） | 周易本义口诀附说 |
| 14 | 周易质义 | 李德弘（1541—1596 年） | 周易质疑 |
| 15 | 易初九上六爻义 | | 艮斋文集 |
| 16 | 河图洛书说 | 安敏学（1542—1601 年） | 枫崖集 |
| 17 | 河图洛书真有是耶圣人以神道设教·干元亨利贞说·见群龙无首说·易占·焦氏易林 | 柳成龙（1542—1607 年） | 西厓文集 |

| 序号 | 成果 | 作者 | 出处 |
|------|------|------|------|
| 18 | 易象说 | 曹好益（1545—1609 年） | 易象说 |
| 19 | 易传要义 | 郭䞭（1548—1630 年） | 西浦集 |
| 20 | 周易 | 金长生（1548—1631 年） | 经书辨疑 |
| 21 | 易学图说 | 张显光（1554—1637 年） | 易学图说 |
| 22 | 易学图说·诸解·太极辨解·大易理象 | 鲜于浃（1558—1653 年） | 遁庵全书 |
| 23 | 周易参同契批注 | 权克中（1560—1614 年） | 周易参同契批注 |
| 24 | 思问录：易学启蒙 | 郑经世（1563—1633 年） | 愚伏别集 |
| 25 | 易图说 | 权杠（1567—1626 年） | 方潭文集 |
| 26 | 易说·易学启蒙说 | 卢景任（1569—1620 年） | 敬庵集 |
| 27 | 易图书 | 金致宽（1569—1661 年） | 亦乐斋文集 |
| 28 | 策：易 | 曹守弘（1573—1607 年） | 沙村文集 |
| 29 | 箚录：周易干卦·周易坤卦·系辞上传 | 朴知诫（1573—1635 年） | 潜冶集 |
| 30 | 经说：易说·易学传授 | 许穆（1595—1682 年） | 记言 |
| 31 | 月卦图说 | 沈之汉（1596—1657 年） | 沧洲别集 |
| 32 | 易说 | 李惟泰（1607—1684 年） | 草庐全集 |
| 33 | 易说 | 宋时烈（1607—1689 年） | 易说 |
| 34 | 五位龟鉴 | 石之珩（1610—？ 年） | 五位龟鉴 |
| 35 | 一元消长图后语·启蒙图说 | 李徽逸（1619—1672 年） | 存斋文集 |
| 36 | 策题：问易·读书箚记：周易 | 洪汝河（1621—1678 年） | 木斋集 |
| 37 | 易象小诀 | 金万英（1624—1671 年） | 南圃集 |
| 38 | 易学启蒙覆绎 | 金楷（1633—1716 年） | 易学启蒙覆绎 |
| 39 | 周易传义集解 | 朴昌宇（1636—1702 年） | 周易传义集解 |
| 40 | 瓶窝讲义：周易·衍易注解 | 李衡祥（1653—1733 年） | 瓶窝全书 |
| 41 | 瓶窝讲义：文周衍·先后天 | | |
| 42 | 辨解附·与籧叟郑征士论易学启蒙别纸 | 韩汝愈（1642—1709 年） | 遁翁集 |
| 43 | 易义窥斑 | 李玄锡（1647—1703 年） | 易义窥斑 |
| 44 | 读书箚录：周易 | 林泳（1649—1696 年） | 沧溪集 |
| 45 | 河洛易象·先后天说璇元经学通考：易 | 郑齐斗（1649—1736 年） | 霞谷外集 |
| 46 | 病后漫录：易 | 崔奎瑞（1650—1735 年） | 艮斋集 |

| 序号 | 成果 | 作者 | 出处 |
|---|---|---|---|
| 47 | 易学二十四图总解 | 金锡文（1658—1735 年） | 易学二十四图总解 |
| 48 | 大谷易学图解 | | 大谷易学图解 |
| 49 | 元统亨利贞图<br>易春秋图<br>先天学四时十二月八节十六气之图 | 崔斗柄（1663—1726 年） | 坪庵集 |
| 50 | 学理图说 | 徐圣耇（1663—1735 年） | 讷轩集 |
| 51 | 周易浅说 | 金涛（？—1739 年） | 恭默堂集 |
| 52 | 易统<br>易大象便览<br>杂书辨上 | 李万敷（1664—1732 年） | 息山全书 |
| 53 | 易疑问答 | 姜硕庆（1666—1731 年） | 吃眠公集 |
| 54 | 读易琐义<br>易中记疑<br>易卦取象 | 权榘（1672—1749 年） | 屏谷集 |
| 55 | 周易说 | 李显益（1678—1717 年） | 正庵集 |
| 56 | 原画卦 | 全气大（1679—1744 年） | 伏庵集 |
| 57 | 周易系辞传<br>易学启蒙 | 朴致和（远）（1680—1764 年） | 雪溪随录 |
| 58 | 学易浅见 | 尹凤朝（1680—1761 年） | 圃岩集 |
| 59 | 易经疾书 | 李瀷（1681—1763 年） | 星湖全书 |
| 60 | 易学启蒙<br>易学答问<br>文王易释义 | 韩元震（1682—1751 年） | 经义记闻录 |
| 61 | 朱子言论同异考：易 | | 朱子言论同异考 |
| 62 | 先后天名易之义 | | 南塘文集 |
| 63 | 王朝礼卜筮下附：易学启蒙 | | 仪礼经典通解补 |
| 64 | 人易 | 成以心（1682—1739 年） | 人易 |
| 65 | 易学十二图 | 蔡之洪（1683—1741 年） | 凤岩集 |
| 66 | 窥斑录：则图画卦说·则书排卦说·十二辟卦图说 | 李世珩（1685—1761 年） | 恕轩文集 |
| 67 | 读易疑义·读易解嘲·读易管窥 | 柳宜健（1687—1760 年） | 花溪文集 |

| 序号 | 成果 | 作者 | 出处 |
|---|---|---|---|
| 68 | 易说 | 权万（1688—1749 年） | 江左文集 |
| 69 | 易范通录 | 南国柱（1690—1759 年） | 凤洲文集 |
| 70 | 易图撮要 | 柳观铉（1692—1764 年） | 阳坡集 |
| 71 | 易象简论 | 沈潮（1694—1756 年） | 静坐窝集 |
| 72 | 经说：易 | 尹东奎（1695—1773 年） | 邵南文集 |
| 73 | 坤卦讲义·易本义简疑 | 杨应秀（1700—1767 年） | 白水文集 |
| 74 | 易象管见序<br>伏羲之易有画无文夏商之易有占无文辨 | 徐宗华（1700—1748 年） | 药轩遗集 |
| 75 | 渼上经义：周易 | 金元行（1702—1772 年） | 渼湖集 |
| 76 | 周易讲义 | 李昆秀（1762—1788 年） | 寿斋遗稿 |
| 77 | 经说：易 | 桂德海（1708—1775 年） | 凤谷桂察访遗集 |
| 78 | 系辞传质疑·易学启蒙质疑·易学启蒙禀目·易学启蒙原禀·记闻录启蒙篇禀目 | 宋能相（1710—1758 年） | 云坪文集 |
| 79 | 周易 | 任圣周（1711—1788 年） | 鹿门先生文集 |
| 80 | 易学启蒙本图书五位相得说·周易简录·易学启蒙简录 | 金教行（1712—1766 年） | 惟勤堂遗稿 |
| 81 | 经书疑义：易·杂卦说·杂卦后说 | 安鼎福（1712—1791 年） | 顺庵文集 |
| 82 | 周易简疑·易学启蒙简疑·读易凡例·周易疑目 | 金谨行（1712—1782 年） | 庸斋集 |
| 83 | 易解参考 | 柳正源（1703—1761 年） | 易解参考 |
| 84 | | | |
| 85 | 易序疑义<br>易解参考篇题<br>易传八则阳生说 | | 三山文集 |
| 86 | 易学启蒙集笺 | 徐命膺（1716—1787 年） | 易学启蒙集笺 |
| 87 | 启蒙图说 | | 启蒙图说 |
| 88 | 经翼：先天四演 | | 保晚斋丛书 |
| 89 | 三经通义：易传 | 白凤来（1717—1799 年） | 九龙斋文集 |
| 90 | 序易本义 | | |
| 91 | 山天易说 | 金相岳（1724—1815 年） | 山天易说 |
| 92 | 易说 | 沈定镇（1725—1786 年） | 霁轩集 |

续表

| 序号 | 成果 | 作者 | 出处 |
|---|---|---|---|
| 93 | 论河洛图说<br>原类：原图书、原八卦 | 魏伯珪（1727—1798 年） | 存斋全书 |
| 94 | 河图解<br>伏羲则图划卦图说<br>八卦说<br>河图解后说<br>易论<br>干象对 | 吴载纯（1727—1792 年） | 醇庵集 |
| 95 | 包牺氏仰观俯察以画八卦图解外 | 李烨（1729—1788 年） | 农隐集 |
| 96 | 读易记疑 | 金奎五（1729—1789 年） | 最窝集 |
| 97 | 周易纲领 | 黄胤锡（1729—1791 年） | 理数新编 |
| 98 | 易学启蒙解 | | 颐斋续稿 |
| 99 | 御制经义问对：周易 | 柳匡天（1732—1799 年） | 归乐窝集 |
| 100 | 经义：周易本义 | 赵有善（1731—1809 年） | 萝山集 |
| 101 | 三经问辨：周易辨疑（附：启蒙记疑） | 洪大容（1731—1783 年） | 湛轩集 |
| 102 | 易书通义 | 成大中（1732—1812 年） | 易书通义 |
| 103 | 经义：易经简略·易系简疑 | 朴胤源（1734—1799 年） | 近斋集 |
| 104 | 周易讲义 | 朴琼（1735—1793 年） | 锴洲集 |
| 105 | 八卦方图外 | 李万运（1736—？ 年） | 默轩文集 |
| 106 | 人易卦爻 | 成允信（1737—1808 年） | 慎默斋集 |
| 107 | 易问 | 赵镇宽（1739—1808 年） | 柯汀遗稿 |
| 108 | 周易简录 | 金龟柱（1740—1786 年） | 经书简录 |
| 109 | 易学启蒙简录 | | |
| 110 | 御制经义条对：周易 | 奇学敬（1741—1809 年） | 谦斋集 |
| 111 | 御制经书疑义条对：周易 | 高廷凤（1743—1822 年） | 水村集 |
| 112 | 经义条对：易 | 李元培（1745—1802 年） | 龟岩集 |
| 113 | 周易 | 朴齐家（1750—1805 年） | 周易 |
| 114 | 经史讲义：易 | 正祖（1752—1800 年） | 弘斋全书 |
| 115 | 经史讲义：总经；易 | | |
| 116 | 易学撮要 | 沈就济（1753—1809 年） | 谦窝集 |
| 117 | 读易疑义 | | |
| 118 | 大易图说 | 张思敬（1753—1809 年） | 耳溪文集 |
| 119 | 易卦爻赞 | | |

| 序号 | 成果 | 作者 | 出处 |
|---|---|---|---|
| 120 | 易说诸图 | 裴相说（1759—1789 年） | 槐潭遗稿 |
| 121 | 推大衍数 | | |
| 122 | 卦变图解 | | |
| 123 | 启蒙传疑考疑 | | |
| 124 | 家人卦图说 | 尹弘圭（1760—1826 年） | 陶溪遗稿 |
| 125 | 易次故 | 申绰（1760—1828 年） | 易次故 |
| 126 | 易系辞论 | 南公辙（1760—1840 年） | 金陵集 |
| 127 | 经解：易颂 | 成海应（1760—1839 年） | 研经斋全书 |
| 128 | 经解：易纬说 | | |
| 129 | 经翼：易类 | | |
| 130 | 通志堂经解书目：易 | | |
| 131 | 摛文讲义：易 | 尹行恁（1762—1801 年） | 硕斋稿 |
| 132 | 薪湖随笔：易 | | 硕斋别稿 |
| 133 | 薪湖随笔：系辞传 | | |
| 134 | 周易四笺 | 丁若镛（1762—1836 年） | 与犹堂全书 |
| 135 | 易学绪言 | | |
| 136 | 易义拟言 | 徐有臣（1735—1800 年） | 易义拟言 |
| 137 | 杂著：易 | 吴熙常（1763—1833 年） | 老洲集 |
| 138 | 谦卦图 | 姜必孝（1764—1848 年） | 海隐遗稿 |
| 139 | 易说 | | |
| 140 | 读易 | 白庆楷（1765—1842 年） | 守窝集 |
| 141 | 周易 | 康俨（1766—1833 年） | 观书随录 |
| 142 | 易疑义 | 河友贤（1768—1799 年） | 豫庵集 |
| 143 | 周易衍义 | 朴文健（1770—1809 年） | 静观斋文集 |
| 144 | 读书琐义：易 | 柳徽文（1773—1827 年） | 好古窝文集 |
| 145 | 蓍卦考误解 | | |
| 146 | 周易经传通编凡例 | | |
| 147 | 读易琐义：易 | | |
| 148 | 启蒙考疑 | | |
| 149 | 传疑余论 | | |
| 150 | 启蒙记疑 | 李秉远（1744—1840 年） | 所庵文集 |
| 151 | 读易杂记 | 洪奭周（1774—1842 年） | 渊泉集 |
| 152 | 经：易（洪氏读书录：易） | | 洪氏读书录 |
| 153 | 周易劄疑 | 李止渊（1777—1841 年） | 希谷遗稿别编 |

| 序号 | 成果 | 作者 | 出处 |
|---|---|---|---|
| 154 | 易图发挥 | 金性昊（1777—1845 年） | 一斋文集 |
| 155 | 图卦会通 | | |
| 156 | 启蒙箚义 | 崔象龙（1786—1849 年） | 凤村文集 |
| 157 | 周易虞义考 | 金正喜（1786—1856 年） | 阮堂集 |
| 158 | 易筮辨 | | |
| 159 | 杂著：谩录 | 崔孝述（1786—1870 年） | 止轩集 |
| 160 | 杂著：手掌说 | | |
| 161 | 易卦爻象象辨证说 | 李圭景（1788—？ 年） | 五洲衍文长笺散稿 |
| 162 | 四象辨证说 | | |
| 163 | 卦画自下而上辨证说 | | |
| 164 | 周易辨证说 | | |
| 165 | 经典类：易经 | | |
| 166 | 经：易 | 尹锺燮（1791—1870 年） | 温裕斋集 |
| 167 | 周易传义同异释义 | 李恒老（1792—1868 年） | 华西文集 |
| 168 | 易说 | | |
| 169 | 先天后天图卦说 | | |
| 170 | 南八滩启蒙八图说质疑 | | |
| 171 | 卦蓍说 | | |
| 172 | 先后天说 | | |
| 173 | 阴符经考异序记疑 | | |
| 174 | 易序记疑 | | |
| 175 | 易与太极图同异说 | | |
| 176 | 朱子元亨利贞说句解 | | |
| 177 | 易有太极心为太极说书 | | |
| 178 | 系辞一条记疑 | | |
| 179 | 先天圆图解说 | | |
| 180 | 易者第三十三 | | |
| 181 | 河图说撮要 | 高梦赞（1793—1858 年） | 锦洲集 |
| 182 | 洛书说撮要 | | |
| 183 | 先天卦说撮要 | | |
| 184 | 后天卦说撮要 | | |
| 185 | 易学源流 | 李章赞（1794—1860 年） | 艿隐集 |
| 186 | 易学记疑 | | |
| 187 | 周易讲解 | | |

| 序号 | 成果 | 作者 | 出处 |
|---|---|---|---|
| 188 | 易要选义纲目 | 金箕沣（1786—1859 年） | 默泉别集 |
| 189 | 易考 | 许传（1797—1886 年） | 性斋续集 |
| 190 | 答问类编：易 | 奇正镇（1798—1876 年） | 答问类编 |
| 191 | 易学蠡酌 | 李锺祥（1799—1870 年） | 易学蠡酌 |
| 192 | 易上下篇义 | 李瑀祥（1801—？ 年） | 希庵文集 |
| 193 | 卦变管见 | | |
| 194 | 卦次或问 | | |
| 195 | 蒙初六说 | | |
| 196 | 贞悔说 | | |
| 197 | 答周易问目 | 张之琬（1806—1858 年） | 枕雨堂集 |
| 198 | 启蒙 | 金岱镇（1800—1871 年） | 订窝文集 |
| 199 | 经旨蒙解：周易 | 朴宗永（1804—1875 年） | 松坞遗稿别编 |
| 200 | 河图数记疑 | 金应槿（1808—1885 年） | 弃嵒文集 |
| 201 | 周易杂录 | 李埈（1812—1853 年） | 槐园集 |
| 202 | 易学策 | 沈奎泽（1812—1871 年） | 西湖集 |
| 203 | 周易象义占法 | 沈大允（1806—1872 年） | 周易象义占法 |
| 204 | 易学管窥 | 李震相（1818—1886 年） | 寒洲集 |
| 205 | 天地四象论 | | |
| 206 | 卦画说 | | |
| 207 | 周易卦序说 | | |
| 208 | 卦变说 | | |
| 209 | 八则阳生说 | | |
| 210 | 析合补空说 | | |
| 211 | 心易 | 朴万琼（1817—1898 年） | 壶隐遗稿 |
| 212 | 易说 | 柳重教（1832—1893 年） | 省斋文集 |
| 213 | 河图洛书说 | | |
| 214 | 先天变为后天说 | 崔世鹤（1822—1899 年） | 惺岩文集 |
| 215 | 周易象传卦变说 | | |
| 216 | 参两说 | | |
| 217 | 策：易道 | 白旻洙（1832—1885 年） | 匡山遗稿 |
| 218 | 周易传义同归解 | 蔡锺植（1832—1890 年） | 一斋文集 |
| 219 | 河图洛书说 | 许熏（1836—1907 年） | 舫山全集 |
| 220 | 先天图总论 | | |

| 序号 | 成果 | 作者 | 出处 |
|---|---|---|---|
| 221 | 易理说 | 金在敬（？—？年） | 持庵遗稿 |
| 222 | 卦画论 | | |
| 223 | 读元亨利贞说 | 田愚（1841—1922年） | 艮斋私稿 |
| 224 | 坤复说辨 | | |
| 225 | 坤复说再辨 | | |
| 226 | 易有太极 | | |
| 227 | 易与周邵太极 | | |
| 228 | 易心道性 | | |
| 229 | 易学记见 | 李在龄（1845—1910年） | 易学记见 |
| 230 | 周易图说详说 | 朴文镐（1846—1918年） | 壶山集 |
| 231 | 周易本义详说 | | |
| 232 | 周易五赞详说 | | |
| 233 | 筮仪详说 | | |
| 234 | 经说：周易 | | 枫山记闻录 |
| 235 | 后天卦语 | 郭锺锡（1846—1919年） | 俛宇文集 |
| 236 | 易逆数说 | | |
| 237 | 易批注选 | 李容九（1868—1912年） | 松下遗集 |
| 238 | 太极论 | | |
| 239 | 读易随记 | 李建昌（1852—1898年） | 读易随记 |
| 240 | 读易记 | 李正奎（1864—1945年） | 恒斋文集 |
| 241 | 易经今文考通论 | 李炳宪（1870—1940年） | 易经今文考通论 |
| 242 | 易经今文考小笺 | | 李炳宪全集 |
| 243 | 孔经大义考：周易 | | |
| 244 | 读易随记 | 曹兢燮（1873—1933年） | 严栖文集 |
| 245 | 经书疑误讲解：周易 | 洪祺（？—？年） | 经书疑误讲解 |
| 246 | 读易玩义 | 砥庵（？—？年） | 读易玩义 |
| 247 | 易经解义 | 白启河（？—？年） | 易经解义 |
| 248 | 两汉五经颛门谱：易 | 金弘任（？—？年） | 三圆观散稿 |
| 249 | 周易经传增解 | 吴致箕（1807—？年） | 周易经传增解 |
| 250 | 易签 | 李敏德（？—？年） | 洞山集 |

续表

| 序号 | 成果 | 作者 | 出处 |
|------|------|------|------|
| 251 | 三才一太极图说 | 朴光一（1655—1723 年） | 逊斋文集 |
| 252 | 河图生成数并参天之说 | | |
| 253 | 蛊卦先甲三日后甲三日图并说 | | |
| 254 | 易卦刚柔变易来往图 | | |
| 255 | 周易 | 李海翼（？—？ 年） | 经疑类辑 |
| 256 | 易义备说 | 金汉绿（？—？ 年） | 寒涧文集 |
| 257 | 读易箚记 | | |
| 258 | 经书记疑：读易记疑 | 未详（？—？ 年） | 经书记疑 |
| 259 | 七书辨疑：周易 | 未详（？—？ 年） | 七书辨疑 |
| 260 | 周易通论 | 未详（？—？ 年） | 周易通论 |
| 261 | 秀轩易说 | 未详（？—？ 年） | 秀轩遗稿 |
| 262 | 易说管窥 | 未详（？—？ 年） | 易说管窥 |
| 《尚书》类 | | | |
| 1 | 书浅见录 | 权近（1352—1409 年） | 诗书浅见录 |
| 2 | 书释义 | 李滉（1501—1570 年） | 三经释义 |
| 3 | 洪范月行九道 | 李德弘（1541—1596 年） | 艮斋先生续集 |
| 4 | 书传 | 金长生（1548—1631 年） | 经书辨疑 |
| 5 | 读多方解 | 韩百谦（1552—1615 年） | 久庵遗稿 |
| 6 | 书经浅说 | 赵翼（1579—1655 年） | 浦渚（先生）集 |
| 7 | 书说 | 许穆（1595—1682 年） | 记言 |
| 8 | 读书记：读尚书 | 尹镌（1617—1680 年） | 白湖全书 |
| 9 | 读书箚记：书传 | 洪汝河（1621—1678 年） | 木斋集 |
| 10 | 书传箚疑 | 李聘命（1646—1701 年） | 静斋集 |
| 11 | 读书箚录：书传 | 林泳（1649—1696 年） | 沧溪集 |
| 12 | 箕子陈洪范于武王 | 金春泽（1670—1717 年） | 北轩居士集 |
| 13 | 书传记疑 | 李焕模（1675—？ 年） | 斗室寱言 |
| 14 | 杂著：书传说 | 李显益（1678—1717 年） | 正庵集 |
| 15 | 舜典集注误字辨 | 全气大（1679—1744 年） | 伏庵集 |
| 16 | 舞干羽于两阶·以小民受天永命 | 李彦烈（1680—1719 年） | 爱日庵遗稿 |
| 17 | 书经疾书 | 李瀷（1681—1763 年） | 星湖疾书 |
| 18 | 读禹谟汤诰 | 尹凤九（1681—1767 年） | 屏溪集 |
| 19 | 书 | 韩元震（1682—1751 年） | 朱子言论同异考 |

| 序号 | 成果 | 作者 | 出处 |
|---|---|---|---|
| 20 | 期三百语录 | 林象德（1683—1719 年） | 老村集 |
| 21 | 洪范羽翼 | 禹汝楙（1591—1657 年） | 洪范羽翼 |
| 22 | 洪范衍义 | 李玄逸（1627—1704 年） | 洪范衍义 |
| 23 | 范学全编 | 朴世采（1631—1695 年） | 范学全编 |
| 24 | 易范通录：洪范说 | 南国柱（1690—1759 年） | 凤洲集 |
| 25 | 皇极衍义 | 李敏坤（1695—1756 年） | 皇极衍义 |
| 26 | 经说：书 | 尹东奎（1695—1773 年） | 邵南文集 |
| 27 | 禹贡读法 | 吴达运（1700—1747 年） | 海锦集 |
| 28 | 吕刑辨·洛诰辨·答正字从兄论洛诰辨书 | 李匡师（1705—1777 年） | 圆峤集 |
| 29 | 杂著：洪范传 | 黄景源（1709—1787 年） | 江汉集 |
| 30 | 尚书疑义 | 宋文钦（1710—1752 年） | 闲静堂集 |
| 31 | 武成日月考 | 李秉休（1710—1776 年） | 贞山稿 |
| 32 | 杂著：尚书 | 任圣周（1711—1788 年） | 鹿门集 |
| 33 | 经书疑义：书 | 安鼎福（1712—1791 年） | 顺庵集 |
| 34 | 尚书辨 | 权撼（1713—1770 年） | 震溟集 |
| 35 | 天人一理图说：洛书书传序说 | 尹思进（1713—1792 年） | 篁林先生并观痴说 |
| 36 | 经简：洪范五传 | 徐命膺（1716—1787 年） | 保晚斋剩简 |
| 37 | 三经通义：书传 | 白凤来（1717—1799 年） | 九龙斋集 |
| 38 | 劄录：书传 | 金锺厚（1721—1780 年） | 本庵集 |
| 39 | 劄录：书传 | 金锺正（1722—1787 年） | 云溪漫稿 |
| 40 | 尚书讲义 | 梁周翊（1722—1802 年） | 无极集 |
| 41 | 尧典说·禹贡说 | 魏伯珪（1727—1798 年） | 存斋集 |
| 42 | 禹贡图 | | 寰瀛志叙图 |
| 43 | 期三百传解·玑衡传解 | 黄胤锡（1729—1791 年） | 颐斋续稿 |
| 44 | 释期三百注·期三百总解·洪范九畴天人合一图上下·无逸之图 | | 理薮新编 |
| 45 | 三经问辨：书传问疑 | 洪大容（1731—1783 年） | 湛轩书 |
| 46 | 御制经义问对：尚书 | 柳匡天（1732—1799 年） | 归乐窝集 |
| 47 | 经义：书 | 赵有善（1731—1809 年） | 萝山集 |
| 48 | 书论 | 李锺徽（1731—？年） | 修山集 |
| 49 | 书经简略 | 朴胤源（1734—1799 年） | 近斋集 |
| 50 | 皇极经文释义·期三百批注 | 李万运（1736—？年） | 默轩先生文集 |

| 序号 | 成果 | 作者 | 出处 |
|---|---|---|---|
| 51 | 洪范九畴皇极图说 | 成允信（1737—1808 年） | 慎默斋集 |
| 52 | 书传箚录 | 金龟柱（1740—1786 年） | 经书箚录 |
| 53 | 御制经义条对：尚书 | 奇学敬（1741—1809 年） | 谦斋集 |
| 54 | 御制经书疑义条对：尚书 | 高廷凤（1743—1822 年） | 水村集 |
| 55 | 经义条对：书 | 李元培（1745—1802 年） | 龟岩集 |
| 56 | 箚记：书传箚记 | 吴允常（1746—1783 年） | 宁斋遗稿 |
| 57 | 洪范直指 | 徐滢修（1749—1824 年） | 明皋全集 |
| 58 | 经翼：书类、经解：书序辨·洪范传·读舜典·大禹谟说 | 成海应（1760—1839 年） | 研经斋全集 |
| 59 | 书论 | 南公辙（1760—1840 年） | 金陵集 |
| 60 | 恩课录：书传讲义 | 李昆秀（1762—1788 年） | 寿斋遗稿 |
| 61 | 经史讲义：书 | 正祖（1752—1800 年） | 弘斋全书 |
| 62 | 经史讲义：总经：书 | | |
| 63 | 古尚书 | 申绰（1760—1828 年） | 古尚书 |
| 64 | 尚书古注 | | 尚书古注 |
| 65 | 尚书二十五篇 | | 尚书二十五篇 |
| 66 | 尚书百篇考 | | 尚书百篇考 |
| 67 | 尚书逸旨 | 徐命膺（1716—1787 年） | 保晚斋丛书 |
| 68 | 尚书讲义 | 李书九（1754—1825 年） | 惕斋集 |
| 69 | 期三百解 | 裴相说（1759—1789 年） | 槐潭遗稿 |
| 70 | 尚书古训 | 丁若镛（1762—1836 年） | 与犹堂全书 |
| 71 | 读尚书补传 | | 与犹堂全书补遗 |
| 72 | 尚书知远录 | | |
| 73 | 梅氏尚书平 | | 洌水全书 |
| 74 | 读书随记：书传 | 吴熙常（1763—1833 年） | 老洲集 |
| 75 | 时习绿：书传 | 姜必孝（1764—1848 年） | 海隐遗稿 |
| 76 | 读尚书 | 白庆楷（1765—1842 年） | 守窝集 |
| 77 | 周书考疑辨 | 金虎运（1768—1811 年） | 雨涧集 |
| 78 | 尚书补传 | 洪奭周（1774—1842 年） | 尚书补传 |
| 79 | 禹贡考异 | 朴庆家（1779—1841 年） | 鹤阳集 |
| 80 | 期三百算法图 | 琴诗述（1783—1851 年） | 梅村集 |
| 81 | 尚书今古文辨 | 金正喜（1786—1856 年） | 阮堂集 |
| 82 | 尚书期三百解 | 张之琬（？—1863 年） | 枕雨堂集 |

续表

| 序号 | 成果 | 作者 | 出处 |
|---|---|---|---|
| 83 | 御定书传人物类聚 | 朴准源（1739—1765 年） | 御定书传人物类聚 |
| 84 | 伪古文十六言辨 | 李源祚（1792—1871 年） | 凝窝集 |
| 85 | 经筵讲义：书舜典、书大禹谟、书益稷、书五子之歌、书胤征 | 许传（1797—1886 年） | 性斋集 |
| 86 | 顾命麻冕黼裳反丧服辨 | | |
| 87 | 经旨蒙解：书传 | 朴宗永（1804—1875 年） | 松坞遗稿 |
| 88 | 经说：书传章句 | 吴宏默（？—？ 年） | 丛琐录 |
| 89 | 期三百批注 | 金岱镇（1800—1871 年） | 订窝集 |
| 90 | 洪范演 | 俞莘焕（1801—1859 年） | 凤栖集 |
| 91 | 书经蔡传辨正 | 沈大允（1806—1872 年） | 书经蔡传辨正 |
| 92 | 书义 | 李成中（？—？ 年） | 质庵文集 |
| 93 | 期三百注布算说 | | |
| 94 | 期度 | 金赫权（？—？ 年） | 涵斋集 |
| 95 | 洪范节气解、洪范五行、璇玑制 | | |
| 96 | 读书录：书经 | 李敦秀（1767—1799 年） | 愚谷遗稿 |
| 97 | 书杂录 | 李埈（1812—1853 年） | 槐园集 |
| 98 | 洪范九畴之图 | 朴万琼（1817—1898 年） | 壶隐遗稿 |
| 99 | 尚书今古文辨 | 李震相（1818—1886 年） | 寒洲集 |
| 100 | 读尧典期三百集传 | 李渊性（1824—1893 年） | 湖上遗稿 |
| 101 | 书经 | 郭锺锡（1846—1919 年） | 茶田经义答问 |
| 102 | 尚书思辨 | 李明翊（1848—1903 年） | 勿轩集 |
| 103 | 尚书尧典期三百批注 | 王性淳（1863—1909 年） | 尤雅堂稿 |
| 104 | 尧典期三百问答、期三百上图、期三百下图 | 韩愉（1868—1911 年） | 愚山集 |
| 105 | 书传 | 洪玑（？—？ 年） | 经书疑误讲解 |
| 106 | 书义 | 未详（？—？ 年） | 诗义 |
| 107 | 书集传详说 | 朴文镐（1846—1918 年） | 壶山集 |
| 108 | 经说：尚书 | | 枫山记闻录 |
| 109 | 箕范衍义 | 李源坤（1776—1845 年） | 箕范衍义 |
| 110 | 书传 | 未详（？—？ 年） | 经书集说 |
| 111 | 读书记疑 | 未详（？—？ 年） | 经书记疑 |
| 112 | 书经 | 未详（？—？ 年） | 七书辨疑 |

| 序号 | 成果 | 作者 | 出处 |
|---|---|---|---|
| 113 | 洪范衍义 | 未详（？—？年） | 经义衮辨 |
| 114 | 尧舜典记疑、大禹谟记疑、皋陶谟记疑、禹贡 | 未详（？—？年） | |
| 诗 | | | |
| 1 | 诗浅见录 | 权近（1352—1409年） | 诗书浅见录 |
| 2 | 诗释义 | 李滉（1501—1570年） | 经书释义 |
| 3 | 诗说 | 许穆（1595—1682年） | 记言 |
| 4 | 古诗经考·古诗大序·古诗 | 尹鑴（1617—1680年） | 白湖全书 |
| 5 | 诗传 | 洪汝河（1621—1678年） | 木斋集 |
| 6 | 诗经记疑 | 韩汝愈（1642—1709年） | 遁翁文集 |
| 7 | 读书箚录：诗传 | 林泳（1649—1696年） | 沧溪集 |
| 8 | 诗传箚疑 | 李喜朝（1655—1724年） | 芝村集 |
| 9 | 鲁颂论：东壮 | 李万白（1657—1717年） | 自濡轩文集 |
| 10 | 读诗 | 李栽（1657—1730年） | 密庵文集 |
| 11 | 论诗经刘注主右旋之非 | 姜硕庆（1666—1731年） | 吃眠窝集 |
| 12 | 经传疑义问解：诗传 | 李縡（1680—1746年） | 经传疑义问解 |
| 13 | 秦无衣 | 李光庭（1674—1756年） | 讷隐文集 |
| 14 | 诗传说 | 李显益（1678—1717年） | 正庵集 |
| 15 | 诗传 | 林象德（1683—1719年） | 老村集 |
| 16 | 诗·读诗记疑·读大雅记疑·诗：追录 | 尹东奎（1695—1773年） | 邵南文集 |
| 17 | 渼上经义：诗传 | 金元行（1702—1772年） | 渼湖集 |
| 18 | 大雅问 | 黄景源（1709—1787年） | 江汉集 |
| 19 | 诗传 | 白凤来（1717—1799年） | 九龙斋文集 |
| 20 | 三经通义：诗传 | | |
| 21 | 诗传箚录 | 金锺厚（1721—1780年） | 本庵集 |
| 22 | 诗传 | | 本庵续集 |
| 23 | 诗传箚录 | 金锺正（1722—1787年） | 云溪漫稿 |
| 24 | 思辨录：诗经 | 朴世堂（1629—1703年） | 西溪全书 |
| 25 | 诗经疾书 | 李瀷（1681—1763年） | 星湖全书 |
| 26 | 诗义 | 未详（？—？年） | 经书衍义 |
| 27 | 三经问辨：诗传辨疑 | 洪大容（1731—1783年） | 湛轩书 |
| 28 | 诗经箚略 | 朴胤源（1734—1799年） | 近斋集 |
| 29 | 诗传箚录 | 金龟柱（1740—1786年） | 经书箚录 |

| 序号 | 成果 | 作者 | 出处 |
|---|---|---|---|
| 30 | 御制经书疑义条对：毛诗 | 高廷凤（1743—1822 年） | 水村集 |
| 31 | 诗传讲义 | 未详（？—？ 年） | 诗传讲义 |
| 32 | 诗讲义 | 李书九（1754—1825 年） | 惕斋集 |
| 33 | 讲说：诗传 | 金羲淳（1757—1821 年） | 山木轩集 |
| 34 | 经史讲义：诗 | 正祖（1752—1800 年） | 弘斋全书 |
| 35 | 经史讲义：总经：诗 | | |
| 36 | 诗次故 | 申绰（1760—1828 年） | 诗次故 |
| 37 | 诗经异文 | | |
| 38 | 诗次故外杂 | | |
| 39 | 诗说 | 成海应（1760—1839 年） | 研经斋全书 |
| 40 | 诗类 | | |
| 41 | 诗经讲义 | 丁若镛（1762—1836 年） | 与犹堂集 |
| 42 | 诗经讲义补遗 | | |
| 43 | 诗传讲义 | 赵得永（1762—1824 年） | 日谷集 |
| 44 | 诗传讲义 | 李昆秀（1762—1788 年） | 寿斋遗稿 |
| 45 | 诗传讲义录 | 崔璧（1762—1813 年） | 质庵文集 |
| 46 | 诗传 | 姜必孝（1764—1848 年） | 海隐遗稿 |
| 47 | 诗经 | 李敦秀（1767—1799 年） | 愚谷遗稿 |
| 48 | 讲筵文义：诗传 | 金学淳（1767—1845 年） | 华楼集 |
| 49 | 龙园杂识：诗礼问：诗传 | 金鲁谦（1781—1853 年） | 性庵集 |
| 50 | 诗名多识 | 丁学祥（？—？ 年） | 诗名多识 |
| 51 | 经筵讲义：诗 | 许传（1797—1886 年） | 性斋文集 |
| 52 | 答问类编：诗 | 奇正镇（1798—1876 年） | 答问类编 |
| 53 | 诗传演义：诗传清庙瑟图 | 金在洛（1798—1860 年） | 养蒙斋集 |
| 54 | 诗十月之交章传记疑 | 金岱镇（1800—1871 年） | 订窝文集 |
| 55 | 两汉五经颛门谱：诗 | 金弘任（？—？ 年） | 三圆观散稿 |
| 56 | 诗经集传辨正 | 沈大允（1806—1872 年） | 诗经集传辨正 |
| 57 | 诗六义讲说 | 李埈（1812—1853 年） | 槐园集 |
| 58 | 经旨蒙解：诗传 | 朴宗永（1804—1875 年） | 松坞遗稿 |
| 59 | 诗：如日之升 | 申锡祜（1816—1881 年） | 可轩文集 |
| 60 | 诗讲义发问 | 柳重教（1832—1893 年） | 省斋文集 |
| 61 | 关关雎鸠在河之洲说 | 李定稷（1841—1910 年） | 石亭集 |
| 62 | 孔经大义考：诗经 | 李炳宪（1870—1940 年） | 真庵文集 |
| 63 | 诗传 | 洪璂（？—？ 年） | 经书疑误讲解 |

| 序号 | 成果 | 作者 | 出处 |
|---|---|---|---|
| 64 | 诗经讲义续集 | 尹廷琦（1814—1879 年） | 诗经讲义续集 |
| 65 | 诗集传 | 朴文镐（1846—1918 年） | 壶山集 |
| 66 | 诗集传详说 | | |
| 67 | 枫山记闻录：经说：毛诗 | | |
| 68 | 读诗记疑 | 未详（？—？ 年） | 经书记疑 |
| 69 | 诗义 | 未详（？—？ 年） | 诗义 |
| 70 | 诗传 | 未详（？—？ 年） | 七书辨疑 |
| 《礼》类 | | | |
| 1 | 礼记浅见录 | 权近（1352—1409 年） | 五经浅见录 |
| 2 | 经书辨疑 | 金长生（1548—1631 年） | 经书辨疑 |
| 3 | 经说：礼说 | 许穆（1595—1682 年） | 记言 |
| 4 | 读书记：礼记哀公问人道 | 尹镌（1617—1680 年） | 白湖全书 |
| 5 | 读书记：礼记大传 | | |
| 6 | 读书记：小记略 | | |
| 7 | 读书记：读礼记 | | |
| 8 | 读书记：内则外记：冠礼 | | |
| 9 | 读书记：内则外记：婚礼 | | |
| 10 | 读书记：内则外记：三年问 | | |
| 11 | 读书记：内则外记：祭义 | | |
| 12 | 读书记：内则 | | |
| 13 | 礼记类编 | 崔锡鼎（1646—1715 年） | 礼记类编 |
| 14 | 杂录：礼记 | 吴益升（1620—1679 年） | 松峯遗稿 |
| 15 | 荷华编：读三礼 | 李时善（1625—1715 年） | 松月斋集 |
| 16 | 箚记：礼记 | 金干（1646—1732 年） | 厚斋集 |
| 17 | 读书箚录：礼记 | 林泳（1649—1696 年） | 沧溪集 |
| 18 | 杂著：礼记说 | 李显益（1678—1717 年） | 正庵集 |
| 19 | 人之所以为人者礼义：礼 | 李彦烈（1680—1719 年） | 爱日庵遗稿 |
| 20 | 礼记补注 | 金在鲁（1682—1759 年） | 礼记补注 |
| 21 | 经书门：礼记 | 李瀷（1681—1763 年） | 星湖僿说类选 |
| 22 | 礼义 | 未详（？—？ 年）（有可能李瀷） | 经书衍义 |

| 序号 | 成果 | 作者 | 出处 |
|---|---|---|---|
| 23 | 经说：书礼记丧服小记陈注 | 尹东奎（1695—1773年） | 邵南文集 |
| 24 | 经说：读檀弓为师心丧三年及还经加麻不同议 | | |
| 25 | 经说：读檀弓记疑 | | |
| 26 | 经说：读礼记疑 | | |
| 27 | 经说：读礼记疑 | | |
| 28 | 经说：禘礼记疑 | | |
| 29 | 经说：谨书礼记明堂位 | | |
| 30 | 经说：记父在为妻杖 | | |
| 31 | 礼记集说补 | 安鼎福（1712—1791年） | 礼记集说补 |
| 32 | 礼记疑 | | 礼记疑 |
| 33 | 杂著：礼运篇讲义 | 杨应秀（1700—1767年） | 白水文集 |
| 34 | 礼记曲礼篇讲说 | | |
| 35 | 杂著：礼记劄疑 | 金谨行（1712—1782年） | 庸斋集 |
| 36 | 礼记 | 朴致远（1927—1990年） | 雪溪随录 |
| 37 | 劄录：礼记 | 金钟正（1722—1787年） | 云溪漫稿 |
| 38 | 杂著：三礼讲义 | 梁周翊（1722—1802年） | 无极集 |
| 39 | 群书发栿：读礼记 | 洪良浩（1724—1802年） | 耳溪外集 |
| 40 | 御制经义问对：三礼七条 | 柳匡天（1732—1799年） | 归乐窝集 |
| 41 | 礼记劄录 | 金龟柱（1740—1786年） | 经书劄录 |
| 42 | 礼记臆 | 李德懋（1741—1793年） | 青庄馆全书 |
| 43 | 御制经义条对：礼记 | 奇学敬（1741—1809年） | 谦斋集 |
| 44 | 经书疑义条对：三礼 | 高廷凤（1743—1822年） | 水村集 |
| 45 | 经义条对：三礼七条 | 李元培（1745—1802年） | 龟岩集 |
| 46 | 经史讲义：总经；礼记 | 正祖（1752—1800年） | 弘斋全书 |
| 47 | 经史讲义：总经；三礼 | | |
| 48 | 礼记劄录 | 徐荣辅（1759—1816年） | 竹石文集 |
| 49 | 读礼录 | 南公辙（1760—1840年） | 金陵集 |
| 50 | 经翼：礼类；陈注纠误 | 成海应（1760—1839年） | 研经斋全集 |
| 51 | 经解：读礼记 | | |
| 52 | 时习录：礼记 | 姜必孝（1764—1848年） | 海隐遗稿 |
| 53 | 条问：礼记十五条 | 尹植（1765—1824年） | 无睡集 |
| 54 | 礼记集说志疑 | 洪奭周（1774—1842年） | 礼记集说志疑 |
| 55 | 杂著：读礼（附：读礼） | | 渊泉文集 |

| 序号 | 成果 | 作者 | 出处 |
|---|---|---|---|
| 56 | 檀弓箴误 | 丁若镛（1762—1836 年） | 与犹堂全书 |
| 57 | 诗礼问：礼记 | 金鲁谦（1781—1853 年） | 性庵集 |
| 58 | 说：礼记诸篇撰人物辨证说 | 李圭景（1788—？年） | 五洲衍文长笺散稿 |
| 59 | 说：礼经疵缪辨证说 | | |
| 60 | 月令辨证说 | | |
| 61 | 论经：礼记 | 奇正镇（1798—1876 年） | 答问类编 |
| 62 | 礼记正解 | 沈大允（1806—1872 年） | 礼记正解 |
| 63 | 经旨蒙解：礼记 | 朴宗永（1804—1875 年） | 松坞遗稿 |
| 64 | 读书私记：礼记 | 南秉哲（1817—1863 年） | 圭斋遗稿 |
| 65 | 两汉五经颡门谱：礼 | 金弘任（？—？年） | 三圆观散稿 |
| 66 | 礼记会疑 | 高在鹏（1869—1936 年） | 翼斋集 |
| 67 | 思问录：礼记注 | 金泽述（1884—1954 年） | 后沧文集 |
| 68 | 杂著：礼记箚疑 | 郑邦烨（？—？年） | 惕庵集 |
| 《春秋》类 | | | |
| 1 | 春秋浅见录 | 权近（1352—1409 年） | 五经浅见录 |
| 2 | 拟东坡十论：春秋正天下邪正 | 成俔（1439—1504 年） | 虚白堂文集 |
| 3 | 春秋义：春王正月 | 宋钦（1459—1547 年） | 知止堂遗稿 |
| 4 | 春秋胡传箚义 | 权拨（1478—1548 年） | 冲斋先生文集 |
| 5 | 读春秋秋大水无麦苗 | 朴士熹（1508—1588 年） | 默斋逸稿 |
| 6 | 鲁史零言 | 李恒福（1556—1618 年） | 鲁史零言 |
| 7 | 获麟解解 | 赵翼（1579—1655 年） | 浦渚集 |
| 8 | 经说：春秋说 | 许穆（1595—1682 年） | 记言 |
| 9 | 春秋夫人逊于齐传疑说 | 权諰（1604—1672 年） | 炭翁集 |
| 10 | 春秋罪州蒲设读春秋楚世子商臣事 | 尹鑴（1617—1680 年） | 白湖全书 |
| 11 | 读书箚记：春秋 | 洪汝河（1621—1678 年） | 木斋（先生文）集 |
| 12 | 反春秋论论 | 金万英（1624—1672 年） | 南圃（先生）集 |
| 13 | 春秋辑注 | 李惟樟（1625—1701 年） | 春秋辑注 |
| 14 | 荷华编：读春秋 | 李时善（1625—1715 年） | 松月斋集 |
| 15 | 春秋春王正月记疑 | 南九万（1629—1711 年） | 药泉集 |
| 16 | 春秋义：冬蟊生 | 柳柟（1631—1697 年） | 守拙斋遗稿 |
| 17 | 读书箚记：春秋左传 | 朴泰汉（1664—1697 年） | 朴正字遗稿 |

续表

| 序号 | 成果 | 作者 | 出处 |
|---|---|---|---|
| 18 | 春秋补编 | 朴世采（1631—1695 年） | 春秋补编 |
| 19 | 左氏辑选 | 催锡鼎（1646—1715 年） | 左氏辑选 |
| 20 | 经书门：左传附：获麟辨 | 李瀷（1681—1763 年） | 星湖僿说类选 |
| 21 | 释左传史赵说 | 金圣铎（1684—1747 年） | 霁山文集 |
| 22 | 春秋春王正月记疑 | 南国柱（1690—1759 年） | 凤洲文集 |
| 23 | 经说：春秋·跻僖公说 | 尹东奎（1695—1773 年） | 邵南文集 |
| 24 | 春秋春王正月·左僖三十年晋侯·书东莱传议虞叔代虞公篇后 | 金乐行（1708—1766 年） | 九思堂续集 |
| 25 | 经说：春秋 | 桂德海（1708—1775 年） | 凤谷桂察访遗集 |
| 26 | 春秋论 | 宋文钦（1710—1752 年） | 闲静堂集 |
| 27 | 春秋论 | 李献庆（1729—1791 年） | 艮翁集 |
| 28 | 春秋讲义 | 梁周翊（1722—1802 年） | 无极集 |
| 29 | 读书箚录：春秋胡氏传箚疑 | 李宗洙（1722—1797 年） | 后山文集 |
| 30 | 苏洵春秋论辨·胡传私疑·春秋窥见 | 丁范祖（1723—1801 年） | 海左文集 |
| 31 | 春秋论 | 李锺徽（1731—1797 年） | 修山集 |
| 32 | 经义：春秋左传 | 赵有善（1731—1809 年） | 萝山集 |
| 33 | 春秋 | 朴致远（1732—1783 年） | 雪溪随录 |
| 34 | 御制经义问对：春秋八条 | 柳匡天（1732—1799 年） | 归乐窝集 |
| 35 | 春秋大义外四十篇 | 琴英泽（1739—1820 年） | 晚寓斋文集 |
| 36 | 御制经义条对：春秋八条 | 奇学敬（1741—1809 年） | 谦斋集 |
| 37 | 春秋灾异解·春秋说序 | 李英裕（1743—1804 年） | 云巢谩稿 |
| 38 | 经书疑义条对：春秋 | 高廷凤（1743—1822 年） | 水村集 |
| 39 | 经义条对：春秋八条 | 李元培（1752—1802 年） | 龟岩集 |
| 40 | 经史讲义：总经：春秋 | 正祖（1752—1800 年） | 弘斋全书 |
| 41 | 春秋书正 | 黄德吉（1750—1827 年） | 下庐文集 |
| 42 | 春秋论 | 南公辙（1760—1840 年） | 金陵集 |
| 43 | 春秋说·时习录：春秋 | 姜必孝（1764—1848 年） | 海隐遗稿 |
| 44 | 条问：春秋左氏传二十条 | 尹植（1765—1824 年） | 无睡集 |
| 45 | 读春秋说 | 金祖淳（1765—1831 年） | 枫皋集 |
| 46 | 经翼：春秋类：杜注考异·春王正月解 | 成海应（1760—？ 年） | 研经斋全集 |
| 47 | 春秋考征 | 丁若镛（1762—1836 年） | 与犹堂集 |

| 序号 | 成果 | 作者 | 出处 |
|---|---|---|---|
| 48 | 春秋备考·春秋问答 | 洪奭周（1774—1842 年） | 渊泉文集 |
| 49 | 春王正月辨证说·春秋辨证说·古春秋辨证说 | 李圭景（1788—? 年） | 五洲衍文长笺散稿 |
| 50 | 读春秋跻僖公传 | 李恒老（1792—1868 年） | 华西集 |
| 51 | 春秋问目·春秋义例·春王正月辨·春王正月后辨 | 姜献奎（1797—1860 年） | 农庐集 |
| 52 | 论经: 春秋 | 奇正镇（1789—1876 年） | 芦沙集 |
| 53 | 左传绛老年数说 | 李锺祥（1799—1870 年） | 定轩文集 |
| 54 | 四时香馆编: 春秋·左氏传·公羊·谷梁·左氏辨 | 李裕元（1814—1888 年） | 林下笔记 |
| 55 | 两汉五经颛门谱: 春秋 | 金弘任（? —? 年） | 三圆观散稿 |
| 56 | 春秋日食考 | 南元裳（? —? 年） | 春秋日食考 |
| 57 | 春秋四传注疏抄选 | 沈大允（1806—1872 年） | 春秋四传注疏抄选 |
| 58 | 春秋四传续传 | | 春秋四传续传 |
| 59 | 春秋记疑 | 李璞（1822—1882 年） | 黄溪集 |
| 60 | 读公羊传获麟辨 | 韩章锡（1832—1894 年） | 眉山集 |
| 61 | 春秋记疑 | 许熏（1836—1907 年） | 舫山文集 |
| 62 | 春王正月解 | 李定稷（1841—1910 年） | 眉山集 |
| 63 | 读春秋 | 许采（1859—1935 年） | 锦洲集 |
| 64 | 春秋始隐论 | 王性淳（1863—1909 年） | 尤雅堂 |
| 65 | 春秋集传 | 李震相（1818—1886 年） | 春秋集传 |
| 66 | 春秋 | 郭锺锡（1846—1919 年） | 多田经义问答 |
| 67 | 春秋传注抄纂 | 徐寿锡（1841—1925 年） | 颍水全集 |
| 68 | 春秋华东集解 | 洪匀杓（1872—1942 年） | 春秋华东集解 |

# 附录二 古代朝鲜学者《四书》解说及诠释成果一览表

| 序号 | 解说或诠释成果名称 | 作者 | 出处 |
|---|---|---|---|
| | 《大学》类 | | |
| 1 | 大学指掌之图 | 权近（1352—1409 年） | 入学图说 |
| 2 | 大学衍义辑略 | 李石亨（1425—1477 年） | 大学衍义辑略 |
| 3 | 大学三纲八目箴 | 柳崇祖（1452—1512 年） | 大学三纲八目箴 |
| 4 | 读大学法 | 朴英（1471—1540 年） | 松堂集 |
| 5 | 大学章句补遗 | 李彦迪（1491—1553 年） | 大学章句补遗 |
| 6 | 续大学或问 | | 续大学或问 |
| 7 | 大学图 | 李滉（1501—1570 年） | 退溪集 |
| 8 | 大学质疑 | 李德弘（1541—1596 年） | 四书质疑 |
| 9 | 大学童子问答 | 曹好益（1545—1609 年） | 大学童子问答 |
| 10 | 大学箚录 | 李慎仪（1551—1627 年） | 石滩集 |
| 11 | 大学讲语 | 李廷龟（1564 —1635 年） | 月沙集 |
| 12 | 大学困得后说 | 赵翼（1579—1655 年） | 浦渚集 |
| 13 | 论大学格致章 | 崔攸之（1603—1673 年） | 艮湖集 |
| 14 | 讲大学衍义 | 权諰（1604—1672 年） | 炭翁集 |
| 15 | 大学 | 李惟泰（1607—1684 年） | 四书答问 |
| 16 | 读书记：大学 | 尹鑴（1617—1680 年） | 白湖全书 |
| 17 | 大学辑要 | 高汝兴（1617—1678 年） | 闹隐集 |
| 18 | 大学 | 朴世堂（1629—1703 年） | 思辨录 |
| 19 | 大学答问 | 朴世采（1631—1695 年） | 南溪集 |
| 20 | 大学正心章问答 | 吴道一（1645—1703 年） | 西坡集 |

续表

| 序号 | 解说或诠释成果名称 | 作者 | 出处 |
|---|---|---|---|
| 21 | 大学答问 | 金干（1646—1732 年） | 厚斋集 |
| 22 | 箚记：大学 | | |
| 23 | 读书箚录：大学 | 林泳（1649—1696 年） | 沧溪集 |
| 24 | 大学五图 | 李泰寿（1658—1724 年） | 止谷遗稿 |
| 25 | 大学论 | 李万敷（1664—1732 年） | 息山集 |
| 26 | 大学就正录并图 | 权榘（1672—1749 年） | 屏谷集 |
| 27 | 大学箚疑 | 李焕模（1675—？ 年） | 斗室寱言 |
| 28 | 杂著：论大学明德正心二章辨说 | 李显益（1678—1717 年） | 正庵集 |
| 29 | 大学讲义 | 周宰成（1681—1743 年） | 菊潭集 |
| 30 | 大学疾书 | 李瀷（1681—1763 年） | 星湖疾书 |
| 31 | 大学 | 韩元震（1682—1751 年） | 经义记闻录 |
| 32 | 大学箚录 | 林象德（1683—1719 年） | 老村集 |
| 33 | 大学小注辨解 | 金尚埏（1689—1774 年） | 弃弃斋集 |
| 34 | 大学讲说 | 杨应秀（1700—1767 年） | 白水集 |
| 35 | 经义：大学 | 任圣周（1711—1788 年） | 鹿门集 |
| 36 | 杂著：大学箚疑 | 金谨行（1712—1782 年） | 庸斋集 |
| 37 | 四书通理：大学 | 白凤来（1717—1799 年） | 九龙斋集 |
| 38 | 读大学箚记 | 权明佑（1722—1795 年） | 可斋集 |
| 39 | 大学讲录 | 金奎五（1729—1789 年） | 最窝集 |
| 40 | 寒井大学讲义 | 金熹（1729—1800 年） | 芹窝集 |
| 41 | 大学义 | 李时逸（1731—1792 年） | 闲窝集 |
| 42 | 四书问辨：大学问疑 | 洪大容（1731—1783 年） | 湛轩书 |
| 43 | 经义：大学 | 赵有善（1731—1809 年） | 萝山集 |
| 44 | 御制经义问对：大学 | 柳匡天（1732—1799 年） | 归乐窝集 |
| 45 | 大学箚略 | 朴胤源（1734—1799 年） | 近斋集 |
| 46 | 大学经义 | 金相进（1736—1811 年） | 濯溪集 |
| 47 | 大学辨答补遗 | 金正默（1739—1799 年） | 过斋遗稿 |
| 48 | 大学经义 | 金龟柱（1740—1786 年） | 可庵遗稿 |
| 49 | 大学 | | 经书箚录 |
| 50 | 大学或问箚录 | | |
| 51 | 经义条对：大学 | 李元培（1745—1802 年） | 龟岩集 |
| 52 | 大学箚记 | 吴允常（1746—1783 年） | 宁斋遗稿 |
| 53 | 大学箚录 | 金履九（1746—1812 年） | 自然窝集 |
| 54 | 大学 | | |

| 序号 | 解说或诠释成果名称 | 作者 | 出处 |
|---|---|---|---|
| 55 | 讲义：大学 | 徐滢修（1749—1824 年） | 明皋全集 |
| 56 | 大学类义叙例 | | |
| 57 | 讲义：大学 | 黄德吉（1750—1827 年） | 下庐集 |
| 58 | 大学讲说 | 李禹世（1751—1830 年） | 石渊集 |
| 59 | 大学讲说 | 金羲淳（1757—1821 年） | 山木轩集 |
| 60 | 大学纂要 | 裴相说（1759—1789 年） | 四书纂要 |
| 61 | 劄录：大学 | 金钟厚（1721—1780 年） | 本庵集 |
| 62 | 大学劄疑 | 申颢仁（1762—1832 年） | 三洲集 |
| 63 | 曾传秋录 | 尹行恁（1762—1801 年） | 硕斋集 |
| 64 | 大学公义 | 丁若镛（1762—1836 年） | 与犹堂全书 |
| 65 | 大学讲义 | | |
| 66 | 大学 | 柳健休（1768—1834 年） | 东儒四书集评 |
| 67 | 大学讲录 | 金虎运（1768—1811 年） | 雨涧集 |
| 68 | 大学传八章说 | 金迈淳（1776—1840 年） | 台山集 |
| 69 | 格致童子问 | | |
| 70 | 答儿宪相大学问目 | 李汉膺（1778—1864 年） | 敬庵集 |
| 71 | 大学章句图 | 朴庆家（1779—1841 年） | 鹤阳集 |
| 72 | 大学杂录 | | |
| 73 | 随得录：大学 | 郑裕昆（1782—1865 年） | 晚悟集 |
| 74 | 大学劄疑 | 宋洪直（1783—1835 年） | 书巢集 |
| 75 | 大学大旨 | 李晦庆（1784—1866 年） | 鹤南集 |
| 76 | 大学辨疑 | 柳懿睦（1785—1833 年） | 守轩集 |
| 77 | 四书辨疑：大学 | 崔象龙（1786—1849 年） | 凤村集 |
| 78 | 大学疑义 | 崔孝述（1786—1870 年） | 止轩集 |
| 79 | 大学讲录 | | |
| 80 | 大学经义 | 李章赞（1794—1860 年） | 芛隐集 |
| 81 | 大学经传记疑 | 沈奎泽（1812—1871 年） | 西湖集 |
| 82 | 大学讲义 | 朴时默（1814—1873 年） | 云冈集 |
| 83 | 大学劄疑 | 李泰宇（1820—1882 年） | 五爱堂遗集 |
| 84 | 大学 | 朴文一（1822—1894 年） | 云庵集 |
| 85 | 答儿子大学疑义 | 金钟善（1823—1902 年） | 勤斋集 |
| 86 | 大学答目 | 吴衡弼（1826—1904 年） | 讷庵集 |
| 87 | 大学 | 申钟浩（1827—1906 年） | 泗隐集 |
| 88 | 对大学问目 | 徐基德（1832—？ 年） | 石南居士私稿 |
| 89 | 大学说 | 柳重教（1832—1893 年） | 省斋集 |
| 90 | 经义问答：大学 | 金永三（1834—1906 年） | 丹邱遗稿 |

| 序号 | 解说或诠释成果名称 | 作者 | 出处 |
|---|---|---|---|
| 91 | 大学问对 | 洪智修（1835—1897 年） | 栗山集 |
| 92 | 大学讲义 | 李翊九（1838—1912 年） | 恒斋集 |
| 93 | 大学记疑 | 田愚（1841—1922 年） | 艮斋私稿 |
| 94 | 大学对条 | 洪在英（1842—1905 年） | 芝坡集 |
| 95 | 经义问对：大学 | 李嵚（1842—1928 年） | 桂阳遗稿 |
| 96 | 大学箚记 | 安泰国（1843—1913 年） | 旸谷先生文集 |
| 97 | 大学问答 | | |
| 98 | 大学答问 | 郭钟锡（1846—1919 年） | 茶田经义答问 |
| 99 | 经旨蒙解：大学 | 朴宗永（1804—1875 年） | 松坞遗稿 |
| 100 | 大学或问 | 朴文镐（1846—1918 年） | 壶山集 |
| 101 | 大学章句详说 | | 大学章句详说 |
| 102 | 大学讲说 | 朴海量（1850—1886 年） | 聿修斋遗稿 |
| 103 | 大学序问答 | 崔济泰（1850—1907 年） | 松窝集 |
| 104 | 大学问目 | 申箕善（1851—1909 年） | 阳园遗集 |
| 105 | 大学释义 | 许炯（1853—1886 年） | 锦湖集 |
| 106 | 大学问答 | 张世瀞（1859—1931 年） | 卓立斋集 |
| 107 | 大学记疑 | 姜铨（1859—1928 年） | 象湖遗稿 |
| 108 | 大学讲义 | 李炳憙（1859—1936 年） | 省轩集 |
| 109 | 大学问答 | 申泰龙（1862—1898 年） | 道阳集 |
| 110 | 大学发问条对 | 宋镐完（1863—1918 年） | 毅斋集 |
| 111 | 大学衍义箚录 | 金秉宗（1871—1931 年） | 秀山集 |
| 112 | 大学答问示朴化实 | 金凤焕（1873—1915 年） | 晦峯集 |
| 113 | 读沙溪先生大学箚疑 | 李钟弘（1879—1936 年） | 毅斋集 |
| 114 | 大学箚疑 | 许容九（1882—1908 年） | 玉山杂稿 |
| 115 | 大学箚录 | 梁会甲（1884—1961 年） | 正斋集 |
| 116 | 大学讲解 | 李承福（1886—1961 年） | 良谷遗稿 |
| 117 | 大学摭义 | 金文钰（1901—1960 年） | 晓堂集 |
| 118 | 大学考正 | 沈大允（1806—1872 年） | 佣学 |
| 119 | 大学集解 | 未详（？—？ 年） | 大学集解 |
| 120 | 大学章图 | 未详（？—？ 年） | 大学章图 |
| 《中庸》类 | | | |
| 1 | 中庸首章分释之图 | 权近（1352—1409 年） | 入学图说 |
| 2 | 中庸九经衍义 | 李彦迪（1491—1553 年） | 晦斋全集 |
| 3 | 中庸九经衍义别集 | | |
| 4 | 中庸标题 | 金彦玑（1520—1588 年） | 龙山世稿 |
| 5 | 中庸质疑 | 李德弘（1541—1596 年） | 四书质疑 |

续表

| 序号 | 解说或诠释成果名称 | 作者 | 出处 |
|---|---|---|---|
| 6 | 中庸说 | 赵翼（1579—1655 年） | 浦渚集 |
| 7 | 中庸困得后说 | | |
| 8 | 中庸 | 李惟泰（1607—1684 年） | 四书答问 |
| 9 | 读书记：中庸 | 尹镌（1617—1680 年） | 白湖全书 |
| 10 | 中庸之图 | 高汝兴（1617—1678 年） | 闹隐集 |
| 11 | 中庸语录 | 宋廷耆（1623—1684 年） | 宋竹溪遗稿 |
| 12 | 中庸人心道心图 | 金万烋（1625—1694 年） | 老奴斋集 |
| 13 | 思辨录：中庸 | 朴世堂（1629—1703 年） | 思辨录 |
| 14 | 中庸答问 | 朴世采（1631—1695 年） | 南溪先生文集 |
| 15 | 中庸 | 金干（1646—1732 年） | 厚斋集 |
| 16 | 箚记：中庸 | | |
| 17 | 读书箚录：中庸 | 林泳（1649—1696 年） | 沧溪集 |
| 18 | 中庸七图 | 李泰寿（1658—1724 年） | 止谷遗稿 |
| 19 | 中庸 | 李焕模（1675—？ 年） | 斗室寱言 |
| 20 | 杂著：论中庸辨说 | 李显益（1678—1717 年） | 正庵集 |
| 21 | 杂著：中庸说 | | |
| 22 | 中庸疾书 | 李瀷（1681—1763 年） | 星湖疾书 |
| 23 | 中庸讲义 | 周宰成（1681—1743 年） | 菊潭集 |
| 24 | 中庸经义 | 韩元震（1682—1751 年） | 经义记闻录 |
| 25 | 中庸箚录 | 林象德（1683—1719 年） | 老村集 |
| 26 | 中庸讲说 | 杨应秀（1700—1767 年） | 白水集 |
| 27 | 中庸讲说 | 金元行（1702—1772 年） | 渼湖集 |
| 28 | 中庸问答 | | |
| 29 | 中庸箚录 | 宋明钦（1705—1768 年） | 栎泉集 |
| 30 | 中庸箚疑 | 林象元（1709—1760 年） | 家稿全书 |
| 31 | 中庸总说 | 权正忱（1710—1767 年） | 平庵集 |
| 32 | 经义：中庸 | 任圣周（1711—1788 年） | 鹿门集 |
| 33 | 杂著：中庸箚疑 | 金谨行（1712—1782 年） | 庸斋集 |
| 34 | 四书通理：中庸 | 白凤来（1717—1799 年） | 九龙斋集 |
| 35 | 中庸 | 任允挚堂（1721—1793 年） | 允挚堂遗稿 |
| 36 | 中庸记疑 | 金钟正（1722—1787 年） | 云溪漫稿 |
| 37 | 中庸集说 | | |
| 38 | 中庸质疑 | 徐昌载（1726—1781 年） | 梧山集 |
| 39 | 中庸禀目 | 金奎五（1729—1789 年） | 最窝集 |
| 40 | 中庸原禀 | | |
| 41 | 未发说质疑 | | |

| 序号 | 解说或诠释成果名称 | 作者 | 出处 |
|---|---|---|---|
| 42 | 四书问辨：中庸问疑 | 洪大容（1731—1783 年） | 湛轩书 |
| 43 | 经义：中庸 | 赵有善（1731—1809 年） | 萝山集 |
| 44 | 御制经义问对：中庸 | 柳匡天（1732—1799 年） | 归乐窝集 |
| 45 | 中庸箚略 | 朴胤源（1734—1799 年） | 近斋集 |
| 46 | 中庸讲录 | 朴琮（1735—1793 年） | 锴洲集 |
| 47 | 中庸经义 | 金相进（1736—1811 年） | 濯溪集 |
| 48 | 中庸鬼神章箚录 | | |
| 49 | 中庸 | 金正默（1739—1799 年） | 过斋遗稿 |
| 50 | 中庸问目 | 李桢国（1743—1807 年） | 尤园集 |
| 51 | 经义条对：中庸 | 李元培（1745—1802 年） | 龟岩集 |
| 52 | 中庸箚记 | 吴允常（1746—1783 年） | 宁斋遗稿 |
| 53 | 中庸箚录 | 金履九（1746—1812 年） | 自然窝遗稿 |
| 54 | 讲义：中庸 | 黄德吉（1750—1827 年） | 下庐集 |
| 55 | 经史讲义：中庸 | 正祖（1752—1800 年） | 弘斋全书 |
| 56 | 中庸问 | 正祖（1752—1800 年） | 九经文 |
| 57 | 中庸讲录 | 李书九（1754—1825 年） | 惕斋集 |
| 58 | 中庸纂要 | 裴相说（1759—1789 年） | 四书纂要 |
| 59 | 箚录：中庸 | 尹衡老（？—？年） | 戒惧庵集 |
| 60 | 箚录：中庸 | 金钟厚（1721—1780 年） | 本庵集 |
| 61 | 中庸箚录 | 金钟厚（1721—1780 年） | 本庵续集 |
| 62 | 中庸箚疑 | 宋德相（1710—1783 年） | 果庵集 |
| 63 | 中庸讲义 | 金熙洛（1761—1803 年） | 故寔 |
| 64 | 中庸箚疑 | 申颢仁（1762—1832 年） | 三洲集 |
| 65 | 中庸疑义 | 尹行恁（1762—1801 年） | 硕斋集 |
| 66 | 中庸自箴 | 丁若镛（1762—1836 年） | 与犹堂全书 |
| 67 | 中庸讲义补 | | |
| 68 | 东儒四书解集评：中庸 | 柳健休（1768—1834 年） | 东儒四书解集评 |
| 69 | 中庸首章疑义 | 柳健休（1768—1834 年） | 大野集 |
| 70 | 中庸箚疑 | 金虎运（1768—1811 年） | 雨涧集 |
| 71 | 改定中庸命性图 | 河友贤（1768—1799 年） | 豫庵集 |
| 72 | 中庸全图 | | |
| 73 | 中庸讲义条对 | 李羲发（1768—1850 年） | 云谷集 |
| 74 | 中庸论辨 | 李寀焕（1775—1815 年） | 近思斋遗稿 |
| 75 | 中庸未发说 | 金迈淳（1776—1840 年） | 台山集 |
| 76 | 中庸疑义 | 李汉膺（1778—1864 年） | 敬庵集 |
| 77 | 中庸图说 | 朴箕宁（1779—1857 年） | 荷叟集 |

466

| 序号 | 解说或诠释成果名称 | 作者 | 出处 |
|---|---|---|---|
| 78 | 中庸义 | 尹大淳（1779—1865 年） | 活水翁遗稿 |
| 79 | 随得录：中庸 | 郑裕昆（1782—1865 年） | 晚悟集 |
| 80 | 中庸管见 | 柳懿睦（1785—1833 年） | 守轩集 |
| 81 | 四书辨疑：中庸 | 崔象龙（1786—1849 年） | 凤村集 |
| 82 | 中庸疑义 | 崔孝述（1786—1870 年） | 止轩集 |
| 83 | 中庸讲录 | | |
| 84 | 中庸辨证说 | 李圭景（1788—？ 年） | 五洲衍文长笺散稿 |
| 85 | 中庸记疑 | 沈奎泽（1812—1871 年） | 西湖集 |
| 86 | 中庸讲义 | 朴时默（1814—1873 年） | 云冈集 |
| 87 | 中庸读书论 | 崔祥纯（1814—1865 年） | 绹斋集 |
| 88 | 中庸说 | 柳重教（1832—1893 年） | 省斋集 |
| 89 | 中庸答目 | 吴衡弼（1826—1904 年） | 讷庵集 |
| 90 | 中庸 | 申钟浩（1827—1906 年） | 泗隐集 |
| 91 | 读中庸 | 朴载佑（1829—1870 年） | 近庵集 |
| 92 | 中庸问答 | 郭介坤（1832—1905 年） | 默窝集 |
| 93 | 对中庸问目 | 徐基德（1832—？ 年） | 石南居士私稿 |
| 94 | 经义问答：中庸 | 金永三（1834—1906 年） | 丹邱遗稿 |
| 95 | 中庸问对 | 洪智修（1835—1897 年） | 栗山集 |
| 96 | 中庸讲义 | 李翊九（1838—1912 年） | 恒斋集 |
| 97 | 中庸记疑 | 田愚（1841—1922 年） | 艮斋私稿 |
| 98 | 中庸对条 | 洪在英（1842—1905 年） | 芝坡集 |
| 99 | 经义问对：中庸 | 李钦（1842—1928 年） | 桂阳遗稿 |
| 100 | 中庸箚记 | 安泰国（1843—1913 年） | 旸谷集 |
| 101 | 中庸问答 | | |
| 102 | 中庸答问 | 郭钟锡（1846—1919 年） | 茶田经义答问 |
| 103 | 经旨蒙解：中庸 | 朴宗永（1804—1875 年） | 松坞遗稿 |
| 104 | 中庸章句详说 | 朴文镐（1846—1918 年） | 中庸章句详说 |
| 105 | 中庸首章注各字义补说 | | 壶山集 |
| 106 | 中庸思辨 | 李明翊（1848—1903 年） | 勿轩集 |
| 107 | 中庸讲说 | 朴海量（1850—1886 年） | 聿修斋遗稿 |
| 108 | 中庸讲义 | 许炯（1853—1886 年） | 锦湖集 |
| 109 | 四书问答：中庸 | 郑灏镕（1855—1935 年） | 竹逸集 |
| 110 | 中庸总略辨 | 金时洛（1857—1896 年） | 庄庵集 |
| 111 | 中庸问答 | 张世瀗（1859—1931 年） | 卓立斋集 |
| 112 | 中庸问答 | 申泰龙（1862—1898 年） | 道阳集 |
| 113 | 中庸论辨 | 宋镐完（1863—1918 年） | 毅斋集 |

| 序号 | 解说或诠释成果名称 | 作者 | 出处 |
|---|---|---|---|
| 114 | 中庸究义 | 金凤焕（1873—1915 年） | 晦峯集 |
| 115 | 中庸答问示朴化实 | | |
| 116 | 中庸讲解 | 李承福（1886—1961 年） | 良谷遗稿 |
| 117 | 杂著：中庸箚疑 | 李琼锡（1892—1949 年） | 醒斋遗稿 |
| 118 | 中庸训义 | 沈大允（1806—1872 年） | 中庸训义 |
| 119 | 中庸讲义 | 未详（？—？ 年） | 中庸讲义 |
| 《论语》类 | | | |
| 1 | 论语释义 | 李滉（1501—1570 年） | 四书释义 |
| 2 | 论语释义 | 李珥（1536—1584 年） | 四书释义 |
| 3 | 论语质疑 | 李德弘（1541—1596 年） | 艮斋先生续集 |
| 4 | 论语 | 金长生（1548—1631 年） | 经书辨疑 |
| 5 | 论语箚录 | 金守讱（1563—1626 年） | 九峯集 |
| 6 | 杂著：论语 | 郑经世（1563—1633 年） | 愚伏集 |
| 7 | 筵中启事：论语 | 李廷龟（1564—1635 年） | 月沙集 |
| 8 | 箚录：论语 | 朴知诫（1573—1635 年） | 潜冶集 |
| 9 | 杂著：论语 | 赵翼（1579—1655 年） | 浦渚集 |
| 10 | 四书答问：论语 | 李惟泰（1607—1684 年） | 四书答问 |
| 11 | 杂著：读论语 | 李榘（1613—1654 年） | 活斋集 |
| 12 | 杂录：论语 | 吴益升（1620—1679 年） | 松峯遗稿 |
| 13 | 思辨录：论语 | 朴世堂（1629—1703 年） | 思辨录 |
| 14 | 论语或问精义通考 | 宋时烈（1607—1689 年） | 论孟或问精义通考 |
| 15 | 经史记疑：论语 | 韩汝愈（1642—1709 年） | 遁翁集 |
| 16 | 论语问目 | 李世龟（1646—1700 年） | 养窝集 |
| 17 | 读书箚录：论语 | 林泳（1649—1696 年） | 沧溪集 |
| 18 | 论语说 | 郑齐斗（1649—1736 年） | 霞谷集 |
| 19 | 杂著：论语说 | 李显益（1678—1717 年） | 正庵集 |
| 20 | 论语讲说 | 尹凤九（1681—1767 年） | 屏溪集 |
| 21 | 论语疾书 | 李瀷（1681—1763 年） | 星湖疾书 |
| 22 | 论语 | 李绰（1680—1746 年） | 泉上讲说 |
| 23 | 论语详说 | 鱼有凤（1672—1744 年） | 论语详说 |
| 24 | 论语小注箚录 | 韩元震（1682—1751 年） | 南塘集 |
| 25 | 经说：论语 | 尹东奎（1695—1773 年） | 邵南集 |
| 26 | 论语禀目<br>（附：吾道一贯辨、论语一贯说） | 李秉休（1710—1776 年） | 贞山杂著 |
| 27 | 论语讲说 | 杨应秀（1700—1767 年） | 白水集 |

| 序号 | 解说或诠释成果名称 | 作者 | 出处 |
|---|---|---|---|
| 28 | 箚录：论语 | 尹衡老（？—？ 年） | 戒惧庵集 |
| 29 | 恩课录：论语讲义 | 李昆秀（1762—1788 年） | 寿斋遗稿 |
| 30 | 渼上经义：论语 | 金元行（1702—1772 年） | 渼上经义问答草本 |
| 31 | 论语疑义 | 宋文钦（1710—1752 年） | 闲静堂集 |
| 32 | 经义问辨：论语 | 宋德相（1710—1783 年） | 果庵集 |
| 33 | 经义：论语 | 任圣周（1711—1788 年） | 鹿门集 |
| 34 | 经书疑义：论语 | 安鼎福（1712—1791 年） | 顺庵集 |
| 35 | 杂著：论语箚疑 | 金谨行（1712—1782 年） | 庸斋集 |
| 36 | 四书通理：论语 | 白凤来（1717—1799 年） | 九龙斋集 |
| 37 | 箚录：论语 | 金钟厚（1721—1780 年） | 本庵集 |
| 38 | 四书纂注增补：论语 | 柳长源（1724—1796 年） | 四书纂注增补 |
| 39 | 读书箚义：论语 | 魏伯珪（1727—1798 年） | 存斋集 |
| 40 | 经筵论语讲义 | 金憙（1729—1800 年） | 芹窝集 |
| 41 | 四书问辨：论语问疑 | 洪大容（1731—1783 年） | 湛轩书 |
| 42 | 经义：论语 | 赵有善（1731—1809 年） | 萝山集 |
| 43 | 御制经义问对：论语 | 柳匡天（1732—1799 年） | 归乐窝集 |
| 44 | 论语箚略 | 朴胤源（1734—1799 年） | 近斋集 |
| 45 | 论语说 | 鱼周宾（1736—1781 年） | 弄丸堂集 |
| 46 | 杂著：论语 | 金相进（1736—1811 年） | 濯溪集 |
| 47 | 论语 | 金龟柱（1740—1786 年） | 经书箚录 |
| 48 | 御制经义条对：论语 | 奇学敬（1741—1809 年） | 谦斋集 |
| 49 | 御制经书疑义条对：论语 | 高廷凤（1743—1822 年） | 水村集 |
| 50 | 经义条对：论语<br>（附：论语小注记疑） | 李元培（1745—1802 年） | 龟岩集 |
| 51 | 杂识：论语 | 金履九（1746—1812 年） | 自然窝集 |
| 52 | 讲义：论语 | 徐滢修（1749—1824 年） | 明皋全集 |
| 53 | 钟鸣录：论语 | 释惠藏（1772—1811 年） | 儿庵集 |
| 54 | 经史讲义：论语 | 正祖（1752—1800 年） | 弘斋全书 |
| 55 | 论语说 | 沈就济（1753—1809 年） | 谦窝集 |
| 56 | 论语讲义 | 李书九（1754—1825 年） | 惕斋集 |
| 57 | 讲说：论语 | 金羲淳（1757—1821 年） | 山木轩集 |
| 58 | 薪湖随笔：论语 | 尹行恁（1762—1801 年） | 硕斋别稿 |
| 59 | 论语古今注 | 丁若镛（1762—1836 年） | 与犹堂全书 |
| 60 | 论语手箚 | 丁若镛（1762—1836 年） | 论语手箚 |
| 61 | 讲说：论语 | 赵得永（1762—1824 年） | 日谷稿 |
| 62 | 读书随记：论语 | 吴熙常（1763—1833 年） | 老洲集 |

| 序号 | 解说或诠释成果名称 | 作者 | 出处 |
|---|---|---|---|
| 63 | 时习录：论语 | 姜必孝（1764—1848 年） | 海隐先生遗稿 |
| 64 | 讲义：论语 | 姜彝天（1768—1801 年） | 重庵稿 |
| 65 | 论语 | 柳健休（1768—1834 年） | 东儒四书解集评 |
| 66 | 鲁论夏笺 | 徐俊辅（1770—1856 年） | 弘斋全书 |
| 67 | 论语箚疑略 | 李汉膺（1778—1864 年） | 敬庵集 |
| 68 | 论语四勿 | 崔琳（1779—1841 年） | 畏窝集 |
| 69 | 四书问：论语 | 金鲁谦（1781—1853 年） | 性庵集 |
| 70 | 随得录：论语 | 郑裕昆（1782—1865 年） | 晚悟集 |
| 71 | 四书辨疑：论语 | 崔象龙（1786—1849 年） | 凤村集 |
| 72 | 杂著：论语 | 李恒老（1792—1868 年） | 华西集 |
| 73 | 答问类编：论语 | 奇正镇（1798—1876 年） | 芦沙集 |
| 74 | 论语演义 | 金在洛（1798—1860 年） | 养蒙斋集 |
| 75 | 论语原思 | 韩运圣（1802—1863 年） | 立轩漅 |
| 76 | 读论语箚录 | 申弼钦（1806—1866 年） | 泉斋集 |
| 77 | 经旨蒙解：论语 | 朴宗永（1804—1875 年） | 松坞遗稿 |
| 78 | 读书私记：论语 | 南秉哲（1817—1863 年） | 圭斋遗稿 |
| 79 | 杂著：论语笔程 | 李象秀（1820—1882 年） | 峿堂集 |
| 80 | 论语学而篇总论 | 李瑀祥（？—？年） | 希庵集 |
| 81 | 经义：论语 | 朴文一（1822—1894 年） | 云庵集 |
| 82 | 四书考略：论语 | 卢佖渊（1827—1885 年） | 克斋集 |
| 83 | 论语箚疑 | 金兴洛（1827—1899 年） | 西山集 |
| 84 | 论孟经义问对：论语 | 徐基德（1832—？年） | 石南居士私稿 |
| 85 | 论语说·论语讲义发问 | 柳重教（1832—1893 年） | 省斋集 |
| 86 | 论语记疑 | 张锡英（1851—1929 年） | 晦堂集 |
| 87 | 经说：论语 | 李寿安（1859—1921 年） | 梅堂集 |
| 88 | 李寒洲论语箚义辨 | 许薰（1836—1907 年） | 舫山集 |
| 89 | 读论语 | 田愚（1841—1922 年） | 艮斋私稿 |
| 90 | 经义问对：论语 | 李嶔（1842—1928 年） | 桂阳遗稿 |
| 91 | 经传讲义：论语 | 柳麟锡（1842—1915 年） | 毅庵集 |
| 92 | 论语箚记 | 安泰国（1843—1913 年） | 旸谷集 |
| 93 | 论孟讲录：论语 | 吴麟善（1841—1905 年） | 绚庵遗稿 |
| 94 | 论语 | 郭钟锡（1846—1919 年） | 茶田经义答问 |
| 95 | 论语杂录 | 李埈（1812—1853 年） | 槐园集 |
| 96 | 论语集注详说 | 朴文镐（1846—1918 年） | 壶山集 |
| 97 | 四书问答：论语 | 郑灏镕（1855—1935 年） | 竹逸集 |
| 98 | 杂著：论语 | 安在极（1879—1940 年） | 思庵集 |

续表

| 序号 | 解说或诠释成果名称 | 作者 | 出处 |
|---|---|---|---|
| 99 | 杂著：论语箚疑 | 李琼锡（1892—1949 年） | 醒斋遗稿 |
| 100 | 论语讲义 | 申晟圭（1905—1971 年） | 逊庵集 |
| 101 | 论语箚录 | 郑载圭（1843—1911 年） | 老柏轩集 |
| 102 | 讲义：论语 | 任百禧（？—？年） | 存稿 |
| 103 | 经义问答：论语 | 车鸿（？—？年） | 云溪集 |
| 104 | 答问篇：论语 | 郑时林（？—？年） | 月波集 |
| 105 | 论语 | 沈大允（1806—1872 年） | 论语 |
| 106 | 五书古今注讲义合纂：论语 | 崔左海（1738—1799 年） | 五书古今注讲义合纂 |
| 107 | 论语人物类聚 | 未详（？—？年） | 御定论孟人物类聚 |
| 《孟子》类 | | | |
| 1 | 孟子释义 | 李滉（1501—1570 年） | 四书释义 |
| 2 | 孟子释义 | 李珥（1536—1584 年） | 四书释义 |
| 3 | 孟子质疑 | 李德弘（1541—1596 年） | 艮斋续集 |
| 4 | 经书辨疑：孟子 | 金长生（1548—1631 年） | 经书辨疑 |
| 5 | 筵中讲义：孟子 | 李廷龟（1564—1635 年） | 月沙集 |
| 6 | 僭疑：孟子 | 权得己（1570—1622 年） | 晚悔集 |
| 7 | 孟子浅说 | 赵翼（1579—1655 年） | 浦渚集 |
| 8 | 疑：孟子 | 宋国泽（1597—1659 年） | 四友堂集 |
| 9 | 书筵讲义：讲孟子伐燕章 | 权諰（1604—1672 年） | 炭翁集 |
| 10 | 四书答问：孟子 | 李惟泰（1607—1684 年） | 四书答问 |
| 11 | 孟子或问精义通考 | 宋时烈（1607—1689 年） | 论孟或问精义通考 |
| 12 | 杂录：孟子 | 吴益升（1620—1679 年） | 松峰遗稿 |
| 13 | 读书箚记：孟子 | 洪汝河（1621—1678 年） | 木斋集 |
| 14 | 疑：孟子 | 房明熵（1624—1683 年） | 三世合稿 |
| 15 | 荷华编：孟子 | 李时善（1625—1715 年） | 松月斋集 |
| 16 | 思辨录：孟子 | 朴世堂（1629—1703 年） | 思辨录 |
| 17 | 箚记：孟子 | 金干（1646—1732 年） | 厚斋集 |
| 18 | 读书箚录：孟子 | 林泳（1649—1696 年） | 沧溪集 |
| 19 | 孟子解·孟子说 | 郑齐斗（1649—1736 年） | 霞谷集 |
| 20 | 瓶窝讲义：孟子 | 李衡祥（1653—1733 年） | 瓶窝全书 |
| 21 | 杂著：浩然章问答 | 朴光一（1655—1723 年） | 逊斋集 |
| 22 | 杂著：孟子 | 李柬（1677—1727 年） | 巍岩遗稿 |
| 23 | 杂著：孟子说 | 李显益（1678—1717 年） | 正庵集 |
| 24 | 讲义：孟子 | 李縡（1680—1746 年） | 陶庵集 |
| 25 | 孟子讲说 | | 陶庵先生文集 |

续表

| 序号 | 解说或诠释成果名称 | 作者 | 出处 |
|---|---|---|---|
| 26 | 孟子疾书 | 李瀷（1681—1763 年） | 星湖疾书 |
| 27 | 朱子言论同异考：孟子 | 韩元震（1682—1751 年） | 朱子言论同异考 |
| 28 | 理气性精图说：孟子 | | 经义记闻录 |
| 29 | 杂著：孟子 | | 南塘集 |
| 30 | 辨：孟子<br>（附：议：孟子） | 姜再恒（1689—1756 年） | 立斋文集 |
| 31 | 经说：孟子 | 尹东奎（1695—1773 年） | 邵南集 |
| 32 | 孟子讲说 | 杨应秀（1700—1767 年） | 白水集 |
| 33 | 渼上经义：孟子 | 金元行（1702—1772 年） | 渼上经义 |
| 34 | 恩课录：孟子讲义 | 李昆秀（1762—1788 年） | 寿斋遗稿 |
| 35 | 说：孟子不动心章说 | 任圣周（1711—1788 年） | 鹿门集 |
| 36 | 杂著：孟子箚疑 | 金谨行（1712—1782 年） | 庸斋集 |
| 37 | 孟子疑问 | 安鼎福（1712—1791 年） | 覆瓿稿 |
| 38 | 经书疑义：孟子 | | 顺庵集 |
| 39 | 箚录：孟子 | 金钟厚（1721—1780 年） | 本庵集 |
| 40 | 孟子 | 柳长源（1724—1796 年） | 四书纂注增补 |
| 41 | 四书通理：孟子 | 白凤来（1717—1799 年） | 九龙斋集 |
| 42 | 读书箚义：孟子 | 魏伯珪（1727—1798 年） | 存斋集 |
| 43 | 四书问辨：孟子问疑 | 洪大容（1731—1783 年） | 湛轩书 |
| 44 | 经义：孟子 | 赵有善（1731—1809 年） | 萝山集 |
| 45 | 孟子箚略 | 朴胤源（1734—1799 年） | 近斋集 |
| 46 | 经义：孟子 | 金相进（1736—1811 年） | 濯溪集 |
| 47 | 经书箚录：孟子 | 金龟柱（1740—1786 年） | 经书箚录 |
| 48 | 御制经义条对：孟子 | 奇学敬（1741—1809 年） | 谦斋集 |
| 49 | 经书疑义条对：孟子 | 高廷凤（1743—1822 年） | 水村集 |
| 50 | 经义条对：孟子 | 李元培（1745—1802 年） | 龟岩集 |
| 51 | 杂识：孟子 | 金履九（1746—1812 年） | 自然窝遗稿 |
| 52 | 孟子窃意 | 崔左海（1738—1799 年） | 五书诸注窃意 |
| 53 | 杂著：孟子 | 李恒老（1792—1868 年） | 华西集 |
| 54 | 经筵讲义：孟子 | 许传（1797—1886 年） | 性斋集 |
| 55 | 孟子演义<br>（附：孟子不动心图） | 金在洛（1798—1860 年） | 养蒙斋集 |
| 56 | 答问类编：孟子 | 奇正镇（1798—1876 年） | 卢沙集 |
| 57 | 孟子杂录 | 李埈（1812—1853 年） | 槐园集 |
| 58 | 经旨蒙解：孟子 | 朴宗永（1804—1875 年） | 松坞遗稿 |
| 59 | 杂著：孟子笔程 | 李象秀（1820—1882 年） | 峿堂集 |

| 序号 | 解说或诠释成果名称 | 作者 | 出处 |
|---|---|---|---|
| 60 | 孟子简义 | 李震相（1818—1886 年） | 求志录 |
| 61 | 经义：孟子<br>（附：问目：孟子） | 朴文一（1822—1894 年） | 云庵集 |
| 62 | 四书考略：孟子 | 卢佖渊（1827—1885 年） | 克斋集 |
| 63 | 讲说杂稿：孟子 | 柳重教（1832—1893 年） | 省斋集 |
| 64 | 论孟经义问对：孟子<br>（附：经义问对：孟子） | 徐基德（1832—？ 年） | 石南居士私稿 |
| 65 | 经义问答：孟子 | 金永三（1834—1906 年） | 丹邱遗稿 |
| 66 | 孟子讲义 | 石禹钟（1840—1924 年） | 云圃集 |
| 67 | 杂著：孟子 | 田愚（1841—1922 年） | 艮斋私稿 |
| 68 | 经义问对：孟子<br>（附：经义：孟子） | 李嶔（1842—1928 年） | 桂阳遗稿 |
| 69 | 孟子随笔 | 朴文镐（1846—1918 年） | 壶山集 |
| 70 | 读书漫录：孟子 | 金秉宗（1871—1931 年） | 秀山集 |
| 71 | 孟子集注详说 | 朴文镐（1846—1918 年） | 七书集注详说 |
| 72 | 茶田经义答问：孟子 | 郭钟锡（1846—1919 年） | 茶田经义答问 |
| 73 | 杂著：读孟子 | 李建昌（1852—1898 年） | 明美堂集 |
| 74 | 四书问答：孟子 | 郑灏镕（1855—1935 年） | 竹逸集 |
| 75 | 杂著：孟子简疑 | 李琼锡（1892—1949 年） | 醒斋遗稿 |
| 76 | 经说：孟子章句 | 吴宏默（？ —？ 年） | 丛琐录 |
| 77 | 讲义：孟子 | 任百禧（？ —？ 年） | 存稿 |
| 78 | 杂著：孟子 | 林翰周（？ —？ 年） | 性轩文集 |
| 79 | 经义问答：孟子 | 车鸿（？ —？ 年） | 云溪集 |
| 80 | 杂著：孟子问答 | 任公烈（？ —？ 年） | 钦斋集 |
| 81 | 杂著：孟子简疑 | 金埴（？ —？ 年） | 遁溪文集 |
| 82 | 杂著：孟子类集 | 朴章铉（1908—1940 年） | 中山全书 |
| 83 | 孟子人物类聚 | 未详（？ —？ 年） | 论孟人物类聚 |

责任编辑：武丛伟
封面设计：石笑梦
版式设计：胡欣欣

**图书在版编目（CIP）数据**

古代朝鲜汉籍与中国汉籍文化关联研究 ／ 季南著．
北京 ： 人民出版社，2025. 1. -- ISBN 978 - 7 - 01 - 027010 - 4

Ⅰ. K207.8

中国国家版本馆 CIP 数据核字第 2025D4W920 号

**古代朝鲜汉籍与中国汉籍文化关联研究**
GUDAI CHAOXIAN HANJI YU ZHONGGUO HANJI WENHUA GUANLIAN YANJIU

季 南 著

**人民出版社** 出版发行
（100706 北京市东城区隆福寺街 99 号）

环球东方（北京）印务有限公司印刷 新华书店经销

2025 年 1 月第 1 版 2025 年 1 月北京第 1 次印刷
开本：710 毫米 × 1000 毫米 1/16 印张：30.25
字数：360 千字

ISBN 978 - 7 - 01 - 027010 - 4 定价：98.00 元

邮购地址 100706 北京市东城区隆福寺街 99 号
人民东方图书销售中心 电话（010）65250042 65289539